風雨光明路

上

广东电网公司新闻中心 编

南方日报出版社
NANFANG DAILY PRESS
中国·广州

图书在版编目（CIP）数据

风雨光明路 / 广东电网公司新闻中心编. -- 广州 :南方日报出版社，2019.11

ISBN 978-7-5491-2066-6

Ⅰ. ①风… Ⅱ. ①广… Ⅲ. ①电力工业—工业史—史料—汇编—广东—1949-2019 Ⅳ. ①F426.61

中国版本图书馆CIP数据核字(2019)第202773号

FENGYU GUANGMING LU

风雨光明路（上）

编　　者： 广东电网公司新闻中心
出版发行： 南方日报出版社
地　　址： 广州市广州大道中289号
出 版 人： 周山丹
责任编辑： 吴俊贤　黄敏虹
装帧设计： 肖晓文
责任技编： 王　兰
责任校对： 阮昌汉
经　　销： 全国新华书店
印　　刷： 广东信源彩色印务有限公司
开　　本： 787mm×1092mm　1/16
印　　张： 28.5
字　　数： 400千字
版　　次： 2019年11月第1版
印　　次： 2019年11月第1次印刷
定　　价： 216.00元（全2册）

投稿热线：（020）87360640　　读者热线：（020）87363865

序一

从历史中汲取前行的力量

时光如电，沧海桑田。新中国成立 70 年来，特别是改革开放 40 多年来，在党中央坚强领导下，广东以敢为人先的精神创造了前所未有的发展奇迹，成为改革开放的先锋队和示范区。

广东电力支撑和见证了南粤大地波澜壮阔的腾飞，一路风雨兼程，当好“先行官”，由分散孤网到内通外联，由厂少电缺到源广电足，由点点星光到万家灯火，在全力护航经济社会发展中，书写了由小到大、由弱到强的光辉篇章。

凡是过往，皆为序章。审视过去，谋划未来，我们思考是什么支撑着广东电力的披荆斩棘、一路向前？其中蕴藏着何种文化基因和精神密钥？我们能从中汲取什么？对未来发展有何启迪？这些都是我们回顾历史、展望未来应有的态度。

历史是最好的老师。梁启超说："史者何？记述人类社会赓续活动之体相，校其总成绩，求得因果关系，以为现代一般人活动之资鉴也。"《风雨光明路》中一篇篇反映不同发展节点、不同侧面的故事，在墨色书香中，轻轻地推开广东电力发展厚重的时光之门。生动的讲述，鲜活而精彩，读之令人兴致盎然。让人自然而然地了解了历史，并从中体味着先辈们身上洋溢着的那种精神，解读着引领广东电力不断发展的基因与密码。

从这里，我们看到了广东电力人的敢闯敢试、勇于创新。

——电力基建公司水泥杆制造厂厂长林旺和工程师覃国士等人，自力更生，精打细算，试制预应力电杆并成功实现批量制造，填补了广东预应力电杆生产空白。

——中科院广州能源所所长吴志坚、副所长陈恩监等人，在完全没有经验可借鉴的情况下，设计地热发电机，为发展我国地热事业开创新路，引来联合国方面的关注。

——由一群来自广东电网调控中心、广东电力交易中心等人员组成的建设团队，自主创新，编制规则体系，建设技术支持系统，建成全国首个电力现货市场。

从这里，我们看到了广东电力人的敏思笃行、坚定执着。

——面对苏联撤走专家，茂名热电厂建设者们拾振信心，积极寻找国家层面的智力支持，重新绘制图纸，摸索安装，日夜奋战，实现机组简易投产。

——配合沙角发电B厂送出，省电力局副局长颜鸣鹤、詹新泉等人积极推动虎门跨海电缆敷设，龚文权等人数月吃住在工地，建成全国首条220千伏海底电缆。

——抢通惠茅线，广东电网公司立下军令状，参与建设各方通力协作，提前两个月完成了建设任务，受到广东省委、省政府和南方电网公司的高度肯定。

从这里，我们看到了广东电力人的使命担当、重责在肩。

——海珠桥畔，硝烟滚滚中电业工人坚守岗位，迅速展开发电机组和输电线路抢修，以明亮灯火迎接解放军进入广州城。

——在省内用电吃紧的情况下，开工建设粤澳联网工程，省输变电工程公司陈锡畴、珠海供电局段光辉等人带领输变电工程建设各方并肩作战，实现粤澳联网供电，保障澳门经济社会发展用电需求。

——面对罕见的冰雪凝冻灾害，数万名电力干部员工与人民子弟兵、当地群众一道，爬冰卧雪日夜抢险，提前数天全面恢复正常供电。

从中我们也不难看到，广东电力的发展离不开党的坚强领导，离不开广大电力建设者的汗水浇注。电力的成长进步，与祖国的命运休戚与共，与广东的经济社会发展息息相关。电力发展闯关夺隘，树立起的一座座丰碑，无不汇聚着建设各方的精气神，它历久弥新，散发着芬芳与力量。进入新时代，新的征程、新的使命，需要我们在挖掘历史、读懂历史中，寻找前行的基因与密码，寻求奋进的智慧与力量，创造新的璀璨与辉煌。

习近平总书记指出，一代人有一代人的使命，一代人有一代人的担当。站在新的历史起点上，广东要实现“四个走在全国前列”、当好“两个重要窗口”，全力推进粤港澳大湾区建设等重大战略部署，电力的发展责任更加重大，任务更为艰巨。作为广东电网人，我们责无旁贷，必将不忘初心，牢记使命，接续奋斗，跑出我们这一棒接力赛的最好成绩，奋力实现创建全国最好世界一流省网企业的目标。诚如此，则此书的出版，其意义也大矣。

廖建平

（作者系广东电网有限责任公司党委书记、董事长）

序二

勿忘来时路

今年是新中国成立 70 周年，举国欢庆。这 70 年，特别是改革开放以来，我们祖国各方面都发生了翻天覆地的变化。广东省委书记李希说：地处改革开放前沿的广东，已经成为中华民族从站起来、富起来到强起来的生动缩影。我认为，这个评价恰如其分。

电力的发展也不例外。今年 7 月底，广东电网公司离退休服务中心组织部分离退休老同志到佛山供电局参观，大家无不深深感受到电力建设、电力科技的日新月异，感受到企业发展的欣欣向荣。

广东电力的发展已是今非昔比。1952 年，我从武汉大学毕业进入西村发电厂时，整个广州只有五仙门、西村发电厂两座电厂，西村发电厂两台机组，白天发一台，晚上再加一台，一旦出现设备故障，就极可能造成全市停电。后来，随着西村发电厂扩建，加上流溪河水电站投产发电，广州的用电有了些好转，特别是新丰江水电输送到广州以后。

但电力紧缺一度困扰着广东。20 世纪 70 年代，广州市缺电严重，为确保每年春秋两季广交会的正常用电，在国务院领导指示下，水利电力部还专门从济南抽调第 32 列车电站驰援，机组就安装在广州钢铁厂内。记得也是那个年代，我们在向省委书记兼广州市委书记焦林义汇报时，他曾提出说广州市的理发店不许使用电吹风，这在今天看起来是不可思议的事。改革开放初期，广东缺电极为严重，许多地方工厂用电“开四停三”或“开三停四”，甚至广州市居民用电也实行每周停一到两个晚上。当然，这种状况因为广东电力建设的加快而逐步缓解，到 90 年代中后期，广东各地先后宣告实行敞开用电。

1996 年，在沙角 C 发电厂三台机组投产后，我退出了岗位工作，到现在，眨眼就过去了 20 多年。这期间，我仍然不时了解广东电力的一些发展情况。应该说，进入新世纪前后，广东电力先后经历了政企分开、厂网分开等等一系列体制机制改革，电力发展突飞猛进，越来越好了。

这段时间，全国各地、各行各业都在回顾新中国成立以来的发展变化。广东电网公司也在全面、系统地总结，其中的一组数据令人惊叹。2018 年，广东全社会用电量达到 6323 亿千瓦时，比 1949 年 6600 多万千瓦时增长了 9450 多倍，500 千伏超高压网络覆盖全省各个地级以上市。除了省内装机，我们还有西电东送，通过“八交九直”17 条线路送电广东。全省电力从全国中游水平一路上扬，无论是电网规模、供用电负荷、社会用电量等都已跃居全国第一，实现了从用上电到用好电、好用电。

任何事业的成功，都离不开耕耘者的付出与努力，“幸福都是奋斗出来的”，广东电力的发展镌刻着一代又一代电力人的不懈奋斗。

前行中，我们素有优良的作风。记得刚成立广州电业局时，曾志任中南局工业部副部长兼局党委书记、局长，她却选择驻扎在西村发电厂，虚心听取干部员工意见，组织开展规程条例的修编，参加工场、车间一线劳动，甚至检修时也钻进锅炉炉膛。那时，我刚参加工作不久，见她凡事身体力行，十分钦佩。曾志高超的管理艺术和优良的作风，让我们终生受益。后来的省电业管理局（电力工业公司、电力工业局）负责人王焕、王炎、张强、师兆祥、庞光庭等，以及西村发电厂任英、刘凤山等，他们同样工作认真负责，亲力亲为。

前行中，广东电力人勇于改革。特别是改革开放以来，广东用活用足中央政策，利用毗邻港澳的优势，大胆创新，闯出了一条加快电力发展的成功路子。20 世纪 80 年代初，我们向省里提出，电力建设要有可靠的资金来源，要多渠道筹集资金，对直属企业实行免缴供电环节产品税、所得税、调节税，并明确将税款转列为电力建设专用资金。意见得到了叶选平、匡吉等省领导的采纳，成为了省里的政策，为后来的发展奠定了很好的基础。

前行中，广东电力人大胆创新。粤港、粤澳联网，使我们有更多的机会接触境外的先进技术和先进设备。1983 年建设的深圳罗湖口岸变电站，我们就开全国风气之先，引进日本 GIS 开关。再到后来的沙江线输变电工程，采用直升机吊装铁塔，建设 500 千伏、220 千伏 GIS 变电站等等。我们大胆引进先进技术设备，并在实践中加以消化吸收，电力装备水平和科技进步不断上台阶。

以上所说，虽然都是一些零零碎碎的事情，但却能从一个侧面反映了广东电力发展背后的一些动因、一些传统与特质。事业的兴旺，企业的发展，人是最关键因素，人的精神最为宝贵。正是千千万万奋斗者的接力书写，才换得电力今日之辉煌。这值得我们铭记、传承。

习近平总书记说，我们走得再远都不能忘记来时的路。新中国成立70周年之际，公司新闻中心组织编撰了《风雨光明路》一书，以讲述当年故事的形式，回顾广东电力发展历程。这有利于大家更好地了解过去，了解一代代电力人的坎坷与付出，从而做到知所从来，不忘初心，以更好审视现在，展望未来。

记录历史才能更好地铭记历史。这套书籍的出版，相信能给广大读者，特别是那些长期关心支持电力建设事业的同仁们，那些希望更加深入、全面地把握广东电力发展历史的人们，提供更为清晰的脉络，感知更为立体、生动的奋斗足迹。

细读这些故事，有许多熟悉的人和事，曾经的岁月，往事并不如烟，这也连连勾起我这位耄耋老人满满的回忆。作为一位读者，我感受到大家在编撰过程中的努力。要知道，梳理历史，了解过程，打捞碎片，构筑历史故事“青花瓷”，并不是一件容易的事情，特别是对于早期的历史。在此，感谢为这项工作辛勤付出的晚辈同事，按现在时髦的话，就是为他们“手动点赞”。

新征程，新起点，前行的脚步不会停歇。我祝愿，迎着新中国成立70周年的喜庆鼓点，一代又一代人继往开来，广东的电力发展定能创造更加美好的未来。

是为序。

颜鸣鹤

（作者系原广东省电力工业局副局长、党组副书记）

目录 上

黎明前的护厂暗战 / 001

广州电力接管史录 / 017

七层水电站轶闻 / 031

曾志在西村发电厂 / 039

蛮陂头水电站的前尘往事 / 047

汕头电力厂荣光史 / 055

一百零八将下湛江 / 065

流溪河上架“彩虹” / 073

输变电“铁军”创始路 / 083

新丰江上战洪魔 / 091

筚路蓝缕的粤北电力先行者 / 101

茂名热电厂的初创岁月 / 109

永安记忆 / 117

第一次企业整顿记要 / 125

蹒跚起步的农村电气化 / 137

新丰江水库大坝抗震加固记述 / 147
电联珠三角 / 155
新广线上的山野“游击队” / 163
惠阳变电站建设追忆 / 171
预应力水泥杆研制历程 / 179
话说珠韶联网 / 187
援越培训结深情 / 197
山乡水电建设的火红年代 / 209
永载史册的邓屋地热发电试验站 / 219
锦江水电建设大会战 / 227
茂江线上的云和月 / 239
情系刚果布昂扎 / 249
“三八”带电作业班的青葱芳华 / 261
奋战在云山珠水边 / 275
从学大庆到企业整顿 / 287

粤港电力联网起始 / 299
贯通粤东电力大动脉 / 309
同心铺设黄棠线电缆 / 319
兴建大亚湾核电站决策始末 / 329
对澳供电的历史足印 / 339
大亚湾核电站建设的十年征程 / 353
西电东送从这里起步 / 363
南澳海底电缆敷设往事 / 371
以 BOT 模式兴建沙角发电 B 厂 / 383
沙江输变电工程志 / 393
首次直升机吊装铁塔经过 / 403
农村电气化的新画卷 / 411
首座“四遥”变电站诞生记 / 421
敷设虎门海底电缆的日与夜 / 431

黎明前的护厂暗战

覃桂平

“轰隆……”

1949 年 10 月 14 日下午 5 点 50 分，随着一声震动广州全城的霹雳巨响，那座闻名华南、横跨珠江两岸的海珠桥，瞬间断为两截。被炸断的桥柱横七竖八，未炸毁的一截也被震塌。从天字码头至五仙门的 50 余个长堤码头悉数被震塌，市民死伤 400 多人，民船沉毁 100 余艘，房屋震损数百间。敷设在海珠桥上的 3 条电力线路全部被震毁，邻近的五仙门发电所的发电机也被巨大的爆炸冲击波震坏而停机。一眼望去，岸上桥下，陈尸累累，血迹斑斑，残垣断瓦，一片狼藉。

除此之外，国民党军队在败退广州之前，还炸毁焚烧了黄沙码头、白云机场、天河机场、人和大桥等众多交通设施，以及石井、石牌、黄埔等多个仓库，给这座千年古城留下了一个千疮百孔的烂摊子。国民党原来还计划炸毁西村、五仙门发电所，增埗自来水厂，西村制钢厂等重要工厂，由于解放军迅速进城，以及中共广州市委组织领导产业工人和各界群众护厂卫厂，才使之免遭劫难。

国民党最后的疯狂，将其永远钉在了历史的耻辱柱上。连最后一任国民

1949 年 10 月 14 日，被国民党军队炸毁的海珠桥

政府广州市市长李扬敬在撤离前也忏悔感叹："我们在广州并没有为老百姓做过一点事，临走还要炸毁他们日常需要的东西，给老百姓留下恶劣印象!"这句话可谓是对国民党在广东统治的最佳注脚。

波澜壮阔的电力护厂斗争，无疑是广东电力工业发展史上最为光辉的一页。20 世纪 80—90 年代，中共广州市委党史研究室及广东省电力工业局的有关史志编写人员曾对当年参与护厂斗争的亲历者进行采访。根据他们的回忆，1949 年新中国成立前夕，中共广州市委为保卫西村、五仙门发电所，利用各级党组织和广州学生联合会、新民主主义经济工作者协会、新民主主义工人协会（以下简称地下学联、新经协、新工协）等外围组织，多线出击，开展一场规模宏大又极其隐蔽的地下斗争，而且各条战线之间没有横向联系，各自独立。中共广州市委依靠工人的力量，在电厂周围织就一张无形的网，确保其安全无恙，最终以满城灯火迎来了羊城的新生。

现在，就让我们沿着相关的史料线索，顺着先辈们的回忆，追寻他们的足迹，重回那段血雨腥风的峥嵘岁月。

第一条隐蔽战线：白丽丽

"打过长江去，解放全中国!"1949 年 4 月 20 日子夜，中国人民解放军百万雄师横渡长江天险，以摧枯拉朽之势彻底击毁国民党精心构筑的长江防线。4 月 21 日，毛泽东主席、朱德总司令发布向全国进军的命令。4 月 23 日，南京解放，国民党"划江而治"的企图破灭。

此时的国民党政府就像汪洋大海里的一艘破船，即将覆没。首脑机关总统府南迁广州，行政院长兼国防部长何应钦及各路高官权贵纷纷逃入羊城。广州成了国民党政府的战时"首都"，余汉谋任广州绥靖公署主任，薛岳任广东省主席，张发奎任陆军总司令，陈济棠任海南特区长官，凑成新的多头反动统治，意图纠集残兵败将及各路匪徒，作困兽之斗。全城一片肃杀景象。

新中国成立前夕，以钟明为首的中共广州市委，经过长期的地下斗争，党员人数已发展到 300 多人，地下学联、新经协、新工协等外围组织更多达 1700 多人，并逐步渗透到工厂、学校、社团，甚至国民党的党政军高级机关中去，成为带领广州人民进行反蒋斗争的骨干力量。根据中共中央华南分局的指示，他们决定把工作重点迅速转为迎接解放，准备接管。

《中共广州地方史》记载：5 月 20 日中共广州市委发出《解放前夕广州形势与当前任务》的提纲，7 月 1 日又发出《补充意见》，共提出七大任务。一是依靠南下解放军，动员一切力量在产业工人中建立据点。二是开展宣传攻势，打破敌人谣言，解释我方政策。三是组织应变，护厂护校，防止盗卖迁移及变相破坏。四是扩大秘密群众组织。五是加强调研工作，搞出所有主要部门的接管底册。六是布置监视敌特，摸清敌人的阴谋及部署。七是准备干部力量，加强思想政治教育。

中共广州市委为加强西村工业区的工作，在西村增埗一带设立了联络点，以便于各线负责人的联系。联络员是广东省海事专科学校水产制造系毕业生白丽丽。“当时，中共广州市委从学校抽调一批党员干部和骨干分子，打入到电厂、水厂、水泥厂、造币厂、电话局、铁路、公路等 20 多个重点单位，组织工人开展护厂斗争。目的是保卫人民财产，不让敌人搬走，不让敌人毁掉。那时候我的公开身份是小学教师，主要任务是负责掩护和联络前来接头的同志。”新中国成立后改名为白洪、于 20 世纪 80 年代在佛山离休的白丽丽回忆说。

联络点设立后，来自各大厂企的信息资料源源不断地通过白丽丽或这个联络点转送或转达，其中就包括西村、五仙门发电所的信息资料。“当时，中共广州市委十分注重电厂安全，并指示所领导的各级党组织和外围组织去开展电力部门的工作，共产党员、地下学联负责人唐北雁与派去电厂周围刺探情报的罗富容不时地在这个联络点见面，布置任务，传递情报。”白丽丽说道，“另外，根据平时的接触与考察，我还将广州电厂职员韦统澎介绍加入了新经协。”

第二条隐蔽战线：李梓高、冯秉乾

电厂是城市的命脉，必将成为国民党反动派破坏的主要目标之一。长期在电力部门工作、与电力打交道的李梓高、冯秉乾很清楚这一点。一旦电厂遭到破坏，百姓生活、各行各业将受到严重影响，城市将陷入一片黑暗、混乱。尤其在这个动荡而敏感的时期，后果更是不堪设想。

李梓高是现存史料记录的广东电力系统最早的中共党员，台山县人，生于 1913 年，1935 年考入广州电力管理处，做抄表员。“到广州后，我参加了广东左翼文化总会读书会，认识了中共广州市委妇女工作部负责人之一的谭本基。”日后成为广东航运设计院党委书记的李梓高回忆道，“1937 年 8 月，在她介绍下，我加入了共产党，并与之单线联系。谭是罗定人，比我还小三岁。令人痛惜的是，1945 年 2 月她在永兴与日寇作战中光荣牺牲，牺牲时才 29 岁。”

1938 年 4 月，李梓高介绍同事冯秉乾入党后，上级党组织指定他们与广州邮政局的党员陈道联系，成立中共广州电力管理处党支部，代号为“LB”支部。“当时支部书记由一个叫‘大李’的同志担任，后转由叫‘老余’的同志接任。‘大李’和‘老余’都是代号，真实的名字我们都不知道。”李梓高说。

“LB”支部成立后，李梓高、冯秉乾利用职务之便，深入开展宣传抗日救亡活动，团结电管处上层爱国人士，经常到西村、五仙门发电所了解情况，发掘培养工人队伍中的先进分子。为了便于发动群众，“LB”支部主要依托当时电管处的一个公开群众性组织——职工读书会进行活动，通过成立抗日

1937 年 7 月，李梓高（右一）与谭本基（右二）等人合影

救亡歌咏队、时事讨论会小组和设立图书室等方法，宣传抗日救国思想，报道抗战形势，激发抗日斗志。李梓高说："全面抗战暴发后，我们组织工人大唱《义勇军进行曲》《在太行山上》等抗日歌曲，以振奋人心，激发斗志。"他在积极动员职工参加抗日救亡运动的同时，还组织职工做好本岗位业务工作。

"我们的工作，也取得了电管处具有爱国思想的领导人的支持，使他们对读书会的态度由怀疑转为信任，同意给予活动场所和有限度的文具纸张等费用。"冯秉乾对一些细节仍记得十分清楚，"读书会很快由 20 多人发展到 40 多人，团结了业务课、供电课、总务课青年职工中的大多数人。"

"1938 年 10 月日军入侵广州时，我和冯秉乾等支部成员转到别处工作。1942 年 5 月 26 日，中共南方工作委员会组织部长郭潜在韶关被捕，随即叛变，南委机关被郭带领的特务破坏。'南委事件'发生后，根据中共中央南方局关于'分散隐蔽'的指示，我被转移疏散到广西贺县临江中学任教并开展抗日活动。在那里，我认识了同为中共地下工作者的苏健，并结婚成为夫妻。"李梓高说，"1944 年 4 月，日军发动豫湘桂战役，中共中央分析认为，广西很有可能会沦为敌后。于是在 12 月，东江纵队派党代表李嘉人到临江中学，指定我和何砺锋、刘周屏组成战时事态应对小组。当时，日军已到富川，我们立即制定了'临江中学战时教育方案'，把青年学生武装起来，进行军事训练，并拟在桂岭、公会两地设立据点，建立抗日武装据点。后因日军未到贺县，计划没有实施。"

李梓高说："1946 年，抗战胜利后，组织上安排我们夫妻俩还有冯秉乾回到广州。我们利用旧员工的关系，重新回到原来广州电力管理处工作。那时电管处已改组为广州电厂，直接管理西村、五仙门发电所，办公地点设在西村发电所。我被委派为营业课第一股股长，冯秉乾则在会计课任代理统计股长。"

当时，广州电厂权力分配大体情况是：电厂资产归市政府所有，由其直接管理，军警严密控制。例如，毕业于国民党军官学校的西村发电所考核股股长张伟麟到处活动，监视进步职工。企业领导层新旧势力之间钩心斗角，争权夺利。厂里等级森严，工人处于最底层，工作辛苦，而且最没保障，随

1948年五仙门发电所外景

时都有被开除失业的危险。鉴于此，李梓高、冯秉乾决定从经济斗争入手，利用企业领导层新旧势力之间的矛盾，积极为工人争取利益，确保工人不被随便开除，进而团结广大工人。“记得早在电管处时期，有一次上层要解散调查队并解雇队员。李梓高挺身而出，作为队代表主动与厂方负责人交涉。最后逼使他们不得不答应继续留用，使队员们免遭失业之苦。”在冯秉乾的记忆里，李梓高在工人当中有威望、有号召力。同时，他们利用在那里建立的图书馆，向工人散发进步书籍和刊物，传播进步思想。

1949年，新经协成立后，李梓高、冯秉乾将龙荣森、莫柱贤、彭公伟等进步职工介绍加入了该协会，并设法把他们安排到西村、五仙门发电所工作，以收集电厂各方面的情况。“我们还重视做好争取电厂领导层的工作，以爱国主义精神唤起他们保护和发展我国民族工业之情，启发引导他们站到人民一边，不要参与国民党军队的破坏活动，为虎作伥。”李梓高道，“当时，广州电厂的经理卢钺章、总工程师陈尉观等人，接受了进步思想，并利用他们的特殊地位，为保护工厂设备出力。”

第三条隐蔽战线：谢日平

与此同时，中共广州市委还在地下学联中另辟了一条隐蔽战线，委派广雅中学1949年应届毕业生、共产党员谢日平负责收集社会情报。“我是广州人，参加革命主要是受我姐姐谢漱珠的影响。我1947年入党时还不满16岁，所以我入党还是经中央特派员钟明亲自特批的。我的直接领导是黄菘华，主要在广雅中学从事地下学联工作。”谢日平所说的黄菘华当时是地下学联负责人之一，20 世纪 80 年代离休前担任广州市委常委、宣传部长。

如何收集整个广州市的工业、商业、交通等基本建设的情况呢？利用平时建立的社会人脉，谢日平很快找到了一个切入口。1949 年 6 月的一天，谢日平在家中见到他姐姐的同学曾锐成和朋友江克明，聊天中谈到毕业后的工作问题时，假装说现在想找些事做，将来入经济这一行，请他们帮忙想些办法。曾、江两人当时是《建国日报》的记者，又是光华通讯社记者，还兼香港《大公报》驻穗记者，说可以与他们一起去看些经济资料。没过几天，他们便带着谢日平去了晏公街工业同业公会和商业同业公会，找那里的熟人拿了几份工商业注册材料给他，主要是一些企业的经理、厂长负责人名单，设备资金状况和职工人员等。“后来，我觉得光通过他们去不方便，资料也少，就跟曾锐成商量，把他的光华通讯社的记者胸章借了过来，说‘这样老麻烦你们不好意思，倒不如你们设法给我一个证明，我自己去借阅好吗？’曾锐成说‘这样也好，我可以给你一枚光华通讯社的胸章，你去那里就方便多了。’”于是，谢日平就以记者的身份，名正言顺地去借阅档案资料，一共有几百份，数量很大，全是广州市大中小型的官僚资本、私营企业的历史沿革、生产能力、经营方向、人事组织、设备动力、资金财务等方面的材料，这当中就有西村、五仙门发电所的材料。谢日平回忆说：“我把资料都拿回去，由邵源堃发动在校的地下学联成员在一个星期之内把所有资料抄录一份，再转给黄菘华，上交给中共广州市委、华南分局。新中国成立后，据一些参加接管的同志反映，在接管时见到了我们抄写的材料。可见，这些资料对于接管工商企业是很有帮助的。”

谢日平在西村、西场一带进行革命活动。“除了搜集电厂情报外，平日里我的工作，主要是向电厂工人散发我党及地下学联印制的宣传品和进步刊物，让他们得到进步思想的启迪，获知人民解放军胜利南下的最新消息。”根据谢的回忆，这些报刊主要是《广州文摘》《新观察》《文汇报》《大公报》等。

“全国解放胜利在望，但广州却面临交替时期的种种混乱。敌人制造谣言，说共产党‘共产共妻，拆散家庭，没有自由’等等，使部分群众产生疑虑，人心惶惶，有些人还害怕第三次世界大战及国民党卷土重来。”谢日平说道。

针对这一情况，中共广州市委及地下学联印制了大量的宣传品，分送到各阶层代表人物及广大群众手中，扩大党的影响，宣传党的政策；又将原来的《学生文摘》改为《广州文摘》，继续由邵源堃负责并扩大发行，及时转载新华社电讯和《华商报》的消息，以适应形势的需要。

谢日平说：“这些在极端困难条件下秘密出版的刊物，还登载过毛泽东的重要政治文章《将革命进行到底》《论人民民主专政》《丢掉幻想，准备斗争》和《中国人民解放军布告》（即‘约法八章’）等，传达了党中央的声音。”

第四条隐蔽战线：黄干伟、刘国兴

1947 年 7 月的一天，地下党员黄干伟接到地下学联负责人唐北雁的指令，要他去西村发电所开展活动，直接受吴瑞洋领导。黄干伟和助手刘国兴分别化名为黄忠、刘全福，在西场村东约里租了一间 40 平方米的房子住了下来，任务是设法打进西村发电所。

然而，连续转了几天后，黄、刘两人很快就知道此路走不通，因为当时国民党警察局为了“防止共产党分子渗入”，规定发电所招收新人员都要呈报审批，防备得很严。于是，他们一合议，决定先从外围着手。

当时西场一带住有电厂挑煤工二三十人，他们身处社会最底层，生活最

五仙门发电所门前的运煤船

苦。挑煤工人每人每天要用箩筐、扁担由煤场挑煤到锅炉车间过磅，不管当天上班人数多少，必须挑足24小时的锅炉燃烧用煤才能下班，挑不足数要受罚，生了病也得不到医治。“我们认为，要在厂里开展斗争，首先必须发动和团结挑煤工人。”刘国兴记忆犹新，“住在我们旁边的邻居，叫汤球，是发电所的一个挑煤散工。我们以串门方式主动接近汤球，又通过他认识了工友林练、周卓等人。”黄、刘两人分工串联，与挑煤工交朋友，代写家信，有困难的借钱周转一下，在闲聊中乘机讲一些进步道理，很快得到了挑煤工的信任。“当时，国民党为了挽救残局，大搞株连政策，在居民中实行‘五家联保’，汤球、林练、周卓还主动与我们两人实行联保，以免引起当局注意，暴露身份。”刘国兴说。

但汤、林、周三人只是挑煤工，对发电所的具体情况所知有限，必须寻找新的突破口。那时候，西场有间“汉珍居”茶楼，每天早上和中午，西村发电所都有不少工人前去饮茶吃饭。“我们俩就扮成茶客，通过让座问候、借火点烟、寒暄家常，逐步去接触这些工人，特别是技术人员。”黄干伟道，“与他们一起聊工作的艰辛、暴涨的物价和生活的困苦，聊腐败的政府、横行的军警和动荡的时局，大家深有同感，很容易就产生共鸣。”很快，黄、刘两人就在工人当中建立了一个先进分子阶层，并获取了电厂职工人数、组织机构、设备和生产以及当局的应变动向等情况。

1949年8月，黄干伟与曾坚接上关系，利用曾坚与电厂一些技职人员的老同学关系去做工作。西村发电所当时的技职人员黄炯麟、张悦浦、陈大展等，在黄、曾两人的教育启发下，拥护革命，并提供了电厂很有参考价值的详细情况。

1949年6月间，国民党当局打出“护厂”“防匪”的旗号，在各主要厂企组建自卫队，并发放枪支弹药将其武装起来，以作“应变”之举。黄干伟分析说：“这些所谓的自卫队都是自上而下组织起来的，上层由敌伪势力把持，中层小队长之类全是些伪工会的爪牙，而下层的队员则是些普通职工，而且大多是被迫加入的。”鉴于此，他制定的策略是“争取下层，瘫痪中层，孤立上层”，主要依靠伪自卫队中的工人积极分子，通过他们在同情或拥护革命的队员中进行宣传启发，使大家懂得电厂是工人的饭碗，一切只能依靠自己，那帮工贼把头的所谓护厂只不过是“挂羊头，卖狗肉”而已。

“我们的目的是使伪自卫队名存实亡，即使不能策反，至少不起破坏作用。”黄干伟这样说。

第五条隐蔽战线：罗富容

就在黄干伟、刘国兴化名进入西场一带开展护厂斗争的同时，在广东省海事专科学校工作的地下学联成员罗富容也接到唐北雁的指令，要他以新经协的名义到电厂去开展地下工作。“唐北雁是与我单线联系的直接领导，之所以这样安排，我觉得他可能是认为我与电厂那里的一些人比较熟悉。当年西村发电所发电股股长郑怒涛就是我的学生，化验股技术员李应高是我的同学。”罗富容这样说。

工作开展得比较顺利，罗富容很快与郑怒涛、李应高等人取得了联系。“通过他们俩，我又认识了维持股长的黄大衔和郑迪芬等技职人员，从中了解到电厂的很多重要情况。随后，郑怒涛、李应高、郑迪芬等人加入了新经协，并成了骨干，还培养了王生保、沈亚英等一批进步工人。”罗富容回忆道，“新经协会员基本上是工厂中的技术人员或职员，收集电厂各方面的资料相对比较方便一些。他们向我提供了不少关于电厂生产、设备物资存放、职工思想、自卫队的人员及其武装配备的情况，还有一份重要的电厂发电线路图。”

这些材料经罗富容转交唐北雁后，呈送中共广州地下市委，为新中国成立后接管电厂提供了重要的资料。此外，新经协会员还密切监视国民党是否有破坏电厂的企图，一旦发现，马上报上级，以便中共广州地下市委采取相应措施保护电厂。

第六条隐蔽战线：陈继鸿

胜利在即，中共广州市委的另一个外围组织——新工协，在这个风雨如晦的岁月里，也在工人中如火如荼地广泛开展革命工作，宣传动员工人们起来保卫工厂，迎接广州解放。

《广东工人运动史》中提到：新工协首先是通过各种关系或工厂、企业的招考、雇佣等形式，选派骨干力量打入工厂、企业，以便取得联系团结工人群众的立足点。“我原是国立华侨第二师范学生、地下学联成员，后经叶运久介绍加入了新工协。”陈继鸿回忆说，“组织上指示我与叶运久单线联系，主要工作任务是了解电厂工人的身世，宣传教育工人群众，收集电厂的有关情况。”

受叶运久的指派，陈继鸿以失学青年身份在西村与五仙门一带活动，深入了解电厂工人群众的困苦，结交知心朋友，谈工作生活，聊时势变化，不动声色地传播进步思想，宣传党的主张，然后根据新工协“积极、慎重、秘密、个别”的方针，先后在西村、五仙门发电所发展了一批成员，扩大了新工协组织。

山雨欲来风满楼。当时，国民党在群众中大肆污蔑、攻击共产党，歪曲共产党的形象，一时谣言四起。“根据上级组织的指示，我们通过各种秘密的方式进行了反宣传。当时新工协办了一个不定期的小报《广州工人》，主要是对广州工人进行革命形势政策的宣传发动工作。”陈继鸿说道，“8 月，金圆券大跌，物价飞涨，工厂、商行纷纷辞退工人，减低工资，百姓朝不保夕。《广州工人》及时刊登报道和论述解放战争胜利发展的形势，揭露国民党反动派的黑暗统治，号召广州工人起来配合和支援人民解放军解放广州。”每期出版后，陈继鸿就将报纸连同一些进步刊物散发或寄送给工人阅读。此外，新工协还秘密印发传单，将新华社电讯和社论由专人负责刻印，然后在成员联系接头时传交散发，或用邮寄的方式寄到工厂、企业以扩大宣传，为日后开展护厂迎解放、坚持生产打下了思想基础。

除上述的六条隐蔽战线之外，据《中共广州地方史》记载，还有一名叫陈汉威的共产党员也打入了电厂内部，由中共广州市委负责人之一余美庆直接领导。因未找到更多史料，陈汉威在电厂进行革命活动的情况，至今无人知晓。

1949 年 10 月 2 日，解放广东的战役打响了。在人民解放军的强大攻势下，国民党军队所设的东、北、西三道防线全面崩溃。此时，中共广州市委和所属的外围组织加紧开展工作，公开号召全市市民起来保卫城市、保护工厂。工人们不断收到了从香港、广州寄来的传单和宣传品，主要内容是：保护好电厂，不让国民党破坏电厂设备；坚守岗位，坚持生产发电，不能停一秒。同时成立如应变委员会之类的公开合法机构，清点重要财产，组织安全保卫力量，储备粮食、副食及生活必需品，并借此将群众组织起来，维护治安，防止敌人逃窜时的拆迁、劫夺、盗卖、转移等破坏活动。

气氛越来越紧张，到处弥漫着血腥的白色恐怖，令人窒息。已经组织发动起来的电力工人秘商对策。据《深远的回忆——记广州发电厂解放前的斗争》一文记载：10 月上旬的一天下午，在五仙门发电所三楼一间会议室里，开了一个以保护电厂设备、提防破坏、坚持生产发电为主要内容的会议。参加会议人员有广州电厂的卢铖章、陈尉观，西村发电所的何惠明、郑怒涛、孙百城、辜成章、毕棠，五仙门发电所的陈更新工程师等人。西关、城北变电所也有人参加。与会者认为，电厂工人都是无产者，凭双手劳动，靠工厂生存。如果发电所遭到破坏，就意味着失业。只有保住电厂、保住机器，大家才能有工做、有饭吃，市民才能有电用，号召大家向上海工人学习，全力保厂护厂。会议还分析了广州面临的形势，认为国民党军队在面临全面覆灭的关头，可能会做垂死挣扎，大肆破坏，制造混乱。为此，要求电厂各部门在这期间加强联系，坚持生产发电，增设无线电报话机确保通信，有条件的职工都要尽量回厂值班，设备出故障要及时抢修。

会议结束，与会者回去后迅速向工人们做了传达，电厂立即进入应急状态。西村发电所早在 9 月就抛开伪自卫队，另行组建了 35 人的工人自卫队，并成立消防、救护、自卫三个组，每天练习打枪，研究防卫方法。住在市区的工人大多都搬到发电所里暂住，参加防卫工作和值班。主控室、汽机房、

1949 年 10 月 15 日，五仙门发电所工人对被震坏的发电机进行抢修

锅炉房等部门的工人将原来一天三班换成两班时间工作。同时，还围绕厂房修筑了1000多米长的铁丝网，准备在危急情况下接通高压电流，防止破坏分子闯入。另外，工人们还将该厂存放在郊外南石头工程处的10大箱油机附件、60大桶汽油以及许多水管、钢管和零星机件搬回西村发电所仓库内，避免了匪特的破坏和偷窃。9月11日以后，工人日夜在厂内外巡逻，表示“谁来破坏我们的工厂，谁就是我们的敌人”，立誓要“与工厂共存亡”。五仙门发电所全体职工220多人组成警卫、消防、救护三个应变小组，明确了职责，规定了纪律。同时，设临时紧急修理组，以便及时抢修。又预先购足了一个半月发电用的煤炭，外宿职工大部分也回厂住宿以应不测。沿厂区四周堆筑起大量的沙包，还在厂门两侧安装上1.5英寸（1英寸=0.3048米）和2英寸两个高压蒸汽喷嘴，又在楼顶上放上700多包石粉，加强护厂措施。生产人员加强对设备的运行维护，车间杜绝闲人出入，挑煤工和上煤工对进厂、入炉煤进行认真检查，严防敌特分子和危险物品混进厂内。当时潜藏在厂里的工贼梁某、江某等，原想伺机破坏，但慑于工人们的严密防范，不敢轻举妄动。

在1949年10月10日后，人民解放军大军兵临城下，麇集在广州的国民党残部闻风丧胆，纷纷逃离。12日，代总统李宗仁飞往桂林，国民党行政院长阎锡山逃到台湾；14日，余汉谋、薛岳、李扬敬等军事头目逃往海南岛，广州实际上已成为一座空城。广州卫戍司令李及兰准备全面实施事先制定的“总撤退、总罢工、总破坏”阴谋计划，企图在逃离前将重点工厂、桥梁、军事设施和民用重大设施彻底炸毁。

10月14日下午，国民党特工用几辆卡车将多达百吨“TNT”黄色炸药运至海珠桥上通电引爆，将这座建于1933年、横跨珠江两岸的开合式铁桥炸毁，邻近的五仙门发电所受到严重的冲击，厂房部分墙体被震倒，压在发电设备上，沙尘滚滚。10天后，香港《大公报》报道了当时的受损情况：“该所受震强烈，发电机及锅炉部分受损，门窗玻璃全部破碎，职工受轻重伤者共30余人。但他们仍各按岗位，照常工作，卒使机件很快恢复送电。”当时，厂房内机停电断，一片昏暗，正在二楼配电室工作的技工陈流被爆炸碎片击中腰、肩、头、颈、脸等各个部位，身受重伤，浑身鲜血淋淋，跌跌撞撞地

1949 年 10 月 15 日，五仙门发电所工人对被震坏的输电线路进行抢修

坚持爬到四楼，及时将小型汽油发电机开动，恢复厂房照明。锅炉技工陈彬、黄卓、苏富寿等人迅速将 3 个正在运行的锅炉熄灭，保护锅炉的安全。消防队队长梁林立即组织人力起卸及搬运被震倒的各种铁块杂物，为抢修工作能迅速进行清障开道。救护队队长梁龙也被碎片击伤，但他轻伤不下火线，在铁碎纷飞中不停地救护其他受伤的人。第二天一早又组织全体电气工友抢修配电室线路及汇电排等。10 月 15 日下午，五仙门发电所恢复了发供电。

海珠桥被炸毁及五仙门发电所受损的消息传来后，西村发电所工人们对这种卑劣行径都异常愤恨，自卫队臂扎红带，手执铁棒，加强巡逻，严阵以待，做好战斗准备。队员冯佳等人誓言："工厂是我们的饭碗，谁要是敢来破坏，我们就揍死他。"

入夜，伴随着远处不时传来的枪炮声，西村、五仙门发电所的配电室不断地收到解放军指挥部的电话："我军先遣部队进入沙河，你们坚守岗位，保护好工厂……""我军已进入广州市区，你们坚守岗位……""电厂已在解放军保护之下，你们要安心值班。"当晚在西村发电所配电室值班的张悦浦（值长）、谢明、何惠明等人，严密地监视表计指针，负荷一直维持在 6000 千瓦左右。五仙门发电所一边积极修复被铁片压坏的发电机，一边派人加强警戒，众人齐心协力，很快修好机组恢复供电。两个发电所的全体工作人员都坚守岗位，加强巡视设备，确保电厂安全发供电。

当晚 10 点多，解放军进入广州城，全城亮起灯火。国民党特务全城爆破的阴谋破产，古老的羊城回到人民的手中。

10 月 15 日清晨，标志着广州解放的第一面五星红旗，在长堤东亚大酒店三楼窗口迎风飘扬。人民解放军正式进入西村、五仙门发电所等单位，立即收缴伪厂警及伪自卫队的武器弹药。从此，工人成了电厂的主人，广州电业获得了新生，一个崭新的时代开始了。

广州电力接管史录

覃桂平

广州解放，千年古城揭开了历史新篇章。

1949年11月9日，四万多各界群众庆祝羊城新生。第二天广州各大报纸记者纷纷报道了这一盛况：大街小巷与大厦门窗到处披上了艳丽的新装，锣鼓喧天，鞭炮齐鸣，彩旗招展，标语万千，歌声飞扬，震动全市，尤其是工人及学生的各种宣传车，吸引着成千上万人的目光。来自各发电所的工友们由西濠口出发，他们在参加游行的卡车上装置了各种电灯，利用一根长长的电线，装上30—40个灯泡，连成一个提灯队。来自各院校、中学的学生们欢呼雀跃，在大街上扭起了秧歌，这种粗犷的西北舞蹈正风靡大江南北。全城沉浸在一片欢乐的海洋里。

遵奉中共中央的指示，从广东梅县走出来的开国元勋、刚刚完成接管北京工作的叶剑英，以广州市军事管制委员会主任的身份，担负起接管广州的重任，迈开了治理广州的第一步。

然而，这一步，却是那样令人难以想象的艰辛！

众所周知，刚刚从国民党统治之下解放的广州，是一个千疮百孔、满目疮痍的烂摊子。这座南国名城呈现在国人面前的是这样一片令人生畏的景象：经济凋敝，交通瘫痪，物资匮乏，供应困难，社会秩序混乱，人民生活困苦不堪。

在这严峻的形势下，有人曾经发出这样的疑问：共产党人能夺取天下，还能治理天下吗？日后，荣毅仁回忆说，他当时便认为“共产党军事100分，政治80分，经济打0分”。

的确，如何搞好城市的接收和管理，是中国共产党由革命党向执政党转变过程中面临的一个重要问题，也是共产党人工作重心由乡村向城市转变的必由之路，这一问题，共产党人必须面对，无法回避。毛泽东曾形象地将之比喻成“进京赶考”。叶剑英与他的战友们面对着如此严峻的局面，沉着应对，迎接挑战。

没收官僚资本，是新民主主义三大经济政策之一。广州解放后城市工作的中心，就是医治战争创伤，恢复和发展经济。因此，解放军进入广州那天起，叶剑英就立即派出军代表没收和接管了国民党政权经营的银行、保险公司，以及海关、工厂、仓库、商店、轮船、铁路、邮政、电讯、电力、自来水等官僚资本企业，并通过重组、整合、改造，使之成为国家和地方的国有企业。在此基础上，迅速开门营业，恢复办理有关业务，组织恢复和发展生产。

整顿电业，是城市接管的一项重要内容。广州解放一周后，即 10 月 21 日，广州市军管会就分别派出军事代表率同军管干部前往各发电厂处先行召集高级职员，宣布接管命令，讲解“约法八章”，并与广大职工见面，然后开始工作。10 月 26 日，正式接管广东省资源委员会、广州电厂及其所属西村、五仙门发电所（含河南发电分所）等单位，成立军管小组，江风为组长。

电力，事关千行百业、社会民生，这对于一个拥有几百万人口的大城市来说，至关重要，忽视不得。作为军管小组组长的江风对此十分清楚。摆在他面前的困难十分棘手：首先是燃料告急。1949 年 10 月 1 日，华南分局向中央报告：“广东的煤粮问题其严重性超于上海”。广州水、电两厂用煤每月约 15000 吨，柴油约 1000 加仑（1 加仑 =4. 5460 升），这些用煤用油 80% 以上依赖台湾及海外供给。是时在国共跨海对峙、西方全面封锁的形势下，来源渠道被完全切断，发电所需燃料最多只能维持几天，随时都有“断炊”的危险。其次是电力设施残旧。解放广州时，全市电力设施虽未遭到重大破坏，但有一半的发电设备处于损坏或闲置状态，供电线路老化，管理也不合理，亟须维修和改善，而且社会上偷电十分猖獗，线损高达 54. 89% 。更为重要的是人心不稳。

当时广州电厂有职工 353 人、工人 910 人，共计 1263 人。高级职员中多有保全原职的打算，但由于不了解新生的人民政府的政策，深恐将来失业，有工作又怕工资少不能维持生活，更有人担心生活方式之不习惯，“过敏”地去另缝中山装来穿，不敢穿旧西装，情绪波动较大，工作热情低落。

全广州的工商业者和用电户都盯着这些征衣未解的解放军将领的“首度亮相”。如何让广州电力浴火重生，考验着共产党人的治理能力和治理模式。

根据之前获得的资料，经过几天的调查摸底，从 11 月 1 日起，江风领导的军管小组快刀斩乱麻，打出一连串组合拳。据《广州接管史录》所载史料来看，主要有这几个方面：

一是发布公告，将广州电厂改名为广州市人民政府电力厂，组织力量做好西村、五仙门发电厂的现金、资产、燃料等的清点和移交工作。

二是积极协调，通过京广铁路及海上从北方调运煤炭过来以解电厂“燃煤之急”。这个时候，中共港澳工委澳门分工委负责人柯正平在澳门创立不久的南光贸易公司，把从开滦煤矿运到公海的煤炭过驳到船上，再把煤押运到广州五仙门发电厂，以保证刚刚获得解放的广州的电力供应。据参加抢运的麦耀天后来回忆，当时与他同船工作的还有新中行的柯德和一个班的解放军战士，运煤船每天对开往返于澳门与广州之间，要求不能迟到，因为迟到一天广州就会陷入全城停电的困境。

三是加紧抢修海珠桥炸毁时被破坏的 3 条输电线路、河南凤凰岗白蚬壳一带烧毁的变压器及低压线，尽早恢复供电。

四是公布窃电办法，明示无论任何机关及个人，如有窃电，一经查获，即剪除接户线，并按照实际用电量、每日供电时间及现行电价赔偿一年之电费；若有再犯者，则由电厂会同军警拘送法院或军法机关处置。

五是发布公告，及时处理国民党政府机关及官僚资本之房产积欠电费，同时向在广州短时或长期驻扎的解放军制定了用电临时办法。

1949 年 12 月 26 日，广州电力管理处和河南发电厂员工举行庆祝广州解放活动后留影

六是撤销原汉民、东山、长寿、河南四个收费处，同时在十三行、惠爱路、东山路、汉民、下九路、河南、长堤、光复南新设八个收费处，方便市民交付电费。

当时，尽管广东全境战事已经基本平息，但整个社会仍然危机四伏。时值新旧政权交替之际，稳定工作至关重要。此时江风调走，冯昌盈临时接任军管小组组长。冯昌盈注意到，在广州电厂这支上千人的职工队伍中，中共党团员极少，社会成分十分复杂。一部分职工在中共地下工作者的组织和影响下，于新中国成立前后在护厂斗争及抢修复电中工作积极，表现突出，但旧工会的势力仍存，部分职员对新社会充满疑虑，骑墙观望，而且企业内是否有国民党派遣潜伏的特务也不清楚。

冯昌盈带领军管小组一方面积极开展政治启蒙教育，请老干部讲革命斗争史，召开诉苦会，请老工人控诉旧社会的压迫，加强对全体职工特别是各企业机关旧职人员的思想教育引导。同时，通过发动群众，组织工人参加广州各界群众欢庆解放和解放军入城仪式，切身体会新时代的来临。另一方面，对身份清晰的原高级职员尽可能留用，保留职位，发挥他们的作用。解散旧工会，筹备新的工会组织，帮助清点官僚资本、保护工厂等，并组织力量对消防设备进行清查，以备不时之需。

到 11 月底，广州电力各项接管工作基本结束，大局初定。江风、冯昌盈在接管中所表现出来的掌控全局的能力和雷厉风行的作风，让羊城用电商户、市民刮目相看。短短两个月，广州电厂逐渐呈现出崭新的气象。

1950 年 1 月，广州电业管理处成立，王炎任经理，卢铖章、林国任任副经理，隶属市政府公用事业局，直接管理西村、五仙门发电厂和全市的供电线路、变电站。同时，任命周介之为西村发电厂经理，程长治为人事室副主任，李梓高为企业科副科长，冯昌盈为计划科科长，王家骧为计划科代理副科长。

任命下达后，出生于江苏金坛、1938 年参加革命工作的王炎，从军管小组江风手中接过接力棒，与卢铖章、林国任等人并肩，立即着手进行改革，对旧时代遗留下来的广州电厂机构，从上而下进行调整。

广州电业管理处本部设立人事科，以加强职工管理和干部教育；设立工程师室，加强技术统一领导；取消有名无实的购料委员会，将其业务与材料库合并，改称材料科；业务科与用户科合并，沿称业务科，并简化用电报装手续，方便市民。

接着就是对电力生产企业的机构进行调整：西村、五仙门发电所改为发电厂，以加强生产管理；关闭河南发电分所发电机组，将其并入供电科管辖的河南修试所，同时，确定以西村发电厂为试点，学习华北电力企业的经验，推行生产区域制，取消运转股和修理股，成立锅炉、汽机、电气和修配四个工场，增设生产技术室、秘书股、会计股和材料库。这是新中国成立后广州市和广东省电力系统的第一次机构改革，尽管改革不够完善，特别是对“小分场制”在较长时间内电力系统有争论，然而对于改革的指导思想和做法，有许多仍是应当肯定的。

此外，在电力生产管理上也取得了显著成效。1950 年 3 月 20 日，广州电业管理处召开工人代表大会，来自西村、五仙门发电厂的 50 多名工人代表参加了会议。会上，王炎作了第一季度的行政工作报告，总结了近 3 个月的工作推进情况：

节约用煤方面，设立专人负责研究电厂煤耗问题，针对五仙门发电厂机器老旧、煤耗奇高的情况，制定措施，改进方法，发电标准煤耗率由 1633 克/千瓦时，下降为 1378 克/千瓦时，1 月至 2 月节约用煤 513.4 吨。

线路整治方面，完成了 23 公里的西关低压线路整治工作，整治后，电压普遍提高，其中内街电压提高了 40%，马路电压提高了 20%；完成了 762 个变压器的检查及负荷测量、调整工作，建立了定期检查制度，变压器损坏现象大减；加强了全市 2.3 千伏高压线路的巡查维护，线路故障日渐减少；新装了路灯 272 盏，整改了 388 盏，敷设了线路 16.1 公里，换装了灯泡 1377 个，并开始在交通要道上安装强力水银灯，让城市的夜晚更加光亮。

降低线损方面，组织广州电业管理处职员和西村、五仙门发电厂工人纠察队员 143 人，分成 19 个小队，将全市划分为东西南北四个区，逐区清查，共查获窃电者 1207 户、用灯 5453 盏、电炉 235 个，追缴电量 8.29 万千瓦时，电费 2.65 多亿元（旧币）。其中偷窃电量比较大的有河南工娱戏院、华大制药厂和海珠市场恶霸陈福林等。经此一役，全市线损由 54.89% 降至 41.2%。

新中国成立初期的广州第十甫路的街线

会上，广州电业管理处工会筹备主任谭明指出：第一季度管理处所属各电厂工人在购债、双拥、冬防等活动中表现积极，尤其是工人纠察队，在反特、防匪、护厂的斗争中发挥了作用。此外，通过成立工人合作社，保障了工人生活必需品的供应。同时，还将合理利用煤渣等在生产管理中节约下来的部分经费，用在了改善工人的福利上，农历春节时分发了猪肉、肥皂和油。而存在的问题包括与行政工作配合得不够，许多工作没有与生产结合，团结群众的工作也做得不够深入，调动群众工作积极性还不够彻底等。

次月，广州电业管理处又对下一步的电力整治、生产管理等工作做了具体的安排，并提出四点要求：消除无计划及浪费现象，消除制度紊乱无人负责的现象，消除党政工不协调的现象，消除官僚主义作风。

然而，此时此刻的广州，还不是一块平静的地方。败退台湾的国民党飞机经常窜入羊城上空袭扰、侦察、扫射和轰炸，造成市区房坍人亡，触目惊心。据统计，至1950年3月，国民党飞机空袭广州达80多批次，每批次从两三架到十多架不等。特别是3月3日，国民党出动轰炸机轮番对西村发电厂、自来水厂、黄沙车站、码头等地进行疯狂的无差别大轰炸，炸死炸伤市民600多人，炸毁炸塌几百条小艇和大量房屋，酿成了令人发指的“三三”大轰炸血案。

是时，隐藏在广州市区的敌特分子四处活动，或发信号指引敌机轰炸，或张贴标语散布谣言，或向巡逻的解放军打黑枪，甚至用机枪扫射，十分猖狂，公开叫嚣：“大天下是共产党的，小天下是我们的。”

“三三”大轰炸血案，不仅给广州人民造成了巨大的生命财产损失，而且严重干扰了城市的接管与社会秩序的重建，引起了各界群众的极大愤慨。当天，叶剑英立即召集广州市党、政、军负责人开会，部署应对之策，要求部队加强防空防特，并动员全市人民积极行动起来，团结一致，投入到反轰炸、反封锁、反匪特斗争中去。

广州市公用事业局离休干部陈宜平于2002年曾写下这样的一段记述文字：“当时……广州机场陷入一片黑暗。而当时广州机场的跑道不能降喷气式战斗机，情况万分紧急。对此，时任广州市市长的叶剑英下狠命令：要求务必在24小时内将机场的供电设施修好，为跑道施工提供照明。接到命令时，我正在吃晚饭，局长找到我，说叶市长下了命令，务必在次日晚上通电。那时什么工具都没有，只好把电影院备用的发电机拿来发电照明，并用三根竹竿支成一个架子，作为电线杆用。一路看过去，路边支的都是竹竿。在我与同事们的积极抢修下，次日晚上7点，广州机场准时恢复供电，全场欢呼。叶剑英市长闻悉这一消息，非常高兴，特地奖励我们每人一个月的津贴。”

为了应对国民党飞机的袭扰，王炎与卢鋮章、林国任商议，立即召开广州电业管理处全体干部职工大会，控诉和声讨国民党飞机轰炸所犯下的滔天罪行，并布置各项生产运行、安全保卫、抢修抢救等应对措施。谭明说：“敌人的飞机盲目投弹轰炸民房，存心破坏我们人民的城市，这种残暴行为卑鄙无耻、不得人心。敌机轰炸持续不了多久，我们要用加紧生产来回应敌人的暴行。”

于是，一场轰轰烈烈的反轰炸、反封锁、反匪特群众运动在西村、五仙门发电厂开展起来了。

1950年3月，广州电力工人抢修被国民党飞机炸毁的供电设施

周介之，这位于广州解放翌日清晨以军事代表身份接管西村发电厂并随后担任经理的军人，立即联系进驻广州的四十四军，在其指导及协助下，积极修筑防空工事。何骥荣、罗钦文、梁梓华、陈兴、张树本等工人，工余时间不休息，加班加点修工事，手上都磨出了血泡。同时，成立了救援队、纠察队和消防队，救援队负责人员抢救工作，纠察队负责防匪、反特、护厂工作，消防队负责防火救火工作。

在厂医唐世皋的教导下，救援队队员集中学习了基本的救护技术、救护箱的使用方法、各类急救药品的性能和用法、骨折外伤绷带包扎方法和防毒方法等等。3月10日，消防队队员对全厂的消防用具进行了检查，并对高压水喉、水管进行了试验。纠察队在市政府公安局、解放军指战员的指挥下，在电厂周围积极布控，严密监视。3月3日，纠察队协助护厂的解放军成功地抓获了一名潜伏在电厂周围为敌机发信号的国民党特务。

1950年3月20日《南方日报》刊登了这样一则消息：3月17日下午，五仙门发电厂8号锅炉因炉内后排漏水故障而紧急停机。就在抢修过程中，一阵防空警报响起，国民党飞机又来轰炸了！此时，按照规定，电厂立即降低负荷、发电不外送，除生产运行值班外其余人员全部停止工作，全城实施停电。

工人们叫正在高温炉内抢修的修炉组工人谢顺和陈华赶紧停工躲避，得到的回答是：“别管我们。我们今天一定要整好，争取下午就开炉！”就这样，在电厂随时有可能被敌机投弹炸中的情况下，洗炉班、起重班、焊工班与修炉组紧密配合，他们在直径一米多、长三米多的炉胆内坚持工作半个多小时，完成了抢修任务。

机构改革、生产整治和反轰炸三战打下来，王炎带领的广州电业管理处领导班子打出了威风，树立了威信，也牢牢地握住了工作的主动权。与此同时，如何尽快修复受损发电机组、统一发电频率和输出电压、实施民主管理成为人们新的关注焦点。

新中国成立之初，始于 1888 年的广州电力，经过 60 余年的惨淡经营，留下的全部“家当”仅有发电所两间，名义上装机容量有 5. 35 万千瓦，但实际可出力的只有 2. 7 万千瓦，约一半设备已经损坏或闲置。损坏或闲置的设

新中国成立初期的五仙门发电厂

备有：西村发电所汽轮机和发电机各一台，五仙门发电所发电机四台（其中河南发电分所发电机一台）、锅炉五台。

广州在新中国成立后，经过工人和工程技术人员的努力，一批闲置的发、供电设备得以重新恢复运行，其中效果最显著，影响最大的是广州西村发电厂修复了1.5万千瓦汽轮机和发电机各一台，使全厂发电能力增加一倍。

西村发电厂1号汽轮机因大轴扭曲，43级叶片中已损坏13级，已废弃十多年。1949年11月，周介之征询工程师和工人的修复设备意见时，入厂工作了30年的老工人王生保和工程师黄新民、孙百城等人认为："只要和工程师联合起来，大家讨论研究，我们一定能有办法修好。"

接受任务后，王生保同工程技术人员一起研究制定修机方案，并亲自动手配制零件和安装叶片，每天工作长达十多个小时，最多时曾连续工作36小时，两次因为过于劳累而昏倒。经一个多月的奋战，修机任务于1950年1月基本完成。但其后在试机时发现汽轮机振动过大，王生保又自制工具，反复调试，直至振动达到标准要求。同年6月，1号汽轮机正式投入运行。

与此同时，五仙门发电厂也修复了8号锅炉，并从6月24日起，组织力量开工维修7号锅炉。该厂是广州第一座大型近代化燃煤发电厂，设备老旧，修复难度并不比西村发电厂小。工人们以极大的热情投入到设备大修工作去，补炉组工人谢顺、蔡贤、刘为民等在维修引风机时，想出了边拆边修的好办法，提高了工作效率，并利用废旧材料中的铁板、角铁来补锅炉。李生、陈华、何来、李沛、冼耀、李泽芝、邓三元、陈郁基、区觉非等和起重组的工友紧密配合，只用了四天就完成了以往十多天才能干完的炉排、煤柜、煤闸、风箱的拆卸工作。李生在开工后没几天就生病了，工友劝他请假休息，他说："工夫多，告假放心不下！"

回到西村发电厂。1号汽轮机的修复，给了王生保及工程技术人员极大的信心，他们又把眼光投向了另一台弃置多年的1.5万千瓦发电机。这台发电机是1938年日寇侵占广州前国民党政府撤退时有意损坏的，定子绕组

1938年10月20日烧毁的西村发电所2号发电机（1950年摄）

已严重烧毁。抗战胜利后，国民党政府曾准备修复，但国内外一些专家都认为无法修复，建议另购新机。1951年，在接替周介之担任电厂经理的高军的组织领导下，老工人王生保、刘光和工程技术人员潜心研究，制定修机方案，于8月开始修机。工作小组自制工具，反复试验和探索，解决了绕组成型、焊接、绝缘层耐压等难题，终于制作与修复了定子绕组。1952年5月8日，这台曾一度被判“死刑”的发电机重新发出了悦耳的机器声响。

在企业建立党群组织，是巩固执政基础、体现工人阶级当家做主的重要工作。1950年6月，广州电业管理处及所属的西村、五仙门发电厂成立工厂管理委员会，由经理、党支部、工会、工程技术人员、工人代表组成，负责讨论企业的生产计划、管理工作以及职工生活福利等问题。当年王生保在修复1号汽机组后接受记者采访时深有感触地说：“新中国成立后，可就不同啦！军事代表一到厂，就先找我们商量。要修机，也找我们。人民政府毕竟是人民的，这要是放在以前，修机大事还哪轮得到我来发表什么意见?”

民主管理体制的建立，充分体现了依靠工人阶级管厂治厂的精神，这一点也体现在劳动奖惩上。是年7月，厂方升任王生保为修理股副股长。10月，经过工厂管理委员会全体代表的集体评议，参与西村发电厂1.5万千瓦汽轮机和发电机的修复、为企业做出重大贡献的王生保、黄新民分别被评为1950年全国劳动模范、广州市劳动模范。

为总结解放后一年来生产成绩，表彰先进，促进再掀生产热潮，广州电业管理处举行了评功活动，评出特等功4名，一等功40名，二等功106名，三等功、四等功以及护厂反轰炸斗争中有功者各若干名。1950年10月29日，电业管理处在美华戏院举行庆功颁奖大会，表彰西村发电厂、五仙门发电厂护厂及反轰炸有功者，并藉此作冬季生产竞赛动员。大会指出，要搞好今后的生产和立大功，不可自满自大，职工要团结互助，提高警惕。会议号召全体职工以绝大的信心和决心，确保完成冬季生产任务。五仙门发电厂代表说，“我们保证将那座可以用手剥得烂的废置几年的四号机，修好如同新机一样。”西村发电厂代表说，“我们一定要自己把新机装好，将那一笔本来要给承装商赚去的钱节省下来。”

老旧发电设备的修复、民主管理的实施有效地提升了电力供应能力和企业管理水平。进入1952年，王炎、卢铖章、林国任、谭明等人组织工程技术人员，又马不停蹄地转入另一项事关全局的更为重要的工作：统一频率和电压，组建广州电网——这是广东省电力系统形成的开端。

由于历史原因，广州各发电机组的频率和电压不统一，西村发电所发电频率为50赫兹，输出电压为13.2千伏，五仙门发电所发电频率为60赫兹，输出电压为2.3千伏，由此造成两间电厂电源不能并列，只能分地区供电。五仙门配电室每天根据两所运行情况，进行频繁的转送电操作，也给用户带来不便。广州在新中国成立后，随着国民经济逐渐恢复，电力需求日益增长，由单个发电厂直接发、供电的落后运行方式已不适应生产发展的要求。

1952年广州电业管理处把发电厂联网运行提到重要议事日程，并组织力量将五仙门发电厂三台容量共1.7万千瓦发电机的频率由60赫兹改为50赫兹，输出电压改为13.2千伏，使之与西村发电厂机组的频率与电压相同。同年2月17日开始两厂并网运行，联成广州电网。联网运行后的当年，即显示出其调度灵活、安全经济的优越性。

辛勤的工作，终于获得了回报。经过接管与整治的广州电力，城市供电正常了，线路修好了，电压更稳了，偷电减少了，线损下降了，于是，工厂重新冒烟，商铺恢复营业，经济开始复苏了，广大市民的生活日趋正常。翻开《广州电力工业志》，有一组数据充分说明了这一点：1949 年广州用电量为 5967 万千瓦时，1950 年为 4873 万千瓦时，1951 年为 7116 万千瓦时，1952 年为 7208 万千瓦时。

广州电力从战争的废墟中站立起来了，从血与火的灾难中恢复过来了。

人们常说，砸碎一个旧世界容易，建立一个新世界很难。但是，在叶剑英和他的战友们的努力工作和精心治理下，历尽沧桑的南粤古城广州，开始露出崭新的容颜，焕发出勃勃生机。对比前后的变化，广州民众看到了新生政权和共产党人与旧时代的不同：一是建立人民政权，严惩匪特恶霸，收缴非法武器，禁毒禁赌禁娼，收容难民乞丐，社会风气为之一新。二是没收官僚资本，整顿金融秩序，打击投机，稳定物价，恢复生产经营，经济日渐平稳。三是政治清明，办事效率超高，亲民惠民，没有贪腐。

七层水电站轶闻

陈晓婷　温　红　林美娜

“东方红，太阳升，中国出了一个毛泽东……”这歌声时常飘荡在兴宁和山河上空，今年 86 岁的七层水电站退休职工吴伟良对此记忆犹新。

“冬天的时候，树叶掉光了，一整片山都是光秃秃的。从七层水库引下来的水管裸露在外，弯弯曲曲，远远看上去就像一条蛇在山上蜿蜒。周边农村里的孩子经常会爬到水管上去玩。爬上去，滑下来，七层水电站就像他们的一个游乐场。”吴伟良笑着回忆着，当年的景象仿佛又重现在脑海中。

他口中的七层水电站，是位于现今梅州兴宁永和镇七层村的一个小型水电站，是新中国成立后广东省首先建成的小水电站。

据史料记载，广东省水电站建设始于兴宁县。1930 年春，兴宁华侨陈仁楷回乡开办兴宁华侨水电股份有限公司，购进德国产 115 千瓦水轮发电机组一台，在新圩径下乡响水径兴建小水电站。1937 年春建成投产，供电给县城商户和居民使用。抗日战争时期遭到破坏，断断续续发电至 1947 年，终因水源不足而停产。1948 年，陈仁楷不得不忍痛拆除响水径厂房，把被损毁的电机和器材全部运往县城。经过整修，在新中国成立前夕，改用火力发电，使县城重放光明。

兴宁县地处山区，境内有宁江河、和山河等多条河流，水力资源较为丰富。据调查计算，水力资源理论蕴藏量为 4. 75 万千瓦，可开发利用 2. 7 万千瓦。新中国成立后，人民政府高度重视水电开发。兴梅专区政府建设科、水利部、农林水办公室等政府机构，大力动员、组织、领导人民群众进行水利、水电基本建设。兴宁县政府不论在建设资金、建设布局，还是在技术装备、人员培训上，都做了具体部署，各界群众建设小水电站的意愿和积极性高涨。天时地利人和，兴宁打响了小水电建设的第一炮——兴建七层水电站。

据《南方日报》报道，当年开办七层水电站是非常艰难的。1949 年冬，新中国成立伊始，兴宁县人民政府就开始着手酝酿兴建小水电站，开始时想与陈仁楷等当地华侨合作，但华侨对新生的人民政权信心不足，财力有限，投资意愿不强。鉴于此，县政府转向鼓励发动本地工商业家投资，技术上由政府帮忙解决，但仍没有收到多大效果。最后，县政府决定独资建设，并于 1950 年 5 月开始测量和开工建造。到了 9 月，眼见经济逐步恢复、社会日趋稳定，工商企业家开始大量投资，陈仁楷以他那台从响水径水电站拆回县城存放的旧水轮发电机和配电设备入股，而兴梅专区也在经济上和技术上予以支持，集资共计 3 亿元（旧版人民币），公私合营的七层水电站正式开始筹建。

1950 年 10 月，兴宁县政府建设科工程师、专门负责水利水电施工设计的吴按彝领着几十个建设工人来到七层乡，甩开膀子埋头就干，开始动工建设七层水电站。他们充分利用地理优势，在水电站上方的和山河上兴建一个水库，水库集雨面积 5 平方公里，有效库容 22 万立方米，利用水头 72 米，引用流量 0.22 立方米/秒。建设水电站需要大量水泥，而那时候，水泥这类建筑材料十分匮乏，很难买到。吴按彝大胆创新，发明使用烧黏土代替水泥的方法，即用废旧汽油铁桶焙烧黏土，烧熟后碾压成粉，拌和石灰、砂子，浆砌尾水井和厂房。

小山村里来了很多生面孔，听说是来建水电站的，村民们都纷纷围过来参观，好奇地询问着这个水电站究竟是长什么样、做什么用的。吴按彝和工程师们总是很热心地给村民讲解。村民一边听着他们讲着水电站的作用，一边在旁边帮个小忙，比如搭把手递块砖什么的。

原七层水电站改造后的发电机组

厂房的墙体架构很快就建好了，进入设备安装阶段。县政府出资向陈仁楷购买了那台从响水径水电站拆回县城存放的旧水轮发电机和配电设备，但从县城到七层乡有二三十公里那么远，怎么才能把这重达几吨的大家伙运过来呢？这可让吴按彝犯了愁：调运车辆，一时半会也找不到合适的；就算借到了车，路也不一定行得通。思来想去，为了不拖延工期，他决定采用最原始的办法：人力运送。

吴按彝找来六七十个当地村民，十几个壮汉用粗麻绳把发电机绑得严严实实的，用长木棍穿过麻绳，绑好加固，“一二三，一二三，一二三……”大家喊着口号，一起使劲，抬着发电机就出发了。其他小件的配电设备，就装在箩筐里，众人肩挑着紧跟其后。浩浩荡荡的一群人，像舞龙灯似的，手抬肩扛，运送这堆设备，沿着和山河边的小路向着七层乡进发。由于缺乏机械运输工具，行进速度极慢，一天走不了一公里。他们白天搬运，到了夜晚，就把设备寄放在附近的农家，各自回家休息，第二天天蒙蒙亮就起床赶过来接着干。就这么走走停停，历经好几十天，终于将发电机等设备抬到了水电站工地现场。

万事俱备，只欠东风。发电机及其主要配件已经到位，可是从山顶水库引水下来的压力水管，除末墙连接水轮机的20—30米渐变管可用混凝土管外，其余部分该怎么解决呢？那个钢材紧缺的年代，在兴宁这个小县城，上哪儿去找那么粗大的水管呢？在众人焦虑万分之际，吴按彝又想出一招：用废旧汽油桶代替水管。于是，他立刻号召大家四处去收集废旧汽油桶，并从县城找到熟练焊工，利用氧焊加电焊的方式把1008个大铁桶（每个一米多高）用铆钉接驳起来代替钢管，铆接成一段1080米的压力水管，一路从山顶的七层水库铺到下面的水电站。

历时近10个月，1951年7月21日，七层水电站建成投产。水从山顶水库奔流而下，发电机“轰隆隆”地转起来，吴按彝和所有参建人员，还有围观的村民都激动地直拍手，就连树上的夏蝉都被感染，愈发欢快地唱了起来。

至此，新中国成立后兴宁县的第一个水力发电站，也是新中国成立后广东省第一个水电站正式运行。该县最早实行公私合营的企业——七层水电公司正式成立，经验丰富的华侨陈仁楷出任第一任董事长。

七层水电站的建成投产，有效改善了兴宁县的用电状况。查阅资料可以发现，水电站丰水期一小时可以发 115 千瓦时，当年发电量就达 11 万千瓦时。源源不断的电力从七层水电站出来，用 10 千伏安、20 千伏安的两台单相变压器，通过电压为 2.2 千伏（1956 年 5 月 3 日改为 6.3 千伏）的 20 公里输电线路送到兴宁县城。电力除供应政府机关、县城化工厂、商家所需外，还有部分电力供给小工业作坊，小城的夜晚有了更多的“星光”。

20 世纪 50 年代，“独此一家”的七层水电站在兴宁县国民经济中占据着重要位置。永和区政府在水电站四周建了门楼和围墙，专门派民兵 24 小时轮班守卫。周边慕名而来的群众，想要一睹电站的庐山真面目，那都是不允许的。发电机“跑”起来了，裸露在外的压力水管却由于“先天不足”，再加上长年累月经受风雨侵蚀和水压冲击，不断地产生裂缝漏水。维护水管成为电站工作人员的日常工作之一。在资源匮乏的年代，他们只能借鉴补船的“土办法”，用泡丝、黄油、麻油条混在一起对水管进行补漏，见一处补一处，缝缝补补地维持水管的正常使用。

1952 年水电站发生了第一次严重的生产事故。当时的值班人员吴焕泉无意间把一块毛巾搭在水管上，没想到，这块毛巾正好放在引水管的进空口（成人手掌大小）处，水流巨大的压力一下子就把毛巾吸了进去，把进空口给堵得严严实实。空气无法流动排空，水管里面形成真空，内外压强的不平衡形成水锤冲击，让巨大的引水管瞬时瘪塌下去，厂房里的发电机组顿时没了声响。突如其来的一切，把吴焕泉吓得魂飞魄散，心里直想着“坏了，坏了，这下惹大祸了！”急忙向电站办公室跑去，叫人跑到上面水库的拉杆房将锁水闸关掉，停止水库放水。此次事故，造成局部铁管受力下弯，所幸未对发电机造成损坏。

“水电站出大事了……”事情一传出，这个小山村顿时炸开了锅，村里乃至周边的村民都纷纷谈论着这在当时“惊天动地”的事件。这事还惊动了周围村镇的许多“军师”，他们纷纷上门就如何重新修复损坏的水管问题，给水电站“出谋划策”，热闹了好一阵子。

在综合了各种“民间高手”的建议之后，陈仁楷召集有关工程技术人员，并找来原提出用废旧汽油桶代替引水管点子的吴按粦，一同研究制定修缮方

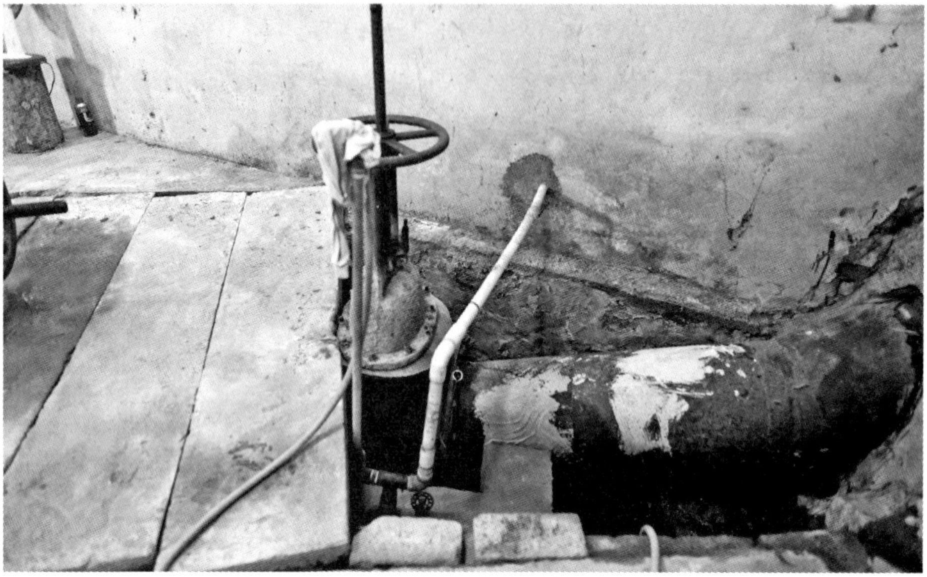

水电站值班房一角现状

案。具体的方法是：先将水库水慢慢灌入，利用水压像充气球一样把瘪下去的引水管恢复原样，同时在水管一侧特地做了一个用以排掉多余空气的“涌浪筒”（即调压井），与水管形成一个 V 形，再加上减压阀。后来，为了安全起见，他们又用六毫米的粗铁丝隔段隔段地将水管扎紧加固，用山上的木材做成模板，从市面上找来“红毛泥”（当时英国进口的水泥），将铁管团团包裹“变身”为水泥管，以防再次爆裂漏水。这个工程，断断续续地进行了一年多才完工，水电站的引水管算是“因祸得福”，从根本上消除了原工程遗留的安全隐患。

日月如梭，转眼到了 20 世纪 60 年代。

1963 年，而立之年的吴伟良因一个偶然的机遇，被招进七层水电站当了一名水电工。事隔 36 年，他仍清晰地记得引他入行的水电站站长王载尧。

那会儿，吴伟良还是一个送报纸的邮差，当时连辆自行车也没有，“十里八乡”的山路全靠两条腿，每天吴伟良送完信，双腿已经累得不是自己的了。有一天，吴伟良送信途中累了，坐在水电站门口的一块石头上休息，啃着随身带来的干粮。忽然，他发现水电站墙壁上贴的一张纸上赫然写着“招工”

二字，便站了起来去看个究竟。原来真的是水电站招工哩！吴伟良回忆说：“我一字一句地读了一遍。说实在的，那时候我有点动心了，因为我早就不想干送信这活了。”那年他30岁，正是年富力强的年纪，但要转行，自己却没有水电这方面的技术，人家能收吗？他正寻思着，里面有个声音高声问道：“小伙子，要不要来试一试？”他往里一看，支吾道：“可是我没有技术……”那人又说：“可以学啊！”当时问吴伟良的人是水电站站长王载尧。就这样，这一声招呼，改变了吴伟良的一生。

于是，吴伟良由一名送报送信的邮差改行当了一名水电工。入职后，王载尧成了吴伟良的师傅。吴伟良跟着师傅扎扎实实学了两个月，发电、司水、看表、系统并闸等各种技能，王载尧肯教，吴伟良肯学，师徒之间甚是默契。两个月后，吴伟良通过了王载尧对他的实操考试，正式成为水电站的一员。当时水电站共有七八名员工，每个班次两人，24小时分为日夜两班轮流上岗。在站长王载尧、副站长吴裕康的指导带领下，吴伟良渐渐成为水电站的技术骨干，练就了一身本事，光是听机器的声响就能明白机器的运转情况是否良好。

刚上班一年多，吴伟良就经历了惊心动魄的一幕。1964年8月，11号台风呼啸而来。台风对于山区的影响，不是风，而是持续的降水。两三小时内降雨153—266毫米，水库的水位不断地上升，大大超过七层水库的设计标准。终于，土坝不堪重负，瞬间崩塌，洪水像脱缰的野马，奔流而下，涌进水电站厂房，将设备淹没。洪水过后，电站操作室内满是垃圾、沙石，发电机组也尽是淤泥，伤痕累累，混乱不堪。为防止机组受潮损坏，电站员工赶紧把发电机的所有零件都拆出来，把淤泥清洗干净，然后采用木炭烘烤和发单机自动烘干（短路烘干法）“双管齐下”的方法，足足花了个把月，才将设备烘干。被冲垮的七层水库堤坝，亦于当年冬天重建，用石头、水泥与钢筋混合，将原来的土坝改成浆砌石溢流坝。而水电站的机组，经过将近一年的维修调试，到1965年才真正恢复正常发电。直至现在，水电站虽几易其主，但这些发电机组仍在正常运行。

1968年到七层水电站上班的潘汉全，虽然只在那里工作了两三年，但对水电工作情况包括一些细节仍记得十分清楚：“当时的那台发电机是德国制造的冲击式水轮发电机。别看黑色的外壳不起眼，里面的线圈、水轮机的叶子、喷水嘴、出水的‘烟斗’那些可都是铜制的呢……同事们之间也很团结，上班的时候大家轮流做饭，有什么事都会互相帮忙。”

“应该说，20 世纪 50 年代，是七层水电站最辉煌的时期，除了我们水电站和兴宁县城的商店、工厂有电，其他地方都还是用煤油灯的。”说到这，吴伟良有着一种油然而生的自豪感，“但到了 60 年代，随着和山、合水等多个水电站的建成投产，七层水电站的作用才逐渐下降，再也没有那种‘舍我其谁’的荣耀了。当然，这是好事情，说明兴宁的电力工业在不断发展，经济社会在不断进步。”

曾志在西村发电厂

许昌永　许浩然

“来，让我也进去看看。”说着，曾志一把拿过打湿的衣服，往自己身上披，又捋了捋短发，戴上了打湿的帽子，就动作麻利地往炉膛里钻，大家拦也拦不住。

这天是广州西村发电厂锅炉开始检修的日子，为了抢时间，炉火停后才40多个小时，工人们就拿起工具，展开了锅炉内外检修的工作。

炉膛里温度高达六七十摄氏度，俨然一个巨型烤箱，人在里面待个十多分钟就得赶紧出来透透气。几个工人穿着厚厚的鞋子，鞋底冒着烟，吱吱作响，打湿的衣帽冒着蒸汽，脸上满是豆大的汗珠，见到曾志也钻进了炉膛，工人们都感到十分惊讶，她是省委书记夫人，自己也是个高级干部啊！

“大家辛苦啦！注意安全。”看到参加工作30多年、刚提拔为副厂长的王生保和工人们都在忙碌，曾志心疼地说。王生保他们心里一阵激动，几乎都说不出话来，“书记您快点……出去吧！里边太热了。”

此时，距离曾志来西村发电厂的时间并不长。1952年10月，曾志被任命为中南局工业部副部长，并兼任广州电业局局长和党委书记。在广州电业局，和她拍档的有党委副书记、第二局长王焕等人。广州电业局的办公地点当时在广州泰康路华安楼内。

既然组织上任命她担任电业局的领导，按常理，她应当坐在局里的办公室，但是曾志偏偏选择了驻扎到西村发电厂。她在个人回忆录《百战归来认此身》一书中写道：“我深深感到，作为管工业的干部，如果自己既没有技术，又没有经营管理经验，对工厂生产工艺缺乏了解，是搞不好工作的。”

“我和电厂厂长（高军）对业务都是外行，上任伊始，工作千头万绪，要抓的事情实在太多。”曾志说，“我决心从头学起，决心待在最基层。”于是，她把局党委设在了西村发电厂内部，日常办公就在西村发电厂，这样方便自己直接、深入地了解电厂情况。“好在全国刚刚解放，工人阶级翻身当家做了主人，从内心热爱新社会。再者经过民主改革，工人阶级的政治觉悟也提高了，这些都是我们搞好工作的有利条件。”

不仅把办公地点设在厂里，她甚至把家也安在了厂里。到电厂后没几天，她就把自己的母亲、侄儿、侄女以及外甥都接过来，找了电厂工人宿舍区的一间小房子，在这里安下了家。房子很小很拥挤，人多不够住，曾志晚上在家里吃过晚饭，就回到自己办公室睡。

其实，曾志在广州不是没有家。她的丈夫陶铸时任广东省委第一书记，住在省委院子里。从北京调任广东，组织上就是考虑到这样他们夫妻能多些团聚。但曾志考虑到自己应当多些学习了解情况，考虑到来回交通等因素，她选择了平时上班就住在厂里，只有在周末才到省委与丈夫和女儿陶斯亮团聚。

她和陶铸这一对革命夫妻总是离多聚少。曾志 1911 年 5 月出生于湖南宜章，1928 年参加湘南暴动，随军上井冈山，再后来到上海参加了抗日救亡运动，她的两任丈夫先后为革命捐躯。1938 年，曾志与正在福州从事地下工作的陶铸结婚，可婚后不到一年，陶铸又被捕入狱，几年杳无音讯。1941 年好不容易在延安有一段相对稳定的生活，并生下他们俩唯一的女儿陶斯亮，可 1945 年他们就被派往东北沦陷区，在东北战场，他们又各自忙于解放事业。

奔赴东北，曾志和陶铸把女儿留在延安，他们在向毛主席辞行时明确表示："为了革命，决不考虑个人得失，随时准备献出自己的一切。"当时，毛

1954 年，曾志与家人合影

主席充满激情地赞叹道："这才是陶铸和曾志。"

曾志曾经对陶铸说："我过去忽略了做妻子的义务，对不起你。"来广州之前，陶铸已经调任广东省委书记两年多，工作岗位比较稳定，在曾志主动要求和中南局领导的支持下，曾志来到了广州。她在回忆录中说："我觉得我应该去广州，工作岗位离他近一点，尽尽妻子之责。"

虽然到了广州，陶铸和曾志仍然是各自忙于工作，新中国刚成立，各项事业百废待兴，他们都有太多的工作要做。每当革命和家庭生活发生矛盾时，家庭生活总是让位于革命，艰苦岁月时是这样，现在，她仍旧是这样，"开怀天下事，不言身与家"。

少了与丈夫、女儿的日常厮守，西村发电厂的厂区多了一位从早到晚与干部、工人们一起搞管理、下工场的女性。曾志身高中等，留着个短发，乌黑的双眼透露出丝丝和蔼，除了向厂里干部、技术人员了解情况，商量如何做好生产运行管理、如何开展技术革新，她很少坐在办公室，更多的时候是她自己主动去向大家讨教。她风风火火，到煤运、锅炉、发电、检修等各个工场车间，和工人师傅们一起劳动，听取大家的想法和意见。很快，厂里的人都一眼就认得出她，她也记住了很多人的名字，知道了他们的岗位和工作。

有调查才有发言权，才能对症下药搞好管理，这是曾志对搞好工业工作的信条。虽然工业生产对她来说是全新的一课，但她相信，只要肯下功夫、肯学习，"外行"也一定可以变成"懂行"。之前她担任中南局工业部副部长的时候，就经常到一些大的厂矿调研了解情况。她曾经多次下到萍乡等地的煤矿场，那时候的煤矿机械化程度很低，现场没有足够的安全设施，矿井里又脏又热。曾志在回忆录中写道，有一次，她突然提出要到一个矿井检查工作，殊不知通常男性工人为了节省衣服、减少体热几乎都是赤条条干活的，加上以前煤矿还有不让女人下井的迷信说法，突然来了一位女干部了解工作，着实让大家吃了一惊。

实践出真知，曾志将这个马克思主义真理化为了自己的实践。在电厂，她总是不放弃每一次实践和学习的机会，码头的煤，她挑过，炉渣的分拣，她干过，工人们想象不到，她这样一位平时装扮整洁、举止优雅的革命女性，到了车间工场，干起活来什么苦脏累都不顾，和普通工人别无二致。

锅炉、汽轮机、发电机是电厂发电生产的几大部件。西村发电厂装机两台1.5万千瓦机组，其中一台机组汽轮机和发电机曾经在新中国成立前损坏。新中国成立后，电厂老工人王生保勇敢地接受修复已废弃十多年的1.5万千瓦汽轮机的任务，和工程技术人员一起研究修机方案，经过三十多天加班加点奋战，终于完成修复工作。而一台1.5万千瓦的发电机，定子绕组严重烧毁，一度被国内外一些专家判定了“死刑”，建议另购新机。1950年，厂里组织老工人刘光和工程技术人员研究，决心把这台发电机修好。刘光和工作小组成员自制工具，反复试验，解决了绕组成型、焊接、绝缘层耐压等难题，终于完成绕组修复工作。经过修复，西村发电厂实现了两台机组正常运行发电，成了当时全国发电装机最大的四家火电厂之一。王生保、刘光等老工人的先进事迹，让曾志感受到了他们品质的可贵，感受到了工人们身上的力量，她要抓紧每一次机会，向工人们学习、向生产实践学习，工厂每次搞发电机组、锅炉等大修，曾志都要参加，电机的拆卸、擦油，从检修到安装，她都要和工人们一起，亲手操作。

从1950年起，电厂实行计划检修，锅炉一年小修四次、大修一次，锅炉大修计划周期要一个多月，加快大修进度，是减少停电、增加发电的关键。曾志知道，检修锅炉是最辛苦的活。所以她在检修期间，也多次进到炉膛，与工人们一同劳动。

除了炉内检修，锅炉的节炭器维修起来更是困难。曾志向老工人们了解到，节炭器的铁条时间一久，就会被炉里的烟灰堵住，致使燃烧效率下降，渣油消耗增加。清理节炭器，曾志也想干一干，她也学着老工人的样子，从一个一尺多宽的窗口爬进去，用铁钎和棕绳像拉锯一样在一米多深的铁篾子里拉来拉去，把煤灰刮干净。节炭器内的温度和炉内一样，烟气弥漫，让人呼吸困难，作业条件十分艰苦。燃烧的烟气直往鼻子眼睛里蹿，黑乎乎看不见人，一轮清理除淤下来，曾志的脸上也沾满了煤灰，可她毫不退缩。

曾志回忆说：“每次检修锅炉或节炭器，我都同工人们一起钻进去。我虽然不能参加重劳动，但我同他们一起进火红的炉膛，工人们很感动，很鼓舞士气。”

一旦供电线路发生故障，不论白天黑夜，也不管是晴天还是雨天，线路工人都得出去检测故障，并在故障点挖开马路，把碗口粗的电线拆开修好。有时为了缩短时间，连续作业 36 个小时不休息。曾志与工人们聚在一起有说有笑，甚是融洽。

为了全方位了解电厂实际，曾志坚持从群众中来、到群众中去，工作日上班，曾志经常和厂里干部、技术人员、工人们交流，了解大家的工作情况，共同研究解决问题。那时，住在厂区宿舍的人很多，下班后，曾志和家人也会到邻里左右串串门、拉拉家常。据她回忆："天热的时候，左邻右里都把小饭桌搬到天井，一片欢声笑语。"曾志的母亲与邻居经常一起分享好吃的东西，大家打成一片。人心都是相通的，在这里，彼此之间并没有任何等级、界限之分，有的是同志之间深厚的情谊。

平时都待在厂里，周末是曾志回到市中心的家，与丈夫、女儿团聚的难得机会，但即便是这样，她还坚持每个月安排一个周末，邀请职工群众到市中心的家里做客聊天，以便更深入地了解想法，听取意见。颜鸣鹤说："即便休息时间这么短，曾志也坚持每月邀请一位厂里的员工到家中做客，一方面深入了解工作实际，一方面也可以拉近自己与员工的距离。"颜鸣鹤是 1952 年从武汉大学毕业分配进入西村发电厂的，他也曾经受邀去过一次曾志家中。据他回忆，去之前，他心里还有些忐忑，到了那里，曾志的热情和亲和，让他很快放松了心态，那一次，曾志就如何改进工作机制等问题谈了许久。

当时有一个很普遍的现象，工人们由于在旧社会失去了受教育的机会，受尽了没文化的苦。四野部队南下广州之后，因势利导，要求所有工人都要学习文化知识，并派出大批知识分子，通过各种形式帮助广州干部、工人学习文化知识，由此在全市掀起一场学习文化热。西村发电厂工会则组织全厂工人，按照不同文化程度，分班学习语文及数理化知识。兴趣是最好的老师，工人们学习劲头十足，如饥似渴地学，连饭也顾不上吃，有的甚至把孩子锁在家里，下了班就往夜校跑。曾志说："由于年轻时忙于革命，没有花很多心思在校园里，我很能理解从旧社会过来的工人对知识的强烈诉求。"

对新进厂的外行干部，曾志要求他们以身作则，利用业余时间加入学习行列，并安排本厂工程技术人员分门别类进行授课，定期考试，张榜公布成绩，让全厂职工都能看到。大家怕考试不及格，会造成坏影响，便都拼命学

西村发电厂1.5万千瓦发电机组

习。曾志也和这些干部一样，坐进了课室，虚心地听讲，查阅书籍资料，参加考试。她说："我每次考试都在80分以上，体现了作为一个电业局局长应有的素质，给全厂上下学文化、学技术添薪加火，全厂形成了一个学技术、学文化的浓厚氛围。"

在曾志的领导下，西村发电厂培养了一大批工作骨干、技术青工。两年时间抽调了一整套电厂的班组长和车间干部去了新建的郑州发电厂，调出两名工程师分别到沈阳发电厂以及新建的武汉青山发电厂任正副总工程师，还调出了一批工程技术人员和工人到青山发电厂工作。

新中国成立后，国家曾经组织完善关于电业生产的安全生产管理制度。1951年，燃料工业部颁发《电业安全工作规程》。此后，西村发电厂也初步修编了现场操作规程，建立起了安全规程的学习制度和考试制度。曾志和大家商量，认为电厂现行的规程制度，多是新中国成立前编制的，已不能适应当下的需要，有必要进一步对规程制度进行完善。

她在全厂组织了"机、炉、电、气"四个专项规程修订小组，按照四人一组的分配原则，组建一支16人的修编队伍。关永昌、黄锦麟、颜鸣鹤、周为分别担任专项小组长，这四人中，有三个人是知识分子。在当时普遍倾向重视工人的情况下，厂里的知识分子当上车间负责人比较少见，曾志大胆起用知识分子担任修编小组长，对电厂的知识分子起到了一定的鼓舞作用。

曾志对规程制度的修编并不只是当个甩手掌柜，她利用自己掌管工业的优势，从外部找到了大量的参考资料。据颜鸣鹤回忆，她带来了很多其他电厂的资料和规程模板，经常和各个小组成员讨论如何做好修编和进度安排。

在曾志的关心和大家的群策群力之下，仅用约半年时间，修编小组就完成了工场规程制度以及班组长条例等的编制，为西村发电厂夯实了管理基础。开展规程制度修编，让不少参加的人员从中得到了锻炼提升。颜鸣鹤不久后就被提拔为电气车间副主任。关永昌注重加强现场培训，他所在的汽机工场运行班组连续1000多天安全无事故，被评为广州市一等模范集体，关永昌本人后来还在1956年被评为全国电业先进生产者。

曾志一共在西村发电厂、广州电业局工作了两年时间，回顾这段岁月，谈到工作体会，她将其归纳为两个方面："首先，我信任全厂、全局的科技人员、干部、职工，使他们明确自己的职责和任务，时常了解时事政治和做社会主义主人翁的具体革命道理；其次，放手让大家动手动脑，使全厂干群自觉自愿并富有创造性地在自己的工作岗位上发挥作用。"她认为："这就是从群众中来到群众中去、踏踏实实地依靠群众的群众路线的工作方法，是思想政治工作的基本方法，也是思想政治工作扎根于群众之中，思想政治工作寓于生产、技术、经济工作之中的基本方法，这便是我在西村发电厂取得成绩的成功之处。"

1954年10月，组织上发来一纸调令，曾志调任广州市委工业书记。她在回忆录中这样说道："带着温馨的回忆，我依依不舍离开了西村发电厂。"

蛮陂头水电站的前尘往事

覃超一

广东著名侨乡台山市东南部的北峰山，树木参天，景色秀丽。蛮陂头水电站就坐落在这群山环抱之中，规模不大，水库集雨面积 19.86 平方公里，库容量 175 万立方米，宛如一颗翡翠镶嵌其中。该站自 60 多年前建成投产以来，夜以继日地为台城及周边乡镇工农业生产提供源源不绝的电流，为当地经济社会发展立下了汗马功劳。其间发生的故事，已成为民间茶余饭后的话题。

据《中国民间故事集成·广东卷》一书中《王暠太爷的传说》记载：早在清朝雍正年间，公元 1731 年，新宁县（即今台山市）知县王暠，看到台城附近的四九平原天旱时没水灌溉，便琢磨着为老百姓做点事。通过实地勘察，王暠发现北峰山群流水汹涌，遂决定在蛮陂头筑坝引水，建造水利工程，作农田灌溉之用。王暠的儿子是这项工程的监工，施工期间每天骑着高头大马在弯曲的山路上来回奔走，有一次不小心从马上摔了下来，伤重而亡。蛮陂头水利工程建成后，有效解决了附近农田的灌溉问题，减少了汛期水患，四九、冲蒌、附城、水步等乡镇的百姓受益匪浅。王暠为兴修水利付出了心血，而且还搭上了儿子的一条命，受到了后人的敬重。工程一直应用到民国时期，遗迹至今尚存。

而当蛮陂头的水力资源再次进入人们的视野时，已经是二百多年以后的事情了。

1945 年抗日战争胜利后，饱受日寇铁蹄蹂躏的台山，人心思安，开始着手医治战争创伤，以重振有“小广州”之称的台城工商业。而要发展经济，必须有能源做支撑。台城仅有一间电力公司，已在抗战期间被日军烧毁。如何发展电力呢？是时，台山知名人士梅质彬等人将目光锁定在北峰山丰富的水资源上——兴建蛮陂头水电站。

梅质彬，生于 1888 年，幼名长福，号宗卓，端芬柚柑村人。少年胸怀大志，青年时期就读于广东警监学堂。毕业后，于 1924 年任江门官产处处长，继而在新会、南海警界服务多年。任职期间，为人耿直，办事公正，深得当地群众好评。因处于当时社会之环境，深感难以发挥自己的聪明才智，于是在 1927 年辞职返乡，被推为端芬自治委员会主任委员。他潜心为家乡建设服务，建树良多。如在治安方面，厉行禁食鸦片烟，建立团丁队，防匪防盗，绥靖地方，保护民生；在建设方面，支持建设端芬模范乡，修建了端芬桥、山底圩于芳路和汝南桥等。后来，他又筹建端芬中学，发动旅外华侨梅氏宗亲捐款建校，至1933年建成，梅质彬被选为端芬中学首任董事长，被誉为端芬中学创始人。20世纪30年代初，他与县绅李颂勋合作创办台海行车公司，修筑台城至广海公路40公里。鉴于他所做的贡献，邑人称其为“侨乡建设先驱”。

梅质彬兴建蛮陂头水电站的大胆设想，受到了一些县绅的质疑，认为利用水力发电当时在当地尚属少见，加上地方财力物力有限，且电力技术人员缺乏，恐难实现。而梅质彬坚持认为只要有决心，同心协力，便没有办不成的事。于是他力邀当时台山籍的著名电力工程师余文照先生回来会同多方考察，实地勘查进行设计，提出切实可行的方案。终于获得陈觉生、伍润三、黄明超、李述庵等当地企业家和知名人士的支持，他们联名向台山县政府提出申请，立案筹建。获准后，于1946年5月挂牌成立蛮陂头水力发电公司筹备处，梅质彬被委任为筹备处经理。

推动这项水电工程建设的还有一个著名人物，他就是台山电力、通信、交通等公用事业的奠基人谭蔚亭。早在1926年，谭蔚亭就联络归侨邝醉

公私合營台山蠻陂頭水電公司
股票
股票
公私合營台山蠻陂頭水電公司股票
水電 字第 01215 號股票
設立日期 一九五〇年三月一日
執照號碼 台山縣人民政府核發台商字第八一〇六號
資本總額 人民幣陸拾伍億貳仟捌佰萬圓
股份總額 壹拾叁萬陸仟股
每股金額 人民幣肆萬捌仟圓
股東 三民農主台執
本股票計 股
計人民幣玖圓陸角 圓整
董事長
副董事長
公元一九五 年 伍 月 伍 日填發

蛮陂头水电公司股票

生、谭裔简等人联合折价收购伍俊庭、伍于郁、伍时修等人于1919年创办、1925年歇业的永明电力公司旧股权，并招募新股，集资18万元，将其更名为“永明新记电力公司”重新开业，供台城店铺及街道照明。1928年又购进250马力（1马力=735.499瓦）发电设备，1930年再购450马力六汽缸柴油机及配套发电机，总装机容量为523千瓦，每天供电六小时，除向台城供电外，并架设方形和扁形铁塔，向水步、大江和公益三地供电。可惜的是，1941年台城沦陷时，发电机组被日寇捣毁，该公司从此倒闭。梅质彬关于兴建蛮陂头水电站的提议，自然得到一向热衷于电力工业的、是时担任台山议员的谭蔚亭的大力相助。

筹备处成立后，梅质彬、谭蔚亭等人多次奔走于香港、广州两地，积极发动海外华侨投资。

工夫不负有心人，1948年，梅质彬委托谭蔚亭在香港代购一台德国制造容量为355千瓦的水轮发电机组，并签订合同。所需输水钢管则打算向日本订制。不久，发电设备通过海船运到香港。此时，全国解放战争节节胜利，国民党政权摇摇欲坠。筹建蛮陂头水电站一事，台山县政府撒手不理，筹备处名存人散，成员之一谭蔚亭亦去了香港，后又远下南洋，最终移居美国。所订购的发电机组一直停放在香港，无人理会。

1950年2月，台山县百废待兴，新生的人民政府为发展生产、繁荣经济，决定恢复蛮陂头水电站建设。首先是重组台山县蛮陂头水电股份有限公司筹备委员会，办公室设在台城太平路，由县长谢永宽任筹委会主任，负责水电站的筹备工作；副县长邝炳衡则亲自动员香港电子技术学校工程师邝光明携家眷回乡定居，并担任蛮陂头水电站工程建设的总指挥。筹委会分地区指定专人负责招股集资，每股定价4.8万元（旧人民币，下同），折合港币10元。经过一年时间，招募股份13.21万股，总户数5012户，筹得总股金63.8亿元，但资金仍不足，再由县政府拨款港币4万元，广东省工业厅投资10亿元，同时变卖新宁铁路遗留的路轨，以及将原永明新记电力公司遗留下的厂房、线路、铁塔核充投资，解决资金问题。是年3月17日，蛮陂头水电站正式破土动工。同时，派人前往香港把之前订购的水轮发电机组提运回台山。这个人不是别人，正是原筹备处经理梅质彬，因为只有他本人签字后方可提取。

而此时的梅质彬，作为旧社会的代表人物之一，已被台山县人民政府拘留审查。审查后，新上任的副县长李贯之找到梅质彬，鼓励他继续为人民服务、为台山建设出力，赴香港提运发电设备。梅质彬当即表示听从人民政府安排，与陈觉生一同前往。到港后，在他的三女婿林晓峰和谭蔚亭的协助下，顺利地将全部设备托运回台山，并自垫了运费。

水轮发电机组运回来了，但原向日本订制的输水钢管则遇到了困难。因为这时候抗美援朝战争已经爆发，美国严禁日本向中国输出钢材，工程进展稍为受阻，直到 1952 年初方才迎来转机——输水钢管问题在广州第一钢管厂的支持下得到解决。

该厂将打捞沉船拆出来的钢板，加工成钢管 250 米，并派出技术人员前来指导安装。参加建设的干部职工夜以继日地苦干，建成从台城到蛮陂头的简易公路以便设备运输；锄平多处山坡，开凿出一公里长的导流渠；担石上山筑堤，建成平水池、基建厂房；用大平板车运电杆、器材、导线，每天来回步行 20 公里施工，用一个多月架起一条从水电站到台城 18 公里的木杆高

1952 年，蛮陂头水电站部分员工在厂房前合影

压线路。

1952 年 4 月 21 日，历尽曲折的蛮陂头水电站在锣鼓喧闹声中落成剪彩，竣工投产，发电能力 175 千瓦，升压 1.5 万伏送至台城。在台城设配电室降压用四条 2.2 千伏线路输电至四九、附城、水步、大江等地，送入街道变压器降至 380 伏供用户使用。除供圩镇用户照明和工业用电外，还专供农田灌溉。

蛮陂头水电站的建成投产，犹如深山出凤凰，被誉为中南地区第一颗水电明珠，曾制造石膏模型送广东省水利厅和国家水电部展览，蜚声省内外。工程的完工，了却了梅质彬的一个夙愿。1950 年梅质彬赴港提运水轮发电机组时，其兄弟和宗亲知道他那时刚被拘留审查过，就劝他不要再回内地，留在香港发展，资金方面大家都会全力支持，让他不必操心。梅质彬却说："我来港时已答应了县领导回去参加台山建设，不能言而无信。"于是便谢绝了宗亲和兄弟的劝告，毅然返回台山。

据载，蛮陂头水电站建成后，前往参观者络绎不绝。为确保安全生产，县政府决定在厂房外百米周围架设护墙，并在进出口设立警卫岗哨，竖牌告示"凭证进入"，实施严格管理。同时任命刘发为站长，邝光明为总工程师，加强领导，使水电站顺利运作。

1956 年夏，广东省委第一书记陶铸视察台山，下榻县委大楼。初到两天，他除了听取县委书记王兆田及赵辉等人的汇报工作外，还与随行人员下乡进行调研。第三天清早，一向行事低调的陶铸与随行人员悄悄驱车来到蛮陂头水电站，因没有携带相关证明，被守门警卫拦在了门外不让进，白走一趟。王兆田得知此事后，觉得水电站竟然不让省委书记视察，丢了面子，怒道："太不像话了，这是个严重错误，一定要追究。"陶铸对王兆田说："水电站警卫员是尽责的，没有错，万万不能批评他们。"接着又若无其事地微笑着说："职位高不等于特权，在法规面前与民平等，切勿超越。"陶铸随和谦逊的态度、顺理对事的作风和严于律己的品格，让王兆田深受感动。水电站谢绝省委第一书记参观一事最终平息。

刘发、邝光明是蛮陂头水电站首任站长与总工程师。在他们齐心合力的精心管理之下，水电站业绩突出，获先进单位称号，并培养出台山第一代的水电技术人员。

兴建蛮陂头水电站，技术上全靠当年台山唯一的“进口牌”电力工程师邝光明。他是台山附城高龙村人，华侨子弟，幼年居港，原是香港电子技术学校的教授。蛮陂头水电站筹建时，他无条件地接受台山县人民政府邀请，抛弃高薪和舒适的生活，辞职返乡，全心全意投入到水电工程建设中去，备受赞誉。

时光如逝水，转眼间半个多世纪过去了。蛮陂头水电站不断地发展壮大，1959 年 10 月进行扩建，安装从西德进口的 180 千瓦水轮发电机组，发电能力增加一倍多。其后又陆续安装了两台国产的 250 千瓦水轮发电机组，装机容量增至 855 千瓦。进入 20 世纪 80 年代，经多方论证，认为原发电机组残旧老化、损耗严重，遂决定将其报废，在旧厂房侧另建一座面积为 500 平方米的新厂房，重新购置安装水轮发电机组两台，容量分别为 1000 千瓦和 500 千瓦，架设一条 35 千伏线路至塔山变电站，总长 17 公里。工程于 1986 年 7 月竣工投产，旧貌换了新颜，运行至今。

现放置在台山市博物馆内的蛮陂头水电站第一台水轮发电机

蛮陂头水电站第一台水轮发电机组，退出运行后一直搁置在旧厂房内。2004 年，台山市人民政府将这一台具有历史意义的水力发电设备，交由该市博物馆收藏，并专门拨款 1 万元作水电站的补偿费和搬输费。如今，这台长 3.7 米、宽 3.4 米、高 1.6 米包括水轮机、水机承轴、发电机、调速器等四大部件的设备，摆放在博物馆的天井内供游客参观，成了镇馆之宝。

汕头电力厂荣光史

杨馥因

进入1954年的3月，澄海县赤窖村，一座新建的厂区内，工人们一面忙碌着运送煤炭，一面不停地往炉膛里添煤。水汽升腾，浓烟直上，伴随着转动的发电机，燃烧的热能转为源源电力，从这里输送到数公里之外的汕头市，厂里的工人们露出了会心的微笑。

历时四载，汕头电力厂第一台汽轮发电机组终于投产了，机组容量达到了1500千瓦，这是新中国成立后，潮汕大地建设的第一座大型煤电厂，为汕头这座沿海工商业重镇发展增添了重量级砝码。

这一里程碑事件的缘起，得从1905年说起。

是年，普宁县商人方廷珍和同宗方仰欧联手，向德国婢臣洋行购入了两台直流蒸汽发电机，在汕头埠五福巷内创办了昌华电灯公司，后因发电机遭受雷击破坏，公司在1908年8月宣告停业。

虽然只历时短暂的三年，昌华电灯公司却开了汕头电力事业的先河，启发了商界人士在汕头陆续办起各家电灯公司。澄海县东湖举人高绳芝便是其中之一，1908年8月，他招股集资光洋（银元）20万元，从昌华电灯公司购入了机器、地基，并从香港买来一台英国制造的200千瓦直流蒸汽发电机，创办了汕头开明电灯股份有限公司，即汕头电力厂的前身。

1939年6月，日本军队侵入汕头，开明电灯公司被日本军队占领，改名为“台湾电力厂汕头株式会社”，发电能力仅820千瓦。抗日战争结束后，高绳芝之子高伯昂，时任开明电灯公司总经理，在1945年9月从香港回汕头接收公司，并向民国政府贷款3亿元，购买了一部美国海军登陆艇上用的柴油引擎发电机，容量1000千瓦。在1947年6月，开明电灯公司经整理后，得以重新发供电。

1949年新中国成立，汕头的发展掀开了新篇章。人民当家做主，群众生活日渐稳定，迎来了工商业的蓬勃发展，用电的需求自然提高。但是，接管后的开明电厂此时已是机器陈旧，出力下降，加上当时燃油奇缺，价格昂贵，使得当地照明和生产用电都陷入窘境。

“电力供应不上，这如何是好?”时任汕头市副市长黄声同急在心里。1950年秋，他在市政府会议中，提出购买透平发电机建设电厂的动议。他的提议得到参会人员的同意。

汕头开明电灯公司发电设备旧迹

说干就干。筹建新电厂，各项前期工作迅速展开。1950 年 12 月 9 日，汕头市人民政府成立开明电灯公司整理委员会，次年 1 月，整理委员会重组并改为汕头电力厂建厂委员会，由副市长黄声同担任主任，建设局长余昌辉担任副主任，万达农、会凌风等担任委员。

2 月，筹办电厂的款项来源随即敲定：市人民政府拨款 40 亿元，汕头工商界出资 17 亿元，用电户出资 10 亿元，合计 67 亿元（旧版人民币）。

万达农是开明电灯公司技术工程师，经委托，他在委员会成立后即赴省汇报，竟意外地从省工业厅那里获悉，在顺德县大良光中电厂内有 1500 千瓦汽轮机一部和每小时蒸发量 1600 磅（1 磅 =0. 4536 千克）的锅炉两座。

“筹建新厂，这些机组和锅炉不是正好用上吗!”万达农当机立断，在回汕后立即向委员会汇报，市里也觉得正好。之后，他再次到广州电业局联络，并赴顺德对该机进行检查，与厂里人员商量有关后续拆卸运输等问题。经过 3 个月的反复征询，他作为买方代表，与卖方代表刘希成最后达成协议，4 月 18 日合约正式签订。

机器是解决了，然而，按照基建程序，应当是先提出计划任务书，说明建厂的可能性与必要性，经主管部门批准后，才进行工程设计，编制工期计划，这样才能保证基建项目的科学推进。而汕头电力厂的建设，却是先购买了机器，至于电厂建在哪里，如何建设，电如何送出去，这一切根本就没有

20 世纪 50 年代汕头市区的街景

全面的规划。

特别是电厂的选址，这就是一个很大的未知数。“透平机发电需要大量用水，但汕头市内包括旧厂附近，均是碱水不宜使用，需要淡水水源。”余昌辉、会凌风在选址时，就在汕头及周边地区考察，从机器本身的设备条件出发，考虑到汕头市未来发展与结合运输问题，他们初步筛选出四处选址：汕头市郊火车站一带；离市区十公里的庵埠水厂附近；离市区八公里的龙尾村对岸；还有一处就是澄海县赤窖村现址。

经过反复比较，综合土壤、水源、地势、运输条件分析，委员会最终确认了赤窖村厂址。当时，余昌辉他们的依据是：赤窖村厂址常年无碱水之虞、公路交通运输便利，地势较高节省地基土方，并且这里距离汕头不远，地形开阔平整，便于未来发展。

然而，赤窖村当时隶属于澄海县政府，汕头市要“飞地”建设电厂，澄海方面能“忍痛割爱”吗？经两地市、县方面的几番协商，汕头市同意将市里两台旧西门子柴油机组中的其中一台给澄海县，该柴油机 120 马力，配 80 千瓦发电机，正好弥补县里用电装机空白，而澄海县则划出赤窖村 119 亩（1 亩 =666.67 平方米）土地，给汕头市建电厂。汕头电力厂厂址用地问题就此迎刃而解了。

1952 年春，从顺德运送来的发电机组首先抵达汕头。然而，好事多磨，机组本应顺利“安家落户”，由于建厂手续、相应配套建设工程跟不上等原因，1952 年 8 月，省财委批评汕头建厂混乱，9 月 1 日更是指示停止建设。

这不啻是当头一棒。分析个中原因，主要是建厂初期管理机构职责不明确，管理不统一，造成了财务上的混乱。比如购买电气材料，由在电厂工作的会凌风提出，却由在建筑工程公司的周修文批准；虽然有财政局办理会议手续，但财务支出多少，买了多少东西，用了多少材料，没有统一的计划，结果造成了财务混乱，材料积压损坏等情况。

除了财务问题，工程商、材料商，甚至公文保管上也是乱作一团，新厂的资料并无专人保管，有些在领导人手中，有些在经办人手中。其次，对于器材供应、技术能力、投资预算、时间准备等则估计不足，又没有指派专责干部，没有成立专管机构，建厂开办工作放任自流。很多工程施工和材料采购都是临时增加的，比如变压器、吸水工程、面墙、电机、厂房前面的扶梯、软水设备等问题，导致了工程的时断时续。

好在这一混乱局面不久就迎来了转机。1953 年春，省工业厅副厅长黄锡川到汕头考察，他提出加强建设委员会的意见，这得到汕头市委的重视，市委改组了建厂委员会。改组后，电厂直接参与建厂管理，建厂委员会由市长担任主任，电厂厂长伍乘山担任副主任，专职负责基建工作；建厂委员会下设基建股、财务股，分开甲、乙方，重新订立合同，基建用款也正式由交通银行监督拨付。

有了上级的重视与支持，电厂建设各项工作又转入正常轨迹。汕头电力厂 1954 年的工作报告中写道：“可见加强了党委对基建单位的领导，是全面完成基建任务的保证。”

1953 年 5 月，经检查组同意，汕头电力厂重新复工。电厂的机械设备的拆迁、安装工程确定由上海新通贸易公司承包，建筑工程由市建筑工程公司承包。

但是，由于设计滞后，随之而来的是施工中不胜枚举的困难。

王祖堃，1912 年出生，原开明电灯公司技术工人。早在 1951 年秋季，他便开始负责新厂的建筑布置，和他搭档的工程师方慕管，负责结构设计。由于原始资料不齐全、不完整，仅凭着“大良电机原来安装概况及约估，透平机约重 60 吨，每个锅炉约重 200 吨”这样一个大概作为设计依据，而对于透平机和每座锅炉的详细参数，甚至占地面积等都无法确切掌握，设计时他们两人可谓是焦头烂额，甚至无从下手。

“只能先初步设计建筑布置结构了”，新中国成立初期的汕头市，没有可以直接参考的书籍，王祖堃只能依照经验，做出电力厂的初步布局规划。方慕管的手上也只有一本英文的钢筋混凝土教科书，他只能根据王祖堃的布置图计算梁柱地基的尺寸，从而绘制出施工大样图。

方慕管在《赤窖新电厂厂房设计检查报告》中这样形容：“尤其是关于基础部分的设计，当时毫无资料可以参考。由于缺乏工厂设计经验，设计图样不周密不完整，随着新通公司机电设计的内容陆续确定，经过近一年的反复修改、补充设计，施工图到 1952 年 2 月基本确定。”

本以为放下了心中的一块大石头，然而 3 月，新通公司又一次更新了锅炉载重及布置图，方慕管只能根据图纸再次设计锅炉部分的梁柱结构。1952 年底，省工业厅一位姓沛的专家来检查地基并带土壤去广州试验，当时方慕管在建设局负责其他工作，王祖堃遂与省工业厅专家协同研究决定基础的重新设计。

设计的不断变更，直接导致了施工中碰到的多项困难，在厂房工程方面，《赤窖新电厂厂房设计检查报告》中记载：“经不完全统计，整个工程增加 22 个工程项目，本身更改的就有 54 起，返工 513 工时，施工过程还发生了事故。”1954 年《汕头电力厂基本建设验收报告》中记载：“锯椿头时因土质松，顶泥壁之木板经不起土压力，加以工人在上面走动，土块突然崩塌，导致在椿坑中作锯椿头的工作人员林梁材背部压伤，经及时抢救，未造成重大事故，治疗了十天；浇灌甲号柱混凝土基础工程时，郑阿细站在基础模板边沿倾倒混凝土，工作紧张之际，失足误踏在模板外，失去了平衡跌倒，导致颧颊碰在柱基模板的边角，经卫生员缝七八针养伤约十日。”

历尽艰辛，两年后的 1954 年 3 月，汕头电力厂第一台汽轮发电机组终于

№ 000037

地方國營汕頭電力廠

王豐湯同志廣東省惠來縣人
現年六〇歲在本廠柴油机組
工作在起重方面有貢獻為國家節省很多財富
於一九五三年下
半年度評功榮獲小功一次
特給獎狀以資鼓勵
右獎給王豐湯同志
廠長伍乘山
副廠長湯誠
陳耀東
公元一九五四年四月四日

1954 年汕头电力厂向职工颁发的奖状

投产！加上此前两台柴油机机组，这时候的汕头电力厂总装机容量为 3320 千瓦，属全国 500 千瓦以上的地方电厂之一，在广东省地方电厂中名列前茅。

此时，电厂由伍乘山担任厂长，副厂长分别是汤诚、陈耀东、王绩姜。厂里设化验小组、岩石发电所、修造组、输送线路工区、锅炉分部、电机分部、材料供电股、劳动工资股、营业股、生产技术股、基建股、行政管理股、计划统计股、财务股，职工共计 186 人。这 186 人中，有不少是原开明电灯公司学徒工、工人。

田德昌出生于 1933 年，从 12 岁起便在开明电灯公司当学徒，随着新厂落户，他转至锅炉分部担任检修工人。田德昌的儿子田伟林，1964 年出生，参加工作也进入了后来的汕头电厂。据他转述，父亲田德昌等在 20 世纪 50 年代初期，除了要操心设备等大小难题，每天还担心突袭，丢个炸弹瘤子，造成恐慌、停电。当时汕头政府还下令，要求汕头电力厂两公里外的炮兵连，要时刻保护着电厂，一有个风吹草动，连队就得马上行动。厂里也训练了民兵，全天在门口扛着枪蹲守。

由于仓促上马，加上设计建设上的天然不足，给机组运行埋下了隐患。机组投运才一个月不到，厂里就发生了一次意外——锅炉瓦盖松动，锅炉无法维持蒸发量均衡给水，水汽包围的压力和温度骤然降低，汽轮机上的压力表慢慢地往下掉，发电机组的转速一下子就变慢了。由于那时人员、技术以及各种材料、备件的匮乏，各种故障的抢修并不顺利。

1954 年的初夏，有一次，发电组又闹毛病了，机组转速突然不稳，电压波动得厉害，引发市内短暂的停电。毫无预兆的故障带来的不只是电的“闪停”，也带来了一出“闹剧”，市内的公安部队连同两公里外的炮连团团包围了汕头电力厂。

“不许动!”为首的长官满头大汗，他一声吆喝，眼一扫，手一挥，十几名公安人员便破门而入，仿佛演练过无数遍，三两步冲向了 1 号发电机组，找准了蹲点，扛起枪瞄准了各方位。锅炉分部田德昌、陈文鑫，电机分部李保、郑鸿奎等工人只能停下手中的活儿，举手下蹲，不敢随意动作。

当然，后来经检查，大家也知道停电确实是因为机组出了故障。但在那个年代，机组运行一有“风吹草动”，就可能会上演这样的“虚惊一场”。一直到 20 世纪 50 年代末，随着局势的稳定，这种情况才逐渐淡去。

当然，除了机组运行问题，令田德昌他们头疼的，还有“烂煤”这一难题。此时汕头电力厂所烧的煤，只能依照规定由梅县运送，可是梅县产的煤，质量参差不齐，烧不烧得开，凭肉眼也难以辨认。

汕头电力厂第一台汽轮发电机组有三层楼高，由锅炉、汽轮发电机等组成。机组以煤炭为燃料，通过加热锅炉内的水产生水蒸气，高压之下，推动汽轮转动，产生电力。一旦遇上了烧不开的“白煤”，锅炉烧不开，压力表提不上，工人们急得真像热锅上的蚂蚁。

原汕头电力厂副厂长黄木水今年已经 86 岁了，1958 年，他从劳工局被分配到电力厂当学徒，最开始干活，就是和煤打交道。“白煤和普通煤炭长得一样，但坚硬、致密且高光泽，在所有的煤品种中，燃烧值较低，且容易成块粘‘锅底’，而负责消灭这些硬块的，通常是厂里工人的家属。”田伟林和二姐田瑞文，便是当时的工人家属。每当出现这样的情况，厂长、副厂长也都会直奔现场指挥，送煤的 4 个家属工在第一层使着劲，从锅炉下铲走大块的“废煤”，一边又铲起了新煤，对着空挡的位置送。第二层的两个锅炉工只能盯紧压力表干着急，家属工有的清理出煤口，有的和其他工人到仓库搬木头，甚至是搬着自用的桌子，送进机组燃烧，给锅炉加热。

田瑞文也曾遇到过这一遭，甚至因为这种“意外”，当天的送煤量骤降，到手的工钱也少了。当然，对他们而言，遇上白煤也好，遇上故障也罢，能处理就要赶紧处理，否则，引发更大的故障停发，电厂工人抢修起来，真是好几天都要夜以继日地工作。

在 1 号机组投产后，汕头电力厂又陆续扩建了 3 台机组。1958 年 7 月 2 日，2 号机组落户，同年 9 月，2 号机组正式投入运行。此后，扩建的 3 号、4 号机组先后于 1960 年 12 月和 1964 年 12 月投产发电。汕头电力厂的装机容量和发电规模都跃上了一个新台阶。

1965 年 6 月，汕头电力公司成立，行政上直属广东电业管理局领导，经理连育才，广东普宁县人，1917 年出生，由龙颈水电工程指挥部书记调任。公司成立后，汕头电力厂以及龙颈水电站、汕头供电所等同时作为汕头电力公司属下的生产车间。从此，汕头地区集中力量发展水力发电，龙颈、凤凰、北山、南告等四个水电厂相继建成，而汕头电力厂因煤炭运输不便、发电成本高等原因，发电量逐年减少。到了 20 世纪 70 年代，该厂便一直处于时开

1964 年汕头电力厂改为汕头发电厂，图为电厂大门

时停状态。至 1985 年底，年发电量只有 353 万千瓦时，仅占全市发电量的 0.6%。

1986 年底，汕头发电厂 4 台汽轮发电机组（总容量 6000 千瓦）停止发电，光荣退役，代之而起的是从日本引进的 1 台、从法国引进的 2 台的 2 × 9500 千瓦柴油发电机组。

一百零八将下湛江

陈其勋 温 红

1954年农历腊月二十四，江城武汉，寒风凛冽。武昌第三发电厂内，除了发电机器的轰鸣，会议室里，声音突然也嘈杂起来。

这里正在召开全厂职工大会，党委书记李尚武在讲话中，不是向职工们总结这一年电厂的工作情况，而是传达了上级关于南下广东支援湛江新村发电厂建设的指示。“希望大家积极响应党的号召，克服困难，支援湛江的电力建设。”李尚武说道。

听到“湛江”两个字，职工们顿时有些蒙了。紧接着，“汪俊荣、汤文藩、杨工增、李德贵、施达松、钱汉章、乐义和、刘远琳、李伟、戴泉根、陈忠……”一个个名字从厂长陈绪全的口中读出，足足有108个人，他们都是要被抽调去建设湛江电厂的。末了，陈绪全又扬扬手中的名单表，大声说道：“我也是其中的一个，我将带领大家一同前往，去完成这个光荣艰巨的任务。”

这下子会场里可是炸开了锅！当时的武昌第三发电厂，仅有170人左右，抽调的比例高达63.5%，并随机配备领导干部，包括了厂长、总工程师和汽机、锅炉、电气、化学等技术骨干。一个厂一下子抽调走那么多人，简直是匪夷所思。

几乎每个人心里都是疑虑重重。虽说那时新中国成立才五年，正是各处社会主义建设热火朝天的时候，大家都服从组织的安排，可湛江是个什么地方，很多人听都没听过。

李德贵、刘远琳便是其中最年轻的一批。那一年，他们都刚满21岁。据刘远琳回忆，名单公布后，大家都急切地想知道湛江究竟在广东哪个角落，于是有人赶快拿出地图来找，却怎么也找不到。当时的中国地图上，还没有标出湛江。后来有人解释说，“广州湾”就是湛江的所在地。要知道，武昌是一个百万人口的大城市，而现在要去一个地图上都还找不到的小地方，大家心里都有点忐忑。当年春节，刘远琳特地回去告知父母将南下去湛江的事。父母心里虽然非常不舍，但嘴上还是非常支持，并叮嘱他到那里后要安心工作，不要牵挂家里。和刘远琳他们一同要到湛江的，还有厂团委书记兼会计汤文藩、发电车间主任杨工增、人事科长汪俊荣等人。

湛江新村发电厂的建设，得从那个年代说起。新中国成立后不久，朝鲜战争爆发，美国封锁了台湾海峡，中国急须在广东沿海建设一个新的商港，打通海上运输的关节。湛江港，外有硇洲岛为天然屏障，内有东海、南三两个岛互为犄角，水深浪静，海面宽阔，终年气候温和，沙泥积淤较少，是得天独厚的军事要塞和海运咽喉。1953 年，中央人民政府决定在湛江建设一个新的商港，并同时兴建黎湛铁路（广西黎塘至广东湛江）。

一夜之间，这个小渔港，就被时代赋予了神圣的使命。湛江港建成后，通过黎湛铁路，联通广西及西南地区，湛江将成为当时中国大西南和华南地区货物的出海主通道，是中国大陆通往东南亚、非洲、欧洲和大洋洲航程最短的港口，拥有着极其重要的经济、军事战略地位。

当时整个湛江地区，仅有霞山小柴油电厂五台柴油发电机，其中一台还是坏的，四台柴油发电机总的装机容量还不足 500 千瓦，根本无法满足一个港口及其配套设施建设应有的用电负荷。幸好，中南电管局对直管鄂、湘、赣、粤、桂五省电力企业的设备物资，有统一调配权。于是决定调配武昌第三发电厂技术力量和设备支援湛江，建设湛江新村发电厂。

而武昌第三发电厂的“108 将”就在这个时刻临危受命，担负起了建设湛江新村发电厂的历史使命。1954 年农历正月十五，“哐当哐当哐当……”，在从武汉开往广州的火车上，武昌第三发电厂支援建设湛江的第一批先遣部队出发了。初春窗外的绿意，他们都无心欣赏，对于他们来说，湛江是片陌生的土地。耳边的火车轮与铁轨撞击的声音，正是他们内心忐忑的写照。

那时的交通并不便利。201 发电机组拆解后，职工需要和旅客一起坐火车从武汉到广州。到了广州后，便实施人机分流，发电机组通过海运抵达湛江，职工呢？则需要水陆“并进”——先从广州坐一个晚上的船到开平，第二天上午从开平到阳江，到了阳江后要住一晚，第三天一大早再从阳江坐汽车，最后直到第三天下午 5 点才能到达目的地。几经辗转，500 多公里的路程，走了两天两夜。

李德贵是 108 人当中，唯一负责保卫工作的。刚到达湛江的下午，旧霞山电厂厂长郭治新开着一辆厂里的吉普车，载上他和几名工人到新村发电厂工地查看建设情况。李德贵回忆，去电厂工地的路都是坑坑洼洼的小路，现在霞山市政府的所在地在那时还是一片水塘，要颠簸半个多小时才能到达目的地。当时的厂区占地面积 7.8 万平方米，因为还在建设中，工地上堆满了建筑材料。因为形势紧张，害怕敌对分子搞破坏，所以李德贵要提早查看现场，了解安保情况。

没过两天，201 发电机组也运抵湛江。机组安装由武汉基建局 43 工程处负责。201 发电机组属于快装式，原本是设计装载在火车上的，特点是易于搬迁。但第一批过来的职工都不是安装专业的，所以只能帮安装公司打下手。他们更重要的任务，是把电厂的组织机构逐步建立和完善起来。

初到湛江，职工们在离厂区不远的农村荒地上搭建草棚作为居住地，这一住就是三年。湛江地处亚热带沿海，空气温润潮湿，台风频繁。李德贵等人挤在一个大草棚中，夏季酷热难耐，冬季寒风阵阵，遇上风暴袭击，更是四面漏风渗水，一片狼藉。这些对于水土不服的参建者来说，是对身心的双重考验。

这样一个荒野乡村，距离霞山市区 5 公里，距离赤坎市区 8 公里，步行到霞山市区还要一个小时。工人们的业余活动就更单一了，连看场电影都是件奢侈的事。所以在工作之余，大家就经常坐在田边上谈天说地。可每次说着说着，就想起了家乡和亲人，有些工人情不自禁地号啕大哭起来，旁边的工友受到了感染，也跟着一起痛哭流涕，结果就形成了哭声一片的场景。不过，擦干眼泪，工程建设和生活还得继续。

唯一让这些南下人员感到新奇的是，湛江东临南海，海产十分丰富，石斑鱼、金鲳鱼、龙虾、鲍鱼、扇贝等，品种繁多，看得人眼花缭乱，垂涎不已。不过，当时的工资不高，众人口袋里也没有几个钱，所以海鲜并不常吃，除了逢年过节，多数时候只是尝个鲜，解解馋而已。在这里，很多人都是第一次见到大海，感受到大海的激情澎湃，惊喜连连。此外，还有遍地的水果，菠萝、香蕉、荔枝、红橙……这些在长江边很少见到的东西，这里到处都是。

李德贵和妻子李谦宜是第一批来湛江的。李谦宜当时怀着身孕，不方便和大家住在一起，李德贵就找到一户村民，希望有个地方能单独居住，方便照顾妻子。新村的村民也非常支持电厂的建设工作，用干草和木条，在牛棚里隔了一间比床大不了多少的房子，让他们小两口居住。因为居住条件相当简陋，而房间和牛棚又共用一个进出口，屋内常常充满着牛屎味。但对于小两口来说，能有自己的空间，已经心满意足了。李德贵夫妻在牛棚里住了三个月，直到李谦宜快生产的时候，才转移到村公所居住。其间有一天，李德贵到霞山区公安局开会，一直到晚上 10 点多才回来。李谦宜一个人坐在漆黑的牛棚里觉得害怕，她就挺着大肚子，在进村路口的大树底下等着丈夫回家。“现在回想起来环境是很艰苦，但是在那时候都不算什么，大家一心为了建设祖国，提出‘先生产，后生活’的口号，热火朝天地干，就是想为祖国贡献自己的一分力量。”李德贵回忆道。

一同南迁到湛江的，还有生产技术股股长顾瑜纶。他是江苏泰州人，毕业于上海同济大学电机系，毕业后曾在中学教书，后来到武昌第三发电厂工作，为四级工程师。来到新村发电厂后，顾瑜纶先是在厂里当锅炉技术员，后来因为工作出色，被任命为总工程师。他的妻子汤之莹，是武昌第十八小学老师，当顾瑜纶去了湛江之后，一直为是否随丈夫南下而纠结。她回忆说：“说实话，决定要随丈夫南下之前我是很犹豫的，毕竟是要离开自己非常熟悉的城市，去一个当时连地图上都找不到的小地方，而且还要放弃我心爱的教师职业。因为我那时候不懂湛江话，而这边的学生又听不懂普通话，所以我的‘讲台梦’没办法继续，非常不舍。”思前想后，为了支持丈夫的事业，解决两地分居的问

1956 年，刘远琳（右）在湛江新村发电厂与工友合影

题，汤之莹最终选择了南下，第二年也跟着调到了新村发电厂。

来到湛江以后，汤之莹在厂里并没有具体的工作岗位，工作直接由厂领导“指派”，基本上是分配什么做什么，画表单、做统计、装订资料……什么杂七杂八的活都干。当时厂里有个培训班，专门安排在晚上教授工人文化知识，厂长又让她负责课程安排和教师排班之类的工作。

家家有本难念的经，每个南迁的家庭都有自己的难处，但大家劲往一处使，电厂建设日新月异，仅用两个月时间，发电机组就安装完毕。1955 年 6 月 6 日，201 机组起动委员会成立，由广州电业管理局局长王焕担任主任，湛江新村发电厂筹建主任郭治新担任副主任。委员会准备在 6 月 10 日当天并网发电，赶在“七一”前，向建党 34 周年献礼。

并网发电当天，正好是刘远琳值班，发电机及电网监控这个重要的任务就落在了他的身上。当时的发电机并网是需要手动操作的，主要是看同步表的指针，然后抓好时间点，果断合闸并网。同步表有三个指示灯，新旧发电机组同步的时候，同步表是顺时针转动，指示灯熄灭，不同步的时候逆时针转动，指示灯亮起。由于柴油机容量太小，用电负荷稍有增减，就会造成电力系统周波电压不稳，此时波动较大，合闸有一定困难。

刘远琳右手握着开关活阀把手，左手握着励磁机，眼睛一动不动地注视着同步表。他额头上豆大的汗珠，在重力的作用下缓缓地顺着脸颊往下滴，弄得他脸颊发痒。但刘远琳知道，现在是关键时刻，他不能分心，要时刻关注负荷，精准抓住同步的瞬间，合上开关，并且合闸要提前五度或者十度，这样才容易同步，如果等到零位的时候再合上开关，就迟了。

操作的时候，刘远琳身后站了四个领导，分别是副厂长陈绪全、总工程师顾瑜纶、生技科长金学书和技安科长程炳元，他们都全神贯注地看着刘远琳操作。“我非常紧张，汗水多得把地都滴湿了，但我集中精力一次成功。因为操作不好，就会把发电机烧坏。”当时整个过程用了大概 28 分钟，发电机就成功并网运行。现在已经退休在家颐养天年的刘远琳回忆道：“现在回想起这件事情，我还是挺自豪的，毕竟并网成功后，这里就成了广东省第三大电厂。”当时广东第一大电厂是广州西村发电厂，第二是广州五仙门发电厂，第三就是湛江新村发电厂。

1955年，湛江又迎来了一个新的发展春天。7月4日，国务院通过了《关于建设湛江港的决定》，将湛江港建设工程列入国家第一个五年计划的重点建设项目，计划将湛江港建设成为新中国第一个自己设计施工的现代化深水商港。湛江新村发电厂的建成，正好为湛江港的建设提供了一臂之力。

新村发电厂投产后，隶属于湛江发电厂管辖，随后更名为湛江发电厂柴油机一厂（二厂则是原来的霞山发电厂，在新村发电厂建成后，逐渐退出历史舞台，只在紧急情况下使用）。1953年，原湛江发电厂职工总人数103人。1955年新村发电厂建成后，职工人数增至283人，这些新增的职工中，大部分是从武昌来湛江支援的人员。

这时的新村发电厂，各项规章制度基本上都沿袭着武汉电业管理局的管理模式，并模仿苏联实行“一长制”，即党政分工，书记管理党务，厂长负责生产和行政工作。同时设正副厂长、正副总工程师各一人，职能部门有生产股、行政股、人事股、财务股、资料股和保卫股。生产单位有汽机、电气、锅炉、化学分场和供电所，共设11个部门。其中，汽机车间负责汽轮机及附属设备的运行和检修，锅炉车间负责炉和运煤出灰系统、油系统，电气车间负责全厂发电、供电和变电设备的运行检修任务。

历史模糊了当时的人员和职务。2019年7月24日，刘远琳依稀记得当时

1955年6月10日建成投产的湛江新村发电厂旧址

的人事股股长是汪俊荣，发电车间主任是杨工增，会计兼团委书记是汤文藩。

电厂按照机、炉、电、化学不同的工种，采取师傅带徒弟制度。刘远琳那时还是电气车间的一名小学徒，他和师傅钱汉章签订了师徒培训协议。因为学习成绩和操作水平都很突出，经过考核，1955 年 6 月，刘远琳提前转正，并担任电力运行正值班员，这件事让刘远琳一直引以为傲。他的师傅钱汉章，因家庭困难需要照顾，在湛江待了两年后，又申请调回了武昌第三发电厂。在职业生涯起步之初，能遇上师傅钱汉章，这让刘远琳每每想起就心怀感恩。

1956 年 2 月，因为建设需要，当地又在湛江兴隆村（现湛江港务局附近）兴建湛江发电厂柴油机三厂，并从上海董家发电厂搬迁了三台单机容量为 500 千瓦的发电机到湛江安装。1956 年 8 月，新村发电厂扩建二期工程，从匈牙利进口了两台中温中压汽轮发电机，单机容量为 2400 千瓦，分别于 1958 年 12 月和 1959 年 3 月投产。后来由于耗煤量高，在 1981 年 6 月，201 机组退出了运行。

新村发电厂和兴隆村柴油机发电厂相继投产后，发供电量急剧增长，由 1954 年的 150 万千瓦时增长至 1955 年的 502 万千瓦时，再增长到 1956 年的 977 万千瓦时，年增长率达到了 234% 和 94%，这两年成了湛江历史上供电量增长最快的两年。而湛江港建成后，1957 年的货运量为 190 万吨，港口货物吞吐量为 160 万吨，分别是港口建设前的 6. 33 倍和 13. 33 倍，这其中发电厂的建设提供了重要支撑。

从武昌南下湛江支援电厂建设的这一批人，他们顺应时代潮流，遵从命运的安排，跨长江，越南岭，来到了雷州半岛，从此背井离乡，一心一意支援湛江的电力建设。随着时间的推移，以及工作需要、家庭生活等各种原因，当初“108 将”中的大部分人都陆续地离开了湛江。施达松调往了广西钦州电厂，乐义和调往了韶关坪石电厂，汪俊荣、顾瑜纶、李伟调往了茂名热电厂，戴泉根、陈忠调往了江西南昌电厂，杨工增在“文化大革命”中去世了……汤文藩离开电力行业后，出任湛江市副市长。继续留在湛江电力系统的有刘远琳、白素梅、李德贵、李谦宜等人，他们深深地扎根在这片土地上，在这里开花结果。

流溪河上架『彩虹』

许昌永

“拱坝拦洪水，阔海注清波。评比岭南风物，景色此间多。”这是1958年8月28日，时任国务院副总理陈毅第四次视察流溪河电厂，在他的词作《水调歌头·四游良口》中写下的诗句。弯月形的流溪河水电站拱坝，宛如一道彩虹飞架万顷碧波，掩映着湖光山色，“景色此间多”，流溪河上修筑的拱坝，当是其中最具特色的一景。

流溪河工程位于广州市从化县流溪乡，是新中国成立后广东省兴建的第一座中型水电枢纽，电站为混合式地下厂房，装机4台，总容量4.2万千瓦，集水面积539平方公里，水库总库容3.78亿立方米。1956年12月11日，陈毅第一次到流溪河水电站工地视察，那时工程正式动工才四个多月，到他第四次视察时，流溪河水电站拱坝第一台机组已经投产发电将近半个月。“又看急湍隧引，地下厂房发电，轧轧奏凯歌”，看到哗哗的流水已经从水电站机组化作源源电流，高峡出平湖，山川添巨变，陈毅不禁思绪良多，感慨“今日人民作主，放手乾坤改造”。

承担“乾坤改造”水电站建设任务的是电力工业部流溪河水力发电工程局，它于1956年3月20日由国家电力工业部水力发电建设总局批复组建，直属总局领导。此前，为开发建设流溪河水利工程枢纽，广东省已经成立了流溪河水电站筹备处，李泽民任负责人。经电力工业部批准，新组建的流溪河水力发电工程局局长由李泽民担任，党委书记是福建省古田溪工程处原党委书记贾镛，其他领导有副局长张加清、徐霁远、戴向时、廖伦春、徐平，党委副书记徐承秀、王兆田、苏白山。工程局属下单位设有大坝、隧洞、厂房、土坝等工区，以及机械化站、动力厂和起运队等。工程施工的主要技术力量，以及施工机械设备等很大一部分都来自于福建省古田溪水电工程处。

“北有丰满，南有古田”，提起福建古田溪水电站，行业内人士可以说是无人不知，无人不晓。古田溪水电站位于福建省宁德古田县，修建于闽江支流古田溪，早在新中国成立前就已经开始了选址筹建工作，是新中国建设的第一座地下水力发电厂，也是新中国建设的第一座梯级水电站。古田溪水电站工程被国家计委列入新中国第一个五年计划全国第“101”项重点建设工程，1952年12月，华东水力发电工程局遂将古田溪水电工程处改称为“华东水力发电工程局101工程处”，主任覃修典，党委书记王炎。随后在1954年

福建古田溪一级水电站大坝

10 月，101 工程处改由燃料工业部水力发电建设总局直接领导，改名为古田水力发电工程处，也就是在这一年 11 月 19 日，王炎调往福建省工业厅任职，贾镛接任党委书记。

有了古田溪水电站的建设经验，此时邻近的广东要上马流溪河水电站，已经成为“中央军”的“101 工程处”自然就成了国家水力发电建设总局调兵遣将的对象。1956 年 3 月，古田溪水电站第一台机组刚投产发电，贾镛就指派张晓民带着给广东省委第一书记陶铸的信，带领 30 多位青年职工作为先头部队，奔赴广东，为流溪河水电站工程做前期施工准备。

从福建古田出发，张晓民他们跋山涉水，一路舟车劳顿终于抵达广州城。阳春时节，此时的岭南已是木棉盛开、草木吐绿，他们却浑然不觉，在熙攘的人群中穿梭，一路打听才来到广东省委大院，并嘱咐收件人员把信交给省委第一书记陶铸。

广州，是祖国的南大门，经过新中国成立以来几年的恢复调整，凭借毗邻港澳的优势，经济已经开始稳步发展，用电需求激增，建设流溪河水利枢纽和水电站工程，已成为省里的头等大事，省里甚至要求工程在两年内建成投产。经过省里上报，国家计划委员会批准，这项工程被补充列入国家第一个五年计划，是全国新增的 8 个水电建设项目之一。但从未建设过大型水利发电工程的广东，却面临着施工队伍、施工技术经验上的难题，国家水力发电建设总局调派精兵驰援广东，真可谓是“及时雨”“雪中炭”。

流溪河发源于从化县鲤鱼洞坳，西南流向与白泥河汇合后注入珠江，其水利发电枢纽工程早在 1955 年 9 月就已经开始了勘测规划，虽然这个时候，工程的才完成初步设计和坝址的选定，但是新中国百废待兴，广州的发展迫切需要大量的电啊，流溪河水电站建设已经迫在眉睫。看了张晓民带来的接洽信函，陶铸当即组织会议，对迎接古田水力发电工程处支援广东施工队伍进场等工作做出部署，并指示省工业部部长刘田夫具体负责落实。

1956 年 4 月，施工队伍开始从福建省古田溪水电站工地向流溪河工地转移，1660 人组成的施工队伍及 12 万台（套）机械设备陆续转移进驻从化县。除了施工人员，这支队伍中还有不少像谭靖夷这样的工程技术人员，他们参加了古田溪水电站的设计与施工技术工作，也一同转战岭南，参加流溪河水电站建设。谭靖夷从交通大学唐山工学院土木工程系毕业后，1948 年 10 月奉

1957 年，参加建设的广东省流溪河水力发电工程局工人在流溪河大坝浇筑混凝土、吊罐卸料

调参加古田水电站的筹建、建设，此后就再也没有离开过施工一线，与水电工程结下不解之缘，1988 年超龄退休后仍继续奔波于水利水电工地，担任广州抽水蓄能、二滩、长江三峡、溪洛渡、乌东德等一系列大型重点水利水电工程专家组成员或顾问，1997 年被评为中国工程院院士，被誉为“从江河里走出来的院士”。此时，谭靖夷还未满 35 岁，由于在古田溪水电站建设中展现出的出色才能，他被破格提拔为流溪河工程的总工程师。

大批的建设队伍进驻，工棚、家属宿舍、指挥机构办公室、职工食堂、机械化站、运输队、职工医院、文化娱乐设施等建筑物从良口镇以上的山坡开始，至大芒坳、黄竹塱、茶亭、南山等地，沿着广韶公路连绵近 10 公里。

除了施工力量的准备，水电站工程设计也在 1956 年 1 月就已经展开。2 月，广东省、电力工业部水力发电建设总局在现场组织坝址选定，5 月，水力发电建设总局进行了坝型选定，6 月，开始技术设计、施工详图设计。7 月，大坝坝基已经开挖。

在坝型的选择上，水力发电建设总局专家们曾经考虑混凝土重力坝、混凝土拱坝、混凝土大体积肋墩坝、堆石坝和土坝等 5 个类型，经过从当地气候、防空维护，以及投资强度、施工周期等方面综合考虑，最终确定采用混凝土拱坝。

此时，广东已进入盛夏，从省里到水电工程局，流溪河水电站建设各方正如天气般热情高涨。8 月 2 日，广东省、电力工业部举行开工典礼，流溪河水电站建设大幕正式拉开，开挖涵洞，建设导渠，截流河水，浇注电塔，架设送电线路，从山上树林到河谷溪流，施工队伍人员漫山遍布，大会战已是全线铺开，施工高峰期，职工、民工达 1.4 万余人。

时任厂房工区辅助工段长张利见，也是从古田溪水电站转战过来的。在施工中，他根据施工时左右岸未营造桥梁，交通不便的状况，他想出了架设空中运输吊缆的办法，从相距 200 多米的左右岸山坡上，拉两条钢缆，再在缆上装上滑轮，吊上长方形木箱，用人工手摇森辘，装运物资往返两岸。他还将尾水井井架施工的气动开关改为活动门，利用废钢钎做成滑轮，用人力推动，节省了人力，安装方便，且节约大量用气。此外，他还研制了隧洞衬砌木模活动架，既易于拆装又节省了材料。张利见因而被评为工程局 1957 年

1957 年，建设中的流溪河水电站大坝

度一等先进生产者。

这一年的先进榜单上还有一个叫陈姑娘的人。12 月 21 日，流溪河导流洞施工过水，过水前须用人工清掉洞口水下堆积的数十方杂石。当时正是冬天，峡谷北风呼啸，寒气逼人，面对冰冷的河水，大家面面相觑，不敢下河作业。陈姑娘意识到尽快搬走水下石块，让导流洞按时过水，关系到坝基开挖早日动工，电站早日发电。他毅然脱下外衣，只穿一条短裤便走进了水里，边走边说："进到水里便不冷了！"在他带动下，岸上的人们纷纷除衣下水，热情高涨，胜利完成了水下清碴任务，为导流洞按计划过水创造了条件。在水电站高压斜井挖掘施工中，陈姑娘发现操作时出现近 1 米的"拉差"，也就是放炮后炸掉的石头达不到钻孔的深度。他和值班工、炮工、风钻工一起研究，提议在中心部分增钻五个浅孔作为拔心，经过两次试验，终于取得成功，大大加快了斜井的开挖进度，试验的成果还被应用到了施工洞的开挖，一排炮就炸进 2.5 米，用于引水隧洞的开挖，排炮进度提高到 3.3 米，这也在当时水电建设史上创造了一个个新纪录。陈姑娘当年被评为工程局"青年突击手""优秀师傅"，1958 年出席了全国青年工人先进代表会、全国青年社会主义建设积极分子大会。

坝基的开挖尤其热闹。由于峡谷地区地势陡峻，施工布置困难，工人们都挤在了一块，一些大型机械无法使用，施工队伍只能用轻轨斗车，人工装卸出碴。作业面窄，人工作战，人手无法增加，刚开始，开挖进展很不理想。

要加快施工进度，唯有扩展施工开挖点、面，实现多点开花。于是，谭靖夷他们将现场施工分成若干小组，分层分块、上下平行同步开挖，形成网格状布局，这样一来，工地上可容纳的人增加了好几倍，进展一下加快了许多。

拱坝开挖面全长 300 米，最大开挖宽度 24 米，最小宽度 2 米，最大高差 78 米。总共开挖石方 65877 立方米。经过近八个月的连续作战，时间指向了 1957 年 3 月 23 日，大坝基础终于挖好了，沙土、石块被挖起运走，风化带被挖除，显露在众人面前的，是地表底层新鲜的花岗岩面。

随之而来的是混凝土筑坝“硬仗”。流溪河大坝是我国自行设计与施工的混凝土双拱坝，谭靖夷参考国外工程建设经验，在我国首次提出采用人工粗骨料、混凝土拌和加冰、坝内预埋冷却水管等技术。筑坝需要的材料黄砂、碎石或卵石、水泥等，流溪河水电工程局已经提前准备，水泥品种是江南 400 号火山灰及琉璃河 400 号矿碴水泥，用汽车经广韶公路转黄坝支线公路运输到工地水泥库。砂石等就地取材，采自邻近河溪沙滩，坝右岸导流洞、坝基、引水隧洞等施工开挖出来的新鲜花岗岩则被轧碎用作混凝土粗骨料，拌和用水则用流溪河水，其 pH 值和临时硬度符合施工要求。1957 年 4 月 14 日，拱坝开始混凝土浇筑。

拌和的混凝土通过门式机吊送上坝，坝体不断被浇筑，拱坝也在一天天地升高。浇筑的混凝土会发热，只有加速散热降温，混凝土才能固结稳定，要让拱坝“快高长大”，就得想办法解决降温的难题。

谭靖夷和工程设计施工人员想出了许多土办法，他们从流溪河引入天然河水浇淋初凝的混凝土，从深山小河谷中取水用作冷却，在混凝土中掺加塑化剂以减少水泥用量并延缓水泥水化热发生速度，甚至在工地安装制冰机、冷冻机，将河水冷却制成的冰块加入到拌和混凝土中，降低混凝土温度。

广东的夏季来得特别早，尽管身处山间丛林，施工队伍仍然感受到阵阵热浪袭人，草帽遮挡不了阳光侵袭，这支福建山区转战过来的队伍，很多人都晒得黝黑黝黑的。夏蝉的鸣叫声在山间萦绕，清脆而响亮。从化县政府人员到工地慰问，给工地送来了当地的荔枝，人们停下手头的工作，尝了尝鲜，就立即又投入了战斗。

筑坝捣水泥算是个技术活，大部分得由古田转移来的“闽军”承担。面对百年大计，总工程师谭靖夷要求极为“苛刻”，规定拱坝模板安装误差不得超过5毫米。拱坝上下层都是圆弧面，横缝是扭曲面，为了控制好各浇筑块尺寸，谭靖夷他们组织专人逐层逐块计算，这在当时是一项繁重而极需耐心细致的工作。为制作曲面模板，工地建立了模板放样间并摸索出一整套放样办法，在第一块混凝土浇筑前，他们还在场外进行立模学习。施工工程中，曾发生过一次“质量事故”。有一次，因模板浇筑过程中变形超出要求，混凝土出现了几个平方米的麻面蜂窝，谭靖夷责令大坝工区主任和主任工程师在工区职工大会上做了深刻检查。“千里之堤，溃于蚁穴”，谭靖夷坚持认为工程质量容不得差点马虎。他授权工程质检人员：质量可能出现问题时，可现场下达暂时停工令。严格的制度，强化了大家的质量意识，整个工程建设被暂时停工的情况只发生过这一次。

几年前，古田水力发电工程处建设者们在古田溪水电站成功建成了71米高的一级电站大坝，坝长412米，比他们现在浇筑的流溪河大坝稍矮长，但古田溪水电站一级电站坝型采用的是宽缝重力坝，展现给人的是“阳刚之气”，而流溪河水电站大坝是变断面的双向曲率单拱坝，形体更为复杂，展现

建设中的流溪河水电站引渠和拌和楼一角

给人的则是曲线的“秀美”。

而此时，坝体的“秀美”大部分还只是停留在施工图纸上。流溪河水电工程局着急，跨省援战的“八闽子弟”着急。火热的夏季，给坝体混凝土降温更是困难啊！他们给混凝土表面喷水，防止空气高温传入坝体，他们给砂石储料仓搭上篷盖遮挡阳光，土办法能想到的都用上了。

坝体冷却散热“终极杀手”是混凝土预埋冷却水管，但工程局却遇到了冷却管供应的难题。缺乏管材，初期冷却不得不采用直径 1.2 米的冷却井，降温效率很低，并且温度分布还不均匀，实在难以满足后续坝体浇筑冷却的要求。按照设计和现场施工实际情况，高程在 168 米以上，坝体冷却必须全部采用冷却水管，也就是 3 到 4 厘米的黑铁管，通水量要求达到 1—1.2 立方米/小时。

李泽民他们向广东省委写报告，请求进口 3 万米冷却管。令大家想不到的是，一个星期后，冷却管进口的问题就解决了。据谭靖夷回忆，工程局的报告引起了陶铸的重视，陶铸做出指示，要求有关部门全力支持加快解决。

冷却水管运到了工地，坝体内每层之间、同层间按照 1.5—1.7 米间距，层层分隔铺设，施工人员一边不断浇筑上层混凝土，一边给铺设好的水管通上冷却水以加快散热，这些冷却水初期主要是河水，而后期，除了河水冷却外，还大量使用制冰场提供的冰水，分期分块浇筑的坝体，每期坝体混凝土冷却用了大约两个月的时间。

时序轮回，到了 1958 年初夏，坝体浇筑顺利合龙，弯月形的拱坝终于化蓝图为现实，展现在建设者眼前。而承担工程建设的流溪河水力发电工程局几位负责人任职也都在这一年有了新的变动。3 月，贾镛调往水利电力部湖南柘溪水力发电工程局任局长，接任的是郭永明。贾镛带着流溪河水电工程局建设队伍 353 人，前往湖南参加当地水电建设。6 月，李泽民调任水利电力部新丰江水力发电工程局兼广东省水力发电工程局局长，这时流溪河水电建设队伍中有 1012 人前往河源参加新丰江水电站工程建设。8 月，李泽民改任广东省水电厅副厅长兼省水利电力工程局局长。此外，也同样就是在流溪河水电站投产发电前后，徐霁远带队 906 人奔赴广西参加昭平水电站工程建设，廖伦春带队 897 人赴乳源参加南水水电站工程建设。

山水有情，拱坝无声。告别了从化，一支支队伍带着设备辎重，先后离开了流溪河水电站建设工地，向着远方另一处山野丛林进发，他们又将开启大型水电工程建设的新序幕。

输变电『铁军』创始路

相音卉 姚瑶

盛夏，广州西郊，绿油油的西洋菜地旁，西村发电厂烟囱耸立，一派繁忙景象。

1958 年 7 月的这一天，随着“呜……隆隆隆……”的声响，两辆汽车一前一后驶入广东省电业局，领头的是一辆绿色的敞篷吉普，满载工人的大卡车紧随其后。村民们好奇地张望着，他们不知道，这又一批新招收的输变电建设工人来报到了。

就在几个月之前的 4 月，根据国家电力工业部的指令，武汉送变电工程局 203 工地的巩敦夫、王承志、廖立清、宋情国等 60 多人穿越南岭，来到珠江岸边。这些建设者中，不少人曾转战大江南北，武汉钢铁厂、江西上犹电站，还有南昌国防建设工程，都留有他们的足印。然而，此次南下，很多人并没有想到，他们不但要在南粤这块土地上挥洒汗水，还要做出人生从业的新选择。

时间回溯到 1952 年。这一年的 9 月 4 日，中央人民政府燃料工业部决定，撤销地处长春市的东北电力管理局所属的机电工程公司，成立火电工程公司和送变电工程公司。从此，新中国有了第一支以高压送电线路和变电站工程施工为专业的电网建设队伍。

1954 年 4 月，在完成了中国第一个 220 千伏松东李送电线路工程建设任务后，东北电管局送变电工程公司一分为三：一赴芜湖，一到杨村（在武汉），一留长春，之后分别改称送变电第三工程公司和工程局。其后，各以武汉、北京、长春冠为名首，改称送变电工程局。当时各个生产机构都是以工地为单位进行划分，所谓武汉送变电“203 工地”，即武汉送变电工程局第二工程处第三工地。

从 1953 年到 1957 年，新中国第一个五年计划超额完成了任务，国民经济快速增长，为我国的工业化奠定了初步基础。广东更是实现了“开门红”：全省工业总产值倍增，每年平均增速稍高于全国平均速度。加上手工业生产值，工业在全省工农业总产值中的比重已从 1952 年的 23. 01% 上升为 49. 5% 。进入 1958 年，“大跃进”序幕拉开，工农业大干快上，电力出现了严重短缺，加快电力建设迫在眉睫。

而此时，广东尚无一支专业的电力建设队伍，技术力量单薄。纵观全国，吉林、江苏、北京、湖北等省份，已经陆续建立输变电工程建设的专业施工队伍。随着流溪河水电站送出线路工程、110 千伏西村电厂至棠下变电站输电线路等省内大型工程项目的开工，广东组建自己的专业施工队伍已势在必行。

1958 年 6 月，一条消息让原本平静的 203 工地炸开了锅。电力工业部遵循“精简机构，减少层次”的原则，撤销了全国六个大区的电业局，筹办省级电业管理机构，相关的电力施工单位调整下放到地方。203 工地南下人员留在广东等待统一划分。

“廖班长，你听说了吗？我们可能回不去了。”工地里面的同事都在悄悄议论着。廖立清从小在湖南长大，招工进了武汉送变电工程局，当然也希望能干完工程就回去，但是作为一班之长，他没有当众议论。夜深人静时，他静静躺在床上，辗转反侧，难以入睡。闷热的夏天，半夜蚊虫倒是格外亲近，“嗡嗡嗡……”，廖立清翻了个身。

无法适应的气候，难懂的方言，无法习惯的饮食……想到以后要一直留在这里，许多工人就萌生了回家工作的念头。为此，工地还召开了思想动员大会。

1958 年广东省电业局成立输变电工程公司。图为该公司成立时的部分员工

台下的工人们时而窃窃私语，时而沉默不语，始终没有人明确表态。

站在台下的廖立清心中难以平静，经历了几晚的思想斗争，作为青年突击队队长的他决定带头表态。他清了清喉咙，深吸一口气：“我……”大家齐刷刷地看向了廖队长。“我，廖立清！愿意留下来建设祖国的南大门，为祖国的电力事业做贡献。”廖立清的表态，暂时稳定了众人的心绪。

刚入炎热的8月，广东省人民委员会一纸红文，批准成立广东省电业局输变电工程公司，队伍由广州供电所基建检修队、武汉送变电工程局203工地和变电二工地的人员共同组成，合计208人，隶属于广东省电业局管理，行政级别为科级，设置行政股室5个——计划财务股、人事保卫股、生技股、材料股、行政股，生产单位5个——输电工程一队、输电工程二队、输电工程三队、变电工程四队、电力线材加工厂，党群机构3个——党总支部、团总支部、工会。输变电公司获批成立日，恰逢是“八一”建军节，此后这支输变电建设队伍一直以“铁军”著称。“铁军”的横空出世，标志着南粤大地从此有了专门从事输变电工程施工的队伍。同一年，浙江、山东、安徽、广西等其他省份，也陆续成立了这方面的专业施工队伍。

召开成立大会的当天，闷热的天气，伴随着阵阵小雨。简陋的工棚上，贴着的“成立大会”红色标语显得格外醒目。203工地主任王承志严肃地站在台上，工人齐刷刷地站在台下。

“我们是祖国下放到广东的一颗种子，我们应该为广东电力建设事业的蓬勃发展做出应有的贡献……”王承志在台上带头发言。

主席台上，刚刚上任的公司经理肖峰，看着这些来自全国各地的工人铿锵有力的誓言，心里格外感动。他们当中，有像宋情国、郭宗藩、孟祥祺、冯涛溪、周程方、汪厚纯、陈煜培等从武汉南下的人员，他们的祖籍也是天南地北，宋情国来自安徽，郭宗藩、周程方、冯涛溪来自湖南，汪厚纯来自湖北，陈煜培祖籍就是广东。也有像陈耀生等从广州、肇庆、潮汕等地招收的工人，以及黄光林等原来在广州供电所电力承装公司的员工，他们大多是广东本省人。“东西南北中，会合在广东”，该公司的成立，让这些来自五湖四海的人双手紧紧拉在了一起，共同面对日后所有的艰难困苦。

输变电公司成立时，第一届党政领导班子共5人，都有着丰富的人生阅历。经理、总支书记肖峰，河北饶阳人，1938 年 10 月在冀中区抗战学院受训，从事抗联工作；1939 年 10 月加入中国共产党，先后在蠡县、建国县、青县、监沔县等地工作，1949 年以后，分别在湖北沙市公安局、广东省公安厅、北江专署、和平县、连平县、粤北行署担任领导职务，1956 年 3 月任韶关市委书记兼市长，1958 年在“反右倾”中被下放到输变电公司。副经理巩敦夫，山东鱼台人，1944 年 1 月参加革命，1953 年 3 月任电力中南工程局政治处宣传股长，1954 年担任了武汉送变电工程局工地主任、党支部书记。副经理鲁浩然，广东梅县人，1938 年 6 月从马来西亚回国参加革命，曾在延安保卫处工作，后调黑龙江省公安厅工作，1949 年 12 月在广州电业局任科长，1955 年任广州输变电工程承装公司主任、经理。副经理钟勉雄，广东新会人，1949 年 10 月参加工作，先后任广州电业局股长、副科长。党总支副书记柯长荣，湖北均县人，1949 年 6 月参加革命，1953 年 1 月任广州电业局供电所科长、党支部书记。中层管理干部，则主要是上级分配的电力大中专毕业生和经过多年施工实践后的技校毕业生，以及通过商调来的技术干部。

是时，“大跃进”持续升温，电力建设工程项目大量上马，施工量不断增加，急需人手。为此，输变电公司从珠三角到粤东西北，陆续招收了一批又一批的农民工。1958 年 7 月，在广州招了一批学徒工，12 月又在肇庆广四县招了 300 多人，18 岁的陈耀生、陈玉池两个同龄人便是那个时期加入这支输变电队伍的。“新招收的职工绝大部分文化程度只有小学和初中水平，高中算是高学历了。为此，公司通过上文化补习课、技能培训班、现场施工教学以及师带徒等方式，来提高他们的文化素质和业务能力。”2019 年 4 月，已经退休多年的原工会主席宋情国回忆说：“那时候，队伍流动性很大，就拿 203 工地来说，南下广东共有 6 个班，留在广东的有 3 个线路班和 1 个综合班，另外两个班完成西棠线架设后转战广西，加入了当地组建的队伍。”据统计，到 1958 年底，输变电公司职工人数增至为 1054 人，其中工程技术人员有 21 人，技工有 340 人，学徒有 558 人，其他人员有 135 人。

新招收的工人采用学徒制。攀爬电杆、拉线、接线，这些都是新入职工人培训的必备课，陈耀生、陈玉池他们的培训基地设在了广州从化流溪河水电站输变电建设现场边上。所谓基地，其实就是在从化流溪河边的半山上搭了个大竹棚，条件十分简陋，而培训进行了两个月，然后就是跟着师傅参加现场劳动，边干边学。

大批招收的学徒工，很多人因为输变电建设太苦太累，选择了中途离场。“那时候没什么施工机械，几乎都靠手抬肩扛，跟着工程转，也没办法顾家。”据陈耀生回忆，有一个从汕头招收来的学徒工，培训时登上电杆，因为恐高，在杆上动都不敢动，最后要两个人上去搀扶他下来。下来后，他就开溜了。陈耀生自己也差点打了退堂鼓。刚开始在工地，他分配在一班，班长要求是一个人要扛一根枕木，对于他们这些还在长身体阶段的小年轻来说，枕木重得根本吃不消。他甚至因此和师傅顶撞，和姓夏的班长打了一架，好在后来转到了二班，班长陈煜培对大家比较温和，才坚持了下来。

陈耀生、陈玉池刚入职当学徒每个月工资是 15 元，后来涨到了每个月 18 元，另外还按外勤天数领到一定数量的外勤补助。“那时候当学徒，工资加上外勤补助每天 2 角，一个月有 21 元，扣除 9 元钱的伙食费，一个月节省点大概还有 5 元的节余。”陈耀生回忆。当时，输变电公司职工的工资是按照省电力系统货币工资制度执行。其中，工人实行 8 级工资，最低 1 级，最高 8 级。1 级工人工资为每月 40 元，8 级工人工资为每月 126 元。

与工人级别不同，干部工资实行职务工资制，并按职务高低分别评定工资。同年，开始实施综合奖，工人为月度综合奖，干部为季度综合奖，并发一次性年终奖。按工资总额 7%—10% 提取奖励基金，并分为 3 个等级评奖。当年，工资还包括了津贴，发放的津贴有夜餐费、理发费和特殊工种保健营养等，这些津贴不发放现金，而是直接发放食品和理发票等。数据显示，1958 年输变电公司全年工资总额为 32.6 万元，人均工资为 516 元。

输变电公司既是建设单位，又是施工单位，做计划、搞统计必不可少。这项工作当时由计划财务股负责，各施工队或者工地都配有 2 至 3 名计划统计员。工程施工任务由主管局广东省电业局下达，完成后由相关人员、部门进行统计汇总，主要是通过投资完成报表、施工进度报表向上报告。工程的预算只是起到控制投资拨款和投资使用的作用，工程结算则按工程实际开支，实报实销，核销投资。

创业维艰。处于刚起步阶段的输变电公司，办公和住宿条件都很简陋。

当时办公地点位于广州市南源街德泥路，另外还借用了广州供电所在大德路的几间房屋，既当办公室，又当仓库和宿舍。而属下的各个工程队则分别驻扎在广州西场上村和员村。工人们用毛竹搭建成临时工棚作为班组办公场所。1958 年 9 月，公司又购买了冼家庄的 5 号楼和 6 号楼，并将这两幢 3 层楼的房屋作为职工宿舍，而另一部分职工则借住在一幢砖木结构的 3 层楼里和临时简易棚舍内。

宋情国清楚地记得，输变电公司宣布成立的时候，原来由武汉送变电工程局第二工程处施工的 110 千伏西棠线还未竣工。很多人是从工地上匆匆赶去参加了成立大会，又赶忙投入到架线施工中。

西棠线线路全长 22.9 公里，环绕近半个广州城，其间多处跨越水田、沙涌地带、流沙坑。夏秋季广州天气多变，给施工带来了许多困难。工程施工从挖坑、底拉盘浇制、拉线制作到水泥材料搬运、立杆、放紧线等，全部需要工人人力作业。“单身汉，出身汗，死了算”“小雨大干，大雨小干，没雨

广东省电业局输变电工程公司成立前后建设的广东省第一条 110 千伏输电线路——流广线，1958 年 8 月建成投产

拼命干”，会战在西棠线的输变电工人大多是一二十岁的毛头小伙，干劲十足。宋情国他们从工地回来，经常是满身泥泞，还没来得及清洗衣物，便将换下的工衣搭在空地堆放的水泥杆上，走进工棚宿舍里倒头就睡。

“转战南北，四海为家，身居茅棚，胸怀天下，点一盏油灯，为的是祖国大地放光华，架线千里，定要把千难万苦踩脚下。”原203工地南下人员自编了《送电工人之歌》，回响在西棠线工地上，这既是大伙日常的自娱自乐，也给原本单调的工地生活增添了一丝色彩。

转眼到了1958年底，中共八大二次会议提出了“鼓足干劲，力争上游，多快好省地建设社会主义”的总路线。除了工业战线提出了“以钢为纲”的口号外，还提出了全民大办钢铁，保证“钢铁元帅”升帐的口号。此时，全国各地纷纷响应党中央的号召，掀起了大办钢铁的热潮，各地的城市、农村、机关、企业、学校都建起了土法炼钢炉。

“炉火照天地，红星乱紫烟。”这时候，省电业局办公楼的前后支起了几座土钢炉，输变电公司也专门抽调了几十人参加大炼钢铁，从搬运砖石建炉，到运煤、矿石、废铁到升炉冶炼，每天三班，吃饭都是由饭堂送到现场。

“来呀！大家加把劲儿，加油干呀！”宋情国与工友们一起参加土法大炼钢铁，在工地上挥汗如雨。这些年轻的单身小伙自然是炼钢的生力军，他们就像永动机一样，周一到周六在工地干活，周日大炼钢，也不知道劳累，“想到能为‘大跃进’出力，这些年轻人就感到十分自豪。”宋情国说。

在电力建设不断铺开的情况下，输变电公司作为广东自主施工力量，为全省加快电力建设提供了坚强后盾。数据显示，仅在1958年，输变电公司总产值达到了225.6万元，全员劳动生产率0.3576万元/人，主要完成的工程量有输电线路169.96公里，变电站安装6.36万千伏安。

这些数字的背后，闪耀着输变电公司创立时的辉煌，也承载着输变电公司一代人的记忆。

新丰江上战洪魔

覃桂平

1959年的河源，春雨比任何一年都来得要早，扬扬洒洒地下了20多天，将新丰江流域的群山叠岭浇了个通透，天地混沌，水雾弥漫，淋漓不尽。

“这个鬼天气！”新丰江水电站建筑工地的一个工人，抬起一张被雨水泡胀的脸，忍不住对着灰暗的天空埋怨了一句。“是啊，今年的春天，雨水太反常了。”有人附和道。但埋怨归埋怨，工期紧张，施工仍在进行，虽然有诸多不便。“大雨大干，小雨猛干”，这是当时工人们提出来的响彻工地的豪迈口号。

新丰江水电站自1958年7月15日动工以来，经过四个半月的施工，上游围堰已经筑至40米高程，并于11月28日合龙断流。由19个支墩组合而成的大坝，当时已有四个支墩浇筑到了22米以上的高程。按照设计，上游围堰最终高程为52米，但由于部分工程技术人员仍在从化流溪河水电站那边还没有转移过来，人手不足。当时推算，围堰加高至设计高度，要再填堆12.5万立方米土石，而大坝筑至52米高只需8.5万立方米混凝土。而且根据过去五六年的水文资料，预计1959年2月雨水不多。

新丰江水电工程局认为，坝体浇高后，围堰作用就不大了，决定集中力

1958年11月，新丰江围堰合龙过程中工人用竹笼投石的情景

量抢大坝进度，争取在3月将大坝浇至能抵御20年一遇洪水的高程以替代围堰的作用。

然而，人算不如天算。由于上游围堰截流前未能很好处理6—8米的砂卵石层，明渠入口处的黄土铺盖得也不是很好，因此渗水量较大，每秒竟达2.4立方米。这给坝基开挖增加了难度，加上坝基开挖时又遇到了风化带需要补充施工，导致坝基开挖工期延后，坝基开挖工期延后又导致坝墩浇筑延后，坝墩浇筑延后又导致坝墩浇筑高程不够。新年过后，人们一直忘我地忙着填补一系列工期错位带来的窟窿。

更为严重的是，绵绵春雨丝毫没有停止的迹象。进入2月中下旬，老天爷突然大发淫威，日降雨量240毫米的暴雨整整下了7天。而在往年，这个月的降雨量一般不会超过82毫米。

于是，本该夏季才有的江水洪峰，提前上演了。

于是，对天气的误判，以及上游围堰第一次留下来的隐患、工期推延导致坝墩浇筑高程不够，使接下来的灾难不可逆转地发生了。

2月18日，积攒了近一个月雨水的新丰江，充盈而饱满，冲天浊浪排山倒海奔涌而至，以每小时0.5米的速度猛涨。在汹涌而来的洪水面前，大家感觉到了堰体的单薄。

灾情危急，新丰江水电工程局党委与二工区党委数度召开紧急会议，决定组成上游围堰指挥所，以上游工段和辅助工段为主力，分为左右两岸抢修围堰，并发出号召："加高加固上游围堰，战胜洪水，确保拦河坝继续施工。"新丰江水电厂筹建处主任兼党委书记张永禄、总工程师甄健汉和二工区党委副书记萧强亲自到上游围堰一线督战，组织干部职工抛石块、填黄土、堵麻袋，奋力抢修。各级领导干部、主要工程技术人员均站在最紧要处，靠前指挥。机关部门、各工区、水电学校、职工医院的男女老少纷纷加入了战斗。

大雨倾盆，眼看洪水就要淹过围堰，萧强高喊："共产党员、共青团员们，跟我来！"一拐一拐地拖着那条在战争中负过伤的左腿，与工人们一道跳入水中，用身体拦堵被洪流冲缺的险段。从流溪河水力发电工程局抽调过来的技术员黄慎容等人，立即扛起一袋黄泥去堵塞加固围堰险段。江水一寸一寸地上涨着，围堰也在一寸一寸地加高，终于把洪水挡住了。

2 月 19 日，天还未亮，第二次洪峰又来了，直至 20 日洪水还在不断上涨。但人们仍旧在做最后的努力，不管衣服湿透，不怕寒风刺骨，不顾道远泥滑，有的从 120 米高的山坡上背石头，有的到 1 公里远的地方运湿泥，以最快的速度加高围堰。

早春二月，乍暖还寒，一连三天在围堰上指挥抢险的萧强，被冻得嘴唇紫黑，两眼布满血丝，声音早已沙哑，几乎发不声来。从枪林弹雨中走过的萧强，在第一线目睹这场天人之争的情景，也不禁感慨万千。黄慎容冒着冷风斜雨来回巡视，突然发现堰体有一处泄漏，很快冲成一个小洞，连忙脱掉身穿的棉衣，就近扛起一袋泥土，连人带包一起扑了下去，堵住漏点。

当她精疲力竭地爬上围堰时，浑身湿透，满是泥水。张永禄见状，脱下外衣披在黄慎容身上，用半带命令的语气道："你马上回去换件衣服，休息一下!"黄慎容将外衣塞了回去，摇摇头说了句："不用!"转身又去挑土扛包，奔波在风雨中，还称："跑一跑，用用劲，出出汗便不冷。"

2 月 23 日，雨越下越大，上游围堰水位急剧上涨，洪峰流量每秒达到 1070 立方米，百年一遇的洪水向围堰猛扑过来，凶狠至极。这时围堰经过成千上万人日夜奋战，已从原来的 40 米高程加高到 46 米，但江水仍在不断上涨，围堰漏水也在加大。

张永禄与甄健汉等领导一合议，决定采取基坑冲水，在右岸堰顶开口导

1959 年，新丰江围堰施工情景

流以保全堰体。

然而，围堰最终没能抵挡住滔天洪水一波一波的袭击，此时洪水的冲力已超过堰体原设计负重的10余倍。下午5点30分，咆哮的洪水首先撕开了右岸，然后又往左岸撞击，上游围堰靠近明渠段开始崩塌，投入的泥沙袋瞬间被激流吞没。接着明渠边墙与堰体结合处不断塌落，洪水涌入。

张永禄发觉不妙，急忙下令："围堰上所有人员立即撤离！"岸边的工人在嘈杂声中抬头，眼见江水一点点地浅了下去——堰体一片片被瓦解，连忙嘶声高喊："要塌方了，快跑！快跑！"

但一切都来不及了，在人们难以置信的目光中，正在围堰中段上抢救钢轨的萧强和仍在用石块堵塞缺口的黄慎容，还有一帮同事，就在他们转身的瞬间，一个巨浪迎面扑来，只听得"轰隆"一声，河槽中段整块坍塌，被全部卷入江中。

洪水呼啸而下，势如破竹，刚浇筑的坝体高程不够，根本无法抵挡。不到20分钟，上游围堰如同给抽了筋骨一般，变成一道60多米的缺口，惨不忍睹；下游围堰也被洪水冲得七零八落、满目疮痍。

洪水狂虐，巨浪滔天，新丰江大坝工地一片哀鸿。

落水的工人在浑浊的江水里挣扎，有的被人救起，有的自行游上了岸，有的划拉到了身旁的木块，顺水漂流到了几公里之外的庄田村。黄慎容被急流卷进靠右岸的木排架立柱之间的夹缝里，在激流中挣不脱、救不出，壮烈牺牲。

人们心惊肉跳地清点着人数，却始终没有发现萧强的身影，又继续往下游沿江搜寻。黑夜吞噬了光明，江中景物、人影莫辨，只有一片焦急杂乱的呼喊声，一直持续到天亮。

几天后，人们终于在新丰江汇入的干流东江岸边找到了萧强的遗体。张永禄、甄健汉看着不久前还在一起抢修围堰的战友，转眼间阴阳相隔，不禁泪流满面。有的工友不知道怎么才能抒发这种剧烈的永不复返的失去的情感，只有号啕大哭，呼天抢地。

工地为牺牲在抗洪抢救围堰前线的萧强、黄慎容二人举行简单而隆重的追悼会，人们从沉痛的悼词中了解了两人短暂而又不平凡的一生。

抗洪烈士萧强

抗洪烈士黄慎容

萧强，原名萧聪，广东惠阳人，1926年9月出生于一个贫苦农民家庭，有兄弟四人，他排行第四。自幼父母双亡，在澳头区妈庙村给人放牛、帮人打工过日子。1942年经地下党负责人黄恩介绍，到坪河地下交通站当小交通员，从此走上革命道路。在交通站，多次出色完成送情报任务，立过功。1945年7月加入中国共产党，任手枪队组长。1948年，担任武工队中队长，1949年6月升任营长，同月在围攻海丰城敌炮楼时被两发子弹击中受重伤。新中国成立后调任广州市公安总队营长。1958年主动请缨参加水电建设，调任新丰江水电站二区党委副书记。牺牲时年仅33岁。

黄慎容，香港人，1934年11月出生于商业资本家家庭，有姐弟5人，她排行第二。1950年在香港仿村中学初中毕业后，16岁的她只身一人到广州市真光女子中学读高中，1951年参加中国新民主主义青年团，1953年10月考入武汉水利学院水工建筑系。1957年10月毕业后分配到广东省流溪河水力发电工程局任助理技术员，1958年2月转为技术员，兼任共青团总支委员、支部书记、工会委员等职。1959年1月，调到新丰江水电工程局工区厂房工段搞施工技术管理工作。牺牲时年仅25岁。

萧强的遗体被安葬在了新丰江水电站旁边亚婆山的背面。青山肃立，英魂长留，同事们相信，他仍旧在身边，只不过以另外一种形式守望着大坝。萧强的妻儿继续留在了工地，直到20世纪70年代，才告别新丰江水电站，迁往广州黄埔的工程部总部。黄慎容的遗体则安葬在广州银河烈士陵园内救火英雄向秀丽墓旁。组织根据黄慎容生前的愿望，追认其为中国共产党党员。她的家人亲戚默默无言地处理完后事，抱着一个箱子离开——那是一个活蹦乱跳姑娘的全部过往。1981年11月23日，广东省人民政府批准追认萧强、黄慎容为革命烈士。2000年左右，萧强的子女将父亲的骨骸迁走。江河奔腾有声，岁月流逝无言，英雄的名字永远地刻在了新丰江大坝这座丰碑上。

送走了英雄，人们抖擞精神、重整旗鼓，向江水发起第二轮冲锋，因为冲垮的堰体是一道伤口，愈合得越早越好。在建设者心目中，大自然的任何"玩笑"，都是对他们的无情嘲弄；工程任何的瑕疵，都是破坏大坝完美的一道疤痕。

洪水期修复围堰困难重重，张永禄、甄健汉召集技术人员制订了一份详细的计划。

江水似乎看透了人们的心思，继续以一种桀骜的狂野挑衅着。

第二次围龙，从3月1日开始，石料仍然用坝基开挖的石碴及冲积在坡脚处的石块、土料。右岸安装三道空中吊缆从70米高程处吊土，左岸在上游500米处、55米高程以上建一溜槽，滑土到45米高程的斗车上，在45米高程处建斗车道，用斗车运土。右岸由缺口方向填石、砌石、立模、扎钢筋或竹筋、浇混凝土，右岸沿缺口处到岸边钉大架木框填石，做好一段顶面浇筑一段混凝土，合龙口河段搭起21米的桁架桥，沟通两岸，并从桥上直接投放石块、竹笼、钢筋笼、麻袋土。

一天一夜超负荷的连续劳作，已经变成人们的一种生理惯性，只要咬着牙忍受肩膀的疼痛、脚力的疲软、眼睛的苦涩，身体便照样能够协作并行，如同一台超级机器，每一个零件互相咬合、互相裹挟，不眠不休地连轴转动。

经过十多天的奋战，工人们已将60多米宽的围堰缺口，堵缩到最小宽度21米，作为最后的合龙口。3月12日14点50分开始截流，当时流量为每秒136立方米，水位36.68米高程。

不料，老天爷再次变色，倾盆大雨瓢泼而至。暴涨的江水卷土重来，如同脱缰的野马，踢打着眼前所有的阻碍物。工人们奋不顾身地与之搏杀，围堰终于又在13日凌晨2点合龙断流。然而，暴雨仍在肆虐，江水不断涌来，最大流量暴涨至每秒548立方米，水位接近42米高程。加上右岸坡脚的木笼未填满，河床的木笼又做成平底，缺口两旁基础不稳。

在不断僵持和撕扯中，13日下午5点，狂暴的江水以雷霆万钧之势猛扑过来，将人们拼命垒起的堰体基础石头全部掏空——围堰再次轰然坍塌，支离破碎；21米的桁架桥瞬间被江水吞没，消失得无影无踪。

被洪水冲毁的长达44米的堰体，像是被猛兽撕咬的口子，血泪淋漓，一派狼藉。站在大坝上的张永禄、甄健汉和工人们如遭重击，眼中流泪，心中滴血。在破竹般的洪水声中，人群里传来低低的哽咽声。这种内心的伤痛，要比超越身体极限的负荷劳动严重一百倍。

亲眼看见了成千上万人用心血筑就的围堰两次在疯魔般的洪水面前轰然坍塌，部分职工信心意志被横扫，目标期望被清零，一种悲观情绪在悄然蔓延。“我们的精神不能随着围堰一起被洪水给冲垮了。”新丰江水电工程局党委班子心急如焚。“气可鼓而不可泄”，同是参过军、带过兵、打过仗的张永禄和甄健汉深谙其道，立即召开了全体干部、党团员大会，发出“抢围堰、挡洪水，决心今年发电”的号召来凝聚人心，并认真总结分析围堰被冲垮的原因，打消众人的顾虑。各级领导干部晚上分头到工棚里去与工人们聊天谈心。及时细致的心理安抚和加油鼓劲，很快稳定了军心，提振了士气。一时间，数以千计的决心书、保证书、挑战书、应战书如雪花般递到他们的手中，或贴在工地的墙上。右岸工段第四连的工人干脆将决心书贴在自己戴的安全帽上，以表心志：“洪水再大，没有我们的决心大；石头再硬，没有我们的决心硬！”

3月19日，阳光明媚，晴空万里。人们重新聚集到上游围堰的两岸，以“人定胜天”的姿态，对围堰发起最后的冲锋。这次基础比上次要好，右岸被冲的一块混凝土向河心倾斜，钢丝笼、钢轨叉却还在。新丰江水电工程局党委提出的施工方案是：“巩固阵地，稳扎稳打，步步为营，先加固保存部分及两侧基础。”

甄健汉与工程技术人员改进了第二次围龙时的许多偏差，备足了砂石

1959 年 3 月，新丰江水电站第三次围堰情况

料，在原浇混凝土未坍处起投 4 米 ×6 米的大钢轨笼，然后迅速填石 160 吨加以稳固。将圆形易滑的钢筋笼改为方形，加插两根大木，下游面加木笼填石护脚，并在填好的地方浇筑混凝土护面，稳扎稳打，从两岸填至中间缺口。对吊机吊钩也进行了重新改良，可以直接一次性抛填，不用像以前那样，要人工取缆，人、钩在江水之上，晃荡得每个人心里发沉。左岸工段混凝土连 8 个大力士将 1.5 吨重的大石搬到围堰上抛进合龙口，第六连始终站在急流中钉木桩，掉下水去爬起来继续干。

在最后关头，一艘艘木船划江而来，将石料抛洒入江。下午 3 点 30 分，上下游围堰同时合龙闭气，23 日开始堰内排水，逐步完善能顺利溢洪的混凝土面板浇筑工程，形成完好的围堰。

事隔多年，已离休在家颐养天年的张永禄和甄健汉，每每回想起整个抗洪抢修围堰的过程，仍然激动不已，感慨万千。而那些合龙过程场景，则永远定格在了新丰江水电站历史展览馆的一张张照片上，令人荡气回肠。

围堰冲毁，决定于汛期填筑重修，这在水坝建设史上实属少见，惹来许多争议。在 1964 年 2 月苏共中央全会上，苏斯洛夫就此在报告中指责中方

“无视苏联专家的建议”，放弃技术规范。这一点显然言过其实。虽然第二次围堰合龙后又被冲毁，但第三次终于合龙闭气，筑成坚固的过水围堰。

翻开1959年9月出版的首期《新丰江工程》杂志，刊登着一篇新丰江水电工程局施工技术科撰写的《在洪水期间抢修上游围堰施工技术总结》，里面详细记录了近一个月的围堰抢修过程与技术标准。其专业细致的理论、丰富翔实的图表，在60年后的今天读来，依然能够真切地触摸到工程技术人员的智慧结晶，感受到他们对于大坝建设的呕心付出与忠诚尽瘁。

筚路蓝缕的粤北电力先行者

姚勇 郑浩然

1958年，北江河畔，韶关曲江县乌石镇旁边一个僻静的村落，山多林密，古渡悠然，俨然一幅乡村水墨画。

这一年，“大跃进”序幕初启，国家提出“大家动手，全民办电”，电力工业领域开始“大干快上”。5月，国家电力部正式批准筹建韶关乌石发电厂。10月，从各地汇集而来的建设者们，风尘仆仆地来到这里安营扎寨，拉开了粤北电力大发展的大幕。

也是在这一年，国家开始执行第二个五年计划，因地理位置和交通便利，加上有较好的工业发展基础，韶关被国务院确定为华南重工业基地，在全市掀起了工业建设的高潮，韶关钢铁厂、重型机器厂、重型机床厂、电缆厂、铜锌冶炼厂都陆续上马，这些厂矿企业，加上发电厂的建设，被并列称为基地六大工程。

工业项目的建设离不开电，而这时的韶关，发电厂只有一座，即1953年开始筹建的东河发电厂（韶关人民发电厂），到1957年装机才3000千瓦。大批新项目的上马，新建一座发电厂已是迫在眉睫。

东河发电厂厂长张玉生除了管好电厂，还被安排开始负责新发电厂的选址工作。张玉生是辽宁黑山人，新中国成立前入伍参加革命，后转业到韶关地方任职，1958年8月刚上任东河发电厂厂长，一个月后，他又被任命为乌石发电厂筹建处负责人。

此时，除了位于广州的西村发电厂、五仙门发电厂以及正在建设的流溪河水电站等，广东省内几乎没有什么大的电厂，乌石发电厂的筹建，自然得到了省委、省政府的高度重视。

1958年8月初，张玉生牵头的甲方工作组会同水利电力部中南设计院野外作业踏勘组进行选址工作。

张玉生和厂址踏勘组人员先后去了马坝、白芒、黄岗、乌石等地踏勘，综合考虑火电厂燃料运输、工业取水、环境污染等多种因素，意见集中在白芒与乌石两地。

在两处选址比较时，甲方工作组倾向于选址白芒，理由是离韶关市区近，燃料运输线路短，白芒附近有一自然深水河湾，便于工业取水，而中南设计院则更倾向于乌石。两方意见不一，难以抉择。

双方详细分析了其中的优劣。厂址如果选在乌石，虽然接轨铁路线较短，但必须从韶关运煤到乌石，运输线路增长，乌石又要倒送电给韶关。水工方面，北江河宽水浅，河床复杂，给取水造成困难，增加河道疏浚整治费用，而且远离城市，给职工生活带来许多不便。但其占用农田少，对城市不构成污染。

如果选址在白芒，需要打专用隧道接轨，按当时规划建设 10.24 万千瓦容量考虑，厂房布局较困难，生活区无发展余地，煤灰排放须征用大量农田。

总而言之，厂址选在白芒或乌石，各有利弊。

张玉生为了慎重起见，与勘探设计组交换意见："我们要把选址工作建立在科学的基础上，进行充分论证和可行性研究，不能盲目，请你们就电厂建设的容量进行推演，详细分析其中的利弊，得出最优方案。"

电厂的最终容量定在 10.24 万千瓦，这已经是当时广东省规划建设最大的发电厂，作为一种设想，勘察设计人员反复推演、精确计算，到白芒和乌石两个地方现场踏勘测量数据，反复比较，最终在 8 月底提交了选址方案。勘察设计人员得出的结论是选址乌石。

他们认为乌石与铁路和公路接轨较近，在北江河畔，水路交通也十分便利，煤炭运输成本相对较低。虽然韶关蕴藏着可开采的煤炭资源，但从长远发展来看而言，必须依赖外省供应，乌石一带又有充足的地方供厂房建设，有较空旷的荒地供煤灰排放。

张玉生将选址的相关报告和意见提交给广东省电业管理局，经最后的研究和讨论，选址选在乌石。

1958 年 10 月 15 日，粤北第一座高温高压发电厂在乌石正式开工。负责基建施工的单位是广东省第一建筑工程公司第五工程处，包括来自佛冈、翁源、新丰、广州等地的民工和建筑工人共3000 多人。按照设计，第一期工程装机容量为2 台 1.2 万千瓦，作为工程的基建用电，要求 1959 年 12 月底前投入发电生产。

要在荒芜土地上建厂，还要面对技术缺乏、材料缺乏、人才缺乏等诸多困难，建厂任务非常艰巨。组织上认为广州军区四十二军副军长文连高、粤中军区参谋长钟美科战功卓越、作风硬朗，遇事沉着冷静，具有较强的开拓精神，能够确保工地建设万无一失，决定委以重任。1958 年 12 月 31 日，文连高被任命为筹建处党委书记，钟美科被任命为筹建处主任、工地指挥部总指挥。张玉生、李彦富任工地指挥部副总指挥。

这两位军旅出身的筹建处党政负责人，都有着不平凡的人生阅历。文连高，1914 年生，湖南省石门县维新镇古城堤村人。1934 年 7 月加入中国工农红军，参加过长征，读过抗大和军委后勤学院，大部分时间是在西北、东北、华北、中南、华南几个战场的硝烟炮火中度过的。曾三次负伤，荣获三级八一勋章、三级独立自由勋章、二级解放勋章。钟美科，1915 年生，湖北省大悟县宣化乡刘家湾人。1930 年 1 月参加中国工农红军。1937 年 10 月加入中国共产党，参加过抗日战争和解放战争，曾被授予大校军衔，1955 年荣获三级八一勋章、三级独立自由勋章、三级解放勋章。

“要实现从无到有的局面，我们要发挥军人勇往直前的战斗精神。”电厂建设如同作战，文连高和钟美科到任后，立即着手各项筹建工作，一起商量如何借鉴带兵作战经验，开展工地建设。

一期工程建设十分艰苦，施工条件非常差，土方开挖缺少机械，没有办法，文连高、钟美科带领工人通过人力去挖、去搬，使用的是人类最原始的

1959 年，韶关发电厂工程总指挥、老红军钟美科在工地劳动的场景

方法赶工期。钟美科是在枪林弹雨中摸爬滚打过来的，身上一直有战争年代留下的7块弹片，这让当时的众多建设者敬佩不已。眼前这些困难对他来说根本算不上什么。他带领筹建处的施工人员不知疲倦地奋战在工地上，白天晚上连轴转。他年仅10岁的女儿也受到感染，也挑着土筐加入挑土搬山的行列中。到了冬天，粤北山区天气非常寒冷。当时工程基建材料十分紧张，时断时有，严重影响工期。得知工地缺少砂石，一时供应不上，钟美科便把目光转到旁边的北江，决定自己动手，就地取材。江面寒风劲吹，江水冰凉刺骨，没人愿意下去打捞沙石。钟美科二话不说，带头踏入冰冷的江中捞取沙石。众人见此，纷纷跟进，工地沙石短缺问题迎刃而解。在休息和赶工的时候，文连高、钟美科、张玉生等领导干部经常带领工人们高唱战歌，提振士气，鼓舞斗志。

工作条件差，生活条件更差。几千人的建设大军，吃住在哪里？如何解决？刚开始的时候，干部职工大部分住在工地临时搭建的油毡纸房里，一部分在乌石镇租住简陋的民房。直至开工第二年后，才开始修建一些简易的棚房作为职工住房。那时候生活物资十分紧缺，粮食配给不够，生活非常艰苦。根据当时曲江县政府的配给标准，工人每月只有23斤粮食，干部每月19斤粮食，肉每月1.2斤。到了1959年以后，发生全国性大饥荒，工地粮油供应严重短缺，不要说吃肉，连饭都吃不饱，偶尔吃上一次咸鱼，就算是打牙祭了。一些人受不了这种苦，要么想方设法调离，要么干脆辞职回家去了，但大多数人仍然坚守岗位。这些创业者每天工作十几个小时，确实饿得受不了时，就买些糠饼，挖些蕨根、黄狗头、野蕉头什么的当副食吃。有些人弄到一些木薯，由于不会烹煮，吃后出现中毒现象。

除了吃住问题，还有医疗卫生问题也让领导干部头疼不已。李彦富听到工人们的反映，说在施工中经常会出现一些小伤病，因工地远离韶关市区，到市区诊疗要花费的时间太久，很多工人不愿意浪费时间，久而久之小伤小病就变成大伤大病了。这位来自辽宁丰南的东北汉子心里很是不安，与钟美科商议后，便指派筹建处工作人员在乌石镇租借一间简易的民房，设立医疗室。开始时虽然医疗设施十分简陋，卫生条件也差，工作用房不足10平方米，仅备有一桌一凳，常用卫生器材或无或缺，只有听诊器、血压计、体温计等老三件，没有其他辅助诊断仪器，但工人们的感冒发烧、小伤小痛之类可及时得到诊治。到 1960 年，医疗室搬迁到工地食堂旁，面积也扩大到 30 平方米，并设立了诊室、注射室、药房，这样，基本能够保证建设者们的普通疾病得到诊治。至此，压在李彦富心头的那块石头方才落了地。

“冬茅竹片搭工房，星星为伴地当床；牵来银河布九州，一人辛苦万人欢。”这首记载在《韶关发电厂志》上的诗，虽然已经不知道是谁提笔写下的，但我们仍能从中感受到当时创业者们斗志高昂的建设热情。

然而，事不尽如人意，由于水泥、钢筋、木材三大材料不能及时满足需要，设备到货晚，设计修改多，图纸跟不上等原因，加上汽轮机、发电机等主要设备不能按时到货，从 1959 年 4 月开始，电厂建设改为“慢步走”。此后几个月里，整个工程处于被动状态。到了 7 月，工程基本停工，大部分工人退场。一期工程原定年底建成投产的计划成为泡影，被迫延期。

转机出现在 8 月。2 日至 16 日，中共中央在庐山召开八届八中全会，韶关发电厂工程被列为 1959 年全国确保完成的 260 万千瓦装机项目之一。第二天，广东省委、省政府和省电业局即令相关建设单位进场复工。

有了“国家重点工程”这块“压舱石”，钟美科、李彦富和全厂干部职工的信心和斗志被重新点燃，干劲更足。广东、韶关省地两级政府在人力、物力、财力等方面对电厂建设均给予了倾斜与支持，有关领导和专家经常到工地检查了解基建情况，帮助解决材料、设备、职工生活等方面的困难。韶关各大企业厂矿也从物资上给予大力支持，借用、调换基建材料等。工程建设明显加快。

1960 年 4 月 22 日，筹建处撤销，并成立广东韶关火力发电厂，钟美科任党委书记兼副厂长，李彦富任党委副书记兼厂长。5 月 7 日，按照广东电业管理关于“先简后全”的指示，1 号机组采用简易发电，提前投产运行。主要设备有：锅炉是哈尔滨锅炉厂制造的中压单汽包自然循环、光管固态排渣煤粉锅炉，型号为 211－75/39 型；汽轮机是上海汽轮机厂生产的型号为 31－12－1 型单缸冲动凝汽式汽轮机，额定出力为 1.2 万千瓦；发电机是上海闵行电机厂生产的型号 TQC5674－2，额定功率 1.2 万千瓦，带同轴直流励磁机的空气冷却机组。

1959年3月，韶关发电厂1号机组建设工地

虽然1号机组实现了运行发电，但李彦富、钟美科心里却并不踏实。因为他们知道，这台机组并不具备正常运行生产的条件。汽轮房和锅炉房仅有预制框架，没有封盖房顶，主要设备均在露天运行。每逢下雨天，机、炉工作面只得撑起帆布作为遮盖，值班人员巡视设备要穿着雨鞋，打着伞进行。在设备方面，主机与辅机不配套，负荷仅带到50%—60%，运行极不稳定。厂房也十分简陋，全厂只在濛浬高山门西侧山包上建了一栋二层楼房，在南村建了两栋平房，平时主要供办公和部分值班人员临时休息。大多数职工要住在临时工棚和乌石街，厂区道路也未修通，运行职工上班要翻山越岭走“羊肠小道”，厂区的东、北、西面都是遍布野草荆棘的丘陵和山包。有一次，一个下夜班的职工迷了路，左拐右拐的，竟拐进山里面去了。

查阅《韶关发电厂志》，有这么一段文字记载：由于当时的历史原因，1号机组在生产建设过程中，暴露了许多问题：一是工程仓促上马，设计变更多，规划性不强，图纸跟不上施工要求，以至于出现了汽轮机发电机基础已浇筑好，而机组型号还没确定等问题，造成窝工和材料的浪费。二是准备工作不充分，在备用设备缺少的情况下实行简易发电，机组运行极不稳定，既不经济，也不安全。1960—1964 年共发生事故 44 次，五年总发电量为 19793 万千瓦时，只相当于同类型机组 24 个月的正常发电量。三是一期工程烟囱高度初步设计时为 60 米，后在施工中改为 45 米，造成局部环境的污染加重。四是由于原始水文资料欠缺，建筑取水构筑物的依据不足，发电时采用泵船临时过渡的方法取水。遇到枯水期，则要发动职工移动泵船，而遇洪水期，又要拆除固定的循环水管端头。五是由于没有订购到卸煤机，直到 1963 年上半年，煤场工人还是靠人力卸煤、挑煤到皮带上煤，劳动强度很大。

针对以上问题，钟美科、李彦富及其继任者江金炼、苏白山、庞光庭等，开始着手一系列查缺补漏工作。如一期工程烟囱被削减高度一事，他们曾就此问题专门去函中南设计院，要求恢复原定高度，最终获批。该烟囱在 2 号机组施工时，重新加高至 60 米。再如加紧订购、安装卸煤机，从 1963 年下半年开始，卸运煤由人力改为机械作业，减轻了劳动强度，提高了工作效率。

在 1 号机组投产运行四年后，2 号机组亦于 1964 年 7 月建成试运，翌年 1 月移交生产。此后，韶关发电厂经过七期工程建设，至今先后建成了 11 台发电机组，成为粤北地区第一个百万级发电基地。早期的 5 万、20 万千瓦的发电机组均为省内首台，由于机组类型多，故而成为培训电力专业技术人才和管理人才的最佳选择，被业内人士称为广东电力的“黄埔军校”。

常言道：“铁打的营盘流水的兵。”一期工程建设完成之后，早期创业者先后离开了粤北：文连高，1959 年调至广东省林业厅；张玉生，1959 年调至广东输变电工程公司；钟美科，1961 年调至广州军区；李彦富，1965 年调至广东省电业管理局。

转眼间 60 多年过去了，韶关发电厂的干部职工来了一拨又一拨，换了一茬又一茬，他们在这儿工作、生活和学习，在这里拼搏、成长和发展。时光飞驰，斗转星移，有的长驻于此，有的转走他方。或去或留，无不烙下深刻的岁月印记。

茂名热电厂的初创岁月

叶 泽

1960年7月，艳阳高照，酷热难耐，刚刚建市一年多正在快速推进“油城”建设的粤西茂名，突然遭受一股国际外交寒流：苏联宣布撤回所有的援华专家，撕毁合同，停止对中国的援助。中苏关系全面破裂。

作为苏联援建的156个项目之一，被列为国家“一五”计划重点工程之一的茂名页岩油公司首当其冲，刚来到这里参加油城建设、提供技术支援的苏联专家，全部打道回府，人去楼空。

位于城市西侧文冲口黑石岭的茂名热电厂，是茂名页岩油公司的配套工程，原本热火朝天的建设工地，顿时笼罩在一片愁云之下。

盛夏之夜，在简易低矮的筹建处办公室内，没有灯光，仅凭窗口透进的自然光，显得有点昏暗，一个豆大的火点在一闪一闪地亮着，弥漫着一缕缕烟雾。热电厂筹建处主任张贯一端坐在办公桌前，一口口抽着烟。

曾任茂名热电厂秘书、工会主席和离退休党支部书记等职，现已退休在家的冯明浩，至今还记得那晚的情景：当时正在办公室收集资料的他，闻着浓烈的烟草味，心里便知是仅半米之隔的筹建处主任室传来的。“这是热电厂从开工到1号机组进入安装以来，陷入的最大困境，张主任自然寝食难安。”

茂名热电厂的诞生，得从油页岩说起。

最早发现油页岩已不可考，据说当地小孩用山上的石头垒窑煨红薯，意外发现这种石头居然可以燃烧。由于当地民众把点灯的煤油称为“火水”，故而将这座矿山叫“火水山”。结果一传十，十传百，由此发现了油页岩。经过国家勘探发现，茂名油页岩矿体平均厚度22米，总储量达51亿吨，居全国第二位。

1956年4月26日，毛泽东主席在中央政治局扩大会议发表《论十大关系》讲话时提出：“现在我们准备在广东的茂名（那地方有油页岩）搞人造油，那也是重工业。”两天后，周恩来总理就在相关报告上批示：“经中央同意，在茂名建设规模为年产100万吨原油的油页岩炼油厂。”茂名油页岩开发被列为国家“一五”计划重点项目之一。为了给新生的共和国甩掉“贫油国”的帽子，来自大江南北的11000名建设者汇集茂名，掀开了“从石头里榨出石油”的时代大幕。当地人民得知后更是欣喜万分，“挖火水山”喜讯传遍了粤西的村村镇镇，乡亲们像老区人民支援解放战争一样，出现了“一头

1958 年茂名热电厂建设初期的劳动情景

挑床板，一头挑干粮，父送子，妻送郎，报名上矿山”的动人场面。茂名页岩油公司及其配套工程茂名热电厂，就是在这个大环境下拉开了建设的序幕。

茂名热电厂筹建处当时由水利电力部直接管辖。起先设在高州，后因故停建。1958 年 6 月重新筹建，地点设在茂名车田村，租当地老百姓民房作办公室和住房。是时，筹建处先后从化州、高州、茂名等地招收学徒工 500 人，分别送往武汉青山发电厂、广州五仙门发电厂培训。同时陆续从电力系统调来部分技术工人、工程技术人员及管理干部，为投产发电做准备。刚从阳江高中毕业只有 19 岁的冯明浩，就是那一年被招进来的。当时，他凭着一手好字和娴熟的文笔，除参加工厂建设工作外，还负责筹建处的文书工作。

1958 年 11 月茂名热电厂破土动工后，筹建处也随之搬迁到黑石岭工地上。这是一个荒芜的标高相差较大的丘陵地，标高一般在海拔 31 米，洼地标高 28 米。土质表层则为风化残积层和红色沉积砂岩，中夹杂有小型卵石，低洼处有黑色黏土。

土建工程由建筑工程部第四建筑工程局一公司二工区负责。地面土建工程施工在当时施工设备缺乏和落后的情况下，指挥部采取“两条腿走路”的方针，在万人大会战中，以施工队伍为主，同时发动组织民工参战。为了加快工程建设，响应“1960 年 7 月 1 日发电”的号召，工程建设者创造出“中

1958 年茂名热电厂建设初期的劳动场景

心大型爆破”的新技术，在主厂房中心打一个 30 米深的洞眼，同时在循环水暗渠不同位置钻 9 个分炮眼，使用 20 吨大炸药，一次性引燃爆破。

这样大规模的工业建设作战，在没有城镇依托的一片荒原上展开，谈何容易？大批的建设者来到茂名，吃没吃的，住没住的。他们一口矿坑水、几条萝卜干下饭，有的搭竹棚睡草窝，有的更是“抬头望星星，躺下地当床”，风餐露宿。“那时候工作条件十分艰苦，筹建处主任张贯一、副主任郭治新和我们一样，都自己挑水做饭，夜间使用煤油灯照明办公。”冯明浩回忆说。

就是在这样的条件下，热电厂的创业者们硬是用双手和肩膀及简单的运输工具，在一年多的时间里就完成了 240 万立方米土石方的开挖任务。至 1959 年底，如期完成了主厂房及机、炉、电、化地基，循环水沟滤网，冷水塔自然通风、主体工程等项目。同时热电厂至页岩油公司 6 千伏母线栈桥输电线路和茂名市郊 35 千伏文冲口简易变电站相继完成，为 1 号机组安装打下良好的基础。

随着工程的推进，热电厂筹建处的技术力量也在加强。1959 年底湛江新村发电厂总工程师顾瑜纶调任热电厂总工程师，主要负责基建方面的业务。随他一起调来的还有他妻子汤之莹，被安排到厂里的供电所上班，先是做统计员，后做营业员。

1960 年 2 月，1 号机组设备开始进入安装阶段，但进展并不理想。因为这台2.5万千瓦燃煤汽轮发电机组全套设备从苏联进口，由苏联新西伯利亚汽轮发电机厂生产提供，型号为TBC－30－2，额定容量为2.5万千伏，冷却介质为氢气。工程由武汉电力设计院设计，广东电力工程公司负责安装设备，锅炉房采用全露天布置，汽轮发电机房为小罩式露天布置，工业用水取自鉴江的工业引水渠。直到同年5月苏联专家组一行7人，来到现场指导安装建设，1号机组安装才顺利开展。至6月底止，国外设备共890台（件），已到货684台（件），其中主机设备到货率近90%；进口各种型钢共943吨，苏方发货700余吨，有306吨已到达厂区。

7月1日至9日，张贯一去了一趟首都北京，参加由国家建委燃料局主持召开的国家基本建设委员会会议。带回的消息是：由于各种原因，热电厂实际进度滞后，没能如期在7月1日前竣工投产，致使茂名页岩油公司8月1日开工生产的计划全部泡汤。为此，会议要求热电厂全体干部职工认真贯彻执行“集中力量、保证重点”的原则，学习上海吴泾热电厂的建设经验，发挥最大的主观能动性，全力以赴，突击施工，确保机组9月1日发电，以满足茂名页岩油公司原油生产和矿山基建的用电、用热需要。

任务繁重，时间紧迫，张贯一不敢有丝毫的懈怠和耽搁，从京城一回来，立即召开加快热电厂机组安装进度的动员大会。然而，令人万万预料不到的是，就在全厂准备甩开膀子大干一场之时，中苏关系突然恶化，从苏联过来指导安装1号发电机组的7名专家连夜撤离，并带走了机组所有的设备图纸资料，留下一堆尚未安装的设备。

没了苏联专家的指导，发电机组安装一下子陷入了停顿状态。

下一步该怎么办？苏联专家撤离后的那些天，张贯一白天巡查工地情况，晚上就坐在筹建处办公室里，灯也不点，一根接着一根抽着烟，眉头紧锁，心里细想着种种可行的办法。

在冯明浩的印象中，身材魁梧的张贯一一向和蔼可亲，脸上总带着笑，讲话也很有趣味。建厂近三年来，虽然条件艰难，环境恶劣，但无论遇到多少困难，他都能乐观对待，沉着应对。“那些天，张主任满脸憔悴，声音都变沙哑了，显然是熬了不少夜。见他揪心的样子，我觉得自己应去做点什么，便过去敲开了他的办公室。”冯明浩回忆道，“记得当时张主任跟我说，他从北京回来后，茂名市委、市政府和页岩油公司多次召开协调会议，过问机组安装情况和进度。现在苏联专家突然间撤走，工作一下子全被打乱了，根本无法按原计划进行。如何收拾这个烂摊子？大家心里都很着急，一些人认为热电厂有可能搞不下去了，情绪有些低落。末了，他叫我马上草拟一份请示，他要向上级反映情况、请求帮助，以扭转目前这种状况。”

8 月初的一天早上，天刚蒙蒙亮，张贯一带着冯明浩起草的文件材料，挎着一个军用背包，带着热电厂全体员工的重托与期许，再次踏上了进京之路。他的任务是向当时的水利电力部汇报工作，请求派出专家组过来茂名指导机组安装工作。

十多天后，张贯一的身影重新出现在热电厂工地上，人们欣喜地发现，与他一同来的还有水利电力部从各部委组织抽调过来的机、炉、电、化等专业工程师组成的“5 人专家组”。一回厂区，张贯一立即组织骨干技术人员，召开 1 号机组恢复安装会议，对下阶段工作做了大致的安排。专家组人员也连夜分头进入厂房，查看了解设备部件型号。连续一个星期，专家组对发电机组进行全面的了解摸底，并重新绘制安装图纸。功夫不负有心人，专家组很快取得了机组安装的第一手资料，全厂员工的士气为之一振。

安装工作重新展开。张贯一带领管理人员和技术安装人员先是集中听专家讲解机组安装知识和注意事项，然后在“炉、机、电、化”各专业专家的指导下，分头进行设备组件安装。当时每个专业约 12 人一组，加上管理人员，每天单机房工作人员就达 70 多人。机组部件需要人工小心翼翼进行搬运安装，大的部件两三个人用手合力抬，再大点的用线索捆绑好，四五个人用粗木棒扛，最重的则巧用滑轮加人工升拉安装。

当年全体工作人员安装工作的情景，冯明浩至今还记忆犹新。他说，那年的夏天有点反常，天气特别热，一般都有 35 摄氏度，最高气温有时候超过 40 摄氏度。几十个人挤在一个相对封闭的厂房里施工，没有电，没有风扇，闷热异常。大家都是光着膀子干活，挥汗如雨。张贯一负责现场指挥，嗓子都喊哑了。为了赶进度，许多人日夜奋战在现场，实在困了，就地抱上几张板凳歇歇又继续干。施工人员严把安装质量关，一步步精心安装好每一个部件。

转眼到了1960年底，发电机组全部安装完毕，进入调试阶段。这时候，张贯一和技术人员又遇到了一个新难题：没有启动电源。

怎么办？众人商议，向上级申请一台列车电站前来支援。

列车电站，顾名思义就是安装在火车上的移动式发电厂，它可以按要求迅速转移到铁路能到达的任何地点，对当地用电场合进行紧急供电。列车电站一般由装有小型锅炉、汽轮机、发电机、冷却设备、控制室、变电和配电设备等的若干个车厢组成。这种列车电站，在新中国成立之初电网尚不发达时期曾发挥过重要的作用，主要为国家重大工程项目、国防紧急需要、防汛地震灾区、大型水电站基建提供机动电源。1958年开始，为确保茂名油田大会战的用电，水利电力部列车电业局第6、21、15、46、8、9共六座列车电站集结在茂名——这是列车电站史上最大的一次集结。茂名页岩油公司筹建处主任、党委书记蔚华之听完张贯一的汇报后，当即拍板同意调拨一台列车电站供他们使用。很快，这台列车电站开到离热电厂最近的轨道处，接驳电缆引入工地。热电厂发电机组启动调试用电问题迎刃而解。

1962年，在茂名地区发电的列车电站

冬去春来，1961 年 3 月 27 日，历经波折的茂名热电厂 1 号机组终于胜利竣工，实现了简易投产。在投产庆典上，听着亲手安装的发电机组发出轰隆隆的声响，看着亲手筑起的厂房和高高的烟囱冒出浓烟，在场的每一个人都无比兴奋，欢呼雀跃。

不过，令人遗憾的是，茂名页岩油公司并没能如期投产。1962 年初，为贯彻中共中央“调整、巩固、充实、提高”八字方针，全面压缩基建规模，茂名页岩油公司缓建，热电厂 1 号机组负荷仅为 6000—8000 千瓦，被迫停产，改由列车电站供电。前文提到的汤之莹所在供电所的全部人员，被借用到茂名页岩油公司电业管理所工作，负责列车电站的供、售电业务。

这种状况一直持续到 1965 年，经过三年的国民经济宏观调整，一些停建缓建重点工程陆续复建，形势向好，用电量不断增长。9 月 1 日，热电厂 1 号机组恢复发电，并进行填平补齐工作。1966 年 2 月，2 号机组工程动工，1968 年 3 月 12 日投产。是时，因河南平顶山煤和马田煤供应及铁路运输的困难，改烧茂名页岩油公司油渣。

经过几十年发展，如今的茂名热电厂已建设成为粤西的重要能源支撑。每当回忆起热电厂的初创岁月，冯明浩的话语中总是带着满满的自豪感：“那时候，我们的信念是‘先生产后生活’，付出的实在太多太多了，但这种精神永远值得铭记和传承。”

永安记忆

刘少旋

“站住，你是哪个单位的?”

“这是省委第一书记。”

“对不起，没有接到上级的放行通知，我不能放您进去。”

…………

20世纪60年代，在保卫岗亭，关于“愣头青”邓志雄把省委书记一行拒之门外的事，在老一代肇庆供电公司员工的口里代代相传了下来。邓志雄作为武装警卫，扛着枪，严禁一切外人进入永安变电站。在他的心中，家乡的第一座110千伏变电站，是可以用命相搏的!

围绕着这座变电站，有许多抹不去的记忆。

让我们把时间往回拨到1959年。

这一年的春天，肇庆遭遇大旱。其间所发生的事情，对于高要县永安公社社长陆科而言，是一份痛苦的记忆。

“阴公啊，几时先有雨啊!”往日草丰水美的5000多亩稻田，如今干巴巴的，像一块被戳烂的抹布，敞开着没半点生机。村里靠打鱼为生的，无土地的水上居民，还能从江上有所收获，而靠天吃饭的中文和岐溪村等村连秧苗都未能种下，村民叫苦连天。

4月，永安公社书记李国南、社长陆科一声令下，河网平原上的村民们纷纷出动，日夜兼程，108台脚踏龙骨水车轱辘转动着，从西江抽水灌田，田地终于恢复了颜色。院主、桂荣、塘口等村落则使用柴油机带动水泵，抽取珠江潭水，以解旱患。

祸不单行。同年5月15日至6月24日，几场暴雨疯狂浇注，大旱转眼变成大涝，西江连续发生3次洪峰，冲击着江边上无力抵抗的堤围和民居，哀鸿遍野，浮浮沉沉之间，高要县境内被淹浸面积26.57万亩，受灾面积17.5万亩，损失稻谷4万吨，受浸村庄40多个。

这是新中国成立以来县里最大的一次涝灾，永安公社连片油绿的稻秆被大雨打弯了腰，倒伏暗伤，积水无法排出。社里排兵布阵，巡逻队、打桩队、潜水队、机动抢险队整齐划一，围堵排涝，仍是无济于事。眼看着房屋倒塌，颗粒无收，米缸无粮，村民一茬茬地过来要对策，怨声载道。陆科站在漆黑的堤围上，拿出火柴划拉出一弧星火，孤独的烟圈从嘴里慢慢吐出。看着西江的河水滔天，他一筹莫展。

靠人力排涝，根本无法胜天。

彼时，在肇庆三杩路飞鼠岗肇庆电力厂任职副厂长的马贵，曾在四野连队，参加过解放东北、平津、中南各战役。对着薄弱的肇庆电力，这场“看不见的战役”，让他愁眉不展。新中国成立以来，为恢复生产、发展各自送电的小电厂，供电范围小，电压等级低，供电质量差。装机容量和发电量虽有增长，但增长缓慢。

厂里仅有的一台“老家伙”，是上海淘汰过来的、20 世纪 30 年代出厂的美国通用公司发电机组，新近才投产，容量只有 500 千伏安，电压 380 伏，经过变压器转换升为 3300 伏，主要供应城区街道配电运行。虽然有这样的“高级货”，可是厂里的员工仍旧忙得透一口气的时间都没有。

时局艰难，煤的生产以及燃烧质量经常跟不上，为了发电，19 岁的何启端和一班青壮员工每天的任务就是去附近的山头砍柴、挑柴，搬回来往锅炉里添柴火，几乎全年无休。即使如此，全厂总装机容量也只有 686 千瓦，年发电量才 127. 88 万千瓦时，这么点电发出来，数来数去就够街上的 50 盏路

1956 年参加肇庆高要发电厂选址的工作人员

灯照明，粮食加工和小作坊工业用电都有心无力，根本无暇顾及农业用电。

在道路不平、电灯不明、自来水不清的情况下，肇庆专署开始筹划“大事”，成立3000千瓦发电厂筹建处，计划兴建新桥—马安—肇庆输电网。新桥电厂1959年动工兴建，1961年1月12日一台1500千瓦发电机组投产发电，电力由电厂直配至各用户，主要解决马安煤矿用电。在发电煤不够、柴火来凑，又遇三年严重困难的情况下，1961年4月10日，肇庆电力厂与新桥电力厂合并，肇庆电力厂成为新桥电厂的一个分厂，至此城区的电网初见雏形，却仍然“杯水车薪”，救不了沿岸农民的万亩农田。

“身家”没了，还可以翻身。一场洪涝的到来，对于60公里开外的大旺农场是一场性命攸关的事。大旺农场位于绥江、北江之间，历史上长期无堤围保护，地势低洼，塘沟交错，每年4至9月汛期，北江河水泛滥，铁锅形的草塘便成了天然蓄洪区，大旺变“大汪”。

1959年，十年一遇、长达50余天的大暴雨，引发洪水，冲毁了还没正式完工的大堤，血吸虫的繁殖地“六泊草塘”被洪水涸积浸害受灾超过2个月，春季生产受灾面积264.67公顷（1公顷=10000平方米）。

由于洪水影响，土地无法耕种，杂草丛生，而草类的腐殖质丰富，土地肥沃，成为钉螺的滋生地。钉螺肆无忌惮地繁殖，意味着一种疾病的急速蔓延，隐秘而骇人。

“女子肚大不生仔，男子也成大肚娘。”血吸虫病（俗称大肚病），由寄生于钉螺中的血吸虫尾蚴感染人体而发生，是一种严重危害人们身体健康的地方性传染病。

而这样的“瘟神”，在大旺地区已流行了近百年。

当时大旺血吸虫病疫区面积达5333公顷，是广东省面积最大的疫区。1958年9月，大旺农场调查血吸虫病，患病人数为4075人，其中晚期病人579人，居民最高感染率为47.57%，平均感染率为31.33%。来自汕头的卢丽卿是首批进入大旺农场的知青之一，同批过来的1423人，经常在水塘里劳作垦荒，她就曾因急性血吸虫病，治疗过四次之多，每次都是和死神的殊死较量。

“治水灭螺”成为大旺农场发展的关键词，人工捡螺法耗时耗力，效率过

1960年大旺华侨农场农民在草潭劳作

低。只能通过建设筑坝、围垦，兴建血防水利工程、电动排灌站，治理年复一年“水漫金山”的困境。

可是，电从何来?

1960年，正值国家经济困难时期。吃着没油的菜，喝着粒粒可数的粥水，永安公社的村民听着“鼓足干劲，力争上游，多快好省地建设社会主义”的中央号召，也没地使劲。同县的莲塘公社还出现了村民因缺粮患水肿病而死亡的“莲塘事件”。

为了解决肇庆地区高要、四会两县大片农田受浸状况，兴办电力排灌设施，确保珠江三角洲粮食高产稳产，改变农村贫困落后面貌，省委、省政府决定拨出专款，把珠江电网延伸到肇庆，从佛山石湾红山变电站送电过来，架设全长54.9公里的佛永线。

事不宜迟，当年9月，肇庆专署成立了兴建电动排灌工程指挥机构。高要、四会两县也分别成立了电动排灌工程指挥部，协调全县电排基建、技术安装、输变电基建和线路架设等工程。

一切俱备，只欠东风。10月，陆科在红珠岗第一次见到了来自广东省输变电工程处的学徒罗日勋，一班60人的队伍开始兴建110千伏永安变电站。

在罗日勋的印象中，变电站的建设是艰苦的，也是无波无澜的。原来有山有树有坟墓的红珠岗，四季更替，在省输变电队员和公社社员的忙碌奔走下，粗布衫磨破了一件又一件，土一方一方地填，塔材一组一组地立，设备一台一台地装，电线一条一条地拉，技术一块一块地学，终于变得有模有样。

1961年12月，一束光照亮了永安公社。捷报传来，110千伏永安输变电站工程投产了。变电站装有主变压器2台，总容量初为2.25万千伏安，后增至3万千伏安，电压等级为110/38.5/10千伏，设有永安线、广利线、横槎线及大兴线等10千伏出线四回。

为配合110千伏永安变电站投产，1962年建成永安至岗头、永安至金利、永安至四会共三条35千伏输电线路以及35千伏岗头、四会、金利变电站。至此，初步形成了以永安变电站为中心，覆盖肇庆市区、高要、四会并与珠江电网相连的肇庆供电网络。与此同时，肇庆电力厂接上级通知停止发电。

那几年的洪水似乎来得特别勤。

1962年7月3日，洪水如期到来，加之广西在上游放水，高要水文站水位12.50米，西江河水再次冲破界限，呼啸而至。丰乐围告急!

人声鼎沸，泵声突突。电动排灌站发挥了作用。半夜敲门、拉人头、呼天抢地的人力排涝成了历史的一页薄片。

已是变电站运行班员的罗日勋，负责电站的安全运行和事故分析，遇到紧急停电，填写操作票，监护人读一行，他就按下指定的电柜按钮，逐项操作，不慌不忙。抢险时，他并入新建的灯光组，到基围上拉线“救”堤灯。

此时的陆科，也少了以前的慌张和绝望，变电站建好了，作为“近水楼台先得月”的主，永安公社终于有了电排站，在堤灯的照耀下，他和公社的李国南、陆科等主要领导以党籍保证，誓要守住丰乐围！围内群众2000多人，通宵达旦动手打桩、叠草包，苦战四昼夜，终于转危为安。

1962年至1963年，高要县先后建成了横槎、广利、桃溪、沙浦、永安、贝水等电动排灌站，开始使用28ZLB－70型电动水泵。各公社成立电排站，负责社内各电排站设备的安装、维修和管理。1962年，较大的村也建成二级电动排灌站和三级电动排灌站。广利、永安、沙浦公社拥有电动排灌机械110

台（套），机械总动力9860千瓦，排灌面积12.82万亩，占应排灌面积80%。

农村用电量节节攀升，农民口袋里的粮也不那么荒了。通过大规模的电动排灌系统，平整土地，改良土壤，逐步减除低洼田的洪涝灾害，“十年三收”农田和单季稻农田全面改为双季稻田。1962年，高要全县稻谷总产量17.37万吨，比上年增产4.5万吨，平均每亩播种面积产量从上年的109公斤提高到143公斤。随之而来的是电动脱粒机、电动碾米机、电动榨油机等以电为动力的农副产品加工机械也走进了农民的视线，高效地参与了生产，释放了大量劳动力。

大旺农场同样沾了喜气。1963年7月12日，大旺农场决定与大沙公社合建五马岗电动排灌站。同一天，农场党委申请成立血吸虫病防治站（队），编制30人。

好事接踵而至，1965年初，岗美35千伏变电站（绥江对岸）开始建设，电源来自高要县永安110千伏变电站，架设西、北围柜双回路10千伏线路，主要为大旺农场消灭血吸虫病和四会大沙公社输电。对长年累月奋战在防洪抗灾、堵口复堤一线的吴文耀来说，这电是来救命的。

经过九年的建设，1967年，大旺农场终于建成20多公里两江干堤，容量2160千瓦的电动排灌站和相应的排洪渠，东、西、长岸三围排涝问题基本解决。至1972年秋，全场建成大小排渠331条，总长158公里，电动排灌站6座、装机容量2957千瓦，修筑环山拦洪沟7.3公里，大小山塘33个，总集雨面积55.4平方公里，建成35千伏变电站一座。

电动排灌站的加入，增强了5666.67公顷“六泊草塘”的防洪排涝能力，生态环境的改善，使得血吸虫的宿主钉螺失去了滋生地，大批量灭绝。

胜利在望。1969年3月，全省消灭血吸虫病现场会在大旺农场召开，总结推广大旺农场防治血吸虫病的经验。从1971年起，草塘钉螺面积由片状变为点状残存分布，压缩到99.51公顷，至1974年基本消灭。1983年，60多位专家、教授、专业人员现场验收，大旺方圆10万多亩找不到一个钉螺，标志着大旺彻底消灭血吸虫病。

在卢丽卿等一众知青和华侨的不辍劳作下，荒无人烟且危险重重的草塘，此刻正焕发着新的生机。青黛色的甘蔗林，丰产的水稻田，给这里苦难的人们带来甜蜜和温饱。

自广东珠江电网延伸到肇庆地区后，为改变过去以小电厂供电为主的供用电管理体制，由省电力主管部门直管为主的体制得以建立。1963 年 1 月 17 日，广东省水利电力厅珠江电业局发出〔63〕珠电办字第 72 号文《关于启用肇庆、石龙供电公司印章的通知》，肇庆电力厂撤销，肇庆供电公司正式成立办公，接管永安变电站。

初春时节，一艘灰蓝相间的机帆船从飞鼠岗出发，满载着肇庆供电公司的员工和电力设备，在西江的羚羊峡水面缓缓开往永安码头。

23 岁的黎宝荣瘦而精壮，站在船头踌躇满志。作为变电站的第一代继电保护工程师之一，半年前，他就在广东电力局跟着师傅埋头苦学，出外见识了全省范围内的几乎所有 110 千伏、35 千伏变电站的运行维护状况，在东莞望牛墩的第一个 35 千伏变电站实习过。凭着这一身技艺，工人出身、在最重要工种岗位上的他，在岁末，坐船、步行辗转至永安变电站，对继保工作进行年度校验。

与此同时，当地兴办地方小水电问题，为解决山区县农村用电问题，闯开了一条路子。至 1965 年，肇庆小水、火电装机总容量 4853 千瓦，年发电量 1162 万千瓦时，比 1957 年分别增长 2.1 倍和 3.8 倍；珠江电网直供电量 4507 万千瓦时。随着农业用电量的攀升，1963—1965 年全市发购电量年平均增长率 79.7%，1965 年全市发购电量，从大电网输入的占 85.1%。

洪水，疾病，贫穷，破败，不会因为人的期盼而掉头转弯，对不服天命的肇庆人民来说，珠江电网的联结，永安变电站的投产，是安身立命的利器，是安然无恙的庆幸，是永祈平安的愿景，足以抵挡年岁的刻薄和生活的磨砺。

电，安好；家，就安好！

第一次企业整顿记要

覃桂平

在热火朝天的工地上，没有返乡过年的新丰江大坝建设工人，欢天喜地地迎来了1959年的农历春节。

这一年的节日气氛与往年似乎并没有什么不同，工地饭堂里仍有白米饭管饱，还有油汪汪的肉菜改善伙食，看上去一切都平安顺利。但节后不久，新丰江电力学校学生林俊高收到家里的一封信，家人告诉他：公社饭堂伙食从白米饭变成稀粥再变成野菜汤，从一天三餐到一天一餐。细想之下，他发现工地饭堂里的饭菜已明显变差，供应量也在减少。很快，一个不祥的消息，传遍了整个工地，众人议论纷纷的一个词语就是：饥饿。果不其然，放开肚皮吃饭的日子仅仅持续了几个月，一场席卷全国的饥荒已不期而至。

更让人没想到的是，大饥荒只是“大跃进”之后，国民经济形势急剧恶化最先传导出来的信号，紧接着，各种糟心的事接踵而至。全国工厂关停近半，两千多万新招职工被驱回农村。

从1959年到1961年，后世称为“三年困难”时期，国民经济由前一年的疯狂跃进陡然跌入空前的萧条低迷。

林俊高和他的同学最先感受了“大跃进”后遗症带来的冲击。广东之前决定上马的其他水电站搁置了下来，新丰江电力学校近千名学员，从香饽饽变成了不得不甩的包袱——有人传言学校要被撤掉。那段时间，林俊高寝食不安，不知自己将归向何处。

1959年新丰江水电站工程建设情景

其时，生活物资供应短缺的问题已蔓延至整个电力系统，尤其是正在开工兴建之中的韶关发电厂、新丰江水电厂、茂名热电厂等，由于粮食不足，营养跟不上，劳动强度大，很多职工出现了水肿、贫血的情况。很多人受不了这种苦，要么想方设法调离，要么干脆辞职回家去了。民以食为天，时任广东省电业局党委书记、局长王焕心急如焚，不断向省委、省政府反映情况，争取支持，虽有所“斩获”，但毕竟“杯水车薪”，不能从根本上解决问题。他与韩林、王炎、王一民、陈蔚观等领导班子成员商议，认为农副产品供应不足已是当下全国性的问题，“等靠要”就是坐以待毙，必须自力更生。于是，向所属电力企业发出指示：搞好电力生产必须搞好职工生活。

率先行动起来的是电力建设施工单位。是时，聚集在新丰江水电站建设工地的各路人马及后勤人员一共两万多人，大多干的是体力活，开山劈土，吃不饱可不是件小事情。眼看着情况越来越严重，时任新丰江水电厂筹建处张永禄专门成立了一个生活领导小组，一方面在周边的山坡上开荒办职工农场，种番薯、玉米等杂粮和各种瓜果蔬菜，并利用山地和水库的有利条件养鱼、养“三鸟”、养猪羊。另一方面“靠山吃山”，张永禄带头上山挖土茯苓、黄狗头等可食用的中药材，组织职工上山打猎，捕获野猪、山羊给职工补充营养。

粮食危机也烧进了大城市。1959 年 7 月，刚从西村发电厂调任广州供电公司经理一职的刘凤山，也在为此发愁。虽然城里的情况要比山区基建一线的情况好一些，但仍然缺粮，职工普遍反映吃不饱，必须想办法解决。经过一番调查和筹备，1960 年的下半年，刘凤山在东郊茶山、棠下和南海官窑、平洲等公社开办了 7 个职工农场，种植了 115 亩的各种作物，还饲养了鸡、鸭、鹅、猪、羊等禽畜。在生产工作之余，还组织团员青年到各个农场去参加劳动。到 1961 年，农场收获 8800 多斤稻谷、19000 多斤番薯、5800 斤蔬菜和 2600 多斤豆类花生等油料，一定程度上缓解了困难。

随后，全省各地发供电企业争相仿效，办起了农场，建起了养猪场、养鸡场，实施生产自救，改善职工生活。这个做法一直延续了几十年，因为三年困难时期“饥饿”这个词已深深印入了人们的脑海中。“手中有粮，心中不慌”在物质贫乏年代是绝对真理。

在设法缓解粮食短缺危机的同时，王焕、韩林、王炎、王一民、陈蔚观等人还必须解决电力生产建设管理中出现的问题。

在中国经济发展史上，1958 年是一个带有狂热症状的年份。对“超英赶美”的自负和高增长的迷恋，各行各业大干快上，“放卫星”成为工农业高产的专用词，经济近乎畸形地快速增长，产生了巨大的电力需求，进而推动了电力建设迅速发展。这从以下一组数据就可见一斑：全省发电装机容量，由 1957 年的 13.55 万千瓦增长到 1960 年的 36.61 万千瓦，用电量由 1957 年的 3.44 亿千瓦时增长到 1960 年的 9.24 亿千瓦时，短短三年，两者均增长了约 170%。

但是，在这个“亮丽”数字的背后，却隐藏着一系列无比沉重的事实。

其一，电力建设前期工作匆忙，工程盲目上马，急于求成，导致基建战线过长，工期要求脱离实际，工程质量较差。例如连阳发电厂建设时，未进行钻探便决定厂址，后来发现地下溶洞，只得另选新址建设，既浪费时间，又劳民伤财。

其二，违背科学规律，盲目提高设备铭牌出力。西村发电厂原有发电机组的铭牌出力总共为 5.1 万千瓦，曾一度提高至 5.9 万千瓦，超过铭牌出力 15%，其后果是加速设备的磨损、老化，缩短使用寿命，故障增多。

其三，“大跃进”中，将规章制度说成是“管、卡、压”的产物，并自上而下地掀起大破规章制度歪风，安全生产水平下降。广州供电公司将主要的 61 种规程制度简化为 25 种，生产基层单位仅保留安全规程、职责条例、运行操作、检修试验四种规程，结果造成事故增多，送电量减少。

其四，基建施工单位、学校、机关工矿企业机构快速膨胀，人数迅速增加……

放眼全国，这种违反经济发展规律的极“左”冒进、拔苗助长式做法，显然不可持续，形势急转直下、严重恶化：新中国成立后经过三年恢复和“一五”计划的实施，刚刚建立起来的生产建设秩序、规模化产业体系，以及初步积累的国力、财力，仅用一年的时间，就被全部打乱推翻，平白消耗殆尽，国民经济从此陷入长时间的系统性紊乱。

“屋漏偏遇连夜雨”，就在此时，在外交上还发生了一件大事：1960 年 7

月 16 日，苏联突然宣布召回全部援华专家，世界上两个最大的社会主义国家彻底决裂。

“撤走令”事先毫无预兆，今日贸然下令，明天卷席走人，没有任何商量余地，来得十分突然和绝情。它不但扰乱了中国的工业化进程，更伤害了中国人民的自尊心。在广东电力系统，受冲击最大的当属苏联援建“156”项重点工程之一的茂名热电厂。苏方突然撤走专家，带走了全部图纸资料，安装工作当即陷入困境。此外，正在建设中的新丰江水电站、韶关发电厂等也受到了影响。

内外交困，时局艰难。此时在北京的中南海，关于国民经济新的路线、方针和政策正在酝酿和产生中。

1961 年 1 月，为了走出困局，中共八届九中全会上，中央提出了“调整、巩固、充实、提高”的八字方针，对一路狂奔的工业来了个急刹车，开始了一场为期三年极为“惨烈”的“自救计划”。

时隔一个月，根据广东省人民委员会的决定，电力与水利管理机构合并，成立广东省水利电力厅，刘兆伦任厅长，韩林、王一民任副厅长，陈蔚观任

1960 年 1 月建成投产的连阳发电厂旧址

总工程师，而王炎，则担任水电厅所属的珠江电业局局长。

“新官上任三把火”。刘兆伦，这个1938年参加革命的梅州大埔客家人，人生阅历十分丰富，他在部队做过指导员，在地方做过区长、县长，在省水电厅做过科长、处长、副厅长，办事果决，绝不拖泥带水。他带领新班子把第一把火“烧”向了电力基建，要求：必须把超过国家和企业财政承受能力的电力基建速度降下来。

首先是一个“退”字，坚决压缩工程项目，缩短基建战线，大力进行填平补齐，确保已建、在建工程质量。从高指标、高速度、高积累上退下来，把“大跃进”期间动工兴建的水电工程全面停下来。停缓建的主要工程项目有南水、连江口、良德等水电站工程。对已建成的工程因设备不配套、设计标准过低而影响设备不能满发、多发电等问题，积极进行“填平补齐”工作，挖掘生产潜力。以小水电为例，1961至1963年，三年间新增小水电容量仅3013千瓦，其中1962年仅新增18千瓦。

工程下马了，接着机构和人都要精简——这是刘兆伦“烧”的第二把火。按照中央“进一步缩小基本建设的规模”“精简职工”和压缩城市人口的指示，广州供电公司从1400多名职工减少到了909名职工。省电业管理局输变电工程处合并至电力基建公司，1958至1960年新招收的大批人员被压缩，约有500多人被遣返回原籍务农，一时埋怨声四起。负责政策宣传的陈玉池串门走户，苦口婆心地向他们做解释工作，劝说大家先回乡等待机会，并说要是哪天经济形势变好了，公司还会叫大家回来的，我们还能一起干活、一起打拼。事实上，陈玉池也不知道未来会怎样，心里没底，感到自己像是在说谎。

与此同时，将广东省电力学校技工部并入省技工学校，中专部并入省水利电力学院。而在此之前，新丰江电力学校早已于1959年9月撤销，150名优秀学员被转送到广东水电学院，其余的遣散到工地以及其他地方。前文提到的林俊高，幸运地挤到了这批优秀学员里面。在广东水电学院念完三年书后，他重新回到新丰江水电站。从此，大半生都和水电站联结在了一起，生活轨迹几乎一成不变。唯有这一段艰难时光，是他安稳记忆里心绪难平的一块。

1962年广州西村发电厂汽轮机毛泽东思想学习小组在讨论

当“惨痛后果”发生的时候，“大跃进”走得最积极的单位，往往就是教训最多最深的地方。刘兆伦第三把火“烧”的是广州供电公司、西村发电厂。他组织召开党委会，决定将上述两个发供电企业作为企业整顿的试点，率先开展，形成经验后再在全省推广。具体主抓这项工作的王炎，按照中央下发的《国营工业企业经营条例（草案）》即“工业七十条”，逐条抓落实。刘凤山和西村发电厂厂长如芒在背，心里明白，刘兆伦、王炎说是拿他们做整顿的试点，其实是拿他们开刀，抓典型。刘凤山不敢有丝毫的马虎与懈怠，会同省水电厅和珠江电业派出进驻电厂的工作组，通过发动群众通过“鸣放”的方式，揭摆“大跃进”以来存在的问题，查找与“工业七十条”精神不相符合的现象，然后与干部职工一起制定“五定”“五保”方案，并建立健全责任制和经济核算制。

翻开相关史料，第一次企业整顿中的“五定”，指的是定生产规模和运行方式，定人员机构和工资总额，定材料供应、事故备品、工业仪器和劳保用品，定固定资产和流动资金，定协作关系；“五保”，是指保产品的品种、质量数量，保证不超过工资总额，保证完成成本计划，保证完成上缴利润，保证主设备使用期限。

整顿工作作风也是一个重点，王炎的思路非常清晰。因为这几年社会并不太平，台湾国民党经常出动飞机和派遣武装特务窜犯大陆沿海地区，广州

1963 年，广州供电公司经理刘凤山（右）在220 千伏棠下变电站检查工作

出现了聚众冲击广九火车站的事件。必须改进干部的作风，对职工加强形势宣传教育，做细做实思想工作，稳定队伍。在这方面，王炎可谓驾轻就熟，深谙此道："火车跑得快，全靠车头带"。因为从 1942 年起，他就先后担任宜兴县塘渎区委书记、新四军苏南独立营政治指导员、华中军区直属警卫营副教导员、旅大市工业厅人事科长，十分熟悉如何做"人"的工作。新中国成立后不久，他就进入电力系统工作，对干部职工队伍的情况了如指掌。王炎派工作组进驻广州供电公司，与刘凤山商议，要求各级党组织充分发挥战斗堡垒作用和党员的模范带头作用，与职工一道，坚守岗位，共渡时艰。同时，干部每周要抽出一两天到工区、所、队的班组参加劳动，经理、副经理和主任工程师等领导，要定点定期到基层单位参加劳动，特别是到劳动强度比较大的输电、变电、配电工区和检修队等与工人一起劳动。

刘兆伦、王炎显然对刘凤山他们两个试点单位所做的努力是满意的。1962 年 2 月中旬，王炎在全省电力生产会议上提出，企业整顿工作扩展至韶关发电厂、新丰江水电厂、流溪河水电厂、坪石发电厂、江村水泥杆厂等 5 个单位，基本上参照试点单位的做法，同步开展安全、优质、低耗、提高劳动生产率的增产节约运动。

会后，新丰江水电厂厂长兼党委书记唐贞，没在广州多耽搁，就直接乘车赶回河源。早春二月，乍暖还寒。她眼望着车窗，心里却一路盘算着如何开展好这项企业整顿工作。

唐贞1922年出生于中山县唐家湾，受母亲胡兰馨和三个哥哥的影响，她1938年就投身革命，先后加入了中山县妇联、广东青年抗日先锋队，历任澳门地方党委工委委员、珠江纵队文书组长。后随两广纵队北上，在华东局、华北局党校学习，担任过天津市总工会工厂工作组长。1949年随解放军南下接收广州，1951年起一直在电力行业里摸爬滚打，先后担任五仙门发电厂副厂长、西村发电厂副厂长、广州电业局线路管理所主任、省电业局供电所代主任、广州供电公司党总支书记、广州电业局党委副书记兼副厂长。1961年5月调至新丰江水电厂主持全面工作。

就在前不久，唐贞作为广东电力系统的基层代表，参加了1月11日至2月7日在北京举行的中共中央政治局扩大会议，也就是著名的“七千人大会”。与她一同去的还有茂名热电厂党委书记张贯一。在北京期间，唐贞问起茂名热电厂建设情况。张贯一告诉她：苏联专家突然间撤走，给电厂发电机组安装工作带来了很大的困扰，1960年8月，他还为此专门跑了一趟北京，争取到了水电部的支持，派了机、炉、电、化学专业工程师共5人的工作组，到工地帮助安装调试，在没有图纸资料和缺乏经验的情况下，大家互相鼓励、献计献策，解决了一个又一个的困难。为了抢时间，很多人吃睡都在现场。现在安装调试已经接近尾声，预计再过一两月就可以投产了。

这次大会足足开了28天，唐贞和张贯一是在北京过的春节。在这次大会上，他们不仅聆听了中共中央最高领导层的报告，还受到了毛主席的接见。

从北京回到广州，唐贞和张贯一向省水利电力厅刘兆伦、韩林、王炎、王一民、陈蔚观等领导班子成员，详细汇报了参加“七千人大会”的情况和感受。此时的唐贞，思想上的困惑得到了解决，开展企业整顿的思路更加清晰，克服困难的信心更加坚定。心情激动得如南国的春天，而他们所面临的形势，却如同北方的寒冬——1962年，严重困难局面还没有过去，要解决的问题还很多。

这时，随着“七千人大会”的精神贯彻落实，各企业的整顿工作已经全面铺开，剑指“大跃进”期间高指标、瞎指挥的错误影响和企业管理制度松弛，不讲求经济效益等问题，在前一年的基础上，“响鼓再用重锤”，进一步加大整顿力度。之前的调整还没有退够的部分，继续“退”。在《广东省电力工业1963—1965年调整规划》中，将“填平补齐”作为调整工作的重要内容，计划投资0.34亿元，占调整规划总投资（含填平补齐、技术改造、新建工程）的30.55%，填平补齐收到较好效果。省电力工程一局新丰江工程处外调干部和职工上万人，广州供电公司在1961年减少职工400多人的基础上，再减少400多人。7—8月，省水利电力学院中专部除了69个应届毕业生外，其余的通过提前分配、参军、回乡、退学等手段全部处理完毕，学校停办。机构和人员上再次精简压缩，为接下来的调整工作留足余地和空间。

一系列“调整”措施的实施，“轰轰烈烈”的建设势头被遏制住了。省水利电力厅决定，重点开展对已建成的工程因设备不配套、设计标准过低而影响设备不能满发、多发电等问题，进行“填平补齐”工作，挖掘生产潜力。选谁来主抓这项工作，总工程师陈蔚观及领导班子成员不约而同地想到了做事雷厉风行、不让须眉的唐贞。1962年4月，刘兆伦签发一纸红头文件，将正在新丰江水电厂拉开架势把企业整顿搞得红红火火的唐贞调回省水利电力厅，任生产技术处副处长。

祖籍福建闽侯的陈蔚观，1926年毕业于上海交通大学电机系，留校任教两年后，曾在福建厦门电厂、汕头开明电厂、四川泸县电厂、广州电厂工作过。新中国成立后，在广东电力系统一直担任总工程师这个角色。他是领导班子里头唯一一个没有当过兵、打过仗的人，是个技术干部。他清楚地了解，“大跃进”期间，由于新建工程因部分设备材料缺乏或质量不好，被迫使用其他材料代替，又因赶施工进度，强调简易投产，忽视质量。抓电力生产秩序整顿，必须尽快恢复和加强对电力设备的计划检修，集中力量处理“大跃进”期间遗留的各种设备缺陷，确保安全运行。但此时的陈蔚观已年过花甲，事务繁多而精力有限，重回广州刚满40岁的唐贞，成了他最得力的干将。

那几年，陈蔚观与唐贞密集地穿梭于各个发电厂之间，组织技术力量解决了一个又一个难题。西村发电厂更换2号汽轮机断裂的叶片，处理4号锅郧空气预热器磨损、前水冷壁管变形等缺陷，使设备逐步恢复正常运行；在汽机冷凝器上加装反冲洗装置，提高真空6毫米水柱。坪石发电厂通过检修，改善了炉鼓苛性脆化的问题。新丰江水电厂及时处理了1号机组的励磁机冒火花和水轮机叶轮气蚀等缺陷；原水车轴承甩油每台机每天10公斤，通过不断试验改进，得到及时解决。韶关发电厂1963年在燃烧器出口四周加喷燃卫带，1965年把乏气送粉系统改为热气送粉系统，基本消除1号锅炉灭火事故；汕头发电厂1964年改造落煤槽，使掺烧煤渣和煤层同时进入炉膛，风量均匀，燃烧良好。茂名热电厂1号2.5万千瓦机组原来实行简易投产，后因地区负荷不足而停运，经填平补齐改造后，1965年9月恢复了发电。

电网的安全运行也不能忽视。1964年，陈蔚观、唐贞在广州棠下变电站组织开展设备评级试点工作，随后召开现场会，在全省电力系统推广棠下变电站的经验和做法。1960年竣工投产的220千伏新广线，原设计、施工和设备方面存在不少问题，严重威胁电网安全运行，在评级中被评为了三类设备。查评后，唐贞心里一直放心不下，亲自到广州供电公司与生技科副科长卢励生、主任工程师罗文远及线路工区的技术人员一道，商议对策，最后采取加装防振锤、改善接地电阻、加固杆基、拉线改用楔形线夹等措施对线路进行“填平补齐”。1965年新广线这条全省输电“大动脉”终于摘掉了三类设备的帽子。

几轮“冲锋”下来，陈蔚观、唐贞与他们的团队不负众望，向刘兆伦、王炎他们交出了一份耀眼的“战绩”：省属电力生产企业的设备事故次数，1962年同比减少40%，1963年又比上年减少了11%，因事故少送电量比上年减少57%。安全生产情况明显好转。1963年，陈蔚观被授予广东省劳动模范称号，迎来了人生的“高光”时刻。

纵观整个广东电力系统，从“急行军”转为“苦行军”，历经三年调整与恢复，一切逐步回到了正轨。企业建立和健全党委领导下的厂长负责制和各级责任制，明确职责职权范围，基本克服无人负责或职责不清的现象；技术管理得到加强，对规程进行了整顿和修编，恢复规程考试和人员培训制度；加强计划检修和设备评级工作，消除超铭牌拼设备遗留的缺陷，提高设备健康水平。

上述工作转化为电力经济指标数据更具有说服力。以1964年为例，相比1961年，省属电力企业发电量由8.25亿千瓦时上升到14亿千瓦时，发电标准煤耗率由759克/千瓦时下降到581克/千瓦时，厂用电率由4.37%下降到

3.59%，线损率由 17.42% 下降到 14.62%，上缴利润由 4800.8 万元增至 7505.9 万元。

此时，国民经济形势也在不断好转。“春江水暖鸭先知”，电力行业最先感受到了，项目或重新上马，或新起开干。当初负责动员工人分流回乡的陈玉池终于松了一口气——自己劝说他们要相信国家，等经济好转了就又可以重新回来工作。如今他说的话终于兑现了：省电力基建公司陆续将原遣返回乡者找了回来，以充实施工力量。陈玉池心里一直压着的这块大石头总算放下来了。

回望这段历史，还有一些事情值得我们记录：连阳、韶关、新丰江、肇庆新桥、茂名、梅县扶大、坪石等一批发电厂、水电站相继建成，西村、汕头、湛江等一批扩建工程先后投产。更重要的是，1962 年，广州电网的供电范围扩展到佛山、江门、肇庆、惠阳等珠三角的 23 个市县，形成珠江电网。

回望这段历史，还有一些人我们也应该记住：新丰江水电工程局的张利见，省电力第一工程局职工陈姑娘，省电力基建公司的王学宽、谢恩、陈省良，广州供电公司的彭有德、司徒杰、刘来、李煜，佛山供电公司的杨勤、简乐，韶关发电厂的陈忠侃、刘焕礼、陈华展等，分别先后获得国家部委和省级的先进生产（工作）者、积极分子等荣誉称号。

20 世纪 60 年代初期的以“调整、巩固、充实、提高”为方针、贯彻“工业七十条”为主线的广东电力系统第一次企业整顿，至此画上句号。

令人扼腕的是，人们似乎并没有认真吸取教训，两年后，风向突变，受“文化大革命”的影响和冲击，广东电力系统又一次迷失了方向，重蹈覆辙。

蹒跚起步的农村电气化

姚瑶

天上星星有万千，地上电灯数不清。

天上星星各打各，我社电灯灯连灯。

1958年底，在广东梅县西阳公社，社员们都在传诵着这样一首歌谣。

在那个全民“大跃进”的年代，这个地处粤东北的偏远山乡，凭借着“人有冲天干劲，水有无穷资源”的万丈豪情，经过短短几个月的大会战，全公社建成水电站18座，安装电机9台，发电能力共1205千瓦，全社5239户，户户有电灯照明，公社还安装了不少碾米机、切苗机、鼓风机等农业机械。“电灯代油灯，电灯亮了人心亮”，社员们的心里洋溢着电带来的欢乐。

西阳人民公社第一水电站就是在这一期间建成发电的。投运当天，天刚擦黑，家家户户的男女老少都端坐在灯泡前，等着亮灯。公社干部则聚集在发电室，静待发电一刻的到来。河水冲刷着木制水轮叶片，带动着发电机运转，电闸合上，电灯亮了，山村一片欢呼。

新中国成立初期，除广州、汕头、佛山等几个较大的城市或县城的郊区农村有少量的照明用电外，广东绝大部分农村都还处于煤油灯或松明子照明的时代，电力几乎是一片空白，对于山区农民而言，用上电简直就是天方夜谭。查看史料可以得知，在1952年全省用电量1.037亿千瓦时当中，农村用电只占总量的0.07%。用老百姓的话来说，就是“得鸡碎咁多”。

1953年，国家第一个五年计划开始实施，根据当时国家的经济情况和岭南的特点，中共中央华南分局提出：广东经济建设总方向要以农业为重点。那时候广州电业局才刚成立不到一年，走马上任的局长曾志、第二局长王焕等人最重要的任务，就是稳定和增加电力生产供应。而当时整个广东电力生产能力有限，僧多粥少，根本无法支撑起省内庞大的经济建设蓝图，工业都“不够吃”，更别说农业了。

广州供电的状况终于迎来大的转机，1958年，随着广州西村发电厂扩建机组和流溪河水电厂新建机组投产，西村—花县电台、西村—南海县官窑（马村）、南海县官山—三水县角里等35千伏线路、变电站建成，电力供应不断向广州、佛山等周边县区延伸，电网所到之处，稻田有了电力排灌，农民

1957 年建成的兴宁县合水水电站

家里装上了电灯，农村电气化曙光初现。

而在远离广州电网的粤东西北地区，特别是水力资源丰富的山区地带，以小水电为电源点促进农村电气化的热望也在不断酝酿。兴宁七层、台山蛮陂头水电站的建成投产给了各地很好的示范作用。1955 年，广东省水利厅组织 28 名技术人员参加水利部在福建永春县举办的水电技术学习班，培养技术骨干，这为全省水利水电发展播下了“星星之火”。1956 年，省水利厅成立水力发电科，各地水利部门设专职人员负责管理，建成一批示范性小水电站，同时培训干部，编制兴办小水电工作方法和技术资料。部分县、社、队实行民办公助，土洋结合，开始零星分散地兴建几百瓦至几十瓦的小水电站，如蕉岭艾坝、乐昌廊田、怀集大坡、大埔东山小水电站等先后投产。截至 1957 年底，全省小水电站增至 29 座，总容量为 1400 千瓦。

1958 年 5 月，毛主席提出“鼓足干劲，力争上游，多快好省地建设社会主义”的总路线，“大跃进”启动键正式按下，列宁那句著名口号“共产主义就是苏维埃政权加全国电气化”在神州大地不断回响，全国各地提出要赶英超美，前景诱人，鼓舞人心。农村用电需求由此也有了新一轮的大幅上涨，而当时农村电气化发展速度已不能适应形势，小水电建设、省网电源向农村延伸的进程必须“提速”！

形势逼人，加快农村电气化进程成为摆在广东省水利厅厅长刘兆伦以及广东省电业局局长王焕面前的一道难题。

1958年8月，为期9天的全国第一次农村水电会议在天津盛大召开，历史这样描述此次会议：“正式吹响向农村电气化进军的号角！”

参加该次会议的有来自全国各省（区市）厅局负责干部、县委书记、县长以及中央有关部委代表一共250余人，刘兆伦、王焕受邀参加此次会议。会议正式提出今冬明春实现“五县百社”（后改为“一县五社”）的农村初步电气化倡议。

刘兆伦、王焕是带着问题而来的。

一方面，因为缺少建设钢材、设备等问题，当时的广东，省网大电源向农村扩张一度滞后。即便王焕他们多次亲自出马到中央和有关机构协调，但沟通结果并不尽如人意。另一方面，广东省内也存在着小水电建设无重点、无规划、技术方案缺失等问题。这些问题，都让刘兆伦、王焕他们头疼不已。

广东农村电气化要迈步，无疑必须搬动材料、技术等方面阻碍发展的“绊脚石”。

参加这次全国农村水电会议，给了刘兆伦、王焕他们与国内先进技术接触的机会，其中“两线一地”供电技术也正是在这样的机缘巧合下，与广东“结缘”。作为最早推行“两线一地”技术的先行地，浙江吴兴县委书记受邀在会议上进行经验分享。

所谓的“两线一地”，便是将原本是三相三线的电力线路，其中一相利用大地作导线，而其他两相为架空导线所构成的一种输电方式，省下其中接地一线，在降低绝缘标准的前提下，工程建设时可以节省三分之一的导线线材和约15%的杆塔材料，总造价可降低10%—20%。吴兴县委书记介绍，他们采用这一举措，大大加快了当地农村电网的发展速度。

正为材料短缺问题头疼的刘兆伦与王焕，听闻后感觉找到了解决问题的锦囊妙计，不禁相视一笑，喜上心头。

随后，会议还组织参会人员到天津地区的重点水电站参观学习。从1957

应用“两线一地”技术的供电线路

年12月起，天津地区开展农村电气化工作，截至1958年8月，已建成静海县北五里庄水电站、陈官屯水电站、武清宝稼营八空闸水电站、永清县碱铺水电站、安次县大王务电站相关工程，据天津地委书记赵克介绍，天津地区小水电都是依靠群众，洋土结合，就地取材建设，大力培养“三匠”（铁匠、水泥匠、木匠）作为主要技术力量，以“三主”方针（小型为主，生产为主，社办为主）开展农村电气化建设。

“多快好省的群众路线是最好的办法！这也给我们在三五年内基本实现全面电气化奠定了信心！”赵克在汇报时情绪激昂，台下掌声雷动。

参会的各省代表纷纷在《为农村初步电气化而奋斗的倡议书》上签名，倡议书上的一组数据格外引人注目：“农村初步电气化的标准，由于各地区条件不同，我们初步的建议是，全县电站容量每户平均达到100—150瓦，每人每年平均用电50—80度。全县在农副业加工生产方面有60%—80%使用电力和动力带动。”

东风吹起，时不我待。刘兆伦、王焕两人返粤后，立即着手谋篇布局。在以城市火力发电厂为电源点而形成的区域电网延伸范围有限的情况下，发展小水电无疑是促进农村电气化的最有效途径。省电业和水利局通力合作，高县的良德、恩平的河排（即锦江）、潮安的凤凰、揭西的龙颈等小水电工程先后动工，全省农村初步电气化进程正式拉开帷幕。

梅县西阳公社电气化的画卷就是从这时开始铺开。这里山高水长，群山植被繁茂，清澈而蜿蜒西流的白宫河水与顺势而下的梅江河相互交汇，蕴藏着丰富的水资源，发展小水电得天独厚。

1958 年，西阳乡在人民公社化运动中成立了西阳人民公社，同年 9 月公社开展了农村电气化的全面规划，提出了“全党全民办水电，力争今冬明春前实现基本电气化”“征服自然，向河水要电”的口号。

建设小水电，首先是建设队伍的组建。西阳公社成立电气化指挥部，由梅县派遣的水电工作组负责技术指导，组织 250 名社员组成水电连，开设 3 个排，木工、石工、泥工 3 个技术班，根据工程需要，分期分工突击。

资金不够怎么办？社员自筹。社员们自发献金献策，公社经常可见抱着木柴、废品向公社跑的村民。据资料记载，西阳第二水电站资金是由原小社卖仙人草、木柴资助的 3500 元，卖废品投资的 2000 元而建。此外，小学教师和华侨投资也助力不少。

材料不够怎么办？社员自己来找。电站建设过程中出现需要铁钉却一时买不到的情况，社员见状，便自发回家砸箱倒柜抠铁钉，每人献出 50 枚铁钉。

“楼上楼下，电灯电话”——这是民众对农村电气化最直接的理解。“苦干数年，幸福千年”“志气比天高，干劲冲云霄”等满怀豪情的口号响彻街头巷尾和建设工地。施工人员和群众充分发挥了他们的积极性、创造性，因地制宜，就地取材。如水电站蜗室的主轴，都采用了以木代铁的方式，尾水管则以河卵石堆筑，厂房使用旧砖头、旧材料翻新使用，改进了木制调速杆，木脚架代替混凝土基等等。

在水电站建设中，不少妇女也从家庭劳作走向了生产建设工地，西阳公社有一座水电站叫“三八”水电站，就是因为整个工程都是由妇女建设而得名。

经过三个月如火如荼的建设，西阳公社一座座小水电站如雨后春笋拔地而起，水电站旁大型脱谷厂被陆续建起，空中架设起电灯网，从脱谷、乱草到扬场，全部采用水电和水动力带动机械流水作业，碾米、铡草等作业都在向电气化转型，公社社员们的劳动技术和条件都有了极大的改观。

“电灯不用油，碾米不用牛，用电碾米照明又磨面，日子过得越来越清甜”。电亮的不仅是生活，电亮的更是人心。夜幕降临，社员们都聚集在电灯下看报、读书，老人们领着孙儿孙女在灯下游玩，妇女边做针线活边看着娃娃们在灯下嬉戏打闹，尽情欢乐。

西阳公社的小水电发展只是当时广东小水电发展的一个缩影。广东省水利厅副厅长张保仁在1959年初的全省水利水电会议上总结说：1958年开展“一县五社”初步电气化运动以来，广东省农村水电站总数增至307处，总容量为7500千瓦，另有水利站1755处，总马力13000多匹（1匹=735.499瓦），1959年全省水电站643处，总容量14100千瓦，水力发电站4347处，47026匹马力。

同一年，中共广东省委、省人民委员会为建设商品粮、经济作物和外贸出口的基地，部署以广州电网向珠江三角洲及东西、北江下游的25个市县供电，为电动排灌站及乡镇工业提供动力，发展农村电气化。

1959年底，珠三角电力排灌网第一期工程正式动工。在此前后，广州芳村—番禺县市桥、芳村—顺德县北滘、文冲—东莞县莞城的35千伏线路、变电站建成，广州电网电力源源持续不断向番禺、顺德、东莞辐射开来。

而刘兆伦、王焕他们从天津会议带来的“两线一地”技术，成了推动电网建设的“真经”，解了当时工程建设的“燃眉之急”。为了克服材料不足的困难，在武汉电力设计院的协助下，省电业局和有关市县水利局职工把广州到番禺、顺德、东莞150公里的35千伏输电线路改为“两线一地”，为国家节省约100吨的高压线以及瓷瓶等大量的器材。1959年某天的《南方日报》在《为珠江三角洲农田排灌送电力　广东电源直送顺德》一文中提到：由广州芳村变电站经过南海平洲到顺德大良的输电线路，在电线器材供应困难的情况下，工农协作，仅用了两个多月的时间，就基本完成，加速了农业技术改造。而这一工程就采用了“两线一地”技术。

1960年12月，广东省电业局副局长韩林在第二届人民代表大会第三次会议上发言。这位祖籍河南洛阳、1938年参加革命的南下干部信心满满，对全省工业化持续跃进中取得的成就给予了肯定，认为“两线一地”供电技术在线路建设中是行之有效的。

1961 年建成的饶平县汤溪水电站

“两线一地”供电技术推动着城乡排灌网的延伸。当时《南方日报》在报道中描述：一望无际的田野上新出现了一排排电杆，一张联结珠三角各地的“网”在水乡不断延伸，囊括珠江三角洲一万四千多平方公里的平原。渠渠相通，水水相连，“新生”的电动排灌网一直延伸到天边。“不要再车水啦，水来啦！水来啦！”社员只要轻轻把排灌机器电钮一按，河水便会滔滔不绝地流到每一块田里，不用再看老天爷的“脸色”吃饭，真正做到电动排灌由人不由天。

1961 年，广东又开始了第二期排灌工程的筹办工作。正当人们都以为“两线一地”供电技术的应用必会一路高歌猛进时，技术的危害却渐渐显现。广州郊区、南海、中山等多地陆续出现“两线一地”线路安全事故。

袁兆光，时任广州供电公司党委副书记。1949 年 10 月参加工作的他，历任广州电业管理处供电科修试副主任，广州电业局供电科副科长、变电科副科长、线路管理所主任等职务，拥有多年丰富的线路送变电经验。对“两线一地”供电技术的应用，袁兆光始终持谨慎的态度，线路频发事故更是敲响了他心里的警钟。为了解实情，他带着技术人员，到南海县做深入调查。

考察人员到现场考察，不少社员反映自“两线一地”线路建设后，通信受到干扰，公社电报时有时无，而且线路经常跳闸，排灌站的抽水机一会停一会起，严重影响了群众的生产生活，不少地方甚至因为“两线一地”产生的跨步电压，发生了人畜受电击伤害等情况。

结合浙江等省“两线一地”线路的办电情况，袁兆光和技术人员很快将线路跳闸率高的问题关键，锁定在线路的绝缘上。他们走访顺德水乡线路沿途，发现大多数木制电杆浸泡于水中，一到刮风下雨的天气，湿的电杆绝缘性能下降会造成线路与地之间的导通，此外，如若有外来悬挂物悬挂于导线与地之间，在“两线一地”线路中便相当于是一起相间接地故障，线路随即跳闸。通信方面，由于线路建设初期建设人员没有充分执行既定的与通信线路的安全距离（三至四公里），导致干扰严重。

如果说对通信的干扰可以通过人为的既定标准去消除，那么跳闸率高便是“两线一地”技术无法消除的“弊病”。正是出于这种考虑，袁兆光将调查结果反馈到广东省水利电力局，“两线一地”技术推广由此陷入了停滞。

同样陷入困境的还有各地仓促上马的小水电站。与西阳公社小水电工程同一时期建成的小型水电站，多数为没有水库调节的径流水电站，限于当时建设的条件，公社工人“土法上马”，对质量的不够重视，后期遗留问题逐渐暴露。

1961 年 1 月，由于“大跃进”期间“左”倾错误以及三年严重困难带来的国家经济困难，国家提出“调整、巩固、充实、提高”的八字方针，广东省水利电力局着手对已建成的水电工程因设备不配套，设计标准过低而影响设备不能满发、多发电等问题，积极进行“填平补齐”工作，开始对一些“两线一地”线路进行改造，恢复三相运行。“两线一地”技术风光不再，并由此逐渐淡出——不过，这项技术在“文化大革命”开始后却又死灰复燃。此为后话。

虽然步履蹒跚，但成绩可圈可点。大电网的逐步延伸、小水电的不断投产，点亮了南粤部分山乡，也让尚未用上电的农民看到了希望。更重要的是，农村电气化从此迈开大步，不可逆转。《广东省电力工业志》上有两组数据，很好地印证了这一点：1958 年，全省农村用电 80 万千瓦时，占总用电量的 0. 17%；1961 年，农村用电 3262 万千瓦时，占总用电量的 3. 49%。仅仅三年时间，用电量足足翻了五番多，令人惊叹。

新丰江水库大坝抗震加固记述

游雪莹

“隆……隆……”

一阵闷响，屋里的电灯、桌椅都随之一晃，把新丰江电站工程局的职工和双下村的村民都惊着了。

这是1960年的6月，广东河源已经进入了闷热的夏季。在平日的新丰江水电站，嗡嗡的电机声、哗哗的水流声，几乎能将夏日山林特有的聒噪蝉鸣完全掩盖。此时这一阵特别的闷响，伴着可疑的晃动，又让人们惊慌起来。这不像天上的雷声，也不像地上的炮声，更像是地下深层的爆破声。

“该不会真是地震吧？”

“大坝会不会被震塌呀？”

“活那么久都没见过这附近地震，怎么这一蓄水就地震呢？”

人们七嘴八舌地议论起来。他们所处的新丰江水电站是新中国第一个五年计划期间的重点工程之一，位于广东河源双下村亚婆庙峡谷处，这一地区在历史上都很少地震，可是从1960年5月开始就出现明显的有感地震。

而新丰江大坝正是从1959年10月20日开始下闸蓄水。这正是人们忐忑不安的原因。

当时的中国，正处于“大跃进”的时代，整个电站的建设速度很快：1956年国家计委立项，1957年完成测量勘探，1958年7月开工建设，1959年10月蓄水，1960年10月正式并网发电。新丰江水电站工程由混凝土大头坝、坝后厂房和河源220千伏枢纽变电站组成，其中大头坝全长440米，高105米，由19个坝段组成，设计按烈度6度考虑。坝址上游的集雨面积5734平方公里，水库容量可达139亿立方米，是华南地区第一大水电站（水库）。

这时，距离新丰江水电站下闸蓄水已有9个多月。水库水位升高到90米，蓄水达40亿立方米。尽管遇到1959年2月的洪水，“三抢围堰”战斗中大坝也依旧稳固。但此番频繁的爆破声和表面震动，不得不引起水利部门的注意。由于震因不明，有关部门组织测站观察成因动向。1960年7月18日，新丰江库区实测到烈度Ⅵ度的地震，这与大坝最初的设计等级一样，说明当初的设计考虑偏低了。

这一被证实的地震引起了党中央的高度重视。周恩来总理明确指示，要求水利电力部和中国科学院组织科技人员赴现场进行研究。

1960 年未进行抗震加固前的新丰江水库大坝模型

根据周总理的指示，中国科学院立即安排地球物理研究所、地质研究所、力学研究所、土木建筑研究所等单位组成新丰江水库地震调查组，配合水利电力部水电总局、广东省水电设计院以及中国科学院中南分院等单位共同到现场进行考察研究。中国科学院地质研究所副研究员、第四研究室副主任丁国瑜接到了这一指示，他和胡毓良、吴益学，地球物理研究所的林庭煌、郭增建、许绍燮，连夜乘飞机赶往广州。力学研究所的郑哲敏、金洵叔，水利电力部水电总局的张兴仁和骆永法等也在广州参与讨论工作计划，随后赶赴新丰江现场考察。

新丰江的坝身安全关系河源、博罗、增城和广州数百万人民生命财产的安全。尽管地震成因、动向和发展趋势还要进一步研究，但水库蓄水被认为是主要因素。同年 9 月 19 日至 20 日在广州召开的现场研究总结讨论会议上，专家们提出要将新丰江水库大坝的地震设防烈度从Ⅵ度提高至Ⅷ度。

加固工作事不宜迟。水利部门听取了专家意见，果断采取先易后难的抗震加固措施。1961 年 3 月，经过一系列准备，第一期抗震加固工程拉开序幕。

一期的加固主要解决坝体横向稳定问题。广州水电设计院作为一期工程的设计单位，提出采用人字斜墙加固方案。

新丰江大坝是大头坝，为支墩坝的一种坝型，属轻型坝，由 19 个支墩和两岸重力段组成，各墩单独作用，支墩的下游面除溢流段外均敞开，大头虽互相毗邻，但其间均有弹性垫层隔开，所以横向刚度很差。人字斜墙加固方案可以将大头坝 19 个支墩上游的颈部及下游各墩的尾部，沿轴线方向用 4 米厚的钢筋混凝土斜墙互相顶撑起来，形成人字形，斜墙基础放在与坝体同等的花岗岩基面上，上游斜墙设在头部与支墩连接处，下游斜墙即沿原下游坝面布置。

设计的问题解决了，施工的问题还要想办法。作为施工单位的新丰江工程局，缺少施工工人的问题是最棘手的。

对此，作为当时施工队员之一的何天光深有感触，因为新丰江水电站建成后，许多此前参建的工人已经被安排往其他工地或返乡，加固施工的工人人数已远不及建设时期，但加固工程更为必要和紧迫。

3 月的河源乍暖还寒，加固施工在 19 个坝腔同时铺开。由于加固的斜墙薄而坡度陡，在坝腔内无法采用吊机施工，工人们在原坝墩上搭设了人行和运输栈道，为混凝土运进坝腔铺路，并通过坝外的集中斜斗、长溜筒、手推车将混凝土多次周转运送到坝腔。1961 年也正值三年困难时期。在国家保障工地职工最低口粮标准的基础上，党委发动全体职工，发扬南泥湾精神“自己动手、丰衣足食”，何天光和工友们在工地的空闲土地都种上了粮食，收获的粮食作为职工加班时的口粮补贴。

正当何天光和工友们向一期加固竣工冲刺时，1962 年 3 月 19 日 16 点 18 分，在新丰江大坝上游二至十公里范围内，发生了震级 6.1 级、震源深度 5 公里、震中烈度为 8 度的强烈地震。

如此强烈的地震破坏极大：河源城镇倒房 1200 余间，严重破坏 2400 余间，损坏 7000 余间；共 7 人死亡，63 人受伤。地震最远有感距离达 570 公里，包括福建的东山、云霄、武平、上坑，江西的大余、信丰、安远等地。《羊城晚报》3 月 19 日第一版报道了当天广州、香港地区地震情况，并以“44 年来所未见，地震震动达 50 分钟”来形容此次地震。

这一罕见的强震让人们慌乱不已，不敢在墙壁有裂缝的家里待，只能在

1962年新丰江水电工人在坝腔内推车运送材料

户外临时搭棚休息，再加上震后连绵的阴雨和持续的余震，不少人担心新丰江大坝挺不住，更有人连夜逃离河源。

不单老百姓担心，参建的工人们也是忧心忡忡，眼看着大坝加固即将完成，偏偏又遇上地震。而新丰江电厂总工程师甄健汉更为紧张：这关系着数百万人的生命财产安全，万一还有余震，万一大坝还不够坚固……

甄健汉不敢想象。他立即率队仔细检查了大坝及厂房情况，发现大坝13—17号坝墩下游面108.5米高程出现了一条长达82米的贯穿性水平裂缝，大坝左岸第2、3、4、5号等坝墩于相同高程也有断续的表面裂缝。坝上游面分别在第14、15、16、17和18号坝墩97米高程出现水平裂缝，一些裂缝持续流水，并流“白浆”。大坝伸缩止水背面渗水增加。

但让甄健汉安心的是，大坝在大震前后，并无沉陷和位移，经受住了强震的考验！

这是不幸中的大幸。得益于大坝前期的加固，大坝及下游地区的安全保住了。

当河源县委、县政府组织群众前往新丰江水库大坝参观时，人们亲眼看着大坝依旧巍然屹立，加固工程正如火如荼地开展，恐慌慢慢消除。

地震过后的一个多月，新丰江大坝一期工程完工，坝体的修复和第二期抗震加固工作也迅速提上日程。1962年5月，水利部着手研究大坝再加固的标准及要求，决定大坝二期加固按10度地震设防，厂房按9度地震设防。

二期工程要求进一步提高，设计工作量必然很大。广州水电设计院组织了大量人员到现场设计，仅水工就有四五十人。

与一期的横向加固方案不同，大坝二期加固的重点在坝体纵向。首先要将河槽段（613号坝段）坝腔从基础填至43—47米高程，左岸和右岸在坝后斜贴混凝土至90米高程。然后，在溢洪道下游将鼻坎延长25米，借以增加10、11、12、13号坝段的稳定性。接着，对大坝因地震造成的108.5米高程裂缝于下游面跨缝做一条长约80米、宽5米、厚20厘米的钢筋混凝土板，上游做止水塞，同时又在坝顶钻孔加插钢筋来穿越裂缝处，每坝段27孔，每孔5φ32，并回填、灌浆。

大体的方案定下来了，但难题还有不少。要填高加固基础，就要全面清理并爆破坝腔内的石方，让加固混凝土的基础放在与原坝体同等的微风化岩面上，同时要极力减少地震波对坝体造成的影响。设计总工程师卢伯章、许宏衔便组织专业技术人员进行多次模拟实验，最终决定采用密眼、浅孔、小药量和段发雷管加防震孔，可使爆破产生的地震波减到最低限，把大量的坝基石爆除。

困扰卢伯章他们的，还有在108.5米高程裂缝加注混凝土板的问题。新浇混凝土必须同原坝墩的老混凝土充分结合，这样才能形成整体受力。但怎么才能充分结合？实践出真知。卢伯章团队借助实验，发现通过打毛面、加插筋、挖键槽等方法，并对混凝土浇筑实施全过程稳定控制，降低进仓温度和水化热引起的温升，能够实现新老混凝土的良好结合。

同年7月和11月，大坝、厂房二期抗震加固的初步设计和技术设计先后完成。11月，二期抗震加固工程开工。

但新丰江大坝二期加固过程中，地震活动仍然频繁，所以，对加固措施研究也在继续优化。一大批专家、学者及高校学生投入参与到水库地震、抗震加固、水库对大坝的影响等多方面的研究中，张楚汉就是其中一员。

1964年，清华大学研究生张楚汉和张训时、孙华顺、吉鸿藻四人，来到新丰江大坝加固工地现场，在高温与持续不断的余震中开展了大比尺大坝模型实验，对新丰江大坝抗震分析与加固措施进行研究。张楚汉对此印象颇为深刻，“有时一天有几十次余震，有时爬在山坡上就震起来了，有时在睡梦中就被震醒了”。

余震不断，可丝毫不影响这群年轻人。经过一年多的实地研究，他们发现，高坝地震动力系数达到六七倍，这比当时我国沿用的苏联大坝抗震规范的2.5倍高得多。这正是大坝断裂的真实原因。他们据此提出并采用了坝后贴坡和坝顶锚杆相结合的优化方案。

1965年3月11—18日在广州召开了新丰江第二次科研工作会议，著名学者李善邦、顾功叙、傅承义、刘恢先、吴磊伯、张步春，以及相关单位代表共71人参加了会议；14个单位形成科研论文、研究报告共41篇。会议认为，根据几年来各有关部门进行的大规模的科研工作，原定的10度设防标准偏高，需要适当降低。根据多数专家的意见，水利水电部决定大坝按9.5度设防，并与百年水位116米组合（汛期限制水位提高到111.6米）。

虽然经过了二次加固，大坝安全度提高了，但当时中央考虑，如果地震发展趋于严重，甚至发生更大的震级，同时考虑到强震与备战相结合，要保证新丰江大坝和水库的安全，须采取更为可靠的措施。于是水利电力部决定对大坝开展三期抗震加固，又称为“人防工程”。

于是，二期加固工程尚未结束，三期加固工程就于1965年11月开工。

三期加固既然作为“人防工程”，加固方案的考虑也与前两期不一样。首先是要全部封堵大头坝下游侧颈部空腔，和一期加固的人字撑墙连为一体，组成前沿厚墙，以防大坝头部破坏。其次，要在左岸开凿长800米、直径10米的泄水隧洞，作为非常情况下降低水库水位的措施，灵活控制水库水以适应大坝抗震安全、人防要求，并满足发电需要。

泄水隧洞，光听起来就很抽象，在当时的技术条件下，工程施工就更复杂。特别是进水口下的施工，成了工程的关键。负责三期加固工程设计的总工程师卢伯章也为此绞尽脑汁。

但光靠想是解决不了问题的，必须要有实证。卢伯章便与同事们开展大量的地勘、测量及水工、施工方案研究，到工地与新丰江电站工程局的工人、干部、技术人员深入探讨。

功夫不负有心人。卢伯章他们经过多番考察研究，决定采用预留坎85加底孔方案，这样流态较好，水位又能降得较低，造价也低；同时，隧洞开挖采用上半洞先行，钻架台车钻孔，下半洞斜钻收底的方式。

进水口高压定轮闸门底槛设在70米高程，当时库水位虽已降低到108米以下，要开挖到70米高程，水下开挖工作量还很大。深水钻孔、装药、爆破、清渣等工序的施工难度较大，尤其是爆破，要防止爆破冲出波危及大坝安全，及对定轮门闸造成的危害。经过一个多月的试验研究，最后采用了气幕阻波法，即在闸门前安设两条气管通入压气来阻止冲击波直接冲到闸门上，在闸门背面安上仪器观察闸门受冲力情况，以此打通了泄水隧洞。

彼时，何天光和施工工人们开始了三班作业，平均月进尺100米。施工喜讯频传：1967年5月19日全洞挖通，随后采用钢模台车和混凝土泵浇筑边顶拱，1967年底完成边墙与顶拱衬砌，1968年完成底拱衬砌，1969年9月全部完工，共开挖土方17万立方米、石土13.1万立方米，石方洞挖8.2万立方米，浇筑钢筋混凝土2.8万立方米，耗用钢材1324吨。固结及帷幕灌浆4200米。

1969年9月21日，新丰江人防工程泄水隧洞土建工程完工，第三期加固工程全部完成，新丰江水电站的建设也宣告竣工。同年，新丰江电厂全年发电量10.96亿千瓦时，是建厂以来首次突破10亿千瓦时发电量大关。

在1976年11月新丰江大坝鉴定会议上，广东省水电设计院认为，大坝经过三期抗震加固后的整体稳定和应力已达到满足设防标准的抗震要求。1988年12月21日至25日，新丰江大坝第一次安全定检会在河源市召开，广东省电力工程局以及广东省水电设计院总工程师卢伯章、广东省水电设计院高工谭文奎、原能源部大坝安全监测中心副总工汝乃华、戴成器、徐建荣等通过对大坝资料报告进行审查和对大坝现场鉴定，认定新丰江大坝为正常坝。

如今，在河源亚婆山脚安然屹立了60年的新丰江大坝，不仅是一座水电站的具象，更是一个时代的象征，一座城市的骄傲。因大坝筑建而形成的水库，现已改名为万绿湖，成为国家AAAA级旅游景区，每年到这里旅游的人们，更是络绎不绝、留连忘返。

电联珠三角

许昌永

排灌站今晚就要试机抽水啦！1960年7月20日，经过顺德县水电局技术人员和当地社员、民兵们半年多的齐心奋战，北滘三洪奇电动排灌站就要竣工投运了。

通电排水的消息不胫而走。这天傍晚，排灌站两头的长堤上，人们早早就三三两两聚到了一起，吃过晚饭的，没来得及吃上晚饭的，三洪奇村和邻近几个村的村民们纷纷跑了过来，都想图个新鲜、看个热闹。

晚风拂过，稻浪阵阵，鱼儿在鱼塘里欢快地游着，排灌站工地施工人员紧张而忙碌。地处珠三角核心地带的顺德县，水网密布，土地肥沃，素来就是农业种植、水产养殖的重镇。然而，由于处在江河下游且濒临南海，地势低洼，遇上暴雨台风，往往因洪水暴涨、海水倒灌，造成水淹内涝，甚至引发堤围崩塌，严重威胁百姓生产生活。

新中国成立以后，国家大力兴修水利，顺德县抗洪排涝的立体持久战也随之打响，修筑堤坝，疏浚河涌，联围筑闸，他们在容奇、陈村、群力、胜江等地取得了兴修水利的一个又一个胜利。为彻底提升排涝抗旱能力，电力排灌站成了建设现代水利系统的关键。

1959年11月，顺德县第一期排灌站开始动工兴建。当时县水电局叶汉华参加了建设，他回忆说，第一期排灌工程建设包括鸡洲、三洪奇、林广一、西海一、横江、小布、勒流、西安亭、新涌、华口等16个排灌站，除了修筑围堤、安装排灌缺水设备等，工程还包括架设电网线路，接上大电网电源，以解决排灌动力用电问题。叶汉华那时是顺德县水电局党委副书记，在1963年7月县机电排灌总站设立后，他还兼任了站长。

电力排灌站的建设驱动着当时的电网建设，一张联结珠三角各地的大电网不断延伸。就在当地第一期排涝工程建设前后，广东省电业局输变电工程公司、佛山专区机电局输变电工程公司等正在建设35千伏广州芳村到北滘的输电线路和北滘变电站，这是顺德县的首座35千伏变电站，从广州芳村到北滘线路全长17.5公里，沿途大部分是在农田桑地、鱼塘河涌中穿梭，配套架设的10千伏出线四回，主要供北滘、大良、沙滘和伦教等镇和公社。

1959年冬，随着新丰江水电站首台机组的投产、110千伏新广线的投运，来自东江之畔河源县的水电已经源源不断送抵广州，加上此前广州西村发电

1959 年建设的顺德县北滘公社西海排灌站

厂的数次扩建、从化县流溪河电站的建成发电，广州的电力供应一度较为充足。为此，根据当时中央对广东经济建设总的方向是以农业为重点和广东的特点，广东省决定把发展珠江三角洲电力排灌工程列为重点水利建设项目，分期分批进行，并计划六年内完成，前三期工程建设范围为北江飞来峡以下，西江三榕江以下，东江惠阳以下的珠江下游及三角洲地区，此外还包括新丰江水电站电源所在的河源县，共 26 个县区，计划兴建一大批电力抽水站，总装机容量约 22 万千瓦，并相应配套建设输配电线路和变电站，总计受益农田 792 万亩，其中排水 439 万亩、灌溉 353 万亩。

排灌工程建设规模宏大，电力与水利双方有了更频繁的来往商议，广东省电业管理局党委书记王焕和省水利电力厅党组书记刘兆伦等经常相互沟通，协调进度。兴修水利与建设电网同步迈进，不少排灌站都很快就接上了大电网。

三洪奇排灌站邻近北滘变电站，北滘变电站一投运，电力供应更是得天独厚。这天晚上，就像盼着初生婴儿呱呱落地，大家似乎都显得有些迫不及待。再次检查线路、再次检查抽水泵，一切准备妥当，电闸“啪”的一声合上，马达声响起，水“轰轰”地泵了出去，片片白花花的水花扬起，现场顿时爆发出洪水般的欢呼声。多年后，叶汉华回忆说："这么多排水，大家都很高兴，哇，怎么出那么多水！怎么那么多水！"除了村民，当时县里也来了很多人，大家都很高兴，那种热烈丝毫不输夏季天气的炎热。

捷报频传。到1960年底，随着大良、北滘等镇和公社的通电，顺德全县第一期16个排灌站竣工，陆续通上了电，开始正式投入使用。

加快推进电力排灌工程建设，水利和电力部门更加"水火相融"，1961年2月，广东省电业管理局与广东省水利电力厅合并，名称上仍称为广东省水利电力厅，下有14个直属单位，包括广州电业局、新丰江电厂、茂名电厂、韶关电厂、湛江电厂、江门供电所、连阳电厂、坪石电厂等电力单位。合并后的水利电力厅由原水利电力厅厅长刘兆伦任厅长、分党组书记，原电业管理局局长、党委书记王焕调任省经委副主任，厅分党组成员韩林、王炎、张强、王一民，副厅长韩林、王一民、王炎、陈蔚观，王炎同时还兼任广州电业局局长。

虽然省级水利电力管理机构调整合并，但全省各地电力排灌工程与大电网架设没有停步。短短几年时间，全省水利网、大电网都在同步迅速扩张。翻开当年出版的《南方日报》，一篇篇关于电动排灌网的报道，让我们感受到当年建设者们的坚实足印。

1962年1月，《南方日报》分别以"水网上的电网""日日夜夜""感赞宝物表心意"为题，连续三期在头版刊发报社记者梁枫、程生、王德宽等三人采写的"珠江三角洲电动排灌网巡礼"系列报道。在报道中，记者描绘道："在一望无际的田野上，新出现的一排排电杆，新出现的电动排灌站一直伸向天边，笔直的送电线路，仿佛画在蓝天上的道道黑线。不管到中山、到新会、到番禺……它都同样出现在我们的眼前。这是一个'网'，很大很大的'网'，'撒'在珠江三角洲一万四千多平方公里的平原上。"记者甚至说，在这次采访中他们感受到"人定胜天"，这种相信自己的力量，敢于征服大自然的思想，已真正成为珠江三角洲农民的信念，"毫无疑问，电动排灌站在这方面，起到了决定作用"。

各地都在兴修水利，大干快上建设电力排灌站。在新会县，新中国成立前，当地银洲湖畔的睦洲、西安、上横、大鳌公社和三江、古井、沙堆、棠下等公社的一部分，地势较低，新中国成立前没有任何水利设施，田地经常受浸，每年都有五六成稻田失收。新中国成立后，党领导农民大力兴修水利、筑围堤、建水闸，抵御了外围洪水的侵袭，稻谷生产逐年提高。从1961年开始，国家就投资了100多万元，有计划地分期分批帮助这些地区兴建抵御内涝的电力排灌站，第一、二期计划兴建72个电力排灌站。不到一年时间，第一期排灌站已经建成54个。同时，这一年的4月11日，35千伏睦洲黄布变电站输变电工程建成投产。张洪基、吕柏罗、谈荣观等人都参加了那里的电网、电力排灌站建设。黄布站是新会第一座35千伏变电站，珠江电网的电，从此通过110千伏江门北街变电站再到黄布变电站，输送到了排灌站电动机，守护着鱼塘田园。

睦洲黄布变电站和电力排灌站的建设让社员们尝到了甜头。睦洲公社黄布第一大队早就建成了两台柴油机水泵，遇上大暴雨，水泵马力不足，排水还是“望洋兴叹”，而且两台机一小时要“吃”36斤柴油、2斤机油，吃油成本要12元多，改了电动之后，每小时耗电38千瓦时，只要3元8角，容易管理，而且排水能力大了三四成。

电力排灌站修到了沙田区，在中山县板芙公社，南方日报记者们采访时听到了当地板三大队东一生产队社员黄锦祥创作的咸水歌：

电动排灌保丰收，电泵泵水乐悠悠；
千万农民感党恩，支援工业好行头！

咸水歌是传统的疍家渔民歌曲，源自生活，贴近生活，通俗易懂，反映了他们的劳动生活和思想感情，这也从一个侧面反映出那个时期的电力排灌工程建设的火热。

电力排灌站助力战胜了暴雨内涝。据报道，南海县1961年连续战胜历年罕见的七次暴雨内涝，水稻总产量比历史上总产量最多的1958年仍略有增加，全县水稻总产三亿五千多万斤，比1960年增产6%。再如顺德县马岗公社，电动排灌站的建成，“桑基鱼塘”增产增收两三成。虽然囿于历史原因，报道产量不一定准确，但电力排灌给当地社员带来丰收却是显而易见的事实。

1961 年 3 月 25 日，东莞、增城、博罗电动排灌工程指挥部工程技术员竣工留影

1962 年 3 月，省水利电力厅根据珠江三角洲电网发展和管理的需要，将广州电业局改名为珠江电业局。同年次月，顺德县第二座变电站——35 千伏大良变电站竣工，安装 3200 千伏安变压器一台，全县十个区、两个镇、33 个小公社 148 个生产大队用上了大电网电力，这年，第二期排灌工程大洲一、龙涌、华安、海凌等十个排灌站建成，总装机容量 1341 千瓦。

成长的道路注定要经过磨难。1962 年，正当电力排灌工程第三期建设正酣之时，新中国成立以来最大的一次洪灾降临珠江三角洲。

6 月以来，珠江流域上游陆续下起了大雨或暴雨，从 6 月 24 日到 7 月 3 日，广西大部分地区和广东省北部一连下了九天，雨势滂沱，洪流猛烈，西江、北江同时发洪，洪峰叠加，加上适逢农历海水大潮顶托，水位连连上涨，整个珠江三角洲河网地区的水位都超过有记录以来的最高水位两分米。

“洪水来得迅速，来得猛烈。”当时任顺德县水电局工程管理股股长的陈永强回忆，那时堤围标准低，堤面只有 2.5 米，内外坡 1：2，单薄的堤面遇到外面的大水，里面水位饱和，导致顺德大小堤围崩决 72 条，23 万亩田地受灾，一座变电站和 19 座电力排灌站被淹浸。陈永强参加了南顺第二联围迳口段抢险，当时“大队、生产队都派人上堤，日夜抢险加固，打牛尾桩、筑牛笪尾”，由于灾情紧急、受灾面大，抗洪材料根本没法调配。县三防指挥部在当时没有办法的情况下，建议就地解决，他们商量着拆民房，却怎么也无法下手，结果就拆了两间学校，用拆下的梁柱打桩加固。

洪灾来袭，北滘三洪奇水田被淹，水浸到了村屋的窗户，好在那时家家户户都有小船，他们只好躲到楼上或者待在小船上。

在这场抗洪斗争中，省委紧急指示，干部群众全力抗洪，几十万军民十多个昼夜奋勇搏斗，西江、北江历史上少见的大洪水终于被制服，沿岸90%的农田都保住了。7 月 6 日，省防汛总指挥部负责人在《南方日报》发表谈话，“西、北江抗洪斗争已经胜利”。为抵御洪水和支持灾后复产，电力人员全力投入抢修复电，电力排灌站开足了马力抽水排涝。不能不说，这场抗洪保卫战，电力排灌站和已经颇具雏形的珠三角大电网发挥了重要作用。洪峰渐退，复堤堵口与灾后复产工作迅速展开。省防总指示，立即对受洪水漫浸的电动排灌站和机械排灌站展开修理，使机械在堵口后就能正常运转。

重建家园、提升防洪抗灾能力不停步，这一年年底前，顺德县第三期排灌工程大洲二、西滘、良村、鹤村、高赞等 35 个排灌站先后建成，叶汉华等颇感欣慰。同时，大良变电站也完成了增容扩建，顺德县各公社农村全部通上了电。这时候，全省各地第一、二、三期电力排灌工程全部完成，总装机容量已达到 1234 站 12. 94 万千瓦，排涝灌溉面积 199 万亩。省水利电力厅刘兆伦等人认为，电灌工程效益显著，如中山县横栏区，1961 年建站前，每年春秋两造要投放三成多的劳动力去车水灌溉，生产仍无保障，建立电力排灌站后，不但节省了车水的劳力，而且仅当年晚造便取得亩产 230 公斤的收成。电网建到了电力排灌站，触角伸向农村，各地粮食加工如碾米、生活照明等也用上了电。根据全省用电数据统计，1961 年全省农村用电量由上年的 566 万千瓦时增加到 3262 万千瓦时，占比由不到 1% 增加到 3. 49%，到 1962 年又增加到 8777 万千瓦时，占比达到 8. 56%，农村用电快速大幅增加，主要来源于电力排灌用电，以及借助电力排灌网络的建设，很多农村因此用上了电。比如在番禺县灵山公社庙背大队，粮食加工就跟排水站建在一块，“要排水就排水，没水排就碾米”“这个远离城市的沙田区水乡，家家户户的电灯也亮了，收音机也响了……”

而到1962年底，广州市区已经有了员村、南箕、芳村等三座110千伏变电站，与西村发电厂、棠下变电站（暂以110千伏运行）形成环形网架，珠江电网通过110千伏芳村—佛山—江门线、佛山—永安线向珠三角西侧地区供电。江门（北街）变电站以35千伏线路向中山县、台山县、开平县、新会县、高鹤县送电，永安变电站以35千伏线路向肇庆、高要县、四会县送电。在珠三角东侧，电网通过35千伏增城县沙头变电站、东莞莞城变电站等向增城县、东莞县送电。王焕知道，此时广州电网的范围扩展到了佛山、江门、肇庆、惠阳等珠江三角洲的23个市县，形成了名副其实的基本覆盖珠江三角洲的珠江电网。1959年冬，广东省委、省政府曾经出台建设珠江三角洲商品粮基地的决定，包括建设中山、番禺、东莞等8个商品粮基地县，以及广州、佛山、顺德等7个主要经济作物、外贸物资及城市副食品供应基地县市。珠江电网的阔步向前，为这些基地的建设奠定了坚实的基础。

随着电网的扩展，珠江电业局麾下的机构增设也呼之欲出。1963年2月18日，广东省人民委员会颁发了《广东省珠江农村电网管理试行条例》，电网管理向法制化迈进，同时珠江电业局开始接管21个县、市供电单位和联入网内的地方电厂，分片成立了佛山、江门、石龙、肇庆、中山等五个供电公司。供电公司主要负责人头衔是“经理”，历史让我们分别记住了他们：佛山供电公司经理戴耀，江门供电公司经理严昌，石龙供电公司经理陈永铨，肇庆供电公司经理邓军，中山供电公司经理陈棠。

新广线上的山野「游击队」

许昌永

十轮绿皮大卡车“咔嗒、咔嗒”地颤抖了几下，终于停在了一排房子前的马路上，还没等汽车完全停稳，冯涛溪他们十几个人就急忙忙地从卡车上往下跳。

这是1958年的晚秋时节，“秋老虎”发威，岭南一带的天气依旧是那么炎热。刚刚才完成110千伏西村电厂到棠下变电站的线路架设，冯涛溪所在的输电二工地8班就收到了调集令，要求进军新广线输电线路施工，迎接他们的首仗便是位于博罗县柏塘公社的一段线路倒杆塔基础。

新广线是广东建设的首条220千伏输电线路，从河源的新丰江电厂到广州棠下变电站，担负着将新丰江电厂的水电送往广州的任务。此时，新丰江电厂已经开工建设，规划总容量达到30万千瓦，是广东名副其实的第一大水力发电厂，将来投产后它的电要输送到广州，就得依靠这条“大动脉”，好让水电能源为广州及珠三角一带工农业生产和群众生活用电“解渴”。

冯涛溪所在的8班隶属于广东省电业局输变电工程公司，公司在这年的8月才重组成立，由武汉送变电工程局南下广东，参加203工地施工的人员以及广东省电业局广州供电所部分基建检修施工人员组成。他是这个大班的一

1960年建设的220千伏新广线水泥方杆

班之长，要将全班50多人运送到工地，卡车还得来回跑好几趟。

从卡车上下来，冯涛溪拍了拍粗布衣服，试图把身上的尘土都抖个干净。他们从广州城一早出发没多久，车子就几乎都是在山间打转，坑坑洼洼的泥石路，大家颠簸得够呛不说，这一路上飞扬的沙尘也弄得他们个个“灰头土脸”。

从公社到他们的宿营所在地上田布村，已经没有了公路，车辆无法通行，还有五六公里的山路，他们只能靠双脚走。冯涛溪让大家赶紧卸下行李、班组的一些工器具和零星材料，然后大家各自挑着赶路。线路工尽管常年在外，但他们行李却也不多，一张帆布床、一个装衣物的木箱、几件衣服、三两双帆布鞋，外加一根扁担，这几乎就是那个时候的标配。

太阳落山前，他们终于在上田布村农民腾出的一些房子和村里的祠堂里安顿下来，这些房子是先头进驻人员几天前就和当地百姓接洽通融好借用的，预计他们要在这里住上几个月时间。

杆塔基础施工点散落在村边的田间、山上，很多处都要新修建道路，以便进行砂石材料运输，以及后续的起立杆塔、架线。班组作业被分成数个点、面，三五人一处，原本宁静的村子，因为冯涛溪他们这批送电施工队的到来，也比往常热闹了，一些村民也由生产队统一征召，加入到开路挖土，开山炸石，挑运水泥、砂石料等工作中来。那时班里几乎没有什么机械设备，所有的活基本上都要靠人力，国家提出要“鼓足干劲，力争上游，多快好省地建设社会主义”，送电队伍也喊出了“苦干巧干拼命干”“小雨大干，大雨小干，没雨拼命干”“拼命干，出身汗，死了算”这样的口号。日出而作，日落而息，一个“干”字几乎就是送电工在外的全部概括。

基础工程需要大量碎石，几经辗转，班员们终于在几公里外一个叫青岭的自然村附近山上找到了取石点，虽然只能开采到强度稍低的青石，但那时也没太高要求，重要的是可以就地取材。为了开工取石方便，班里有几个人索性就搬到了山边百姓房子里住着，他们用雷管和炸药从山上炸出石头，然后再敲砸击碎成小石块，请当地老乡一起挑到各个塔基位置。

几个月后，上田布工段基础浇注基本完成了，接到上级命令，冯涛溪所在的班要向河源方向另一个工地转移。行装担着走，但班里养的两头猪却不好办。当初驻扎时几十斤重的猪仔，几个月来已经长到了上百斤，但此时还没到宰杀的时候，他们就让民工帮忙抬到设在杨村公社的工程指挥部那里继续喂养。从上田布到杨村，中途要路过新前村，没想到两头猪就在这里被拦截扣下了。

猪没有运到指挥部，民工们赶忙回来向班长冯涛溪报告。冯涛溪是湖南人，工作后进入武汉送变电工程局，几年前随着203工地南下广东参加西村电厂送变电工程建设，还不太能听懂粤语方言，几名民工一慌张，说话又结结巴巴、语无伦次，真是“鸡同鸭讲眼碌碌”，听得他是一头雾水。好在这时徒弟陈耀生刚好在场，陈耀生自小就在顺德、广州一带生活，是个土生土长的“老广”，说的就是粤语。见到这情景，陈耀生赶忙上前，来替班长冯涛溪也是他的师傅解围。经详细询问，知道了事情的原委，原来是当时县里不让私人养猪，也不知道谁通风报信，柏塘公社收到了风声，通知新前村把猪扣了下来。

找他们理论去！冯涛溪拉着陈耀生就往柏塘公社走。公社负责财贸工作的一位姓邓的干部接待了他们，并振振有词地说道：“博罗县规定，社员一律不准私自养猪，你们这两头猪必须扣下处理。”

“当时正是国家经济困难时期，省里发文件要求省属单位要以自力更生为主，国家供应为辅，我们班养猪就是执行省里这一文件，全省各地当然也要服从省里的规定，公社扣缴我们的生猪，实在是毫无道理。”2019年3月29日，已经退休20多年的陈耀生回忆时说。

“这次交涉大家僵持不下，没有结果。后来我们又去找了公社两三次，邓姓干部只好给县财贸部打电话，电话接通后还让我给县里同志讲，我才不干，难道你博罗县不是广东的地盘?”谈起这件事的周折，陈耀生说，到最后，这名邓姓干部又说扣留的两头猪他们还要喂食，工地要向他们交猪只喂养费。“我说，你们扣下我们的猪，让我们来回跑，耽误了我们干工程的时间，我们还没找公社要误工损失费呢，再说了，把我们的猪养瘦了，公社得赔！”最终公社只得放行，两头猪又被民工们抬到了杨村工程指挥部那里。

送电工干活就是打“游击”，冯涛溪的二工地8班记不清转战了多少处。“反正上边下指令到哪里，我们班就扎营到哪里。”陈耀生回忆，有时甚至是连夜转移，“没什么好的工具装备，工期又紧，施工都没有什么停歇。”1959

1960 年建成投运的新广线 220 千伏线路铁塔

年的春节，冯涛溪带领的 8 班整个春节都没有停工。

施工赶进度是常事。1959 年夏季，8 班转到了增城县永和公社当地叫横坑的施工点，工作内容仍然是浇注基础，为了防止水泥混凝土凝结不均匀，他们已经从头天晚上连续作战干通宵，再到当天下午的三四点，正当大家吃了晚饭想早点休息，怎知道忽然接到通知说省电业局王炎副局长要到工地慰问，班长冯涛溪号召大家说，“王局长就要来慰问大家了，兄弟们，咱们不能丢 8 班的脸，大家都一起继续干起来吧。”这样，大家又开始了另一基基础的灌注。“我记得王局长他是一张瘦长脸，不戴眼镜，到工地和大家握手，说大家辛苦了。”陈耀生依稀还记得当年情景。而基础一旦开始浇注，就必须一口气不停地干完，就这样，冯涛溪班上的同事又连续干到了第二天下午。“连续两个通宵，整个人实在是困，最后那天，早饭送到工地，我端着饭碗直想睡，吃着吃着，打起了瞌睡，饭盆都掉在了地上。”陈耀生说。

那时领导干部到现场是经常的事，甚至和工人们一起劳动。1960 年 3 月，毛主席指示要实行民主管理，强调要以苏联经济模式为鉴戒，实行“两参一改三结合”，即干部参加劳动、工人参加管理，改革不合理的规章制度，工人群众、领导干部和技术人员三结合，这也就是我们国家相对应苏联“马钢宪法”的“鞍钢宪法”。一些干部也因此来到了8班，“我记得当时有西村发电厂的董汝瑞、何绍流，电厂幼儿园的朱老师（女），省输变电工程处的江炳坤、廖福琨等人。”陈耀生回忆说，他们和工人们同吃同住同劳动，并动手制作了木头轮独轮车，对山间小路运送砂石料用处不小。除了开展一些技术革新，这些干部也给大家上文化课，“记得董汝瑞就给我们上初中数学，教我们认识26个英文字母。但没几个月时间，下放干部又接到命令要回去了，他们一走，大家又没有了老师。”陈耀生不无惋惜地说。

除了浇基础，8班也接到了抬电杆、拉线架线的任务。1961年，他们转战到了广汕公路边上的郭村，汽车将水泥电杆卸到路边后，他们就负责抬到立杆位置，6米长的电杆16人抬，9米长的电杆24人抬。陈耀生还记得他和班里的同事朱运财、陈飞云、杜棠、韩文楚、陈焕章等一起，一支电杆要抬一个上午才能运送到，中间要歇好多次。

同样是这一年的下半年，8班参加了220千伏线路架线大会战，他们的作业点在增城田头村。为了加快进度，当时的省委第一书记陶铸下令，请来了本来计划要开展拉练的“塔山英雄团”官兵们，让他们加入到拉线会战。

这一年的下半年，输电二工地8班参加了新广线220千伏线路架线大会战，他们的作业点在增城田头村。为了加快进度，时任省委第一书记陶铸亲自协调，请来了本来计划要开展军事拉练的“塔山英雄团”官兵们，让他们加入到拉线会战中。

赫赫有名的塔山英雄团组建于1940年，初为八路军山东纵队第五支队第十六团，后为东北野战军第四纵队第十二师三十四团，曾经参加过著名的辽宁塔山阻击战，为取得辽沈战役胜利起到重大作用，后来这支部队南下并驻扎在广东揭阳白塔公社一带。

“英雄的战旗迎风漫卷，光荣的历史英雄写，塔山阻击战威名天下传。”塔山英雄团团歌嘹亮，千余名官兵，身着亚黄色军装，个个精神抖擞，沿着新广线220千伏线段架设现场，在这个和平年代加入到地方重点项目建设攻坚战中。8班所在的施工现场，来自英雄团的十几二十名战士和班员，还有当地民工汇聚在一起，大家并肩战斗，气势如虹。新广线220千伏线路导线截面480平方毫米，粗如手臂，只能一个间一个，每四五米就一个人，大家手拉肩扛，“1，2，3；1，2，3”，喊声震天，挥汗如雨，就这样全凭着人力，一段接一段地把导线向前拉。“我会游泳，遇到水面宽的，就由我游过去递绳拖着线走。”陈耀生说。穿越山间田园，蹚过水塘河涌，银线不断向着广州方向展放、延伸。直到新广线全部220千伏线段架设完工，塔山英雄团官兵才班师。

新广线与新丰江水电站几乎同步开工建设，边设计，边施工，边修改，由于当时钢材等物资缺乏，全长160多公里的线路，其中有30多公里只能先采用水泥电杆或水泥塔建设，按110千伏线路标准架设。1960年8月，新广线110千伏部分与220千伏部分线路接通，并先降压110千伏投入运行，新丰江的电送到了广州。后来，经广东省委时任第一书记陶铸等和中央有关方面的沟通协调，新广线输变电工程总指挥、广东省电业局局长王焕多次联络，

20世纪70年代，广州三八带电作业班姑娘在220千伏新广线方形杆上检修作业

国家批准从东北调用输电线路铁塔钢材，待钢材到位，广东方面才又重新架设了220千伏线路，同时拆掉了110千伏部分线路。等到新广线220千伏全线贯通运行，时间已经是1963年1月。而这时的8班兄弟们，早已于1961年底就开赴位于广州西塱的工地，转战广佛联网输电线路工程了。

惠阳变电站建设追忆

蒋立涛　黎凯燕

“哎哟，又停电了，再这样下去，这个月还能出多少糖啊?”

1963 年 4 月的一天，位于惠州城郊下角的惠阳糖厂厂区内，正当工人们如火如荼抢生产的时候，轰隆的榨糖机器却突然安静了下来。大家直觉的判断是，厂里又断电了。

惠阳糖厂是当时粤东一带最大的国有企业，生产的糖料供应着广东乃至周边省份，频繁的缺电停电，让全厂职工感到很是头疼。

他们厂里的用电，此时都依赖于一公里外的惠州电力厂。惠州电力厂于 1950 年建成发电，几次扩建后，到 1959 年，容量也才 615 千瓦。供应能力有限，加上种种故障，停电是经常的事。

和糖厂有同样困境的，还有惠阳机械厂、东江化肥厂、惠阳塑料制品厂等，停电同样也让这些企业常常生产停顿，大家唯一的指望就是电厂检修工人能够尽快抢修好，恢复供电。

厂里的工人们并不知道，此时，随着新丰江电厂的建设投运、东江供水香港工程的建设，一项改变惠阳地区地方火电厂孤网运行局面的棋局已经铺开。

20 世纪 60 年代初的惠阳糖厂

1963年6月，省水利电力厅原副厅长王一民调任惠阳行署副专员，以加强当地水利电力建设。

10月25日，省水利电力厅确定在“惠州城西北的陶瓷厂附近丘陵山地”新建变电站，工程总投资112万元，一方面接收来自新丰江水电站的电力，另一方面解决惠阳地区的用电问题。

这一年年底，省水利电力厅成立了110千伏河惠线输变电工程筹建处，筹建处成员有王一民、惠阳县副县长闵金先、1963年2月刚上任的珠江电业管理局石龙供电公司经理陈永铨、主任工程师吕其全，以及从广州供电公司抽调支援惠阳电力建设的罗时俊等人。

改善惠阳的电力供应如何迫切，从《惠州志》一段记载可见一斑：“‘三年困难时期’（1959—1961年）期间，建国初期的惠阳地区3369家工业企业，也随着国家‘关、停、转’的步伐锐减成441家。”随着困难时期的结束，全国经济形势开始好转，全国工业的发展进入三年的恢复时期。惠阳地区597家工业企业的生产带来了旺盛的用电需求。各行各业的电力需求如此旺盛，但电力供应的缺口却是巨大的，一整个地区并没有成型的电网，各片区用电全靠当地的小型发电厂供应，电力供应的缺口严重制约着地区经济的发展。

不仅工业有着旺盛的电力需求，农业生产的灌溉、排涝对电力的需求也十分迫切。惠阳地区农业生产因为电力供应的不足，依然饱受旱涝天灾的威胁，农业生产也得不到保障。1962年6月上任的惠阳县水电局局长朱星一决心改变当时形势，对辖区内的水利设施开展修缮。

1962年8月，在朱星一的主持下，惠阳县潼湖整治工程开始动工兴建。时任广东省省长的陈郁曾到场视察，还当场拨款30万元，并同意购置5条钢制抗旱船推动抗旱抢插。

根据《惠州水利大事记》的记载，为改善民生，1961年至1963年期间，除了潼湖整治这个大工程外，惠阳地区还兴建了招元、大坑、横沥围提、惠阳县镇隆公社灌溉试验站和惠阳县机电排灌总站等一系列水利工程。

但这些工程无论在建设过程还是投产后都还是面临着一个共同的困扰——缺电，朱星一着急地多次向上级部门报告了缺电的情况，上级部门让他耐心等待，并告诉他，不久后会有项目解决这些问题。

河惠线输变电工程各项工作次第展开。在完成工程前期勘察设计后，1964 年 4 月 22 日，在离惠阳糖厂西北方向三公里外的虎头山上，一支从各地集结而来的 200 人的施工队伍，沿着临时平整的小路，在这里展开了施工建设。这就是惠阳地区第一个 110 千伏变电站的站址，这个日子也被记录为惠阳变电站正式开工的日子。

然而，施工队伍 200 人的吃饭、住宿却是个问题。虎头山在偏远的郊区，周围也没有地方可以供如此庞大的队伍借宿，修建临时大棚是唯一的方法。在筹建处的协调下，施工队伍购置了大量的木材、毛竹、铁钉等原料，叮叮咚咚地就着地势沿着一条简易公路修了一大排临时大棚，放眼看过去棚内除了木床和桌子，就只有一些简单的生活用品。虽然条件简陋，但好歹 200 人的队伍有了容身之处，施工人员还从 500 米外的惠阳县物资局仓库引来了施工电源，并在大棚附近开凿了水井，敷设了水管，提供了生活、生产的基本条件。

刚进入土建阶段，虎头山就给了众人一个下马威。数十米高的虎头山，看似一个易于征服的小山包，看似厚实的黄土下却分布着大量的岩石。

由于当时经济条件较为困难，重型机械严重不足，“机械不足，就用人力顶”是王一民和所有参建人员的共识，他们抱着一股韧劲投入到了土建工作中。

一时间，原本荒芜的虎头山充满着战斗的气息，施工人员光着膀子，拿着锄头、铲子、簸箕等简单的工具发起了冲锋，仅有的重型机械就是一台挖掘机和两台解放牌的大卡车，把一车车的泥土、碎石从山上运至几公里外的荒地中。但不到一个月，施工进度就近乎陷入了停滞——施工遇到了坚硬得花岗岩层，“好家伙，那花岗岩硬得匪夷所思，大家根本拿它无计可施。”无奈中，王一民向珠江电业局方面寻求技术援助。

吕其全带着珠江电业局从广州请来的土建专家团队到现场支援，在对花岗岩层的面积、厚度等基本情况进行了勘察评估后，专家们给出了爆破作业的建议。现场的意见很快就反馈到了省水利电力厅，在其协调下，从广州请来了两名爆破专家。专家重新勘察后，也认为只有爆破才能处理掉花岗岩。

时间已经来到了5月中旬，在完成爆破孔的钻孔工作后，施工人员正准备把来自广州的高爆炸药安放在爆破孔中，可是谁知道天气说变就变，连续几天的降雨，使一个个爆破孔填满了雨水。一边是越来越紧的工期，一边是连绵不绝的雨水，就算停雨了，潮湿的爆破孔也不能安放炸药。筹建处里，众人一个个都愁容满面。“用火烤干啊。”在吃饭时，看着边上的柴火，一名施工人员突然蹦出来一句话，令人茅塞顿开。雨过天晴，施工人员把水从爆破孔中舀出来，在爆破孔周围支起木柴。一夜后，燥热的火焰就把孔内的水汽蒸发得干干净净。

终于到了爆破的日子，为确保居民安全，王一民安排施工人员提前把山脚下及附近的村民全通知了一遍，并发动村民协助站岗，维持现场秩序，防止有人误入爆破场地。随着现场指挥的一声声号令，伴随着施工人员的欢呼，原本坚不可摧的花岗岩被炸成一块一块，“拦路虎”终于被清除。

土建工作终于又回到正轨，但连续无休的施工是枯燥的，日复一日地早出晚归，施工人员还背负着巨大的施工压力。王一民发现，施工人员的士气已经大不如前，有些同志还出现了畏难、退却的情绪，受这些不良情绪的影响，施工的效率也大大降低。怎样把士气调整过来，使队伍恢复战斗力？这成了王一民心中的一大难题。

经过讨论，筹建处决定在现场作业中开展劳动技能竞赛，优胜方每人奖励5元钱，这在平均月工资只有24元的当地也不算一个小数目。在竞赛的激励下，队伍的战斗力明显得到了恢复，晚上在临时大棚里面，甚至还能看到一些施工人员在激动地争论着一些施工的方法和技巧。此外，为了缓解施工人员的工作压力，筹建处还邀请了惠州本地的文艺团体到施工场地开展文体演出慰问。

经过两个多月的奋斗，虎头山的山体终于被推平，按照设计图纸，惠阳变电站的占地面积是1.05万平方米。2.2万立方米的土石被挖出填埋到附近的低洼地，一圈土砖水泥结构厚达40厘米围墙牢固地把变电站场地保护起来，引得附近好奇的村民纷纷来打听这项目是不是又要搞什么大动作。

1964年7月，惠阳变电站正式进入电气安装阶段。“最难运进来的就是那个变压器了！”珠江电业管理局石龙供电公司的变电值班员曾伟祥回忆。那时年仅20出头的曾伟祥是惠阳变电站的第一批值班人员，和曾伟祥一起到站里的还有值班长池镜武、邓国金和值班员李煌清、阮锡杨等30多位来自河源地区的转业军人。他们在变电站完成土建施工后一起进驻到工地参加工程建设。

按照设计，110千伏惠阳站主变容量2×2万千伏安，首期1×2万千伏安。一台110千伏2万伏安容量的变压器，自重近20吨，要怎么才能从广州运到变电站里面？这成了筹建组面前的一道坎。

考虑到重型运输车辆匮乏，且当时道路条件不甚理想，而变压器里面的不少结构较为精密经不起颠簸，筹建组决定通过水运的方式把变压器从广州运抵不远处的惠阳县物资局码头。变压器经过出厂试验后，绝缘油被全部排空，在位于广州黄埠的码头装上运输船，驶向百余公里外的惠阳县物资局码头。

从码头到施工现场500米的距离，看起来并不算远，但对于主变这样一个精密的“铁疙瘩”，却是一段漫长的旅程。曾伟祥回忆，当时主变到达的惠阳县物资局码头仅有一条渣石基础的简易道路，重型运输车辆根本无法通行。但这也难不倒身经百战的筹建组，他们马上提出了用卷扬机接力运输的方案。在码头4台起重吊臂的协助下，主变从船上挪到了事先准备好的圆形枕木上，开始了一场接力赛——变压器的前面是3台大型卷扬机，不停地用钢绞线拉着沉重的主变在枕木上缓慢地挪动，边上的工作人员不停地把后面的枕木搬运到前面接力……这场接力赛持续了足足3天，主变才成功运抵站内。

随后，筹建组还专门从广州请了第三方的电气专家对主变进行验收检查。“我也很好奇想爬上去看看，结果被拦住了。”曾伟祥也想跟着上去凑凑热闹，谁知道施工人员把主变用栏杆围了一圈，带着工作任务的专家还要通过安全检查后才可以进去。

在安装主变的同时，线路的油压式断路器在提前放油以后也经过一路颠簸运抵站里。由于站内实际可用的施工空间较为狭小，主变本体和配件到位后占用了大量位置，不便于大型起重机械作业，施工人员不得不采用简易机械协同人力作业的办法来搬运。木头已经提前搭好框架，之前用于主变运输的卷扬机再次上岗，通过滑轮组和钢缆，把断路器从车上卸下，施工人员则

110 千伏惠阳变电站旧址

在各个方向用草绳控制着断路器的方向，沉重的断路器就这样被一一从车上卸下。在断路器基础完工后，施工人员又通过同样的方法，把断路器立在基础上，并安装高压线路和二次保护的接线。

站内热火朝天，站外 81.3 公里长的 110 千伏输电线路，311 基杆塔架设工作也接近了尾声。

“远道而来”的线路都在这里汇集，施工人员登上杆塔安装线路跳线，吊机把导线从地面上吊运至铁塔顶上，施工人员用钢丝绳把导线牵引至线夹处，再用钢钉把线路固定。一时间，变电站内主变、断路器安装，线路跳线接线，二次保护设备接入等多项工作同时开工，场面颇为壮观。

1964 年的建设工作一直持续到 9 月 22 日，由于施工困难，比计划晚了 3 天完工，随后变电站进入了三个月的验收环节。

1964 年 12 月 15 日，110 千伏惠阳变电站举行并网投产典礼。惠阳地区党政相关代表，石龙供电公司经理陈永铨、副经理冯毅夫等人出席。

随着断路器的合闸，河惠线把来自新丰江的电源注入了惠阳变电站，惠阳地区首次迎来 110 千伏的电源，惠阳电网也并入了珠江电网。池镜武、邓国金、曾伟祥、李煌清、阮锡杨等成了惠阳变电站值班员。

随着惠阳变电站的投产，惠阳城区一带用电有了根本改观，惠阳糖厂等企业用电有了新的保障，迎来了生产的快速发展。当地政府还在变电站通往城区西湖百货商场这条原本漆黑的土路边上装上了路灯。当时，去西湖边上最繁华的西湖百货商场及其周边体验“城市生活”，算是曾伟祥他们这批值班员不用值班的日子里最爱的消遣。

这时候，虽然每千瓦时 0.2 元的电费和路灯本身都是奢侈品，但是政府部门还是想方设法在一些公共道路和场所装上了照明灯。不少家庭也陆续点上了白炽灯。夜晚的城区，点点灯火，增添了不少明亮。

时间到了 1965 年，惠阳地区又在各县建起了 4 座 35 千伏变电站，主变总容量 1.36 万千伏安，解决了当地县城以及农田排灌用电。一些老牌企业开始购置设备扩充生产线，新建了一批建材厂、生铁厂和塑料厂等，1965 年初，惠阳地区企业数量恢复到了 620 家，同年年底，工业生产总值达到了 11834 万元的历史最高值。

预应力水泥杆研制历程

周 潺

广州北郊江村，流溪河畔，在漫天飞扬的水泥灰尘中，一根电杆被几个工人从离心机上缓缓抬下，等待着接受最终的成品检验。

“抗压测试，通过!”

“抗弯测试，通过!”

“抗裂测试，通过!”

…………

1965 年 9 月，经过 4 个月的研制，我省第一根预应力电线杆由广东电力基建公司水泥杆制造厂试制成功，掀起了电杆制造新工艺浪潮。

预应力电线杆全称是预应力钢筋混凝土电杆，简言之就是预先在电杆中的钢筋施加张拉力度，提高了混凝土的密实性和强度的电杆，和同类型普通水泥电杆比较，不仅可以节约钢材 35%—40%，还能降低成本 29%，减轻重量 17%。

在 20 世纪 60 年代，预应力电线杆已经在西方国家普遍使用，英国、瑞典、法国等发达国家还将预应力水泥电杆运用在通信、广播等领域，而当时的中国只是刚刚起步。

经历了三年困难时期，1961 年党中央正式提出了“调整、巩固、充实、提高”八字方针，中国正处于国民经济调整阶段。当时的广东经过两个五年计划的快速发展，建成了许多现代化工厂，电力需求大幅增长，广新一回输电线路等大工程正在如火如荼开展中，电网建设逐渐从珠三角地区向粤东西北延伸。随着送电容量、电压等级的不断升高，建设要求也逐步提高，为了把电更好地送出去，迫切需要发展成本低、质量好的预应力电线杆，一场电杆制造工艺革命势在必行。

生产电线杆，钢材是关键原料，然而作为“指标性”原材料，却紧俏得很。1965 年，全国钢产量为 1077 万吨，每年分配到水泥杆制造厂的钢材只有 1000 吨左右，如何运用有限的钢材“多快好省”地生产电线杆，实现增产节约，成了一个重要的课题和挑战。

林旺和赵锡衡是当年的厂长和副厂长，他们手上唯一有的，就是一张预应力电杆的图纸，是广东电业管理局设计处谢智文、何德强、叶炎等人走访了国内多家单位交流学习后绘制的。然而要把图纸变成产品，水泥杆制造厂当时的生产设备条件可谓“捉襟见肘”。他们反复盘算：要如何“精打细算过日子”?

当年所谓的厂房其实就是个“简易房”，屋顶还是“纯天然”的茅草。设备也十分简陋，机械水平停留在20世纪50年代。要说厂里最先进的设备，居然是个“三朝元老”——一台1909年生产的刨床，虽然是从香港来的“淘汰货”，但比起当时厂里常见的普通皮带床等设备，这个长6米、宽2米，独立马达运行的“大家伙”很是抢眼，吸引了大家的围观。后来，这台机器直到2002年以后才“退休”，见证了南粤从清朝末期一直到改革开放期间的工业发展。

生产一根预应力电杆需要的相关设备多达20余种，包括离心机、钢模、起重机、张拉机、锅炉等，除了现有的设备以及部分必须要依靠购买的机器，还有将近一半的机器“太落后”，无法达到预应力电线杆的生产要求。

要“伸手”向上级申请成本购买新机器吗?不！水泥杆制造厂经过研究决定，响应国家“节约”号召，大胆做“第一个吃螃蟹的人”。怎么做呢?生产力不能靠等，生产条件自己创造，要因陋就简想办法完成生产，就得“土法上马”，自己动手，对原有的设备进行加工修改和重新配置，确保可以达到生产预应力电杆的条件。

电杆钢膜的重量超过1.5吨，没有起吊机如何送上车床?三个木头，一个支架，再加一个手拉葫芦，靠人力慢慢拉高再放到车床。电杆钢膜有6米长，可是车床只有4米，如何安置?工人们自己想办法，在头尾加上了台架和尾座，立上支架，用夹具固定，再利用轴承运转加工。车床太滑，如何增加摩擦力?来两块木头垫片……

这些“原创”设备，有一个通俗的名字，叫“土简群”，用工人们自己的话说，就是“土办法很简单，一群一群冒出来”。在10万平方米的水泥杆制造厂，“土简群”遍地开花，随处可见，一条“土路”就这样被大家摸索了出来。

当时厂里修造车间的工人黄本强，是预应力水泥电杆从无到有的参与者，1993年任职副厂长。今年78岁的他，还保存着当年的一张设备清单，其中，搅拌机、起重机、张拉装置、盘筋机等将近一半的设备都被标注了红点：“这些设备全是旧物新造再利用，靠一些土方法解决的。”这张清单虽然已经泛

电力线路器材厂制杆车间钢模半自动化螺丝紧固设备

黄，但却被保存得非常平整，没有任何皱褶，记录了那个自力更生的年代，所谓机械设备其实就是最简单的工具，最后靠的还是人。

生产设备勉强配齐了，生产条件依然是艰苦的。冷锻班的杜钊南和余焯铭到现在都记得老班长第一次带他们领劳保用品的场景：一条吊带裤，一件垫肩，一件雨衣，一双雨鞋。老班长解释：吊带裤是因为他们属于配合工种，只发裤子不发上衣；垫肩的作用是棚里没有任何起吊设备，原材料进棚需要用肩扛，用来保护肩；雨衣雨鞋是下雨棚里漏水穿的，还有一个功能是防漏电。老班长嘱咐：“做好在艰苦条件下工作的准备吧。”

在光线不充足的窝棚里，钢筋工长时间弯着腰，用扎钩手工捆扎钢筋，制作骨架；制模工需要针对不同的杆型，制作十几套不同的钢模，而一套钢模的制作时间往往超过八个小时，工人们一站就是整整一班；拉丝工和制杆工的作业环境则更加恶劣，到处尘土飞扬，当时在制杆车间上班的江锐生负责预应力电杆制作，每天和沙、石头、水泥打交道，负责搅拌下料，口罩从来没有摘下来过。

在20世纪60年代，“苦中作乐”是常态。虽然条件艰苦，但当时厂里的生产氛围十分浓厚，厂里有钢筋车间、制杆车间和修造车间三个车间，共约300人。厂里实行三班倒，早班是早上8点到下午4点，中班是下午4点到晚上0点，晚班是晚上0点到早上8点，确保人停机器不停。当时厂里班组之间开展劳动竞赛，赛产量、赛质量，有一面流动的优胜红旗，每逢创出新纪录，就结队敲锣打鼓往厂部送喜报。

当时有个班组，为了多生产几根水泥杆，下班时间快到了，扫尾工作还未干完，眼看着接班的人就要进场，怎么办呢？不知道是哪个机灵鬼，竟打起了时钟的主意，把时针拨回了两个小时。先进场接班的人看时间不对，以为是自己搞错了，不好意思地往回走，路上碰到本班的同伴又折了回来。搞清楚这个时间差的秘密时，才冒出一句“你个衰仔……”顿时友好的责骂声、忍俊不禁的笑声响彻车间。

幸运的是，那时候提倡“共产主义大协作”精神，在单纯的年代虽说有竞争，但厂里分工不分家，工种之间讲究密切配合，遇到设备大修、锅炉抢修等紧急任务，大家都会服从统一调配，一干到底。厂里的学帮带氛围也十分浓厚，当时厂里唯一工程师，叫覃国士，毕业于广西大学，他经常和工人们经常一起讨论图纸到深夜，也会交流电力工业杂志上看到的新技术。

“火红心更红，心红火才旺”——锅炉班工人梁瑞业曾经在锅炉气泡保温层上写下了这样的一句话，大家一走进锅炉房就能看到。一行发自肺腑的笔迹，就足以为预应力电线杆的试制加油鼓劲，职工生产热情高涨，每到夜晚，机器发出的闷响声总是和河畔的蛐蛐声交织在一起，彻夜无休。

1965 年 9 月，水泥杆制造厂采用广东本地生产的 3 号普通钢筋，主筋直径从 9 毫米冷拉至 7 毫米，再冷拉至 6 毫米，一根 9 米长，型号 ϕ150/270 的预应力电线杆终于制造了出来。同年 9 月底，电力工业部部长刘澜波来到厂里视察，高度赞扬了预应力电杆的试制成功。11 月，在中南协作水泥杆生产经验交流会议上，再次肯定：“预应力电杆是水泥杆生产行业的发展方向”，奠定了该厂大力发展预应力水泥杆的坚定基础。1965 年，该厂创下了厂里的历史记录，年产电线杆 66948 根，位居全国前列，有力支持了电网建设。

为了尽快实现批量化生产，水泥杆制造厂经过一年多的努力，因地制宜，原厂改造，于 1966 年完成了生产线由普通水泥电杆过渡到预应力水泥电杆的工艺改造，把生产预应力电杆的 26 台设备全部制造和转配了起来，企业发展和生产热火朝天，迎来了鼎盛时期。产品由建厂初期的普通杆一个品种两种规格发展到包括锥形杆等径杆等两个品种共 22 种规格，生产的电杆 1967 年第一次应用于110千伏南（丰）秀（英）输变电工程，之后在省内35千伏至110千伏输变电建设工程中得到了大量应用。

1969年，广东电力基建公司水泥杆制造厂改为广东电业管理局线路器材厂，1971年，又改为广东省水利电力局线路器材厂。从20世纪70年代开始，广东开始普遍采用预应力电杆。当时，线路器材厂生产的预应力电线杆销往武汉、新疆等地，还运送到了澳门。为了确保产品质量和使用效果，考察运输和装卸对预应力电杆的影响，观察和摸索电焊裂纹的规律，掌握第一手资料，工厂工程师们与广东勘测设计院的工程技术人员一起跑起了“售后”，覃国士和谢智文多次前往生产现场，甚至还曾跟车600公里，把建设使用单位的真实意见带回工厂，对生产制造开展改进。精益求精的生产态度和稳扎稳打的生产工艺，使得预应力水泥电杆成了线路器材厂的拳头产品，酒香不怕巷子深，销量和口碑都很不错，深受施工和运营单位的欢迎。

1974年，线路器材厂接到省水利电力厅一个重要的任务：前往刚果，完成布昂扎水电站配套的水泥杆厂建设工作，从土建到生产电杆的材料都由他们负责。当时，厂里包括王银辉、刘才在内的十名工人在接到任务后马上整

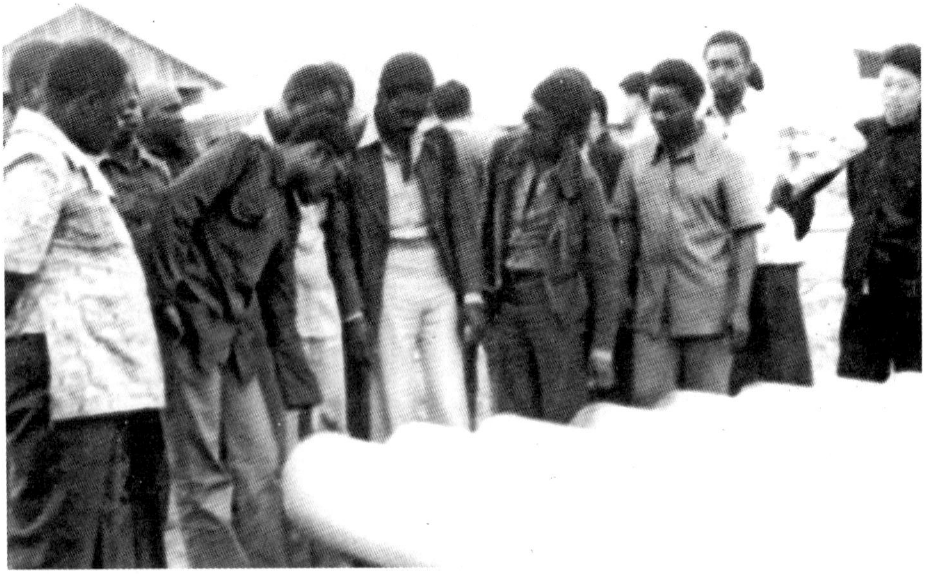

刚果代表查看中方车间制造的水泥杆

顿行囊就出发了。人员迅速到位，但基础的建设材料到位却花了不少时间，因为除了水泥沙之外，每一个小配件都是从线路器材厂里运出去的。当时，线路器材厂做了十几套钢模，每一套都有成吨重，再加上钢筋和各类机器设备，最终用了几十节火车绿车皮运到了上海，再从上海通过航运送到刚果黑角。在第三世界国家要完成政治任务，除了过硬的技术，靠的还是发扬自力更生的精神。除了生产材料，其余的生产设备和20世纪60年代一样，线路器材厂的工人们依然传承了“自己动手，丰衣足食”的“优良传统”，完成生产水泥杆3596根。五年后，十名工人圆满完成任务，平安回到了厂里。

1974年8月14日，对于制杆车间工人江锐生来说，是极为紧张的一天。水利电力部在线路器材厂召开为期一周的预应力混凝土电杆现场会议。这是全国第一次围绕预应力电杆召开现场会，会议选了陕西电管局西安电力机械厂共九个单位代表在大会上发言，分享各自的经验。线路器材厂派江锐生上台介绍经验。为了这一次汇报，他准备了大量的材料，讲稿是写了又写，练了又练。会议当天，平日里穿工装的他换上了久违的中山装，台下出席会议的有国家计委、国家建委、各省水利局（厅），以及有关设计、制造、施工、运行和科研单位代表超过100名。直到带着南方口音的“广东经验”获得全场的热烈掌声，江锐生方才松了一口气，悄悄擦了擦手心里的汗。

水利电力部生产司司长齐明在会上总结发言中，肯定了线路器材厂生产的预应力电杆，表扬其质量稳定，成品率高，抗裂性、抗渗性、抗腐蚀性良好。同时，齐明还肯定了该厂坚持自力更生的方针，勇于实践，敢于创新，调动了人的积极因素，发挥了群众的干劲、智慧和创造力，才能在客观条件差的情况下，由无到有，由小到大，把预应力杆的生产搞起来，而且不断发展壮大。“边试验，边改革，边改建，边生产，这是一种多快好省的办法。”

这份认可来得“分量十足”，也来得“情理之中”。原来，会前水电部组织了调研团前往湖北、陕西、山东等地开展了实地调研，系统了解了国内预应力电杆的生产和使用情况，线路器材厂制杆车间党支部书记梁森荣和江锐生当时也是调研小组成员。那是江锐生第一次前往北京，十分兴奋却也底气十足，走访调研了多家单位后，他知道自家工厂生产的电杆一定会获得上层和同行的肯定。

为了进一步推广预应力电杆，齐明发出了号召："预应力电杆是一种新工艺的产品，也是社会主义建设中的新生事物，大力推广和应用预应力电杆是实现增产节约的一项重要举措。"1967 年至 1974 年，8 年期间，线路器材厂共生产预应力水泥电杆 13.5 万多根，位居同类型设备制造厂前列，为国家节约钢材 8700 多吨。

1978 年 3 月，盛况空前的全国科学大会在北京人民大会堂隆重召开，会上邓小平提出著名的"科学技术是生产力"的论断，扫清了十年动乱后科学技术发展的障碍。在科学的春天里，线路器材厂也迎来了"春天"。不久后，厂里收到了一封来自水利电力部的贺电。原来，1978 年电力工业获全国科学大会奖励的重大科技成果有 189 项，其中有一项，正是预应力水泥电杆。这个截至目前该厂获得的科技最高荣誉竟然是一个"意外的惊喜"，因为当时线路器材厂并没有进行申报，而是水利电力部在开完那次现场会后，对该厂的产品和做法予以高度肯定，代为进行了申请，没想到真的获奖了。

"为表扬在我国科学技术工作中做出重大贡献者，特颁发此奖状，以资鼓励。受奖者：广东省水电局线路器材厂"——这个奖状，一直珍藏于该厂的档案馆中。

1978 年，广东省水电局线路器材厂员工已超过 1600 人，当时除了制造电杆，已经开始承担金具制造和铁塔制造业务，企业的发展进入了新时期。当年金具生产数量达到了 1665 吨，铁塔构件产量达到了 837 吨。

1979 年，线路器材厂被广东省科学大会评为先进工作者和先进集体，而预应力水泥电杆在 1980 年也先后被电力工业部和广东省经济委员会评为优质产品。乘着改革开放的春风，电力工业发展迅速，线路器材厂又迎来了新的发展机遇。

话说珠韶联网

许昌永 赵艳

合上隔离刀闸，合上断路器，母线接通，变压器充电，1967 年 5 月 28 日，位于南海县小塘公社北边的 220 千伏红星变电站投产了。

在那个特殊年代，当天的投产并没有什么太多的庆祝仪式，工地上，广东电业管理局电力基建公司输变电工程处变电工地主任王继生、支部书记蒋良定他们绕着场地，看着齐整的设备，听着变压器的“嗡嗡”声，驻足良久。

初夏的广东，天气闷热，汗水将王继生他们的衣服一次又一次地打湿。从上一年的 7 月进驻安装以来，王继生他们带领的变电工地一百多人，一直都坚守在红星变电站。“抓革命、促生产”的非常时期，生产建设常受干扰，但他们的队伍仍然一心扑在了电力建设上。望着高压场地上巨型的变压器和断路器、瓷柱、母线等高压设备，王继生他们知道，来自粤北韶关的电，此时已经送到了珠三角。他们的心里满是欣慰。

王继生 1953 年参加工作，进入东北电管局送电工程公司，公司拆分后转入武汉送变电工程局，1958 年 4 月随 203 工地南下广东。西村发电厂升压站、110 千伏员村变电站、220 千伏棠下变电站的建设，都有他洒下的汗水。对于红星变电站，他似乎觉得更要亲切一些，因为这里有诸如新型开关等很多他

安装于棠下变电站的 220 千伏多油开关

熟悉的设备。

这种新型的开关，便是我国首次进口的产自捷克斯洛伐克的 VV－220 型空气开关。这也是广东首次应用 220 千伏空气开关。此前在棠下变电站，王继生他们安装的是两台国产仿苏联的 220 千伏多油开关，开关笨、重、粗，一相开关单单绝缘油就要用掉 4 吨，开关的分合闸用的是电磁机构，操作合闸电流大，合闸电流达 720 安。

这种捷克斯洛伐克产的空气开关有 3 台安装在红星变电站。而为了这个新式开关能顺利“落户”，王继生他们还被抽调去集中开展了技术攻关。

1965 年，国家水利电力部进口了这一型号开关共 12 台，其中 6 台分配给广东使用，恰逢韶红线输变电工程的开工建设，正好派上了用场。广东电业管理局局长王炎和工程设计方决定，将其中 3 台安装在韶关发电厂升压站，3 台安装在红星变电站。

说起设计，早在韶关发电厂建设时，韶红线就已经被纳入了规划，韶红线工程勘测设计由武汉的中南电力设计院负责——当时广东方面还没有 220 千伏设计能力，建设施工则由输变电工程处承担。

除了王继生，还有输变电工程处技术员柳干生，以及两位工人朱壮忠、陈裕德，他们接到了通知：参加水利电力部组织的技术攻关，参与研究空气开关。

柳干生是浙江杭州人，1958 年从江西一所铁路中专学校毕业后参加工作，进入省输变电公司。朱壮忠、陈裕德则都是广东澄海人，1958 年招工时进入公司。据陈裕德回忆，当时在潮汕一带招工时，和他们一同入职的一共有 75 人，但后来很多人陆续离开，最终留下来的只有 18 人。

王继生他们集合的地点在曲江乌石，也就是韶关发电厂所在地。从广州乘坐火车北上，王继生一行来到了电厂。到这里他们才知道，这个攻关小组由水利电力部电力科学研究院牵头，研究院方面派出了电气工程师华文祥，30 来岁。除了他们，还有来自电力基建公司火电工程处以及韶关发电厂的人员。

据陈裕德回忆，火电工程处参加的人员有两名工程师、三名工人，而韶关发电厂前后有几个人参加，变动比较大，其中有一位女技术员姓张，具体

1964年的韶关发电厂外景

名字他已无法记清。

就这样，华文祥带领着十几个人，在韶关发电厂搞起了小封闭，大家整天埋头研究这些“进口货”。

在电厂，王继生他们终于见到了进口的“新鲜货”：这种开关具有灭弧性能好、动作快速的特点，但辅助设备多，检修调试当然比较复杂。开关的工作气压可以达到20个大气压，有配套的压缩空气系统专门供气。对比王继生他们在棠下变电站的多油开关，差异显而易见。空气开关机构复杂，王继生他们能看到的资料，只有厂家简单的使用说明。正因为如此，水电部才组织大家开展联合攻关，为开关的安装运行以及国产开关的研发生产服务。

据陈裕德回忆，这种空气开关的底座是由两个直径500毫米，长4.5米的圆柱罐桶组合而成，两个罐桶之间由法兰相连，既是储气罐，也是底座。上部左右两侧是进出线瓷柱套管和灭弧室，以及刀闸构件，中间瓷柱稍矮，用于支撑两侧刀闸的静触头。

在接下来的研究攻关中，华文祥他们对开关的所有机构，按照从大件到小件的顺序，逐级解构，对包括主吹阀、中间阀、压力阀、刀闸行程气动工作缸、分闸阀、内绝缘导气构件等一件件进行拆解，测量长度、直径。对于小部件的测量，他们甚至用上了游标卡尺，从本体到每个机构、每个部件，根据测量数据，再统一按一定比例绘制外形、结构图，并反复揣摩，研究分析每个部件、机构如何工作。

输变电工程处参加攻关的人员中，柳干生是院校毕业生，具有较好的基础。他利用所学专长，一边自己干，一边指导朱壮忠、陈裕德。陈裕德回忆说，虽然自己初中还没有读完就辍学了，文化程度不高，但那时候年轻，理解力和记忆力很强，也很快就能独立完成绘图。在2019年8月6日的采访中，他还娴熟地用铅笔向笔者画出开关示意图。

就这样，攻关小组花了三个多月的时间，实施“反求工程”，完成了其中一相开关的拆解和装配。他们又拆又装，复原后又在不通电的情况下，反复进行操作测试，全面摸清了开关的特性和各项操作。

此时，韶关发电厂一期两台各1.2万千瓦机组已经投产。二期扩建工程两台各5万千瓦机组已于1965年5月中旬进场建设。攻关结束后，火电工程处开展了开关安装，三台开关安装在了电厂升压站一侧。

时空转移到1966年7月的红星变电站，这时，输变电工程处土建工地已经基本完成变电站基础交付，变电工地人员开始进场展开变电设备的安装。

变电工地共有两个班，每个班50多人，其中一班主要负责变压器、开关安装和架空线路等，班长陈登勉，副班长朱德龄；二班主要负责室内设备安装施工，班长陈炎，副班长李建国。王继生担任工地主任，蒋良定任工地支部书记，他是一名部队南下转业干部。

虽然从广州到小塘只有30多公里，乘坐工地货车也就两个多小时，但对于输变电工人来说，工地就是他们的家。那时候，除了筹建处指挥部人员和输变电工程处管理技术人员居住在两栋平房里，王继生、蒋良定带领的工人们都住在临时搭建的工棚里。工地饭堂是一座临时用砖头砌成的小平房，上面盖着石棉瓦。除了输变电工程处的工人，当地公社、大队也负责协调部分社员、民兵参加劳动，由社、队记工分。

大部队进场不久，陈裕德和朱壮忠他们也从韶关发电厂来到了工地。他们都属于工地一班。

有了技术攻关研究的基础，陈裕德、朱壮忠和工友们一道，很快就完成了红星变电站三台捷克斯洛伐克进口开关的安装调试。

在红星变电站破土动工的同时，220千伏韶红线和电厂升压站，以及红星变电站配套的出线工程等也全线开工，从粤北韶关到珠三角广佛一带，到处都是电力建设火热的施工场面。

韶红线全长约185公里，杆塔487基，其中铁塔241基，水泥杆246基，导线型号为LGJQ－400。从韶关一路向南，到达南海县，线路要经过多处大山大岭，施工难度可想而知。从开工建设以来，输变电工程处送电一、二、三工地，每个工地上百人，加上部分民兵社员，高峰时全线施工人员有数百上千人。

线路在山岭丛林中架设，除了材料设备运输极为困难，茂密的丛林还容易造成方向迷失，陈健学他们就发生过“失联”的事。

陈健学是广西武宣县人，1964年从广西大学毕业后分配到输变电工程处，1966年他所在的送电一工地从35千伏惠阳惠桥线工地转移到了韶红线。一工地负责的清远段有50多公里，共200多基塔，那天，他和其他工人、管理人员共八人，来到当时清远县高田公社境内，对一处高山大岭上的线段进行实地调查。

据他回忆，高田境内这段线路其中有一档距约800米，这里树木非常高大，都是十几米高的原始森林。陈健学到那里时，已经是下午3点左右，他们计划用一个半小时完成调查，必须赶在5点下山，然后再走一个多小时到马路边坐车。

他们一行分成四个小组分头调查。陈健学所在的小组工作位置最近，两个人把活干完后就在原地等待其他三个组人员。可是，到下午5点多，太阳已经开始下山了，却不见其他组的同志，他们俩连声大喊，可是在山间丛林，喊声根本起不到作用。到了6点左右，终于有另一组两人来了，可是还有另外的四个人呢！他们四个人凑在一起大声喊叫，但没有人应。

此刻，天已经黑了，树林里可以说是伸手不见五指，他们只能原地继续等待。约莫又过了半小时，他们突然听到了另一组人的喊叫声，循着微弱的喊声，他们慢慢走去，终于又和这组两人会合了。

六个人聚在一起高声呼叫，音量也大了很多，约半个小时过去了，最后一组人终于与他们会合了，他们甭提有多高兴了。据最后这一组人说，森林里黑乎乎的，几乎连小路也找不到，在最后的100米左右，他们是摸着走了

20 多分钟。

干粮、水都没有了，他们又饿又累，八个人在黑漆漆的山林里，借着仅有的一支手电筒的微光，开始下山。大约 9 点左右，他们见到了一户农家，他们向老农说明了来由，热情的老农立刻煮上几个番薯给大家充饥。谢过老农，陈健学他们又走了半个多小时，终于搭上了一直在路边等待他们的工地的汽车。

而在韶关工段，送电三工地班长冯涛溪、副班长任昶民和班员陈耀生他们也展开了施工。据陈耀生回忆，韶关曲江的小岗山是石灰岩地带，要在那里施工，难度可想而知。

韶红线采用铁塔和 400 毫米径钢筋混凝土杆、双杆八字形布置。尽管地形恶劣，但输变电工程处施工队伍有了架设流广线、新广线等的经验积累，加上绞磨机等机具的应用，并且通过探索采用了导线爆炸压接和张力放线，应用铁扒杆组装铁塔，有效加快了立塔与放线进度，也减轻了一些体力劳动，确保了线路按时贯通。

再说红星变电站，按照设计，首期工程安装 2 台 9 万千伏安主变压器，变压器由沈阳变压器厂生产，是强迫油循环风冷、钟罩式结构的三相自耦变压器，这也是广东首次采用这一型号主变。

就在陈裕德、朱壮忠他们完成 220 千伏空气开关安装后不久，变压器已从沈阳出发，由火车专用车厢运送到广州，再经过当时的广三铁路，运送到了小塘车站。

从小塘车站到变电站工地，还有三四公里的路程，在当时搬运基本靠人力的情况下，为了将变压器运送到变电站工地，王继生他们组织上百人，费了九牛二虎之力，足足用了一个多星期。

据陈裕德回忆，在未安装散热器等部件、未注入绝缘油等的情况下，这台变压器本体重达三四十吨。变压器到了小塘车站后，为了从车厢上卸下变压器，他们是用枕木、铁轨铺平到与车厢一样的高度，然后用千斤顶将变压器顶起，再把钢轨伸到变压器下，这样顺着钢轨，用卷扬机往前拉，两边人员用大锤子敲着钢轨控制好方向，这样才把变压器移下了车厢。

卸下火车后，他们再一路铺设枕木，枕木和变压器之间用铁管作为滚筒，上面放一对走板垫放变压器，人力加卷扬机，一步一步，一米一米往前移。每前进一段，就将后段的枕木、铁管往前移，单条枕木重达百斤，都是靠人力搬。

这一路过去，当时基本都是砂土路，路面不平，也有上下坡。他们一边挖铺道路，一边推移变压器前进。遇到上下坡，他们还要用三角枕木垫着，枕木上坡时在后，下坡时在前，防止变压器向前滑或向后溜。为了运送变压器，从输变电工程处、变电工地负责人到班长、班员，不论岗位工种，几乎都出动了，终于将这件“大家伙”稳稳地运进了变电站。

经过大家的齐心协力，红星变电站第一台主变终于在1967年5月28日建成投产。而在此之前，韶关发电厂二期扩建的容量为5万千瓦的3号机组，已于这一年元旦前夕投产发电。红星变电站的投用，解决了机组发电送出的问题，也为珠三角用电增添了重量级砝码。

韶红输变电工程的投产，使珠三角电网实现了与韶关电网的联网，珠江电网由此摇身变成了珠韶电网。此时，珠三角主要的电源供应上，除了广州西村发电厂、五仙门发电厂、流溪河水电站、新丰江水电站，增加了韶关发电厂的电力。而珠江电网有220千伏棠下变电站，110千伏变电站有员村、南箕、加禾、芳村、佛山、惠阳、永安、江门等变电站，供电范围共30个市、县。韶关电网110千伏变电站有韶关十里亭、始兴罗坝两座变电站，供电范围为韶关、乳源、英德、曲江、始兴、南雄等六个市、县。

按照当时的电网管理界面划分，220千伏珠韶线和红星变电站都由广州供电公司负责。直到1984年7月，广州供电局才将红星变电站移交佛山供电局运行管理。这是后话。

在红星变电站首台主变投产的同时，变电站第二台主变的安装施工也展开了，并在1968年底投运。2台主变投运后，输送电能力显著增强。

随着红星变电站的投运，珠韶电网拥有了两座220千伏变电站，无功补偿被提上了日程。1967年底，从五仙门发电厂退役的机组作为调相机，运送到了红星变电站。11月7日，输变电工程处何文光等人开始了调相机安装工程，但是由于当时全国处于“文化大革命”时期，政治运动此起彼伏，工程建建停停，直到1969年3月25日，调相机工程才安装完成。

红星变电站的传奇故事还在延续。在两台主变投产后不久，国家提出实行备战备荒。1968 年，广东电业管理局革委会主任王炎下令，在小塘站东南角，耗资 150 万元，将 2 号主变移到南世山林场里，作为备战工程。

把主变迁入林场，要新架从 10 千伏到 220 千伏多个电压等级的线路，线路所经之处，还要砍伐树木、竹林。

“主变是隐蔽在山林里，但整个变电站却暴露在 7 万平方米的空地上了。”罗学琛回忆说，他不赞成，也不行动。罗学琛 1954 年从湖南高级工业学校毕业，分配到武汉基本建设局，后南下进入广东省电力工程公司，1960 年电力工程公司与输变电工程公司合并，他转入了输变电工程建设。命令下达后，2 号主变的搬迁仍迟迟不见动静。王炎知道后，直接用调度电话打到小塘站值班室，找到了输变电工程处技术员罗学琛，要求立即执行，二话不说便挂了电话。

再过了几天，输变电工程处依然没有动。这种情况下，王炎便把工程处领导和罗学琛叫到办公室，要求三天内完成搬迁，后来宽限到了七天。

搬迁时，罗学琛和负责起重的技师叶松商量说，七天内要完成设备运输、

1967 年 5 月投产的 220 千伏红星变电站旧址

安装调试，任务很紧，只有减少工作量才行。他们商量，只拆散热器，其他全部不拆，包括高压套管，油也不放。经过现场察看，他们又找出一条捷径，拆掉变电站东边围墙，将变压器从围墙缺口拖过去，这样少绕了近一公里。

他们向水电机械站租用了两台履带式铲车，再安排三班人马日夜不停铺放枕木，来垫着铲车履带，用铲车来当活动地锚，整个搬迁工程速度大大加快。当时，他们还组织了一个毛泽东思想宣传队，播语录，唱红歌，喊口号，以提振大家的情绪，鼓舞士气。2 号主变实际仅 54 小时就重新恢复供电，减少了大量的停电时间。要知道，当时珠三角缺电很严重，迁移时缺口高达四分之一。对于这次快速搬迁，王炎他们很满意，还特地表扬了工程处。

事实上，主变搬迁到林场，距离变电站有 2 公里，运行很不方便。因此，后来在小塘站三期工程扩建中，山林中的这台主变就调到其他变电站去了。

再说红星变电站这三台进口开关，由于开关的空气压缩机冷却性能欠佳，投产几年即烧坏、更换了三台压缩机。每次抢修，陈裕德、朱壮忠他们当年的技术攻关功底都派上了大用场。

又是扩建主变，又是迁移安装，为了红星变电站的各项施工建设，陈裕德他们在这里待了近三年时间，一直干到了 1969 年 9 月才撤离变电站。长年在工地施工，陈裕德无暇回家照顾远在汕头老家的妻子。已有身孕的妻子在即将临产时，来到红星变电站工地。而这时候，由于韶佛线工程筹建处人员已经逐步撤走，陈裕德他们可以搬到原来筹建处使用的两座平房中居住，住宿条件稍稍有了改观。就在撤离变电站的前一个月，他的长女出生了，这无疑是工地建设中的大喜事，王继生、蒋良定等工地领导和同事们纷纷向他表示祝贺，大家笑称他女儿是一颗出生在红星工地的宝贝“红星”。

援越培训结深情

郑浩然　许昌永

“同志，晚上千万不要上街！”从火车上下来，一踏足广西南宁，罗时俊就听到了当地接洽人员的告诫。

这是1968年3月底，南宁的气候温暖宜人。从广州出发，罗时俊他们乘坐接收越南培训学员专列抵达了南宁火车站，他和广东省外事办官员，以及其他参加这次接收的人员，准备在南宁市区住宿一晚。

“同志，一定要记住，晚上千万不要上街！”接洽人员和省外办官员反复交代，并讲述了南宁当地一些动乱的情况。联想到这次支援越南抗美救国斗争的培训任务，罗时俊他们倍加警惕，一住下来就都不外出了。

第二天，罗时俊他们又乘上专列，继续向西南方向行进，终于抵达了凭祥市火车站。这里已临近中越交界，跨过友谊关，就是越南地界了。

罗时俊是广东省越南实习生电业培训队副队长，他和保卫人员叶振祝，还有随行医生等人，代表电业培训队，跟随省外办外国实习生办公室人员一起，准备在这里接收越南民主共和国来我国参加学习培训的实习生。

据前方传来的消息，由于越南当时的战争环境，派送我国培训实习的人员集中比较困难，他们可能要晚几天才能抵达我国。根据这一情况，省外办就地组织安排前往接收的工作人员，到凭祥市区及友谊关一带参观考察。

罗时俊他们发现，凭祥市街上气氛和广州不同，这里驻扎了不少部队，商店招牌上，“专供部队”几个大字不时映入眼帘。在这次也参加学员接收的广东省邮电局人员的带领下，罗时俊等人参观了凭祥市邮电局，在邮电局的后院，他看到这里堆放着不少武器和军需品。站在友谊关高处远眺，罗时俊看见了不远处的越南同登市，还有我国的军车运载着援越的解放军战士，运载着各种物资，一辆接着一辆正往越南方向进发。

此时的越南仍处于抗美救国战争的危难时刻，可想而知，实习生们要从越南到达中越边境，也面临着种种危险。而在边境城市凭祥，一旦发现有美军飞机骚扰，当地就会发出警报。罗时俊清楚地记得，他在凭祥期间还两次听到了警报声。

就这样，罗时俊在凭祥市待到了第三天，越南实习生终于到了。当天晚上8点左右，越南火车抵达凭祥。

站台上，中方接收人员一个队接着一个队与越方人员进行交接。轮到

1968年3月29日，罗时俊（右一）、叶振祝（中）和翻译在广西凭祥友谊关

“广东电业培训队”了，罗时俊看了一下队伍，当时就傻了眼：怎么没见几个男丁，尽是小姑娘？

罗时俊看了看名单，原来，越方交给的电业培训队员一共60人，8男52女，年纪基本都是十八九岁。罗时俊心里想着，干电工是个粗重活，接收这样一个“女子培训队”，回去可怎么交代！

他当即对越方人员提出：“这么多女孩子在体力上怕是不能适应电工的要求。”越方同志赶忙解释：“我国正在进行抗美救国战争，男同志大部分都到前线打仗去了，这些女孩子来自全国各地，都是挑选出来的骨干，她们为了躲避美国的轰炸，白天在树林隐蔽，夜间赶路，有的在路上已经走了八天了，希望中国同志能体谅我们的实情。”说话中似乎带着几分歉意。

到中国参加培训的越南学员团，包括团长、工作人员、翻译和学员等，而学员则包括邮电、水利、电工等各个专业，每个专业数十人不等。接收的学员们列队走进了中国的专列车厢。车厢里，越方人员座席已经不再是越南列车的硬座，而是专门安排的软席软卧，车上也早已为他们准备好了必备的生活用品，各个队都配备了随行的医生。

学员顺利接到了，罗时俊长叹了口气，培训班可算是万事俱备了。要知道，这个培训班经历了太多波折，已经足足延期了一年。

1966年，省电业管理局接到国家水利电力部下达的任务：支援越南抗美救国斗争，为越南培训60名能为战争需要服务，适应机械厂电气设备安装、运行和检修的电工。

早在1961年，广州供电公司就曾经为越南培训过一批12人的供电管理技术人员。当时越南正在建设越池发电厂，准备向河内市供电，越方因此需要培养一批供用电管理方面的负责人、工区主任、工段长等。学员团团长阮伯从，原是一名铁路管理干部，越南方面有意培养他为河内供电局负责人。在220千伏棠下变电站施工期间，学员们还到现场参观和实操。罗时俊当时负责学员培训工作，完成在广州的培训后，他还一起登上火车，将学员们送到了培训第二站沈阳电业局。

这次培训，省电业局决定继续由广州供电公司负责承办。

为了做好培训准备工作，1967年3月，广州供电公司着手组建越南实习生电业培训队，筹备工作具体由罗时俊负责，他立即着手开展建队准备，并组织编制教学大纲、教学计划、教材等。公司还抽调财务科杨绮文，保卫科叶振祝，政工科赵仕奕，行政科梁亦斌，以及许全、李兆华、梁庆余、廖荣新等同志，参加筹备工作。

在筹划过程中，考虑到这次培训涉及外交等多方面因素，单凭广州供电公司难以解决，罗时俊便将这一情况向公司党委书记任治国做了汇报。任治国祖籍河北省南宫县，1937年入党参加革命，从部队转业后，1964年9月起任广州供电公司党委书记。任治国他们经过研究，决定以公司党委名义打报告给省电业局，并提请培训队由省电业局派一名领导挂帅，协调解决相关问题，并在系统中抽调人员组成培训队。报告起草人罗时俊回忆，省电业局不久做出批复：由赵甘泉任越南实习生电业培训队党支部书记兼队长，罗时俊任副队长并主管教学。

事实上，组织上安排赵甘泉和罗时俊担任培训队负责人，显然也经过了深思熟虑。赵甘泉，祖籍台山，1951年参加工作，先后在广州电业局、五仙门电厂、流溪河电厂工作。此前，他担任省水利电力工会广州分区工作委员会副主任。

罗时俊，祖籍江苏镇江，1949年4月参加革命，曾在苏南行署、解放军三野二十五军、镇江市人民政府工作，后到南京电力学校学习，毕业后进入广州电业局线路管理所工作。此前，他担任广州供电公司生技科副科长。

当时，越南与我国同是社会主义国家，是“同志加兄弟”关系，培训班的成功与否直接关系到我国的声誉，办好培训班也是给越南抗美战争加把劲。因此，组织上对培训队工作人员的人选条件要求就非常严格，更别说负责人了。无论是政治上还是工作经验等方面，赵甘泉和罗时俊无疑都是合适的。

培训的地点选在了省电业局西场招待所。经过大家紧张的筹备，培训大楼被粉刷一新，学员们的生活用品手巾、脸盆、被铺等，也都全部准备妥当，中越两国文字的各种资料均已印好，教材、教师都已配备，就等原定的 9 月 15 日接越南实习生来广州了。

天有不测风云。

后来，受当时武斗影响，培训队很多物品或被打烂或丢失，无论是培训物资还是培训地点，都成了问题。他们写报告给省军事管制委员会、省外事办公室和省外国实习生办公室，详细报告培训队受到破坏的情况。他们还向省里请示，培训班开班时间延后。

物色新的培训地点成了当务之急。赵甘泉和罗时俊他们把目光放在了退役已久的 13.2 千伏河南变电站旧址。这里地处海珠凤乐路（现革新路），站内有原来的变电站值班室，以及一座供电公司家属楼，两座楼之间还有一定的空余场地。他们考虑在这里加建新楼，设立培训点。

可是，建楼的钱从哪儿来？在当时动荡的形势下，省电业局领导已经靠边站，相关组织架构残缺不全，到哪里申请资金呢？此时的赵甘泉真是一筹莫展。

既然是部里交给的任务，靠广东已经没有办法，何不上北京去看看？赵甘泉没有灰心，他决定上一趟北京。

赵甘泉坐上了北上的列车。火车在途经武汉时，长江大桥两边也在火拼，火车停顿了好长一阵时间。

好在行程后半段无惊无险，赵甘泉下了火车找到了水利电力部办公楼。此时，部里也因受到冲击，内部也已混乱。赵甘泉径直往办公楼里走，找到了副部长李代耕。赵甘泉回忆说：“我是直接就进入他办公室的。”在这之前，

1968 年，培训队工作人员、翻译等在培训基地门前合影

赵甘泉只是在参加会议时见到过坐在主席台上的李代耕。他向李代耕汇报了培训楼被洗劫的情况，“你们交代培训越南实习生，却遇到这样的情况，安排好的地方也泡汤了。”赵甘泉声音有些哽咽。

赵甘泉又把重新寻找培训点，计划在河南变电站开展培训和缺乏资金的情况向李代耕做了汇报。李代耕耐心地听完，当即同意拨款 50 万元，专项用于培训楼的建设及购置相关培训用品等。

款项不久就汇到省电业局，赵甘泉赶紧联系了省建筑公司，要求对方以最快速度为培训队建一座三层的培训楼。经过日夜施工和各项准备，不到两个月时间，培训楼就竣工了。同时，他们还把变电站内家属楼底层改造为实习工厂，将原变电站值班室改为办公室、厨房和食堂。一切又重新安排妥当。

培训班工作人员、教员也都陆续到位。培训队设置了教务组、翻译组、行政组、政工组，教务组由欧阳伦任组长，教师有欧阳伦、巫焕章、罗康成、蔡敬杰、韩崇佳、许全、李云平，实习指导师傅梁庆余、廖荣新、罗康成、冯正祥、梁祥绵、冯锦成；行政组由梁亦斌任组长，还有负责财务工作的杨绮文，材料员陈伯祥，事务员黄仁山、王超海、郭琼珠，医生张又拭、陶锡祥，司机卢顺佳；政工组由甄湛泉任组长，组员有赵仕奕，以及负责保卫的温胜志、叶振祝；翻译组人员全部由省外事办公室抽调，毕基任组长，还有鲍玉珠、罗丽珍、罗丽娟、黄秀芳、农永业、陈从正、彭铭雄、张映华、罗月群等人。这些都是当时培训队在编的人员。

当罗时俊他们乘坐的专列到达广州时，赵甘泉他们已经在车站等候，学员们下了火车，然后乘车抵达河南变电站的培训基地。

稍事安顿，晚上10点多，培训队在操场列队集合。这时候，一些越南来的学员没有佩戴毛主席像章，这引起了培训队一些教师和工作人员的不满。作为支部书记、队长，赵甘泉很为难。

越南学员说，他们很敬重毛主席，所以毛主席像章不能随便就戴着，平时他们都要小心翼翼用木盒子装好。但是，我方一些人依旧不依不饶。后来，经过和越南方面带队的团长等详细说明情况，让学员们逐一戴上了像章，集合动员才又重新继续。

经过团长和学员们的介绍，赵甘泉他们了解到，这60名学员都是抗美救国青年突击队队员，大部分是越南劳动青年团团员。越南方面指定由阮氏萍担任队长，她是一名越南劳动党党员。除队长外，还设有两名副队长。他们中许多人都曾经参加过运送粮食、弹药等支前服务，文化程度大部分是初中，只有两人读过高中。在此之前，他们都没有接触过电业作业。

上课、吃饭、住宿，学员们都在站内。每天的功课开始前，学员们就在操场列队，除了检查人数，交代当天的学习任务，大家还有一项必备课：唱《东方红》、读毛主席语录、喊“毛主席万岁”。据赵甘泉回忆，过了一段时间，越方团长提出双方应该对等，要求在早课时也要加入唱越南国歌、读胡志明语录、喊“胡志明万岁”。早课时间因此拉长了好多。在那个年代，学语录、唱红歌是理所当然的事，学员们的教材中也写上了相应的一些毛主席语录话语。

电业培训队是“越南实习生广东总团部”的所在地，总团团长、副团长及工作机构都驻扎在电业培训队，赵甘泉等人除了要做好本身的培训工作外，还要经常与总团领导人员打交道，总团部是越南方面的派出机构，他们与省外事办公室的往来活动以及生活、工作方面许多具体事宜都要通过电业培训队联系转达和给予配合，这些属于涉外工作，要求既严格又十分琐碎，这就对电业培训队的工作提出了更高的要求。

为了抓好教学，培训老师们很多时候晚上都还在编写教案，教案编写后，提前交给翻译。考虑到语言沟通问题，赵甘泉他们还通过与省里协调，找到了省水电厅等单位的一些越南归侨，其中有冯锦成等人，冯锦成原来在省水电厅机械厂工作，六级工。

教学开始了，如何因材施教，这是个难题。起初，培训队采取的是常规的教学方式，讲解安全知识、电工基础等，但是学员们的文化基础差，许多东西领会不了。例如学习交流电路，教师进行了大量的实验示教，起初他们还勉强懂一些，但到三相交流电、旋转磁场这些内容时，学员们显然是越学越糊涂。经过研究，教务组决定改变原来的教学方法，从“理论与实践结合”改为以实际操作训练为主，在实际动手中，边干边学，讲解规范要领和有关安全质量知识。

实践教学法颇有成效。在室内布线施工教学时，教务组先训练学员如何运用锤子、凿子打孔穿洞，让他们自己制作木架，自己学会打铁，然后依托市机电设备安装公司工程，选配一批带班师傅，让学员们跟着干。广州花地三幢五层楼的水上居民宿舍照明工程、中一烟厂办公楼照明工程、运输公司白鹤洞作业区照明工程、新建的广州新风锁厂、广州有线电厂照明和动力工程等等，越南学员们都参加了施工。

经过参与工程的实际锻炼，学员们不仅学会了不同条件、不同环境下的施工方法，到后期，他们还能够看图施工，甚至还能够根据施工场所的不同条件，独立提出室内线路走线方案。许多原来准备在课堂讲的内容，在现场稍微讲一下，学员就都明白了。这也让赵甘泉他们感觉很欣慰。

除了低压施工，培训队还组织学员们到广州高压开关厂学习高压开关柜安装、10 千伏开关检修，到南洋电器厂学习低压开关、磁力起动器的安装检修，并按照订货图纸要求，参与各种低压配电柜的安装接线，在布线的工艺上也严格要求。他们还到广州电机厂参加电机制造各个工序的实习，特别是学习电机的绕线、嵌线、接线、绝缘处理，出厂试验各个工序，到广州机床厂参加 C620 机床的安装并参加该厂各种机床的电器改进。

1969年9月17日，培训队工作人员合影。前排左起：黄秀芳、罗丽娟、杨绮文、张映华，后排左起：巫焕章、赵甘泉、罗康成、廖荣新、罗时俊、冯锦成

为了让学员们掌握电机修理，在两个月时间里，教务组组织这些学员直接修理了600多台各种类型的电机。罗时俊不无骄傲地说，当时广州市东方电机社的所有修理业务都被培训队承包了，培训队甚至还承接了南海舰队乃至湖南郴州一些厂矿的修理任务。由于使用的材料质量好，如高强度漆包线、国外进口的聚酯薄膜玻璃纤维绝缘套管等，又严格按工艺要求进行修理，试验合格才允许出厂，修理质量远近都出了名，许多用户纷纷上门要求承接他们的修理业务。后来由于教学计划两个月必须转向，他们的修理业务不得不暂告一段落。

赵甘泉、罗时俊也住在培训基地，以方便与越方沟通和更好地应对一些突发情况。这些女学员有些身体不太好，偶尔也会半夜三更闹病，必须及时治疗，队里的两位医生陶锡祥和张又拭也常常晚上留队，以便及时做出治疗。那时，越南学员的定点医院是广州工人医院，位于长堤沿江路，送一些急重病学员上医院，还得过桥到对岸，这在当时也是一件充满危险的事。

1969年5月的一天夜里，大约1点多钟，一位女学员突发状况，大声喊痛，好几个学员都被惊醒，跑到这位学员跟前，阮氏萍急急忙忙敲着门告急。

“怎么办，是不是立即送医院?”那时候，外面动乱仍没有消停，情况不明。半夜三更送学员去医院吧，这一路过去，很是危险。罗时俊和赵甘泉商量后，赵甘泉说："送吧，都这样了，必须马上送过去。"

众人把患病学员背上了车，赵甘泉、罗时俊和几名同事、翻译一起，坐上了队里的客车，司机卢顺佳立即向着医院开去。

学员送到了医院，医生诊断是急性阑尾炎，医院给这位女学员实施了手术切除。考虑到夜里返回培训基地比较危险，赵甘泉他们一直等到天亮后才乘车又返回培训基地。而这名学员经过手术治疗，几天后顺利康复出院。

城里的乱局似乎还在继续，培训队能做的实习也差不多了，赵甘泉他们想到了向农村转移，暂且躲避一下，同时也可以强化一下学员们的动手能力。于是，经过牵线搭桥，他们联系上了新会县杜阮公社子棉大队。当时子棉大队正在搞农田排灌设施建设，培训队就利用大队筹集的资金，帮他们购买设备并为其安装。从架设高压线路开始，到安装排灌站抽水泵、粮食加工碾米机，再到家家户户的电线电灯，全部由越南实习生完成安装。村民们看着这些早出晚归的学员，都赞叹不已。罗时俊记得，当时其他设备都安装得八九不离十了，但是村里还缺少一台变压器，他们当时是找到江门供电公司借了一台变压器，才完成低压台变的安装。

社会动荡，形势不稳，培训工作可谓困难重重，那时常常强调"外事工作政治性强，影响大，搞不好小事变成大事，动不动就会'通天'，影响到党和国家间的关系"。但是，赵甘泉他们想方设法排除障碍，在工作人员中严格要求不搞派系，一心抓培训，加强与越方友谊。从 1968 年 4 月初到 1969 年 9 月中旬，前后 16 个月，培训任务顺利完成，比原定 18 个月提前了两个月。其间，整个培训队没有出现内部派别争斗以及学员安全事故。

经过培训，实习生都具有了较强、较全面的实际动手能力。越南劳动部和对外经委组织了检查验收团对培训班进行验收，他们详细了解了培训的全过程，检查了学员的学习掌握情况，对电业培训队非常满意，检查团人员都说："你们培训的学生最适用，效果最好，在所验收的各个队来说是最突出的。"

培训播撒着友谊之花。依依惜别之时，双方很多人都流下了眼泪。越方姓黄的副团长接到回越南的指令后，临离别前三天，主动提出把床搬到赵甘泉和罗时俊同住的宿舍，以便晚上共叙友情。黄副团长充满感激地说："我曾经在胡志明主席领导下，在云南昆明工作过，长期与中国人民接触，深感中国人民才是越南人民真正的朋友、亲戚。"

听到就要返回越南的消息，一些实习生甚至茶饭不思，如患重病，从登上汽车送往火车站专列车厢途中，学员们很多人一直在哭泣。

历史记下了这一瞬间，1969 年 9 月 18 日，培训班师生、工作人员在培训基地合影留念。

学员们乘坐的列车就要开行了，大家依依惜别。赵甘泉也搭上列车，一直把学员送到了广西边境。他回忆说，途中一位实习生伤心得哭昏了过去，又患有心脏病，不得不在衡阳送医院治疗。这些学员回到越南之后，很长一段时间，还会给老师、师傅们寄来书信，表达感谢和怀念之情。

胜利完成这项援越培训任务后，培训队的同志又回到各自的岗位。赵甘泉此后担任了省电力工业公司政工组副组长。冯正祥、冯锦成、梁祥绵等几位师傅作为骨干调到了广州电力设备厂，而且都成了厂里的班长，质检员等

1969 年春节期间，实习生们外出参观广州烈士陵园时合影

骨干，罗康成调到中调所，后来担任了办公室主任。而罗时俊和杨绮文是最后撤离的，他们对培训队工作进行了总结梳理，整理相关档案资料，以及做好财务和财产的清理移交，一直到 1969 年 11 月中旬。他们两人参与了培训班的全过程。

山乡水电建设的火红年代

许昌永

河水从一百多米高的山顶沿着三条管道奔流而下，穿过一座土黄色的厂房，再从孔洞喷涌而出，溅起白哗哗的团团水花，主厂房的旁边是另一座同样土黄色的房子，一座布满构架设备的升压站，银线从这里伸向远方。1976年的一天，正在罗定县泗纶公社中学上初中的黎同威和几位同学走了两公里的山路，终于得以一睹青桐水电站的风采。

从家乡不通电的小山村来到公社中学，黎同威终于看到了电灯、用上了电，学校用的电正是来自青桐水电站，可电是怎么从这里发出来的，里边的机器长什么样？此时的黎同威充满着好奇，他几次在厂房门口徘徊，想问问能不能进去看看，但是，门口那些“禁止外人进入”的警示语让他一次次地止步。他只能在电站的厂房外一次又一次地张望，“电站当时都相当于是国防重地啊，一般都不让进去。”黎同威在回忆时说。

“我们回学校吧！”一位同学说，巨大的水流声夹杂着机组轰鸣声，他们说话都要扯起嗓子。没能进入电站厂房看个究竟，水力发电在黎同威心中更增加了几分神秘。

同是在这一年，在青桐水电站东南方向数十公里的新榕公社，比黎同威小4岁，还在读小学三年级的辛立，这个暑假跟随着爸爸来到了另一座水电站——位于罗定县新榕公社的新榕水电站。站里站外一切都那么新奇，辛立感觉像是进了大观园，他和几个小伙伴在厂房里尽情地嬉戏，他们玩捉迷藏、扔石子，在山坡上、引水渠旁快乐地奔跑，爬山上树，毫无约束。对那些笨重的机组设备，辛立却没有多留意。

虽然没看到发电机组设备，但第一次的电站之行却让黎同威兴奋不已，也让他萌发了今后选择从事电力工作的梦想。他1963年出生在泗纶公社双龙大队，很小就听大人说公社有一座水电站，离自己的村子有将近十公里，从公社过去还有两公里。尽管青桐水电站就建在自己村子所在的泗纶公社，但双龙大队并没能用上电，“电站的电除了很小一部分供应公社所在地青桐大队，都送往县城里了。”黎同威所在的双龙大队一直到1986年才接上电，告别了昏暗的煤油灯。

青桐水电站位于泗纶公社青桐大队边，1969年8月动工兴建，1970年11月和1972年3月，电站三台机组相继投入运行，是罗定县里当时最大的水电

罗定县青桐水电站

站，装机三台1600千瓦机组共4800千瓦，设计年发电量1920万千瓦时，建有主副厂房，以及升压站一座，安装升压变压器一台，容量6300千伏安。青桐水电站建设总工程费914万元，这在当年可是一个不小的数目，除了300万元由上级拨款，其余都是县里自筹。由于当时钢材紧缺，钢管造价高，水电站采用了三条钢筋混凝土压力管代替了钢管。站里的一些水轮发电设备部件还是县农机一、二、三厂和电机厂、构件厂和五金厂共同协作试制出来的。

青桐水电站的电经过升压站升压，由长度25公里的35千伏线路输送到素龙公社大榄变电站，除了35千伏青桐线，还有10千伏进线山垌线，用于接收山垌水库水电站发电。变电站离罗定县城还有将近5公里，10千伏出线有罗城（县城）、素龙、生江、黎少各一回，用于向上述地区输送电力。

县城里的电也并不充足。辛立从小就居住在县城，“那时候家里用电一个星期都有那么一两个晚上要停几个小时”，20世纪70年代中期，他在罗城东区小学读三、四年级的时候，学校要求学生们晚上都要回学校自习，课室里没有电，他和同学们每次都要带上一盏小煤油灯，借着煤油灯的点点星火，同学们在课室里朗读、做习题。

辛立童年就和电有了不解之缘。1970 年，新榕水电站动工，辛立的父亲辛强参加了水电站的建设。新榕水电站距离县城有 50 多公里远。那时各地都在大搞水电站建设，为尽快建成投产，奔波在外的父亲难得回家一趟，每次回家也都是匆匆忙忙，没待一两天就又回工地了。

电站建成投产后，他的父亲在电站负责运行管理。平时一家人团聚少，等到辛立上小学了，一到寒暑假，父亲就把他接到水电站。有好几次，辛立差不多整个假期都待在水电站，看着父亲和他的同事们在忙忙碌碌。

新榕水电站开工建设比青桐水电站晚了半年多，它的装机容量小，只有两台容量 500 千瓦机组，分别在 1971 年 4 月、1974 年 4 月投入运行发电。电站发出的电力主要还是在新榕公社一带就近消化。

青桐水电站、山垌一二级水电站、新榕水电站等是罗定县在“文化大革命”这一特殊时期建设的一批中小水电项目，这只是当时广东乃至全国积极发展水电建设的一个缩影。

广东省水力资源主要集中在北江、东江、西江和韩江，从地区分布来看，主要集中在韶关、惠阳、肇庆等三个地区。黎同威、辛立所在的罗定县，境内没有煤炭、石油等矿藏，在当时的条件下，能直接用于发电的只有水力资源。境内主要河流有罗定江，它是西江的一级支流，流域面积超过 1000 平方公里，流域面积在 100 平方公里以上的二级支流有罗镜河、新榕江、连州河、泗纶河等，以及多条三级支流。据 20 世纪 80 年代普查，罗定境内水能理论蕴藏量 8.9 万千瓦，可能开发量达 6.27 万千瓦，年发电量 2.332 亿千瓦时。

罗定县历史上的第一座水电站是素龙公社大观塘水电站。1960 年 5 月 31 日，罗定县委发出大力水电站的号召，全县从县里、公社到大队，都纷纷着手兴办水电站。1961 年 12 月，距离县城 10 公里的罗溪水电站破土动工，这是罗定县第一座县办电站，1963 年 3 月投产，向县城供电，尽管装机只有一台容量 250 千瓦机组，但这在当时已经是县里 3 台柴油机组总容量的 10 多倍。到 1965 年，全县先后建成水电站 30 座，总装机容量 999 千瓦。

纵观广东全省，电力短缺问题一直困扰着主政南粤的领导者。20 世纪 60 年代中期，广东提出“水火并举”的方针，不久，省里又改为“水火并举，以水为主”。这期间，广东省人民政府出台了一系列鼓励水电建设的政策，以推动电力发展。

1969 年，《人民日报》头版发表了《自办更生办电——福建省永春县大办山区小型电站的调查》，这一年的 9 月，水利部制作的永春农村小水电建设模型在国务院展出，周恩来总理称赞“永春是全国小水电的一面红旗”。是年 10 月 20 日至 28 日，国家计委在福建永春召开了南方山区小型水利水电建设座谈会，国家计委第一副主任兼秘书长余秋里出席，国家水利电力部副部长杜星垣主持了会议。参加会议的有南方 12 省（区）和陕西、河南、山东等省及有关部门代表共 100 多人。广东省水利电力厅的代表也参加了会议。

“依靠群众，自力更生办水电”的“永春经验”为广东小水电发展提供了借鉴。为加强小水电建设的领导，1969 年 10 月，广东省成立小水电会战领导小组，同时积极发展省内小水电设备制造的厂家，以解决小水电设备供应不足的困难。1975 年，省政府规定小水电的收入不纳入地方财政，其利润主要用于发展小水电。

北江流域，山高水曲。当时普查的资料显示，水力能源理论蕴藏量约 250

正在施工中的古兜山东方红水库工地

万千瓦，占全省的 30.3%，可能开发的水能资源约 200 万千瓦，为全省的 27.1%。

在粤北韶关地区乳源县，1970 年 5 月，位于北江水系南水河上游支流汤盆水上的泉水水电站动工，次年开始利用围堰拦水发电，1974 年大坝建成，1976 年下闸蓄水，集水面积 189 平方公里，总库容 2220 万立方米。泉水水电站大坝为混凝土双曲率薄拱坝，最大坝高 80 米，坝顶高程 450 米，坝顶长 209 米，顶厚 3 米，底厚 9 米，厚高比 0.112，是国内同类拱坝中最薄的一座。安装机 4×6000 千瓦机组，总容量 2.4 万千瓦，多年平均发电量 1.13 亿千瓦时。

古兜山位于“葵乡”新会县的西南端，濒临南海，山峦重叠，可利用落差 425 米，水力资源丰富。为解决当时工农业生产用电紧缺问题，新会县委、县政府决定综合开发古兜山水电资源，由时任县委常委张龙笛担任工程建设总指挥，并从 21 个公社抽调青年。1970 年 6 月工程动工，县革委会主任任成秀等县委领导带头参加工地劳动，参加工地施工的民工共计 22 万人次，完成土石方 525 万立方米，建成水库 11 座、引水渠 12.8 公里。县里立足自力更生，由县电机厂等为工程建造发电机等设备。几年来，先后兴建了东方红、长塘、扫杆塘、新矿塘、东坑、五指山、螺塘、鹤坑、团结、青石、孙髻等梯级水电站 18 座，1974 年全部建成，合计装机 28 台共 1436.2 千瓦。配套 35 千伏变电站 2 座，输电线路 75 公里。

山区发展水力发电有其天然的地理落差、水文条件，而在珠三角冲积平原，尽管水资源丰富，但由于地势平缓落差小，发展水力发电受到很大限制，洪潮、潮汐水电站应运而生。在珠江三角洲中心地带，比如在佛山地区顺德县，当地组织兴建了甘竹滩洪潮水电站，县革委会副主任叶胜军担任工程总指挥，逾万人奋战三年零四个月，利用洪、潮水位差发电，工程由顺德县组织设计、施工、设备制造和安装，全站总装机容量 5000 千瓦，工程分两期进行，首期在滩口左岸滩地，1971 年 1 月动工，1972 年 4 月完工，安装 10 台 200 千瓦水轮发电机组，第二期电站在滩口，安装 12 台 250 千瓦发电机组，1972 年 5 月动工，1974 年 3 月发电。

广东地势以平原、丘陵为主，大型水电站少，但广东依托大量的中低水

1971 年顺德县甘竹滩洪潮水电站拦河大坝合龙现场

头资源，开发中小型水电站，全省水电建设无论是电站数量还是装机容量都呈现快速攀升之势。1975 年，全国小水电建设工作会议在广州召开，小水电建设的广东经验得到国家肯定并受到与会代表好评。

是时，广东省水利电力厅党组书记曾光、厅长李德成认为，全省的小水电发展比较快，尤其是 70 年代增长的幅度比较大，除了客观上急需电力，各级党政重视，全体水电职工和广大群众艰苦奋斗等因素外，主要是执行了扶助小水电的政策。

扶助小水电的政策有四个方面：

一是“谁建，谁有，谁管，谁受益”，这是根据广东在小水电建设中正反两个方面的经验总结出来的。广东省政府 1975 年发出文件加以肯定，随后国务院也给予支持，并在全国推行。在后来的 80 年代，省政府工作会议、省委的指示中再次重申明确。

二是以电养电的政策，使各地水电建设有了一个可靠的资金来源。“小水电建设资金回收周期比较长，为了鼓励地方办小水电的积极性，今后若干年内，小水电可实行‘以电养电’政策，收入不纳入财政预算并继续执行免税

1975 年动工兴建的新兴县合河水库电站外观

政策”。这是省委 1982 年文件的条文规定。

三是正确处理小水电与大电网的关系，制订了并网电价政策。“大电网要扶持小水电，本着本省当前严重缺电，而国家又不可能拿出许多资金来建设大、中型电站的实际情况和国家多用电，群众多受益的原则，把小水电利润留给地方和群众”。省委、省政府提出小水电利润留成要求。1979 年 7 月 24 日，粤革函〔1979〕82 号文决定：有功电度每度六分，无功电度每度一分五厘，从 1979 年 7 月 11 日实行。

四是解决小水电投资、贷款和三材供应。为加快小水电发展，广东实行“国家扶持、地方为主，民办公助”政策，“凡列入县以上计划全民办的小水电，省财政应尽可能做到补助投资三分之一，其余由银行低息贷款及地方自筹解决”。“所需三材，由省计委在年度计划中适当安排。”三材就是指小水电建设中所需的木材、钢材、水泥等原材料。

国家的方针加上省里的支持鼓励政策，广东水电建设呈现出大干快上的良好势头，特别是粤北、粤东、粤西山区一带，中小型水电站建设如火如荼。全省水电站星罗棋布，96% 以上的公社也因此用上了电。除了照明，一些社员还能用电碾米、抽水排灌。

1984年出版的《中国水力发电年鉴》中提到，到1983年底，全国共建成小水电站76579座，安装发电机组93546台，装机容量850万千瓦，其中广东省小水电装机131.7万千瓦，位居全国第一位。除了广东，在全国12个小水电重点省区中，四川93万千瓦，湖南86万千瓦，福建、广西、浙江、云南、湖北、江西超过或接近50万千瓦，贵州超30万千瓦，新疆20万千瓦，西藏8.4万千瓦。曾光、李德成清楚，广东除获得小水电的装机容量第一，阳春县还是全国办小水电最多的县，装机3.3万千瓦。

小水电已经成为解决农村用电和县办工业用电的主力军，同时，培养和锻炼了一支能够从事小水电建设和管理的技术队伍，从水电勘测、规划、设计、施工到运行管理，除了少数较大的骨干电站需要委托省设计部门，一般都是依靠本县力量完成，小水电站设备的采购，也催生了各地的小水电机组设备制造产业。建设、运行、设备制造安装，水电相关从业人员短期内迅速增加。

1983年，从广东省水利电力学校毕业的黎同威分配到了罗定县水利电力局，从此开始了奉献家乡电力事业的征程。由于工作的关系，他不但多次进入了青桐水电站的厂区厂房，看到了中学时没能看到的机组设备，还参加了不少当地新建电站的设备安装，并到一些水电站开展设备检修。

这一期间，罗定县的小水电建设遍地开发，芝麻开花节节高。青桐、新榕、山垌、湘垌和金银河水库一、二级电站次第建成投产。据统计，到1985年底，罗定全县水电站共199座，总装机容量2.88万千瓦，全年发电量6989万千瓦时。水电资源的开发利用，开创了全县墟镇和乡村用电历史，也让全县大部分乡村都摆脱了依靠松木、煤油灯照明的状况，从此用上了电。

一批又一批的水电站投运后，各地电力的专业运行管理机构设立被提上了日程。1987年，罗定县供电局成立，原任县水电局副局长兼农村水电管理总站站长的辛强被任命为首任局长。在父亲的影响下，辛立1989年从广东省农业干部学院毕业后也进入了县供电局，肩负起了“光明使者”

责任。

青桐水电站成了黎同威与辛强父子的“牵线人”。1984 年，也就是黎同威参加工作的第二年，他和辛强曾经一起到过青桐水电站，而他和辛立一起到青桐水电站则是在 20 世纪 90 年代。那时青桐水电站已经运行 20 多年，由于机组及附属设备严重老化，县里决定对水电站进行扩容性更新改造，全站机组容量由此扩充到了 5600 千瓦。

永载史册的邓屋地热发电试验站

陈铭铭　何淑贤

温泉，是大自然神奇的馈赠，它不显山露水，而是默默潜流在地下，又像有主观意识般，选择性地以蜿蜒之势流过某一片土地。地处粤东丘陵的梅州市丰顺县，像是被温泉选中的福地，地热资源非常丰富，水热活动区共有16处，天然发热量为每秒5739万焦耳。温泉一直供当地人沐浴、洗涤等生活实用，如今又以“温泉养生”的旅游特色，向世人派发着有温度的地域名片。丰顺县不仅有着“九汤十八礤”的称号，更有中国第一座地热发电试验站的辉煌历史。

“看，来了好多讲普通话的人哪！”1970年8月的一天上午，丰顺县邓屋村的村民们发现村子里蓦地多了许多说普通话的外地人，他们衣着简朴，却神情严肃，指着村民们每日踏足的土地，比比画画。8月的太阳猛烈，他们大汗淋漓，陆续走访了许多村民家，了解他们日日使用的地下水源。

村民们不知道，他们便是由广东省工业战线、省水电厅、省科技局、中国科学院地质科学研究院、省电力基建公司、一机部广州科学研究所、广州电厂、省水电厅江村线材厂和丰顺县等10多个单位的专家、学者组成的“会

丰顺地热试验电站车间机组（1990年摄）

战小组”，更不知道这支会战小组肩上扛着国家的使命，前来筹建地热发电试验站。

为筹建地热电站，国家地质部核拨了 10 万元。后来在地热电站工作的罗楚豪，那年刚满 17 岁，初出茅庐的他第一次参与国家级科研实验，对他而言，10 万元是个天文数字。罗楚豪回忆说：“70 年代的中国，建一幢三层小楼，也不过 1000 元。”带着这笔巨款而来的科研组人员，却反而觉得一无所有。

1971 年 5 月 26 日丰顺县革委会报道组的文件中这样描述：“他们遵照伟大领袖毛主席关于‘中国应当对人类有较大的贡献’和‘外国有的，我们要有，外国没有的，我们也要有’的教导，明确了搞地下热水发电是落实毛主席‘备战、备荒、为人民’的伟大战略方针，是‘要迅速改变北煤南运’的需要。但是，有人也担心说，地下热水发电我们连看都没有看过，当前无图纸，无资料又缺乏经验，能搞起来吗？还有人认为，现在最小的发电机组都要 100 摄氏度高温，十多公斤的压力才能发电，而地下冒上来的热水仅有 90 多摄氏度，0.5 公斤的压力，能发出电来吗?”在缺乏图纸资料和实践经验的情况下，会战小组带着破釜沉舟的决心，自行设计、制造、安装和调试，一切从零开始。

早在 1966 年，广东省水文地质队已到过梅县地区一带各县温泉点进行勘测，发现丰顺县地热资源丰富，他们首先向省委提出报告，要求进一步利用这一资源。他们关注点主要集中在丰良、汤坑两镇，经过对比，他们认为丰良镇的水温虽能达到 93 摄氏度，但水量却不大，而汤坑镇的温泉资源更为合适，尤其在邓屋村一带，地下流淌着 4 条热水带，总面积为 0.8 平方公里，日地面自流量 1495 吨，温度达 91 摄氏度，一小时能抽取 230 立方米的热水资源，是建设地热电站的最佳位置。首次打井，便垂直深挖 800 多米，热气腾腾的温泉水被抽吸上来，科研组的人们在雾气氤氲中相视而笑。

“然后，我们就在这温润的泉眼附近，搭起了简易棚寮，40 多名硬汉同吃同睡在这个大通铺上，并肩奋战。”罗楚豪回忆道，“中科院广州能源所地热室第一任所长吴志坚是这支科研队伍的领头人，和他搭档的，是时任广州能源所副所长陈恩监。吴志坚信心很足，经常用毛主席的话鼓励我们：‘中国

1971 年广东省线材厂制造出国内第一台 100 千瓦地下热能汽轮机

人民有志气，有能力，一定要在不远的将来，赶上和超过世界先进水平。’”

在完全没有经验可借鉴的情况下，他们凭着汽轮机的原理，设计了草图，并交由广州汽轮机厂生产制造，完成后再运送到丰顺。经过 120 多天的不断调整试验与改进，终于，12 月 12 日，中国第一台地热发电机组试验成功，证明了 91 摄氏度的热水可用于发电。

这是中国第一次成功利用地热发电，开启了我国地热资源应用的序幕。次日，他们便收到了地质部部长李四光从北京拍来的电报，电文为：“热烈祝贺地热发电试验成功，毛主席万岁！”

邓屋地热发电站 1 号机组建成之后，充分证明利用高温度、大水量的地热发电，具有无污染、成本低、易开发等优点。1972 年北京大学地质地理系刊登的《我国地热开发利用简况》中提到：“当时，丰顺县电网容量约为 1300 千瓦，以水电为主，每逢冬春旱季电力很紧张，甚至县城照明也难供应，这时不得不烧木炭、柴油以应急需。但在 1971—1972 年冬春时节，刚刚实行不久的邓屋地热电站以 30 千瓦左右净出力向电网送电，担负起了县城照明、广播等用电，同时电站的循环冷却水与地热水的混合排水约每小时 320 吨用于当地农田灌溉。由于水温高，有肥效，可以不施或少施化肥，促稻谷早熟多产。电站的厂用电之消耗实际上完成了扬水站的功用。”

好消息传遍神州大地，国内各省市科研水电、教学部门的专家和代表相继前来参观、学习。随后，全国五六个地热发电站陆续建成投产，其中包括1971年投产的河北怀来和江西宜春地热发电站、1975年投产的湖南灰汤地热发电站、1977年投产的辽宁营口和西藏羊八井地热发电站。其中西藏羊八井地热资源最为丰富，经过1977年、1981年和1984年三次建设，4个机组总装机容量达1万千伏安。至今，羊八井电站的工作人员每隔一两年还会来这里参观、学习。现任电站机电维修班班长的徐显坚自2015年来电站工作至今，已接待过好几次来自羊八井各地热电站的同行。

1号机组利用地下热水在减压的情况下，沸点降低，使热水不断进入扩容器内，产生一定量的低温低压水蒸气，驱动汽轮发电机发电。为了寻求新的方式，进一步提高热水利用率，1972年5月广东省科技局地热研究室、华南工学院和丰顺县又继续组织了地热会战小组，由省水电厅和省科委拨款投资45万元，筹建电站2号机组。经过努力，克服种种困难，终于到1978年12月，第二台200千瓦异丁烷的双工质循环机组发电试验成功，也称为中间介质法原理，最高出力达到200千瓦，符合原设计要求，各项技术经济指标均达到了国内领先水平。2号机组还分别获得1978年全国科学大会奖及1979年广东省科学成果奖。

中间介质地热发电，是利用地下热水间接加热于低沸点工质异丁烷，使之产生较高压力的化学气体，驱动汽轮发电机组发电，工质在密封系统中不断循环。但由于2号机组的工质——异丁烷来源运输困难，而且易燃易爆，管理维护技术高，安全性能低，且酷暑天气机组出力大大下降，长期生产运行存在问题。

为了进一步完善该电站，解决电站长期连续运行问题，使之在正规编员的情况下能自负盈亏，维持发电机正常运行和试验。1979年初又在广东省水电厅和省科委的支持下，投资65万元，由中国科学院广州能源研究所承担技术指导，筹建电站3号机组。

3号机组是单级闪蒸系统汽轮发电机组，装机容量为300千瓦，其冷凝器和扩容器采取高位布置，省去了排水泵和冷凝泵，减少厂用电。3号机组于1982年12月通过技术鉴定，最高出力达320千瓦，1983年经过进一步的改装和完善，1984年投入试生产制，全年发电运行3900多小时，发电101万千瓦时，1985 年正式投入生产运行，1—6 月份发电 4000 多小时，发电 96.8 万千瓦时。后来的 10 多年，3 号机组一直与地方电网并列连续运行，上班的人多达四五十个，上班时间三班倒，除了停电检修，发电机从来没有一刻停下来过。

地热发电的成功，在全国科学界和国际上引发较大反响。这种地热发电与火电相比，由于不消耗燃料，没有庞大的锅炉设备，无须运煤、贮煤、除尘等相应设施，不产生烟尘污染；发电成本低，系统简单，运行、操作、管理都较方便，且电站排出的废热水还能综合利用。据中科院广州能源研究所卜宪标教授介绍："这是国内中低温小容量热水型地热发电站中目前仅有的一座能长期持续运行的地热电站，该台机组也是国内运行时数最长的一台闪蒸汽轮发电机组。"1984 年 4 月，中国科学院广州能源研究所向丰顺电力部门办理了移交手续，正式投入生产性运行。此后，由中科院广州能源研究所承担技术指导，经过电站和中科院广州能源研究所长期的合作和努力，地热发电站不断提高管理水平，此后 30 余年间，一直连续正常运行，与当地电网并网供电，为当地贫穷山区的经济发展和我国地热事业做出了贡献，是具有相当显示度的示范点。

不仅如此，邓屋地热发电站在国际上还取得了一定的知名度，建成后，它吸引了来自扎伊尔、联邦德国、泰国、日本及联合国的代表团及技术官员前来参观访问。联合国当时决定协助非洲人民开发地热资源，还通过中国政府委托西安电影制片厂为邓屋发电站拍摄纪录片。

在 1986 年《广东省科学技术进步奖申请书》中提到："现在世界上已有近 20 个国家在从事地热发电的研究和应用工作，目前总装机容量预计可达 480 万千瓦。这些电站所采用的地热蒸汽温度一般都在 150 摄氏度以上，机组大，经济效益高。利用 100 摄氏度以下地热水进行发电研究的国家，如苏联、意大利、美国都是以采用低沸点工质的双流循环为主；而采用扩容法发电的，仅有法国在刚果科维阿布克地热区建成的一座 275 千瓦地热电站，……水温为 91 摄氏度。国内除西藏、云南具有高温地热资源，并在西藏羊八井利用近 150 摄氏度的地热蒸汽建立了 3 座地热电站（总装机容量为 7000 千瓦）外，其他地热地区的地热资源大部分是低于 100 摄氏度中低温热水。

邓屋地热发电站旧址

自 20 世纪 70 年代以来，在如何利用 100 摄氏度以下的地热水作为发电热源上进行了许多研究工作，已建成了容量为 50—500 千瓦不等的地热电站 8 座，……但至今能长期连续运行，并移交给生产单位作为长期生产运行的仅有丰顺地热试验电站一座。”

17 岁就参与到邓屋地热发电事业中的罗楚豪，于 1990 年开始担任该发电站站长，直至 2007 年。在这十多年间，他率领发电站工作人员，运行维护着这座地热发电站，一直维持着 1984 年投入生产时的 300 千瓦装机容量。1984 年 4 月，中国科学院广州能源研究所正式将丰顺地热试验电站移交丰顺县水电局电力公司使用。1985 年后，1、2 号机组已封存停机，只有 3 号机组正常运转。

“地热发电站先发电，91 摄氏度发电之后，水温还可为 71 摄氏度。”罗楚豪说。而 71 摄氏度的水可以用作农业烘干、养殖，也可以用作生活热水、旅游开发等，这样能让水、热能都得到充分的综合利用。丰顺温泉仍然是一次性利用，没有做到综合整体开发，让罗楚豪感到既遗憾，又无奈。2016 年，该发电站交予当地政府管理后，不久便停产了。邓屋地热发电站没有了承载新能源实验的使命，发电效率低，经济效益相对较差，造成了难以为继的局面。

如今邓屋地热发电站里，早已退役的1、2号机组已于2008年拆卸了，只保留着3号机组，机组设备和冷却系统设施被防护栏围了起来。看得出来，停产以后，这里的设备设施被当地部门保护了起来。在二楼机房墙上，“交接班制度”和“运行值班责任制”仍完好地装裱在墙上，下方的螺丝刀和扳手等操作工具悬挂排列整齐，置身其中，仿佛能够感受到历史的车轮正滚滚向前。40多年走来，邓屋地热试验电站一路风雨一路歌，即使现在，它的宝贵经验和价值，仍然像一颗夜明珠，在历史的长河中熠熠生辉。

锦江水电建设大会战

覃超一 朱新强 何志迎

20 世纪 70 年代的第一个秋天，高山重叠、峻岭连绵的恩平锦江上游，开始沸腾了起来：一辆辆汽车向河排山坳疾驶，一支支举着红旗的队伍向犁壁滩头进军。这是佛山地区人民为了建造锦江水电站而聚集于此。

锦江，是粤西的主要河流，横贯恩平，至开平则称潭江，再经新会县的崖门入海。锦江上游，山峦重叠，雨量充沛，水力资源丰富。但是，上游山高河窄，一遇大雨，山洪暴发，城镇乡村遭受水淹，大片农田顿成泽国；无雨时，河道水浅，农田受旱，航运停滞。于是，锦江水电站便是根治锦江、开发锦江的一项关键性工程。

锦江水电站原称河排水电站。建设河排水电站，其实早在 1958 年便已开始。是年 9 月下旬，14 个县市共 5000 多民工陆续进场，拉开了兴建锦江水库的序幕。在缺乏机械、几乎全靠人力进行基建的年代，要建几十米高的大坝，难度可想而知。谁知大坝刚修建到了防洪的高度之时，国家经济遭遇困难，1960 年工程被迫下马停建，工人解散。到了 1963 年初，恩平县委提出缩小工程规模，并通过地方自筹以及发动群众以工抵资一部分以减轻国家投资的办法，向上请求续建河排水电站工程。10 月，请示获得批复，该工程按照中央水电部“缩小坝体断面，按中型水库施工”的指示进行续建。不料，仅仅过了一年多，工程于 1965 年 2 月因经济困难再次停建。在这 7 年期间，整个工程才建了 27 米高的“半边坝”，浆砌石约 6 万立方米，库容 3200 多万立方米，仅及计划的 7%。

1970 年 7 月，佛山地区革命委员会在恩平县召开常委会议，决定续建河排水电站工程，提出四句战斗口号：“资金不足自己筹，设备不足自己造，材料不足自己找，技术力量不足自己学。”随即，成立了工程指挥部，佛山地委书记孟宪德亲自担任总指挥，张学孟、罗章有、刘维、戴良生、何志永等党政领导任副总指挥。指挥部下设办公室，具体负责施工中的政治工作、施工安排、生活管理等事项，保证工程建设的顺利进行。

当时摆在孟宪德等人面前的任务是十分艰巨的：工程要求 1970 年 10 月动工，1973 年秋建成发电。但在过去的 12 年里两次工程“下马”的经历告诉他：建设这样规模的工程，将面临资金不足、技术与设备缺乏等诸多困难。“要当动手派，不当伸手派。”指挥部决定依靠和发动全区人民群众，自力更生、艰苦奋斗，打好这场大会战。

锦江水电工程大会战，是在三个“战场”上同时进行的：一个是锦江工地，集中力量搞好土石方基本建设；一个是江门市，集中力量制造发电机；再一个是佛山市，集中力量制造水轮机蝴蝶阀。

先说第一个“战场”：锦江水电站工地。

1970 年 8 月下旬开始，佛山地区集中了 14 个县、市的 6000 多名青年民兵队伍，跋山涉水向锦江进发。对于他们来讲，从向工地进军的那一刻起，大会战便已经开始了。

有一支从顺德来的船队，排成长长的行列，在锦江的湍流急水中逆流而上，行进得很吃力。不料，拖引木船的拖轮搁浅了。领队何千根当机立断，指挥船员们买来一批牛绳，当作船缆，沿着簕竹丛生、荆棘遍地的河岸，踩着沙滩和卵石，拉纤前进。遇到拦河坝时，众人硬是合力用肩膀把一艘艘船扛过坝来。许多人的脚板被滚烫的沙滩石头烫起了泡，肩膀被粗硬的缆绳磨破了皮，还有 30 多人患了感冒发烧。随船医生黎路家白天参加拉纤，晚上依然不顾劳累去照顾和诊治病号；船员鸿明照、曾洪发患病，两餐吃不下饭，仍坚持把纤缆挂上肩膀；周国治脚上被尖石划了一道一寸多长的伤口，也一直不肯离开拉纤的队伍。凭着顽强的意志，140 多人用了整整 6 天，终于把 55 艘船拉到了目的地，与珠海、中山、江门等地的民兵队伍在锦江工地上会合。

10 月 8 日，锦江工地召开全面施工誓师大会，总指挥孟宪德宣布：工程会战正式开始。几千名青年民兵组成的队伍，纷纷投入到各自岗位上，开始了无数个昼夜的奋战。

要砌筑拦江大坝，第一个任务是爆岩取石。砌筑大坝的工程开始以后，石料供不应求，各个采石场都在千方百计加快采石进度。恩平县东安民兵连副连长郑福娣，就在工地同大伙商量：“能不能以最短的时间，最少的炸药，爆出最多的石方？”经过集体研究，大家决定试验一下，用安全缆捆住腰身，吊在石场陡壁上悬空凿石打一个尽可能多放炸药的“炮孔”。第一次只凿到 1.7 米深，炮孔弯曲，凿不下去；第二次，只打到 1.8 米深，炮孔又弯曲了。直到第三次，用了整整 12 个小时，终于打出一个 4 米的深孔。人们先用少量

1971 年锦江水电大会战正在采石的民工

炸药，在炮孔底部小炸出一个球状空洞，在洞内多装炸药再一次性引爆。结果炮声一响，100 多立方米大石便漫天盖地塌了下来。

李德超是来自台山县的一位 50 岁的农民，他所在的台山民兵营二连，负担采运大石的任务。连里缺乏有经验的石工，领导安排他当石工组长，带领一班青年爆石、开石。一天，李德超掌钎，打锤的新手两次把锤打偏了，钢钎的“帽头”碎裂，飞起的铁片，一次射伤了他的嘴唇，第二次又嵌进他的前额。为了带好班，他坚决不离开工地，自己拔除铁片，止了血，就又坚持干。伤口痛得他站立不住，他就坐在石头上掌钎。不幸，第三次失锤，钢钎碎片射进他的左眼，伤势严重，被送到省人民医院治疗。然而他痊愈出院后，又直接返回工地继续投入到打石工作中，着实令人敬佩。

1971 年 4 月 8 日，水电站厂房建设开始动工。厂房选在河床底的一座花岗岩上，工人们需要爆开 3000 立方米的岩石，然后浇灌混凝土作厂基，而这些全是水下工程，必须在汛期前完成，否则一旦洪水到来，建厂工程就将延误一年。由于凿石爆破的技术力量薄弱，工作相当吃力，尽管大家拼命赶工，眼看着汛期将到，而这座大花岗岩却只剥了薄薄的一层皮。

怎么办？工程指挥部同各县民兵营领导一商量，响应者众，斗门、恩平、台山派出大批石工、炮手，前来参加开挖厂房基础的战斗。负责搬石清场的番禺民兵营拍着胸膛说：“你们爆石爆出多少，我们保证立即清走多少！”恩平横陂公社的领队涂春文随即回应，表示要“出尽全身力气，流尽全身汗水”加快凿石爆破进度，带病上场，从早上6时一直坚持到晚上10点；钟晃、刘锡裕等人，一天16个小时，大锤不离手。在这仅仅800平方米的厂房基地上，打眼凿石的人，铁锤飞舞，搬石清场的人，如流水穿梭。鉴于场地狭窄，工程指挥部组织大家分成4班，轮番上阵，每班凿一批炮眼，点一次炮，清一次石，昼夜24小时不停工。小小的一座花岗岩，一天爆炮一至二百响，硝烟称漫，炮火纷飞。有人说，这场面就像攻打碉堡那样紧张。就这样，经过10个昼夜的苦战，挖出岩石3600立方米，在汛期前完成了为厂房奠基的任务。

拦江大坝筑到一定高度，就要准备蓄洪储水了。本来把坝底的泄洪涵洞的闸门一关，便可以解决问题。但当闸门关闭后，人们发现，由于1958年时的设计标准低，质量不好，加上年月长久，闸门槽已被崩蚀，以致闸门倾斜，险象横生，漏水严重。如不止住漏水，堵涵工程就无法进行。而要进入50多米长、又黑又湿的涵洞去堵漏，如果操作时受到震动，闸槽随时可能脱落；闸门被冲开，急流一冲而出，进去堵漏的人就有生命危险。

这时，斗门县民兵营的领队张运仲建议：“我们从外坡洞口带着烂棉胎和木楔进去，把窟窿和缝隙逐一塞住！”工程指挥部接受了他的建议。8月30日，堵塞大坝底涵工作开始，指挥部派人在外坡洞口准备张好一个大网，预防出险时能进行及时抢救。张运仲带领张柏和、梁泽权、周长丁、钟景云、周和兴等人走进了底涵。洞内空气污浊，闷热难受，张运仲体质较弱，时间长了，感到晕眩想吐。确实顶不住时，就出洞口呼吸几口新鲜空气，再返回洞里。经过十多小时的努力，终于堵住闸门的缝隙漏洞，给浇灌混凝土创造了条件。

进入浇灌混凝土阶段，为了赢得时间，斗门县民兵不等安装抽水机把水抽干，就推着木排进入底涵隧道，迅速清泥搬石，洗刷洞壁，“凿毛”打孔，作浇灌混凝土的准备。在洞里浇灌混凝土的民工最是辛苦。他们把数十米长

1971 年江门市机电工人正在给发电机上机架

的“隧道”，逐段逐段砌起水泥砖墙，然后填塞混凝土。起先弯腰操作，后来混凝土越填越高，只能蹲着、甚至坐在混凝土浆上，传送和捣固混凝土。填近洞顶时，连坐的位置也不够了，张柏和、何祖明等人带头躺在混凝土浆上，侧着身子，用手把混凝土一捧一捧填到洞顶的缝隙里。几天下来，何祖明身上皮肤多处被水泥浆蚀烂了。可是，每逢人们要他换班，他总是说：“我顶得住！”为了让洞内的人缩短工作时间，中山、台山、恩平、高鹤等县民兵，在洞外积极配合，抢运沙、石、水泥，搅拌混凝土浆。经过整整 19 个昼夜的奋战，9 月 19 日堵塞底涵工程终于全部完成。

时间来到 1972 年夏季，大坝筑到 80 米高程，汛期到了。大坝泄洪底涵已经封闭，库内水位不断上涨。砌坝的人们还要与洪水赛跑，保证把洪水关在库内。

恩平县横陂公社民兵连挑起修筑东坝头的任务，这是最难啃的硬骨头：同东坝头连接的山坡，有一层厚厚的沙泥层和风化石。别的地段可以直接往上砌石，东坝头却要首先往下刨，把风化石和沙泥层挖干创净，才能开始砌筑坝体。随着大坝不断升高，东坝头的进度逐渐跟不上，远远一望，东坝头成了大坝的一个显眼缺口。

据当时的记载，汛期头几天东坝头高程 77. 2 米、77. 5 米、77. 8 米，一天天在加高。而库内水位 75. 5 米、76 米、76. 5 米，一天天上涨，越来越近。

浪头拍打着东坝头的石墙，浪花已溅到砌筑东坝头的人们身上。如果一旦被洪水越顶过坝，冲开一个缺口，坝脚正在安装发电机组的厂房、城镇村庄和农田庄稼将遭灭顶之灾，后果不堪设想。这时，气象站又发出警报，接下来几天内将连降大雨。横陂民兵连连长李佳浓对大家说："我们拼死也要跑在洪水前面！这场赛跑只能赢，不能输！"东坝头场地狭窄，人力容纳不得太多，他们把人力分成两班，一班干12小时，昼夜不停工。雨势过后，洪水水位最终涨到87米，而东坝头却已加高到90米高程。军代表何志永、政工组长林雪、工务组副组长吴沃彬，天天都带领着人们在东坝头干得一身水、一身泥，直到此时才终于松了一口气。

1972年9月18日下午，历经两年的拦江大坝终于胜利竣工。在这片土地上，各县市6000多青年民兵，靠肩膀把50多万吨砂石、水泥搬上几十米的高空，筑起了350米长、64米高的拦江大坝和电站厂房、升压站、溢洪道、尾水渠等土建工程，共计浆砌大石19万立方米，混凝土3.1万立方米，开挖土方55万立方米。有人算过，如果把这些土石筑成一立方米的石堤，可以由大坝一直通到广州。

9月30日，佛山地委常委及各县、市党委负责人到水电站工地检查工作，在水库开会决定：河排水库改名为锦江水库，河排水电站改名为锦江水电站。10月1日，刚获得新命名的锦江水电站内，第一号水轮发电机组经过了三天的安装和调试，在这天开始并网送电，于10月21日正式投产发电。

投入运行的这台水轮发电机组，便是由锦江水电建设的另外两个"战场"——江门和佛山共同打造出来的。

在江门市，制造6500千瓦发电机的会战，在全市电机厂、甘化厂、化机厂、红星机械厂、农机厂、船厂、汽车修理厂、纸厂等19个厂、企单位内开展。江门市制造这样大型的发电机，有史以来还是第一次。

转子，好比是发电机的心脏，是发电机的主件，不但机件大，而且精度要求高，加工困难。于是，十几个工厂同时投入了这个攻克转子的战斗，其中主要的加工任务，则交给了江门化机厂。

制造发电机转子的战斗，首先遇到的第一道难关，是加工主轴的中心孔。主轴4米多长，5吨多重，要从轴顶的中心点往下深钻，而公差不能超过三个

C。面对困难，江门化机厂老工人林余带头承担了这个任务，并立即和工人们一起研究，用土办法装配好工夹具和加工设备，勇敢地向轴心进刀，先后试验了 13 次，终于摸索出一套适合于深钻孔的刀具和操作技术，胜利地攻克了制造转子的第一道难关。

第二道难关是热套磁轭。热套磁轭每个重达两吨多，怎样才能把 3 个这样的磁轭做到不松不紧、一丝不差地套进同一条主轴的限定位置上去？江门甘化厂的工人建立了攻关小组，研究了多种攻关措施。最后根据热胀冷缩的原理，决定采取把磁轭加温，进行热套的办法。工人们一方面在压榨车间里腾出了空地，搭起了比一层楼还高的棚架把主轴垂直固定在棚架的中心，并就地取材，在车间里临时筑一个大型的土电热炉，最后成功地把转子套上了 3 个大磁轭。

第三道难关是加工“丁字坑”。此时转子又回到了化机厂。化机厂的工人要在这个庞然大物的身上、周围等分别加工 32 条“丁字坑”。这就需要大型的吊车和大型的铣床，可是厂里没有这样的设备。老工人李信贤和林文安想出了一个土办法：利用杉木措起品重架，再用油压千斤顶配合起重，代替了大吊车。利用厂里的一台土键床加以改装，代替了大铣床。虽然这样干起来要费力得多，每铣一条坑，都要用人力操作进行配合，但经过工人们日夜不停地轮班奋战，最终加工“丁字坑”也完成了。

为了保证按时完成发电机的转子配套任务，在化机厂、甘化厂大战转子主轴和磁轭的同时，江门红星机械厂这边在没有大型精密磨床的情况下，想方设法把一台立式车床改装成磨床，打磨出转子精密度要求最高的“镜面轴承”。江门汽车修配厂的工人和全市有铸造经验的工人，经过连续 8 次试验，终于铸造出质量要求很高的“三通高压阀”，及时赶上了转子刹车系统的配套需要。

制造发电机定子也是同步进行的。江门农械厂负责制造发电机定子的大型机壳。这是一个仅有两百多名工人的小厂，设备很简陋，技术力量也很薄弱，只能生产犁头等小农具。为了制造这个机壳、工人们把车间大门扩建了，采取把“佛兰”的 6 个接口同时进行焊接的方法，避免了 38 毫米厚的低合金钢板机壳发生变形，按时按质完成了任务。

在一无专用的大型设备、二无大吊车、三无加工的实践经验的情况下，经过江门市各厂工人的通力协作，佛山地区首次制造6500千瓦发电机获得了成功。

制造锦江水电站所需要的6500千瓦水轮机的战场则在佛山。

1970年7月，佛山地区革委会召开了有关单位的会议，成立了水轮机会成领导小组，还组织了以水泵厂、通用机械厂、铸造厂、农械厂、模具厂为主，并有金属结构厂、二轻机械厂、前进铸造厂、木材厂、石湾陶瓷机械厂等37个单位的会战队伍。

按原设计，水轮机的主要零件需要用优质铸锻钢件，而这些零件又大又重，其中转子、主轴、座环、蝴蝶阀等，则是4、5吨，以至6、7吨重的“庞然大物”。制造这些大家伙，需要大量优质钢材，还要有大型磷钢和锻钢设备。但是佛山市目前还不具备这些条件。怎么办？于是，稀土球墨铸铁代钢的课题提出来了。

稀土球墨铸铁是一种生铁，但具有钢的机械性能。如果能用它来制造水轮机，不仅可以为国家节约大量优质钢，而且能省去许多大型铸钢锻钢设备，这是一条制造水轮机的新路。于是，一个“以铁代钢”“以铸代锻”的初步方案制订出来了。

1971年佛山水泵厂工人正在进行稀土球化炉前处理

担任“球铁”铸锻件主攻任务的是佛山市水泵厂。所谓“球化”，就是在铁水里加进适量的稀土合金元素作球化剂，使铁水里的片状石墨变成一个个小球般的形状，从而使铸铁具有近似钢的机械性能。这就是稀土球墨铸铁，即“球铁”。但是，影响球化的因素很多。按照有关资料记载，铁水加进球化剂后超过20分钟仍未凝固或停留时间太长，都会出现“球化衰退”的现象，球铁就还原为灰口铁，造成铸件报废。特别是大型铸件，重量大，断面厚，铁水凝固时间很长，“球化衰退”很难避免，即使铸件球化了，如果球化处理不好，也会出现夹渣和黑斑，使铸件质量降低，甚至成为废品。

老中青“三结合”的技术攻关小组，走在战斗的最前线。为了掌握大型铸件的“球化”规律，摸索防止“球化衰退”的经验，他们反复进行研究讨论，进行了数十次的“球化”对比试验。实践证明，只要想办法提高铁水温度，尽量降低铁水中硫的含量，控制好铁水的化学成分，大型铸件也可以长时间不出现“球化衰退”现象。

1971年元旦前夕，佛山水泵厂铸造车间里充满了热烈而紧张的气氛。“点火！”随着浇铸总指挥、车间主任伍佳一声令后，水泵厂和来自铸造厂、农械厂和石英器材厂的40多个铸造工人和技术人员，迅速进入各自的岗位，有的投料，有的监视风量，有的观测炉温，有的分析铁水的化学成分，有的在预热球化剂，准备投放……

“报告！铁水温度1420摄氏度！”“准备球化！注意安全！”炉门一开，沸腾的铁水倾泻而出，车间里顿时浓烟翻滚，铁花四射。车间副书记刘仁祥戴着面罩，冒着灼面的热浪，操纵着5吨大铁水包；球铁班班长大个子潘树和工人们不顾铁水飞溅，挥舞着钢钎，轮番把铁水搅拌。5吨大铁水包发出的强烈辐射把人们的脸烤红了；工人们的衣服，湿了又干，干了又湿。有的人眉毛被烧了，有的人口唇烤红了，有的人衣服冒烟了，还有的手被飞溅起的铁水烧伤了，但谁也不后退半步。

紧张的战斗持续了几小时。第二天，工人们顾不得休息，就赶回车间看结果。当化验室里传来了“球化良好，质量完全达到设计要求”的消息时，大家都高兴得跳起来，奔走相告：“球化关攻下啦！”

攻下大型铸件“球化”关后，水轮机的零件制造也是一项艰巨的任务。

1971 年进行大型水轮机蜗壳吊装

佛山市通用机械厂担负了加工水轮机蝴蝶阀的艰巨任务。蝴蝶阀是整个水电站的“保险掣”，有 13 吨重，有的零件重 3、4 吨，即使在设备较好的大厂，加工这些大部件也是很不容易的。厂里的工人们利用废旧钢材，便造出了土慬床、孔机、土铣床等 8 套简单的土设备，把大零件固定在地上，一步步地把一个个十多吨重的“庞然大物”制作出来。

佛山市农械和金属结构厂主动承担了加工水轮机蜗壳这个困难的任务。这个零件有六吨半重，直径 6 米多，工艺上要求用 12—18 毫米厚的不同形状的厚钢板焊接而成。要加工它，原本需要 300 吨以上的压力机等一整套设备。但厂里所有的加工设备只有一台弯曲机和一台小卷板机。因为蜗壳形状复杂，30 多块钢板的形状，块块不同，卷板机只能卷到近似形状。工人们就举起 20 磅大锤，一锤锤地打，轮番作战，硬是把这个蜗壳打了出来。

1971 年 6 月 10 日，来自佛山的水轮机蜗壳安装队进场，开始了机组安装工作。刘云生是佛山市水泵厂的钳工，此时从工宣队回厂不久，便担任了水轮机安装组组长。

当时，适逢连天阴雨，厂房的土建工程还未搞好，安装工作要在雨淋日晒的露天进行。钻蜗壳顶孔时，露天作业太阳猛，他们用一些东西遮起来就干，几天工夫，刘云生就和黎伟航等人，一鼓作气地加钻了 32 个直径 30 毫米的孔。埋入蜗壳时，没有校正中心的专用仪器，就用普通水平仪代替。蜗壳由于焊接时变了形，没有磨床，刘云生就和大家想办法，把立式摇臂钻床改为镗床，把变形的地方校正；调整导水叶，没有调整器，就想办法在调速轴上加上一个推拉杠杆，用人力推动，解决了问题。

安装蜗壳就是一件十分复杂的工程。蜗壳入口直径2米，全重13吨，是一个蜗牛壳形状的“庞然大物”，四边重量不均；加上土建时蜗壳支墩也设置得不够平衡，要把它固定，很不容易。为了使蜗壳的平衡度合乎标准，刘云生拿着水平仪，戴上老花眼镜，对着设计图纸，爬上爬下，和安装组的人反复检查校正、反复测量，提前完成了蜗壳的安装任务。

1973年春节前十几天，安装队接到指挥部的通知，要他们在春节前完成第二台水轮机的安装的同时，力争把第三台水轮机的蜗壳、座环也安装好，以便争取时间，使混凝土在春节放假期间凝固。根据第一、二台的经验，安装一台机组的蜗壳和座环，最快也要一个多月。可现在只剩下十几天时间，刘云生和工人们打消了回家过春节的念头，留下来加班，突击安装第三台发电机组。

任务一茬接着一茬。1973年5月6日，安装队又接到新的任务：十天内把第三台水轮机的转子装好，让江门发电机安装组能在17日进场安装。安装转子，工艺复杂，质量要求严；与发电机转子联系起来，盘车要求，摆动最大的地方不得超过12个C。时间紧迫，刘云生一回到安装组，立刻与两个副组长作了周密的安排。于是，安装组两班人顶三班干，每人每天干足12小时。经过十天奋战，终于按时完成了安装任务，江门发电机安装组如期顺利进场安装。

1973年7月1日是个历史性的一刻。锦江水电站这项历经15年风雨的水电建设工程，终于迎来了全面建成投产的一天。是日，在庆祝锦江水电站胜利建成大会和剪彩仪式上，孟宪德在会上自豪地说道：“这是我们佛山地区人民自力更生、艰苦奋斗，贯彻执行社会主义建设总路线的丰硕成果！”

建成后的锦江水库，总库容量4.75亿立方米。水电站总装机容量1.95万千瓦，是佛山地区最大的水力发电工程，对根治沿江水患，解决当地电力不足，促进西部的电气化进程起了很大的作用。

茂江线上的云和月

许潆予　黎子源　甘雨蕾

1973年2月，立春刚过，寒意尚存的南粤大地，万物开始悄然复苏。尽管“文化大革命”还在进行着，但最初的狂热已经退去，工农业生产逐步恢复正常，电力市场需求持续增长。而此时，茂湛电网尚未与珠韶电网连接，仍孤悬于粤西。

就在这个春天，茂名热电厂第二期工程两台10万千瓦燃油机组正式动工建设。为将粤西富余电引入珠三角，将茂湛电网纳入珠韶电网，不久后，全长272公里的220千伏茂名—江门输电工程，这条当时广东地区电压等级最高、跨度距离最长、杆塔基数最多的输电线路也开始建设。

“要好好开始干咯。”在茂江线工地上，一个朝气蓬勃的年轻小伙说道。他叫吴亚景，刚从广西壮族自治区南宁市区警备区部队转业回来，加入佛山地区供电公司，初为线路工人的他第一次来到阳江合山镇田畔村三堡乡这片土地。

茂江线工程由广东水电设计院设计，广东电力基建公司输变电公司工程处承担施工。开工前，茂江线四个施工工地的总书记——广东电力基建公司输变电公司工程处的马汝发作了一次动员讲话，他大声吼出来的那句话：“再苦再累，也难不倒我们这帮开荒建设茂江线的铮铮铁军！”极具号召力，给全体参建设人员打了一支强心针。

作为工程“佛山责任段”第二施工班的成员，吴亚景和同事们接到的第一个任务，就是在5月前要完成茂江线N51—N59段的建设施工。N51—N59施工段由阳江合山镇田畔村三堡乡至阳江阳东那新村，全长13.1公里，施工段内所有杆塔从基础建设到立塔架线，全由他们包办，任务繁重，再加上连绵的春雨，增加了不少难度。第二施工班的工人们每天戴着藤编的安全帽在工地上忙碌，扛混凝土杆、搬塔材金具、人力拉牵引绳起杆竖杆，日复一日。刚入职就赶上如此高强度的劳作，对即使是参过军入过伍的吴亚景而言，也是一个体力和意志的考验。

与此同时，“佛山责任段”第一施工班的施工队员也在马不停蹄地进行施工。第一施工班负责的是N24—N50施工段由恩平大人山下山鸡坪至阳江合山镇田畔村三堡乡，全长20公里。工地上一名身材健硕、皮肤黝黑的汉子正在对着被牵引绳竖起的混凝土电杆若有所思。他叫李金法，是“佛山责任段”

第一施工班的班长及指挥。当时竖杆基本是以“单抱杆单吊”的形式来进行施工，就是先立两根竖杉木抱杆，再分别把每根电杆通过拉牵引绳拉起，最后进行调整。这种“单抱杆单吊”的方法受地形限制较大，工作效率较低。有没有或者说能不能找到一种更加高效的立杆方法呢？李金法与来自江门的技术员卫炳佳等人一起讨论，终于研究出一种新方法：“整体组立法”。“整体组立法”是在地面先把两根混凝土电杆和连接横担拼接组装好成“π型”，再在横担中间位置对应距离立一根倒立式抱杆，用“人”字牵引拉绳法把“π型”杆立起来。茂江线全线一共有587基这样的“π型”混凝土电杆。这个新方法在施工中试验，并得到了意想不到的效果，提高了工作效率。

除了“π型”杆，茂江线上还有最重要的支撑砥柱——铁塔。铁塔从哪里来？1973年，上级的一纸文件送到了位于广州江村的广东省水利电力局线路器材厂，文称建设茂江线急需铁塔，生产任务交由该厂负责。这对线路器材厂来说，可是个难题，因为时间紧、任务重，茂江线共需要168基铁塔，其中耐张塔有83基，直位塔有70基，双回耐张塔有4基，双回直位塔有3基，换位塔有8基。更重要的是他们是第一次生产铁塔，没有任何经验可言。

1974年12月220千伏茂江线建成投运，这是该线“π型”混凝土电杆

没有铁塔厂房，缺少机械设备，连原材料的供应都异常紧缺，要在短时间内生产出这么多铁塔怎么能做到呢？线路器材厂修造车间冷作班班长王银非，车工班车工黄本强这些建设主力们都不由得在心里盘算。

有条件要上，没有条件创造条件也要上。为了完成艰巨的生产任务，厂里决定，以修造车间冷作班作为生产主体，车、钳、刨、锻等各工种进行配合，就这样，总共不到 100 人的铁塔生产团队集结成军，一场生产大会战也同时打响。

对于王银非、黄本强他们而言，制造铁塔面临的困难实在太多了，从场地到设备、到人力和经验，没有一个不是难题。

首先要解决场地问题，王银非、黄本强他们按照厂里的要求，把线路器材厂原来的竹棚进行了简单改造，搭起了简易厂房，尽管漏风又漏雨，但总算有了个地方，这就成了他们生产铁塔的主场。冷锻班的班员杜钊南说："那时的条件太艰苦了，制作铁塔的那个环境简直比现在江村个体户的养鸡棚还要简陋。"

简陋的不仅是厂房，铁塔工人们的劳保用品也同样精简到了极致。杜钊南和同为冷锻工的余焯铭在厂里领到了个人劳保用品，每人一条吊带裤（工人裤）、一件垫肩、一件雨衣还有一双水鞋。每一件物品都是因地制宜，有着至关重要的作用。班长带着他们领取了这些用品，并且给他们进行了一一解释，为什么只有吊带裤而不发上衣？那是因为他们是配合工种，上衣是不需要的。因为厂房里没有起吊设备，制作铁塔的原材料进棚加工都要工人们用肩扛，所以垫肩的作用是用来护肩的。而雨衣和水鞋则是为了下雨时防止厂房里漏水和水淹时穿的，除此之外，水鞋还有一个功能就是防漏电。

生产的设备更是让人犯难，厂里只有苏式三用剪床，一台 Φ25 简便钻床和卧式油压机一台，这些都是从前制作水泥杆的钢圈头、钢模筒以及钢模紧固件毛坯等附件使用的。对于加工铁塔来说，仅有这几个简单的设备是远远不够的。但生产任务是必须完成的死目标，没有任何余地，也没有任何捷径可走，"只有慢工出细活付出更多的时间和精力一点点摸索了"，王银非、黄本强他们在心里暗暗下定决心。

世上无难事。王银非、黄本强、杜钊南、余焯铭他们从放样开始，就整天趴在水泥地面上画线量尺寸，再按照尺寸剪制出样板。放样完毕，量度好尺寸，将连接板摆放在相应的各个位置，再经过驻场设计方代表确认，无误后由跟班技术员绘画部件图。

图纸确定好以后就是下料，因为缺少设备，铁塔的制作几乎是全手工打造。除了∠60×60以下的部件是由三用剪切机下料外，其余尺寸的部件都是由工人们使用火焰一点点切割。每一基220千伏的铁塔都有上万个孔要制，这是个烦琐且费时费力的活儿，要把每个部件先按尺寸划好线，然后再打上样冲，由那台Φ25简便钻床一个一个钻好孔。黄本强说："我们当时制作铁塔是项体力劳动，比如塔材的弯曲、调直，这些工序没有相应的设备可用，都是工人们使用大锤一点点捶打校正。而铁塔的试装更加艰难，工人们只能用肩膀扛着塔材一条条搭上去再组装好。"

在铁塔制作的众多工序中，给铁塔防锈的镀锌环节是对技术要求相当高的。杜钊南记得，国内的镀锌技术起步较晚，20世纪60年代线路器材厂还没有镀锌工序，防锈的方法是先采用钢丝刷将塔材部件清锈后，涂上一、二层红彤，然后再涂灰油，等到油干以后，用毛笔、红漆写上各个部件的编号，最后装车由施工单位运出厂。直到1969年以后，厂里才有了塔材刻印和热镀锌的工艺。

在茂江线的铁塔加工制造过程中，由于镀锌技术还不成熟，生产初期加工的镀锌件边沿有锌尖刺，达不到对铁塔表面光洁度的要求。黄本强说，镀锌工艺跟温度的控制以及技术水平有很大关系，后来他们经过不断总结经验，并且更换了新的设备，使得镀锌的质量得到了提高，塔材表面的光洁度达到了既定的要求。

凭借着这支不足百人的铁塔制造队伍夜以继日的钻研和生产，他们完成了全部共929吨铁塔的加工，按期交货。

杆塔就绪了，如何运输也是个问题。这个工程共有杆塔748基，工期紧张，厂里只有二三十辆大货车，运输根本就运转不过来。

关键时刻，解放军来支援了！为加快施工进度，广东省水利电力局遵照国家计委、国家建委、水利电力部、一机部的通知，邀请省建委、广州军区生产兵部、省邮管局召开茂江（茂广）线工程会议，会议决定广州军区生产建设兵团第九师生产部派出两个汽车连 95 辆汽车负责运输塔材和施工人员，广州军区通讯兵部派出 1 个通信兵连负责解决电力线对通讯线的影响，支援施工。军工齐心，让这紧张的施工工程得到最佳的“加速”。此外，省水电局还组织广州、佛山、韶关、惠阳地区等供电公司的 6 个生产班，也投入到工程建设中来。这是地区供电公司首次参加 220 千伏线路施工。

小满时分，田畔村水稻田里的籽粒逐渐灌浆饱满，小溪的流水也日益丰盈。此时施工段内的立塔工程已经完成，接下来就是放线工程了。

茂江线是广东省内输电线路应用双分裂导线的“先驱”。因为没有任何双分裂导线的施工经验，一开始放、紧线时就频频传来磨损导线的事情。

当时工程大量使用河北产的新铝滑车，滑车边呈直角行，很锋利，在滑车有偏转时，导线与直角形的滑车边接触，导线外层铝股被滑车锋利的直角边所磨损，被当时工人俗称为“劏蛇”现象。一工地施工的第一段 9 个断连紧线中就有 6 个断连紧线共 10 处不同程度的“劏蛇”出现，三工地在第一段施工中也有 3 处出现了同样的问题。滑车转动不灵活、两个分裂滑轮车随着线的拉动总是缠到一起，造成导线“打麻花”等现象也会很容易损坏导线。

第一次紧线就足足用了 9 天。烈日似火，大地像蒸笼一样，热得使人喘不过气来，紧张的气氛弥漫了整个工地。

一边施工一边摸索一边总结，是当时施工的常态。一工地的技术员陈健学和其他工人们不断尝试各种方法，例如将滑车用平锉锉直角边为圆形边、对滑车加以检修和加油、用小毛竹绑在二联板两端和水泥杆杆身或塔身上等，顺利解决了这个问题。

随着放紧线工作的深入进行，施工问题不断暴露。比如双分裂导线的驰度调整及挂线后驰度变化。“当时对驰度误差的要求超过 5 厘米者均要调整，最初我们认为是一件麻烦事，但最后通过大家的共同努力，证明了调整驰度不是一件困难事。”陈健学说。

为了解决这个难题，工人们一是在紧线端采用了望远镜观测近两三档内的驰度平衡情况，对档内弧垂进行测量；二是使用直角划印、地面划印法来进行施工。最先工人们对新的操作方法也非常不熟悉，即使是最有经验的老工人心里也没底，N277—N296 段紧线时就因为后面大档驰度高差达 1 米造成返工。随后逐渐掌握要领，技术熟练了，返工率迅速降低，紧线的时间也越来越快，最快的时候只需要1天，大家这才终于松了口气。

“220千伏茂江线双分裂导线还要安装间隔棒，绝大部分都是型号为MRJ－6/400的间隔棒，线夹本体为铝金合件，其余为热镀锌钢制件。怎样安装这个间隔棒当时也是个问题。”李金法回忆道。

因为是首次架设双分裂导线，也是第一次用到间隔棒，当时施工队员们都没有安装间隔棒的工作经验，怎样出双分裂导线成为架线后第一个难题。经过多次的尝试，广东电力基建公司输变电公司工程处的技术员姚永南从吊篮里得到灵感，与李金法一起商量，研制出“特制飞车”：在一个四方形的吊篮四角上各装上一个滑轮，将滑轮挂在导线上，人便能坐在吊篮上滑出导线到指定的位置安装间隔棒。几次改良后，这种“特制飞车”广泛应用到茂江线各工地上，工程的进度明显加快。

除了“特制飞车”，这类专门应用于茂江线的职创发明还有几件，比如“释放线夹”。“释放线夹”主要应用于大跨越铁塔，与普通悬垂线夹的区别是，“释放线夹”内置计步器和两个滑轮组，大跨越长挡距的导线在夏天时弧垂会变低，“释放线夹”能释放导线张力，避免其他金具和铁塔受力，从而保护了铁塔。当时在阳江地区的漠阳江两侧的大跨越铁塔都有应用。

在工程上，施工工人们要克服随时都有可能出现的技术问题，而在生活

1974年，吴亚景在220千伏茂江线阳江合山镇田畔村三堡乡工地河边留影

上，大家也要克服恶劣环境带来的困扰。

陈耀生是三工地 4 班的现场技术员工，与其他人员一样，随着大部队日出而作，日落而归。他所在的班组在恩平那吉的竹高岭上，从山脚到山顶足足要爬 2 个小时，任务是在山顶立 6 基铁塔，班长是曾澄，但曾澄还要兼顾山下的班组，所以在曾澄下山的时候，陈耀生就负责山上的主要工作。

竹高岭又高又陡，材料很难顺利挑上去，只能寻求当地的社员支援。一开始运输沙石上山，即使一人一次能运 30 斤，一个上午顶多只能运一趟，上下两趟，一天就结束了。到了立塔时，塔材更难运送，只能两人抬一捆，用“人龙”慢慢传上山。当时工地上流行这样一句话：“一粒石等于一颗糖。”这意味着当时人工之昂贵，工作之艰辛。这样用纯人力完成运输工作，其中的艰辛不在话下，陈耀生却笑着说：“经过那样的锻炼，就算是现在年纪大了，搬搬抬抬都不是事儿，三四十斤的重物我来扛，完全没问题。”

在山上扎营，最可怕的是猛兽出没。每逢有员工告假下山，陈耀生都要求他们成群结队出行，不允许一两个人独自离开，回山上也一定要约好大队伍同行，以保证人身安全。“但是如果遇到山猪那就是件开心事了。”陈耀生笑说，平常生活艰苦，都恨不得逮只山猪来改善生活。山下每五日一圩，逢圩日时山上的班组要下山采购食材，早上天一亮就要早早下山，采购完回到山上已经是傍晚天将黑时。

那时候，工人们还会到附近的林场支农割禾。陈耀生还记得，有一次出动支农，结果赶上了暴风雨。山水轰隆隆地响，山风呼呼呼地叫，好不容易赶回扎营地时发现山上的大棚已直接被大风吹翻，扎营点直接被泡在水里。工人们挽起裤脚、七手八脚地去修补那早已破烂不堪的茅棚，但终因风雨太大，徒劳无功。山上唯一的瓦房是班长曾澄、陈耀生和厨师的住所，遇到这种情况，陈耀生当即把床让出来，给工人的家属住，然后足足抢修了三天两夜，才安置好所有人的吃住。“大家都是这样熬下来的，没有谁比谁更辛苦。大家都睡不了，我就没理由自己贪睡。”陈耀生说，当时的感受是“又辛苦又过瘾”，原因是发现“原来我都几捱得！”

说起来轻描淡写，其中却有许许多多不被时常惦念在心上的困难。就像班组刚刚上山的时候，山上还没有路，都是靠大伙走出来的。总是穿梭在野草灌木中，大家都没有经验，只知道防范毒蛇，对于其他危险则掉以轻心。第一次走到山顶时，陈耀生感到脚很湿，弯腰一看——满鞋子的血！原来，这山上有许多微小的飞蛭，看起来不起眼，咬人却是一点也不客气，即使是咬出血了你也丝毫不觉。

尽管工期紧张、工作量大，施工队员们也不忘忙里偷闲。据吴亚景回忆，当时施工大约到中午一点是午饭时间，饭后有半小时的休息时间，施工队员们大多数都会原地休息。当时正值暑夏，虽说大人山叠翠成荫，可晌午时分也是炎热难耐。每当这时，吴亚景及几个工友就会一起到附近的瀑布溪涧里戏水解暑。

工人们长期在山上的铁塔爬上爬下，附近住的人看到都很佩服。邝义根记得，一天中午，他所在的班组原地休息吃午饭，远远地就看到一位老婆婆牵着一小孩蹒跚地走过来。一开始以为只是村民路过，没多加留意，谁知道她们驻足在工人面前，手里拿着个小铁盆子，用可怜兮兮的声音说："大哥，求求你们给我孙子一口饭吃吧！"住在附近的人都知道，工人们的伙食并不太好，就几条青菜和几块肥猪肉，自己都吃不饱，所以对老婆婆来要饭觉得很

位于220千伏茂江线中部的阳江串联电容器补偿站（1981年摄）

奇怪。老婆婆见没人搭理，又解释说道："你们每天都在山上干活，爬那么高，胆子都很大。求你们给我的孙子吃一口'大胆饭'，让他不要再那么胆小。"大家顿时明白，原来老婆婆只是想讨个彩头，给她孙子壮壮胆！邝义根说："几十年过去了，仍觉得这件事十分有意思，原来我们都是吃'大胆饭'的人。"

进入金秋季节，迎来了茂江线施工规模最庞大的阶段——阳江那龙至恩平大槐段施工大会战。大会战标志着这个工程进入了冲刺阶段，参与的人数有 5000 人之多。劳动强度逐渐加大，众人士气也日益高涨。施工队员们每天上塔工作到全身湿透，工作服由衣领到衣脚都可以滴出汗来，汗干了，本来亚黄色的工作服背后都是一层薄薄的白色盐花。尽管如此，施工队员也是尽心尽力，不留余力地做好手头上的工作。

1974 年 12 月 28 日，茂江线竣工投入运行。从这天开始，珠韶、茂湛电网联结成广东电网。在同一天建成投产的广东省第一台 10 万千瓦汽轮发电机组——茂名热电厂 3 号机组发出的部分电力，通过这条横跨茂名、阳江、恩平、开平、新会、江门多个市县的 220 千伏输电线路，源源不断地送入珠三角。1975 年，江门市全年用电量为 4.71 亿千瓦时，比上年的 3.71 亿千瓦时增长 26.95%。茂江线成为当时粤西与珠三角的电力大动脉，珠三角供电紧张局面暂时得到了有效的缓解。

情系刚果布昂扎

詹凌菲

“喔，喔，喔……”鸡鸣亚洲东方时，西非仍在沉睡。时差 7 小时，15000 公里，这是北京与布拉柴维尔的距离。

布拉柴维尔是刚果人民共和国首都，刚果于 1960 年宣布独立，是非洲大陆最早的社会主义国家，1964 年 2 月 22 日，中国与刚果建交。同一时间，周恩来总理访问欧亚非 14 国，提出了著名的“援外八项原则”。中国援助非洲不附带任何条件、不要求任何特权，平等互利。

1969 年 10 月，中刚两国在北京签订了经济技术合作协定和贷款协定。根据协定，中国援助刚果修建一座水电站及配套高压输变电线路，以满足刚果卢迪马地区的纸浆厂、矽锰厂、化工厂、水泥厂等用电需求。刚果面积 34.2 万平方公里，大约相当于两个广东。布昂扎河地势落差较大，加上地处赤道，强烈的蒸发带来丰沛的降雨，使之具备发展水电事业的绝佳条件。

1970 年 4 月，国家水电部组织水电考察组一行 15 人，跨越大半个地球，对刚果水电建设进行了为期一年的考察，本次考察没有输变电人员参加，半年后又增派 2 人。由于对输变电的考察资料欠全面，后来首批出国人员担负起了补充考察搜资和勘测要求提纲的编制工作，具体由广东省水电工程局局长余海涛和广东省电力勘测设计院的郭渭彬负责组织。

1971 年 8 月，中国正式决定为刚果援建项目：布昂扎水电站和布昂扎高压输变电工程。按照“归口管理”“分省负责”制，国务院将一些援外项目委托给地方，由地方负责完成，根据援助项目的性质由相应的中央部门进行统一管理。彼时，广东省工业基础较好，又有黄埔港等港口便于运送物资的天然优势，顺理成章成了第一批承接国家援非任务的省份。同年，对外经贸部将援建刚果的任务下发给广东省，广东省指示广东水利电力局具体负责筹建事务，该局成立了局外事组和援外工程设计组等援外办事机构。

此时，国际形势风起云涌。1971 年 10 月 25 日，刚果作为联合发起国之一，提交的关于恢复中华人民共和国合法席位的提案，在第二十六届联合国大会上获得通过。毛泽东主席曾感慨地说：“是非洲兄弟把我们抬进了联合国。人家为什么抬你进去？你把非洲的事儿当成自己的事儿，他们也真诚地帮助你。”

一个月后的 11 月 29 日，一份来自广东省水利厅关于出国人员计划的呈报出现在水利电力部对外组组长鲁平的案头。按照计划，援建刚果人员分三批共派出 306 人，1972 年派出 175 人，其中水电站工程人员 130 人，送变电工程人员 45 人。鲁平在文件上批示："可以按此准备。"实际上，到 1979 年 12 月工程全部结束，输变电工程累计从国内 29 个单位选派了 116 人，其中干部 23 人，包括管理人员 8 人，技术人员 15 人，此外还在当地招募了刚果工人 295 人。

接下来是紧张的筹备阶段，选派哪些人，上级部门可谓"精挑细选"。"根正苗红"是第一标准自不必说，政治审查须三代以内无问题，其次要专业过硬，再就是身体素质好，没有不良嗜好。通过查阅书信、档案，走访、政审等方式，最终经省水利水电局研究决定，省水电局革委会副主任、副局长王炎任水电站组和输变电组的总负责人，广州供电局党委书记巩敦夫任输变电组组长，广东省电力勘测设计院郭渭彬任输变电组副组长兼技术负责人。

1973 年 1 月 18 日，广州进入一年之中最寒冷的季节，王炎、巩敦夫、郭渭彬等首批出国人员 20 余人告别祖国，飞向那个没有冬天的地方。郭渭彬回忆说："我们从广州出发，经上海、卡拉奇、仰光、埃及、希腊、巴黎，最终抵达布拉柴维尔。"1952 年毕业于无锡江南大学电机系的郭渭彬，是实打实的技术专家，英语水平较高。同行的除各专业技术人员外，还有翻译、司机等后勤人员，个个一专多能，没有工作服，李培一就用我国出口刚果的蓝色迪卡布，自己裁剪，自己缝纫，为每个人做了两身工作服。在大使馆休整近一个月后，王炎一行风尘仆仆赶往 216 公里以外的勒布里火车站附近——这里最终被确定为布昂扎水电站输电线路的一个 110 千伏变电站站点。由于靠近火车站，便于补给和运送物资，因此这里也成为援外工作组的"基地"。

初到基地，一切空空如也。没有床铺，王炎带领大家利用前专家组留下的木工器具，自己做长板凳和木床板，两条板凳平行而立，木床板往上面一搁，铺上草席，再挂上一顶尼龙蚊帐，堪比席梦思的"卧榻"就已齐备。巩敦夫和郭渭彬成了室友，巩敦夫烟瘾大，在房间经常一根接一根地抽，几年下来，他的蚊帐都熏成了黄颜色，而郭渭彬则有过敏性哮喘的毛病，由于患病 1957 年才从武汉电业局调到广州电业局，根本不能抽烟。这样南辕北辙的两人，在距离祖国万里之遥的非洲大陆上，惺惺相惜、共渡难关。

1973 年，援建刚果工程专家组应邀出席刚果五一劳动节庆典

刚安顿好，当地官员前来拜访，随队的唯一一名翻译却外出了，两国人民“鸡同鸭讲”，面面相觑。郭渭彬虽然不懂法语，但他从小英语学得不错，他尝试用英语跟刚方代表沟通，没想到一拍即合。于是，巩敦夫说普通话“一二三”，郭渭彬翻译成英语“One Two Three”，再由刚方代表翻译成法语“un deux trois”转述给当地官员，反之亦然，架起了一座语言的桥梁。原来，他们是为解决基地建设所需施工机械和物资供应而来。见到这简陋的床铺，官员提出赠送弹簧床垫给中国人，被援外组婉言谢绝了。因为周总理对援非工作曾有嘱托：中国人在外不能享受特权。

有了刚方的协助，基地建设的进度加快了。在一块丘陵草地上，刚方免费提供推土机进行场地平整和道路修建，中方则抓紧建设半永久临时设施。为了防潮，王炎带领大家用厚木头垫高房屋，为了通风，在房屋的中上部设置镂空部分，为了不让每天多至四五场的雨水飘进屋内，又将屋顶加宽。同时，考虑到安全问题，将工作区、非裔生活区和员工生活区用围墙分隔开。

住的问题解决了，食的问题随之而来。生活后勤事务由地质干部范陈新和通讯干部黄祥欢兼做，大宗生活用品和食品，采购自布拉柴维尔和附近的畜牧场、养鸡场和水果农场，猪牛由基地屠宰后与其他食品一起分送到各施工点。在刚果，民食多为肉类，蔬菜甚少，而且以进口为主。只见肉不见青菜，对中国人来说，三两周还可以，时间久了就不行。没办法，只能自力更生。于是基地给每个人划了4平方米的自留地，发放蔬菜种子，要求自己种自己打理。由于天气炎热，一般的作息是这样安排的：早上天刚亮就开工，10点钟吃午饭，中午12点前必须收工休息，下午3点开始种菜。刚果土地肥沃，雨水充沛，种下的丝瓜长得跟铁丝网一样长，茄子、辣椒长得跟树一样高。收获的蔬果，交给炊事员统一调配。范陈新还从采石场采购了两块花岗岩，打凿成石磨，自己磨豆浆、做豆腐，为大家改善伙食。

除了种菜，基地还养猪、鸡和牛。一天夜里，一条巨大眼镜蛇趁着夜色溜进鸡舍吞食了两只老母鸡，把身体一圈一圈地盘成蚊香状，正在酣睡，被陈有钜及其同伴擒获，第二天做成了蛇羹、蛇粥，让基地上下饱餐了一顿美味的“全蛇宴”，几年来这样的“意外”美食达十次之多，为艰苦的驻外生活增添了些许乐趣。

在王炎的带领下，基地建设规模初现，并建有篮球场，除打篮球、羽毛球外，每周还放上一两场电影，以打发单调的援非生活。其间，国内陆陆续续又来了60余人，现场工作有条不紊地开展。与此同时，巩敦夫、郭渭彬则带着另一支小分队走进田野山林，执行此行另一个使命——补充考察和搜集资料。

布昂扎水电站选址在布昂扎河的右岸，地处人迹罕至的热带雨林，这块地方当地人称“毛咕咕噜”，意思是“魔鬼出没的地方”。水电站设计水头68米，装机4台，容量共7.4万千瓦。20多年前，法国政府曾派员到这个地方考察过兴建水电站的可能性，由于种种原因搁置。当这一任务交到中国手中时，刚果动力部门还是持怀疑态度的。但刚果人不了解，法国人都发怵的事儿，到了我们这里却经常是等闲视之，因为“人定胜天”是中国人自古以来就浸透在骨子里的信仰。

山区地形特别复杂，线路勘测必须一气呵成，不能分段走，更不能走“回头路”。有一处12公里长的地段是在无路可通的深山老林，这是全线勘测的难关。巩敦夫、郭渭彬、李培一、陈宗敬等与刚果工人清晨出发，进入山谷。进入热带雨林后，老天爷的脸色说变就变，一天能下五六场雨，雨后乌云散去，烈日重返，地面水气大量蒸发，行走其中的勘测人员犹如身处蒸笼之中，还要拄着手杖敲打比人还高的荆棘和茅草，才能勉强踏出一条路来。因天气炎热，健壮的李培一在临近终点时突发腿部抽筋，大家只能背着他下山。1983 年，刚果工人马科蒂向前来参观的新华社记者孙星文绘声绘色描述当年的情形：遇到黄蜂、毒蛇，中国技术人员就抢先引开或者消灭它，刚果工人则争背仪器，抢登高地。援非人员与刚果工人的友谊，在工作互助互爱中日益厚植。

经过深入的调查研究、现场勘测和对外协商，补充考察后，原设计进行了部分调整。布昂扎水电站输电线路全长 244. 13 公里，包括 3 座 110 千伏变电站，3 座 35 千伏变电站，4 个 10 千伏配电点和 3 个联网点，变电站总容量 94000 千伏安。110 千伏线路 123. 81 公里，35 千伏线路 89. 13 公里，10 千伏线路 31. 19 公里，使用铁塔 287 座，钢筋混凝土电杆 1042 基，以满足刚果全国 70% 的用电量。布昂扎变电站迁移至火车站附近，110 千伏输电线路不穿越勒布里天主教堂区域。

1973 年，援建工程人员（左一为郭渭彬）在勘察路上野餐

天主教堂的线路修改，源自一只小小的花斑蚊。刚果是世界上最炎热的国家之一，热带雨林气候非常适宜蚊子繁殖。雨季来临时，成千上万只花斑蚊涌入室内，让人躲无可躲。“花斑蚊体型很小，但是凶猛异常，被携带了疟原虫的蚊子叮咬后，体内会一直携带疟疾病毒，但并不会马上发作，即进入‘潜伏期’，当人免疫力下降，便会胸闷、腹泻、呕吐，一会儿冷得寒战不止，一会儿又热得高烧不退，俗称‘打摆子’。”郭渭彬回忆说。到刚果不久，就有人“打摆子”了。最要命的是，由于首批人员中并没有医务人员，驻扎在布拉柴维尔的中国医疗队远水救不了近火。所幸，基地附近一所天主教堂的牧师前来基地拜访，带来救命药的同时也提出，希望110千伏输电线路不要穿越教堂区域。因此促成了两国交往一段佳话。

110千伏输电线路沿大洋铁路敷设同轴电缆，当时国内还没使用过这种电缆，只在一本俄文书上有零星的记载。郭渭彬认为，输电线路故障有可能对电缆产生危险影响，经过沿线大地导电率测量和计算，他们将危险影响值交给刚方，经与刚果的法国专家协商，认为同轴电缆已有完善的防止过电压的保护设施，不需要再采取其他措施。

刚果物资匮乏，工程所需物资设备基本都是在国内生产，所需的铁塔全部由鞍山钢铁塔厂制作后装箱托运，到了刚果再开箱组装。低压线路使用的水泥杆，则全部在当地生产，总共生产水泥杆3596条。由于水泥杆车间建设和生产需要一定周期，施工进度配合不上，于是将变电站户外构架原计划采用的圆形水泥杆改为现场浇制，结合当地风速低、沿线茅草丛生，又有旱季烧山习惯的特点，将原设计采用等径杆打拉线的杆型改为采用拔梢杆，取消拉线，用卡盘固定。根据当地环境和习惯，原设计砖砌围墙改为铁丝网围墙，变电站户外开关场地，原设计铺碎石，因阳光辐射强烈，改为种植当地的“霸王草”，其他杂草不生，加铺巡视和检修用的混凝土小道，在国外现场设计，增设运行人员生活所需的有关建筑。

整整一年的补充考察后，郭渭彬和李培一回国就向广东省水电局汇报设计修改方案，并参加由北京电科院、规划院专家参加的审查会，获得一致通过，从此再与刚方签订补充会谈纪要。1974年5月，开始变电站场地平整和输电线施工准备修路。按照输变电施工布局，除了勒布里火车站附近的基地，还设立了四个施工点，每个施工点为一个独立工作的单位，距基地最远的施工点达 150 公里。

经过两年多的努力，布昂扎输变电工程建设进入里程碑节点。1975 年 6 月 24 日，热辣辣的太阳明晃晃地挂在天上，在临时搭建的会台上，刚果总统恩古瓦比宣传正式动工，刚果总理洛佩斯和中国驻刚果大使吕志先等官员都参加了奠基仪式。庆典上人头涌动，场面热闹非凡。可惜的是，作为该工程第一任总负责人的王炎，并没能亲眼看到这幕，因为早在半年前，他就调任为广东省第二机械工业局副局长、省国防工业办公室副主任、党委副书记，卸任回国。

1975 年 7 月，广东省输变电工程公司党委书记黄锦熙顶替巩敦夫接任输变电组组长，该公司办公室主任李正田被任命为副组长，二人带着线路施工、土建厂房建造、变电安装调试等一行 30 多人奔赴刚果。在江苏如皋，黄锦熙也是一号人物，打 14 岁起他就当上乡里的儿童团团长，带领 800 多名团员，给新四军放哨、往敌人驻扎地扔手榴弹等等，从小就是个“身经百战”的“皮猴子”，转业后就深耕电力基建领域，吃苦耐劳、善打硬仗，且在 1958 年

接建工程人员在施工现场指导

12 月就负责过外援也门筹备工作，现在赴非与技术专家郭渭彬并肩作战，俩人一文一武、一动一静，在性格脾气、经验能力上互补，成为“最佳搭档”。

高峰时期，输变电工地有 52 名施工人员同时在现场，但是远远不够，一名中国员工要教会当地十几个黑人如何干活。语言不通的问题犹如横亘在大洋之间的冰山，绕不过去。

为了能跟当地人沟通，郭渭彬他们白天干活，晚上就聚在一起学习法语，由翻译人员用汉字进行注音，讲授日常用语和专业技术词汇。在朝夕相处中，刚果人也学会了一些简单的中文词汇，甚至是粤语。他们称呼中国人为“希努瓦”（Chinois），称西方人“先生”，称呼中国则是“噶嘛哈德”（Camarade），意为“同志”，由于工地上鲜有女性，偶有大使馆的女性员工到访，刚果人称赞中国“马达姆”（Madame）很漂亮！

语言鸿沟一时难以填平，身体语言来凑。为了保证电缆铺设的质量，中国师傅们手把手教当地人敷设工艺，一次不行就反复教。施工现场地面都是黄沙，他们不停地穿过一个又一个 1.5 米深、1.2 米宽的电缆沟，沿着敷设路径来回检查，每走完一趟就会有黄沙灌满半只鞋。

在援建过程中，中刚两国相互协作，友谊不断加深。刚果糖厂、马松巴农场等企业，在中方施工基地、布昂扎Ⅱ变电站场地平整时，免费支援人力和推土机、铲运机；卢特特水泥厂、蒙贝洛石场一直以优惠价格向中方出售水泥和碎石；布昂萨火车站在材料运输上给予优先照顾，还主动从铁路调度室拉专线到输变电工地，以方便联系。但合作也会碰到个别不太友好的人，发生一些不太和谐的事。翻开 1979 年《布昂扎输变电工程技术组工作总结》，里面记录着这么一段文字：“如工程开始时，两个项目刚方派了一个总代表，态度傲慢，架子大，还挑动民工与工程组争加工资，闹工潮。他在负责购买地方材料中贪污，经向刚方上级单位反映后，被撤回。”接着又写道：“1977 年输电线路施工经过 4 公里甘蔗地，刚果糖厂想借此无理索取赔偿费 2600 万西非法郎，甘蔗已成熟，故意不砍，使工程不能顺利进行，拖延达 4 个月之久。我们曾向经参处报告和刚方代表报告动力部，分别由上面交涉无效。后经我们直接找了糖厂的经理，摆了过去厂与我们友好合作的事例、中国援助工程的性质，并严词指出他们故意拖延的不友好的事实，当场说服了他，立即于第二天开始砍伐。”

输电线路工程项目多数位于山丘，热带植被长得比人还高。施工人员每天长途跋涉到达施工点，为了避免途中蟒蛇出没伤人，黄锦熙要求每次施工都要多名人员同行，每人带一根棍子，一边走一边敲打芦草，以防不测。放线施工时，经常遭遇突如其来的暴雨。雷鸣雨泼过后，超强的紫外线从浓厚黑云的缝隙间投射在施工队员的脸上、身上，不到两小时，皮肤就被灼伤，接着是水泡、变黑、蜕皮。饶是常年在外的输变电人，也没经历过这么艰苦的环境。

如果说，线路施工之难在于“苦”，安装主变压器之难则在于“熬”。安装主变压器一般都需要较长时间。刚果反复无常的天气更是加大了安装的困难。有时候刚打开施工局面，大雨就倾盆而至，只得立即组织人员用油布将变压器器身盖起来。大雨过后，施工现场气温达 45 摄氏度，太阳晒得身上疼，脚踩在沙上也发烫。真空注油需要花大量的时间，需要 30 多个小时寸步不离主变压器，白天经受蒸笼般难耐的酷热，晚上忍受着蚊虫肆意叮咬。黄锦熙担心现场监护技术人员作业时间太长，作了倒班安排，一班两个人，遇到问题不能及时处理的，也能有一个人去通知技术专家。

“尽管如此，每位参加援建刚果的人都会觉得，比起思念祖国、思念家人的那份煎熬来说，工作上、生活上的艰苦真的不算什么。我们每天翘首以盼的就是大使馆信使的到来，因为他们会带来家里寄来的书信。每一封家书我们都会读了又读，高兴很久很久。那时候寄一封信要两个多星期才能收到。记得有一次，负责线路施工的陈宗进的爱人在粮站买米时被风扇打破了头，等他收到信得知消息时，已经过去半个多月，只能干着急。”黄锦熙回忆说。

刚果物资匮乏，大量设备要从国内生产再整装运送。整个工程共从国内运来物资 5481 吨，由于点多线长，物资管理和车辆运输任务十分繁重。作为近邻，勒布里火车站给予了援外组优先照顾，还从铁路调度电话上拉了一对线到基地，以便对外联系。

援外工作组在刚果期间，国内给的经费比较充裕，但队员们丝毫不敢浪费，能在当地解决的物资就在当地解决，高度重视质量安全和节约。输电方面，在郭宗藩、陈宗敬带领下，10 千伏线路直线杆采用自制洞锹挖洞，保持洞壁原状土，取消了卡盘；使用推土机带犁头挖松线路接地带沟的土壤，节省劳动力。土建方面，在余晋松、汤昉连的带领下，自制和改制碎石洗筛机、机械振动棒等。王银辉、刘才领导下的水泥杆车间除了生产水泥杆，还利用车床等加工其他零部件。潘省三负责采购当地材料，沙碎石和水泥等，经过努力争取到了 10%—20% 的减价优惠，还曾尝试向水电组借来碾石机，自己上山用炸药炸石块生产碎石，回收模板码钉等临建材料再利用。汽车班大大小小车辆多达 32 辆，还从水电组调来已经行驶了五至七万公里的旧车大修后再利用，到工程结束时，节约了 4 辆全新的解放牌汽车未启用。

1977 年底第一期工程建成，1978 年 3 月 27 日举行发供电仪式，全部工程于 1979 年 5 月竣工，较原计划提前 7 个月，7 月 5 日正式投入运行。数据没有表情，但却交出了完美的答卷：工程一次性验收合格，一次性启动，成功投产。工程中国预算投资 14 亿非洲法郎（当时汇率，非洲法郎：法国法郎 = 100：1），实用 7.3 亿非洲法郎，为国家结余了 6.7 亿非洲法郎。1982 年，法国人在布昂扎高压输电线路的末端将电压升成 220 千伏，使输电线路延伸至刚果第二大城市、“经济首都”黑角，为当地提供大量廉价电力，每月为刚果

1975 年 5 月，110 千伏布昂扎变电站建成投产

增加收入约3亿非洲法郎。

更为重要的是，援外专家们对参与布昂扎输变电建设的刚果工人，通过传、帮、带的方式，手把手地将技术倾囊相授，并提供了大量的技术资料。到项目结束时，有近70名刚果工人掌握了输电、变电安装、制杆和机械修理方面的技术，不少工人达到三级工水平。

中国人的无悔付出，与刚果人结下了深厚的情谊。援非七年间，刚果国内局势动荡，一度局势紧张，恩卡依、卢波莫市长主动派出全副武装的士兵在变电站工地、中国专家住所巡逻放哨，保障大家的安全。1977年10月，刚果总统恩古瓦比遇刺身亡，首都布拉柴维尔戒严，各个交通关口都设了士兵镇守。郭渭彬在机场迎接一批出国人员返回基地的途中，竟被荷枪实弹的士兵拦阻，被带回军营中。军方长官认出了中国专家，连声道歉放行。特别令援非中国专家感动的是，1976年，毛主席逝世的消息传到刚果，尼亚利地区主席、恩卡依市长、糖厂经理和群众等多达800人主动来到工地吊唁，仅仅是恩卡依一处，静默游行的队伍长达三公里。当地的妇女还主动来到工地跳舞，以刚果当地的风俗，来寄托哀思。

『三八』带电作业班的青葱芳华

许昌永

“中国妇女登上高空带电作业，壮志凌云，英姿飒爽。”

“这是社会主义制度的优越，这是党的培养，是毛泽东思想给了我们雨露阳光。”

1972 年 5 月，由珠江电影制片厂摄制的彩色新闻纪录片《“三八”带电作业班》火热上映，轰动全国。

这部影片的主角正是广州供电公司高压电网管理所“三八”带电作业班。影片中，林玉明、邓翠琼、郑水银、张桂英、徐丽娟五位姑娘，在师傅们的指导下，学习掌握带电作业技能，行走在云山珠水，上铁塔，修线路，战电弧，为工农业生产和千家万户守护光明。

这支 1970 年 6 月组建的全国第一支女子带电作业队伍，她们冲破了高空带电作业的性别“禁区”，巾帼丝毫不让须眉。要知道，带电作业经常与高空、高压、野外紧密联系，是个名副其实的体力活、危险活，别说女员工，许多男员工在这些考验面前也是望而却步。

那是个火红年代，毛主席那句“妇女能顶半边”的话传遍神州大地，成为鼓舞广大女性自强自立，在各行各业、各个领域一显身手的“最高指示”。

广州供电局“三八”带电作业班英姿

而那时的广州，工商业经济发展逐步恢复，并呈现出快速发展之势，“四五”计划期间年均供电量增长达到 11.85%，电力需求不断加大。但另一方面，由于“文化大革命”的冲击，电力建设和运行维护一度停滞。电力供应吃紧，广州供电公司带电作业覆盖面和频次都在增加。随着技术的创新推广，带电作业面也由配网线路扩展到高压输电线路，扩展到一些变电站。

所谓的带电作业，就是在高压电工设备上不停电进行检查、维修、测试等。实施不停电作业，可以更有效地保障正常的供电。根据人体所处位置，带电作业可分为等电位作业、地电位作业和中间电位作业。等电位作业时，人体直接接触高压电，因而作业人员必须穿着全套屏蔽服，包括衣裤、帽子、鞋袜和手套等，全套屏蔽服的各部件之间，须保证电气连接良好，使人体外表形成等电位体。

广州供电公司从 1958 年就开始了带电作业的尝试。这一年的 3 月，高压工段技术员罗时俊和 7 级工卢永浩等赴辽宁鞍山参加带电作业观摩学习。随后，广州供电公司开始开展带电作业尝试，在华安楼前空地开展等电位测试，先用狗做实验并取得成功，经党组织决定，刘均来第一个进入 60 千伏高压电场从事简单作业。据罗时俊 2019 年 8 月 8 日回忆，当时，进入作业的指令是由线路管理所总工程师谢培康下达，而在谁先进行测试上，党总支书记唐贞、公司经理刘凤山等进行了综合考虑。

此后，公司成立了带电班，初期班员有卢永浩、刘均来、陈友清、曾培城、刘汝明、杜绍良、苏武光、刘伯卫等，卢永浩担任班长。罗时俊任带电作业技术负责人，并牵头组织带电作业基本规程的编写工作。带电检修作业从 10 千伏配电线路间接带电作业开始，升级到 35 千伏输电线路，并且随着广州电网电压升级，向着 110 千伏、220 千伏电压等级扩展。此时，带电作业装备也有了质的提升。1969 年，广州供电公司还在国内首创，用棉纱和直径 0.08 毫米的铜丝混织，制作成带电作业人员穿着的“均压服”。

女子带电作业则是从变电站开始。1965 年投产的 35 千伏小港变电站当时是女子站，站长李孟碧和值班员朱美杏等人，在绝缘梯上用绝缘工具处理高压室母线发热故障，成为公司女子带电作业的第一次探路。其后，35 千伏城北变电站方素球等自制 20 多层的塑料绝缘服，开展母线检修和绝缘子清洁等作业。

输电线路带电作业点多面广，能否让女员工也来试试？广州供电公司做出了大胆尝试：在高压电网管理所组建“三八”带电作业班。

“有些男同志不敢上高空，我们的领导想到，技术革新在这方面也可以尝试，让女同志也来试试。”林玉明回忆当年情景时说，“如果女同志都行了，男同志做不了就说不过去了。”

1970 年 6 月，林玉明、邓翠琼、郑水银、张桂英等人陆续接到通知，参加输电线路带电作业训练。她们四人原本都在不同的岗位：林玉明在高压所从事变电检修，邓翠琼、张桂英在继保班组工作，郑水银是变电站值班工。邓翠琼回忆说：“刚开始时，我的家人有些担忧，觉得女人从事高空和带电作业非常危险，万一有什么意外今后怎么办，还有家庭和孩子怎么办？我说，男同志长期高空带电作业，说明只要严格执行技术操作规程，安全是有保障的。”最终她得到了家人的支持。

那时候，高压所当时也称高压供电连，其建制、人员称谓等都有很强的军队色彩，办公地址在大德路 404 号，所里指派副连长、支部委员王桂明牵头负责培训和组建工作，高压所指导员、支部书记叶振华特别提醒要加强党的思想政治工作，培训新生力量。

林玉明中等身材，说话声音响亮，快人快语，所里决定让她来担任这个新班组的“一班之长”。而此时，邓翠琼、郑水银、张桂英都已经是共产党员。

人员到位，技能培训随即展开。这对于她们来说，完全是一项前所未有的挑战，一项心理与体能的考验。她们从未接触过输电线路作业，更何况从年纪来说，林玉明等当时都已是 30 岁上下，而且她们都是已经有了孩子的妈妈。登上十几米、数十米高的杆塔，困难可想而知。党支部组织她们反复学习“时代不同了，男女都一样，男同志能办到的事情，女同志也能办到”等毛主席语录，鼓励大家坚定决心和信念。

训练场地设在广州市东郊，位于 220 千伏棠下变电站旁，这里有输电线路、杆塔等模拟装备。王桂明和两位男师傅谢伟声、杜绍良等人，安排林玉明她们从练习爬软梯开始，接着又练习上水泥构架和爬铁塔。水泥构架离地

1972 年，“三八”带电作业班班长林玉明在进行作业

10 米高，四面凌空，姑娘们一上去，没有个扶手的东西，身体轻飘飘的，还有点儿风，向下一看，霎时头晕目眩，身体不由自主地趴在构架横梁上。男师傅在旁不断地指导和鼓励，要她们沿着只有三个拳头宽的横梁来回走动，还要她们在 30 多米高的避雷针的平台上旋转。“从第一步开始，登高，上水泥杆。再登铁塔，铁塔上作业。一步一步，等于是从学徒做起。”谢伟声回忆时介绍说。

邓翠琼干继保时就参加过线路抢修，在线路工外出作业时担任过救护卫生员，了解外线工的工作环境。她记得第一次上高塔时，可谓是信心满满，一鼓作气就爬了上去。但是，当她坐上铁塔横担时，却感觉到铁塔似乎在不停地摇晃，从高空上往下看，脚下空空荡荡的，顿时心里直打鼓，“等一会可怎么下去啊?”经过十多天的训练，无数次徒手上塔、脚蹬登杆、顺着软梯上下，姑娘们顺利地克服了恐高心理，闯过了爬高架的难关。

这里还有一段小插曲。此时，在棠下变电站值班的徐丽娟，看着大家在登塔、在训练，她觉得很好奇，也跃跃欲试。正是用人之时，组织上也就安排她进入了带电作业班。这时，她年仅 19 岁，参加工作还未满一年。

紧接着是带电操作培训，与“电老虎”短兵相接了。在进入实地带电操作之前，王桂明他们带领姑娘们先进行地面带电试验，以消除她们对高压电的畏惧心理。

林玉明她们的第一个实操项目是110千伏等电位作业。虽然当时等电位高压带电作业技术已经相当成熟，而且作业时都有屏蔽服、绝缘棒等装备，但这对于“三八”带电作业班五位姑娘来说，毕竟是破天荒的第一次，也是一道难坎。看着那导线尖端放电时的条条蓝色弧光，听着那噼里啪啦的放电声响，大家既兴奋又紧张。

“不能害怕，要为女同志带电作业闯出路子。”实训指导师傅不断地鼓励她们。选谁为第一次带电操作人呢？师傅最后把目光落在了邓翠琼的身上。她小巧精干，生性好动，此前虽然做的是变电继保工作，但曾多次参加过线路抢修，对线路工人野外工作环境和作业内容相对比较了解，所以在组建“三八”带电作业班时，她首先就进入了所领导的视线。此时，“她怀揣红宝书”，再次整理了一下身上的屏蔽服，检查了各项安全防护情况，在指挥员下达登高命令后，“嗖嗖嗖”地爬上了软梯，身手很是敏捷。其余人则在下面齐声朗读毛主席语录“我赞成这样的口号，叫作‘一不怕苦，二不怕死’”，给邓翠琼加油鼓劲。

距离头顶导线越来越近了，“噼啪，噼里啪啦”，邓翠琼听到了响声，越来越清晰——她知道，那是高压线在放电。大家似乎屏住了呼吸，举头张望。邓翠琼定了定神，鼓足勇气伸手向导线抓了过去。她成功了！地面响起了热烈的掌声欢呼声。邓翠琼后来回忆说：“每一次开始的时候，我们就念‘下定决心，不怕牺牲’，不怕，不怕，就是这样的。”

邓翠琼迈过带电操作这道坎，极大鼓舞了其他姑娘。接着，她们一一通过了这次的等电位作业的实操训练。在此之后，林玉明她们又接受了220千伏等电位作业实训。220千伏是当时最高的电压等级，电场更大，放电声音更响。当年的《南方日报》报道中记载：张桂英第一次伸手触摸，还未到导线时就出现床电现象，整个胳膊像针刺一样麻木。她没有退缩，坚定地用左手向导线猛抓，一次又一次，终于适应了电场，制伏了“电老虎”。

在进行220千伏带电自由作业训练中，林玉明她们要爬上30多米高的铁塔，再沿着瓷瓶顺次爬到导线上。瓷瓶又圆又滑，踩上去滑溜溜的，稍不留神，就极可能从高空摔下，来个“半天吊”。班长林玉明第一个沿着耐张瓷瓶串，一步一步稳健地进入220千伏高压电场。经过几个月的刻苦训练，五位姑娘登高上塔已能熟练自如，并掌握了高压线上间接和等电位作业的各项操作技巧。时间来到1970年底，她们投入了带电作业实战。“过去只有男同志才能掌握的高压带电作业新技术，我们女同志也掌握了。”党媒的报道掷地有声。

此后，“三八”带电作业班的姑娘们的身影穿梭于城乡各地，哪里有高压输电线，哪里有设备抢修，哪里就有她们的足迹。20世纪70年代初的广州，辖管的220千伏输电线路共有三回351公里，110千伏线路共有十回200多公里，另外还有约270公里的35千伏线路，北到韶关发电厂，东到新丰江电厂，线路杆塔所到之处，就是她们的“沙场”。

线路工多数作业在野外，“三八”带电作业班的姑娘们与另一个由男员工组成的高压所带电班一样，接受着各项工作任务的挑战。除了抬着沉重的工具，跋山涉水、爬高塔攀银线之外，她们还要克服常人们想象不到的许许多多困难。

先说外出作业，输电线路多数远离城市，遇上有作业任务，姑娘们早早就集合，带上工具箱和一些备品材料，爬上所里的解放牌卡车车斗，人货混装，在工具箱旁，半站半坐，一路颠簸好几个小时。下车后，有时还要背着工具拿上备品备件，走好长的山路才能到杆塔位置。再说杆塔上带电作业，穿着屏蔽服，夏天内烘外烤，每次工作就像“蒸桑拿”，常常是浑身连内衣都湿透；冬天则是内热外冷，塔上寒风刮得人脸冰冻。在几十米高的铁塔上进行高空带电作业，常常会引来不少村民围观看稀奇：“怎么女的爬那么高干这个，她们不怕死啊？”

当时工作和生活条件都十分恶劣，施工时，水壶里的水喝完了，就从铁塔上爬下来，到附近的稻田里舀水解渴，临时饿了就吃点随身带的干粮，有时连续干十几个小时不休息。以至于男带电作业班的人私底下喊出这样一个口号：女同志能办到的事情，男同志也能办到。“有一次月经来了，我站在水里干活，全身都湿透了。大家也都一样，又没带衣服。怎么办？只能是互相帮忙，自己先躲在一边把衣服脱下来，请另一个人帮忙烘干，待自己穿上干衣服后再去帮别人烘衣服，就这样调来调去。”林玉明回忆说，“在那个年代，没有想太多，只想着做事就要有个样子，要给女同志争气。”

“住无旅店，吃无饭店”，野外作业，吃住问题也时时考验着她们。奔波在山郊荒野，没有旅店，她们就随身带上被铺，睡在礼堂、学校等地，有时候，她们洗澡也只能到附近的小溪、河涌，拉个帆布挡一挡；没有饭店，她们就自己动手搞“野炊”。架锅生火煮饭成为她们的一项必备技能。徐丽娟在家里从来没煮过饭，刚开始在野外煮饭时，就把饭给烧煳了，急得直哭。后来大家还经常拿这件事来取笑她。

尽管姑娘们有4位已经是有了孩子的母亲，但常年出差作业，却经常连家也顾不上。每年春节前，往往是线路检修作业的窗口期，为了抓紧这个时机检修作业，姑娘们甚至不能和家人团聚吃团年饭。

但困难都被她们踩在了脚下。广州110千伏棠氮线改双回路、带电改道，从化110千伏流加线带电更换瓷瓶，220千伏韶红线带电更换防震锤、避雷线，220千伏新广线带电更换避雷线和带电加装双地线以及带电重紧弧垂等等，都洒下了她们青春的汗水。

2019年7月4日，年届八旬的邓翠琼在接受采访时，对220千伏韶红线抢修仍然记忆犹新。那是1972年5月17日，由于山洪暴发，韶关发电厂送出线路英德段一基杆塔发生险情，情况十分紧急。班长林玉明接到灾情报告已经是傍晚时分，要求迅速赶往受灾点。

从广州到英德，那时汽车要开好几个小时，况且此时已近天黑，路又不好走。林玉明她们决定改为搭乘当天最后一班列车前往。大家二话不说，立即收拾行装，赶往越秀南路广九火车站。她们火急火燎地冲向即将出发的列车，一旁的旅客看得纳闷，不知道这些穿着工作服，戴着藤帽，背着工具箱，带着锅锅铲铲的姑娘们，到底要去干什么。“大家动作快得就像风一样。”邓翠琼说。

在英德火车站下车，她们坐上当地来迎接的汽车，狭窄的车斗，加上还有各种工具物资，姑娘们是人压人挤着上了车。由于雨势猛烈，洪水围困，她们只好先住在招待所。后来，她们冒雨赶到了山间铁塔位置，一些人的鞋都被洪水冲走了。经过抢修加固，韶红线终于脱离了险情，保住了这条韶关发电厂向广州、佛山等地供电大动脉。

墙里开花墙外香。“三八”带电作业班的故事得到了越来越多的媒体关注，《南方日报》《光明日报》等媒体多次报道，由此也引发了众多电力同行的仿效，学习交流者纷至沓来。省内的佛山、肇庆、梅县、海口供电公司以及省外的湖北武汉、甘肃天水、山西晋中、安徽淮北、江西南昌等供电部门，也都陆续组建了“三八”带电作业班。

本文的开头说到，纪录片《“三八”带电作业班》让姑娘们火遍大江南北。其实，影片是应联合国要求摄制的，以展示新中国“妇女地位空前提高”这一主题，影片在联合国大会上播放，众多代表深受感动。

这部影片专门创作了主题曲《英姿飒爽女电工》，由王提作词，张雄狮作曲，广东省歌舞团女声合唱队演唱。“电光闪闪红，弧光飞流星。英姿飒爽女电工，壮志凌云震长空。登铁塔爬云梯，顶烈日战恶风，织出银线化彩虹。”歌曲朗朗上口，豪迈激昂，成为新中国优秀故事片主题曲之一。2005 年中国唱片总公司出版的《中国电影百年寻音集》，就收录了这首歌曲。

负责影片摄影的李相彬等人，追随姑娘们的足迹，整整拍摄了三个月。为了配合拍好纪录片，姑娘们攀铁塔上上下下，踏银线来来回回，把女子带电作业班所有看家本领都拿了出来。特别值得一提的是，影片拍摄时，林玉

“三八”带电作业班的姑娘们在合力更换瓷瓶

明刚刚小产不够 40 天，在这本应该是保养身体的时候，却忘我配合拍摄，“如果没有那种思想境界，是完成不了的。”林玉明在 2006 年的一次电视采访中说。

艺术家们也从中寻找创作的灵感。著名画家袁浩创作了油画《壮志凌云》，选取的就是“三八”带电作业班的故事，成了广州美术学院珍藏品。为了创作，他跟随姑娘们到野外体验，爬上高压线塔体会、测量，拍下大量照片，画了无数手稿素描，前后历经数月。著名连环画家詹忠效跟班一个多月体验生活，与姑娘们一起上高山、下水乡，创作了连环画《弧光闪闪》。连环画由王文锦编文，成为 20 世纪 70 年代线描画探索的经典之作。再比如，画家张石培创作的宣传画《要让河水上山坡》等等，都取材于“三八”带电作业班。广州供电公司工会干部区炳楠经常跟随姑娘们拍摄，留下了不少珍贵影像。

“三八”带电作业班的成功，坚定了广州供电公司领导的信心，也激发了女工们参加带电作业的热情，她们的队伍逐渐得到扩充。1972 年，谭惠霞、龚翠霞、冯慧共、陈爱珍、黄淑勤等 5 人加入了带电班。1973 年底，高压电网管理所撤销，分别组建变电工区和输电工区。“三八”带电作业班归属输电工区，工区办公地址搬迁到了江南中路得胜岗。1974 年，单位领导决定又从各工区抽调黎洁芝、张桂友、叶彩珍、梁丽容等 4 名青年补充到带电班。1976 年，班组又补充了徐焕娣、张翠莲、岑少芳、岑银妹、张桂梅、张燕芬、叶金好、张凤春、冯静、伍美杏、洪卫、唐岱慈、劳秀卿、罗燕萍等 14 个新生力量。这 14 人中，不少是黄埔发电厂建设时从庙头村、夏园村等村招收的学徒工，徐焕娣、张燕芬等人由于离家远，她们入职时就住在输电工区宿舍。

“三八”带电作业班引起了行业内的广泛关注。1975 年 12 月 2 日，受水利电力部委托，广州供电公司召开全国“三八”女子带电作业经验交流会，来自国内 15 个省（区、市）的 24 家供电单位的代表出席会议。广州供电公司在会上发言，系统介绍“三八”带电作业班的成绩和经验，姑娘们还现场为代表们做带电作业介绍和表演。

那时候，“三八”带电作业班的这块牌子甚至打到了国外。从 1973 年到 1976 年，连续几年的春季和秋季广交会，她们的英姿出现在了展板、宣传册

1975年5月，美国工业代表团到访参观，刘均来、谭惠霞、邓翠琼（中）与客人交流

上，她们的事迹成为介绍带电作业技术的一部分，她们也多次穿着屏蔽服，为各国来宾进行带电作业表演。

据"三八"带电作业班班员冯慧共回忆，她们的表演场地设在员村长阪，当时220千伏红星变电站出线#144杆所在地附近，这里有个小山坡，便于外国友人观看。姑娘们表演时，徒手抓住铜棒，去接触10千伏高压电线，由于均压服的屏蔽作用，电流通过人体接地，铜棒上迅速拉出一条电弧，火星四射，还发出噼里啪啦的响声。"掌声响起来了，现场外国友人很激动，有些人还感动得流眼泪呢，因为他们看到了我们中国妇女的伟大和勇敢。"

交流访问的外宾纷至沓来。1974年6月，阿尔巴尼亚《人民之声报》到来采访。1975年5月和10月，美国工业代表团、英国代表团先后到现场参观交流。

令人心疼的是，1975年8月4日凌晨在顺德西江蛇头湾河段发生了一起特大海难事故，两艘客轮相撞，800多名乘客随船沉入江中，虽经紧急抢救，仍有432人罹难。而其中的一名遇难者就是"三八"带电作业班班员徐丽娟，当时她担任团省委常委，随团省委人员赴肇庆，参加"工业学大庆"先进单位马安煤矿调研学习，返程时遭遇事故遇难。她被安葬在了广州银河公墓园。

长江后浪推前浪。随着人员增加和新人成长，部分初创期成员陆续走向了新岗位。1976 年 7 月，班长林玉明离开“三八”带电作业班，进入广州供电公司“七二一”大学学习。学习班首批学员 36 名，学校设在已停运的西关变电站内。随后，郑水银、张桂英也相继调离。郑水银提任工会副主任，张桂英担任了一段时期广交会工作人员，后进入了送电技革组。

5 名初期人员中，此时只有邓翠琼仍留在班里，林玉明班长的接力棒交给了谭惠霞。据谭惠霞介绍，她于 1971 年 8 月从广州第三十九中学毕业后进入广州供电公司，先在 110 千伏芳村变电站担任值班学徒，第二年转到了“三八”带电作业班。

高空带电作业，无时无刻不充满着危险与挑战，但是一直以来，姑娘们严守安全规程，全班没有发生重大人身安全事故，这是令姑娘们颇感自豪和宽慰的。

但百密一疏，班里也发生了一些意外。1977 年，邓翠琼她们在一处 35 千伏电杆上更换设备时就发生过倒杆。当时，邓翠琼是工作负责人，冯慧共和徐焕娣两人上杆操作，她在杆下指挥。这是一根 10 米独立杆，前后左右各有一条拉线，呈米字形，大家本以为受力没什么问题，但不久电杆就开始逐渐倾斜，吓得邓翠琼直冒冷汗，却不知如何解围。好在电杆倾斜慢，又向里倒在了一个小坡上，大家都没有受什么伤。

这次事故的发生，让邓翠琼有些情绪低落，甚至想起了打退堂鼓。后来，在同事和家人的开导鼓励下，她放下了思想包袱。就这样，邓翠琼从初创开始，一直坚持到“三八”带电作业班最后解散，也是唯一一位全程见证的亲历者。

1979 年 10 月 11 日，广州供电公司党委经过慎重研究，根据全国妇联“关于保护妇女劳动力的意见”精神，决定撤销“三八”带电作业班。当时，公司党委正在组织学习讨论“实践是检验真理的唯一标准”，党委书记巩敦夫认为：女性生理条件不适宜长期从事野外和高空带电作业，从事带电作业一定程度上超越了女性生理极限。“一切工作都要受实践的检验，对的就坚持，不对的就改正。”公司党委同时强调：撤销并不是否定其成绩，而是对女工们真正的爱护。从实际出发，纠正那些形式主义的东西，“有利于扎扎实实带领大家搞‘四化’”。

撤销的消息在10月14日的《南方日报》头版报道后，得到了《人民日报》等多家媒体转载，多米诺骨牌效应凸显，全国各行各业不少“三八”班、“三八”组由此渐渐解散。而采写这一消息的王德宽是接受报社指派到广州供电公司采访时，无意中得知了这一决定的，他“捕捉”了一次“活鱼”，这篇稿件让他获得了全国首届好新闻评比二等奖，至今仍成为南方日报社乃至传媒界津津乐道的名篇。“文章对当时的真理标准问题讨论、解放思想起到了一定的推动作用。”王德宽说。

历史铭记着她们的荣誉与光芒。1976年，“三八”带电作业班被评为水电部和省水电局工业学大庆标兵。先后有多位班员获得各级荣誉称号，其中谭惠霞等被评为广州市劳动模范，还代表电业工人出席了党的十一大。

队伍解散了，姑娘们告别了铁塔银线，开始新的工作和生活。林玉明“七二一”大学结业后，1978年回到修理所班组，1991年退休。邓翠琼后来担任广州供电公司调度所副主任，1994年退休。郑水银还在带电班时就兼任

1979年10月，“三八”带电作业班解散时与输电工区领导、师傅合影

了公司党委委员，后担任工会副主席，1984 年退休。张桂英，1995 年从人事处档案室退休。谭惠霞从 1977 年起，先后担任输变电区副主任、组织处副处长、输电部党总支副书记兼工会主席等职务，2010 年退休。冯慧共 2009 年退休前，担任监察审计部副主任。带电班最后一位退休的是担任过副班长的冯静，她于 2014 年从办公室文档科岗位退休。“三八”带电作业班先后共 28 人，都在各自岗位中发出了最强音。

解散也意味着姑娘们降伏“电虎”的英姿成了过去。1979 年 10 月 17 日，广州供电公司专门安排她们，在长堤大马路广州市最著名的艳芳照相馆里，拍摄了全班集体照，留住青葱芳华的印记。照片中，输电工区党支部书记陈柏林坐在前排中间，两侧是她们的男师傅杜绍良、李炳祥；“三八”带电作业班的姑娘们则有：谭惠霞、邓翠琼、张翠莲、冯静、张燕芬、罗燕萍、岑银妹、劳秀卿、张凤春、张桂梅、徐焕娣、黎洁芝、洪卫、岑少芳、叶金好等共 15 人。

作为一个特殊时期的产物，“三八”带电作业班存在的时间是短暂的，但它迸发出的光芒照亮了那个时代。她们给千家万户的生产生活增添了更多的电能，给电网安全稳定运行增添了保障。她们的英勇气概成了一笔巨大的精神财富。在互联网高度发达的今天，“三八”带电作业班的影片、歌曲等仍然是网民们搜索、浏览的热点。

如今，这些昔日英姿勃发的姑娘们，虽然都已年事渐高，但她们仍然经常受邀参加系统内外的一些活动，为大家讲述那段峥嵘岁月，激发岗位热情，传承电力人的精神。2014 年 11 月，邓翠琼还出席了在湖南长沙召开的中国带电作业技术会议，并作“中国带电作业史上的巾帼英雄”主题报告。

山水为证，霹雳有声，岁月芳华，天地长留。

奋战在云山珠水边

刘葳蕤

“为配合广州石油化工厂建设和改善珠韶电网的电力供应情况，同意兴建黄埔发电厂。”1975年1月的一天，广东省水利电力局副局长张强坐在办公室里，看着国家计划委员会下发的《复黄埔发电厂计划任务书》的这一段话，长长地舒了一口气。努力没有白费，广东省抓住了这次机会，黄埔发电厂的建设终于敲定了。

1975年以后，随着邓小平主持的治理整顿工作逐步开展，人们的生产生活日渐恢复秩序。然而，国民经济复苏了，电力短缺却成了阻碍发展的大问题。

在这期间，广东省实施“水火并举，以水为主”的政策，大搞水电建设，连县潭岭、乳源南水等大中型水电站先后投产；而火电，却只建成了茂名、韶关两座规模不大的发电厂。广州的境况更为窘迫：1974年五仙门发电厂停止发电后，广州市内的省属发电厂就只剩下广州发电厂。水电、火电总装机容量也只有14.2万千瓦，大部分电力还是要从200公里外的茂名、韶关求取。

于是，水火电比例失调所带来的问题，似乎已超过了张强等省水电局领导的预期——丰水期电力盈余过剩，却因电网“卡脖子”白白浪费；枯水期电力供不应求，靠天吃饭，广州就只能用拉闸限电去实现消极平衡。

此时的张强正为缺电的问题发愁，一场解救南粤电力于水火的机遇已悄然而至。

20世纪70年代初期，我国先后引进了13套大型化肥生产装置，其中一套分配给了广东。1973年，华南地区现代化石油化工联合企业之一的广州石油化工总厂就开始筹建，建成后的用电负荷在1万千瓦以上。当时的广州，水电、火电总装机容量也只有14.2万千瓦，远不够运转整个石化厂，而石化厂的油渣直接排放也会导致浪费和污染。怎么办？这时，建设一个配套的大电厂似乎已经成了趋势。广东省计委、省水电局十分重视这个机会，张强和革委会副主任师兆祥等多位领导参与了《黄埔发电厂计划任务书》的编制，都在为争取建设黄埔发电厂努力。

1975年1月，国家计委批准了黄埔发电厂计划任务书，同意电厂以广州石化厂油渣为燃料，安装两台12.5万千瓦燃油机组。某种程度上说，这是缺电“逼出来”的一个大电厂。

这座屹立在云山珠水边上的电厂，曾经最为人所知的，一是规模大，二是建设快。黄埔发电厂的建设并非循序渐进，为了节省时间，提高效率，电厂的设计、筹建、土建、机组安装调试等建设工作，往往是穿插着同时进行的。

项目批文一到，筹建工作立即展开。

早在1973年春，广东省建委就抽调耿兆林、李扬新、袁兆光、李长胜、潘祖清、邱金泉等24人组成筹备小组，次年4月，又由省革委会批准成立了电厂筹建处。1975年10月，省建委成立电厂基建指挥部，由省水电局副局长张强任指挥，詹新泉、刘国安、倪兆玉、黄威、耿兆林、张成均为副指挥，工作人员大部分为电厂筹建处的干部职工。

设计批准后不久，电厂筹建处就从省水电局办公大楼搬到了黄埔庙前厂址旁的小山岗——洞旗岗上。耿兆林、李长胜、潘祖清、邱金泉最先进驻，也正因如此，这四人被后辈称为黄埔发电厂的“四大元老”。洞旗岗是广州空军的一个雷达站迁走后留下的，相较于四周的大片农田，这里杂草丛生，略显荒芜。当时“四大元老”所面对的“黄埔发电厂”，只有四间小平房，一条机耕路，一片甘蔗地，一条珠江水。

1975年8月开始，耿兆林派征地小组分赴黄埔区委、黄埔公社、南岗公社、庙头大队、夏园大队联系征地事宜。经过两个月的协调，在10月组织召开了征地动员会，详细地宣讲了国家工农业发展的现状，以及在缺电的情形下，建设黄埔发电厂的重要性。同时，根据国家的土地政策，与广大农民普及了征地知识，宣传了建设电厂的好处，对农民进行说服教育。

征地，是一项工程建设中最为重要、最为棘手的前期工作之一。为了不耽误整体的施工进度，电厂筹建处征地小组就一边征地，一边做农民的思想工作，一边协调省基础公司、省水电第一工程局和火电工程处等建设单位进场施工。可以说，电厂的征地工作几乎成了“三边工程”。

那么，如何让施工同步开展？怎么协调征地与施工队进场之间的矛盾？针对这些问题，征地小组采用“先用后征”“征租结合”的征地办法：拿下的地就先抓紧开展建设，一时谈不妥、征不下来的地，就用租的方式让施工队进场。就这样，征地小组的干部四处奔波，终于在赔偿了征地费、迁移费157.44万元后，与各大队签订了征地协议。

艰苦的工作环境，一无所有、白手起家的工作状态，是20世纪70年代初事业建设面临的共通的问题。这时的筹建工作，可谓是赤手空拳、步履维艰。

詹新泉副指挥毕业于浙江大学热电专业，主要学习的便是火力发电。毕业后就被分配到了中南电力设计院。1970年设计院解散，又辗转到省电力工业公司搞管理。1975年，被提拔为省水电局基建处副处长，兼任黄埔发电厂基建指挥部的第一副指挥。由于他专业过硬，技术在行，黄埔发电厂的建设，从规划设计到“三通一平”，具体事务他都要亲手抓。那段时间，詹新泉与耿兆林、黄威等基建指挥部成员一起，常常不分日夜地工作，周末也不休息，吃、住都在电厂的工棚里，偶尔才能回家一趟。因此，家在广州，工地也在广州，但人却回不去，跟在外地出差没什么两样。

幸好，省水电局经过了解，及时为他们派来了帮手——1975年底，第一批电校毕业生分配到岗，朝气蓬勃的青年让珠江边上湿漉漉的冬天变得不那么凄冷了。

可是，人多了，房子却不够住了，洞旗岗上原有的小平房根本挤不下。经过一番商量，众人决定自己动手，砍竹子，搭茅棚。虽然简陋，但好歹有个“窝”。不过，工地生活依旧十分艰难。江边的泥土常年潮气冲天，蚊子多到打都打不完；竹子搭成的上下铺睡得让人腰酸背痛；房顶上的油毛毡在夏日的烈阳下沥青欲滴；外面瓢泼大雨，屋内就淅沥小雨……尽管如此，筹建处上上下下都明白，只有做好前期筹建工作，施工队才能进驻工地，全面开展电厂建设。因此，他们一刻也不肯耽误。一直到1976年底，工程进展迅速，电厂筹建处与基建指挥部也经历了合分的过程。这期间，筹建工作如火如荼地进行着，缺少施工机械，就靠人海战术挖土、刨山；没有运输工具，珠江边上的建材物资就靠人力往驻地扛。地征了，楼盖了，路通了，“三通一平”工作完成了。土建工程的主要承建方——广东省水电局第一工程局和火电工程处，以及配合施工的省基础公司、省机电安装公司等十多家单位的施工队全部进场。

1975 年 12 月，黄埔发电厂筹建处职工在洞旗岗用锄头、铁锤、钢钎平整土地

俗话说，万事开头难。但黄埔发电厂的建设，开了头并不等于就没有难度了。黄埔发电厂的厂址被珠江环绕，整个厂区的地下都是淤泥，含水量高，承载力低。淤泥一经挖开，珠江水就渗透浸入，根本无法承载主厂房和烟囱、设备等上万吨的重量。

1975 年 12 月，负责土建工程的省水电第一工程局将打桩机开进了庙前厂址。随着“咣当！咣当!”的打桩声轰鸣起来，电厂的建设者们走上了与珠江水“斗智斗勇”的道路。

该如何让瘫软的淤泥“站立”起来？詹新泉、耿兆林等基建指挥部的领导一度非常头疼。为了防止建筑物沉降和江水涌进，省水电局勘测设计院院长、电厂基建指挥部副指挥黄威带领着设计院的专家反复测算，决定用吹填沙层的方式稳固地基——这就要从莲花山附近用水管将沙水抽送至黄埔发电厂的厂区地下，吹填深达 3 米的沙层。

在省水电局的通力争取下，省建委会于 1975 年决定，由广州航道局承担吹填沙层的工作。硬件要求高，施工工具又不完备，航道局管线队的工人们顶着烈日，脚踏泥泞，在莲花山下的滩涂中，打入了用于支撑抽沙管道的桩，为挖泥船进场和吹填沙工作做足了准备。1976 年 8 月 17 日，吹填工程结束，在省水电第一工程局的配合下，航道局向黄埔发电厂吹填沙多达 32. 38 万立方米。

为了加固地基，除了厂外吹填沙，厂内也要打沙桩。具体的做法，是要用冲击震动的方式，在淤泥地基中打上孔，再将沙石挤入土中，形成密实的砂柱。

可见，打沙桩不同于普通的桩，需要专业的机器，但黄埔发电厂没有专业的沙桩器械。经过反复考虑，基建指挥部决定学习珠江糖厂自行设计制造简易沙桩机。于是，詹新泉派专人前往珠江糖厂，学习了沙桩机的设计、制造和使用，依葫芦画瓢地造出了一台桩管直径 273—320 毫米、桩长 10 米规格的沙桩机。

机器造好了，工程队热火朝天地干了起来。不想，打桩刚一开始，只听“咣啷啷”几声巨响，机器坏了。在场的工人们傻了眼，愣在那里，一时摸不清问题出在了哪里。炙热的阳光直射在沙桩机上，刺眼的光芒让人心慌意乱。黄威在知道相关情况后，立即派省水电局设计院专家前来勘察，终于发现了问题所在——之前为加固地坪冲填的近三米厚的细沙，形成了一层坚硬的壳，直接导致了机器的损坏。

看着损坏的机器，面对着停滞不前的工程，有人开始提出少打或不打沙桩。事实上，在厂基填沙后，虽然地表淤泥的情况有了一定的改善，但深处的淤泥还是很软弱。建筑物的稳定性，主要还是取决于下部地质的坚硬程度，因此，即将建设的建筑物仍有一定的沉降风险。基建指挥部立即与设计代表组研究，最终决定：除防火堤、油管支架、单层建筑物、下水道等不打沙桩外，油罐基础仍按原计划打桩。沙桩的施工，也只能采取更为烦琐的办法：先挖去部分填沙，打桩后再按照 2. 5 米沙层的标准回填，且要用棒式振捣器冲水振捣，以保证填沙的密度。

在原来的设计里，汽轮发电机的基础要打预制桩，广东省水电局机械施工队与省基础公司组成的工程队负责打桩工作。一开始，他们按照原计划在地基上试打了 2 条预制桩，结果，淤泥完全支撑不起。于是，耿兆林派技术专家与省水电第一工程局协商，决定试用冲孔桩。1975 年 10 月，省水电局机械施工队带着70多人的队伍，开着5台钻机，开始分包打冲孔桩。经过一段时间的摸索实践，证明了打冲孔桩的决定是正确的。于是在1976年4月的一天，基建指挥部与工程队在现场召开会议，正式决定将汽轮发电机的基础改用冲孔桩，其他设备的基础也放弃预制桩，改用灌注桩。找到了对付淤泥的好办法，耿兆林副指挥紧皱的眉头终于舒展开来。

没有设备就造设备，机器用不了就靠人上。在物资匮乏、生活艰苦的年代里，黄埔发电厂的建设者们根据实际，不断调整工艺和施工方案，绝不拖泥带水，说干就干。

到了1977年4月，省水电第一工程局经过16个月的努力，共打冲孔桩286条、预制桩827条、灌注桩1547条、沙桩3904条，终于完成了地基加固和打桩的工作。

然而，地基淤泥问题仍没有得到根本性的解决。在一期工程竣工投产两个月之后，升压站基础还是出现了下沉，拉断了220千伏道闸，造成了母线的短路。细查原因，主要是在升压站基础施工时，工程队急于求成，并没有按照原计划要求打桩。此后，电厂进行过多次的设备改造、建筑加固。

地基淤泥问题，不仅影响施工，而且还容易发生灾害。

1976年10月12日，省水电第一工程局开挖循环水系统热水池。这项工作，可以说是土建工程中最为艰巨的任务。热水池的东面是两个沉井，两侧为钢板桩，紧靠珠江，开挖土方3万立方米，开挖高度8.6米，涨潮时，相对高差10米以上。陈清秀是负责此项开挖技术工作的工程师。为了解决两侧钢板桩的稳定性，他多次走访省基础公司，掌握了第一手资料，了解了钢板桩插打的深度，经过反复计算、核对，采用了现浇基础压块代替钢板桩和木笼围堰的方案，完成了两侧钢板桩的加固任务。在开挖热水池关键部位闸门井的时候，陈清秀发现了大堤出现塌方预兆，立刻指挥大家撤退，自己走在最后。塌下的泥土，差一点就要了他的命。

可陈清秀没想到，缜密的计算、严格的考量，以及工人们快马加鞭的施工，都逃不过天公不作美。时值雨季，暴雨不断，软烂的淤泥经受不住长时间的冲刷，使得正在施工的热水池10天内就出现了4次险情。

其中最为严重的一次，还是在1977年10月27日。当天，上游排水闸钢板桩与2号沉井接触的位置开始漏水，到了第二天凌晨2时，漏水加大，江水源源不断地涌进，工地出现了塌方。“淹水啦！塌方啦！”随着值班人员焦急地喊叫，厂内的领导职工纷纷从梦中惊醒，穿上衣服，急忙地冲出宿舍，赶去救灾。他们连夜打沙包，堵缺口，一直忙到了天亮。可是，塌方止住了，漏水还在继续，正在施工的热水池完全被淹没，工程也因此被迫中断。

此刻，电厂的上上下下一刻都不敢停歇。凭着当时厂内老式电话交换机的唯一一条外线，詹新泉指派电厂通讯班连夜对外联系协调，终于在29日下午，从四航局借来了车辆，运来了黏土，堵住了漏水孔，装上了抽水机排水。就这样，众人夜以继日地轮轴转，直到10月29日晚上的11时，才基本排干工地的渗水。连续两天的抢修工作，让大家的脸上显露了些许疲惫的神色，但陈清秀仍不敢放松——他立即想到，要快速查找漏水问题的根源。

工棚里彻夜亮着灯，陈清秀与省水电第一工程局基础公司的各位专家，趴在一张张图纸上，反复地计算、分析，终于找出了漏水的根本原因：早在冷水池开挖时，钢板桩前沿的沙岛就发生过滑坡，加上热水池上游钢板与沉井之间接触不密，钢板之间的施工不到位，第五格集水井也没有用混凝土进

1977年，广东省水电第一工程局在黄埔电厂烟囱滑模施工

行封闭，这一系列不过关的施工，直接导致了淤泥有机可乘。发现问题后，陈清秀马不停蹄地制定出了补修方案，耿兆林与省水电第一工程局革委会主任倪兆玉带领施工队抓紧修整，及时、彻底地解决了漏水问题，赶上了整个工程进度。

最终，经过黄埔发电厂和省水电第一工程局以及其他协助单位的建设，厂基淤泥软弱的情况基本得到了改善。原本满是淤泥的地基，也撑起了当时全广东省最高的180米烟囱。土建工程还建成了面积9260平方米的主厂房，其“滑动模板浇筑混凝土”新工艺荣获了1979年广东省优秀技术成果奖。

1977年6月，基建公司火电工程处开始了黄埔发电厂一期工程1号、2号机组的安装工作。

可是，这两台12.5万千瓦燃油机组，在设计和制造上都存在着很多缺陷。这让同样任电厂基建指挥部副指挥、火电安装公司工程处的刘国安感到进退维谷：守着两个“坏”机组，没法安装；寄回原厂，要赶工程进度，时间又来不及。

同样为此事一筹莫展的，还有詹新泉。不过，刘国安提出由火电安装公司工程处自行修复设备的建议，却让詹新泉看到了希望，而其中伴随的风险又让他和整个基建指挥部犹豫不决。于是，基建指挥部与火电工程处紧急开会讨论。经过专业地探讨、严密地分析，詹新泉等人发现，刘国安所提建议是可行的，并在技术上、人力上是做足了准备，绝非是无谋之勇。得到基建指挥部肯定与批准后，刘国安立刻安排技术专家和工人，根据机组厂家提供的信息，对机组进行了改进、修复，完成了两台机组的安装。

1978年的秋天，在南方这个亚热带省份里，高温迟迟不肯散去。这个时候，正是2号机组锅炉水冷壁设备全部被吊上平台，准备对口焊接之时。然而，机组的制造商上海锅炉厂来函，告知水冷壁设备的质量有问题。刘国安决定立刻对机组进行全面检查，结果发现水冷壁的1200多个焊接口，竟有85%以上不及格。虽然上海锅炉厂已经承诺将设备运回翻修，但考虑到设备来回运输浪费的时间和物力成本，将严重影响2号机组的按期投产，这一次，火电安装公司仍决定现场翻修——将1200多个焊接口全部割断，重新加工。

机组翻修的场地在珠江边上，地表的温度就高达40摄氏度。在当时，用于加工焊接口的坡口机全厂只有一台，工程处不得不又一次采用人海战术来应战。电厂继电保护班的林爱群，作为工程外的旁观者，都对当时的施工场景记忆犹新：“太阳暴晒到锅炉壁上都反着光，工人们手拿火焊，一个接一个地烘烤着焊接口。”火焊烘烤着炉壁，烘烤着工人们的面颊，晒得黑红的皮肤上满是汗珠。工人们扎扎实实地，坚持把每一根管子都重新校正。这项翻修工作结束后，经过水压试验，水冷壁设备没有一个焊接口发生渗漏。

1978 年 9 月，火电安装公司工程处从电厂工地抽调 154 名技术骨干，承担了香港北角电厂拆迁 5×3 万千瓦机组运至深圳蛇口的任务。而此时，2 号机组还在安装。于是，技术力量不足、工期紧，成了当时詹新泉不得不面对的问题。幸好，负责机组安装的省机电安装公司抓紧做出了详细的计划：安装与土建交叉作业，见缝插针，实行定人、定任务、定时间的“三定制”，并对过热器、省煤器吊装、炉顶密封 3 项工程实行包工超额奖。这样一来，机组安装的各项任务均提前完成。2 号机组的安装共用了 101 天，比 1 号机组还短 58 天，创造了 12.5 万千瓦发电机组安装的最快纪录。

机组安装好后，电厂加快开展机组调试和试运行。

1977 年 12 月 20 日，张强带领詹新泉、耿兆林、刘国安、倪兆玉等基建指挥部成员，与电厂筹建处、火电安装公司三方共同组成了 1 号机组“设备启动委员会”，以最大限度地保证 1 号机组试运行的安全。

事实上，1 号机组的启动运行，让筹建处的耿兆林主任、沈建生副总工等筹建处的领导有些担忧——他们中绝大多数人，对 12.5 万千瓦机组的“三集中控制运行管理”是完全陌生的。一直以来，分配到电厂的工人，大部分都是省水电学校的毕业生和省内各电厂调来的职工，甚至还有相当一部分从农村招工回城的青年以及征地安置的农民。因此，耿兆林主任非常重视职工的培训，早在 1976 年 2 月，他就提出了“开展人员培训工作，确保 1 号机组一次启动成功”的口号，组织学习队伍赴全国各地火电厂取经。

就在 1 号机组“设备启动委员会”成立前的一个月，也就是 1977 年 11 月，耿兆林和沈建生还亲自带领着电厂 25 名生产骨干和技术干部到湖南金竹山电厂学习 12.5 万千瓦机组的启动、试运转技术和运行管理经验。

经过实操学习、搜集资料、编修生产规程制度、配备生产用具等近乎全

1979 年，基建指挥部人员在临时搭建的竹棚办公室前合影

套的准备，1978 年 2 月 24 日，1 号机组首次启动运行。

可是，参加 1 号机组首次运行工作的职工中，只有 1 名汽机技术员实操过 12.5 万千瓦机组的运行，其余都是只懂理论，没有任何经验的新人。学会了知识，学习了操作，但他们面对的机组，却是“文化大革命”时期制造的“劣质品”——1 号机组前后共启动了 9 次。其间，有过发电机出线电压互感器线圈绝缘被击穿，有过中联门压差大、给水泵烧轴瓦等多种原因导致的停机。尽管如此，技术专家和工人们还是坚持反复检修，最终使 1 号机组得以按期投产。

最后一次故障是在 1978 年 4 月 19 日，机组带负荷 11 万千瓦运行了近 40 个小时，烧坏了定子铁芯。由于发电机定子的修复工艺要求高、工作量大，制造这台机组的上海电机厂发函建议运回原厂修理。但投产运行在即，基建指挥部詹新泉、耿兆林、刘国安等与火电工程处协商，决定用 2 号发电机定子进行替换，由火电工程处现场修理。在这次抢修工作中，工人们一天连续干 10 多个小时，工地的灯都是彻夜亮着的，到了假日他们都不休息。最后，火电工程处仅用了不到 2 个月的时间，于 6 月 8 日完成了定子更换。

1978 年 7 月 25 日 2 时 25 分，1 号机组完成了 72 小时的试运行，终于正式投产。

同样，2 号机组的投产也经过反复地启动、停运和检修，1978 年 12 月 24 日，2 号机组第 5 次启动，0 时 12 分汽机定速，13 分与系统并网，带负荷 5000 千瓦，至 27 日 0 时 25 分，机组带负荷 10.5 万千瓦，完成了 72 小时试运转。1979 年 2 月 3 日，黄埔发电厂 2 号机组正式投产。

电厂一期工程竣工，标志着广东火电建设进入了一个新的发展阶段。此后，黄埔发电厂分别于 1980—1981 年、1989—1990 年先后兴建二、三期工程，扩建了两台 12.5 万千瓦和 2 台 30 万千瓦发电机组，总装机容量共 110 万千瓦，成了广东第一座大型火电厂，也是相当一段时期内广东最大的火电厂。如今的黄埔发电厂，已更名为广东粤华发电有限责任公司。1—4 号机组早已退出运行，5 号、6 号两台机组仍在运行，源源不断地为广州经济社会发展注入澎湃的动力。

春去秋来，光电留影。那些充满着激情与豪迈的岁月，已经渐渐远去，而那些为此努力拼搏的电力建设者的事迹与精神，却永远留在这座南国都城的记忆中，永不磨灭。

从学大庆到企业整顿

陈希琳

“把‘工业学大庆’的群众运动更加轰轰烈烈、扎扎实实地开展起来，为迅速普及大庆式企业、实现国民经济的全面跃进，为夺取社会主义革命和社会主义建设的更大胜利而奋斗。”

1977 年 5 月 16 日，星期一，广东省水利电力局革委会主任冯志仁早上一上班，就召集来师兆祥、韩林、张强、童干、陈岗、陈蔚观等领导班子成员，一同学习《人民日报》上就全国工业学大庆会议胜利闭幕发表的社论内容。

三天前，当时舆论界称为“标志着我国工业发展历史上一个重要里程碑”的全国工业学大庆会议刚刚结束，立即成为全国人民关注的焦点——从大庆开到北京、历时 24 天、先后有 7000 多人参加，时间之久、规模之大，极为罕见。就是在这场会议上，中央提出要开展创建“大庆式企业”运动，并对对工业企业进行整顿。

冯志仁是山西平顺人，1939 年参加革命工作，先后任干事、股长、公安局长、副专员、地委副书记等职。那时候的他调到省水利电力局工作刚满两年，如何着手开展工业学大庆的群众运动，是冯志仁组织这次政治学习需要思考的问题。

此时，粉碎“四人帮”仅仅过了半年多的时间，“文化大革命”给电力生产的干扰与影响，大家依然记忆犹新。这场持续 10 年之久的浩劫，整个电力系统几乎没什么人能逃避冲击，领导干部和许多工程技术人员都受到不同程度的批斗。曾任广州电力设备厂副厂长的廖淦君回忆说：“红卫兵到处‘造反闹革命’。我这个车间主任不过是兵头将尾的角色，也被造反派当成了当权派而被批斗。”

领导干部队伍受到冲击，电力规章制度也遭到不同程度的破坏，一些发供电企业无政府主义泛滥，管理工作松散，生产秩序混乱，劳动纪律松弛；电力试验和设计机构被撤并；设备制造、安装质量下降对电力生产的危害；再次超铭牌出力发电，水电站低水位运行；“两线一地”对农村人身和安全生产构成威胁；安全生产事故频发。1970—1976 年，电力设备事故增加，烧坏发电机和变压器、水淹厂房、全厂全市停电等恶性事故时有发生，令人担忧。

冯志仁在会上对此进行了检讨和反思：“‘文革’期间，我们自上而下错误地批判‘安全第一’方针，号召大破规章制度，提高设备出力，在干部职工中引起思想混乱，走了一些弯路。还有，部分职工纪律松弛，迟到早退、出工不出力的现象不少，企业领导也不敢管，对电力生产工作造成不良影响。”经过一番讨论，冯志仁与韩林等其他领导班子成员形成共识：拨乱反正，尽快肃清极“左”路线造成的后果与影响，是当前的头等大事，刻不容缓。

很快，一场学大庆与企业整顿结合的群众运动于1977年下半年开始，在广东水利电力系统轰轰烈烈地拉开了序幕。整顿工作以整顿生产秩序为重点、各项经济技术指标恢复历史最好水平为目的进行。

首先是落实党的政策，本着实事求是的精神，对“文化大革命”以来的案件进行复查，直属各单位共计复查案件75宗，纠正一批冤、假、错案。广东省电力第一工程局召开职工大会，为四宗因议论“四人帮”等问题而被划为现行反革命分子的错案彻底平反，有关人员恢复了党籍、职务和工资。同时，1978年还提拔了一批干部。直属各单位共晋升正副总工程师6人，主任工程师6人，工程师41人；提拔科级以上干部89人。

无规矩则不成方圆。整顿生产秩序，首要任务便是重新建章立制。在领导层冯志仁、师兆祥等人的强力推动下，省电力系统恢复执行部颁发的工人安全卫生、建筑安装工程技术、工人职员伤亡事故报告等三大规程，执行

1976年参加全国电力会议广东代表团回到广州在白云机场合影

枫树坝水电站

“两票三制”。同时，从发电、供电、调度、设计、修造等单位抽调数十名专业人员，全面修编各电力单位的规章制度。与此同时，纠正单位巡线的“会战”做法，恢复“文革”时期被废除的巡线专责制；并以考核单位的安全状况为量尺，在各发电厂、供电局内实行综合奖，恢复奖惩制度。

时任广州供电公司革委会主任巩敦夫，明显感受到来自省水电局上层的压力，眉间紧皱。半年多以前，广州接连发生了设备及电网事故，让人十分担忧：首先是 1976 年 10 月 10 日，110 千伏员村变电站 2 号 3.15 万千伏安主变压器，长期负荷过载，导致 A 相高压套管绝缘老化和受潮，引起对地闪络爆炸着火，而着火的时候居然因为消防器材缺失不到位，不能及时灭火，变压器内 20 多吨油、全部绝缘物、构架和 10 千伏母线桥等全部被烧毁，事故导致停电足足九天，损失惨重。屋漏偏遭连夜雨，仅仅过了两个月，12 月 11 日，棠下变电站 220 千伏广红线单相重合闸降压电阻电源侧螺丝松了 1.5 级牙，使重合闸工作电压由 20 伏降为 5—9 伏，引起广红线 C 相开关掉闸，一下子造成广州地区 20 个变电站全站失压，大面积停电。连续两起安全事故，让巩敦夫这个 1945 年投身革命的山东人感到颜面尽失。

枫树坝水电厂革委会主任钟井兰也碰上了糟心事。1977 年“学大庆、大整顿”刚刚开始，8 月 19 日和 9 月 5 日，厂里就接连发生拖拉机载人摔死和翻车群伤两起交通事故。而就在前一年，他才刚从冯志仁手里接过省水电局授予他们的“贯彻鞍钢宪法、开展工业学大庆”先进企业的奖牌。此外，更让钟井兰寝食难安的是，枫树坝水电站建成投产四年来，陆续发现大坝出现二百多条裂缝，其中贯穿性渗水的裂缝有六条之多，严重威胁着大坝的安全。

为此，全省各发供电企业纷纷成立“学大庆”办公室，推出实施方案，基本内容是：以大庆为榜样，贯彻“鞍钢宪法”，建设一个老、中、青相结合的领导班子；恢复合理的规章制度，整顿劳动纪律，反对无政府主义，建设一支“铁人式”的职工队伍；严抓安全生产，加强经营管理，全面完成各项经济技术指标和任务；深入开展劳动竞赛，不断改善职工物质文化生活，激发职工的工作热情，提振企业的精气神。

1978 年 5 月 15 日，电力与水利机构分设，广东省电力工业局成立。冯志仁调任省建设委员会副主任，离开了电力系统。年满花甲的师兆祥从冯志仁手里接过“创建大庆式企业”的“接力棒”，按照国家经委最新颁发的大庆式企业各项标准，一一对照，扎实推进创建工作。与师兆祥搭班子的，除原来的韩林、童干、陈岗、陈蔚观外，还增加了庞光庭、檀东和、刘国安、文锐等。新班子到位后，立即着手党政组织架构进行整顿，对 14 个直属单位的领导班子作了调整和充实，并逐步建立领导班子考核制度。

此外，师兆祥他们还作了一个重大决定：恢复广东省电力勘测设计院。

说起这个电力勘测设计院，还有一段曲折坎坷且令人心酸的故事。它的前身是省电业管理局设计处。1966 年夏天，“文化大革命”刚开始，设计处就成了批斗的“靶心”——设计处领导被揪斗，设计业务工作处于半停顿状态。1968 年 7 月社会发生武斗，整座八层楼的办公室被“造反派”占领，大量资料、图纸、文件散落和丢失，职工无法上班；同年秋天，半荒废的设计处实行军管，并筹建革命委员会，开展清理阶级队伍，有些职工被错误地划为“牛鬼蛇神”专政对象，制造了一些冤假错案；同年 11 月，被揪斗人员及设计处部分职工下放乐昌“五七”干校劳动，余下 100 多人于同年 12 月随设计处机构下放曲江县乌石镇，隶属广东省电力基建公司管理。好端端的设计处，由于正常的勘测设计工作被打乱、职工下放、家庭分离，广大知识分子受到极大的伤害，工作热情受到打击，机构形同虚设。1972年水、电机构合并后，设计处与水电设计院合并，直至1978年7月，才恢复广东省电力勘测设计院。

企业管理方面，师兆祥他们开始尝试用经济方法管理经济。1978年在220千伏湛茂线工程和茂名热电厂3号机组大修工程试行任务投资、费用包干，加强定额管理和质量验收，取得显著成效。湛茂线工程进度快、用工少、质量好，节约费用12万元；茂名热电厂3号机组大修工程检修时间短，汽轮机检修提前4天、锅炉提前9天完成任务投入运行，节约费用3.7万元，多发电1300万千瓦时。省电力局将上述两项节约费用拨回给予承包单位，按照比例提取作集体福利基金和奖励有关人员，以调动职工的积极性。同时，还在各直属供电公司中试行电费回收奖励制度，当年电费回收率达到100%，清理了旧积欠电费620万元，占旧积欠电费总数的40%，兑现了1.1万多元奖金。

安全生产是重中之重，没有安全，就没有效益。“学大庆、大整顿”运动

1977年，广州供电公司输电工区带电班职工进行220千伏带电修补导线作业

一拉开，在广州供电公司，为吸取半年内发生两宗主变压器套管爆炸事故的教训，巩敦夫组织开展对各类型套管的普查，改进检修工艺。除此之外，还有一个让他一直坐立不安、如履薄冰的安全隐患点——建于20世纪70年代的220千伏茶山变电站。这是一座为保证战时广州供电安全，按照“靠山、分散、隐蔽”方针而建在山洞里面的变电站，洞内安全措施和工作条件极差。巩敦夫说：“投产后发生多起危及人身、设备安全的重大爆炸、火警事故，职工提心吊胆。”于是，他积极筹集资金进行改造，以改善设备的安全运行条件和值班人员工作环境。而在枫树坝水电厂，钟井兰则邀请工程专家、组织技术人员对发现的大坝贯穿性渗水的裂缝进行分析，并形成方案报告省水利电力局，争取资金支持，逐年进行灌浆处理，以策安全。这项工作一直持续11年之久方才结束。

技术改造也是提高经济效益的重要一环。1977年，茂名热电厂升压站的4号主变压器因设备不配套，在过电压时烧毁。该厂革委会主任辛明久几次召集技术人员进行攻关，将铝线改为铜线，重新布置散热器位置，一举解决运行问题，提高了运行的可靠性。第二年，主动对1号主变压器也进行研发改造，取消了自制的外部水冷装置，加大散入面积，把箱体改为钟罩式，把原先4.05万千伏安的出力，提高到4.5万千伏安，使供电更加地可靠。

有付出就会有收获。1978—1979年间被国家电力部、中共广东省委、省革命委员会命名为“大庆式企业”的有枫树坝水电厂、潭岭水电厂、茂名热电厂、湛江（新村）电厂以及省输变电工程公司和线路器材厂。而廖淦君所在的广州修配厂，也凭借有领导、有计划、有步骤、有考核办法的劳动竞赛制度，从各个电力企业中脱颖而出，被水利电力部授予“全国电力大庆式企业标兵”称号。

此时整个电力系统这种蒸蒸日上的可喜形势，是过去10多年来所没有过的。尽管生产建设中还有不少困难，工作中需要解决的问题还很多，但同刚刚粉碎“四人帮”时候的严重局面相比，情况已大有改善。但很明显，所取得的这些成绩带有恢复的性质，“文化大革命”造成的消极影响还没有完全清除。师兆祥曾在1979年2月13日召开的全省电力工作会议上坦言：“贯彻工业30条抓得不狠，我局未有抓点，电力管理体制还不统一，企业的党委领导下的厂长分工负责制尚未建立起来；管理水平和技术水平低，事故还不少，经济技术指标进步不大，不少单位未达到历史最好水平；学大庆运动发展不平衡，普及大庆式企业的规划不能全部完成。”他接着说道：“产生这些问题，主要原因在于电力部门的各级领导，特别是省局思想跟不上形势，因循守旧，工作不扎实，未能很好地按照经济规律办事。”实事求是的报告获得与会者热烈的掌声。

党的十一届三中全会召开后，改革春风扑面而来。1979 年 6 月，广东省电力工业局认真贯彻执行国家提出的国民经济实行“调整、改革、整顿、提高”方针，进一步明确第二轮的整顿将以生产为中心、管理为重点、提高经济效益为目的。整顿的内容，主要是整顿领导班子和企业管理工作。

领导班子的整顿，首先是思想整顿，分清是非。

思想是行动的先导。此时，“文化大革命”已经结束将近三年，部分电力生产建设得到恢复和发展，但一些关于经济规律、管理理念在认识上还没有根本理清，思想还没解放。师兆祥说：“主要表现在：一是由于‘文革’期间大搞禁区、禁令，制造迷信，被棍子、帽子吓怕了，不敢‘开动机器’；二是受本本、‘规定’约束，一切照搬照抄照转，不敢实事求是；三是习惯于旧的传统观念，墨守成规，不敢跳出框框。”

于是，以师兆祥为首的省电力局党组倡议，开门整风，广开言路，纠正过去那种“一言堂”“言者有罪”“唯我正确”和不让人说话的恶劣做派，坚持民主集中制，营造生动活泼的局面。同时，对“文革”中在电力部门发生的重大是非分清界线，提出了“三个明确”——再次明确“安全第一、质量第一”，严格执行规章制度是电力部门的好传统，是完成发供电生产的有力保证；明确电网必须集中统一管理，过去借批“条条专政”为名，批大电网，批“四·九拉电”（即 1970 年 4 月 9 日珠韶电网严重超计划用电而被迫拉电，后被省工交战线组织大会批判），把电力机构一并二撤三下放的做法是错误的；明确电力生产必须尊重科学，按照经济规律办事，过去几次放空新丰江水库和拼设备的做法是错误的。“是非界限弄清楚了，思想顾虑消除了，我们心里也就亮堂了许多，不用再怕别人扣‘帽子’了。”曾在韶关发电厂任职的吴希荣有感而发。

思想整顿除了分清是非，还意味着解放思想，实事求是。1979 年 10 月 11 日，广州供电局党委经过慎重研究，认为长期野外和高空带电作业在一定程度上超越了女性生理极限，决定撤销当年在行业内名气响当当的“三八带电班”。巩敦夫说：“一切工作都要受实践的检验，对的就坚持，不对的就改正。”同时强调，撤销并不是否定其成绩，而是对女工们真正的爱护。

企业整顿的另一项重要内容是管理工作的整顿，加强生产和经营管理，提高经济效益。

省电力局一直分管基建工作的副局长张强回忆说：“从 20 世纪 50 年代起，广东电力系统通过学习苏联电力生产管理制度和方法，并结合实际逐步建立起各个专业纵向、横向间的一整套行之有效的规章制度。正是有了这些制度，才保证电力生产部门安全发供电和减少人身伤亡、设备损坏事故。”他这番话是有针对性的，意味深长。当年，在“文化大革命”中，在批判修正主义路线旗号下，把一整套规章制度称之为“条条框框”，是“管、卡、压”的东西，提出要统统打破。巩敦夫回忆说：“1966 年广州供电公司把原有 230 多种规程和制度压减为 11 种，条文大量缩减。”新丰江水电厂的规章制度减

1979 年省输变电工程处召开工业学大庆经验交流暨职工代表大会

少成几页纸和极不像样的条文。其他电力企业的规章制度也被压减或停止执行，造成生产和管理工作无章可循，混乱不堪，各行其是，对电力安全生产构成严重威胁。

对管理工作的整顿，师兆祥和领导班子成员颇费功夫。通过深入的走访调查，从基层陆续反馈上来的意见来看，他们认识到，不解决大家所关注的企业管理工作的一些深层问题，如领导体制、管理机制、安全责任、专业技术、劳动奖惩问题等等，就很难统一上下的思想与行动。

为此，师兆祥他们把必须整顿的工作一项项地列出来，一一过会：从健全党委领导下的负责制到恢复总工程师、工程师等各种技术职称，明确各级技术责任制；从建立安全、质量检查监督机构或专职人员、对发生的事故认真分析处理制度到建立健全各项规章制度、进行规程考试制度；从加强基层建设、基础工作和练基本功的“三基”工作技术培训形成制度到加强专业管理，开展经济核算和经济活动分析，推行定额管理制度；最后重点提出严格考勤制度，逐步恢复奖励制度。

省电力局领导班子提出的管理工作的整顿内容与举措，都是企业所面临、大家所关心的问题。文件下发后，直属各发供电和基建修造企业，纷纷拿出各自的行动措施。

以安全生产为例，省电力局安全委员会制订了发电厂、供电局创长周期安全纪录，给予一次性按人数平均发奖的规定；并颁发《电力基建安全奖励》和《基建投资大包干奖励》，保证施工安全质量；各厂、局也可按各自情况制订千次操作无差错奖等规定。消息一出，引起基层的强烈反响，各下属单位立马研究起提升安全记录的对策。

省输变电工程公司建立《安全奖罚条例》《百基杆组立无事故奖》和《安全行车万公里奖》等安全管理制度；江门市供电公司对安全无事故一周年及两周年的35千伏以上变电站、供电线路，分别设立人均奖金5元、10元，韶关发电厂将安全奖惩与经济考核、奖金分配挂钩，并设立百日安全无事故奖、千次操作无差错奖等多类型奖项。

同样振奋人心的，还有对科技人才与知识的重视。

1979年，党的知识分子政策重新得到恢复，许多在“文革”期间离开专业技术岗位的技术人员，重新回到了他们熟悉的岗位工作；省电力局成立教科处，在1980年成立技术职称评定委员会，做好科技人员的归队工作，选拔培养研究生，充实力量。一张张奖励证书就此而来——省电力试验研究所周良才组建团队，研制出处于国内领先水平的“DKG－600型大功率直流高压发生器”，解决了110—220千伏电力电缆的安装、验收及现场的试验问题，荣获水利电力部科技成果三等奖；韶关发电厂的“循环水泵房堰口水力冲沙”项目、茂名热电厂的“汽轮机大轴直轴”项目、广州供电局的“带电测量介质损失”科技项目等，均获省科学大会奖。

位于粤北山区被誉为“北江明珠”的韶关发电厂，时年43岁的代厂长黄飞，将目光锁定在老旧设备的改造上。厂里传统的抓斗式卸煤机，在多次卸煤后，会发生结构变形，易造成刹车故障。而煤粉输送，也经常在更换传输皮带上，耗费大量的时间。

“改！”在与周展鳞、丁林生、翁镇演、陈锦炫、沙新华等车间主任和工程师反复讨论商议后，黄飞拍板决定。于是，他们把抓斗式改为液压式刹车，提升了刹车的稳定性。同时还自制出皮带卷放机，减轻了更换皮带的劳动强

1980年韶关发电厂厂房

度，有效地节省了输送煤粉的工时。

这只是基础，而更重要的，在于锅炉及燃烧系统。韶关发电厂的 1 至 6 号锅炉，并不具备单独的碎渣机。黄飞与技术人员分析，在原有锅炉上设置碎渣机是不现实的事情，只有提高煤粉的燃烧率，才是解决问题的关键。随后，他们在 3 号锅炉，敷设 32 平方米的炉膛卫燃带，稳定锅炉的燃烧。在 6 号锅炉，将给粉机改为大型叶轮给粉机，使煤粉充分燃烧。效果立竿见影，是年底，该厂各项经济技术指标均有明显提升。

人心齐，泰山移。经过第二次企业整顿，广东电力企业生产指挥系统明显加强，并建立正常秩序，职工的积极性提高，发供电设备检修加强，生产条件改善，电力生产有新的发展。1980 年省电力局直属企业发电量 80.95 亿千瓦时，发电标准煤耗率 394 克/千瓦时，火电厂用电率 6.72%，线损率 9.23%，上述指标均创造历史最好水平。安全生产好转，1980 年与 1976 年相比较，在人员、设备增加情况下，人身事故减少 30%，设备事故减少 27.1%。

翻开那个时期的《南方日报》，各种醒目的大标题，如“全国电力生产直线上升”“韶关发电厂提前全面完成去年国家计划”“茂名热电厂提前 40 天完成全年发电计划”等各种电力新闻报道，铺满报纸的各大版面，为我们记录下第二次企业整顿的点滴往事，留存至今。

然而，企业整顿工作并没有就此止步，因为消除“文化大革命”极“左”路线的影响和造成的严重后果、实现拨乱反正不可能一蹴而就。1982 年，随着中共中央、国务院《关于国营工业企业进行全面整顿的决定》的颁发，一次更为深入、更为全面的企业整顿工作再度在广东电力系统中铺开。此为后话，不提。

粤港电力联网起始

周溽　黄煦

20 世纪 70 年代的香港，夹杂着中英文的广告牌纵横交错，标志性的霓虹灯遍布街头，高层建筑遮天蔽日。这座拥挤而繁忙的城市，自 20 世纪 60 年代开始崛起，国民生产总值年平均增长速度约达 10%，在短时间内实现了经济腾飞，一跃成了“四小龙”之一。

而与之隔岸相望的广东，一切都才刚刚起步，没有“睡醒”的城市看起来有些破旧。此时，毗邻香港的深圳还是一个小渔村。歪歪斜斜的木头电杆，勉强支撑起细长的电线，村口的灯忽闪忽闪，从一个侧面映衬出小渔村社会经济的窘况。1978 年，广东的人均 GDP 为 220 美元，与香港的 3924 美元相比，差距可不是一点点。

1978 年 11 月 15 日，一份来自广东省电力工业局的急件放到了广东省计委的办公桌上：“现将广东电网与香港电网联网工程计划任务书上报，请速审查转报，以利开展工作。”

这份任务书主题很明确：为了经济发展，广东要向香港买电，仅用 3 页纸，简短陈述了建设理由、内容、规模、投资、所需时间，梳理了广东省与香港九龙电网联网的计划。

文件有多么急，当时的广东就有多么缺电，1978 年全省近 40% 的缺口，让刚刚走马上任的省电力局局长师兆祥很是着急。

那时，全省电力部门抓纲办电，学大庆、大整顿，贯彻“工业三十条”，恢复生产取得了较大成绩。1978 年，在水库缺水，火电燃料供应不足的情况下，全省发电量超过 96.2 亿千瓦时，比计划多发 3.2 亿千瓦时，比 1977 年增长了 9.95%，但仍低于全国 13.4% 的平均增长水平。第二年年初，师兆祥在全省电力工作会议上作《解放思想，鼓足干劲，以生产建设和技术革命为中心把电搞上去》的讲话明确点出，广东的电力建设虽然取得了一定成效，但发展依然还落后于全国水平，依然存在“五低一高”的情况，即发展速度低、管理水平低、技术水平低、技术装备低、工作效率低、能耗指标高。

改革开放的号角一吹响，中央给了广东先行一步的灵活措施，生产、贸易、社会生活各方面发展突然加速，特别是珠江三角洲地区经济建设以前所未有的势头蓬勃发展，超出想象，翻天覆地。

与发展速度相悖的是广东省能源短缺、电力紧张问题日益凸显，电力需求增长的速度远远超出了电力建设的速度。当时，广东的工厂常常要每周开四停三，加上交通不便、通讯不灵，曾有客商戏称广东“进不来、住不下、出不去”。可见，破解能源困局已成为广东的燃眉之急。

如何把电力缺口补上？距深圳仅有一水之隔，供电可靠性高、电量甚有富余的香港进入了广东电力发展蓝图的视野。

香港地区有两家电力公司，分别为中华电力有限公司和香港电灯有限公司，双方依维多利亚湾划海而治，中电负责九龙、新界的电力供应，港灯负责港岛、鸭脷洲和南丫岛的电力供应。

20 世纪 60 年代，香港处于经济高速发展时期，需要吸引外来投资推进工业发展。为鼓励中电、港灯提高供电能力，港英政府分别在 1964 年和 1978 年与两家公司签订《管制计划协议》，每 10 年期满后续签，并沿用至今。根据该协议，港府保证电力公司的利润率，回报率最高为其固定资产平均净值的 15%。

有了政府的利润承诺，香港的电力发展进入了“大建设时代”，20 世纪 70 年代，香港建起了当时东南亚最大的燃煤电厂——南丫发电厂，总装机容量达到了 295.5 万千瓦。中电、港灯用不断扩大电力基础投资的方式获取更多回报，一度造成香港地区供电能力富余。

其实，早在 1978 年 6 月，中电董事长罗伦斯·嘉道理就与总经理石威廉一同来到中国内地，探寻由内地供应香港发电用煤，以及由香港向广东供电的可能性，主动提出了联网的想法。

6 月 9 日，东方宾馆七楼会议室，省电力局与中电的会晤在友好的气氛中进行着。副局长张强、副总工程师吴卓富、生技处科长吴智明参加，根据水电部的指示，了解对方的意图和要求。

好在嘉道理直接表达了来意：“我们对联网并向广东供电很感兴趣。”他承诺，一般情况，1982 年可供电 10 万千瓦，1983 年可供电 30 万千瓦，如有需要还能增加供电量。他还介绍，中电准备在香港九龙新界建设燃煤电厂，70% 的燃料将购于内地。

为了争取“以电换煤”的方案，中电的准备工作做得可谓十分充分，甚至向英国首相卡拉汉“打了招呼”，首相也把他们的想法转告了时任外贸部部长李强。后来，卡拉汉在伦敦唐宁街十号首相府接见黄华外长时也再次提到："我在香港有个老朋友，名叫嘉道理，他在煤矿、发电等问题上，经常同我保持联系，在这方面，中英两国有许多事可做。"而嘉道理在到访省电力局前，也专门前往北京，与外贸部三局局长进行了洽谈。

8月9日，英国贸易大臣埃蒙德·戴尔访华时，带上了四本《关于向广东省供电换煤建议书》，外贸部三局随后将其转发给了煤炭部和水电部，了解各部的意愿。

当时，煤炭部对偿还电力没有兴趣，只考虑过用产煤设备偿还，外贸部也仅考虑用英方设备建煤矿，用挖出的煤送香港，并未考虑联网事宜。

对于香港抛来的橄榄枝，师兆祥是感兴趣的。来自陕西韩城的师兆祥1937就参加革命工作，从1954年6月担任甘肃省电力工业局副局长开始，就跟电网打上了交道。1965年7月师兆祥南下南粤大地担任广东电管局副局长，并于1969年3月任广东省电力工业公司革委会副主任。20余载的行业经验告诉他，想要社会经济蓬勃发展，必先改善提升电网，既然香港电力有富余，何不送到广东？何况这还是一举两得的好事。

然而，事情在一开始未能如师兆祥所愿。当时，因为外汇紧张，省电力局内部也有争议，未能定论。后来，国家水电部计划司电力计划处恢复对外司的意见中明确表示：出口煤炭，由香港发了电再送回中国内地，不合适。"广东电力不足，主要原因来自于燃料问题，且当时已报请国家计委扩建黄埔发电厂，因此只要燃料落实是可以解决广东电力的。"

不到一个月，事情出现了"转机"。经过国家经委、外贸部、煤炭部、水电部、广东计委、电力局等有关部门多次研究，广东的建议呈到了时任国家主席李先念面前。广东的建议简单有力：一是从九龙送电到广东是比较方便的；二是从香港买电，经济上是划算的；三是偿还方法还可以商量。

11月14日，省电力局派人到北京，报送与香港联网的任务书并请求安排成套设备。

13天后，省电力局终于盼来了国家水力电力部的复函："原则同意广东电网与向香港电网两步联网方案。请抓紧设计工作，争取当年建成投产。"

此时正值党的十一届三中全会前夕，国家大胆"放行"粤港联网，似乎也预示着改革开放的春风将吹遍祖国大地，国家将迈入新的历史阶段。

为了项目可以按时上马，广东省电力考察团一行 7 人，师兆祥为团长，于 1979 年 1 月 2 日至 16 日赴港，与中电洽谈联网买电的具体细节问题，并原则上达成了协议，初步拟定了供电协议草案。

在港期间，考察团还参观了青衣、鹤园、青山电厂建设基地，青山粉岭变电站、控制中心、数据处理计算中心等部门，还前往了港灯控制中心，了解了中电、港灯的基本情况、管理方式和新技术的使用情况。在回国后整理的文字报告中有这样的一段总结："十几天的考察，虽然不深透，收效是很大的。我们看到香港的电力发展是很快的，备用容量较充足，他们计划性很强，考虑到今后的发展，尽量采用成熟的新设备，大机组高参数和新技术。设备安全可靠、效率高……我们差距很大，建议组织有关人员去香港参观学习。"

后来，双方每个月都会在深圳碰头，明确项目细节，推进项目进度。其他一切都顺利，双方唯一"僵持不下"的是电价。中电坚持要全天送电，每小时送 5 万千瓦时电，而广东则坚持"按需调度"，"我需要的时候送电，不需要的时候不送电。"负责电价谈判的是生技处颜鸣鹤、吴智明和计划处黎秀景，他们态度很坚决，最终中电代表潘国濂同意了广东的条件，电费价格按照香港电费加线损折算，也算合理。

随着粤港联网工程被纳入 1979 年省里的重点基建项目，一切步骤都驶入了"快车道"。"施压"的力度也越来越强，省政府在多次会议上提出了务必按时完成的要求。1 月 22 日，师兆祥和副局长童干组织召开关于香港电力联网工程会议，计财处詹新泉、基建处黄炽来、生技处颜鸣鹤等相关部门人员参加。会议确立了联网工程领导小组，组长吴智民、副组长廖习强、余迎瑞，并明确了联网涉及的扩建工程、设备安装调试、物资供应等方面的分工安排。"不准拖拉、不准扯皮、不准留尾巴！""时间紧迫，又逢春节，因此要完成任务，必须领导狠狠抓紧。""不得延误，如有延误，责任自负。"

在各方面的大力支持下，粤港联网从 1979 年 1 月开始谈判，签订协议、开展土建及输变电工程施工，到 3 月 29 日实现一期联网，仅用了 3 个月的时间。粤港联网一期工程的具体内容包括：从香港新界粉岭变电站架设双回 66 千伏输电线路至深圳水贝 110 千伏站，并在水贝变电站安装 1 台 5 万千伏安变

1979年3月29日，师兆祥（左）与香港中华电力公司董事局主席共同为粤港联网按下启动按钮

压器，升压至110千伏接入广东电网。

其中，66千伏输电线路境内部分由省电力局输变电处负责建设，投入人员力量超过100人。而“百人团”里的“每一个兵”都经过了严格的身份审核，可谓是精挑细选。在那个年代，“逃港”现象十分普遍。黄志标是省输送电二工地三班的班员，也是联网工程输电线路的建设人员。有一天他和同班的冼华明、林锦顺正在文锦渡深圳河旁打水浇混凝土，亲眼看见一名偷渡者一跃扎入河中朝着对岸奋力游去。工程地点距离边界很近，为避免人员外逃，选人用人的首条标准就是政治素养高，同时还得要踏实肯干，吃得了苦的。

因严格的人员管理，建设过程中基础的挖沟、搬运等体力活也不能找民工来协助，全由班员自己完成。不少班员入职以来都没有自己挖过土，很是吃力，班组之间就以比赛的方式，激发大家的干劲。

粤港联网全部的输变电设备均由香港中电提供，许多设备和工艺与国内不太一样，包括接地材料、拉线衔接处理、护坡方式等，就连电杆也让工人们“大开眼界”。联网工程66千伏线路使用的是10米多高的钢管杆，与国内常用的水泥电杆不同，这种银白色，带有金属反光的圆柱形“钢管”，很多班员都是第一次见。为确保施工顺利，中电安排的技术人员白天会在现场予以技术指导，晚上也会集中开展授课教学。

然而，工艺上的差距，依然让工人们吃了不少苦。在国内立杆，是用钢筋丝起吊，采用架杆立杆法把电杆拉起来。这个方法用在水泥杆上没有什么问题，然而用在香港提供的钢管杆上，就出现了“磨损”的问题。钢丝绳和钢管杆之间，两种金属的摩擦，导致杆体上出现了一道道白色划痕。

“这不是美观的问题，是防腐的问题。”香港的技术人员十分谨慎。广东天气多雨且闷热潮湿，划痕虽小，但时间久了很有可能导致电杆生锈受损，“你们这样是无法通过验收的。”沟通无果后，双方达成一致意见，重新刷一层富锌漆确保防腐效果。线路全长 12 公里，内地境内的电线杆，几乎全部都需要重新刷漆。

刷个漆，看似不难，却引发了不少工人的埋怨。工人需要先爬到杆顶，从上往下一点一点刷下来。因为富锌漆干得慢，还没等工人往下移动，就会滴到他们工作服上，一根杆刷下来，工作服上全是油漆，一天下来，工作服都被油漆淋到“定型”，硬邦邦，洗也洗不掉。让工人们哭笑不得的是，一些被边防战士抓住的偷渡者看到做工的场景，以为他们也是被抓来劳动改造的偷渡者，询问道：“兄弟，这个活应该很辛苦吧？”

“这点苦算什么，前方打仗的战士比你们更苦！他们在前线流血牺牲，你们呢？”当时，省输变电工程处高层非常重视，经常跑到现场“监工”，革委会主任张北泉听到有工人抱怨不想干了，忍不住高声骂道，又下令：“这是政治任务，必须按期完成。”那时对越自卫反击战打得正火，中港边界有不少边防战士上了前线。工人们晚上会用偷偷带来的收音机收听香港电台，对前线战况略知一二，知道前线战士正在用鲜血和生命保卫南疆，见张北泉发火，个个不敢吱声。不过，领导嘴上“骂”着，心里还是知道大家的辛苦，刷漆工作结束后，为每个人争取到了半斤白糖，在当时是很不容易的。

与其他电力工程不同的是，涉外项目关系到了诸多部门，包括中方出境人员和港来人员的签证问题，联网后调度业务开通建设载波通道等问题，在时间紧、任务重的情况下，得到了省外办、公安局、省邮电局等相关部门的大力支持。

联网的日子越来越近。1979年3月22日，联网管理委员会和运行工作小组正式成立。根据《联网供电协议》，中港双方须各派5名委员和5名运行人员，中方联网管理委员会委员有颜鸣鹤、詹新泉、吴智民、张玉琪、余迎瑞，运行工作小组成员为张玉琪、吴智民、陈树森、李维济、张基柱。

3月29日，星期四，邓小平在北京和香港总督麦理浩进行了一场著名交锋。邓小平严词拒绝了香港提出延期土地契约的要求，申明香港主权属于中国。而就在同一天，中国内地和香港的关系，因为电网的互联，更加紧密了。

是日，师兆祥与嘉道理一同来到水贝变电站。“惠阳站，110千伏I段母线转II段母线！”“粉岭站，1L4、1L4刀闸已合上！”……待20步严密的启动操作程序完成无误后，两人一起按动了粤港联网的按钮。这是中国内地电网首次和香港电网互联。

粤港联网以后，双方设备运行情况良好，九龙电网每天送电负荷为4万千瓦，最高电量达到了85万千瓦时。在广东电网发电装机容量不足、电网结构薄弱的情形下，港电有力地支援了广东。粤港联网的头一年，广东就从香港购入电力2.5亿千瓦时。

此后，根据《联网供电协议》，1981年1月，粤港二期联网工程在110千伏水贝变电站内竣工，架设一回132千伏由香港九龙大元至深圳水贝的输电线路，接入水贝站5万千伏安主变，降压至110千伏与广东电网相连。1983年7月，粤港联网第三期工程在220千伏水贝站内竣工投运。由中电在水贝站内安装12万千伏安主变1台，将66千伏粉（粉岭）水（水贝）线改接至220千伏水贝变电站内，升压至110千伏与广东电网相连。从此以后，两个电网更加紧密相连，彼此依托，购电量不断增加，最高购电负荷曾达130万千瓦，最高年购电量达53.3亿千瓦时。

关于粤港联网，值得一提还有香港元朗至深圳蛇口的海底电缆工程。

改革开放的头几年，深圳特区的建设以超常规的速度持续发展。其中，位于南头半岛南端的招商局蛇口工业区更是发展迅猛，高楼大厦拔地而起，吨级码头、直升机机场开通使用。“时间就是金钱，效率就是生命”口号，从这里率先叫响。

提出口号的人，是蛇口工业区建设指挥部总指挥袁庚。

1917 年 4 月 23 日出生在广东宝安的袁庚，曾活跃在东江纵队的地下党组织，投身革命事业。1979 年 1 月，62 岁的袁庚走马上任，受命创建招商局蛇口工业区。2 月 8 日，在省委的小会议室里，袁庚就向时任省委书记刘田夫要答案：“工业区的供电问题，如何解决？”他认为，蛇口要发展，电力基础设施建设必须先行。为此，他牵头为蛇口工业区制订了以未来 10 年电力负荷为考量的电力建设总体规划，并于 1980 年 11 月 9 日建成投产了蛇口 110 千伏第一变电站。

尽管有省电和港电的加持，蛇口对电力的需求大大超过了供电能力的发展速度。到了 1985 年，蛇口甚至出现了频繁断电的情况，数次出现了事前不做警告性通知而突然拉闸停电的情况，使工业生产突然中断，导致厂方损失惨重。后来，供电情况每况愈下，工厂只能轮流开工，被迫实行每周“开五停二”的计划用电。外商责难，怨声四起。

电力紧张已经威胁到了蛇口工业区的生存，引起了中央领导同志的极大关注。1985 年 5 月 21 日，袁庚向国务院打报告，请求解决蛇口用电紧张的问

1986 年，粤港联网扩建工程开工建设仪式

题。文中特别提出，由招商局与中电合作铺设海底电缆，以解决蛇口用电问题。请示很快得到高层的支持。谷牧批示：我已告知梁灵光同志，他回广州第一件事，就是抓蛇口用电问题，宁压一下其他用电，也要保蛇口用电。6 月 5 日，时任广东省省长梁灵光批示：蛇口用电问题已由经委研究处理，并正派人到深圳蛇口了解情况，回省后再进一步研究。

在国务院和广东省政府的支持下，招商局与中电于 1985 年 11 月签署合同。合同规定：由中电投资 7000 万港元，敷设从香港元朗安诺道变电站至蛇口第一变电站海底电缆，向蛇口每天供电 42 万千瓦时。合同有效期 10 年。

一年后的 1986 年 11 月，海底电缆竣工并正式供电。源源不断的电力从香港元朗的流浮山入海，穿越后海湾，到蛇口碧尖中心上岸接入变电站，全长 9. 13 公里，负荷 132 千伏，当年最高输电量为 12. 9 万千伏安。

常言道："三十年河东，三十年河西。"今日之广东电力，早已今非昔比。从 1996 年开始，广东电网（蛇口工业区除外）已很少从香港购入电力，而多向香港输送电力。输送香港的电力，主要为大亚湾核电站 70% 的电量，以及广州抽水蓄能电站 50% 的电量。

贯通粤东电力大动脉

温红 陈旭 徐华君

"汕头也要和全省大电网联结啦!"1979 年 5 月底的潮汕平原，渔帆点点，田园尽绿，一个改变当地电网"孤岛"运行的消息不胫而走，"百载商埠"的人们奔走欢呼。

这个消息是张强在汕头地区调研时透露的，"省里已经确定把 220 千伏枫梅汕输变电工程列入今年开工计划。"张强是广东大埔县人，新中国成立前在冀南参加革命，时任广东省电力工业局副局长，分管基建工作。这次调研，他和汕头地区供电公司经理孙克炎等一道，到现场查看，并拜会当地党政领导，共同推动项目尽快落地建设。

"拉手"省电网，汕头期盼已久。从 1965 年龙颈水电站投产，汕头电网始具雏形，到随后的一批电厂、电网工程的建设，汕头电网逐步形成了覆盖揭阳、潮阳、普宁、潮州、潮安、揭西、饶平、澄海、惠来等县的 35 千伏及 110 千伏输变电网络。但是，此时的汕头电网，仍然游离在全省大电网之外。到 1979 年底，全地区装机容量 15. 29 万千瓦，但其中火电仅占一成多，水、火比例失调，年发电量仅 4. 83 亿千瓦时，占全省发电量的 4. 5%。自身发供电能力不足，稳定性差，特别是枯水期更是吃紧，缺电已经成为制约经济社会发展的"心腹之痛"。

纵观全省，1966 年韶关电网、1974 年茂湛电网、1975 年梅县电网都已先后联结珠江三角洲电网，形成了广东全省大电网体系，并且跨地区输送电骨干网电压等级已经逐步迈向 220 千伏。

汕头电网仍在"单飞"，供电机构业务管理也在地方，不属省电力局直管直供体制。此时，汕头地区供电公司是市水电局下属单位。

广东省政府把"联网"纳入了当年项目重点：省计委印发的 1979 年国民经济计划，将 220 千伏枫梅汕输变电工程列入了基本建设计划，"七九年投资 1500 万元。"具体建设任务由省电力局执行。

事实上，毗邻汕头的梅县人民，同样期盼着枫梅汕项目。截止到 1979 年，梅县地区只有一条 110 千伏枫树坝—梅西电厂输电线路，也是联结省网唯一的一条 110 千伏线路，而向各县输送电都还只是 35 千伏线路，电网网架薄弱，电力发展水平远远满足不了生产生活用电需求。时任梅县地区电力工业局生技科科长的卢开纯听到消息很激动，"有了 220 千伏变电站，就能靠大电网送电，梅县地区在丰水期也能将富余电力输送给省网。”这对于当时的梅县地区来说，更是高压输电网“零”的突破。

破解汕头、梅县两地用电窘境，张强他们对枫梅汕工程赋予了更多的意义。它起自龙川县枫树坝水电站，经兴宁、五华、丰顺、揭阳等县，落点汕头市郊，不但要解决汕头电网的联网供电，也将助力提升梅县地区供用电水平。

1979 年的盛夏季节，广东省电力勘测设计院的设计人员跋涉田间地头，翻越山岭丛林，开始了站址选定和线路走向测绘。

7 月 10 日，在汕头市郊区岐山公社月浦大队一处被称作“红莲池”的地方，黎顺祥一行进行了实地勘核，这里将选作 220 千伏变电站的站址。三天内，黎顺祥就绘制了变电站征地图。

根据黎顺祥他们的设计，红莲池变电站第一期工程将安装主变压器 1 台，容量 9 万千伏安，站内有 220 千伏出线 1 路，连通 220 千伏梅县变电站，再通过梅县变电站连接枫树坝水电站，并与省电网联网。

按照省电力设计院的设计，红莲池变电站的桩基按照抵御 8 级地震烈度设计，在最初的设计方案里，这个标准囊括了主控楼、10 千伏配电室、调相机室和调相机本身基础，而 220 千伏及 110 千伏配电装置的构支架和主变压器基础等户外设备则采用天然地基基础设计，也就是采用不打桩的方式建设。但在 1980 年 3 月 15 日，张强带领省电力局副总工程师伍卓富、基建处副处长詹新泉，以及省电力设计院院长黄威、副总工程师万长太等人，在广东迎宾馆向电力工业部计划司司长蓝玲带领的工作组一行汇报时，蓝玲提出，即便将来遭遇地震，调相机损坏也不影响变电站供电，建议对调相机室和调相机基础采用天然地基的设计方式以加快变电站建设速度。他的这个建议得到了采纳，设计由此作了变更。

而在对侧的 220 千伏梅县变电站，站址选在了梅县城北镇新田大队曾屋岗，距离梅县城区 5 公里，设计规模为两台 9 万千伏安主变压器，本期先安装一台。

在线路设计方面，枫梅汕工程枫树坝水电厂至梅县变电站全长 84 公里，整个线路分为“枫树坝电厂—迴龙—赤岗—大坪—梅县变电站”这几个线路

1980年12月30日竣工投运的汕头220千伏红莲池变电站。图为该站主控室

段，除了要改造原110千伏枫梅线（枫树坝电厂至梅西电厂）杆塔，按220千伏线路架设的枫树坝至兴宁合水段40.15公里线路，将原LGJ-240型导线更换成LGJQ-400型导线外，还要新建兴宁合水至梅县变电站220千伏线路43.85公里。

从梅县变电站到红莲池变电站，线路则为全新建设，长164.48公里，全线设计为铁塔、钢筋水泥杆结构，共464基，其中铁塔65基，钢筋水泥杆399基，导线型号为LGJ-240。

青赔、征地拆迁向来是块硬骨头。然而，意外的是，在当时的《110—220千伏枫—梅—汕送电线路工程设计修正概算》记载中，该段线路在青苗赔偿工作中，涉及50亩水田、120亩旱地，共花了3.2万元；房屋及电力线路拆迁的赔偿，共花了0.94万元。当时，梅县地区电力局紧紧依靠政府，在地区政府支持下，属地乡镇政府将工作任务落到各个生产队，由生产队组织村民签名。“可以说前期的这项工作很顺利，为后面的施工争取了宝贵的时间，当然，民风淳朴也是很重要的一个原因。”卢开纯回忆道。

8月11日，红莲池变电站的征地报告获得了省革委会批复。而根据汕头市革委会相关规定，被征用土地的大队除了可以得到每亩青苗补偿费200元，还将按每亩土地两人的额度安排劳动力转工。红莲池项目征用月浦大队44.66亩，一共有90名劳力被安排农转工。此后进入汕头地区供电公司的余桂深、佘克德、佘惠盛、佘厝边等人，就是这次被吸纳农转工的。

9月，枫梅汕工程全线开工了，从汕头沿海到梅县山区，全线都是火热的施工现场，平整站址、浇注基础、架设线路，省输变电工程公司、枫梅段线路施工单位冶金部第十六冶金建设公司等单位的建设者们，他们和梅汕两地当地土建等施工队伍人员、民工百姓一道，并肩奋战在变电站和线路架设工地上。

梅县地区电力局从输电工区派出张廉兴、周木珍、古国志、麦庆祥四位年轻人到各个线路段驻点，负责整个线路工程的技术质量监造。他们都是30岁左右的年轻人，张廉兴、古国志和麦庆祥还是班长、副班长，可谓都是业务上的一把好手。

据周木珍回忆，他1977年从华南工学院电力系统自动化专业毕业，当时刚满30岁，负责的是对“枫树坝—赤岗”段沿线各工程杆塔施工质量的驻地监督。每天，他们几位监督员都是天空刚现出鱼肚白，公鸡还没来得及破嗓就起床，往嘴里塞了几个包子，军用水壶上灌满了一壶水，便出发了。那会儿他有着满腔的抱负，线路工程建设工地上实战学习，让他难以忘怀。

谢益华当时是梅县地区电力局输电工区主任，他担任枫树坝—梅县线路监督总负责，要对整段线路的全部杆塔现场逐个检查。这个线路工期横跨了1980年3月至12月整整9个月。除了安排好工区里日常的工作，谢益华将工作重心放到这条线路的建设上来，每当有线路或者电杆竣工需要验收，谢益华就得出门了。为方便到电杆所在地去检查验收，他经常是验收到哪儿住到哪儿，带上洗漱用品和换洗衣物，“背着铺盖走天涯”。

谢益华他们除了测量电杆的垂直度、倾斜度，观察导线弧垂是否到位、防震锤等设备附件的数量是否正确，有时也会爬上铁塔或电杆去，检查并拧紧螺丝，调整金具。在严谨的技术参数面前，他们顾不上翻山越岭的汗流浃背和疲惫不堪，认真勘察，仔细校对，结合设计的最大风速、杆塔间的距离，监督杆塔水泥基础的凝固硬度、线路拉线坑位的位置、拉线的长度等等，在把好质量关方面，不敢有丝毫的懈怠。

这里值得浓墨下笔的是，两座220千伏变电站的安装建设过程各有千秋。

1980 年 12 月 26 日竣工投运的 220 千伏梅县变电站。图为 1980 年省输变电公司工人在安装设备

先说梅县变电站。变电站的变压器是省电力局中心修配厂生产的三相三卷油浸风冷铝芯无载调压变压器，型号为 SFSL2900020，“当时的变压器，配件多，各个配件都非常笨重，仅仅里面的一个强油循环电机，就有几千斤重。”当年变电站值班员许红明回忆说。

面对如此庞然大物，变压器从广州运输到梅县，大卡车可是费了九牛二虎之力。当时，考虑到大部分桥梁通过能力低，总重量 164 吨的变压器，最大单件 106 吨，难以整台运输。为解决这一实际问题，张强他们要求中心修配厂要制造出能在现场组装的变压器。

1981 年上半年的一天，省电力工业局党组副书记、副局长陈岗把中心修配厂厂长廖淦君叫到了办公室。廖淦君刚坐下一会，陈岗就对他说：“广东在大力发展电力，单靠向外地购买变压器不行！你必须造出一台 9 万千伏安、220 千伏三线卷大容量的变压器来！”

廖淦君祖籍兴宁县，从 1953 年在广州供电局参加工作就一直从事修试修配工作，刚刚在这一年初被任命为修配厂厂长，他知道自己的家乡梅县区正在建设变电站，而陈岗所说的变压器，就是要装在梅县变电站。当时，我国最大的变压器是18万千伏安，其次是12万千伏安，这9万千伏安的变压器算是排行“老三”了，生产这么大容量变压器本身就有难度，何况要生产现场组装式的。况且，修配厂之前并未试过自己独立生产大型变压器，唯一的经验是，厂里曾经为茂名发电厂组装过变压器，可那是在厂家提供设计图纸的基础上完成的，而且做的仅仅是组装线圈这样的单一部件。而今，可是要完全靠自己去制造大型变压器啊！其难度和压力可想而知。但既然是局里布置任务，廖淦君沉默了一会，就说：“好，我们努力试试吧！”但其实他心里是直嘀咕。

陈岗是山西太原人，1945年参加革命，新中国成立前加入中国共产党，南下转业后先后在湖南长沙县委、中南地质局、韶关发电厂任职，此刻，他显然是看出了廖淦君的犹豫，又说：“你如果造不出来，我就撤你的职!”语气坚定，似乎没有商量的余地。过了一会，陈岗又问廖淦君，“怎么样，有没有信心啊?”态度很和蔼，似乎又在鼓励廖淦君。

经陈岗这么一问，廖淦君鼓足了勇气说道：“有信心!”立下了军令状，廖淦君立即在厂里作了动员，并和厂里技术骨干一起，做设计、画图纸，就这样厂里加班加点整整干了三个多月，一件件地生产出所有的零部件，终于完成了变压器的生产。

为了控制变压器单件重量，满足了道路桥梁最大通行能力40吨的要求，廖淦君他们在设计生产时作了充分的考虑，实际生产单件部件最大重量15吨。为了将各个部件安全地运到梅县，廖淦君他们先派厂里人员去探路，以确认运输路线，探路的同事还遇到了狗咬，幸好没什么大碍。经过多次运输，组件全部安全运抵变电站工地，圆满完成了局里交给的生产任务。这一年，廖淦君因此被省电力局评为先进工作者。

变压器现场装配当时是在一个几十平方米的大帐篷中，中心修配厂现场组装人员将部件一一拼装。此时正是秋天，“秋老虎”正发威，帐篷里又闷又热，大家真是挥汗如雨。组装好以后，他们再进行了真空干燥和高压试验，确保绝缘等各方面性能达到要求。

完成组装、干燥等工序后，接下来就是如何将其就位了。那时并没有吊

1980年安装在220千伏梅县变电站内的由广东省电力局中心修配厂生产的9万千伏安主变压器

车等工具，大家只能利用厚50厘米左右的数块方形枕木垫起，下面再用粗铁管当作轮子，前方用卷扬机牵引，后方用人力推，大家齐声高喊“一、二、三”，一推一拉，一步一步将变压器向前移去，劳动的呐喊声回荡在变电站的上空。20多个人小伙子，足足用了一整天的工夫，才将这个庞然大物安全移入坐落点。

经过两个多月的装配安装，一个硕大无比的家伙揭开了神秘的面纱，展现在了大家面前。这是中心修配厂生产的第一台220千伏现场组装式变压器，也是广东首台在现场组装的220千伏变压器，变压器体积庞大，差不多占据了20多平方米房间那么大空间。

再说红莲池变电站的建设，也颇有一番传奇色彩。不同于梅县站省内生产组装，红莲池变电站的主变压器是由沈阳变压器厂生产的，1980年12月，红莲池变电站的关键设备——9万千伏安主变压器从数千里外的沈阳由铁路运至广州南火车站，然后又从广州南火车站通过驳船运抵汕头港，最后用拖船拖进市郊西港河，这才在西港木材码头处停泊上岸，用载重100吨的大平板车起运到红莲池站内就位。这一路铁路、水路、陆路并进，运输工具换了又换。有一个细节值得一提，为了将重达118吨的主变压器以及配套的器材部件运到汕头，当时汕头市枫梅汕工程梅汕段筹委会还专门向汕头造船厂定制了一艘钢制运输驳船。筹委会是1979年6月15日成立的，由地委常委、行署副志员高峰任主任。

千淘万漉虽辛苦，吹尽狂沙始到金。1980年12月26日，220千伏梅县变电站建成投产，220千伏枫树坝—梅县变电站输电线路也同时建成投产。许红明、吴海坚、杨海丰、侯祥胜等人成为第一任变电站值班员，此前，他们曾分组到广州220千伏塘厦变电站、220千伏芳村变电站跟班学习了两个月。

3天后的29日18时，汕头红莲池变电站也投运了，省网电流经由枫梅汕线源源不断输送到了潮汕大地。变电站首任值班人员有郑国逵、杨锦兴等人，佘桂深、佘克德等此时在站里当学徒跟班，而郑国逵等人之前曾到广州供电局220千伏红星变电站学习。

随着枫梅汕工程的投运，汕头电网、梅县电网通过220千伏线路和全省大电网联成一体。从此，梅县电网与省网联网的电压由110千伏上升为220千伏，汕头则通过220千伏电网并入了省电网。除了当时的海南，广东电网也由此形成了真正意义上的全省电网，220千伏网络联通了全省各地区。而梅县、汕头两地的电网发展也从此进入了一个新阶段。

接上了省网电，两地用电快速发展。1981年，汕头全市供电量达4.2亿千瓦时，比上年增长21.8%，而1982年更是达到了5.4亿千瓦时，增长28.75%。而梅县地区，1981年用电量为4.39亿千瓦时，1982年为4.95亿千瓦时，比上年增长12.68%。

汕头电网的联网，为汕头市管电机构的变革奠定了基础。1981年4月，汕头地区供电公司一分为二，分别成立由地区领导的汕头地区供电公司和市领导的汕头市电力公司。1983年，汕头地区供电公司改称汕头市供电公司。当地电力企业管理体制在1985年做出改革，6月，时任省人民政府副省长匡吉主持会议决定，从这一年7月1日起，汕头市供电公司改为汕头电力工业局，实行省电力工业局和当地市人民政府双重领导，傅长荣任局长兼党委书记。傅长荣是一位新中国成立前就入伍参加革命的南下干部，1964年进入汕头电力系统，历任工程科副科长、生产组组长、电力科科长、水电处副处长、供电公司经理、水电局副局长等职，从事电力工作长达32年，1996年离休。

同心铺设黄棠线电缆

李晓莉　杨惠平　陈海东

220 千伏黄棠线，全长 27.12 公里，一头连着黄埔发电厂，一头连着广州棠下变电站。

这条 1981 年建成投运的输电线路，与别的线路最大不同的是，它有一段 3.12 公里的地下电缆——广东第一条、全国第二条 220 千伏高压充油电缆。

“敷设这条地下电缆，对我们来说，完全是一项全新的工程，全新的尝试，只能摸着石头过河，边学边干，边干边学。”事隔多年，当年广东省电力工业局输变电工程公司试验班副班长、现退休在家的苏棣芳这样说。

一切还得从 20 世纪 70 年代末讲起。

1979 年，改革春风吹起，国门初开，广州这座千年古城仿佛被青春撞了一下腰，顿时活力迸发，北京路、上下九路的商铺鳞次栉比地开了一家又一家；千百年来以水稻种植为主的城郊芳村，也开始高调办起了石灰厂、电镀厂、汽修厂等多家乡镇企业。经济迅猛发展，是年广州全市地区生产总值突增至 48.8 亿元，同比增幅超 13%。

电力需求同步剧增，工商业嗷嗷待哺，齐刷刷把目光投向了一年前刚刚建成投产的全省第一座大型火电厂黄埔发电厂，期望从那里架设一条直达市

黄埔发电厂 220 千伏升压站

内的 220 千伏输电线路，以解市区负荷中心千行百业的“电渴”。

此时，加紧建设黄棠线，已经写上广东省电力工业局领导班子的议事日程。看着挂在办公室墙上的广州市地图，局长、党组书记师兆祥不由得皱紧了眉头——从黄埔往棠下变电站方向送电，无论怎样都绕不开一个正在使用的岑村军用机场。架空线路影响飞机起落，要经过这个片区，线路该怎么设计？为此，师兆祥特意请示了国家电力部，并得到明确指引：上海虹桥已经有成熟的“下地”模式——使用电缆“穿越”，广州也可以采取这种模式。于是，路经岑村机场这约莫 3 公里的线路，采纳最“时髦”的新技术——充油电缆。

那时候，充油电缆一直是“洋玩意儿”，包括上海虹桥机场路段使用的电缆，全靠进口。翻开教科书，文字解释显得有点儿硬邦邦的：充油电缆包括“自容式充油电缆”和“钢管充油电缆”，是用补充浸渍剂的办法消除因负荷变化而在油纸绝缘层中形成气隙、提高电缆工作场强的一类电力电缆。通俗一点说，就是这类电缆里充着绝缘油，为了起到线路绝缘和降温的作用。

建设 220 千伏黄棠线路工程的重担落到了输变电公司的肩膀上。这支创立于 1958 年的输变电建设“铁军”，虽然在 20 年的风雨历程中打过不少硬仗，但对于敷设地下电缆，却是“大姑娘出嫁——头一回”。

重任在肩，责无旁贷。为此，输变电公司专门成立了 220 千伏黄棠电缆工程领导小组，下设现场施工工作组，再细分为土建、征地青苗赔偿、技术、物资供应、运输、质量安全保卫、试验、电缆敷设、接头油务、总务等班组，由裴永丰担任现场施工工作组的书记。

根据广东省电力设计院的设计方案，220 千伏黄棠线采用的是单芯自容式充油电缆，导线中间是空的，油道直径 12 毫米。“下地”线路段起于棠下变电站，先是经过一公里的山地，两公里的耕田和菜地（岑村大队属地），在 1130 米处还要跨过一条小河——岑村河。23 岁年轻力壮的黎新，便是头一批出现在工地现场土建组的技术员。1979 年 4 月，他和土建组的同事们就在岑村河旁边扎起了军用帐篷。土建组的第一份工作，便是在这里做一条电缆桥。“小河跨度 18 米，我们采取的是梁板拱桥。”

一个月后，电缆桥铺成了，黎新和同事们转战到岑村机场东侧的锅炉厂旁边，开挖电缆沟。电缆的敷设采取直埋式，需要挖电缆沟深 1.6 米，相间

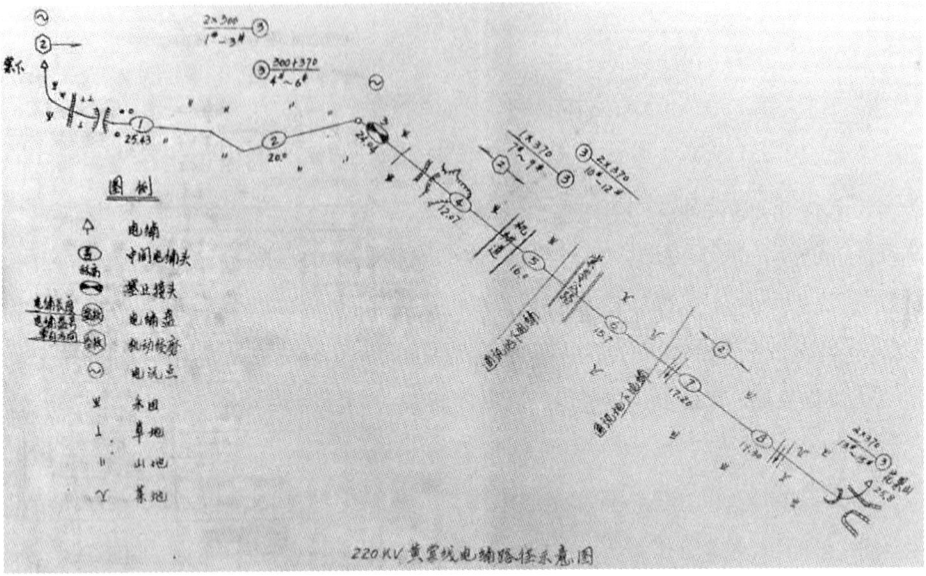

220 千伏黄棠线电缆路径示意图

距离0.3米。“推土机五台，轮式挖掘机一台，柴油发电机三台，小型运输车五台，黄棠线这个工程属于配置机器化较高的工程。”黎新记得清清楚楚。在机器的配合下，土建组施工如同当时七八月的天气一样，热火朝天，快速推进。

这边厢土建组忙碌着，另一边厢其他组员也没闲着。为了做好这个工程，省输变电公司特意成立了电缆班，将原变电安装班的27位青年骨干员工集中起来，周德宏担任班长，何文光担任技术员。1979年初夏，小组由该公司副经理范成吉、革命委员会副主任关翠仪带队，邹少云、周德宏、何文光、苏棣芳、英绍伟、高伟生等一行11人在坐了十几个小时的火车后抵达上海军工路的上海电缆厂。

那时候去上海可是难得的机会。黄浦江、衡山路、花园洋房、梧桐树的大街，无一不是生活在珠江边上的老广们想去“看一看”的景点。可是，这帮来自广州的小组成员们，在偏远的军工招待所和电缆厂直接“画”上了“两点一线”。上海的课程安排特别紧密，全部围绕黄棠线需要的电缆知识展开，包括电缆本体及电缆油的试验方法和工艺守则，电缆接头制作工艺、电缆交叉互联与防雷接地气的安装方法等……

一个多月之后，这些技术骨干们掌握了电缆的基本技术知识，并且能合格地完成一个电缆接头样板制作，才真正从上海电缆厂“毕业”，返回广州。他们抱来了一本本的技术书籍、一卷卷的图纸，厚厚的电缆的施工工具图、电缆油的处理工具图，还有施放电缆的电动器械图、电缆滚筒设备图等，第一时间被送进省输变电公司变电工地维修班加工。他们花了整整一年多的时间，先后制作了油处理车、接头制作工具、放线工具等近百套设备。

转眼到了秋天，眼看着最佳的施工期已经要来临了，上海电缆厂的电缆的生产还没着落。大概是因为这是全国第一批充油电缆、加之220千伏黄棠线工程急需，师兆祥决定不能再干等下去了，拍板让省输变电公司一边订货，一边准备施工。上海电缆厂那边表示，由于他们也是第一次批量生产充油电缆，每段充油电缆的长度没办法满足黄棠线设计的需要，只能增加中间接头的附件数量。显然，附件数量的增多这意味着电缆班小组的工作量翻倍、技术要求更高了。

充油电缆“出生”于上海，怎样安全运到广州成了新问题。充油电缆本身特别重，装电缆用的铁盘外直径为4米宽为2.5米，铁盒自重便达到约6吨。以最长段753米那盘充油电缆为例，电缆加上铁盒的重量高达28吨。整条黄棠线有18盘电缆，将近400吨的重量。又是超高，又是超宽，而且这批电缆里充着油、这些本体油还不能失压，外面的塑料护层也不允许损伤……这一堆问题都让电缆班技术员何文光十分为难，他一边盘算着，一边联系汽车运输队队长周年芬和变电工地技术负责人莫国全一起想办法。实际上，面对如此“庞然大物”，能运输的选择并不多，铁路还是海运？只能二选一。考虑到铁路的凹板车皮数量有限，海运似乎是更好的选择。

1979年10月5日，中秋。上海的天气分外晴朗，秋风中略带微凉，外滩上一声汽笛长鸣，红旗126轮船在黄浦江上并不是特别起眼，却承载着黄棠线电缆所有的重达400多吨的建材——南下广州。

早在登船之前，运输组已经提前与广州海运局协调，并得到了红旗126轮的同意，工作人员在把货品送上船之后，便将电缆盘用槽钢与船体焊牢，为的就是防止船在海上颠簸摇摆时电缆盘移位。海上慢吞吞地“漂移”了四天之后，“庞然大物”们来到广州黄埔港，再“换乘”汽车，接力运输，输变电公司汽车运输队周年芬派出40吨的吊车和60吨的平板车前往执行吊运任务，并亲自押运。就是这短短的港口到施工现场的距离，足足花了七天时间。

电缆到了，保卫电缆的小组同时到位。这批每米身价高达360元、共计50万元的电缆自然成为重点保护对象，必须严防死守，不得有误。“在我们眼里，电缆就相当于一架战斗机。”刚刚完成电缆沟土建工作的黎新留了下来，跟另外五个民兵组成值班小组，在武装保卫干部李志成的组织下，拿着三支五三式冲锋枪日日夜夜守着电缆。

上海电缆厂的老师傅也来了，给电缆班的员工现场授课，传授经验。班长周德宏则抓紧时间，组织大家进行开工前最后一次基本功培训。老师傅谭锡邻教真空油车使用，老师傅余锡湖对大家进行油务方面的培训，而周德宏手把手教接头小组的员工喷锡基本功。

1979年12月8日，大雪。广州没有雪却也异常寒冷，让户外的行人们不

原安装在棠下变电站的瑞士FR5－220型少油开关（1980年摄）

禁搓手跺脚。220 千伏黄棠线的变电站内向花果山方向，没有鞭炮锣鼓，没有舞狮采青，由输电工地副主任林苏负责，低调地开始放出第一盘电缆。项目已经拖延得太久，直到年末方才进入攻坚阶段，大家既是期盼，又是担忧。电缆充油，比一般的电缆重很多，这几公里长的黄棠线，必须使用电动牵引机械，由专人指挥、专人操作向外放送。

一直做变电安装的电缆班小组成员们没想过，充油电缆竟如此“身娇肉贵”，每隔两米就要设置一个滚轮支承架，以防在地上“蹭”一下造成损伤；遇上转弯的地方，因为太重了而“转不过身”来，就得使用铸铝转弯滑轮协助，缓速放出；由于充油电缆还带着“拖油瓶”——油管和油箱，所以电缆盘架特意设计了刹车限速装置，让电缆稳速前进，以防稍微大一点的动作会导致油管断开。为了保证敷设质量、指挥信号传输正确及时，他们在线路的一半处设置指挥台，由班长在指挥台发布开始和停止的命令，指挥台与电缆盘、机动绞磨、电缆牵引头之间设置了电传信号灯联系；电缆敷设的全段都架着有线广播，全线每隔几十米就设置信号员负责传递消息。

当这些充油电缆一点一点敷设进铺好沙子的电缆沟里时，时间已经来到了 1980 年的元月，农历春节的年味扑面而来。土建小组展开了电缆沟回填工作，并为电缆通道修筑了止塞井用于止塞接头部位。到了 5 月，作为电缆调试的主要负责人苏棣芳，带领黄思宁、宋计民、马志伟、谭小伟等 5 位测试小组成员正式进场。此时却传来了一个不太好的消息：电缆段工程因为测量外护套绝缘电阻的时候，发现了多段绝缘值偏低，原因不明。

为了追查原因，电缆工程又停滞了下来，而黄棠线其他架空路段正常建设着。

7 月的广州炎热异常，高温工作本不是现场作业工人们期盼的，可是当工程重启的消息传来，他们却又摩拳擦掌，希望着施工赶紧开始。电缆班一分为二，一组是专门负责处理带着压力电缆油的油务小组，一组是做接头的接头小组。电缆里充着油，随时都会在高温的条件下被喷头点燃，电缆班班长周德宏一直很紧张。年轻的他每一天开工前，都跟个老头子一样跟现场的接头小组和油务小组成员们叨念着：“毛主席教导我们说‘百年大计，质量第一’。最近李副总理（李先念）又指出‘质量问题很重要，搞不好工程质量就是向党开玩笑，对人民、对国家开玩笑’。我们应该在本工程中密切重视质量工作，严格执行操作规程。”

施工现场旋即进入了高度警惕状态，这里随处可见了氯化碳灭火剂及其他防火设施，还有医务人员在一旁跟进。即便如此，还是发生了一段让周德宏神经绷紧的小插曲：一位年轻的接头小组人员在使用喷头的时候一不小心让火星飞溅了出去，瞬间把电缆中的绝缘油点着了。看着火苗要串起来，周德宏眼明手快迅速拿起了灭火筒横扫，火灭了，现场鸦雀无声，齐齐倒抽了一口冷气。

电缆三相电，相当于全长接近 10 公里。止塞井虽然不深，但是特别闷，饶是再熟手的技术工也不好发挥。高伟生便是这电缆班接头小组上数一数二的技术工，一个接头做下来得花上好几个小时，比平时费劲得多，戴着手套也差点被烫出水泡来。

电缆班忙碌着，试验班也没停止测量工作。为了便于黄棠线电缆的测量，试验班甚至研发出了新产品——测量电缆用油的油杯。

说到这个油杯，也是跟黄棠线一样的“特殊产物”。那些年，电缆用油的测试只能在省电力局中心试验所的专业设备上进行，但是要检测的变压器油在棠下变电站，往返的距离太远，时间也很长，反复取样送检较耗时费力，且样品的状态会因中途的各种因素发生改变而影响检测的准确与真实性。苏棣芳大胆提出建议：能不能试验班自己买设备在现场进行检测？输变电公司副经理陈锡畴对此表示赞同，并向省电力局汇报获批，并下拨 15 万元的试验专项经费予以支持。他们利用这笔钱，购买了电缆冲击试验台、油实验分析台、油箱、控箱、两台空气调节器、光线视波器和相关的冲洗设备等，主要用于电缆的冲击试验、电缆温升试验、短路冲击试验等，不仅达到了预期的效果，而且大大提高了施工效率。

时间紧、任务重，无经验可循，更缺乏技术标准支撑，没有标准产品。苏棣芳翻阅了不少资料，终于在图书馆旮旯角的一本国际电工委员会（IEC）的期刊上发现了电工委员推荐的标准油杯。拿着泛黄的图纸，他找到了变电工地维修班组的潘冠忠和陈玉婵使用钻床、刨床、打磨等土方法加工制造并镀铬。油杯做出来了，苏棣芳到省电力局中心试验所进行比对，数据一致；为了进一步求证，又特意拿到上海电缆厂和上海供电局的电缆工区进行校验，数据还是一致。他终于放心地拿着油杯进场检验了。苏棣芳回忆道：“当时一开始做试验的初期，为了准确掌控变压器油的情况，每一个电缆头每天取油样三次，中间电缆头加上终端电缆头就有 21 个左右。”

试验班完成初步测试后，很快就发现了问题：他们使用 2.5 千伏摇表测量外护套绝缘电阻的时候，发现了多段绝缘值偏低。有的人认为，电缆在拖动挤压的过程中，塑料外皮有一点损耗，出现了沙眼，绝缘值偏低只是沙眼造成的感应电流，属于正常范围；但是也有人认为，这可能是充油电缆某处出现了缺口，需要进行修补。孰是孰非？苏棣芳如实向上级反映了情况。

这是广东第一条充油电缆，任何一个毫不起眼的漏洞都可能导致安装的失败。省电力局副局长兼总工程师颜鸣鹤马上组织了输变电公司、设计院、广州供电局、上海电缆厂等相关的专家进行讨论。

省电力局电力设计院是根据理论情况提出：按照设计的要求，动力电缆绝缘外护套只要达到 2—4 毫米，其耐压就可以达到 35 千伏。而业主方广州供电局却要求一定要经过现场的实验，明确能达到 35 千伏的耐压效果才能通过验收。输变电公司副总工程师陈耀华和技术员罗学琛参加了讨论，他们提出电缆绝缘外护套是用来防止感应电压的，并且不大于 100 伏，所以这种低压试验，只要摇绝缘达到 25 千伏即视为合格。各方意见不一。

万万没想到，这场关于动力电缆绝缘外护套的试验标准争论，竟然从秋吵到冬，又从冬争到春，持续了近 8 个月都不能达成共识。

1981 年夏初，师兆祥在省电力局办公楼会议室再一次召开会议，邀请了各单位的高压试验人员参与讨论。主持人颜鸣鹤点名让测试班班长苏棣芳发言。苏棣芳有理有据抛出自己的看法：“国际电工委员会有电缆外护套进行直流 10 千伏耐压测试的规定，耐压值达额定 10 千伏后保持 1 分钟，不发生击穿放电则判断外护套绝缘性能合格的标准。这是国际上比较先进的国家的做法。我们作为技术相对落后的国家，在还没有国家标准时，可以把这个标准作为参照执行标准。”他的发言说服了所有人，意见最终被采纳。

果然，参考发达国家的标准，经过耐压测试，220 千伏黄棠线确实是在敷设过程中有十多个薄弱点被击穿了。这时，棘手的问题又产生了：怎样才能在深埋 3 米多的电缆中找到破损点挖出来补好？这是困难，也是挑战。试验班组成员们先用欧姆定律、电桥原理初步确定故障点的大致范围，再利用跨步电压和点位变化梯度理论，找出准确点。这样，花了一个多月的时间，220千伏黄棠线上所有的外护套故障点全被精准地查找了出来。7月31日工程的主体绝缘耐压试验合格，高频参数由广东电力中心调度所测试，合格。

1981年11月7日，黄棠线正式投入运行，工程历时两年。至此，黄埔发电厂的澎湃电能，经黄棠线源源不断地注入广州市中心，点燃万家灯火，让这座南国商都生机盎然。师兆祥、颜鸣鹤称赞输变电公司在220千伏充油电缆工程这项新兴建设项目中迈出了坚实的第一步，创出了新路。

首次吃螃蟹不易，难免有诸多不足，留有不少遗憾。

翻开1981年由何文光、苏棣芳编写的《黄棠线电缆工程施工技术总结》，字里行间清楚地写着：这条国内“第一”的充油电缆虽取得成功，依然存在压力油箱敷设不方便、电缆接头壳的油嘴太小、终端头套管上顶盖铸铝合金砂眼漏针等设计上的问题，有待改进。同时也坦言，由于电缆首次施工，施工所需专用设备如油车、真空车等等都要自己做，导致单台价格昂贵，工程的施工机械费用占工程总投资的5.54%，属当年的“天价”施工费用。

时光荏苒，物是人非，1991年黄棠线中段接入碧山变电站，线路一分为二，分别为黄碧线和棠碧线。2005年黄碧线改造为黄碧甲乙线，黄棠线正式退出“江湖”。

兴建大亚湾核电站决策始末

王越

大亚湾，位于广东省东部红海湾与大鹏湾之间，濒临碧波荡漾的南海，总面积650平方公里，海岸轮廓曲折多变，形成近岸水域“大湾套小湾”的隐蔽形势，是南中国重要的海湾。然而，让大亚湾名噪一时、令世人瞩目的，并不是因为它优越的地理位置，而是源于中国电力在改革开放初期的一个惊人大手笔——合资建设一座利用原子核裂变反应产生的核能来发电的电厂。

然而，最初围绕合资兴建大亚湾核电站这个问题，从中央到地方、从国内到海外、从专家到民间，都充满着争议，曲折而艰辛。

1978年秋，当香山红叶和地坛银杏正忙着渲染灿烂之时，美国国际核能发电工程顾问公司董事长纳马克写信给中国领导人，建议中国发展核电，并派公司总经理林杰克飞抵在当时被西方视为神秘国度的首都北京，亲自向中国工程界介绍核电站。

追溯中国核电的发展历史，早在1956年联合国召开第一次和平利用原子能大会后，当时的电力工业部就提出了建设核电站的建议，并于1958年成立原子能工程领导小组，着手可控核反应研究和核电站建设可行性调研，后因形势变化而中止。1964年10月16日中国第一颗原子爆炸成功，为我国和平利用核能奠定了基础。五年后，周恩来总理作出指示：二机部（即第二机械工业部）建立一支和平利用核能的研发队伍。他说了一句事后看来更像是一道没有任何商量余地的命令：“二机部不光是爆炸部，而且要搞核电站。”1970年2月8日，周恩来总理批准上海市建设核电站，史称“728”工程。1972年底，由国家电力、机械和核工业等部门组成的考察团，对日本等已经建设核电的5个国家，进行了为时3个多月的访问、考察，了解世界大型发电机组和核电的发展状况。此后，对我国核电发展进行了积极酝酿和探索。

1974年3月31日，周恩来总理抱病召开会议，听取汇报，并最终批准了核电站的建设方案。他对我国独立设计建造的第一个核电站寄予了厚望。日后，秦山核电站总设计师、中国工程院院士欧阳予回忆说：“周总理在批准的时候，特别强调两句话，不污染国土，不危害人民。”

至此，中国的核电站建设大幕正式拉开。

而此时，在核能民用领域，中国已远远地落在了西方发达国家的后面。于是，加快核电站建设，为刚刚开启的改革开放提供能源支撑，便摆上了中南海领袖们的议事日程。1979 年 10 月，国防科工委向时任军委副主席叶剑英并中央专委提交了一份长达 3 万多字的《关于发展核电站问题的请示报告》，年底，邓小平在这份报告上批示："请中财委讨论，提出具体意见（我认为由二机部抓总，较为妥当）"。

同样重视核电问题的还有广东。1979 年 2 月，林杰克在北京巡讲完之后，应邀来到春意盎然的羊城，再次讲授世界核电发展方面的相关情况与知识。5 月，他向广东提出了一个与香港合资建核电厂的建议。广东省电力工业局副局长陈岗立即向广东省委书记（当时设第一书记）、常务副省长王全国做了汇报。"粤港合营核电"这个词第一次进入王全国的视野，并从此与之结缘。

王全国，湖北襄阳人。新中国成立后，大部分时间在广东工作，对这个南方省份的经济建设情况了如指掌，此时正为缺电问题搞得焦头烂额。资料显示：1978 年，全省发电装机容量 258.45 万千瓦，发电量 96.23 亿千瓦时，其中水电占 60.35%，火电 39% 以上，其他电能聊胜于无，电源结构单一。水电靠天"吃饭"，丰水期与枯水期发电能力落差极大，很不牢靠；火电靠煤油"下锅"，所需煤炭和原油多数从外省调运或进口，受制于铁路的运力和外汇贮备，一直处于被动应对状态。此时，国门初开，特区设立，经济加速发展势头突显，电力严重短缺的局面已见端倪。加快建设大容量的主力电厂和实现能源的多元化，成了全省上下的共识。合资建设核电站，无疑是上上之选。

1979 年 6 月，受王全国的指派，陈岗赴港，走进了位于九龙红磡海逸道 8 号的中华电力公司办公大楼，拜访该公司董事长罗伦斯·嘉道理勋爵，双方相谈甚欢，在合建核电的问题上可谓是"一拍即合"。饱受 70 年代国际油气价格暴涨之苦的香港，此时亟须摆脱单纯依靠油气发电的困境。与内地合建核电站、改善电源结构成为一个可行的选项。罗伦斯·嘉道理表示，年内他将回访广州，进一步商讨这个"大问题"的具体细节。

除了美国企业、中电高层，国家对此也给予了明确的支持，1979 年 9 月 20 日联合广东省政府向国务院提出了与香港合作、利用外资建设核电的建议，并派人到广州一起参与对外谈判。紧接着，选址、勘测、会谈等一系列的准备工作顺序展开。12 月 15 日，又联合向国务院副总理谷牧呈送了关于粤港联合建设核电站的报告，提出从法国引进两台 96.5 万千瓦的压水堆机组；建设资金85%由设备供应方提供卖方贷款，剩下的由粤港双方按持股比例分摊。

广东要联合香港建设核电站的报告到中央后，可谓是一石激起千层浪，一时间各种声音、观点交织在一起，众说纷纭，莫衷一是。

1980年3月，时任国务院副总理薄一波在听取二机部关于发展核电站问题的汇报后指出："我的兴趣在于自己制造，我是不同意成套进口的。现在要看什么时候干？1980年比较困难，主要是没钱……"11月21日，新华社《参考清样》报道了美籍华人、核电站设计工程师吴晓征关于反对中国引进法国核电成套设备的意见。国务院副总理张爱萍将之批转给了国防科工委主任张震寰、副主任朱光亚和二机部，请他们研究相关问题。张爱萍的意见是：就算是进口外国技术，自己的原型堆也要搞，并行不悖。12月2日，原一机部副部长孙友渔上书中央，反对国内搞原型堆核电站。他认为没有必要自己搞，而且也不相信能搞出来。中央将这个意见批转给了国务院常务会议的领导，并请谷牧牵头组织相关方面负责人和专家，就这个问题展开讨论。9日，国防科工委在向邓小平、胡耀邦等领导同志的报告中提出了反对引进法国成套设备的意见，建议即便是引进外国技术建设核电站，也要继续搞自己的原型堆核电站研制。

令人意想不到的是，中国经济快速发展势头在改革开放开启后的第三个年头就急转而下。最显著的标志是出现巨额财政赤字，据《中国经济年鉴(1981)》披露的数据，1979年赤字170多亿元、1980年120多亿元。在这样的情形下，国家着手进行大规模调整国民经济结构，全面压缩基建投资，将财政资金重点向农业、轻工业和民生领域投放，上海宝山钢铁厂等一批重工业项目、对外引进成套设备的大工程相继下马。其中，1979年规划中的30个大型电力建设项目除了龙羊峡水电站等几个已开工和续建的项目外全部下马，当中包括计划在苏南地区建设的核电项目、刚刚开工的广东沙角发电厂（即后来的沙角发电A厂）。连建建停停很多年的葛洲坝水电站也停了工。

尽管国家进行宏观调控，但似乎并没有影响关于核电站建设问题的讨论。1981年1月5日，二机部编发简报，再次反映了外籍顾问的意见：向外国买比自己造贵得多，买成套设备学不到东西，应当立足于技术引进，自力更生才是最稳妥的方案。1月6日、7日、9日三个下午，谷牧召集了国家计委、建委、科委、国防科工委、能委、机械委、进出口委、一机部、二机部、电力部和清华大学11个部委、高校召开会议，研究从法国购买90万千瓦核电机组的问题。谷牧在会议总结时表示：购买法国的核电设备，接到了不少的群众来信，提出应采取慎重态度，因为这是个大项目。大家认为，中国必须有核电站，应有发展核能的规划，但不能等有了规划再考虑建设和电站。在技术路线方面，由于情况复杂，不同意见多，在座的意见就不完全一致，会议将把相关情况向国务院反映。“这次会议定不下来，下次由更高层领导下决心。”谷牧这样说。

现在让我们把视线从北方转到南方。1980年，在王全国的推动下，由广东省电力工业局局长师兆祥和香港中华电力公司董事长罗伦斯·嘉道理领衔，粤港合作发展核电完成了8轮会谈，核电项目的选址、安全环境分析系统设计的论证、可行性研究报告的撰写等工作也在紧锣密鼓地进行着，并取得了实质性的进展。12月21日，在广州东方宾馆这座城市中心充满亚热带风情绿色园林酒店里，广东省电力工业总公司与香港中华电力公司在合营广东核电站的可行性研究报告上签字。签字人：师兆祥、罗伦斯·嘉道理。是时，外面冬日暖阳，里面宾主尽欢。

转眼到了1981年，几乎与远在北京的谷牧同步，1月7日至13日，广东省政府也组织召开了广东核电可行性研究报告专家审议会，反映了南方这个改革开放先行区的急切心愿。3月10日，在王全国做完最后的修改后，广东省政府和国家电力部联合向国务院报告了《合营广东核电站工程计划任务书》。就这样，一个需要投资数十亿美元的项目计划任务书，摆在了党和国家最高领导人的案头上。

对于这个涉及国家经济、技术、安全，事关核电工业未来发展方向的特大项目，中央高层决策者自然是慎之又慎，再三斟酌。3月10日，新华社报道了某些专家对广东核电站的意见和建议。张爱萍阅后这样写道：请邓副主席一阅……我认为这些意见是值得慎重研究，而不是轻易决定。我们自己已有相当的技术力量和一定的经验，还是立足于自己更可靠些。邓小平批示：“请财经小组再加考虑。”受中央财经工作领导小组的委托，国务院副总理谷牧组织人员对内参中提出的问题进行继续论证。

1980 年，师兆祥（前排右）与香港中华电力公司董事局主席（前排左）互换广东核电站可行性研究报告

就在一片争议声中，广东核电建设的前期工作，在党和国家最高领导层的推动下，一点点取得了进展。1980 年 10 月，法国总统德斯坦访华期间，提出了恢复中法两国关于核技术的谈判，并开出了优惠条件，经国务院常务会议讨论同意，中法两国领导人就核电建设达成了口头协议。1981 年 2 月，南海舰队对在大亚湾核电站选址提出了意见，王全国向军委副主席叶剑英写信反映了相关情况。同月，就国务院各部委对广东核电项目可研报告的审查。这次审查的原则是“四不一重点”，即重点审查可行性报告是否可行，不审查我国搞不搞核电站、发展核电站采取什么堆型、广东是否应该搞核电站以及是否合营等问题。

在“四不一重点”的原则下，从 5 月 27 日到 6 月 8 日，在国家进出口委、国家计委和国家能源委的牵头下，11 个部委和 248 名领导同志、专家和教授，分为 7 个专业组开展深入详细的审查。这次会议上，广东省委书记王全国、副省长叶选平和省电力工业局长陈岗先后就相关问题做了说明和汇报。

各方观点和意见在这里集中交锋，反复论证。争论的焦点主要集中在：经济方面，国家财力有限，建设一个核电站所需的投资相当于 5 到 6 个同等发电能力的火电厂，这种投资是否合算？而按照中外合资方式进行，这对于 1980 年外汇储备为 12.96 亿美元的国家而言，风险是否可控？有人提出，解决广东用电问题，开发核电是一个路子，但是投资太大、风险高，能不能以建设红水河梯级发电，将电送到广东的方式来替代核电项目。与会者意见不一，存在着很大的分歧。

王全国在总结发言时做了表态：关于资金问题，广东可以利用自己的外汇来解决，不花中央的钱；关于把建设核电的资金改为开发红水河水电送广东的问题，现广东全省总装机容量中有六成是水电，算上枯水期，水电的实际发电出力只有三分之一左右，而核电的利用率远高于水电。况且，广东的核电和红水河的水电是相辅相成的，并不矛盾。这位1938年参加革命的“老八路”动情地讲：“我今年62岁了，如果中央批准这一工程，我请组织上解除我的其他职务，专抓这项工作，希望用十年时间，在有生之年把这个中国大陆上第一座大型商业核电站建好。”

主政广东的领导者在合资建设核电问题上所表现出来的战略眼光、开拓精神和无私品格，在今天看来依然是值得称道的，也是令人感动的。

审查会议认为，粤港合营核电站的办法是可取的，选用90万千瓦机组是能够达到安全稳定运行的，同意设备选购原则，核燃料在初期先由外国供应是可行的；预选厂址地质条件是好的，报告对预选厂址安全评价原则基本上是合理的，对环境影响的安全分析是可行的，核电站经济上是有利的。也有不少同志提出了不同看法和意见，认为目前条件还不成熟。最后，会议同意已送来的报告可作为“初步可行性研究报告”，同意广东省继续创造条件，开展工作。

三个月后的9月25日，审查会的相关情况和审查意见以《有关广东合营核电站的汇报提纲》的形式呈报国务院。提纲中提出，详细汇报了项目的审查情况、各方意见和与法国方面接触的情况。

10月5日，国务院常务会议讨论广东合营核电站问题，在听取进出口委、计委、能委的汇报后，对项目上还是不上，意见还存在分歧。最后，会议认为，国务院对建设核电站是赞成的。一是我国东北、东南和广东等地区能源稀缺，搞核电站是需要的；二是在建设时期，核电站的设备，不需要我国拿出更多的资金；三是广东核电站通过向香港输电合作；四是条件优惠可以搞。后来，听到了各种议论。“现在看来，核电站我们没有搞过，今天这样的水平，上这么大的项目，花这么多的钱，如果出了风险，后果比较严重，就很被动，中国人民不会原谅的。我们现在不一定要冒这个风险，要慎重一点好。应当比较一下，有没有别的路子解决广东的用电问题。如果红水河电站合算，就把核电站放弃。要很好地研究论证。”最后，会议决定，搞出几个方案进行比较，然后决定是搞还是不搞。中共中央总书记胡耀邦在看完这次国务院常务会议纪要后，随即将会议纪要和进出口委的报告印发了政治局、书记处和有关部门和省的领导。

好事多磨，争论还在继续。1982 年 4 月 19 日，国家计委向国务院提交了一份《关于广东省与香港合营核电站问题的意见》，建议在“六五”期间，这个项目不上马为好。然而仅仅过了 5 天，水电部就复核广东兴建核电站和开发红水河水电问题向国务院报告时说，经过两个多月的研究，他们认为两者不是对立的，而是相辅相成的。

5 月 7 日，国务院常务会议再次讨论广东核电问题。会议认为，粤港合营核电站比其他地区有更多有利条件。广东与香港合营核电站，风险不大，值得搞，广东可与外国接触，如无特大问题即可搞下去。会议就与外方谈判问题提出，要本着“为了搞而去接触”的精神与外商打交道，如项目可以成

1981 年，工程勘察人员进行大亚湾核电站工程选厂勘察

立，即正式提出可行性报告，并按规定程序报国务院批准，再同外商正式签订合同。并要求核工业部、机械工业部参与谈判。

5月18日，国务院批准成立了广东核电站谈判小组，由水电部牵头，广东省政府、核工业部、机械工业部、外经贸部、财政部、中国银行和国家计委派员参加。水电部由主管电力工作的第一副部长李鹏牵头谈判小组，广东省由副省长叶选平参加。

与此同时，主要依靠自己力量研发与建设的“728”工程，从1974年起，经过八年的科学实验和技术攻关，已取得300多项科研成果。这期间，国家对核电发展又做了部署，调整“728”工程建设任务，由二机部负责设计和建设核电站。1982年，核电站厂址选在浙江海盐的秦山，“728”工程正式更名为“秦山核电厂”。

此时，中共中央总书记胡耀邦显然对粤港合营核电推进速度的现状不太满意，其所表现出来的焦虑，一度曾给政策的执行者们带来很大的压力。7月24日，胡耀邦和陪同他视察的水电部第一副部长李鹏在谈制定我国电力工业方针政策中的10个问题时，专门提到了广东核电建设问题。胡耀邦指出，能源应该多样化，搞水电，搞火电，还有核电为什么不搞一点？……广东核电，看起来几十亿很吓人，实际上是无本生意。仅仅过了四天，胡耀邦又召见了核工业部部长张忱和副部长蒋心雄，谈了他对发展核电的一些意见。

胡耀邦的表态，所传达出来的信息是十分明确的。同年8月，国家水电部和广东省分别与法国、英国政府开展谈判。11月，李鹏和叶选平率代表团访问了法国、英国和芬兰。访问期间，英法两国都对中国政府打算和平利用核能的计划给予了正面回应。最终广东大亚湾核电站引进的法国核电技术，正是李鹏此行带回来的重要成果。

这一年的冬天，邓小平在听取经济工作汇报时，做出了这样的指示：“搞能源、交通、钢材、水泥、木材等，都是十分重要的事情，该上的就得上，不搞这些，以后经济还是上不去。电力建设一定要超前一些。钱不够，要想办法借点外债。”邓小平的指示无疑是对广东核电最大的支持。

12月13日，国务院常务会议正式确定了广东核电站项目，认为经济上是可行性的，并明确要求我国核电站的技术装备政策要尽快定下来。会议决定，成立广东核电站建设协调小组，李鹏牵头，广东省和8个部委、中国银行参与。广东省指派一名副省级干部专责此事，技术上由水电部和核工业部负责。

并调派中国船舶工业总公司副总经理彭士禄任水电部副部长兼广东省委常委，主持广东核电建设指挥部的工作，同时从全国各地抽调 140 名工程师支援，并聘请法国电力公司（EDF）为顾问，协助进行技术和工程管理。会议要求，李鹏和广东省领导要向国务院负责，中央各部委要积极支持，把这个项目作为一个攻关课题，群策群力，认真搞好，在重点建设上闯出一条新路。

两岸猿声啼不住，轻舟已过万重山。至此，粤港合营核电站这个改革开放至今 40 多年最大的对外合作项目，经过几年的反复商讨和论证，算是在决策层面正式敲定。

1983 年初，国家科委、计委、经委组织 150 名专家，召开核电论会，就我国核电发展有关问题进行了深入讨论，形成了《核能发展技术政策要点(送审核)》。6 月 1 日，伴随着秦山双龙岗上响起的隆隆炮声，中国人拉开了建设大陆第一座核电站的帷幕。核电站设计容量为 30 万千瓦，这是中国当时能够制造和建设的发电单机的最大功率。

秦山核电站的开工建设，无疑给正在升温的粤港合营核电站项目添了一把火，筹建工作明显加快。这个时候，一直在广东省组织核电站建设前期工作和谈判的王全国已经调任湖北省委书记。在 1984 年核电站开工建设的时候，王全国又被调回广东主持这项工作。正如他所愿，组织上免去了他的其他职务，出任广东核电合营有限公司董事长，让这位希望有生之年建成中国大陆第一座大型商业核电站的老干部，如愿以偿。

1985 年 1 月，中英双方在北京签署了合营广东核电的协议。1 月 19 日，邓小平会见了罗伦斯·嘉道理勋爵一行，邓小平表示，和香港合营建设广东核电项目，是我们最大的一个项目。这是了不起的事情，甚至在我国恢复对香港行使主权后都会产生影响。它将使内地和香港在经济上的联系更加紧密，对保持香港的繁荣稳定，增加港人的信心有着重要的意义。

沧海横流，方显英雄本色；筚路蓝缕，乃知创业艰难。改革开放之所以伟大，不仅在于取得举世瞩目的伟大成就，更在于它冲破了禁锢，以务实的精神加速内部变革、拥抱外部世界。回望兴建大亚湾核电站的整个决策过程，所有亲历者和见证者都会感慨万千。正如 1984 年广东省委书记任仲夷在广东核电筹建办的汇报会上所说的那样，这一段历史，可以用三句话概括：千方百计、千辛万苦、千言万语。

对澳供电的历史足印

许昌永　沈诗鸣　曾佳程

“珠海站，合上珠澳A线123开关”“数据正常。准备合上124开关”……

1984年6月30日上午，珠海市前山公社莲塘大队西侧的一处小山丘上，220千伏珠海变电站站长杨维炳和值班员正在进行紧张的送电操作，他们将要接通联结珠海变电站和澳门北面变电站的110千伏珠澳A、B线，实现对澳门正式送电。

经广东和澳门方面共同商定，这一天，粤澳联网正式启动并在两地举办庆祝仪式。此前，杨维炳他们已经进行了多天的并网试验，联网运行情况一切正常，但这次操作事关重大，他们异常谨慎。珠海侧投产现场总指挥是省中调副主任马鸿伸，由他发出投产令。在现场守候的，还有来自省电力局、省输变电工程公司、珠海供电局等单位的30余人。

11点多，各项监测显示，珠澳A、B线送电成功。此时，在澳门北面变电站启动仪式现场，澳督高斯达与广东省电力代表团团长、副省长匡吉同时按下启动按钮，宣告粤澳正式联网。一时间，现场掌声雷动，鼓乐声、欢呼声不绝于耳。

粤澳联网，意味着澳门结束了电力“孤岛运行”的历史，从此，广东的

珠海输入澳门澳北变电站110千伏架空线路

电力源源不断供向澳门，为方兴未艾的澳门经济社会发展注入了新动力。

陆地面积30余平方公里的澳门，历来是中国领土，1887年被葡萄牙占领并受殖民统治。1974年葡萄牙爆发“康乃馨革命”的军事政变并取得成功后，新政府宣布放弃所有海外殖民地，1976年，葡方承认澳门成为“葡萄牙管治下的中国领土”。1979年2月8日，中葡正式建交。这些都让内地与澳门方面的联系变得越来越紧密。

此后不久，中央批准广东、福建在对外经济活动中实行特殊灵活政策，并试办深圳、珠海等经济特区，采取多种方式吸引外资。而此时的澳门，一方面受欧洲海外贸易优惠政策的刺激，出口加工业发展迅速，甚至一些香港企业也搬到澳门办厂，小小澳门“挤进”上千家加工企业；另一方面澳门三岛（澳门、氹仔、路环）属于独立小电网，仅靠两座燃油发电厂发电，容量不足30万千瓦，不仅供电能力捉襟见肘，过高的发电成本使得当时的每千瓦时电价达到1港币。用电难、电费贵、噪音等污染严重，令当地企业和居民叫苦不迭。

城市经济发展，离不开电力。与澳门相比，电力建设加快发展的广东电网峰谷差值很大，特别是晚上10点之后的电力还有不少富余。两者电网峰谷时段的明显差异，这也让著名爱国企业家、全国政协常委、澳门中华总商会理事长何贤等看到了解决澳门电力难题的希望。1980年4月，何贤与澳门政府经济协调司、总督助手谢兆时等开始与广东省电力工业局接触，商谈广东电网向澳门供电事宜。

从4月8日，省电力工业局副局长陈岗等开始与澳门当局代表谢兆时等多次洽谈。到6月20日，双方已经进行了四次洽谈，“双方对供电澳门的一些原则初步取得了一致意见，并分别起草交换了《补偿贸易供电协议（草案）》。”协议草案主要包括澳方同意广东购买中华电力公司电力转售给澳门，澳门方面提供2亿港元补偿贸易资金用于广东电力建设，在广东供电澳门后逐月抵扣电费等内容。

省对外经济工作委员会非常重视此事，7月上旬根据省领导指示，委派叶修青等赴北京向国家外资管委会及有关部门作情况汇报。得到国家的指示后，省对外经济工作委员会与省计委、经委、财厅、中行、外贸局等单位有关领导在7月22日召开会议。“广东毗邻港澳，搞好睦邻关系是很重要的。”大家一致认为，向澳门供电无论在政治上或经济上都有重大意义。

10月27日，陈岗等四人第五次赴澳门，洽谈协议草案修改意见。与陈岗等人进行谈判的谢兆时等人，把这次谈判看成是对协议的一些细节稍作修改后，就可以确定签字日期了。在陈岗等人提出要对供电日期、供电负荷上进行重新调整研究时，谢兆时显得忧虑而悲观。他说：“我们已经放弃了其他选择，只能依靠你们供电来解决澳门一直以来的电力大问题了，现在澳门是处于进退两难的地步啊。”

虽然如此，双方还是基于解决问题的态度持续对话。在为期3天的谈判中，陈岗等人对澳门希望与广东合作谋求解决其电力供应问题持积极态度，同时阐述了目前广东电力无法平衡、困难较大等具体难处。澳门方面表示谅解对方存在的困难，同意在供电日期、供电方案等方面重新进行了研究，共同商讨以尽快确定双方都能够接受的新方案。

陈岗等人返回广州后，马上向省政府作了详细汇报和请示。副省长王全国于11月5日作出批示，同意转供香港电力给澳门，从1984年开始由广东供电等。

11月7日，陈岗等四人第六次赴澳门洽谈。所幸，经与澳门南光贸易公司总经理柯平等人沟通，并与谢兆时等人谈判，双方对于草案的修改基本上取得一致，并未出现过多的分歧。

说起澳门南光公司，这是一家新中国成立前夕创办的中资企业。1949年五六月间，中共港澳工委澳门分工委负责人柯正平接到指令，在澳门创立贸易公司。经过数月筹备，8月28日，柯正平借用新马路100号“新中行”的阁楼设立了“南光公司”。创办初期的南光公司在支前司令部领导下，支援广州市、海南岛和万山群岛解放，为北方解放区输送粮食等短缺物资，并曾经组织为新中国成立初期广州五仙门发电厂运送煤炭，以及“抢运”战略物资，支援抗美援朝战争。柯正平还针对国民党在澳门势力的反共活动，组织南光公司团结广大澳门同胞进行坚决有力的斗争。

南光公司创始人柯正平，又名柯平，生于1911年4月，广东海丰人，1927年在广东海丰县参加工农革命军。抗日战争爆发后在香港从事抗日救亡活动，为当时的东江纵队提供后勤服务。1934 年到澳门继续从事抗日救亡工作，创办南光公司，历任公司总经理、澳门中国旅行社董事长、南光（集团）有限公司董事长等职，2003 年获澳门特区政府授予大莲花荣誉勋章。2005 年 9 月 30 日在澳门逝世。

陈岗从澳门返回后，11 月 19 日，省电力局再次向省人民政府报送请示，报告了这次谈判达成的新方案。11 月 28 日，省委书记、副省长刘田夫批示，“同意十一月七日省电力局代表团与澳门当局谈判取得的一致意见，不要再改变并争取于最近签订协议。”此后，双方又进行了多次谈判，敲定了许多细节问题。与此同时，省外经委、省外办也积极向国家相关部委请示并获批同意。

1981 年 7 月 31 日，广东省电力公司与澳门电力不具名有限公司补偿贸易供电合约正式签署。局长师兆祥和副局长陈岗、张强、童干等四人作为广东方签署人，而澳门方面签署人是何贤等四人。

这份红底烫金，印有繁体中文和葡文、英文三种文字封面的合约中，明确合约总期限为 22 年，自 1987 年 7 月 31 日至 2003 年 7 月 31 日。对供电功率、供电价目、供电工程建设及运行维护、供电计量等方面作出了约定，供方广东省电力公司自 1982 年 7 月 1 日开始向用方澳门电力不具名有限公司供电，供电价目以港元计算，用方按月向供方支付电费。在合约的第八条“补偿贸易方式的预付款项”中，有一笔高达 2 亿港元的“巨款”格外引人注目——澳方向广东方面提供 2 亿港元的无息预付款，“作为广东电力系统向澳门供电的电力工程建设费用”，在合约正式签订后，按约定的时间，分 5 次支付。而广东方面则从 1984 年 1 月开始，分 10 年，每年 2000 万港元，分 12 个月，在每月之电费结算中支付补偿。

后来，根据资料显示，这笔资金用于扩建和建造了韶关发电厂发电机组及送出工程，江门至珠海 220 千伏线路、珠海 220 千伏变电站及珠海至澳门澳北站 110 千伏双回联络线等。

澳门毗邻珠海并与珠海陆路相连，无论是转售还是供电澳门，通过珠海当然是最理想选择。那时的珠海虽已成为经济特区，但别说对澳门供电，本地用电都是“朝不保夕”。此时，全市仅有一座 110 千伏翠微变电站，10 千伏网架还是沿用 60 年代的“两线一地”，虽然翠微变电站增加了一台一万千

1982 年，广东省输变电工程公司施工人员正在安装 220 千伏江珠线输电铁塔

伏安主变，但这台主变还是佛山地区兄弟县淘汰下来的“升压变”。据时任珠海市供电局局长陈文英回忆，全市只有一条 110 千伏线路连接中山石岐变电站，这也是珠海电网联接省电网的唯一电源。

加改善珠海电网结构，提升电网供电能力，尽快实现向澳门供电，220 千伏珠海输变电工程建设各项工作同步已全面展开。工程由省电力勘测设计院设计，省输变电工程公司负责施工。

沙场秋点兵。1981 年 10 月，省输变电工程公司经理黄锦熙、副经理陈锡畴等迅速调集队伍，该公司输电一、二、三工地 500 多人陆续开赴江门、中山、珠海等市县，打响了架设 220 千伏江珠线战役。江珠线全长 73.5 公里，杆塔 219 基，其中电杆 147 基，铁塔 72 基，导线型号 LGJ－240，其中跨江段为 LGJJ－400，进出线为 LGJQ－400，沿线经过两市一县，共计 11 个公社。

从西江河畔到五桂山岭，从田间水网到山野丛林，到处是输电工人和当地社员劳动的身影，挖基础、运材料，立杆塔、架银线，整个工地一片火热，高峰期全线施工达到千余人。次年 6 月，江珠线竣工交接。

而在珠海，变电站建设施工战役 8 月已经打响。在土建工地基本完成基础交付时，变电工地主任李文泽接到了变电站设备安装的工程任务。1982 年 5 月，李文泽带领 50 多名安装人员动身前往珠海，李文泽是一名“老工地”，1948 年东北解放时就在东北电管局当起了学徒工，后随着武汉送变电工程局 203 工地南下广东参加建设，并留在了广东。和他一起到珠海的，还有工地技术员莫国全、吴希武、罗镇喜。由于工地一班当时还在安装 220 千伏深圳（水贝）变电站设备，同时考虑其中涉及众多进口设备等问题，李文泽这次调集二班参加安装，班长陈裕德、副班长李建国，班员有李家干、陈可森等人。据陈裕德回忆，他 1980 年从刚果布昂扎输变电工程专家组回国后，休假还未结束就参加了 220 千伏汕头红莲池变电站建设安装，后又转战 220 千伏深石输变电工程——东莞石龙公社板桥变电站。

事实上，无论是板桥变电站还是珠海变电站，都与对澳门供电紧密相连。在 1981 年 3 月 21 日省外经委对“广东向澳门供电补偿贸易合约”问题的批复中，省外经委就提出，为保证 1982 年 7 月 1 日开始向澳门供电，应抓紧韶关电厂 20 万千瓦发电机组扩建工程和深圳至石龙、江门至珠海 220 千伏输变电项目的建设。

那时进入珠海经济特区需要办边防证，省输变电工程公司已统一为李文泽等人办好，60 多人组成的工程队伍，在天蒙蒙亮时，就坐车从广州出发了。一路辗转，中途又经过了多处轮渡，到达珠海工地已经是晚上 9 点。

李文泽他们的安装工作持续了数月，他们白天在工地施工，晚上就住在临时搭建的工棚，那时按规定员工每月只能回一趟家，并且要经过工地负责人审批，由于来回广州耗费时间长，很多人几乎长年都泡在工地。

据陈裕德回忆，珠海变电站安装 2 台强油循环风冷有载调压主变压器，是保定变压器厂与日本三菱公司合作产品，变压器体积小，厂家出厂时充氮气 2.5 个大气压，安装时只须进行附件安装，滤油和注油，以及二次线路连接，无须吊盖检查，整个安装进度较快。陈裕德等人还通过改造工具，将立弯母线器、弯管机等由手动操作改造成电动液压操作，用于变电站母线压接，提升了工作效率和质量。

就在陈裕德他们开始安装 20 天左右，这年春夏交接的季节，省输变电工地试验班副班长苏棣芳带着 7 名调试工作人员也动身赶来珠海，开始对站内设备进行调试。在开展设备直流耐压试验时，发现已安装的约60个相电流互感器、电压互感器、绝缘瓷套管等的试验结果存在异常，泄漏电流超过了标准10微安的几倍。“难道是厂家的这批设备都有问题?”苏棣芳心头一紧，他明白，当时设备紧缺，如果整批设备重新调换，有可能得耽误一年半载的时间，势必影响粤澳联网计划的实施。“这个试验结果，必须慎重研判。”苏棣芳仔细琢磨，一个念头突然在他脑子里闪过，“设备在室外堆放了一段时间，会不会是因为海风的缘故，导致盐分附着在了设备表层，造成设备绝缘性能下降?”苏棣芳找来李文泽他们商量，提出用自来水和丙酮对全部的设备外层的瓷套管进行清洗后，再重新做实验，看看结果是否有变化。得到同意后，苏棣芳趁着一个大晴天，带着单项工程人员热火朝天干起了清洁工作，经过太阳的暴晒，设备外层很快恢复了干爽。苏棣芳和调试班员们开始了第二轮紧张试验。这次试验结果，之前数据超标的设备均获通过，无一例不合格情况。

1983年3月，220千伏珠海变电站终于迎来了投产。变电站占地面积32092平方米，首期一台9万千伏安主变压器，220千伏电源进线一回，110千伏出线五回。

更严峻的考验，其实还在后面。1983年9月9日，超强台风“爱伦”吹袭珠三角沿海，澳门挂起“十号风球”信号。刚刚通过验收投产仅2个月的

1982年，调试人员正在220千伏江门变电站调试微波通信设备

珠海变电站即将面临一场劫难。

狂风暴雨的肆虐下，变电站门窗玻璃被震碎，变电站周围一些屋顶的铁皮被掀翻，直接刮到变电站的110千伏高压场地，场地线路因此短路全部跳闸。全站失压意味着什么？电网结构脆弱、又无发电厂的珠海整个市区停电。“灭顶之灾！”当年46岁的杨维炳形容当时所遭受的破坏。

灾难发生后，变电工区主任陈能俭、变电检修班班长陆汉江和杨维炳等人立即奔赴现场。沿途上到处都是被台风刮倒的树木横卧在地，车辆无法行驶，他们只能徒步7公里多的路程，足足花了三个小时。

变电站里的惨状，令刚参加工作没多久的年轻值班员吓得手足无措，连杨维炳心里也在打鼓。“幸好没有人员伤亡，这是不幸中的万幸。”杨维炳深知此时应该保持冷静，他一边安慰大家，一边组织抢修，经过三天通宵奋战，变电站成功恢复送电。

这场台风，同样考验着此时正在澳门黑沙环建设110千伏珠澳线的蔡坚辉他们。经过省电力工业局和澳门当局商定，联网澳门侧终端塔工程由省输以“总承包”方式负责兴建，1982年11月23日，双方代表在广州东方宾馆签订协议书。蔡坚辉他们就是担负着兴建任务，在1983年五六月跨境进入澳门参加施工的。

总承包工程包括在澳门境内建设20.5米高的单回路终端塔两基及基础，110千伏珠澳线N26塔至澳门终端塔的LGJF－400/GJ50双回路导线、地线，澳门终端塔前的架空导线下引线及接地装置。蔡坚辉明白，就是由他们总承包建设澳门境内的对澳供电输送电线路设施，分界点是澳门北面变电站。

这是省输首次单独承包境外（国外）工程项目，澳门仍未回归祖国，施工人员也算是要“出国”了。黄锦熙他们首先在参加人员上进行了严格筛选，指定输电一工地主任蔡坚辉担任负责人。蔡坚辉1953年在东北电管局参加工作，后随武汉送变电工程局203工地南下广东。公司又从输电三个工地各个班组抽调生产骨干、先进分子，并且要求政治上合格，很多人都是班长、副班长等。

厨房班班长汪灯明也被抽调进入澳门，和共和国同龄的他在1958年武汉送变电工程局203工地大军南下时，跟随父母来到广州，1970年进入广州酒家工作，考取了二级厨师证，1976年调入省输。汪灯明回忆说，参加江珠线中山段施工后，他和蔡坚辉以及财务人员张桂枝等作为先遣人员率先抵达澳门，第一件事就是在澳门采购锅碗瓢盆、食材、小工具及生活用具。他说，参加澳门施工人员共25人，住的是临时搭建的组合屋，居住地周围用铁丝网围蔽。为了节省外汇，搭建组合屋的铁皮等材料，以及床铺寝具等，都是他们从内地带过去的。而建设铁塔所需钢材、水泥、砂石等同样来自内地运送。

蔡坚辉他们每天一早就开工，中午吃过午饭稍事休息，再一直干到几乎天黑，边境线上灯光亮起才收工。到台风“爱伦”来袭前，两座铁塔已经组立好，等待架线工序了。收到台风警报，蔡坚辉立即组织人员对工地进行检查清理，对组合屋进行加固打拉线。“台风吹得组合屋左摆右摆”，汪灯明回忆，好在工地没有受到什么大的破坏。

澳门方面建设的北面变电站进场施工是在这年8月左右，在施工中，钩机、压路机、吊机等悉数亮相，大量的机械施工，他们的工程进度快得让蔡坚辉他们叹为观止。

时间到了1983年底，蔡坚辉他们圆满完成了立塔架线任务。由于是对外承包工程，他们更是特别注重把控施工工艺质量，还不忘将印有设计和施工单位的铭牌也挂上了两基铁塔。在日常的监理检查，以及最后的验收中，澳门方面都表示合格、满意。临撤场时，蔡坚辉他们带回了所有在澳门添置的用具、工器具，并拆回组合屋。

距离联网投产日期越来越近了，1984年3月，省电力局基建处副处长梁婉思带队，抽调苏棣芳等7名业务技术骨干组成工程师代表团，前往澳门电力公司交流，为粤澳两地实现联网进行技术层面的面对面深入沟通。这期间，梁婉思他们发现，内地的相序为“ABC”，分别以黄绿红三色表示，而澳门方面相序却是“RYB”，分别以红黄蓝表示，“相序对应不一样，将会引起线路的纵差保护动作，造成线路跳闸。”他们立即对此进行了沟通，并共同就设备标识差异化编制了相应的说明书，避免了由此引发的电网调度和运行事故。

交流当天，澳门电力公司董事长尼维士盛情邀请交流团前往府邸共进晚餐，梁婉思婉拒了。梁婉思事后透露了自己的顾虑：“我身上流着的是中国人的血。我来到澳门，是因为粤澳联网是大局需要，但要我与他把酒言欢，是不是会被人戳脊梁骨说我忘记国耻。我实在是做不到。”

正当粤澳联网正进入倒计时阶段，1984年6月25日，台风“云茵”掠过珠澳两地。按照原定计划，数十项电力输澳试验项目将在这天开展。此时，无论是省电力局局长陈岗，还是珠海供电局党委书记陈文英、局长段光辉等人都感到心悬在了半空。当天，试验项目完成了一半，珠海变电站杨维炳他们对试验比较满意。

6月26日，双方继续进行并网试验，但因台风影响，比原定时间稍为延迟。最终试验结果一切正常，10点43分，广东与澳门并网，内地正式具备输电来澳门的条件。此时，陈岗、陈文英等人终于松了一口气。这是广东电力首次输澳，但只输送至澳北变电站，由于澳北变电站仍未连结澳门电网，因此尚未正式输送到澳门市区。

应澳门政府邀请，匡吉率领陈岗、省外事办公室副主任傅奋、珠海市副市长孙仁、省对外经委副处长罗介权、省政府办公厅秘书梁极泉等共计7人组成的广东省电力代表团，出席在澳门的联网启用仪式。

220千伏珠海变电站控制室（摄于20世纪90年代初）

与代表团随行的，还有一个工作小组，成员包括省电力局副总工程师林华康、省电力局副处长黄炽来、省电力勘察设计院副院长郭渭彬、省对外经委科长魏宁、省计委余经营，以及陈锡畴、陈文英、段光辉等人。

代表团一行人经珠海拱北进入澳门，在澳门关闸即受到澳门政府政务司代表马文佳、澳门政府秘书长施世乐及南光公司副总经理郑华等澳门同胞的热烈欢迎，这让代表团倍感亲切。

在抵澳的当天上午，匡吉等与澳督高斯达在澳督府会面后，下午在马文佳及澳门电力公司负责人陪同下，前往参观了氹仔变电站及澳门发电厂扩建部分，了解到氹仔变电站通过葡京酒店附近的葡京变电站接收澳门及广东的输电。当时的澳门发电厂新扩建部分包括四组发电机、贮油库及滤油设备。

“这是广东和澳门地区居民生活中的一件重要事情。随着强大的电力源源不断地送入澳门系统，必将促进澳门的经济发展，有利于广东与澳门的繁荣。”匡吉在仪式上致辞，“广东省和澳门地区的经济是息息相关的，我们十分关心澳门居民的生活，真诚地希望澳门地区经济繁荣。这就是为什么我们在广东省政府大力支持实现这项工程的原因。”

高斯达对粤澳联网同样给予高度肯定：“为了澳门的发展和繁荣，今天，我们踏出了重要的一步。因为一方面要依赖对本地区经济增长有信心和有决心的投资者的能力和意愿，但很明显而又必要的，只有维持与中华人民共和国尤其是与广东省在综合经济关系方面历来所呈现的合作气氛，这个经济增长现在所见到的节拍才能够继续。”

那天，澳门政商界知名人士也几乎都到场祝贺。据《澳门日报》报道，一同出席仪式及餐会的还有澳门政府建设司马文佳、保安司斐迪鎏、经济司高树培，南光公司柯平，以及马万祺、郑华、何鸿燊等众多人士。

6 月 30 日晚，高斯达还在澳督官邸特别设宴款待广东省电力代表团。7 月 1 日，代表团领略澳门风光名胜，晚上在澳门皇都酒楼与各有关人士晚宴。

220 千伏珠海变电站高压场地 110 千伏侧

7 月 1 日的《澳门日报》报道了当时粤澳联网消息，“据广东省电力局局长陈岗透露，在韶关发电厂未供电前，广东省向九龙电力公司买电以补充广东省大电网的耗电所需。广东省已耗资 2500 多万元人民币，建成了由深圳至广州的输电系统，以接收九龙电力公司的供电。而目前本澳（澳门）的电力供应，在韶关发电厂建成之前，暂时还透过深圳广州输电网，将九龙的电力输来本澳。广东省境内的电力由广东省大电网输入 220 千伏珠海变电站，经过两条 110 千伏的高压线路，由珠海越过青洲鸭涌河，输到澳北变电站。”广东省电力到此兵分两路，分为 66 千伏和 11 千伏。11 千伏并入供电网；66 千伏高压电则输入葡京变电站，降压为 11 千伏，再分两路，一路入马交石电厂并入供电网，另一路入氹仔变电站。而澳门电力公司为接收广东省电力，耗资 1.7 亿元葡币（澳门币），分别兴建澳北变电站、氹仔变电站和葡京变电站，3 个电站已陆续建成并投入使用。此外，还在青洲鸭涌河边兴建了两座高压终端电塔，费用为 110 万元。其中，澳北变电站投资额为 8200 万元，装置有 3 台 66 千伏主变压器，总电量为 12 万千伏安，供应澳门北区电力。一时间，粤澳联网供电的消息传遍了澳门大街小巷。这一年，广东向澳门供电量达到2511万千瓦时。

自粤澳联网之后，省电力局继续加快了电源电网建设，1985年7月31日，韶关发电厂扩建的#8机组投产发电，机组发电容量20万千瓦，而珠海变电站在1990年底开始进行全面改造，扩建为3台15万千瓦主变，220千伏线路扩建为双母线，全部少油开关改造为六氟化硫开关，增加6个110千伏GIS间隔设备。1992年，110千伏珠澳A、B线改造为地下电缆。也是在这一年，广东向澳门供电量突破1亿大关，达到10469万千瓦时。

如今，广东对澳门供电已走过了35个年头。截至2019年8月底，广东电网与澳门通过六回220千伏线路、四回110千伏线路相连，累计向澳门输送电量约480亿千瓦时。目前，广东输送电量已经占澳门用电量的80%以上。其中，澳门回归20年来，累计向澳门输送电量460多亿千瓦时，2018年送电规模较1999年增长24倍。

为进一步提升对澳供电的可靠性，南方电网公司在2014年编制了《2010—2020年南方电网向澳门输电规划第一次修编报告（审定版）》，其中包括启动建设对澳送电第三通道建设，目前这项工程已经全面建设。预计至2020年，南方电网向澳门送电容量达到152.9万千瓦；2030年，将达到169万千瓦。

粤澳联网，两地携手，为澳门长期的繁荣稳定奠定了坚实基础，也开启了广东电力对外交流合作、学习引进先进技术理念的一扇窗。

大亚湾核电站建设的十年征程

杨雅洁

“嘭……嘭……”深圳市东部大亚湾海滨，几声低沉而连续的山炮声划破了天空，滚滚尘烟还没有完全消散，一辆辆运输车，一台台推土机，就轰隆隆地吼叫着，向着小山包直奔而去。

历史的指针定格在1984年4月2日，这一天，我国第一座中外合资核电站——大亚湾核电站土方开挖正式动工。

承担基础平整施工任务的是吉林冶金矿山建设公司。他们从东北南下广东参与投标，与来自国内及法国、英国、澳大利亚、日本等国共5家公司同台竞技，在吉林省国际经济技术开发公司的支持配合下，这支人称“东北虎”的队伍最终凭借“方案先进、报价合理”，一举胜出。

中标的消息从岭南传来，整个吉林冶金系统从上到下，无不雀跃欢呼。1984年2月初，正是北国大雪纷飞的季节，一批批建设者们冒着寒风，告别这片黑土地，聚集到了大亚湾麻岭角大坑村。

百年大榕树林荫蔽日，土炮楼子岁月留痕，在这个偏僻的小山村，公司经理关国昌、副经理马德江赶忙指挥着大家搭工棚、垒锅灶，并安排一部分人上山开路，在青蛇出没的灌木丛中，斩草砍树，用竹竿做好标高。

大亚湾核电站第一期土建工程，就是名副其实的移山填海任务。从中标那一刻起，一组数据就一直在关国昌的心头萦绕：工程要将两座山头都削平为6米高的平地，一座高67米，土名麻岭角，一座高38米，土名不详。另外，还需要平整陆地面积49.5公顷（1公顷=0.01平方公里），围海50公顷，修筑一道防波堤，填海造地13公顷。合同总工程量167万平方米。

开山的炮声震撼着大亚湾。“时间就是金钱，效率就是生命”，深圳特区人提出的口号，此时在工地特别具有说服力。为了确保工程进度，工地内部实行单方工资含量联产计酬经济责任制，奖金上不封顶，下不保底。于是，工人实行三班作业，人歇息机器不停。

运输车日夜来回穿梭，据统计，施工高峰期每天单车平均拉100多趟，最多的一天能拉110趟。就这样，这些关东汉子们创造了20台车平均每月运28万立方米土石方，最多一天装运量达1.7万立方米的纪录。这在当时的国内可以说是首屈一指了，甚至连法国专家白瑞特等人都觉得吃惊。一时间，吉林公司这支“东北虎”队伍也赢得了“开山虎”的美誉。

1984 年，吉林冶金建设公司正在进行场地平整，搬运土石方

由于吉林冶金矿山建设公司交出“移山”工程的漂亮答卷，防水帷幕“填海”工程自然而然也被他们抢到手。中外专家们相信，这些“开山虎”们，完全能在麻岭角下，修筑起一条合格的海中城墙。

防水帷幕就是在厂房基础以外围成一个半圆形的隔水墙，抽干墙内海水，把基础开挖的 50 万立方米土石方填到这片“咸水湖”，把干湖夯实成一片大约 13 公顷的平地。在填湖后的人造平地上，将要耸立起核岛、常规岛等附属设施。

一条长 400 米、平均深度近 13 米、中间嵌入 80 厘米厚塑性混凝土的防海水帷幕建成之后，在围成的“咸水湖”如何填平的问题上，吉林公司高级工程师朱世忠和法国专家帕特发生了争执。

帕特来自核电发达的法国，受聘于工程业主方的广东核电合营有限公司，担任技术监督，是防水帷幕的设计代表，其间，他有着绝对的发言权和技术监督权。他要求在清理海中淤泥时不准往里填放石头。朱世忠却认为，不填进碎石，推土机就没办法下去，更谈不上清淤作业。

会上的讨论得不出结论。“工程不能就此搁浅啊!”朱世忠思量着，于是，他趁着帕特不在时，让工人们采石铺路，用边清边填的办法进行施工。随后，他又将帕特请进了施工现场。

此时的清淤工作有条不紊，效果不错。帕特似乎很满意眼前的景象，他主动伸出了手，他和朱世忠的争执也就烟消云散了。

回填工作其实并不是一件轻松随意的活儿。朱世忠他们在回填碎石之后，还要回填结构沙黏土。这些沙土每填一层，朱世忠他们就得进行化验，化验出容量和含水率，而且，他们要根据不同的范围，以不同的最佳含水率来实现碾压。这种实验进行了 1300 多次，数据也送给了帕特等专家检查。到 1986 年 9 月，防水帷幕和“咸水湖”回填工程正式完工。从此，麻岭角的海湾里，长出了一块半卧海中的巨大“磐石”。

在吉林冶金矿山建设公司土建挖填施工期间，时任国务院副总理李鹏曾三次来到工地。李鹏对大亚湾核电站建设的关心关注，由此可见一斑。

1984 年 4 月 10 日，距离正式开工还有 8 天，国务院副总理李鹏来到了大亚湾核电工地，陪同的有水电部副部长彭士禄等人员。

“你们吉林人怎么闯到广东来了?”在吉林冶金矿山建设公司驻地，李鹏笑着问。李鹏曾经在位于吉林省吉林市的丰满水电厂以及东北电管局、阜新发电厂等单位工作，看着从东北过来的队伍，询问时更显得亲切。

“我们是中标来的。”关国昌一边回答，一边铺开施工方案图，向李鹏等领导汇报。

随后，李鹏等人来到山上查看了工地全景，并和现场工人们握手交谈。

1985 年元旦，李鹏再次来到大亚湾工地。汇报会上，他问关国昌：“你们怎样的干法啊?”关国昌回答说是实行单车承包，以吨数计酬。李鹏听了高兴地说：“你们这么干很好，速度快，职工可以多劳多得嘛。”在施工现场，李鹏再三叮嘱要注意劳动保护，严防出现事故。

1985 年 6 月 19 日，李鹏第三次来到工地，对吉林冶金矿山建设公司的施工进度、质量表示满意，并题诗：白山黑水好儿男，千里迢迢到南园。大亚湾畔兴核电，百年大计把好关。

前面提到帕特受聘的广东核电合营有限公司，也是在 1985 年的 2 月 9 日正式成立的。公司的注册资本四亿美元。广东核电投资有限公司占 75% 股份，香港核电投资有限公司占25%股份，合营期为第二台机组投产后的20年。当时的董事会和经营班子中，王全国任董事长，石威廉爵士任第一副董事长，陈岗任第二副董事长，潘燕生任总经理，姬达爵士任第一副总经理，沈健生任第二副总经理，昝云龙任总经理助理。

在澎湃的改革大潮中，大亚湾核电站的建设，为共和国开拓了一个能源的新领域，作为当时中国最大的合资企业，合资公司还在开拓着经营管理上的一番新天地：使企业在经营机制上按照国际惯例运作，步入世界现代经济的大舞台。

当时的建设者，王全国他们面临着两种选择。

一是核电站工程采用“交钥匙”方式。只要规定最后核电站交付使用的条件、交付的范围和配套设施项目，然后把一切交给承包商。就是说，让外国人给我们建一座核电站，外国人提供技术、设备和管理……这是一条轻松的坦途，可以把风险和智慧、创造力同时束之高阁。

但是，大亚湾核电站的建设，从合营公司到国家高层最终都选择了向“难”而行，选择了一条“荆棘之路”：购买设备和技术，以自己为主管理，学习先进工程管理经验，学习先进技术，培养和提高自己的核电队伍。

合营公司成立之后，下一个重要工作就是“三大合同”谈判，包括核岛（反应堆）设备供应合同、常规岛（汽轮发电机）设备供应合同和BOP（工程服务）合同。后来又谈了核燃料供应合同。这是整个大亚湾核电站的脊梁合同。

世界核电领域巨头、各大财团闻风而来，这里不乏世界经济沙场上久经考验的一流市场专家和一流技术专家。法国电力公司（EDF），法国法马通原子能公司（FRA），英国通用电气公司（GEC），还有英、法两国政府的贷款代表……都千方百计想挤进中国的第一个核电盛宴。他们若中标，将分别负责核电站工程的总体设计，提供核岛、常规岛全套设备和工程技术服务及出口贷款。

合营公司的中方人员和港方人员联手，组成“高配”谈判团队，共同对付“英法联军”，成立了以董事长王全国为首的谈判委员会，潘燕生任谈判团团长，成员包括昝云龙、沈健生、周展麟、郭天觉，以及来自香港中华电力的杰克、姬达等。价格最终谈判由合营公司负责，贷款协议谈判由中国银行承担，合营公司派人参加。水电部、外经贸部、核电办等中央有关部门给予多方面的有力支持。

在谈判之前，合营公司调动一切力量，搜集大量有关资料，聘请几家国际性顾问公司分头评估，做了详细的测算，最终整理出三大合同最终价格和贷款谈判的方案与策略。

“进门先砍一刀。”谈判团团长潘燕生明白，此次谈判的主要任务就是压价。背景雄厚、经验丰富的西方谈判对手却想着：中国人，为你的封闭和落后，付一次大价钱吧！面对离谱的报价，我方底气十足地答复：“No!”同时给出考虑了多种经济因素在内的大量准确而翔实的数据为证。

价格谈判暂时僵住了。在经济上精明起来的中国人，这次牢牢咬住经济利益不放，坚持公司决定，谈判才能继续。即便对方上演准备“甩手走人，中止谈判”的戏码，中方依然不为所动，逼着对方后撤。

谈判几度陷入僵局，又几度峰回路转。与英国 GEC 的谈判是最“难啃”的，对方态度强硬，不肯让步。最终在中英双方政府的斡旋下，英方按我方提出的条件签了字。

据说，GEC 谈判团团长戴维森爵士归国之后，把一把宝剑悬在家中，以英国人特有的幽默向客人介绍说：这是中国朋友送的，意思是要“砍价”。

中国银行在出口信贷谈判中也立了一功，获得的贷款条件，是多年来中国获得国外货款最优惠的。

在紧张的合同谈判期间，还发生了一段“插曲”。事件的冲击波首先来源于 1986 年 4 月 26 日的苏联切尔诺贝利核泄漏事故，给全球的核电事业蒙上了一层阴影。一时间，香港一些团体发起签名运动，反对兴建大亚湾核电站。

根据中央部署，广东核电合营有限公司对香港开展了声势浩大的核电宣传和解释疏导工作，包括在香港举办“核技术展览会”，邀请香港各界人士到大亚湾核电站实地考察等。香港立法局核电考察团也应邀访问北京，李鹏副总理、核工业部部长蒋心雄以及核物理学家分别介绍情况，表明中国对于核安全极其重视的原则立场和实际措施。

1986 年 9 月 23 日，正值北京一年中最好的季节，天高云淡，惠风和畅，人民大会堂云南厅气氛热烈，广东大亚湾核电站与法国、英国的三大合同和法、英两国贷款协议，在这里正式签订。

站在前排的中国国务院副总理李鹏，微笑着表示祝贺，表示这是中国实行对外开放政策的硕果。他多次视察大亚湾核电站，并通过国务院对大亚湾核电站制定了一系列优惠政策。三大合同签字仪式不久前，他对核电站建设提出了明确方针："要始终贯彻安全第一、质量第一的方针，要建立完整的科学质量管理系统，要在保证质量的前提下，保证进度，把'严'字当头作为合营公司的指导思想和座右铭。在三大合同及其他合同签字后，公司工作的重点转移到管理上去。"

为建设一个高质量的世界一流核电站，大亚湾工程采取国际惯用的业主管理、施工招标的模式。业主——广东核电合营公司在设计、设备制造、土建、安装、调试等各个阶段，都是采用国际标准，按照合同管理。施工队伍向国际（包括中国）招标，择优录取。

1987 年 8 月 7 日，核岛第一罐混凝土如期浇灌，被誉为广东大亚湾核电站第一个"里程碑"。承包核岛、常规岛土建工程的是中国核工业建筑队伍华

1988 年 7 月常规岛厂房施工

1990 年 1 月 9 日大亚湾核电站施工现场

兴公司、法国卡勃隆·纳德（CB）、中国建筑第二工程局、日本前田株式会社组成的“HCCM 核电建设合营公司”，号称“三国四方”公司，这是我国建筑业首次大规模中外合作施工。

华兴公司是一家经过严格锻炼的企业，曾参加过“两弹一艇”、第一个原子能基地的建设，此次与法国 CB 公司联袂入主大亚湾核电站心脏，即核岛及附属土建工程。得听法国人指挥了，华兴人一开始很不适应。按照法国标准，水泥在浇灌前，每一罐都要快速取样测定；沙、石的开采、破碎、水洗都有程序规定，每生产一罐混凝土都有电脑自动记录在案，并做试块，在搅拌站和现场两地都做坍落度试验，超过 10 ± 2 厘米报废。浇灌程序对晚间、晴天、雨天各有不同规定，存罐时间不得超过 40 分钟等等。现场四个法国监督员严密监督，违反程序施工，轻则警告，重则开除。法国技术总监维拉利诺对华兴工作人员说：“如果混凝土打出蜂窝麻面，那就我回巴黎，你们回老家了。”

华兴公司领导及时对员工进行思想引导，“把主人翁的精神发挥在质量上”，逐步适应按国际管理施工。一次浇灌 1 号燃料厂房阀基，从早晨六点半干到第二天凌晨两点，收工时下料管口一个小橡皮圈掉进阀基，老工人梁德全立即跳进六米多深的混凝土槽，摸啊，捞啊，20 多分钟后，终于把小橡皮圈找回。现场外国专家很是感动：“OK！OK！”

华兴公司 1800 多名精兵和百余名外国专家，终于克服各种困难，用 3.1

万吨钢筋、26 万立方米混凝土、700 吨预埋件钢内衬，筑造起巍峨的核岛。

经过 3 年多的奋战，1、2 号核岛，常规岛土建工程按照里程碑计划竣工，创造了国际先进的施工速度。

土建的收尾，揭开了安装工程的帷幕。大亚湾核岛安装由法国法马通公司主承包，中国核工业总公司下属分公司分包。

1989 年 9 月底的一天，大亚湾工地骄阳似火，直径 37 米的 1 号核岛安全拱顶，像被烧得滚烫的大铁锅，倒扣在地上。为了保证安全穹顶顺利封顶，必须高质量完成穹顶的喷淋管道系统。这是一项“不可修性工程”，质量要求苛刻，工期十分紧迫。23 公司挑出的八名优秀焊工，进入 58 摄氏度的锅内操作焊枪，简直分秒难熬。一名焊工晕倒了，另一名焊工马上补上去。经过日夜奋战，最终保质保量完成任务。

在另一项主体工程常规岛安装中，山东电力建设队伍也经历了一番深刻洗礼，作为大亚湾核电工程的第一个中国主承包商，专门聘请 GEC（英国通用电气公司）的专家作顾问。然而，吃“洋面包”没那么容易消化。一次运输设备，一块装饰性的钢板变了形，工人们很负责任，主动把它割下来，焊上新板。谁知“洋顾问”的质问随之而来：“换上的钢板是从哪儿来的？焊工是否具备资格？”“购买的焊条是否符合标准？”总之一句话，不符合程序。

类似的“挑刺”在建设初期一再发生，让曾经战绩辉煌的山东电建队伍大受刺激。山东核电公司总经理王镇信毅然发誓：“我就算把这老骨头扔在大亚湾，也要按时完成常规岛安装任务！”

知耻而近勇，该公司自觉接受全新的管理观念，包括合同意识、程序意识、质量至上意识、效率意识等。各个建设队伍挥洒了无数汗水，换来工程的顺利推进。

李鹏总理发来贺电：“这是中外核电建设者长期努力的成果，标志着中国的核电事业上了一个新的台阶。”

1994 年，新春伊始，捷报频传。

2 月 1 日和 5 月 6 日，广东大亚湾核电站 1、2 号机组相继投入商业运行。核电站累计投入的建设资金，控制在可行性研究预算之内。披荆斩棘，创业十载，轰轰烈烈的建设场面至此画上了一个圆满的句号。

回顾建设历程，成果与经验良多。大亚湾核电站是我国较早建立的中外合资企业，按照国际惯例，建立了现代企业的管理体制，实行董事会领导下的总经理负责制，做到了政企分开，责任明确，管理科学。在核电站建设中，引入了竞争机制，采取招标、投标制度，选择中外优秀的供货商和施工企业参加设计、施工、调试和咨询。

大亚湾核电站建设的可贵之处，不仅在于引进国外的先进设备和技术，而且吸收国外施工组织和管理的先进经验，从而较大幅度地提高了国内的现代化施工水平。创业艰难，功在千秋。核电建设者的光辉业绩，浓墨重彩地写在了当代中国的史册上。

大亚湾成功的意义，远不止每年为广东和香港地区输送多少光和热。她的令人惊叹、引人瞩目的成就，使人们的观念发生了深刻变革——高起点、新模式、大开放的新观念，正在这片眷恋核电的热土上，迸射出辉煌的火花！

中国改革开放的总设计师邓小平多次强调："核电站我们还是要发展。"

李鹏专门为大亚湾核电站题词："春到大亚湾，秋来结硕果。"2008 年，年届 80 的李鹏还出席了在深圳召开的大亚湾核电站 30 周年座谈会。

大亚湾核电的建设发展，拉开了中国核电事业发展的序幕。依托大亚湾核电站建设运行的基础和经验，广东省内先后又建设了岭澳、阳江、台山等核电站。其他省份陆续跟上，福建宁德、辽宁江治河、山东海阳等核电站齐齐发力，为经济社会发展输送清洁、强劲的能源。近年来，中国国产"华龙一号"核电技术甚至走出国门……中国已踏上"以核养核，滚动发展"的良性发展轨道。

西电东送从这里起步

白国颖

“中国人不是东亚病夫……”，还没看到陈真一脚踢碎牌匾，在虹口道场大战日本刚柔流高手的英雄气概，上一秒还好端端的电视，突然就没了画面。

在肇庆端州城区草鞋街上，里里外外围了好几圈聚在一起正盯着电视看得入神的群众顿时躁动起来：“有没有搞错啊，怎么又停电了?”“要是哪一天供电局长被抓了，一定要重判，太缺德了!”“对对对，应该拉出去枪毙!”人们一边摇着蒲扇，一边埋怨吐槽，等候了一番见还是没有复电的迹象，便三三两两地各自回家睡觉。一天的“夜生活”就这样提前结束。

20 世纪 80 年代初的肇庆地区，还沿用着 1961 年建成的唯一一座 110 千伏变电站作为全区的主网单一电源供应。珠江电网延伸至肇庆的往后 20 余年，全区的生产生活用电都系在这坐落在鼎湖风景区的 110 千伏永安变电站上。

改革开放后，肇庆地区的端州、鼎湖和高要，四会“两市两区”被列入珠江三角洲经济区，带动工农商的快速发展。“六五”期间，肇庆地区农业、工业总产值年增长率分别为 11.6%、15.5%，同期全社会用电量增长仅率为 8.7%。电力增长速度落后于经济社会发展需要，电力供应已由过去季节性缺电发展为全年性缺电。工厂“开三停四”，农村隔日轮流供电，城区居民用电分区轮流停电或者高峰负荷临时拉电成了常态，每年因缺电损失产值约 5.5 亿元。

那时候不仅肇庆缺电，全广东都缺电。时任广东省副省长匡吉在全省电力开发公司董事会上提到，要下定决心，以财政超收资金兑现集资办电，宁愿其他方面缓办或少办，也要拿钱来办电。按照当时“多家办电，多渠道集资”的政策，每集资 1 万元办电厂，就可以分得 7 千瓦的供电负荷和每年 4 万千瓦时的电量。由于肇庆地处山区，当时经济总量占比不大，在买电政策上对比较发达地区不可能有优先权，加上资金短缺，在电力发展方面显得更为落后。经济落后，电力发展受制，电力发展缓慢，影响经济提升，20 世纪 80 年代初的肇庆，陷入了一个“死循环”。

那段时间，肇庆地区行署专员张超崇的办公室隔三岔五就堵着一批来自肇庆各地区上门“讨电”的人，“你找我也没用，我手上没电，我家里也停电”，每次都只能无奈地回应他们的用电需求。后来被烦得实在受不了，张超

1985 年，安装工人在金渡码头进行 220 千伏珠山变电站主变压器吊装运输

崇想出了一个办法，在一次全地区的干部大会上，将经委主任以及地区供电局负责人的电话公布出来。这一个“损招”，可苦了肇庆地区供电公司主持行政全面工作的副经理何景骥。

自从电话被公布出来后，一石激起千层浪，随后的日子里，何景骥不仅要面对各种各样的“讨电”电话，每当遇上停电，还成为众矢之的，电话响个不停，有咨询停电原因的，更多的是气上心头的谩骂。对于那些电话和言论何景骥都表示理解，因为整个地区就是这么缺电，将心比心，自己家里的基础用电都保障不了，哪能不气？对比跨步式的经济发展，肇庆电力供应就像一个“后进生”，远远跟不上前进步伐。

想打好肇庆电力的这一场“翻身仗”，破解“死循环”困境，争取政府及省电力公司支持必不可少。“八五”计划期间广东省电力建设规模空前，共建成发电装机容量 1475.9 万千瓦。与广东一江相贯的广西，利用横断山区的优势水力资源，建成了庞大的水力电网。1983 年至 1985 年，广西大化水电厂 4×10 万千瓦机组先后投产，国家水利电力部决定两广互联电网，建设广东肇庆珠山至广西梧州平浪220千伏输变电工程，将广西富余的水电向广东输送，以缓解广东缺电状况。

220千伏珠山变电站的计划建设，成为西电东输、两广联网以及全面升级肇庆地区供电网架最为关键的第一步。除此之外，珠山变电站还是作为220千伏红肇云（佛山红星—肇庆—云浮）输变电工程的一部分，肩负起广东省重点工程云浮硫铁矿的外部供电重任。云浮硫铁矿储量2.08亿吨，居世界第一，无论是储量、品位，以及矿山生产能力均闻名国内，蜚声国际。当时云浮硫铁矿正在进行第三级规模工程建设，年设计生产力计划从150万吨提升至300万吨，原有供电网架已经远落后于供电需求。红肇云工程的推进建设，给云浮硫铁矿的扩产增销计划带来了足够底气。

第一次建设220千伏等级变电站，肇庆地区供电局上下所有人员都是摸着石头过河。肇庆地区供电公司党委委员、变电工区副主任谭培德是珠山变电站建设负责人之一，当年接到建设任务之后，他也是心里没底，虽然毕业于广州工学院电气化专业，科班出身的他也没有这方面的实战经验，审查变电站的输变电图纸成了一个横亘在谭培德眼前的大难题。面对没有把握的审图工作，一直养成严谨态度的谭培德没有丝毫放松，他联系起几年前参加援建非洲第三世界国家水电工程时认识的几位输变电方面的专家，邀请他们和广东省电力工业局基建处的专家一起，做起了“外援”，指导图纸审核。设计了220千伏、110千伏及10千伏3个等级的出线，满足两广联网、硫铁矿扩产及附近用电和备用电源供应等需要。

珠山变电站的建设，不仅关系到地区供电网架的完善提升，还直接影响经济社会的发展。张超崇多次联系何景骥，询问项目施工事宜，派出了肇庆地区行署副专员吴家仿担任该站建设工程总指挥，组织地委、地区供电局及地区工业委等相关部门组成了工程指挥部，直接指导和把关工程建设。

有了地区政府的支持，珠山变电站建设在属地建设上推进极为顺利，占地青赔、线行征地以及民工聘请等方面工作进展有条不紊。站址选在白诸镇圩镇附近夏播村的珠山上，不高的山坡绿树覆盖，前面是大片的鱼塘将整座珠山环抱，就像被碧水捧在手上的一颗明珠，是当地的“风水宝地”。

变电站正式动工前，谭培德与地区工业委副主任高发一起，沿着珠山附

已退出运行的珠山调相机室

近走了一趟，考虑到往后的施工及运输需要，建议从连片的鱼塘中间开辟一条新路连通经过 324 国道圩镇路段，缩短工程建设进度。这样一来虽然是方便了施工，但是却影响了鱼塘的连片使用，谭培德担心如此“损人利己”的建议会引起当地村民的反对。“出入变电站道路占地我们无偿提供，在哪里开路都没问题，我们全力支持。”夏播村委负责人和村民代表听到谭培德和当地镇政府人员表明来意之后，明确地表态支持变电站修建工作，让谭培德悬着的心终于落地。

1984 年初，珠山变电站动工建设。土建施工队伍高要县建筑工程公司进场后，发现站址地势相对较高，需要先建设最高处超十米的挡土墙，然后把珠山拦腰削平，开拓出变电站基础用地。相对于以往 110 千伏变电站只有五米左右的挡土墙，这两倍高度的建设难度系数直接翻了好几倍，一度难住了这支来自本地的老牌建筑队伍。

在设备构支架吊装时，高要县建筑工程公司采用人力绞磨吊装的土方法。春末初夏的季节，太阳来得还不算很猛。10 多米高的挡土墙外围墙脚处，十几号人光着膀子，“咦哦，咦哦”地喊着口号推着绞磨，滑轮摇曳地带着大件的变电站的支架设备缓缓上升，和煦的阳光里充满着劳动的气息。

在一次吊装设备构支架上升的过程中，吊臂横梁不受其重，出现弯曲，缆绳和滑轮摩擦得“唧唧”作响，半空中的支架摇摇欲坠，随时出现横梁折断，高空坠落砸伤施工人员的恶果，情况非常紧急。谭培德马上现场叫停吊装，疏散附近施工的几十号人，指导操作绞磨的人，缓慢放松绞线，把支架重新安全地放回地上。这突如其来的险情，吓了在场人员一把。

经过肇庆地区供电局与上级的协调，由广东省输变电公司从广州调派大型吊车进驻珠山站建设现场，协助完成吊装任务。吊车穿过鱼塘中间新建的道路，扬起了一股黄色灰尘，疾驰而过停在了施工现场。吊装停工几天的工地，又一次热闹起来。

第一次使用吊车进行吊装，不仅工作效率大为提升，还吸引了现场不少人的眼光，不时有附近的村民特意过来围观。有了吊车的加入，原来需要近20人操作绞磨，一天最多只能吊装一件大型构建，现在只需要1台吊车一天就至少可以完成3件，大大缩短了投产工期。

“走，带你们去见识一下220千伏变电站建设。”1985年的一天，刚刚跟随肇庆工区变电检查班班长梁润祥完成当天检修工作的陈华，听到班长在招呼班员准备到珠山变电站观摩学习，赶紧收拾好工具，跳上班组的工程车，一起来到了珠山变电站建设现场。

土建工作已经完成，进入设备安装阶段的建设现场，材料按区域整齐堆放，由西安高压开关厂制造的一排“羊角”（高压开关）吸引了陈华的目光。站在已经装好的高压开关旁，个子不高的陈华显得更加渺小，“对比35千伏的高压开关，这些简直就是巨无霸”。一趟“大观园”下来，陈华隐约感觉到，电网全面式升级就在眼前，自己一定要抓住机会，多学习多见识。接下来的半年时间里，陈华一有机会就到现场来，跟在施工人员身旁，看图纸、看安装说明，学习高等级变电站建设技术。省输变电施工人员看到他那么积极，有空的时候也乐意手把手教他一点基础知识，可把他乐坏。

建设过程中，肇庆地区供电局未雨绸缪，选定罗业昌、祝伯慧等一批具有一定业务技能的职工，前往江门220千伏北街变电站进行培训，学习变电站运维经验。这一批职工经过培训，通过统一的专业考试，筛选符合条件的人选，成了以后接管珠山变电站的第一批成员。

1985年9月，随着几声响亮的爆竹声，爽朗的秋风夹着爆竹燃烧后的硫磺味，越过站前的那片鱼塘飘向远方，珠山变电站第一期主变1×12万千伏安，调相机1×3万千瓦工程顺利投产。这个站建成后，有效地改善了肇庆地区供电方式和电网布局，为往后35千伏变电站提级至110千伏提供了上级电源点。肇庆电力供应逐步跟上经济发展节奏。

同年12月，梧州至肇庆全长163公里的220千伏输电线路正式联通投产，广西富余水电翻过高山峻岭，跨过黄金航道西江，向广东输送，实现两广联网。立在西江两岸梧州、封开高度为77.5米、62.5米的跨江铁塔，犹如一对伟岸的卫士，守望着两广联网线路。

1986年，两广联网后，220千伏梧珠线、珠红线多次动作，原因不明，给刚投运不久的两广联网线路蒙上了一层阴影。广东省电力工业局进行谐波测试分析，发现广西梧州境内的一处钢铁厂是重大的谐波源，造成三次谐波

1985年9月建成投产的肇庆220千伏珠山变电站

电流增大50倍，五次谐波电流增大19倍，导致梧珠线、珠红线的继电保护受到干扰，频繁出现线路相差高频保护误动作。

由于广西大型水电站大多分布于西部与中部，而与广东毗邻的东南地区没有大型水电站，加上梧州地区也缺少较大的电源点，富余电力需要进行长距离输送及降压处理，线损大、可靠性低，直接造成了电价过高、供电不稳定等问题，严重影响两广联网计划，仅向广东供电3.8亿千瓦时后暂停输送。

回顾这一段历史，虽有遗憾，但毫无疑问，珠山变电站的建设迈出了两广联网的第一步，拉开了西电东送建设的序幕。

南澳海底电缆敷设往事

杜祝珩 陈旭 彭展

冬季的南澳岛，寒风中夹杂着些许海腥味，少了夏季时的黏腻感，多了清爽冷冽。1985 年 12 月 26 日，迎着暖阳，一场简朴而隆重的典礼将在 35 千伏竹仔澳变电站举办。

这天是南澳 35 千伏海陆联网输变电工程竣工投产的喜庆日子，全县 6 万余人终于可以用上省电网的电了，参加庆典的人们无不洋溢着由衷的喜悦。汕头市委副书记徐国良、市委常委高峰、省电力工业局副局长张强、省成套设备局副局长张朝亮、南澳县县长柯士奇，以及来自澄海县政府、省计划委员会、省交通厅、省航运厅等单位的领导嘉宾齐集，共同见证了这一时刻。

柯士奇心潮澎湃，南澳岛终于告别了电网“孤岛”运行状态，省电网的电通过海底电缆输送到了岛上家家户户。振兴海岛经济，让全县人民用上电、用好电，柯士奇牵挂多年的心愿今天终于如愿以偿。

说起柯士奇的通电心愿，还有一段不为人知的历史。1983 年 1 月的一个夜晚，南澳县海关在近海发现一艘可疑渔船，海关人员靠近盘查，发现这艘“永丰年号”是来自台湾的走私渔船，于是依法将其扣留并拖回港口。

南澳岛地处闽粤交接，与台湾隔海相望，不仅战略地位重要，也是东南

35 千伏竹仔澳变电站

沿海的主要渔场，常有台湾、港澳渔船在附近海域捕鱼、避风和补充补给，渔船走私并不是什么稀罕事，海关人员并没有太在意。

然而台湾渔民的话，却刺痛了大家的心。“你们口口声声说要台湾回归祖国，然而大陆解放都30多年了，这里居然还是一片黑暗!”被扣押的“永丰年号”船员一副高傲的样子，对着海关人员嘲讽着。原来，当天夜里赶上港口一带停电，这帮台湾来的“不速之客”竟鬼使神差地循着航道驶至了港口，没想到遇上了缉查人员。

台湾渔民的话，很快就传到了时任县委副书记柯士奇那里，他陷入了深思。是啊，南澳的缺电这何尝不是一个事实，新中国已经成立这么多年，岛上的民众可都盼着过上有电的好日子啊，这个愿望什么时候才能实现呢?

此时，岛上的电力供应真是捉襟见肘。岛上没有大江大河，溪流流量小、落差不大，水电资源匮乏，1983年，全县建设水电站11座，但水电总装机容量却只有607千瓦。

不仅水电少，缺油、煤炭也紧张。岛上虽然建有9座火电站，总装机容量1134千瓦，但这些年，全县一年民用柴油配给只有600多吨，火力发电已经从渔、农、盐业等行业的机械化生产需求中“虎口夺食”般硬挤出了400多吨，但依然远远无法满足发电生产需要。1982年，南澳全岛发电量152万千瓦时，人均分得电量不过25千瓦时，岛上仅次于县城隆澳的第二主要居住地云澳，人均更是只有可怜巴巴的5度电。

由于缺电，岛上工农业生产用电只在白天供电七小时，夜晚严禁工农业生产用电。而生活照明用电只在夜间供应四至五个小时，每年遇到枯水期，还要分区停电近半年。“一年四季，不管是严寒还是酷暑，全岛白天都没有电，只有晚上的六点半到十一点半才有供电。”80岁的岛民李伯对当时的情景记忆尤深。

1981年，南澳县投资100多万元建设的冷冻库因为缺电无法投产，电能紧缺已经严重影响岛上各行业生产发展和人民日常生活，甚至连驻岛部队的战备用电都无法保证，这无疑是深深扎在南澳县委、县政府心中的一根刺。

然而电从何而来?由于自然条件的限制，加上当时资金有限，单靠本岛发电显然无法根本解决。

“既然此路不通，能否寻求外接电源解决这个问题呢?”这时，县长章振贵和县委、县政府班子们开始琢磨解决之道。南澳岛孤悬于汕头东侧海上，要连接上外来的电源，就当时的技术水平而言，只能从大陆上敷设海底电缆接电上岛。为此，县里着手启动了联网前期准备工作，在委托勘察研究基础上，于 1983 年 3 月 30 日向省地两级计委提出了联网建议，并上报了《南澳岛与大陆联网 35 千伏输变电工程任务计划书》，他们提供了两个方案：一是以饶平县为起点，经海山岛送电上南澳，线路全长 32 公里，其中须敷设六公里的海底电缆；二是以澄海县为起点，经莱芜岛送电上南澳，线路全长 30 公里，其中须敷设 8 公里的海底电缆。

然而随后的实地勘察，他们的第一个方案很快就被否掉了。虽然在敷设海底电缆这个关键节点上能够节省 2 公里的长度，但由于途经贝业作业区，区域内每日都有过百艘贝壳捕捞船只进行作业，海底电缆无论是敷设施工还是日后运维都存在隐患。更重要的一点是，当时饶平县本身也尚未实现与省电网联网，作为南澳联网的起点颇有些“泥菩萨过河”的意味。

相比较而言，方案二更加符合实际，除了海底电缆的敷设长度比前一个方案多出区区两公里之外，当时已经与省网联网的 220 千伏红莲池变电站通往澄海的 110 千伏输变电工程已经进入如火如荼的施工阶段，该项目预计将于 1983 年底完成送电。不仅电源更有保证，海底电缆的通道也并不经船只作业区，安全系数也更高。

经过四个月的等待，方案得到了省计委工程批复，南澳县海陆联网输变电工程终于有了“准生证”。

但是资金难题却摆在县委、县政府面前。根据省计委批复，“项目资金原则上由汕头市、南澳县自筹，其余部分由省给补助”，而这个项目预计投资 450 万元，实际上最终总投资达 535 万元，以南澳县一年不过 180 万的财政收入水平，这着实是一项不可能的负担。

为了争取工程早日动工兴建，县计委在这年的 8 月 31 日向汕头地区计委申请工程筹建经费 10 万元，县政府在 10 月 18 日向广东省经委申请投资资金 50 万元。最终，凭借着省计委的前期工程筹备拨款 10 万元，以及各上级部门拨款补助的陆续到账，工程总算顺利启动，正式开始前期筹备工作。

1984年1月5日，南澳县海陆联电网输变电工程指挥部正式成立，县长章振贵出任总指挥，县委副书记柯士奇、副县长黄远茂、驻岛五四四三八部队团长陈森汉任副指挥，其他成员包括县经委王达忠、县计委吴潮合、县财政局翁锡昌、县基建局黄伟鸿、县建设银行柯学买、县农林水电局杨兴烹、县经委游德耀、县供电公司刘顺德等。

指挥部成立后的第一项任务就是敲定工程设计方案。根据工程内容，海陆联网输变电工程包括从澄海到南澳全长30公里的35千伏输电线路，以及在南澳岛竹仔澳建设一座35千伏变电站，计划安装一台4000千伏安变压器和四回10千伏出线。其中输电线路的陆上走线部分包括澄海110千伏变电站到莱芜岛的4公里和南澳岛上岸后到110千伏变电站的8公里，计划采用预应力钢筋混凝土电杆配合LGJ－120型导线的架空线路。而最关键的部分，正是长度为8公里的海底电缆敷设施工——海底电缆如何选型，其施工是否顺利、最终运行是否稳定，这一系列的问题关系着工程最终的成败。

在海底电缆选择国产还是进口的问题上就经过了长时间的博弈。

负责海底电缆部分工程设计的广东省电力勘测设计院，为选好海底电缆，于1984年1月17日专门给省电力工业局上报了一份报告，详细分析了国产和进口海底电缆的优劣。报告中分析，国产海底电缆主要使用油纸绝缘工艺，优点在于使用寿命长，性能稳定，具有丰富的生产制造和运行维护经验，但由于浸渍剂的存在，导致电缆敷设水平高差一般要求不得超过五米，这将给施工带来一定限制。而国外电缆普遍采用的交联聚乙烯（XLPE）绝缘材质电缆，则具有击穿强度高，绝缘电阻大，敷设安装方便，运行维护简单的优势，而国内对该种电缆的生产应用还处在试制起步阶段，其制作工艺对性能影响又较大，因此他们倾向使用进口产品。

经过指挥部与省电力勘测设计院、省电力工业局的多方比较，发现国产电缆为单芯设计，每条电缆三芯，带软接头，较之进口电缆三芯设计、不带接头一体成型的制作方式本也不占优势，同样规格的进口电缆造价与国产电缆持平甚至略低，这让抉择的天平一下子就向着进口电缆倾斜。

1984年2月20日，省电力工业局主持召开审查会，经过省电力工业局、省电力勘测设计院、汕头市、南澳县等各方与会人员充分讨论、全面比较，最终一致认为应该选用进口海底电缆，并建议向省计委、省经委等部门做出请示，申请落实差欠的外汇指标。

会后，南澳县政府迅速行动，在3月2日将讨论结果上报省计委、省经委，提出拟选用电缆截面为3×150平方毫米，铜芯导体、交联聚乙烯绝缘、分相铝包、铜丝铠装带外护层的进口电缆，希望获准进口并给予解决外汇指标。

3月19日，省计委下发粤计财进字第290号文，批准同意南澳县政府动用85万美元的外汇，用于购买一条9.5千米长的海底高压电缆。

经过对日本住友电气工业株式会社、日本古河电气工业株式会社、意大利皮埃里电缆股份公司等多家电缆公司所提供的电缆技术参数、设备报价的对比，指挥部最终决定选择皮埃里电缆股份公司的EPR-150型电缆。

皮埃里公司是一间跨国公司，业务遍布美国、英国、法国、加拿大、巴西等国，仅设立的分厂就有156家。它自1885年开始生产海底通讯电缆，1962年开始涉足高压海底电力电缆，能够生产的海底电力电缆电压等级达到1100千伏，在生产制造电缆业务上拥有丰富的经验。皮埃里公司曾为意大利罗马电力部门生产过最长的一条海底电缆，电压等级在200千伏以上，长度达到150公里，深度达100米，运行时间超过20年。这期间仅仅因为渔民拖网破坏而发生过一次故障，在切断损坏部分并通过海上作业制作接头消除故障后，运行十年未再发生故障。经过考察了解，章振贵他们认为把电压等级35千伏的南澳海底电缆交给皮埃里公司，“在质量上是可靠的”。

质量有保证，皮埃里公司在价格上也展现出了极大的诚意。虽然南澳海陆联网工程量并不算大，但是此时，皮埃里公司显然急于借此进军这个改革开放的国度，打开中国市场，他们甚至以“里程碑般的合作”形容这次订购。皮埃里公司那不勒斯电缆厂的一位产品经理说：“我希望南澳县这条电力电缆把南澳和大陆的电力联结起来，同时也把中意两国人民的友好联结起来！”最终，皮埃里公司在报价116.4万美元的基础上，将投标定价低开至77.9万美元，这个价格刨去近半的运输费用后，从商业角度看几乎无利可图。

双方对此次合作都表现出了足够的重视，后续的技术谈判、商务谈判等环节自然进展得非常顺利。

1984年11月16日，负责执行海底电缆全套进口程序的中国化工机械进出口公司广东省分公司作为采购代表，与意方皮埃里公司正式签订了购买35千伏海底电缆的合同，约定1985年4月15日在汕头港交货，这让原本对进口电缆心怀忐忑的指挥部全体成员都松了一口气。

电缆采购落实了，章振贵、柯士奇等人又立即着手安排施工准备，这期间，陆上架空线路部分材料设备的订购、变电站的土建施工和设备购置等工作有条不紊地进行着。由于设计初期对材料设备价格估算有误、设计变更导致钢材及金具用量激增、订货厂家临时通知设备价格调整等多重因素，工程总投资超出预期36万余元。

1985年5月5日上午8点，南澳岛长山尾海底电缆上岸点，一名满脸焦虑的男子站在岸边张望。5月的海边，早上的阳光明媚而温柔，洒在人脸上微微发热，还没到出汗的温度，但这名男子的额头上不知为何已经布满了细密的汗珠。他不时抬起手腕，却不是去擦汗，而是盯住手表上的指针，口中喃喃自语："怎么还没到！通知8点前到的呀！"

根据合同书协议，由于海底电缆敷设需要意方派出专家指导完成电缆转船、敷设、终端头施工、竣工后试验验收的相关工作，因此意方也承诺将派出工程师、机械技工、接头技工各1名。这一次敷设电缆即是由意方代表富马格利先生负责电缆转船、敷设等工作的技术指导，而那名焦灼等待中的男子是汕头市建筑安装工程公司水工公司（港口建设公司）副经理黄本好，该公司承包了这次35千伏海底电力电缆的敷设工程施工，黄本好正是项目的现场负责人。

前一天上午，黄本好通知富马格利今天8点他们将在长山尾准备电缆登陆，请富马格利到场指导。富马格利当时满口答应，可如今时间一分一秒地过去，太阳缓缓从东边爬升，渐渐来到黄本好和运缆船的正上方，然后又缓缓西移。地上的影子悄然转向，而黄本好却连富马格利的影子都见不到，近7个小时的等候，黄本好却完全联系不上富马格利，心里原本的焦虑转为烦躁，而后又转为困惑，如今几乎已经变成了完全的麻木。

下午3点，经过7个小时的苦等，黄本好终于等来了富马格利。富马格

35千伏海底电缆南澳登陆点

利向一脸疲态的黄本好等人解释道：“不好意思。我乘坐的船只因为海面大雾延迟开出，这才来得迟了。”

迟到总比不到好。有了厂家技术人员在场，在岸边停泊多时的运缆船上电缆软端头终于可以开始登陆了。

“这就开始吧！”黄本好有些急了。

原本合同约定电缆交货是4月中旬，最终比原定时间晚到了十几天。4月底的海上天气最适合作业，如今到了5月初把握原本就小了几分，再加上被富马格利拖上这么半天，所有人的状态都低落了不少，万一天气方面再出点什么幺蛾子……

所幸，电缆端头登陆工作在富马格利的指导下，进行过程并未遇到什么问题，经过3个小时的紧张作业，第一项工作顺利完成了。但此刻天色将暮，继续开展电缆敷设工作是不可能了。

“富马格利先生，敷设电缆的工作我们将在明天凌晨5点30分准时开始。请您务必在5点前到达长山尾布缆船的停靠点。”黄本好擦擦已经满是汗水的额头，转头跟富马格利说了第二天的计划。

富马格利挑了挑眉毛，反问道："怎么这么早？"

"是的，因为布缆船停靠点是流心，船尾靠近礁石，5点半前的海水是满潮平流，水深足够承载布缆船。如果不能及时离开那个地点，布缆船上压着三百多吨重的电缆和设备，安全上可能会出问题。"与敷设工作相关的情况黄本好已经是烂熟于心，这时候说出来如数家珍。

"富马格利先生，您住的宾馆与布缆船停靠点水陆远隔，40余公里的距离来往不便，要不今晚就直接暂宿船上如何？您放心，船上食宿问题我们已经安排好了，绝对没有任何问题！"为了避免今天的情况重演造成被动，思来想去，黄本好还是向富马格利提出了一个"不情之请"。

富马格利拒绝了黄本好的提议。

翌日，富马格利依旧迟到。

5月6日6点15分，富马格利已经比通知时间整整迟了45分钟，此时退潮已经开始，海面上浪涛翻滚，布缆船在海上开始摇晃波动。随着潮位渐渐下降，原本藏在水下的礁石也慢慢探出爪牙。

"浪太大，继续待在原地太危险了！"跟前一天不同，在场待命的众人能再等7个小时，布缆船等不起。所有人都清楚，必须马上开始布缆。

布缆船等七艘施工船和南澳县派出的两艘警戒船一同出发。一开始，电缆的敷设进展很顺利。从浅海到深海，电缆正常敷设，当布缆长度达到两千米时，海上突然弥漫开一阵浓稠的大雾，雾气包裹住了布缆船，由于难辨方向，电缆敷设被迫停止。此时，船上的工作人员发现船体在海浪的拉扯下，船位渐渐偏离开原本的位置，已经抛下去的电缆也随之发生了偏位。

"海底电缆敷设不同于陆地电缆的敷设，受海洋环境、天气影响非常大，敷设的过程中有很多情况是人力没办法控制的。"柯礼南作为工程副指挥参与海底电缆敷设工程的难忘经历，即使过去多年，如今提起时他依然唏嘘不已。

上午9点多，布缆船已经开出3个多小时后，富马格利终于姗姗来迟，登上了布缆船。

"莱芜岛起浓雾，我搭的船延迟开航了。"富马格利的解释似曾相识。

上午十点半，富马格利和现场负责人、技术人员召开现场会议，研究如何回收偏位电缆的时候，海面上忽然刮起了大风。紧接着，布缆船收到气象台发布的强风警报：当天下午至夜间有5至6级阵风7级的东南风，浪高2.5米至3米。眼见风浪越来越大，富马格利同意了用拖船拖动布缆船对偏位电缆进行回收的方案。

“突突突”，升降机启动了，设备重新调整，工作人员开始从海里打捞电缆。打捞的过程十分艰巨，每米重20公斤的电缆，笨重而脆弱，原来是一寸寸往海底下放，现在又从深海里处一寸寸往上收，力量要均匀，速度要控制好，打捞过程还要避开海里的岩石暗礁，一旦划破或损伤，将会造成巨大的经济损失，这是在场所有人都不愿意看到的。

打捞工作持续进行，海上风力也不断加强，潮水翻卷凶猛，惊涛拍岸，海浪翻涌而来。船只被海浪一阵翻滚，旋转，速度加快，一股无比强大的水流把船头扭转了方向，海面就像一只无形的手把大船扭了过来。这时，意外发生了，拖船和布缆船发生了碰撞。

碰撞对船体没有造成太大的损伤，船上的人员没有危险。正当所有人放下一颗悬起的心时，不知道谁喊了一声：“电缆打结了！”

此刻，海上的风浪怒号，天空下起了大雨，船只随着风浪上下颠簸，海上险象环生，船上作业的人没办法站稳，情况十分危急。但船上刚刚经历了一场惊吓的人们顾不上担心，所有人都注视着甲板上的吊钩不断上升……上升……电缆一寸寸慢慢往上挪，终于看到了黑溜溜的电缆横出水面，在传输带的协作下，把打了结部分的海缆打捞上甲板，大家才松了一口气。

“切断电缆吧。”富马格利看着打捞上船的打了结的电缆，摇了摇头，表情无奈，做了一个切断的手势。这段已经打了结的电缆，必须切断结口，增加中间接头后重新敷设。

切断电缆后重新驳接，这是一项技术活，需要搭建海上作业平台，并由专业人员进行施工。搭建平台的工作毫无争议地由水工公司承接，而驳接施工则交给了上海电缆厂，在搭建海上作业平台期间，其余电缆继续敷设，工程逐步推进。

1985 年 7 月 8 日 上海电缆厂施工人员制作中间接头

两个月后，一座高 5 米左右的海上作业平台搭建完成，上海电缆厂工作人员进场施工，完成了电缆中间接头的制作。至此，电缆敷设工程顺利过海，到达澄海的莱芜岛终端点。

一周后，省电力工业局试验研究所对这条长 8.78 公里的海底电缆进行了竣工交接试验，结果表明电缆长期允许工作最大电压为 42 千伏，长期允许持续工作电流为 200 安，缆芯长期允许工作温度为 90 摄氏度，体积绝缘电阻（20℃）3×1015MΩ/cm，未发现异常。

"妥了！"指挥部里，一阵欢呼声轰然响起。这条电缆牵动着整个指挥部以及所有参与者的心弦，所有人注视着它从无到有、从"孕育"到"出生"。如今，看到自己倾注心血浇灌出的花朵茁壮成长，怎能不让在场的人欣喜若狂。所有人都坚信，等到工程竣工时，这条海底电缆必将推动南澳县经济建设的步伐越迈越快。

1985 年 12 月 25 日，南澳县 35 千伏海底电缆线路正式送电投产，这是当时全省最长的海底电缆。南澳县正式联入广东省电网。

“随着能源问题的解决，海岛工业的发展，势必将有一个新的突破……将为振兴海岛经济，加速百业发展插上翅膀。”徐国良在投产庆典上致辞。这条电缆联通海陆两端，源源不断地为岛上输送着电能，从根本上改善了南澳县的供电情况，真所谓“一缆连海陆，天堑变通途”。

2013 年 8 月 10 日，为配合世界首例多端柔性直流输电工程 ±160 千伏直流海缆敷设，原 35 千伏海底电缆被打捞以腾出线行。至此，35 千伏海底电缆正式退出历史舞台，而南澳也开启了海陆联网输电的新篇章。

以BOT模式兴建沙角发电B厂

王　越

“借钱搞重点建设，负债经营，香港的胡应湘先生是我们的老师。我们要打破框框，冲破束缚，学习先进管理经验，为国家搞重点建设走出一条新路。”这句话，是1989年6月30日国家能源部部长黄毅诚在华能集团公司第一届董事会上讲的。

广东缺电，由来已久。直至20世纪70年代末，全省共有发电装机容量300万千瓦，其中水电就占了180万千瓦，比重达60%。火电除了韶关发电厂、茂名发电厂、黄埔发电厂具有一定规模外，其他都是装机容量较小的老旧电厂，一直不能满足经济社会发展的需求。一到枯水期，全省缺电更为严重。改革开放后，随着深圳、珠海、汕头经济特区的设立，以及沿海经济开发区，以“三来一补、两头在外”为代表的加工制造业蓬勃发展，南粤大地一片生机盎然，外资企业、合资企业、乡镇企业遍地开花，催生了大量的电力需求。全省缺电最严重时候，缺口达三分之一，缺电问题成为制约经济发展的重要因素。此时，除了加大投资力度、加快电源建设之外，别无他途。于是在1980年，规划已久的沙角发电厂（即后来的沙角发电A厂）提上了议事日程，正式开工建设。

可是，好景不长。到了1981年，国家压缩重工业投资，广东人翘首以盼的沙角发电厂被迫下马。

远在北京的中央领导和国家部委，此时正忙着全国改革开放的谋篇布局。当时各省区经济建设明显提速、各行各业发展步伐加快，到处都喊着要钱要投资。然而，国家刚刚走出“文革”没几年，元气尚在恢复，国力有限，财政“囊中羞涩”，难以满足庞大的发展需求，只能压缩重工业投资，将有限资金主要用于提高群众生活的轻工业上。沙角发电厂被迫下马后，大电源建设陷入了停滞状态，而解决广东缺电问题迫在眉睫，作为身处改革开放前沿地带的广东省省长梁灵光、深圳市市长梁湘十分着急。国门一打开，外商尤其是港澳台投资蜂涌而至，民间投资也日见高涨，可电源建设却一直处于滞后状况，远远跟不上实际需要，拉闸停电、“开三停四”成为“家常便饭”。很多上点规模的企业，只得自建发电厂或自备发电机组。如这种情况持续，经济社会发展肯定搞不下去，也走不远，必须另辟新路。当时，为推动改革开放，中央给予了广东“特殊政策、灵活措施”，设立了经济特区，指示要“杀出一条血路来”。在电力工业方面，中央对广东并没有上收管理权，这一方面意味着广东电力建设不能从中央财政中得到更多的资金，单靠国家财政投资这条老路，走不通了。另一方面也意味着可以大胆地打破固有的条条框框，用梁灵光的话说就是“政策给了你，办法自己想”。

胡应湘，原籍广州花都，1935 年生于香港，1958 年毕业于美国普林斯顿大学土木工程系，1969 年成立合和实业有限公司，在香港创业的同时，也一直关注着内地的发展，被誉为爱国港商。1978 年，胡应湘联合香港五大地产商在广州投资建设了一座现代化的高级宾馆——中国大酒店。在筹建之时，他从广州供电局的领导口中得知，广州全市一天的用电量仅为 1000 万千瓦时，而计划兴建的中国大酒店一天用电量预计就多达 15 万千瓦时，占了广州全市日用电量的 1.5%。“电力不足是个大问题。”胡应湘在为他将要兴建中国大酒店和水泥厂用电问题担忧的同时，心里却萌生另一个想法：在内地投资建设发电厂。

1984 年，胡应湘来粤提出了他有意投资兴建发电厂的想法，与正在为此发愁的梁灵光、梁湘一拍即合。令广东方面想不到的是，胡应湘这个出租车公司老板的儿子、从未涉足过电的地产商兼建筑师，却提出了一个让人耳目一新又欲罢不能的合作模式——BOT。

所谓 BOT 模式，即建设—管理—移交。由项目贷款的模式建设运营一座电厂，内地政府作为甲方，胡应湘的香港合和公司作为项目乙方，乙方承担项目建设的任务，保证在合同规定的时间内建成电厂，项目所需要的资金由乙方向外资银行贷款，乙方在项目建成后 10 年内负责经营管理电厂项目，以电费收益偿还所有的外资贷款及利息，所得的多余收益归乙方所有。甲方负责提供电厂建设土地，保证按照合同约定的价格供应足够的燃料煤炭，并保证按合同规定收购相应的电量。卖电的收益一半用外汇，一半用人民币。乙方在 10 年后向甲方移交电厂资产，电厂需要符合合约规定，设备状态良好且能够满发。胡应湘还拍胸脯表示，电厂的建设将在 33 个月内完成，如果乙方不能完成电厂的建设，将承担违约责任，即全部支付相应的贷款。

对于严重缺电的广东省特别是深圳市而言，胡应湘开出的条件，无论从建设速度和资金使用上看，都是值得干的。虽然电价高一点，但还是比直接买香港的电便宜了40%，很有诱惑力。

于是，双方很快就达成了协议，并将项目上报了国务院。在当时全国电力严重短缺的大背景下，加快电力建设已成共识，利用外资办电更是一件好事。然而，项目报上去了许久，却迟迟不见下文。一了解，国家部委之所以没有马上批准这个项目，问题就出在BOT这个“新生事物”上。这个模式的核心是以项目本身的经济效益作为还本付息能力的保证，使银行贷款方放心。贷款方需要严格审查项目的经济可行性，确认有足够的利润能够赚取足以还贷的本息利润才能给予贷款。国家部委认为按这个新模式建电厂，胡应湘“占了便宜”。

梁灵光和负责发电厂项目的深圳市副市长周溪舞反复向国家各个部委解释相关问题。梁灵光这位老新四军、曾经的轻工业部部长甚至在北京对水电部的领导讲：如果你们认为这个胡应湘占了便宜，那好，广东的电力缺口还很大，以同样的条件，你也给我建一个发电厂，也让你们占这个便宜。

阻力不是一般的小。在广东建设这么大的一个电厂，省电力主管部门是什么态度呢？实事求是地讲，当时的电力建设的内行——广东省电力工业局的领导，对胡应湘这个“外行”建电厂是持怀疑态度的，对BOT这个模式是持保留意见的。局长陈岗和主管基建工作的副局长詹新泉的看法与国家部委差不多。陈岗曾经对胡应湘讲过，电厂“给你搞，还不如你出钱给我们搞”。

建设沙角发电B厂的报告交到了北京后，在国家计委、水电部、外汇管理局、人民银行等部委转了整整7个月，就是不见批复同意。电厂能不能这样建？各方意见争论不下，外商一直在观望。时间在一天天地过去，缺电局面也在一天天地加剧。看来等是没希望的了，争也不见得会很快有个结论。1984年8月28日，梁灵光组织有关部门召开了一次会议，会上决定了两件事，第一是如果一个月内，北京还不批复，合同还签不了，电厂照样开工。梁灵光说：“有什么问题，由我负责”。第二是抓紧时间写一份报告，由深圳市副市长周溪舞再赴北京向有关部门汇报。

就这样，沙角发电B厂在1984年9月28日正式开工建设。而这个时候，该项目的合同还没签订……

最后，在中央提出要加强利用外资的指示和国务院主管电力工作的副总

沙角发电 B 厂的轮煤码头栈桥

理李鹏的支持下，这个项目方才“尘埃落定”。1984 年 12 月 29 日，胡应湘应邀赴京出席中英关于香港问题联合声明签字仪式。第二天，李鹏设宴招待了胡应湘，与他详细地讨论了沙角发电 B 厂的建设问题。临别时，李鹏特别嘱咐他“要快点建成发电厂”。在此之前，根据李鹏的建议，原计划建在深圳的电厂改在东莞虎门镇的沙角，沙角发电 A 厂附近。这里的航运条件更好，这样可以共用煤码头。

1985 年 3 月 8 日，沙角发电 B 厂在正式开工建设五个月后终于签署了合同。工程设计委托香港友朋阁普利世顾问工程公司和广东省电力勘测设计院进行；设备供应和安装由乙方发包给日本三井集团全面负责；香港滑模工程公司总包土建工程，并分包给香港和国内外承包单位（中国建筑工程公司二公司、商品混凝土站、烟囱施工队、法国基础公司等）；电厂汽机及电气热控部分由日本东芝公司承包，通过国际招标，广东省火电安装公司负责安装；电厂的锅炉、输煤、除灰、水处理等工程由日本石川岛播磨公司承包，由东北电建一公司安装。

而这个时候，距离合同规定的完工时间只剩下 33 个月，周期之短，举世罕见。从深圳、广州到北京，参与此事的中方官员和工程相关的外商、银行都认为这是个不可能完成的任务。周溪舞听到外界的议论，就问胡应湘：“33

个月到底行不行啊？这可不是儿戏！”胡应湘答道：“这个由我来想办法。”

胡应湘以其在香港的合和中心大厦作抵押，签订了33个月内建成电厂的总承包合同——这在中外行家和舆论界看来无疑是一场豪赌。然而，更令人意想不到的是，胡应湘订立的时间表比这还要短，只有27个月，两台机组全部建成投产并网发电，其中第一台机组要在22个月内竣工投产。这样如同“天方夜谭”的目标要求，当时除他自己外，几乎无人相信。但后来的实践证明，胡应湘这个擅于“精打细算”的商人，真的如期达成了目标，创造了一个中国乃至世界电力建设史上的迅速“神话”。

先说平整土地。按照常理，电厂的主机建在平地上总比建在山地上要简单一些。当时国内专家的建议，沙角发电B厂的厂址应该和A厂一样，建在两山之间的平地上。但胡应湘却提出要把一座山头削去三分之一，把主机建在山体上。他认为，这些平地都是河流淤泥冲积而成的，地基松软，建发电厂必然要打很深的桩基，把基座打在山石上比平底更牢靠。更为重要的是，炸山比打桩快得多，也更节省成本。结果证明，这确实是个多快好省的办法。

当然，仅凭这一点，提升工作效率与建设速度毕竟有限，因为电厂建设是一个极其复杂的综合性工程。为确保沙角发电B厂能够在短时间内建成，胡应湘采取了一套适应现代化大规模生产需要的先进管理体制，即对发电厂的规划设计、土建施工、设备安装等各个环节实行一体化管理、全过程监控。例如，在设备安装环节，总承包方要求设备生产厂商在制造厂就要完成大部分设备的组装工作，质量更有保证，无须再次拆解检验。而且要求生产厂商“一竿子”从头至尾负责到底，不仅要负责设备的制造安装，还要负责调试运行，两家的事情一家全部干完。

工程从定死的竣工日期往回倒排时间表，环环相扣。谁耽误了工期，都要按合同承包额的千分之一进行赔偿。严密的计划、严格的合同，把各个环节的建设者联结在一条高速运行的运输带上。来自内地、港、日三方11个国家和地区1000多个单位的施工队伍，在一种奇妙的组合下，做出了任何一方都未曾单独做成过的奇迹。例如，当时沙角发电C厂工程90%以上都是由内地施工队伍承担的，他们遵循外商提出的先进理念和管理模式，立即展现出与以往完全不同的工作态度、做法与成效。负责土建的中建二局一公司，

1985 年 9 月 27 日接到中标通知，要求他们 10 月 7 日开进工地，8 日正式开工。以前，即便是在深圳，中标之后一般都有三个月的准备期。如此严格、短促的时间要求，中建二局一公司组建 32 年来第一次遇到。但是合同就是军令，他们紧急抽调了 200 多名精兵强将，准时赶赴工地，如期开工。在外商派来的监工近乎苛刻的要求下，他们由不适应到适应，由被动执行到主动提出合理化建议，革新施工方法，将自身的聪明才智和刻苦耐劳的精神，与引进的先进设备和技术相结合，很快赢得了外方的信任。

另一边，以周溪舞副市长为首的深圳市相关单位，也积极发挥“特区特办”的精神，采取了一系列灵活措施密切配合建设方，加快了工程的推进速度。发电厂的设备根据合同规定，分批从日本用远洋巨轮海运到东莞，但沙角发电 B 厂的码头不是对外开放口岸，按规定设备必须运到黄埔港海关查验卸货，再转运到沙角。为了减少环节，争取时间，深圳市政府经过多方协调，上级有关部门破例允许载运设备的外国轮船直抵沙角发电 B 厂码头，并协调海关、边检等部门在码头设立临时机构，专责查验运送发电场设备的外国轮船。

1987 年 4 月 22 日，广东第一台 35 万千瓦汽轮发电机组——沙角发电 B 厂 1 号机组建成投产

在胡应湘、内地政府和建设方的共同努力下，沙角发电B厂工地，日新月异。

主厂房和锅炉构架，全部采用钢结构，在工厂加工好后运到现场组装，由于计划周密，供应及时，比用混凝土浇筑厂房，施工时间减少1/2—2/3。主厂房按日本的设计标准，汽轮发电机组为纵向布置，汽机房跨度22米，每台机的厂房长度57米，除氧间跨度11米。主厂房施工，布设三台100吨固定式塔吊；锅炉安装每台炉设管柱自升固定港吊一台，辅以三台大型履带吊。烟囱为套筒式双管烟囱，高210米，烟囱、冷却水池、煤灰地下仓库、煤灰沉淀池等20个建筑物采用滑模施工。

施工中采用土建和安装交叉进行的方法，土建先做好基础，即设备就位，并妥善保护，再交由土建继续施工。完工后即进行设备调试，比一般土建完工后才进行设备安装的方法，缩短工期。设备整体运到现场，一次安装完成，无须解体检修和重新装配；管道联结对号入座，汽机轴瓦无须研磨，母线接头无须锉平，节省人力和时间。

电厂设备采用微机集散系统，自动化程度较高，并配有一套微机模拟装

1987年沙角发电B厂集控室

置，用于人员培训，发电机采用静止励磁系统。设有锅炉寿命损耗监察系统，锅炉在 25% 的额定负荷下运行，可不必加油燃烧而能稳定运行。

机组经过全套调试，包括正常运行操作、甩负荷试验、可靠性试验、性能和效率测试，即投入商业运行。1 号机组效率试验结果为 40.6%，发电机效率为 98.96%，高于设计值 98.87%。

1987 年 4 月 28 日——与外国财团签订贷款合同刚满一周年之时，沙角发电 B 厂举行了首台机组并网发电仪式，广东省副省长匡吉按下键盘后，巨大的电子屏幕上显示出四个大字：大放光明！根据日本电力公司的介绍，他们公司 35 万千瓦燃油机组（工程量比燃煤机组少 20%）的建设周期为 29 个月，而沙角发电 B 厂的燃煤机组仅用了 22 个月。到场参加并网仪式的东京电力经理黑野说："B 厂的速度是世界一流的。"水电部副部长姚振炎在致辞中高度评价了沙角发电 B 厂的建设成绩，认为对国内电力工业建设提供了多方面的经验。他自豪地说："以后我们学习如何办电厂，可以不用到国外考察了，就到 B 厂来好了！"并称赞说，参加建设的国内电力建设队伍"打了胜仗，长了志气，练了本领，活了企业，做了贡献！"

在沙角发电 B 厂的建设过程中，胡应湘从模式的奇思妙想，到设备选型，再到在山上建主机等异常之举，仅用了 22 个月就建成了一座现代化大电厂，并且实现并网发电，让诸多原来认为其搞电力是个"外行"、在背地里称其为"剃头匠"的行内人士彻底改变了看法，由衷折服，心生敬意。针对讽刺他是"剃头匠"这件事，胡应湘意气萌动，一直耿耿于怀，甚至还准备仿照理发店门口灯箱的标识，把高达 217 米的烟囱涂上红白蓝三个颜色相间的斜纹。一位美国专家曾问胡应湘，这个发电厂为什么这么快建成？胡应湘答道："因为这是世界上第一间由土木工程师建造的发电厂。"

到了 1989 年，当年对胡应湘持保留意见的陈岗主动上门邀请胡应湘一同建设新的电厂项目。在论证阶段，陈岗和副局长颜鸣鹤还力排众议坚持与胡应湘合作。1992 年，胡应湘在内地投资建设的第二座电厂——沙角发电 C 厂建成投产。

香港以及外商眼见胡应湘取得的巨大成功和中国庞大的电力市场，在 1992 年邓小平南方谈话发表后，迅速掀起了一股投资中国电力和基础设施建设发展的热潮。据不完全统计，1993 年到中国洽谈项目已经有 100 多项。

胡应湘在沙角创造的模式不只属于中国，更引起了缺电、缺资金国家和世界银行的兴趣。1993 年，世界银行邀请胡应湘作为主持人，主持召开了一个专题研究在发展中国家投资兴建大型基础设施建设项目的会议，并由他做了重要发言。胡应湘在内地兴建发电厂和高速公路所创造的模式和经验受到了广泛的欢迎和高度评价。

而今天，这个模式更成了中国企业走出去参与一带一路建设的重要模式之一。历史将记住这个模式的发源地和实践地——广东东莞沙角。

沙江输变电工程志

王媛媛　刘梦婕　张公生

1986年初夏，太阳炙烤着大地，小草卷成了细条，湿热的空气泛起阵阵热浪。“轰隆、轰隆、轰隆隆……”新会县杜阮镇的一处小山坡上，一阵阵破土打桩的机器声给不断攀升的温度又增添了几分热烈。

广东第一座500千伏变电站，也是全国第一个封闭组合式GIS（气体绝缘金属封闭开关设备）站——江门变电站在这里开工建设了。

经历过20世纪80年代的电力人都对当时的全省大缺电印象深刻。地处沿海地区的广东乘着改革开放的大潮，经济正处起飞阶段，电力供应却严重短缺。许多企业实行“拉三停四”，居民用电都经常被限制。与此同时，广东电力体制改革取得显著成效，打破一家办电的束缚，开始实行一家管网、多家办电、多渠道集资的政策。在严峻的用电形势和灵活的办电政策双重推动下，广东电力建设如火如荼。

为解决用电紧缺问题，1984年位于东莞虎门镇的沙角发电A厂、B厂先后动工，无论是电力需求侧还是供给侧都在呼唤更高电压等级、更大容量的输送通道，配套建设500千伏沙江线输变电工程随之提上日程，“当时国家计委批示，如果输变电工程进度不能配合，所造成的沙角发电B厂的发电投资损失将由广东省负责赔偿。”时任广东省电力工业局分管建设的副局长詹新泉回忆。

“要确保沙角电厂的电能顺畅送入珠三角负荷中心，这项任务既重大又紧急。”广东省电力工业局局长陈岗此时背负着重大压力。从当时的广东网架结构看，广西天生桥水电站、广东核电站、抽水蓄能电站和沙角电厂均要采用500千伏接入广东，形成广东500千伏环形骨干网架，沙江线输变电工程是这个骨干网架的关键一笔。

“原本国家水利电力部计划通过天生桥至广州的：500千伏线路将红水河廉价的水电向华南输送30亿至40亿度，可使两广地区减少装机容量20万至30万千瓦，将广东售电成本降低六成。”原江门供电局副总工程师吕瑞荣回忆起当年工程选址的经历，“但是天生桥至广州的线路要1990年才能建成，而1985年时广州、佛山、江门的最高用电负荷已经超过了110万千瓦，同时还需要向澳门输送电量，所以在广东西南部电源不足的情况下，选择了在江门建站，结合沙角B厂送电，扭转缺电局面。”

根据设计，整个沙江输变电工程包括：500千伏江门变电站，总共安装三台75万千伏安的主变，第一期投产一台；97.6公里的500千伏输电线路，长期输送容量达160万千伏安；配套新建的两座220千伏变电站，一座位于新会西侧，一座位于南海，主变规模均为30万千伏安；扩建220千伏变电站两座，220千伏输电线路124.2公里；配套110千伏变电站总容量达842.5万千伏安，110千伏输电线路422公里。

一份建设投资预算摆在了陈岗的案头。整个工程全部投资合计约1.3065亿美元。省里提出，由省电力局分别向国外和广东国际信托投资公司贷款，设备和器材经国家计委批准从国外引进，工程建设也采用外商总承包的“交钥匙”方法。

“当时国内的工程建设管理还是薄弱环节，又是广东自己负责整个项目建设，人力和经验都缺乏。通过外商承包既可以确保工期和施工质量，我们还能从中学习先进的管理方法和经验。”陈岗说，由于外国承包商多、国内施工单位更多、涉及大量外汇资金，关系十分复杂。

事不宜迟，陈岗和班子研究决定在江门局里设立500千伏输变电工程部，下设线路、变电、财务三个分部，全面管理工程的经济、物资、质量和进度。同时，他们还决定，由省电力勘测设计院配合外商勘测设计，并负责施工技术协调；省电力局物质公司负责进口器材设备、国内地方材料的采购及供应运输管理；属地单位负责协助取得站址路径协议、施工青苗赔偿和协助工程建设等。

1986年3月，广东省电力局与瑞士BBC签订江门变电站建设合同。4月与美国柏克德公司签订沙江输电线路合同。5月，广东省输变电工程公司副经理苏棣芳便带着同事来到了江门变电站施工现场，这是他们的第一个500千伏施工工程。“没有经验，又缺少相应的工器具。即使困难重重，我们也不后退。”担任广东省输沙江线项目建设总指挥的他看着这一片荒地，深感压力却又斗志满满。

除了广东省输变电公司，山西、湖北、辽宁等输变电施工单位也参与施工，分得了建设安装一杯羹。

来自江门供电局的20多人的队伍，几乎和苏棣芳他们同一时间进场的。

带队的是黄桂松，他后来成为了江门变电站第一任站长。“虽然我们只是配合建设，但是以后这个站是要交到我们手里运维的。”黄桂松反复动员大家，“要做好吃苦和打硬仗的准备，全过程跟踪，边干边学。”

酷热的天气、艰苦的环境、恶劣的施工条件对于常年辗转各地的建设者来说都不算事儿，苏棣芳印象更深的是与外国专家的过招——语言不通，理念不同，难度与矛盾可想而知。虽然自工程启动以来，广东省电力工业局陆续安排了17批共92人次出国考察培训，受培人员回国后也组织举办了各种类型的学习班，但更生动的课堂，还是在施工现场。

站内建设，中外双方的冲突不小，有时甚至非常激烈。“一开始在现场指导技术的外国专家很看不上我们，稍不符合执行指令他们就会大发脾气，吵吵着要解雇我们。”参加变电设备安装的省输变电公司陈裕德回忆说，他觉得中方施工人员很不被尊重。陈裕德1958年9月在广东省输变电公司初创时就进入企业，一直从事变电工程安装，还参加了援建刚果布昂扎水电站输变电工程。

但陈裕德也肯定外方确实存在着先进性：比如当时国内施工技术主要靠传、帮、带，不同师傅带出来的徒弟，工艺技术各有不同还互不相通，甚至某些施工环节只有某个人能做，缺了他不行；而外方是标准化作业，同一项工作任何人都能按规定的标准和程序来做，并达到统一水准。“两种管理和作业模式的比较优劣是显而易见的，是我们那会儿还未跟上外国的先进。”苏棣芳更是要求参与建设的同事要克服情绪问题，认真观察学习，更新观念，提升管理水平。

虽然认可国外的先进，陈裕德他们也暗暗攒着劲儿要“争一口气”。机会来了，在安装静电补偿电容器组时，由于六条钢轨的基础混泥土标号很低，只能受压不能承受纵向力，有两条弯曲度超出了标准无法安装。送机械厂校正费用太高，外国专家坚持现场解决。安装那天是星期天，由于钢轨的反弹力非常大，专家组一行五人从早干到下午2点，午饭都没吃也无法将螺丝穿入紧固。“你们回去休息一下，换我们试试吧。”陈裕德组织施工人员用5吨链条葫芦，采用三点受力法，硬是把钢轨“捋直”了。外国专家第二天到现场一看问题已经解决了，他们对中方施工人员转而流露出了丝丝敬意。又有一次，在主变220千伏进线间隔安装引下线时，由于离地距离高，施工方法是用竹竿横搭在两根导线上作为平衡，人骑跨在母线上操作。当移到引下线位置时，竹竿突然松脱了，两名工人悬吊在了半空。“当时可把外国专家吓坏了，以为要出安全事故了，谁知道工人们像杂技演员一样很快便爬回构架横担上了。”认识到这支建设队伍是训练有素、技术水平过硬的，外国专家的态度明显改变了，沟通合作更加顺畅。

走出站外，与广东第一站配套的广东第一条500千伏线路沙江线建设同样如火如荼，这里是郭宗藩的战场。

500千伏沙江线工程由美国柏克德建筑公司总承包，意大利萨依电气公司负责设计和提供器材。全线铁塔232基，36%是耐雷性能较好的带拉线V型塔，其余是自立式直线塔及酒杯型耐转塔。导线是西班牙产的四分裂钢芯铝线。由于沙江线地处珠江三角洲，沿线鱼塘河网占比很大，从欧洲海运过来的线路器材要经过河运、陆运、人工搬抬等方式才能到达现场。郭宗藩感慨，在交通还不发达、运输工具器也相对落后的20世纪80年代，运输周期之长、难度之大超乎现在年轻人的想象。

1987年500千伏沙江线60号特高跨江塔组塔现场

这条线路工程最引人注目的当属狮子洋大跨越，水面宽度2382米，大跨越采用在江中立铁塔方法，布置成两档跨越。河中立塔利用江中自然形成的泥洲浅滩，跨越档距分别为1550米及931米。前者为主航道，船桅高度60米；后者为次航道，船桅高度28米，整个耐张段长3812米。主航道侧60号、61号直线跨越塔高237.75米，江中的61号塔连同混凝土平台总高240米，是当时世界最高的自立式输电铁塔。

大跨越工程由意大利萨依公司设计，基础部分由广东省基础工程公司施工，立塔架线由山西省送变电工程公司承担。河中61号铁塔用高桩承台支撑，整个基础使用16条3米直径埋深50米（钢管30米）和45条0.8米直径的钢管钢筋混凝土桩，并在桩顶浇制一个约2500平方米、混凝土量约3000立方米的承力平台，61号铁塔基础混凝土量约为1万立方米。河底作业施工难度在广东省前所未有，为解决水上作业的施工场地，采用筑人工岛方案，把桩机固定在船上打围桩，钢围桩底部（河床上）筑抛石棱体，上部用茅竹编织挡板，然后吹填砂，四周再筑沙包，筑成人工岛。不到40天就在水上筑起一万平方米的施工场地。这个方法，就地取材，实用性大，拆岛方便。

基础施工采用钢管钢筋混凝土桩，在国内是首次。由于钢管桩直径大，岩层坚硬，钢桩下到一定深度就很难打进去，甚至20吨重的冲击桩帽也爆裂离层，每修补一次桩帽要用上百公斤焊条。经过施工人员顽强拼搏，只用30个昼夜就完成16根3米直径土桩深30米左右的土桩打桩任务。

大跨越双回路输电铁塔脚宽45米，铁塔总重1040吨，由一万多构件组成。导线采用双分裂高强度耐热钢芯铝绞线（2×SPACSR－720）。施工单位为争取时间，采用2台250米高的塔吊同时安装2座铁塔。架线工作采用“一牵一”的架线方法，完成时间从原计划35天缩短为25天。

刷新郭宗藩认知的还有监理方式，“我们做工程都是内部监督的，监理的出现还是第一次，权限还很大，按照美国的标准和规范来管理我们。”他回忆道，大家一开始觉得很死板，干起活来束手束脚的，但后面习惯了，就觉得人家确实很严谨，更能保障质量和安全。除了管理方式和思维模式，生活习惯的差异也让大家印象深刻。郭宗藩记得，来自外国的监理甚至因为看到有人随手将一次性饭盒扔出车窗而给市长和省长写信投诉。

汪灯明应该是最早获得外国专家青睐的。作为厨师班班长，他每天在广州安排好饭菜后，再送到东莞施工现场。“意大利来的专家一开始时在东方宾馆吃饭都吃不惯，来到工地吃我做的，反而合他们的胃口。”手艺被肯定的汪灯明觉得很自豪，他记得有一次花心思在冬瓜上雕了铁塔，周围还有飞翔的天鹅，菜一上桌外国专家马上拿相机拍下来作留念。“我这也算是为国争了光。”

每个亲历者都能讲出几个沙江线带来的新奇和惊喜。比如它是国内首次采用直升机整体吊装立塔，当时使用的是波音 234 型直升机整体吊装了 20 基铁塔。比如 1987 年 5 月 24 日，广东省输变电公司在这条线上第一次使用牵张机放线。“两台牵张机都是从国外采购的，使用方法是提前到湖北输变电公司学回来的”，当时没有人敢指挥，苏棣芳就亲自担任起现场指挥。管理方的外国专家在现场还较真了，说不符合分工原则，现场指挥应该是班队长的事。“第一次，大家都在探索，是需要个起步过程的。”苏棣芳说道。该项目建成后，省输变电公司也掌握了 500 千伏输变电项目的施工和管理，开辟出新的战场。

收获与喜悦的背后也有人留下些伤痛与遗憾，比如当时负责带队在沙江线现场立塔的王嘉训。当第一座拉 V 塔提升到 47.5 米时，突然左右抱杆环扣卡住了，王嘉训上塔处理时掉了下来，出了事故，当场不省人事，被工友送到医院紧急抢救。“所幸离地面约 1.5 米时我被钢丝绳拖了一下卸减了些力度才掉到地上，不然后果不堪设想。”王嘉训现在想想仍然后怕。当时用上了德国陆军研制的还在临床应用试验的治疗脑损伤的药，王嘉训在医院中昏迷了四天后终于苏醒过来，因为留下了间歇性癫痫的后遗症，康复出院后他就此结束了 12 年的高空作业送电工生涯。

江门变电站的“三通一平”完工后，首个大件漂洋过海而来。1986 年 9 月，500 千伏江门变电站的主力设备——3 台 25 万千伏安自耦单相带负荷调压低损耗变压器抵达新会天马港。这个分相变压器的每一相在未充油、未充气前已重达 105 吨，整个广东找不到一辆拖车能承载这个每相达上百吨的巨型主变。为了运输这个庞然大物，省输变电公司专门购买了载重 150 吨左右的巨型拖车，江门供电局联合新会交通部门提前对沿途的桥梁和道路进行测

500千伏江门变电站全套引进瑞士、日本、意大利等国的先进变电设备

试，整修、加宽、加固江门变电站至主干道的3公里简易公路，甚至在原松园桥旁新建了一座新桥梁。“巨型主变还在海上漂泊时，我们已经联合开展了多次模拟运输。”江门供电局原局长王光耀说道。所有参与运输的人员都对这“大块头”呵护备至，从天马港到江门变电站的短短24公里，走了近36个小时。

当洋设备们一件一件被请进“家门”时，土建工程也已接近尾声。1987年4月，变电站开始进入电气安装阶段。

此时，广东正是回南天时节。GIS设备对安装环境和技术要求比传统设备要高很多，必须保持安装现场环境的清洁，空气的温度和湿度都要保持在标准范围之内。对于潮湿多雨的广东而言，“空气湿度不能超过百分之八十”的要求似乎很苛刻。

防潮防尘的问题摆在建设者面前。“我们用塑料布搭建一个小房子，专门用于GIS母管的安装，还要注意深度清洁和消毒母管内的导电杆和绝缘件。”负责协助省输变电做母管内绝缘件高压击穿试验的彭勤建，也是江门变电站的第二任站长笑称，“粗糙的大老爷们也被逼出洁癖。”有一次实验，他已经督促着施工人员进行了三次清洁和消毒了，但是试验设备刚刚加到额定电压时，只听到“砰”一声巨响，母管内的绝缘件击穿爆裂了。“说明还是有灰尘和杂质，疏忽了。”虽然有备用可更换的绝缘件，但是多次的击穿爆裂可能会对母管管壁造成质量影响，投运后的可靠供电存在隐患。彭勤建只能再一遍又一遍地唠叨清洁的重要性，本来就谨慎的施工人员变得更加小心翼翼。

所有的参建者都很珍惜这一宝贵的学习机会。每个施工现场都在上演这样的有趣画面——外国专家每天身后跟着翻译和几个“打破砂锅问到底”的参建者，不放过任何一个问题指导，大到设备原理、安装方法，小到工具使用等。比如江门供电局苏大华甚至还对人家的扳手产生过浓厚兴趣。当时国内普遍使用活动扳手，而外国专家使用的是力矩扳手和梅花扳手。在国外活动扳手只是工程师用，因为他们是负责构想设计的，而负责实施工作的技师讲究准确到位，就要用力矩扳手和受力面更多的梅花扳手。“他们还会根据螺丝不同的口径使用不同的工具，不像我们普遍拿一个扳手就走天下了。”苏大华说跟“洋专家”们相打交道除了学技术也学到了更细心、更细致的理念和态度。

1987 年夏天，安装工作如火如荼开展时，黄桂松带队赴湖北武汉凤凰山变电站“取经”。在这全国首座 500 千伏 AIS 变电站，他们为接手江门变电站做准备，学习了一个多月。“凤凰山站是传统的敞开式电器设备，跟江门变电站还是略有不同，但电压等级相同，维护检修方式、操作规程还是可借鉴的。”“取经队”形影不离地跟着凤凰山站当值的班组，全面“围观”各类运行维护工作，跟班学习运行管理模式，钻研相关说明书学习运维操作技能，熟记现场规程，学习检查维护经验。这次学习为江门变电站管理运作体系的筑成打下了重要的基础。

1987 年的 10 月 10 日，500 千伏江门变电站启动投运。从打桩到建成送电历时 19 个月，建设速度之快在国内外都属罕见，且工程质量被评定为优良。1987 年 12 月，500 千伏江门变电站开始接受沙角电厂送电。

外国专家走了，“钥匙”交到了黄桂松手中，征服江门变电站的战斗还在继续——必须要“啃下”图纸资料和设备说明书，才能运行和维护好这个站。

“全是英文，别说专业名词了，常用的单词也没几个人能看懂的。虽然我是大学毕业，但是英文却是高中以后才学的。”彭勤建至今难忘那堆“天书”放在眼前带来的压迫感，“密密麻麻的字母，量也太大了，真是担心自己能不能做到。”他和苏大华等六名大中专毕业生组成了翻译小组对资料进行分类，分头合作推进，一手《中英文科技词典》，一手设备资料。“必须一个词一个词地过，一页一页地吃透。”

外国设备的图纸和国内的图纸思路是完全不同的。苏大华举例子说，比如一个功能回路，国内是用一张图纸完整表现出来，图纸大小按功能回路的大小而定。而国外则是以坐标的形式精确每一个设备位置，每张图纸都是 A3 纸那么大，一个回路需要查找多张图纸才能看完。“大家得先把图纸死记硬背下来，然后按照国内的标准在脑中拼凑，融会贯通，再画出方便理解和施工的图纸。”

那段时间凌晨三四点的江门变电站办公室，经常都是灯火通明，翻译小组在蚊虫的包围下挑灯夜战。他们将翻译成果整合成册，并配套制作出设备常用名词中英文对照的字典，一起印刷发放给相关班站传阅学习。“整个翻译工作持续了很久。”苏大华记得江门变电站投产后又用了差不多一年半的时间，一本本“天书”才都变成了人人都能看懂的中文手册。

再后来，黄桂松、彭勤建、苏大华他们以凤凰山变电站的学习总结和翻译的这些资料为基础，结合实际运行经验提炼汇编出了《500 千伏江门变电站现场运行规程》，这个规程，可以说是南方电网系统内最早的 500 千伏变电站运行管理教科书。

首次直升机吊装铁塔经过

郑浩然 林菁 刘卉

1986年10月的广东“热情”不减，热带低压带来的阵雨并未给羊城增添几分凉意，雨后的氤氲倒是有些让人喘不过气。昏黄的午后，阳光懒洋洋地洒在放着一张微微发黄的施工图纸的办公桌上，施工图纸上画着几个歪歪扭扭的小黑圈，旁边“怎么立?”三个字跃然纸上。

施工图纸上画着圈的地方叫海鸥岛，位于广东省番禺县。小岛上溪流潺潺，软泥上覆着浅草，又窄又浅的河网错综复杂，随处一踩都是能没过小腿的沼泽，这是一处尚未被开发的处女地，这里也是让500千伏沙江线施工项目组最头疼地方。

20世纪80年代，改革开放的春风拂过岭南大地，社会经济飞速发展，先进的物质文化需求同落后社会生产之间的矛盾日益凸显，广东用电出现紧张的局面。改革开放急需稳定、可靠的电力支持。因此，广东省第一个500千伏沙角—江门输变电工程应运而生。

关于500千伏沙江线海鸥岛段的施工方案，项目组已经讨论过不知道多少次了，但是结果不尽相同，所有人都是口干舌燥却无法获得一个统一的结果。设计之初，作为广东电网南部重要电力输送通道，500千伏沙江线担负着向珠三角西侧的江门、中山、顺德、珠海、澳门及广州南部等地区输送的任务。然而，海鸥岛复杂的地理环境难倒了这些披荆斩棘、上天入地架设电力线路的汉子，工程推进十分困难。

满是淤泥的岛屿，汽车开不进去，一米多宽的河道，大船无法航行，甚至连小货船都无法驶入，唯一能通行的是当地村民自制的仅能搭载一两人的小渔船。虽然是一两米宽的小河沟，但是想跨越这里把工程所需的电塔运到安装地点，比运过长江还要难得多。用小渔船运输每一基都将近十吨重的电塔，和蚂蚁搬大象差不多。虽然施工队吃苦耐劳，不畏任何艰难险阻，但工期有限，对于施工项目组来说，海鸥岛的小河沟与天堑无异。

正当项目推进到了瓶颈期时，项目组有人听说日本有用直升机吊装铁塔的先例，见到希望的施工项目组第一时间找到了广州直升机公司询问用直升机吊装铁塔的相关事宜，然而广州直升机公司给出的答复是：“你们的铁塔太重了，我们吊不了”。除此之外，即使能够起吊，高昂的费用也是当时的广东省输变电工程公司难以承受的。至此，海鸥岛部分的铁塔安装又陷入了困境。

转机出现在项目总指挥苏棣芳不经意间参加的一次酒会上。时任省输变电公司副总经理的苏棣芳被邀请参加一次社会各界名流出席的酒会，酒会上偶然的一次相遇，将项目组从窘境中顺利地拖了出来。

原来，美国驻广州总领事馆商务领事孙穗芬在酒会上见到了满面愁容的苏棣芳，一番攀谈过后，孙穗芬得知苏棣芳因为工程无法顺利推进而焦虑，而当苏棣芳提到直升机吊装铁塔在国内无法实现时，孙穗芬说："我们美国有大飞机能吊装铁塔，美国陆军用的波音飞机就可以！"听到美国陆军几个字苏棣芳怔了一下，虽然当时中国已经改革开放了，但是中美关系依然微妙，尤其是还涉及了军队，苏棣芳不由得有点发怵。孙穗芬看出了苏棣芳听到"美国陆军"几个字时眉宇间的迟疑，她赶紧补了一句："但是现在已经应用到了民用上。"酒会过后，苏棣芳怀着忐忑的心情回到了项目部，此时的他只能寄希望于孙穗芬能够帮他们搞定飞机。

孙穗芬为何如此积极帮助省输变电公司呢？原因大致有二，一是孙穗芬虽然是美国国籍，但祖籍在广东中山，祖父就是大名鼎鼎的孙中山，所以她对故土有着不一样的感情。二是当时国门初开，美国想在中国市场占据一席之地，孙穗芳作为商务领事，想帮助美国资本进入彼时市场化还未成熟的中国。两个月后，孙穗芬成功联系到了波音公司，波音公司很重视这次合作，指派了亚洲区销售经理到广州面谈。

第一次座谈会是美国人的耿直与改革开放初期国人的淳朴之间的碰撞，项目组提出："我们遇到的难题就是没办法把电塔运进去，不知道你们可不可以？"波音公司表示："我们的飞机吊装 12 吨以下的都没问题。"省输的代表坦白道："我们还有一个问题就是我们没有太多的钱，太贵的话我们付不起，你们的飞机我们更买不起。"改革开放初期的中国，资本还不够雄厚，当时的省输更是捉襟见肘。

波音公司亚洲区销售经理为了敲开中国市场的大门也是铆足了劲，豪迈地说："没事，我们先试试，这一次吊装我们不要钱！"听到这句话让项目组代表喜出望外。"但是，我们有两个条件：一是要提供飞机吊装所需要的燃油；二是要帮我们做广告，邀请全国同行业的人过来观摩。你们只要满足这两个条件就行，其他的费用我们自己出。"

双方一拍即合。

和波音公司达成协议后，作为项目负责人的苏棣芳怀着忐忑的心情找到了广东省电力工业局副局长兼总工程师的颜鸣鹤，先是汇报了工程进度，然后诉说海鸥岛物资运输之难。颜鸣鹤专心致志地听着苏棣芳这番诉苦，听起来这工程像是肯定要延期了，但是看到苏棣芳精神抖擞、侃侃而谈的状态还真不像过不去这道坎的样子。颜鸣鹤一脸狐疑地看着苏棣芳，想知道他今天葫芦里到底卖的是什么药？但听了他讲了半天也没说如何解决最难的问题，不禁有些着急，便问道："我们去哪能找到这样的飞机？"苏棣芳清了清嗓子，略显迟疑，"美国波音公司"，苏棣芳小声说道，并说出了波音公司提出的两点要求。

听苏棣芳说美国人不要钱帮我们解决难题，颜鸣鹤也觉得这不要钱的买卖可以做，随即同意了这件事并提了两个要求："一要在预算允许的范围内做这件事，钱你自己搞定。二要联系白云机场同意这件事，不能你们自己偷偷摸摸就飞完了，别搞出什么乱子。"

于是，项目组立即着手准备飞机航行所需的手续及燃油，首先是找到了白云机场调度塔台的负责人，说明了来意，塔台负责人给出的答复是："只要你征得我们白云机场安全处的同意，我们这边没有问题。"苏棣芳找到了安全处的王处长，王处长听说装着满满一飞机美国人的飞机要飞进中国空域的时候，当即就拒绝了苏棣芳的申请。那时中国和美国还没有直航的飞机，让美国飞机直接入境确实是比较困难。

不愿放弃的项目组找到了广州直升机公司，谈好航空燃油的价格并提了一个附加条件，帮他们搞定航空权。在此期间，各级领导出面又找了王处长几次软磨硬泡，省电力局也出面与有关部门沟通联系，再加上广州直升机公司的助力，白云机场向上层层申报，最终拿到了航空权。

接下来，双方开始着手准备吊装方案。因为直升机理论载重量为 12 吨，所以所吊装的塔型均选用了质量最轻的拉线 V 型塔（后简称拉 V 塔），该塔每基重 9 吨多，刚好在额定范围内。原计划装设这些拉 V 塔所使用的也是整体吊装的设计，所以直升飞机吊装也没有问题。商议吊装哪个基塔时，项目组果断地在线路图上圈出了海鸥岛上最难立的 20 基塔。双方就各种问题达成

500 千伏沙角至江门输电工程，直升飞机将 V 型塔从塔材场吊起

一致后，波音公司又对铁塔重量进行了一次核算。因为这次建设的 500 千伏沙江线是由美国柏图公司总承包，意大利沙依公司负责设计、材料及监理，设计方案公开透明，看过设计图纸和材料表的波音公司表示没有问题，就此直升机吊装铁塔正式提上日程。

省输变电公司和波音公司前后又谈了两次，商议好了吊装时间，时间选在了天气适宜的 5 月末。商定好时间后项目组向全国输变电工程同行发出了邀请函，邀请他们到广东现场观看这全国第一次直升机吊装铁塔的景况。

外部事宜都解决了之后，项目组开始准备吊装铁塔的完整方案，讨论到在哪里放置组装好的电塔时又遇到了问题。因为 500 千伏的铁塔本身占地面积就大，拉 V 塔占地比一般铁塔还会更大一点，装好的 20 基铁塔在哪里存放成了大问题，离海鸥岛不能太远，还要足够宽敞够放 20 基拉 V 塔，这是个棘手的问题。

负责地面指挥的孟祥祺在东莞沙田镇找到了一处刚填好但还未起楼的平整空地，项目组先派了一个班的人用了半个月的时间组装好了 20 基塔，并额外组装了一基整体重 13 吨的正常铁塔，将该塔分为两截，并在分离处装上了滑槽，准备在吊装完20基拉V塔后尝试一下分体吊装常规铁塔。

没过多久波音公司的飞机从香港飞到了白云机场，波音234机型是当时世界上载重量最大的直升机。机组人员一共九人，一名美国的王牌飞行员，一名领航员及七名机械维修师。

波音公司驾驶员和领航员提出要飞行线路图纸，并实地考察一遍，于是项目组找到广州直升机公司帮忙。该公司派出一架直升机搭载驾驶员实地考察了一遍，回到白云机场，波音公司驾驶员又驾驶着他们自己的飞机飞了一遍需要吊装铁塔的航线。回程之后，维修人员将飞机上所有的乘客座椅拆下以减轻飞机自身重量，增强飞机的运输能力。

一切准备就绪，吊装时间选在了1987年5月24日。吊装当天，天朗气清，惠风和畅，全国输变电工程同行悉数到齐，广东省的同事也前来观摩，加上当地的村民将近2000人，人头涌动，甚为热闹。吊装任务计划上午八点半开始，沙田镇两台装满航空煤油的油罐车早已停靠在海鸥岛上用沙土填出的篮球场大小的临时停机坪旁边，一台8吨，一台5吨，总13吨的航空煤油对于此次吊装来说绰绰有余。项目组派了两个班参与吊装工作，一个班负责在沙田镇协助起吊，另一个班分成两组，一组负责安装，另一组在下一基做准备，交叉式作业，并在沿途的每一条小河边准备好小船，河道窄的则架设小桥，确保吊装快速进行。孟祥祺在检查了现场人员、工具到位后准备开始吊装。

直升机从白云机场出发，由塔台直接指挥，8点出头到达沙田镇后，再由机场派驻的人员进行现场调度。在仔细检查了飞机、尼龙绳以及电磁钩，确认没问题之后，便立刻开始吊装任务。

直升机慢慢升空，施工人员把预先准备好的钢丝绳套进挂钩，飞机继续上升，轻松地把几十米高的铁塔从平地吊起，飞向立塔的基位，在塔位已有一组工作人员在等待直升机吊塔飞来。直升机立塔的难点是铁塔底座螺孔和螺栓之间的间隙仅有几毫米，想要准确对位十分困难，这就要求飞机的稳定性要好，驾驶员的驾驶技术要过硬。飞机起飞后，仅用五分钟就能到达塔位。施工人员用无线电及挥舞的红旗与驾驶员联系，并给驾驶员指示准确的位置，他们顶着飞机盘旋时发出的大风紧张地进行铁塔底座与基础的对位工作。由

1987 年 5 月 24 日，美国的范季隆先生正在指挥直升机驾驶员与地面安装人员进行 V 型塔就位工作

于预先对基础的尺寸及组塔的工艺采取了严格的技术把关措施，对位工作得以顺利进行，一座铁塔从起飞就位到回归降落，整个过程一共 20 分钟就能完成。直升机每飞一次就加一次油，因为太多的燃油会导致飞机负载减少，每次只加够刚好一次来回的燃油。飞机的电磁钩是一种专用的挂钩，在吊装铁塔固定后，通过开关使吊钩自动释放钢丝绳后再飞回去吊装另一基铁塔，既方便又节省时间。

所有拉 V 塔吊装完毕后，众人开始尝试分体吊装。下面一截的基础很容易就完成了安装，但是在吊装上面一截时，现场指挥人员反复指挥也无法让上一截滑进滑槽。负责地面指挥的孟祥祺急得满头大汗，由于燃油即将耗尽，驾驶员征询孟祥祺意见将上一截铁塔放置在海鸥岛上，后续由人工安装。直至当天下午 4 点多，吊装铁塔任务圆满完成，前来观摩的同行纷纷表示："这次真是开了眼界了！"常规操作安装 20 基铁塔要两队人用一个半到两个月才能完成。用直升机吊塔作业方案，从准备到完成不到半个月，效率对比显而易见。

第二天晚上，波音公司做东开庆祝酒会，席间孙穗芬、苏棣芳、波音公司亚洲区经理、白云机场负责人、广州直升机公司负责人纷纷致辞。项目总指挥苏棣芳讲了三点：第一感谢波音公司帮助解决困难，第二表示学到了很多知识，第三感谢白云机场安全处、直升机公司大力协作，白云机场调度的帮忙，使吊装任务顺利完成。

同年同月，在海鸥岛上观摩了直升机吊装铁塔之后，湖北省输变电工程公司联系广州直升机公司，也进行了一次直升机铁塔吊装。至于那架波音234直升机，在广东的任务完成后，经省输变电公司介绍又在安徽安庆执行了一次跨越长江拉线任务。后来几经周折到了北京。波音公司可能是考虑到直升机运回本土成本很高，或者想借此打开中国市场，便提出将其卖给国家水利水电部，起初出价1.5亿美元，后又降价至7000万美元。水利水电部的钱正英部长经过多方考虑，最终没有购买。不久，该直升机在天津港上船运回了美国。在卖飞机这件事上，波音公司算是铩羽而归。

农村电气化的新画卷

刘葳蕤　林显斌

“新年到，放鞭炮，家家户户真热闹。穿新衣，拿红包，家庭团聚齐欢笑……”电视里，歌手李谷一正舒展歌喉，曼妙的歌声在山野间飘荡。

1983年的除夕，龙门县平陵镇神光大队村头的一棵大榕树下，全村150余户的男女老少挤在一块沙土小广场上，盯着一台小黑白电视机，饶有兴致地收看春节联欢晚会的首次直播。电视机成了村民眼中的宝贝，春晚直播也成了村子里这一年最重大的一次娱乐活动。猜谜、歌曲、舞蹈、相声、小品……,村民们紧盯荧屏，脸上写满了好奇和欢乐。

35千伏平陵变电站青年员工黄伟忠同其他员工也一起来到大队，这大概算是这个小村庄第一次春节保供电了。

村民们还不知道，这一年，龙门县要发生的大事——与毗邻的仁化县一起，率先被水电部列入全国第一批100个农村电气化试点县。龙门人的电气化先行之路，也由此开始。

事实上，龙门县成为全国电气化试点，并不是偶然。

这个素有“八山一水一分田”之称、隶属广东省惠州市的小县城，原是个贫困村。但它丘陵起伏，风景秀美。发源于南昆山的南昆水，横穿县城，为龙门县带去了非常丰富的水力资源。经勘查，全县水能理论蕴藏量15万千瓦，可开发量10万千瓦。1980年，村民选定了沙迳区一条叫“虎跳”的山沟，作为群众办电的试点，集资400万元，购进水电设备，装机4台，容量2900千瓦。经过400多天的艰苦奋斗，虎跳水电站建成了，电送到了全区各个村落。此后，龙门县的小水电站犹如雨后春笋般建成，先后建起了西牛尾、三坑、蕉坑、花竹等电站60座。

龙门县红红火火的水电站建设，引起了国家有关部门的注意，在广东省水电厅副厅长李国的陪同下，水电部农电司司长唐采南专门来到龙门县调研小水电发展情况，并应县长钟一凡、副县长陈国维的邀请，指导编写《龙门县农村电气化规划（草案)》。

而此时，在首都北京，一个关于充分利用我国丰富的小水资源，推进农村电气化试点工作的大政方针正在酝酿之中。

1983年6月，水电部就公布了全国农村电气化县初级阶段用电水平标准：一是全县应有90%以上家庭能用上电。二是能满足全县农副产品加工和农牧

龙门县蕉坑水电站

生产方面的用电需要。三是基本满足县办工业、乡村企业和专业用户的用电需要。四是全县有20%的家庭利用丰水季节性电能，做到“以电代柴”。综合用电水平，试点县全县的户均年生活用电量要达到150千瓦时。

1983年12月，国务院颁发《批转水利电力部〈关于积极发展小水电建设中国式农村电气化试点县的报告〉的通知》，批准了100个农村电气化试点县开展建设，广东省龙门、阳山、仁化、蕉岭、大埔、平远、曲江、新丰、乳源、封开10个县位列其中。

初级农村电气化试点县选点的条件是：全县人均占有可开发的水能资源要超过100瓦，要有自力更生办电的能力，要在过去有一定的办电基础，装机容量人均已达到30瓦以上。彼时，广东省10个试点县的人均年用电量仅为123.3千瓦时，户均年生活用电量为90.9千瓦时。偏远山区的村民们几乎是“吃米靠臼舂，点灯烧松明”。

初级农村电气化试点县的发展，决定着全省农村电气化的进程。这10个县，牵动着全省每一个水电工作者的心。包括广东省政府副秘书长吕白，省委常委、省委农村工作部部长凌伯棠，省水电厅党组书记曾光，副厅长李国，省电力局局长师兆祥等人都非常重视这项工作。

1984 年 2 月，乍暖还寒，在南海西樵山下，省委、省政府组织召开了全省小水电工作会议。省内首批 10 个农村电气化创建试点县的代表、小水电装机容量超过 1 万千瓦的县水电局负责人，以及广东省直属机关有关单位的代表参加了此次会议。

开展农村电气化创建试点县工作，如何因地制宜、扬长避短，是此项工作成败的关键。广东山区县水力资源丰富，能不能发挥这个优势，怎样发挥这个优势，成为这次会议的一个重要议题。会上，省水电厅党组书记曾光对试点县代表说："试点不能吃小灶，全国要靠 100 个县拿经验，而我们省要靠你们 10 个县出经验，出自力更生办电气化的经验，才能带动推广其他县。"并对参加会议的陈国维寄予厚望："请龙门县的同志回去认真研究，把压力变动力，及早动手，妥善安排，在自力更生的基础上加快农村电气化建设速度。"

自此，一系列农村电气化工作在 10 个试点县陆续展开。

曾光在会上说的那句话，让陈国维感觉压力山大。刚开始那几个月，他日思夜虑，不敢有丝毫的懈怠。找人拿来唐采南指导编写的《龙门县农村电气化规划（草案）》细细研读了一遍，又与县水电局局长曾宪岳反复商讨，认为要实现农村电气化的目标，必须把小水电建设放在领先的地位，动员全县力量大办小水电。为此，他们按照择优开发的思路，把小水电发展的重点放在增江干流和南昆水的梯级开发上，计划在增江上游建大型的天堂山水库，以下分 12 级开发，总装机容量 47320 千瓦。计划在南昆水干支流兴建小水电站 20 座，小水库 5 座，总装机容量 21000 千瓦。

为加快建设步伐，陈国维、曾宪岳他们坚持执行省政府"谁建、谁有、谁管、谁受益"政策，保证了投资者的利益，出现了县、区、场、村都在投资办电的热潮。短短两年，小电站建设突飞猛进，新增装机容量 3.9 万千瓦，促进了经济的发展。例如密溪林场，地处边远山区，交通十分不便，过去靠砍伐原木出卖，收入很低，自建了总装机容量为 980 千瓦的 2 座小水电站后，有了充足的电力，就开办了制茶厂、木器加工厂，全场面貌发生了很大的变化。1985 年，整个林场合计年产值 273 万元，人均总收入达 3013 元，各种家用电器开始进入每个家庭。

除此之外，龙门县还通过提取大修折旧基金、小水电管理费、水库发电水费和上调销售电价等办法筹集资金，建成了35千伏沙迳变电站，完成了县城和农村一部分电网的改革，收效显著。

仁化县也是一马当先。1984年6月4日，农村电气化领导小组成立，县委副书记刘基灿任组长，副县长钟波、李文泉任副组长，下设办公室，徐政松任办公室主任。徐政松经过调查研究，编制了《仁化县农村电气化规划》，目标是到1987年，实现小水电装机容量38500千瓦，年发电量14076万千瓦时，人均年用电量516千瓦时，通电户率98.5%，电炉户率35%。同时贯彻实施“以电养电”的政策，小水电站收入不纳入财政预算，农村小水电站实行免税，并争取银行低息贷款予以扶持。同时多方筹措资金，1983—1985年，县、镇、村共筹集资金1600万元，增加对小水电建设的投入，新建小水电站16座，增加装机容量13689千瓦。

其他试点县也有各自己的筹集资金办法：有的县将电价提高到了每千瓦时1—4分钱；有的征收地方电力建设费；有的对新上企业项目，采用了先集

仁化县牛埛水电站内景

资、后用电的办法筹集资金；针对10千伏配电线路，有的县采取了除困难地区适当给予补助外，其余谁出钱、谁受益的集资办法；有的县华侨较多，积极做好侨务工作，争取侨胞捐助。据不完全统计，大埔县华侨赞助资金达250万元，成为该县办电资金重要来源之一。

在这方面，阳山县和蕉岭县引起了大家的广泛关注。

阳山县的贫穷已有千年之久，曾被唐代文学家韩愈评为“天下之穷处也”。跻身全国100个初级农村电气化试点县后，阳山县立即成立了“农村电气化领导小组”，包括县水电局党组织书记陈达玉在内共13人组成，负责全县建、管、发、供、用电工作。

阳山县水力资源丰富，理论蕴藏量为31.7万千瓦，可开发量为17.9万千瓦。要达到初级农村电气化县初级阶段用电水平标准，大力发展小水电是必由之路。早在1979年，陈达玉就提出了“集资万家，兴我电业”的大胆设想。然而，集资办小水电站，当时在全国还没有先例，有人也劝他不要冒这个险。但陈达玉认准发展水电事业这条线。他说：“吃透上级精神，用足用活现有政策，这个险值得冒。”1983年以后，陈达玉打开了阳山县多形式、多层次集资办电的新局面，除了县、乡镇和村自办之外，还出现了省县联办、县乡企业联办的小水电站。

有着“形似巫峡，景似漓江”之称的梅州蕉岭县，为韩江支流、高思河等河流所环绕，同样具有丰富的水力资源。为了兴办小水电，蕉岭县县长曾宪行想尽了法子，整天琢磨如何才能筹措到更多资金。经过集思广益，同时借鉴“他山之石”，他决定从1985年开始，在全县直供范围内征收每千瓦时1分的电建费，1987年10月起又将电建费升至每千瓦时1.5分，所征收的费用全部用于小水电建设。1988年6月起，又根据县内各行业生产的不同情况，规定从各工厂提取电力发展基金——冶炼厂提每千瓦时4分，纸厂、电池厂每千瓦时2.5分……这收取的全部费用，也都用于小水电建设和电网改造。

自筹自建只是众多集资方式中的一种，各试点县还发挥了华侨、港澳同胞众多的优势，鼓励华侨办电、港澳商人办电。银行贷款也对广东省小水电的发展起到了重要的作用。

农村电气化开展初期，自建小水电的资金和技术条件有限，以至于大部分小水电的调节能力都不好。丰水期的河流哗啦啦地淌，发出的电，要么送不出，要么用不完，正可谓是“滚滚江河向东流，流的都是钱和粮”。而到了枯水期，却又面临缺水甚至无水可发的问题。

陈达玉所在的阳山县就有这种情况，这里的小水电站大部分都是径流电站，且可用作调节的装机只有1.2万千瓦。该如何平衡好发、供、用电这三点？陈达玉派人把全县所有大大小小的水库都分析个遍，根据各电厂不同的情况，对小水电站做了不同的处理。

首先是在有条件的地方修建了日调节池。由于工程简单，投资少，工期短，在提高水量利用率，担负电网调峰方面，日调节池都起到了很好的效果。其次是在径流电站上游修建调节水库，扩大蓄水工程的水源。江英乡沙坝水库，1985年增容600万立方米，减少丰水期弃水，增加发电量269万千瓦时。1986年，茶坑水库也完成了排洪道口弧形闸门的建设，增加蓄水量500万立方米，使坝下的梯级电站增加发电量900万千瓦时。第三是在江英、高峰、东山等边远山区修建微型电站。这些远在山区的村落，交通不便，地处分散。如要修建电力线路，则须翻山越岭，线路长，造价高，线损大。陈达玉等人发动当地群众自办微型电站，这些微型电站的装机容量从20千瓦至几千瓦不等，解决了电网鞭长莫及的问题。就这样，阳山县较好地缓解了丰水期弃水和枯水期缺电的状况，每年多发电量约2500万千瓦时。

同样为水电调节问题困扰的，还有仁化县。丰水期电量过剩，使得全县有7000千瓦的装机容量受阻。1983年以后，该县通过实行浮动电价来解决这个问题。县水电局副局长李水生提出：本着保本原则，丰水期实行每千瓦时5分的优惠电价，鼓励农户以电代柴，鼓励兴建季节性用电企业。此外，水电局还帮助用电企业安排生产时间，改一班制生产为三班制生产，按不同供电时间分别计量收费等办法，鼓励用户就地消耗电能。1985年，在全县装机容量仅增加205千瓦的情况下，发电量比上一年增加1195万千瓦时，大大提高了装机利用时长。

为了将小水电的效益最大化，各县因地制宜发展起季节性耗电量大的副业生产。这一时期，大埔县以电代柴、代油发展陶瓷业，蕉岭县扩大电解锰和电炉炼铁等做法都得到了省水电厅曾光、李国等领导的肯定。

虽然小水电站相继建成发电了，但各试点县的农电管理和经济效益可不让人乐观。

1985年，龙门县水电局管理的5个县办小电站，担负着全县大部分的供电任务。那个时候，局里的人员安排不合理，人数最多时达到了668人，工作分工不明确，人心涣散，作风散漫。在副县长陈国维的支持下，为克服人浮于事、吃“大锅饭”的弊端，曾宪岳对县水电局进行大刀阔斧的改革，调整了领导班子，公开招聘一批专业技术人才，形成一支可独立完成中型水库、小水电站、35千伏输变电工程的规划、设计、施工、安装及部分电器设备制造任务的技术队伍。同时，实行定员定编，将人员减为570人，明确了职工的责、权、利，激发出职工的工作积极性。开篇提到的平陵变电站职工黄伟忠没有被裁减掉，不过，他的工作更忙了，责任更大了，当然，收入也更高了。

蕉岭县的多宝水库自投运以来，经济效益一直不佳。究其原因，首先是管理不到位。职工普遍认为，工作就是管管渠道、看看堤坝、查查发电机。职工的心定不下来，情绪不稳，造成了水库入不敷出，连年亏损2—3万元。为此，县水电局局陈长添在多宝水库实行了“定人员、定责任、定指标、定

110千伏蕉岭变电站中控室

奖罚”的经营承包责任制，重新组合班组，下放权力，签订承包合同，发展起电站、茶叶、渔业、渠道堤坝等多个经营模式。1987年，县长曾宪行组织制定了以水库供水发电为主，多种经营为辅的综合经营计划。其中最为重要的一条，就是要通过维修渠道，清淤补漏，新修水渠，把库外山坑水、流失水等引回水库，做到“滴水归渠”，每年增加供水量100万立方米，增加发电量50多万千瓦时。

一分耕耘，一分收获。1985年12月，仁化县、龙门县率先通过验收，拔得头筹。翌年3月10—14日，仁化县委副书记刘基灿、小水电公副经理、水利局机电股股长温伟基与龙门县的相关领导一起，兴高采烈地出席在北京召开的全国100个农村电气化试点县会议。会议宣布：广东的龙门、仁化，福建的光泽、永春和四川汶川、荥经共5个县成为全国首批农村初级电气化达标县，并颁发了证书。

紧接着，1986年曲江县，1987年蕉岭县，1988年新丰县，1989年大埔县、平远县、乳源县、封开县先后通过验收。至此，广东省第一批农村初级电气化试点工作完美收官。

其时，10个农村初级电气化达标县的电力装备情况是：小水电开发装机容量为31.19万千瓦；35千伏及以下变电站67座，容量50万千伏安，线路1674公里；10千伏配电变压器总容量46万千伏安，线路8466公里。有这些“硬核”作支撑，农村经济开始大步向前迈进。

这份漂亮的成绩单，让省水电厅的曾光、李国的腰杆都直了直，高兴地向前来采访的记者表示：历时5年的农村电气化试点县工作，成效是令人鼓舞的，一是促进了工农业生产的大发展，二是加快了农村电源和电网的建设，三是改变了农村用电结构，四是提高了群众的物质文化生活水平。

在水电部的推动下，1991年到1996年，全国第二批200个、第三批300个农村水电初级电气化县试点工作相继展开。南粤广大水利电力工作者重整行装，紧紧跟进，继续投身到这项惠民工程中去。

经过电气化“洗礼”的10个试点县，展现在人们面前的是这么一幅新景象：一根根笔直的水泥电杆矗立在城镇的街道两旁，夜晚，路灯明晃晃，屋内亮堂堂，清晰的电视荧屏前，不时传来人们欢快的笑声。而在山区农村，农民的生活也出现了新变化，电饭煲、电风扇、电视机、洗衣机、电冰箱等家用电器逐步走进了农家，“白天扛锄头，晚上热枕头”的单调生活正逐步被打破。

1990 年农历春节，有人贴出一副对联，上书：路直房新灯亮，农民喜奔小康；横批：光明在前。

首座『四遥』变电站诞生记

刘安琪

“我是敦厚变电站值班员李家昌，现在报送站里今天的负荷数据……”晚上 8 点多，自古就有“四大名镇”之誉的佛山禅城已是灯火阑珊，在 110 千伏敦厚变电站值班的李家昌拨通了佛山供电局地调调度员梁景泰的座机电话，报送一天的负荷运行情况。

1981 年，刚满 18 岁的李家昌招工进入了佛山城区供电局，随后他被安排到敦厚变电站从事跟班值班工作。作为值班员，他和同事们日复一日准时上演着电话报送运行情况这一“规定动作”。

此时，敦厚变电站内共有 9 名员工，站长是杜满权，广东南海人，班员除了李家昌，还有孙浩彬、吴智勇等 8 人，他们轮流在站里值班。那时当值分为两班，按照“上一天休一天”的模式，每天早上 8 时交接班。

值班工作可比“关公巡城”要来得认真细致，李家昌他们在值班时一天要对全站巡视三次，分别是在早上 8 点、下午 3 点以及晚上 8 点，从高压室到户外场地，从计量表计到户外刀闸开关、构支架，他们都要逐一查看并做好运行记录。电话就是他们和局调度所打交道最重要的渠道，一旦有突发情况，一天几十乃至上百次电话沟通也不足为奇。

“每天值班好像都是循环往复，感觉很枯燥、很机械。”李家昌回忆说，他们对值班交班习以为常，当然也不会想到，在不久的将来，值班工作将会被自动控制、远程通信等技术所取代，实现变电站运行的“无人值守”。

20 世纪 80 年代的佛山，伴随着改革开放的春风，工业迅猛发展，工厂如雨后春笋般冒出，制造业名城地位日益显现。《南方日报》1988 年 3 月 3 日的报道中写道：“ 1987 年，佛山下辖的顺德、南海、东莞、中山四县、市，乡镇企业年收入逾百亿元，占了全省乡镇企业总收入的三成。由此可见佛山经济社会发展的高歌猛进、势如破竹。”

改革开放头几年，佛山用电一个劲地往上蹿，每天用电需求都超过 10 万千瓦时，1986 年全市供电量达到 15.86 亿千瓦时，按可比口径比 1980 年增加了近一倍，缺口高达 48%，拉闸限电成了家常便饭。供需矛盾如同紧绷的弦，随时都有可能断裂。

全市电力供应告急！作为城区的禅城一带，企业生产更是等“电”下锅。去哪里找更多的电？电怎么才能分好？佛山供电局副局长兼城区供电局局长

1987 年，城区供电局生技科城东变电站设计小组合照

的郭泳泉心里直犯愁。他的办公室每天都很“热闹”，总有工厂负责人跑到他办公室吐苦水：“肥佬郭，停我工厂的电不行啊，这么多工人等着吃饭呢，你让我怎么办?”郭泳泉 1932 年 10 月出生，广东南海人，曾在佛山市属多家企业工作，担任过发电厂厂长，年逾半百的他身体微微发福，大家习惯叫他“肥佬郭”。郭泳泉平时跟这些厂长们打过不少交道，关系也都不错，如今见他们找上门又是指责又是哀求，心里头很不是滋味。拉闸吧，企业生产“嗷嗷待哺”，觉得于心不忍；不拉闸吧，电力供应僧多粥少，着实分摊不过来，满足不了他们的要求，令人左右为难。有时实在顶不住，郭泳泉只好当着企业主的面，拨通属下员工的电话，让他们赶紧想办法给厂里供回电，算是卖个人情。

要解决电力紧缺、频繁拉闸限电的问题，得从源头上去想办法。郭泳泉和班子成员讨论最多的，是通过各种渠道筹集资金，积极支持地方办电，发展地方电厂。除此之外，就是加快电网建设了。从 1984 年开始，佛山各县（区）供电局相继成立 110 千伏输变电工程指挥部等机构，负责组织筹建本县（区）的 110 千伏输变电工程建设工作，“肥佬郭”也因此多了一个“总指挥”的头衔。

推进电网建设，首先要解决站址用地、线路走廊等问题。在佛山城区，这个问题太棘手了。“城区哪里有这么大的地来建个变电站?”郭泳泉为此发愁：一般而言，建一个110千伏变电站，大约需要3000—3500平方米的土地。但这对于寸土寸金的城区来说，能找到这样的空地绝非易事，况且，还得考虑建设配套进出线路，考虑线行走廊。

除了土地，人手也是个问题。根据当时的值班制度，一个站起码需要9个员工。按照当时的电网规划，每年新建变电站起码都在一座以上，那5年内要招的人最少也要50人。“人不好招，必须中专学历，懂电的人也很少。”此时，佛山城区供电局生技科副科长冯锦也正思考着未来运维人员的安排情况。他的担心确实很合理，相关数据显示，在1984到1988年间，佛山市共完成了7项220千伏和16项110千伏输电工程建设，220千伏变电站总数从2座增加至4座，110千伏变电站从14座增为31座，这意味着运维人手方面确实需要大量的投入。

郭泳泉想起了在香港参观过的无人变电站。1983年，在佛山市委、市政府的安排下，郭泳泉前往香港学习，在那里，他第一次见到了无人变电站。一同去参观的人并不怎么在意，郭泳泉是内行人，却如同发现“新大陆”一般。“不错啊，中华电力公司的先进科技值得借鉴。”这座变电站位于香港中心地区，规模比传统室外变电站要小得多，并且建设在室内，乍一看还不知道是个变电站呢。郭泳泉心里盘算着：佛山全市目前有9个变电站，每一个变电站9个人来值班，算下来就是80多人。如果能像香港这样实现无人值班，减轻劳动强度不说，还可以省下一笔不小的员工工资开支。而且随着电力的发展，这个摊子会越来越大。值班人员不能再增加了，必须考虑解放人手，还有很多岗位正需要用人呢。“无人值守”这个词深深烙在他的心里。

如今，建无人值守变电站的想法再一次涌上他的心头，他突然有一种莫名的激动，仿佛找到了一把开启新世界大门的钥匙。“我们也能建设一个无人值守变电站啊!”他内心顿时雀跃不已。

激动之余，郭泳泉回归了理性。无人值守变电站这一新生事物，对于大多数人来说，听都没听过，更别说技术上可不可行、如何去实现了。决策须

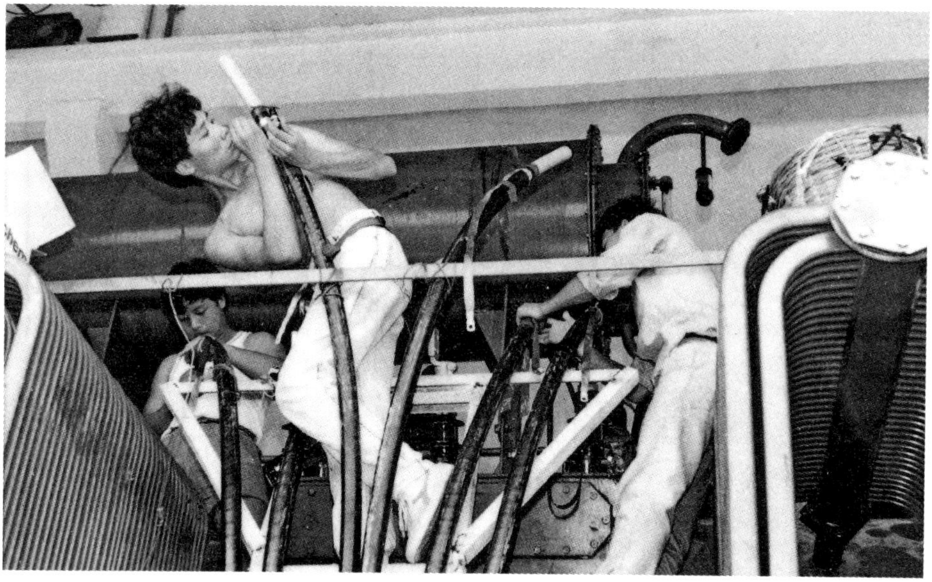

1987年，施工人员正在安装接入电缆

谨慎。郭泳泉想到还是要和班子成员以及其他技术专家先做全面沟通，交换意见，探讨可行性。

“靠机器真的能行吗？要是机器出问题了怎么办？”“资金也是一个大问题，建设一个无人值守变电站造价可是传统变电站的好几倍啊。”会上，大家提出了各种各样的顾虑。郭泳泉将在香港的所见所闻以及学习到的技术都和盘托出，并表示资金方面可以想办法。“这代表着电网系统运行未来发展的方向，值得一试。”经过反复讨论，大家渐渐达成了共识，他拍板决定这件大事。

要建设无人值守变电站的消息不胫而走，整个城区供电局沸沸扬扬。新事物的降临总是让人既兴奋又有点不安。此时，身在敦厚变电站的李家昌和同事们也听到了传闻，“以后变电站可以无人值班了，这可多方便啊！”“就是啊，但是到了那个时候，还要我们做什么？”“可能要转岗去干别的吧？”此事成了员工们茶余饭后的热门话题。

郭泳泉他们得到了这样的技术路线图：变电站要实现无人值守，前提是必须实施“四遥”化改造，达到自动化运行，才能将值班人员从中解放出来。

而所谓的“四遥”，就是变电运行的遥测、遥信、遥控、遥调。遥测即远程测量，采集并传送运行参数，包括各种电气量（线路上的电压、电流、功率等量值）和负荷潮流等；遥信即远程信号，采集并传送各种保护和开关量信息；遥控即远程控制，接受并执行遥控命令，主要是分合闸，对远程的一些开关控制设备进行远程控制；遥调即远程调节，接受并执行遥调命令，对远程的控制量设备进行远程调试，如调节发电机输出功率。采用了“四遥”技术的变电站，可以实现集中监控、集中管理，做到无人值守，而且对站内设备的监控变得更加直接、快捷，对事故的处理也更加准确、快速。

“这件事你来牵头，记住，务必一心一意把它办好”。1986 年底，班子过会了，郭泳泉把建设无人值守变电站的设计任务交给了冯锦。

任务艰巨，省内又还没有案例可以参考，冯锦的内心很忐忑，但他知道“一把手”交办的重任，决不能有任何怠慢和闪失。很快，冯锦组建的无人值班设计小团队开始着手相关的前期工作。

试点变电站选址最终定在了城区市东下路省元巷的一地块，面积大约 1000 平方米，这仅仅是传统户外变电站面积的三分之一左右。冯锦带着科里的两个年轻小伙子冼瑞成和张飞华，承担起变电站的变电设计任务，而线路设计则由翟晓阳、冯国文和周桂庭负责。

变电站设计图那时全是手工绘制，负责设计的工程技术人员把它当作绣花一样，一笔一划都很考究。如何才能提高土地利用率？如何才能更好地规划设备位置？他们绞尽脑汁，反复询问。冯锦甚至还求助外援。“我还专门跑到华南理工大学，想请在那里当老师的同学帮忙设计一部分。”回忆起设计的事，冯锦不无感慨。没想到，他的请求被同学给婉拒了。“我同学说他没做过这样的组合，不敢接啊。”冯锦只好作罢。

外援请不来，只能靠自己。冯锦带领设计小团队加紧了解站内电气设备参数、选型。无论是对生产厂家，还是设备代理商，他们都要提出技术需求，看看提供的设备部件大小，以及技术指标是否满足要求。

经过多方比较，郭泳泉和班子做出了大胆的决定：除主变压器是采用佛山本地产品及辅助设备采用国产之外，其他主设备全部选择进口设备。“当时

110 千伏佛山城东变电站主变压器

国内西安高压开关厂的 110 千伏开关才上马没几年，大家觉得还是选用进口设备会稳妥些。”冯锦回忆说。

细数城东变电站采用的设备，来自国内外各地的大小单元组成了一个“联合王国”。110 千伏开关选的是瑞士 SE 公司的六氟化硫全封闭组合电器，10 千伏开关选用英国 GEC 公司的真空开关柜；110 千伏电缆是日本住友公司的 XLPE－300 铜芯电缆，10 千伏电缆是英国 BICC 公司的 XLPE－240 铜芯电缆。除了这些大件货，元件保护和仪表等精密小件设备也来自国外：110 千伏线路用英国 GEC 公司的“QUADRAMHO”短线保护作相间短路和单相接地主保护，并附加 LL－11 型四段零序电流方向保护作零序后备保护；10 千伏馈线用英国 GEC 公司的 MCGG－42 型定时电流保护＋MVAG33 一次重合闸继电器。控制部分，为缩小面积和美化控制室，选用北京电力自动化设备厂生产的 JKCX－1B 集控台，集控制、测量、信号于一体。

除了电力设备，这里不得不提一下无人值守变电站的自动消防系统。摆在冯锦他们面前的选择其实很有限。假如采用国外的消防系统，将来维修可能还得依赖国外机构，这势必存在维修难、费用高等问题。基于这一担忧，冯锦他们将目光转向了国内。在广州，一厂家承诺他们的消防以及防盗系统产品能比肩国外。“你们夸口能实现自动报警和响应，但你们有应用案例吗？”

厂方代表哑然，毕竟并无先例。一向信奉用事实说话的冯锦紧追不舍，非打破砂锅问到底不可。其实，冯锦经过多方考察已经明白，当时内地也没有其他的厂家能直接提供符合要求的系统。他只能就技术上存在的问题与厂家一磨再磨，并要求厂家全面做出承诺。最终的方案是，在城东变电站配置低照度全天候闭路电视系统，确保变电站控制室能直接监视设备运行状态，并实时将资讯转到佛山供电局调度室，同时，全站安装 1211 自动灭火消防系统。

经过三个月的设计，设计方案终于出炉，一座 14 米高的三层建筑物跃然纸上。全站主功能设在零米层，主设备均集中于此；北侧布置两台四万千伏安主变压器，其室内空间能进行变压器辅件安装和拆卸，能在室内吊钟罩作业；南北侧之间为 110 千伏 GIS 组合电器室，零米层下方为两米深的半地下式电缆室；控制室和保护室建在 10 千伏开关室顶上。

看着城东变电站的设计方案，冯锦的眼神如同对待自己的孩子一般，这几个月他们都在为这件事奔波，如今终于提交审核，心里如释重负，又激动又盼望。他把图纸仔细地封装好，小心翼翼地交到佛山市第一建筑设计院。很快，设计书得到了批准。

1987 年 10 月，秋高气爽，110 千伏城东变电站工程建设正式拉开了帷幕，车辆穿梭，机器轰鸣，工地上一派忙碌景象。所有环节都按倒计时来推进，关键节点被一一标注。站内设备的供应涉及多个国家，能否准时到货关系着整个工程的进度。郭泳泉指派副局长杜之浩直接牵头，负责相关设备采购和监督落实。从设备的运输方式选择到到货后的验货，杜之浩都安排了专人跟进每一个环节，而郭泳泉也总会在每个关键节点或者有事没事就去工地转转，看看进度，了解下还有什么需要他协调拍板。

开工建设三个半月后，工程进入了站内一次、二次设备安装阶段。这一阶段，负责安装的变电工区设备班班长周天星和班员们起早贪黑，每天都泡在安装现场。有一天，郭泳泉和冯锦一起到工地查看进度，一看到周天星，都惊呆了。“你的头发怎么长得跟乞丐似的？”郭泳泉问道。周天星的头发又长又乱，一副蓬头垢面的样子，让人觉得既好笑又心疼。为了保证进度，这个 20 多岁的小伙子带领着二次设备安装班的七八位班员直接在站里“安营扎寨”了，不论男女，全都把站当成了“家”，站内的空地铺着他们的席子，有家不回直接就睡在了这里，哪里顾得上理头发呢。周天星他们在站里一干就是两个多月。

冬去春来，南国的木棉花开得正红。1988 年 3 月 28 日，城东变电站迎来了投产送电，首期安装 1 台 2 万千伏安主变压器。从开工建设到投产，该站仅仅用了半年时间，佛山城区的供受电能力也由此得到了大幅的提升。广东第一座 110 千伏室内“四遥”变电站就此诞生了，一时间成为省内甚至是全国的热议话题。主控制楼颇具岭南建筑特色，媒体在报道时，形容它“结构紧凑、占地面积少和安全可靠”。

和传统依赖值班人员采集报送不同，城东变电站的事件信息通过“四遥”系统显示在调度室的终端上。在佛山供电局调度室，梁景泰他们查看站里的运行数据，再也不用通过电话听报送了，这让他们调度可以更及时、准确。而在变电站，由于分合闸等操作都由控制系统自动完成，也避免了运行人员误触碰等人为事故。

1987 年，郭泳泉（左一）在城区供电局调度中心查看“四遥”系统运行情况

由于实施遥控自动操作，停送电指令执行时间大大缩短，与旧式变电站相比，仅遥控节约停送电操作时间这一项，城东变电站每年就可以多送电约10万千瓦时。投产后的几年里，该站每年通过系统进行遥控遥调近1万次，计算机系统未出现误动，可靠率达到设计标准的99.9%以上。

城东变电站“四遥”建设的试水成功，让郭泳泉他们尝到了甜头，更增强了他们的信心，辖管的110千伏变电站的“四遥”系统改造工作随之被提上了议事日程，班子决定，往后新建110千伏变电站都要按无人值守来设计实施。1988年8月，冯锦升任佛山城区供电局生技科科长，“四遥”化改造成为他主抓的一项重要工作。

变革常在不经意间。变电站“四遥”化建设和改造，让李家昌这些值班工纷纷告别了站内值班，转到新的岗位。1989年12月，敦厚变电站也成功实现了“四遥”，站内班组因此解散。杜满权等9位原来在敦厚变电站工作的员工被重新分配了工作岗位：杜满权到调度室当班长，李家昌和孙浩彬转岗到修配厂，分别从事二次设备修试和电器安装工作，吴智勇则到营业部营业班从事抄表工作。每个人都有了新的选择，但他们仍旧面临着新技术带来的新挑战。迎着冬日的暖阳，李家昌满怀信心，开启了职业生涯的新征程。

敷设虎门海底电缆的日与夜

翟润慧

宽广壮美的珠江口，水天一色。浪花翻腾，波涛追逐着岸边。岸上，一片又一片的蕉林、甘蔗林，桑田接着农田，连绵不绝地延伸开去。1986 年 3 月，完成过多项工程设计，组织过超过 20 项设备大修施工，此时，任虎门海底电缆工程的首席顾问龚文权，坐着农夫车从佛山来到了东莞的洲仔围。迎接他的是眼前那一片广阔无垠的大海，然而此刻他内心的不平静，无人知晓。

改革开放之初，“三来一补”企业大量入驻珠三角，引发珠三角严重缺电。正值“电荒”，沙角发电厂的投产送电迫切且重要。为配合沙角发电 B 厂的送电，兴建沙角至中山、沙角至顺德（大良）220 千伏输变电工程，其中包括横跨珠江口 6 公里的虎门海底电缆工程，被纳入广东省重点工程，是保证沙角发电 B 厂在 1987 年 6 月底前顺利输送电力的关键。1985 年国家计划委员会在《关于深圳与港商合作建设沙角 B 电厂工程的批复》中提到：“配套的输变电工程，你省 1984 年 8 月 28 日给国务院报告中确认由广东省负责解决。如果输变电工程进度不能配合，所造成损失应由你省负责赔偿。请你省务必抓紧此项工程。”

国家计划委员会的指示与要求清晰而明确，责任重大，广东省电力工业局不敢懈怠，副局长颜鸣鹤、詹新泉经常摊开珠江口的地理测绘图，思考着如何尽快推进这项工程建设。谋定而后动，1985 年 11 月 21 日至 22 日，在刚刚落成的位于广州市东风东路 757 号的办公大楼内，颜鸣鹤、詹新泉召集了有关单位对虎门 220 千伏水底电缆工程初步设计进行审查。会后即把审查意见给到了广东省电力设计院，要求省电力设计院负责设计电缆终端站等工程，并于翌年 1 月底交出征地红线图，3 月底前交出施工图和工程概算。28 日，省电力局主持召开 220 千伏虎门海底电缆工程会议。3 天后，220 千伏虎门海底电缆工程指挥部成立，任命省电力局基建处副处长梁婉思、对外处处长黄炽来、佛山供电局副局长龚文权为指挥部领导，龚文权同时担任常务指挥和工程首席顾问。

转眼到了 1986 年，此时距离竣工期限 11 月 30 日只有不到一年的时间了，要解决的困难与问题还有很多。元旦过后第三天，梁婉思、黄炽来、龚文权召集成员开了指挥部第一次会议，商讨对策和下一步的工作安排。

首先是设备与技术引进的问题。由于220千伏的海底电力电缆及其附属设备技术复杂，生产与敷设工艺要求很高，当时全世界有此能力与资质的企业只有两家，一家是意大利公司，一家是日本住友电气工业株式会社。在国内尚无这方面资质的企业的情况下，要做好这项工程，除了向外引进合作伙伴之外，别无他途。

既然必须走引进合作之路，那么，谁是“最佳拍档”呢？颜鸣鹤、詹新泉认为，通过在香港注册的“窗口企业”粤海发展有限公司与日本住友电气工业株式会社进行合作，是最有效的途径。虽然日本在香港有不少的投资合作，而指挥部却是第一次跟日本人合作，彼此不太了解，必须依托一个己方信得过的企业来做方能心安。而交由广东省根据中央“特殊政策、灵活措施”精神在境外创办的粤海发展有限公司，无疑是最合适的。1985年12月7日，粤海发展有限公司和日本住友电气工业株式会社签订合同，日方负责设计、施工和供应电缆及配套附属设备，将电缆施工机具等设备从日本运输至虎门洲仔围，将电缆敷设在海底并安装两侧电缆终端头，竣工后经省电力试验研究所进行试验。合同价格为1060.6万美元，其中进口电力电缆及其配套附属设备价格为587.1万美元，线路勘查、河床挖沟、电缆敷设、终端头安装等施工技术服务部分价格为473.5万美元。

合同一签订，具体负责对外联络事务的黄炽来意识到，合同的金额这么高，意味着关税的数额非常庞大。他算了一笔账：包括国内施工费折算在内，未包括关税，220千伏虎门海底电缆工程总投资约14.126万美元。其中从国外进口设备材料约8.939万美元，除了1.061万美元由广东省筹集外汇现金支付外，其余13.065万美元，全部需要向国外贷款解决。这意味着，从1988年1月至1994年，广东省政府需要偿还贷款本息共22.952万美元！如果设备材料还要缴纳关税，工程总投资会更多，广东省将承担更重的债务。问题必须尽快解决，3月5日，省电力局将情况向上反映，请求省政府对这项工程的电力电缆及其附属设备给予关税减免。

让黄炽来头疼的事，一件接着一件。物料到了，进关却受阻了。1986年4月2日，第一批设备材料钢材4330吨和钢绞线170吨，随着船只漂洋过海到达了广州港芳村作业区，但是海关关税减免手续未办妥，海关不予放行。材料被堆放在码头仓库，省电力局每天得支付码头700到800元的租金。这边海关不予放行，那边材料陆续在运往工地的路上，4月15日至6月底，第二批铁塔附属设备——2850米的钢管基础桩，也陆续从文锦渡海关入关，被运往工地现场。

4月12日，省电力局报告请省政府批转广东海关分署，同意先放行工程进口的设备材料，缓缴海关关税和调节税。4月30日，省人民政府向国务院请示，要求减免沙角B电厂配套输变电工程设备材料进口关税。经过多次的请示和协调沟通，黄炽来终于放下心头大石，中国海关总署对工程利用外国贷款在13.065万美元额度内进口的设备、材料，特准予以免征进口关税、产品税。

除了关税，此时黄炽来还面临另外一个难题，那就是外汇的数额也非常惊人。6月28日，省电力局与日方签订了220千伏SF6全封闭组合电器的购买合同，5月22日和8月24日分别向西德的公司订了600吨合金钢管和152吨无缝钢管。黄炽来又算了一笔账：仅仅1985年签约项目的外汇额就高达768.306万美元，超出广东省计划委员会之前划拨的567.556万美元，外汇比预期要多支付200.75万美元。而这些钱必须在1986年3月货物抵岸前结清！此时，距离货物抵岸只有不到一个月的时间，可以说是火烧眉毛了。3月8日，省电力局报告省计委，请求按到货时汇率实际发生费用划拨外汇。很快，省计委给予积极的回应。

钱的问题解决了，黄炽来一颗悬着的心放了下来。就在黄炽来忙活着关税、外汇与报关的时候，指挥部的另一名领导成员龚文权也在为海底电缆的敷设工作忙得团团转。

1986年初春，乍暖还寒，1月28日到2月16日，日方雇请了香港的“港海潜水”工程公司，派出一艘1.5米长、5米宽的勘查船，以及一艘5米长、1.5米宽的潜水船开展勘查。白天，勘查船、潜水船从珠江河东岸东莞县洲仔围，一直到珠江河西岸番禺县江鸥尾，在风波浪里穿梭忙碌。到了夜晚，船则停泊在太平港东引码头，任由江水静静地摇晃。勘测人员上岸整顿休息，

1986 年，施工队从日本用专用渡轮把电缆运到虎门施工现场

以待明日再战。在紧锣密鼓的筹备中，2 月 27 日，龚文权怀着忐忑不安的心情踏入了广东省政府会议室，参加由广东省副省长匡吉主持的虎门海底电力电缆工程建设会议。会议一开始，匡吉便开门见山地说："我省电力供应紧张，要缓和这个局面，必须抓紧沙角发电 A、B 两个电厂的建设和输变电线路等配套工程的建设。目前输电线路的重点工程，是在虎门狮子洋建设一条 500 千伏架空线路和两条 220 千伏过海电缆。这项工程，我省与沙角发电 B 厂签订了经济协议。到明年 6 月底前，如果 B 厂电力送不出，我省每月要赔偿四百万元；如果到时 B 厂发不了电，也要负担相等的赔偿。所以，建设虎门海底电缆，是保证 B 厂在明年 6 月底前输送电力的关键工程。为使工程早日建成，各有关部门务必高度重视，各负其责，密切配合。"

看着狮子洋上来来往往的万吨巨轮，龚文权感觉到了肩上的担子和压力。全国首条电压等级最高的海底电缆敷设工程由佛山供电局负责组织施工和运行管理，由日本住友电气工业株式会社负责设计和提供电缆，并与香港港海潜水工程公司共同铺设安装。没有任何可借鉴的经验，第一次跟日本人合作，还要考虑洋流、台风、河床等等复杂的影响因素。龚文权和指挥部办公室副

1986 年，龚文权（左一）、梁婉思（左三）等人在虎门洲仔围施工现场讨论工作细节

主任倪季晖、顾问组顾问许镜清，以及来自省电力设计院梁瑞敏等人，来到了位于东莞沙田镇水利会的220千伏虎门海底电缆工程指挥部临时办公地点，住了下来。

最让龚文权担心的是河床复杂的情况，海底电缆通过主航道部分，埋设深度为河床下3米深，在主航道以外部分，则为河床下2米深，河床上聚集了许许多多的沉船残骸、战争遗留的炸弹碎片等等，只有异物清除干净之后，才能保证电缆的安全敷设。在龚文权的提议下，省电力局请来了交通部四航局的8名潜水员，彻底普查了河床的情况，以确定终端海底电缆最佳敷设路径。

1986年3月，日方向省电力局提交了工程勘测报告、电缆敷设图纸和施工方案，要求审查认定。龚文权和倪季晖、梁瑞敏等人开始审查工作，香烟吸完了一包又一包，饿了就泡个速食面，困了靠在床上打个盹，一连十多个昼夜，审查工作终于完成。

但是作为首席顾问的龚文权却没有签字认可。他知道，六条电缆从番禺县沙江鸥尾开始敷设，经过340米的主航道，走过2.7公里的旅程，接上东莞洲仔围的电缆终端头。然而到了洲仔围的岸边，坡度陡增，如果贸然施工，很可能会截断电缆。根据日方的方案，等退潮时施工队铺设槽型混凝土板，再敷设电缆。“这些混凝土板要现场预制，但是现场施工条件有限，加上退潮时间短，这不可能实现。”龚文权认为方案不可行。日方负责人都谷元亮说：“这是现在唯一的办法了。”“整个工程一定要体现安全可靠性和经济合理性，离开了这两点，我就不能签字认可！”龚文权坚持己见。“你难道有更好的方案吗?”都谷元亮针锋相对。两人你一句我一句，几乎吵起来。

龚文权偏偏不信，他和倪季晖、梁瑞敏在洲仔围几番现场考察之后，想到了一个方法，用干的混凝土水泥包堆砌使电缆平缓过渡，防止截断。“水泥包是软的，能起到很好的缓冲作用，这样电缆才能保证完好。”龚文权跟同伴经过多番分析讨论，在双方会谈中给出了充分的理由。经过翻译和龚文权几番解释，日方的负责人都谷元亮服气了，最终同意修改方案。

1986 年 8 月 19 日，省政府口岸办公室和省电力局联合召开会议，就施工过程中有关口岸管理等问题进行了研究。省口岸办牵头，简化外籍人员、船只、设备的进出、报关、边检、航运监督、航政管理等手续。除此之外，在东莞市洲仔围和番禺县江鸥尾堤内各建设一个终端站，电缆登陆时需要挖堤围通过，在东莞供电局局长李胜以及番禺县供电局局长岑春霞的大力协调下，东莞市和番禺县政府都给予了大力支持。

一切工作准备就绪，1986 年 10 月，电缆敷设施工开始了。秋天的珠江口，远离了台风，晴空万里，阳光洒满大海。一艘大船从日本运来了六大捆的电缆，这六条总长 16 公里的 220 千伏海底电缆，截面 1000 平方毫米，足足有 19 层，是单芯铜导体、纸绝缘、铝合金护套、聚乙烯护层和镀锌铜丝铠装的充油电缆。施工队工作人员利用电缆海底敷设专用工具，冲开河床的淤泥，把电缆埋入河床下至少 2 米深。

工程开工之后，龚文权和同伴们干脆在洲仔围岸边附近，用铁皮和塑胶薄膜搭起了一个棚，以木板为床，自己简单做点饭吃，喝了几个星期的咸水，后来才从沙田镇租来船只运送自来水。阳光在海面跳跃，太阳从海平面缓缓升起，晨曦中的狮子洋如此壮丽。龚文权跟他的同伴们无数次在这浩瀚的狮子洋上迎接黎明。天还没亮，他就拿起那本写满工作计划的蓝皮本，乘船出海。

有一次刚好退潮，正是敷设电缆的时机，日方施工队想利用退潮这段时间施工，要求龚文权他们做好运送水泥沙包的准备。然而天色逐渐暗了下来，白天待命的民工也已经四散回家了。龚文权急了，他知道马上去找是找不到人的，但他知道此刻不能等待。

对，自己干！因为他手下还有一帮人。主意已定，龚文权和他手下的人马上奔赴工地，扛起一百多斤的沙包，一个接一个走向滩涂。等全部搬完，月亮已悄悄地露出了半边脸。他们累得直接坐了下来，傍晚的海风拂面，带走了疲惫与汗水。都谷元亮等一帮日本人看得傻眼了，从开干到沙包全部堆好，不到一个小时。

龚文权瘦削的背影，在黯淡的光影里，越显单薄。在海底电缆施工的日子里，他瘦了十斤。有一次，到广州汇报工作的他回到家里，小学三年级的独生女一下扑到他怀里，说："爸爸，你在工地是不是吃不饱？"他只能紧紧地抱住女儿。他能说什么呢？女儿还小，不懂得他所追求的事业。

一条电缆敷设完了才能敷设下一条。每日有不少于200艘的轮船经过主航道，要在主航道施工，必须提前申请封航，而且需要提前天天与海事局确认封航时间。20世纪80年代，通信工具极其有限，所有的确认书，包括与海事局和跟日方的，只能通过传真机传送。唯一的一台传真机设在了指挥部的办公室。住在岸边简易工棚里的龚文权，经常要坐半小时的快艇往返指挥部和工棚，只是为了发送和接收传真。

施工时间一般从早上6点到下午6点，然而遇上大雨大雾等天气，都不能施工，大海的天气像小孩，说变脸就变脸，有时海上的雾气久久不散，使得施工时间紧迫、施工难度骤增。但是这些难题，都被龚文权和他的团队一一解决了，他们在海上度过了5个月的日与夜，工程也终于迎来了尾声。

在工程将要完工的时候，龚文权病倒了。送到医院后，经检查是急性肝炎，在医院一住就是42天。出院之后，他马上又回到了工地，参加最后的施工。

1987年2月24日，广东省电力局试验研究所联同日本住友电气株式会社对电缆进行了竣工试验，全面合格。省电力局赠送了"一衣带水"四个字的书法作品给日本住友电气株式会社，以纪念此次的合作。日方负责人都谷元亮说："谢谢你们。这次的合作，让我知道，中国电力工人既聪明又能干，更

1987 年，施工人员正在安装接入电缆

能吃苦!”

5 月 31 日，沙角发电厂的电能通过当时全国电压等级最高、长度最长的海底电缆，穿过珠江口宽阔的狮子洋，输送到珠三角地区去。从这一天起，全国首条 220 千伏海底电缆投入了运行。沙角发电厂投产发电后，全部电能通过 500 千伏沙角至江门输变电工程，及其配套的 110 千伏工程、220 千伏虎门海底电缆工程，输送到中山、珠海、江门和佛山等地区，迅速缓解了“电荒”的情况。

如今的狮子洋，一艘艘远洋轮从此进出，船艇来去匆匆，一派繁忙而壮阔美丽。

风雨光明路

下

广东电网公司新闻中心　编

南方日报出版社
NANFANG DAILY PRESS
中国·广州

图书在版编目（CIP）数据

风雨光明路 / 广东电网公司新闻中心编. -- 广州 :南方日报出版社，2019.11

ISBN 978-7-5491-2066-6

Ⅰ. ①风… Ⅱ. ①广… Ⅲ. ①电力工业－工业史－史料－汇编－广东－1949-2019 Ⅳ. ①F426.61

中国版本图书馆CIP数据核字(2019)第202773号

FENGYU GUANGMING LU
风雨光明路（下）

编　　者：广东电网公司新闻中心
出版发行：南方日报出版社
地　　址：广州市广州大道中289号
出 版 人：周山丹
责任编辑：吴俊贤　黄敏虹
装帧设计：肖晓文
责任技编：王　兰
责任校对：阮昌汉
经　　销：全国新华书店
印　　刷：广东信源彩色印务有限公司
开　　本：787mm×1092mm　1/16
印　　张：28
字　　数：400千字
版　　次：2019年11月第1版
印　　次：2019年11月第1次印刷
定　　价：216.00元（全2册）

投稿热线：（020）87360640　　读者热线：（020）87363865

目 录 (下)

索马里生死劫 / 001
广州抽水蓄能电站的创新足迹 / 013
罗绍基在广蓄 / 023
玉汝于成的云浮发电厂 / 031
江门用电管理微机系统研发记述 / 039
电力调度 EMS 研发回顾 / 047
罗洞变电站建设那五年 / 057
南澳岛上风轮转 / 063
徐海山的筑网强企经 / 071
恩城供用电二三事 / 083
迎战强台风“莎莉” / 091
惠州供电服务承诺出台前后 / 099
南粤“两改一同价”协奏曲 / 107
回望政企分开与厂网分开 / 117
“南海石化”供用电合同签署的背后 / 129
从联合办电到西电东送 / 137

横沥变电工程那些事 / 147
兴建台山发电厂十八年长征路 / 157
2004 年迎峰度夏重点工程攻坚战 / 167
县级供电企业改革的风雨历程 / 175
停电演练的“戏外戏” / 185
汛洲岛联网长镜头 / 197
阳光采购系统的研发与变革 / 205
南岭抗冰决战 / 213
冰雪中的物资供应线 / 223
抗冰烈士的最后轨迹 / 231
构筑云广特高压直流输电大通道 / 239
川岛通电记 / 249
亚运保电全景大扫描 / 259
为了大运会的璀璨 / 269
决胜惠茅线 / 277
接管上砂镇自发自供区 / 287
多端柔直输电工程的点线面 / 295

阳山“5·22”战洪图 / 305
披荆斩棘建设阳江核电 / 313
格兰仕的光电效应 / 321
智能配网的追梦人 / 331
机巡作业“登高”之旅 / 341
抗击强台风“彩虹”实录 / 351
95598 集约化嬗变 / 361
筑梦广东电力市场 / 371
500 千伏网架的最后一块拼图 / 381
“电莞家”服务速览 / 391
汕尾“电耗子”阻击记 / 399
点亮港珠澳大桥 / 407
多旋翼无人机“触电”故事 / 417
电力现货市场改革的南方答卷 / 427

后记 / 436

索马里生死劫

林佩燕

中国专家的墓地建得很漂亮。

在这片河马、野猪遍地横行的泥沙地上，索马里人民特意用石基围蔽起一方墓园，水泥方砖铺地，为每一位长眠于此的中国专家都立起一座半人高的墓碑，前面是水泥制成的棺椁。石基外围，环绕着火红的比利时花，在湛蓝天空的映衬下，如鲜血般热烈夺目。

所有的墓碑都静默地面向东方。

那是太阳升起的地方，也是故土的所在。

这是1990年9月的索马里。总统穆罕默德·西亚德·巴雷的高压政权引发普遍不满，一场空前激烈的大规模内战，即将席卷这个位于非洲大陆最东端、拥有非洲最长海岸线的古老国家。冲突与叛乱，饥荒与死亡，反政府游击队与政府军为争夺政权展开的枪战，几乎每日都在上演。

在这多事之秋，中国对发展中国家的经济技术援助一如既往。作为非洲贫困、落后的典型地区，索马里与中国的友谊源远流长。新中国成立后，它是第一个与之建交的非洲东部国家，也是支持恢复中华人民共和国在联合国合法席位的提案国之一。进入20世纪八九十年代，它仍是中国重要的受援国之一。由中国政府援建并提供成套设备、材料的索马里费诺力水利水电工程，是广东省电力工业局参与援助的四项主要工程之一，其建成投产后，一批又一批的中国专家轮流前来，对设备运行开展技术指导以及对生产人员进行培训。

来自广东省肇庆市怀集县供电局的邝以田、陈光华，就是在内战行将爆发的节骨眼上，临危受命来到索马里的。在此之前，他们许多前辈都曾接受过国家的使命，投身到非洲的电力工程援助中。这些专家有的光荣完成了使命，有的抵挡不住非洲恶劣的气候环境染病回国，不久即与世长辞，更有的永远地留在了非洲黑色的土地上。曾在20世纪70年代援助刚果（布）共和国的肇庆籍技术专家谭培德回国后，就曾意味深长地感慨，中国专家的墓地都修得很漂亮，非洲人是真心感谢中国人。

如今，看着这漂亮墓地上空出来的墓穴，邝以田和陈光华的心情有些沉重。

谁也不知道，谁是下一个躺进去的人。

1990 年，邝以田（左一）、陈光华（右一）在索马里费诺力水电站发电机房和索方工程师合影

费诺力水利水电工程是以灌溉为主、发电为辅的综合开发工程，由广东省水利电力局组织技术组到当地进行设计和指导施工，于 1979 年 1 月动工，1983 年 4 月基本建成投产，同年 7 月，技术组转入运行管理的指导和生产人员培训。

费诺力水电站是其重要组成部分，就建在距离墓地 200 多米的朱巴河上，是一座拦河闸、河床式电站，安装水轮发电机组 2 台，总容量 4600 千瓦，并建设 35 千伏、10 千伏输变电系统，主要向费诺力、杰勒布、甘苏罗等地区供电。

索马里是赤道经过的国家。一路往水电站走去，热浪犹如刚揭开锅盖的蒸汽扑面而来。邝以田、陈光华早已适应了这种长年高温少雨的气候，匆匆进了站，开始当天的劳作。

因是发电重地，当地政府派了一批警力在水电站外围日夜驻守。有一支反政府游击队游离在水电站 5 公里外的一个村落里，三不五时地偷袭政府军。有好几回，值班警察都被打死、打伤了。为防止遭受袭击，检修专家们一天里只允许在水电站操控室中待 3 个小时，完成对设备的运行检查以及故障排查后就要赶紧撤离出来。

这天刚进站，站长阿不提阿曼迎上来就是一通比手画脚，嘴里叽里咕噜说个不停。邝、陈专业技术虽过硬，英语却有些蹩脚，加上索马里语和英语不太相似，沟通了好半晌才弄明白，原来是 1 号发电机运行两小时后失励跳闸了。电气检修出身的邝以田二话不说，急忙进了机房检查发电机励磁系统。

正埋头作业，负责与上级接头的韩片长走进机房，在邝以田身边蹲了下来，趁阿不提阿曼走开的空隙，压低声音道："刚才'马大哈'来电话了。"

韩片长口中的"马大哈"，是中方广东省水利厅驻索的处长马建国，由于当地管"头头"叫"大哈"，马建国又是个率性亲和的人，援索的水电专家们干脆入乡随俗，私底下都管他叫"马大哈"了。

邝以田找出了损坏部件，正赶着修复，闻言头也没抬，只随口问："哦，又带来什么消息了？"为了让他们时刻保持警惕性，马建国对索马里的形势从不隐瞒，到索马里不过一个来月，他们几乎每隔两三天就能听到各种惊心动魄的消息，例如中国驻索大使馆围墙被炸了，首都摩加迪沙的邮电局被烧了，中国驻索经参处被砸了，或是中国专家在哪里遭遇土匪抢劫了，诸如此类。

韩片长将声音压得更低："这几天北方打仗打得厉害，反对派要求西亚德总统在 25 日前要做出改善人民生活的措施，否则正式采取革命行动。"

邝以田手上一顿："要动真格了？组织上怎么说？"

"'马大哈'传达的精神是，国家利益至上，保持冷静，坚守岗位，注意人身安全。"

邝以田点点头，这个"国家利益"，他懂。

很多人不明白中国为什么要搞对外援助，实际上新中国成立后，若不是主动援外赢得第三世界支持，根本不可能进入联合国，提升国家战略地位。在改革开放以后，从援助、贸易和投资三个方面全面推进"南南合作"，更是成为中国融入世界经济、满足未来发展的必经之路。

所有不明白这个道理、不支持援外事业的人，根本不可能义无反顾抛家弃子来到这里，一个不好彩，连性命都得交待在这儿。

韩片长轻叹口气："真到了那个地步，农场那边的专家兴许还能早点退，电力专家肯定是垫后的，这里电气工程师跟不上，万一电力中断，局势将更加难以收拾。"

1990年，邝以田在费诺力水电站发电机房前留影

“知道了，我们会坚守岗位的，请组织放心。”在电站中的时间十分紧迫，邝以田来不及多想，又一头扎进工作中。

三个小时很快过去，邝以田和陈光华、韩片长完成手头工作，驾着大屁股吉普车从水电站赶回位于马连德的生活区。

吉普车很是残旧了，开起来“突、突、突”地喘着粗气，水电站离生活区也不过一公里多的路程，他们却不敢弃车走路——这一公里路，没个铁皮保护着，还真没人敢在上面走动。

公路两侧，是一望无际的灌木丛林，各种不知名的老树佝偻着腰肢，星罗棋布，远远望去好似一株株盆栽。在这样一片野生的“伊甸园”中，大到河马、野猪、马鹿，小至猴子、珍珠鸡，全都堂而皇之地，或结伴在公路上散步，或随处坐卧，或追逐撕咬。

返程的专家们往往不得不将车开得飞快，以避开河马、野猪等大型动物的袭击——当然，也要避开随时可能出现的反政府武装组织的埋伏。

回想起受命奔赴索马里的那日，飞机从北京首都机场腾空飞出四个多小时，乘务员柔美的声音在空中响起：“我们的飞机正在飞越祖国的领土西藏，正在飞越西南的屏障喜马拉雅山脉，再过十分钟我们就将飞离我们伟大的祖国了……”当时，邝以田、陈光华的心中和每一位代表中国出国援助的专家一样，都沉浸在受祖国所托、报效祖国的激动和援助第三世界的热情里。

等真正踏上异国他乡的土地，他们才知道索马里的生存环境比想象中更加恶劣。

要想在这里平安无虞地活着，就要时刻防动物、防恶疾、防武装袭击，简直是360度全方位防护。

由于疟疾和登革热等疾病肆虐，当地药物匮乏，中国医疗组带来的药物在使用当中也渐渐紧俏起来。随队的邓医生常常半是玩笑半是警告地“恐吓”他们：“出去野外裤脚一定要遮到鞋子上，不能给蚊虫叮住，食物要煮熟了才能吃！谁要是不听劝告病倒了，我只能批你们一半剂量的药，要不然全给你们吃光了，后面的人拿什么救命！”

染病都只能吃一半药？初来乍到的邝以田、陈光华听到这话差点没傻眼。好在他们很快融入其他援索专家群体中，讨教结合实践，渐渐地也就摸出一套适者生存的法则来。

前来援助费诺力水利水电工程的共有47人。除了邝、陈几人负责水电站外，其他专家分别分布在闸坝枢纽、灌溉渠道、柴油机发电厂、10—35千伏输变电系统、通信线路和排水泵站等项目中，此外还有医生、翻译、水泥工、厨师、司机等辅助人员，主要来自高州、肇庆等地。

等大家陆陆续续放工回来，生活区里一下热闹起来了。

平旷的荒原之上，铁线圈层层绕起的铁栅栏内，就是专家们的生活区。一间一间的白色水泥屋舍排列成行，全闷在蒸炉似的天气里，人在里面待久了，就好似被关进了火柴盒，憋闷，封闭，与世隔绝。

索马里政府出于对中国专家的重视，连铁栅栏外围也派了军队把守，夜里时常能听到枪声，有时是警察为了给自己壮胆开枪，有时是游击队摸上来，双方交了火。

出于安全考虑，中国驻索大使馆对专家们的外出行动也有严明的纪律规定：每次外出至少三人同行；汽车早上6点前、晚上7点后不准在外行驶；傍晚不准走出生活区。

配备给专家们业余消遣的有一台彩电和两台录像机，等将里面的录像带翻来覆去看上十几遍后，这些消遣设备也就无人问津了。为了对付这单调到极点的封闭生活，有些人在荒原上开垦出一小块一小块的菜地，把种的菜拿

1990 年，陈光华（右一）与其他援非专家、索方工程师在水电站操控室合影

去饭堂给大伙加菜；有些胆子大的，跟黑人朋友们混熟后，就跟着他们一起到附近的河床里抓鳄鱼去了。

在这浮萍无依的日子里，党组织切切实实成了众人的主心骨。每月准时到杰勒布召开的党小组组织生活会成了大家最期盼的事。在这里，他们可以听到来自国内的最新资讯，一同分析索马里的最新形势，接收大使馆传来的最新要求，还将在工作中表现优秀的同志发展成为党员。大伙儿强化了联系，凝聚了共识，在纷乱的局势中找到方向。

“前几天，政府军和游击队在巴那温农场附近打了一场仗，组织按照实际情况准备护送该农场的专家提前回国。另外，四川组的一位同志在摩加迪沙被黑人刺了十几刀，现在还在抢救。各位，这两天摩加迪沙到处都在游行示威，大家少往这些危险地方跑！”

10 月底，局势更加动荡，马建国出席了水电组的组织生活会，这个稳如泰山的北方汉子，说到同胞遇刺，忍不住激动起来：“非常时期，大家一定要注意人身安全，我让索方政府军加强警力值守，大家没什么要紧事，都尽量待在安全区域！”会议结束后，韩片长按马建国的吩咐，将大米分散到各个人手中保管，防止被偷。

内战的硝烟日渐浓烈，推翻西亚德政权的叫嚣声一浪高过一浪，反政府武装组织从枪战逐渐发展到动用大炮、火箭筒。首都摩加迪沙骚乱不断。战火连天，饥荒遍地，民不聊生。费诺力工程的专家们，也因索方物资供应不足而变得捉襟见肘起来，缺粮少米，大家齐心协力捕杀小动物充饥，先前无事开垦的菜地这时居然也帮上了大忙。

在急转的形势下，600多名还留在索马里的中国人员被分批遣送回国，到1990年末，只剩下大使馆外交官、援外项目专家组的工程技术人员244人留下。距离12月底还有大约一个星期的时候，马建国秘密来到马连德生活区，和这里援助费诺力水利水电工程的专家们开会。

“反政府武装力量已经步步逼近摩加迪沙市郊，我们要精简援索人员，加快对索马里人的培训，逐步将水电站移交给索方操作、管理，为撤退做好准备！”

“注意，所有撤退部署都要保密，确保人身安全！”

马建国絮絮叨叨了一番，临走时特意绕到生活区一个封闭的屋子前，眯着眼睛将那屋子的大门和锁头看了又看，才放心地走了。

那是生活区里唯一的小木屋，天长日久地紧闭着，没人知道里面藏着什么。

1990年12月30日下午3点，索马里首都摩加迪沙。

坦克、装甲车轰隆的震荡声，迫击炮、重机枪密集的扫射声，将这座印度洋西岸海港城市仅存的一丝安宁彻底击得粉碎。

反政府武装和政府军队的夺权之战正式打响。

多少午睡中的人们尚来不及睁开眼，就再也醒不过来，多少平静的家庭在随处炸响的炮弹中化成碎石瓦砾。政府军，游击队，暴民，四处打家劫舍，遇到反抗的，随手就是一枪。

昔日的首都，顷刻沦为人间炼狱。

告急，不断地告急。国务院经贸部和外交部紧急开会，研究布置营救工作。

死亡的威胁，化成无形的紧张和躁动在费诺力的专家中蔓延开来。马建国接连来电：“大家保持冷静，祖国一定想尽办法接大家回去！请务必做好撤退前的培训、移交工作，保守撤退秘密！”

这天来到水电站还有点早，邝以田和陈光华顺着铁梯爬到楼顶透气。举目远眺，四周是一望无际的平原，天边风云滚滚，输电铁塔掩映在如茵的绿树中。

邝以田问：“阿华，你说我还能见到我儿子吗？”

陈光华看向东方的方向：“我相信国家。”

话虽如此，两人都心如明镜，国内改革开放不过十来年，国力还处于复苏阶段，以索马里这样混乱的局势，想要将全部中国专家平安无虞地撤离出去，几乎是不可能的事。

邝以田笑道：“我现在尽量控制自己不去想家，只要不想家，就什么也不怕了。”他儿子今年才六岁多，前些日子刚学会写字，就在妻子给他的信中歪歪斜斜地添了一行字：爸爸，我想你。

陈光华将手搭在他肩膀上，声音低沉：“万一真的见不着儿子了……他也会知道，他的爸爸是个英雄。”这话是安慰对方，也是安慰自己。男儿可以为了报国无所畏惧，但家人始终是众人心中的软肋。

邝以田回头冲他又一笑：“走吧，我那黑人徒弟基础太差，一个操作任务教过两三天就忘个干净，得抓紧写个指引给他才行。”

“嗯，干活去！”

1991 年 1 月 2 日，中国驻索大使馆发出 1 号令，要求所有中国专家收拾好行李，准备前往摩加迪沙和南部港口城市基斯马尤撤退，要互相帮助，决不让任何一个人掉队。

当天下午三点半，马连德生活区的所有人收拾好行李，准备护送众人撤退的车辆也驶进生活区待命。韩片长宣布了撤退时的车辆安排，并传达马建国的指示：中国专家全面转为指导为主，当天完成技术指导后迅速返回生活区，值班工作全权交回索方。

然而在这紧要关头，变故发生了，反政府武装控制了局面，机场关闭，国内营救专机不可能降落。摩加迪沙枪炮不绝，中国医疗队被洗劫一空，大使馆通信中断，费诺力的专家们一下失去了指令。马建国坚定地指挥大家：

“照常工作，不泄露撤退秘密，大使馆会通过其他方法派人和我们联系的!”

死亡，就像一把悬在头顶的利刃，随时可能掉下来给人以灭顶之灾。专家们比过去更加深切地体会到，挣扎在生死线上是一种什么滋味。

启程的行李每天早上拆开来取出洗漱用品、换洗衣物，随后又重新收拾妥当，做好随时拎包走人的准备。有些人偷偷将写有个人国籍、姓名、身份证号的小布条缝进衣服内摆，万一真的遭遇不测，至少要让人知道，自己是中国人，运气好的话，兴许还能借助身份证号，将遗体送回老家。

与援索专家们同样着急的，是国家。

为营救全体援索专家人员，国务院命令位于亚丁湾的天津远洋公司的万吨游轮永门号和鞍山号，改变航线，火速奔赴战火纷飞的索马里。

1991 年 1 月 6 日，大使馆经参处、商参处、医疗队等人员安全抵达摩加迪沙港口并起航，永门号也即将抵达基斯马尤港，营救在费诺力水利水电工程、费诺力农场工作的 130 名专家。

在这煎熬的日子里，所有负责电力供应的专家都如常地坚守岗位，尽最后的努力，指导黑人值班员熟悉用电设备的操作维护技术，确保所负责的区域不因电力中断引来更大的混乱。

最后的时刻到了。9 日下午，马建国来到马连德生活区那间神秘的小木屋前，“哗啦”一声将铁锁打开，冲大伙儿喊：“来啊，搬家伙，撤!”大伙儿涌上前一看，原来是汽油，堆了满满一地的汽油。

原来组织上对于索马里局势早有准备!

马建国严肃地环视众人：“从现在起，时间就是生命，跑得快才有命回家！大家马上给所有车辆加满油，按先前的安排有序撤退!”

下午 6 点整，汽车在马建国雇佣来的武装警卫的保护下启程。附近的村民到这时才知道中国专家们要撤离了，纷纷围上来冲他们喊着：“巴登，飞扬!”“西那，飞扬!”（中国好！中国再见!）

许多熟悉的面孔混在其间，邝以田甚至还看到了自己的非裔徒弟，他拿起口袋里的香烟用力丢出车窗外，同行的专家们也纷纷递了东西出去给村民，“再见，马连德!”有人带着哭腔高声呼喊。

一路上迂回前进，小心翼翼避开游击队搜查，又接上了费诺力农场的专

1991 年 1 月 10 日，邝以田（右）、陈光华（左）成功被营救，在永门号甲板上合影留念

家，到次日上午 9 点多，邝以田、陈光华所在的车队到达基斯马尤港口。他们是中国最后一批援索人员，只要全部安全撤离，就真的一个都没有掉队了！

由于港小船大，永门号只能停泊在离港三海里的海面上，由接驳船将人转移过去。

风急水涌，一个巨浪滚过来，能将接驳船托高四五米。浮浮沉沉间，许多专家都忍不住头晕呕吐起来。一向自诩体质不错的邝以田同样晕得找不着北，只本能地抓紧手边的物件固定身体。就在这时，和他背对而坐的陈光华突然发出激动而微弱的声音："旗！旗！五星红旗！"

邝以田晕乎乎回应："你别骗我开心了，这儿哪来的五星红旗？"

"是真的！"陈光华的声音大了起来，"是中国的船！"

邝以田这才注意到，原先还奄奄一息横七竖八坐卧在旁边的专家们，一个接一个都精神抖擞了起来。他忍住晕眩慢慢转过头去，顿时脊梁背都跟着直了起来——

碧海蓝天之间，巨大的游轮之上，鲜艳的五星红旗高高立起，迎风招展！

“安全了!”

“我们回家了!”

“祖国，我爱你!”

整个接驳船沸腾了。

这一夜，万吨游轮在宽阔的海域中平稳前行。邝以田打开随身携带的日记本，深有感触地写道：

“我和我的祖国骨肉相连，生死相依！在祖国需要我的时候，我万死不辞；在我身处危难之际，是祖国把我从死亡线上拉了回来！此时此刻，所有人都睡得很沉，很安心，因为我们知道，我们都回到祖国母亲的怀抱里了!”

广州抽水蓄能电站的创新足迹

温存

在广州从化吕田镇小杉，两岸群山环绕、巍然壮丽，亭台楼榭错落有致。山水相映间，湖水涟漪潋滟、波光粼粼，每到假日，这里游人如织，络绎不绝。这里坐落着中国首个百万千瓦级抽水蓄能电站——广州抽水蓄能电站（以下简称“广蓄”）。电站上下水库宛如两块翡翠，镶嵌在群山之中。

广蓄总装机容量240万千瓦，分两期建设，一期工程装机容量120万千瓦，发电水头高达535米，安装了从法国引进的4台30万千瓦可逆式抽水蓄能机组。由于电站转让了50%容量使用权给香港中华电力公司，因此在运行上接受粤港两地电网控制中心的双重调度。

“正确的决策，先进的设计，优秀的施工，科学的管理，一流的工程。”走进广蓄，看到的是无数个耀眼的成绩和“第一”——我国第一座高水头、大容量抽水蓄能电站，广东省唯一的高科技旅游景区、当时世界上装机规模最大的抽水蓄能电站，国家优质工程“鲁班奖”获奖工程……无数第一的背后，是广蓄人摸着石头过河蹚出来的路，挥洒了无数的心血与汗水。

1989年，正值共和国走过风雨40年之时。在开放改革形势下，广东省经济高速发展，电力需求也随之迅猛增加。

然而当时广东电网承受着巨大的压力，一方面是南方各省电网尚未连接，广东火电、水电资源都明显不足；另一方面是负荷峰谷差加大，最小负荷率达0.5左右，系统调峰能力不足，以致经常在高峰期拉闸限电，低谷期又因火电机组设备技术性能的限制，难以按负荷要求做到及时停机或压荷运行，以及汛期水电弃水的不正常状态。

对于寻常老百姓来说，到了高峰期，拉闸限电是“常态”，对于电网员工来说，如何调节好运行调度始终是“老大难”问题。

“一直以来，广东电力都是以火电为主，而大多数火电机组只宜安排在基荷运行，大亚湾核电站投产后，从安全、经济角度出发也只适宜于在基荷运行。因此，为了增加网内调峰容量，配合大亚湾核电站和大容量火电站建设，迫切需要在靠近负荷中心的广州附近，兴建一座抽水蓄能电站。”毕业于清华大学水利工程系，多年来从事水电设计工作的罗绍基介绍道。1985年，水电部华南电网办公室和广东省电力工业局即委托有关设计院开展抽水蓄能电站可行性研究工作，并于1986年11月完成了可行性研究报告。

1989 年，广州抽水蓄能电站联合公司与法国电力公司互换签字合同

抽水蓄能电站，在电力负荷低谷时，将电网上多余的电能转化为势能存于高处的水库，在电力负荷高峰期再把高处的水放出来，将势能转换为电能补充进电网。但是这种高水头、大容量的电站，在欧美、日本比较多，在我国还是少之又少，无论是设备、建设、管理上都缺乏实际经验。

留给广蓄的时间已经不多了，根据国务院的指示，广蓄要与大亚湾核电站同步建设，根据工程预期，大亚湾核电站第一、二台机组将于 1992 年 10 月及 1993 年 7 月先后投入商业运行，而广州抽水蓄能电站要在机电设备及地下土建工程招标合同正式签订生效后 54 个月才能开始发电，工期已经十分紧迫。

1987 年 3 月 26 日，在华南电网办公室、广东省电力工业局和广东核电投资公司组成的领导小组的领导下，水电部华南电网办公室组建成立“广州抽水蓄能电站建设筹备处”。最后确认该站由广东省电力集团公司（即广东省电力工业局）、国家开发投资公司（原国家能源投资公司）和广东核电投资公司合资兴建，分别占股 54%、23%、23%，组建起广东抽水蓄能电站联营公司，负责电站的建设和经营。1988 年 2 月，广蓄联营公司正式成立，初现雏形。

拥有丰富的水电站建设经验的罗绍基再一次被推上了历史舞台。他怎么也没有想到，来到华南电网办公室，还要继续干回“老本行”。只是这一次，他从设计者转身成为管理者。联营公司成立后，罗绍基被安排兼任广蓄联营公司总经理，主持建设、运行、运营工作。

同样被使命召唤的，还有在华东勘测设计院任机电处副处长的魏炳漳。

听闻广东正在筹备抽水蓄能电站建设，水电专业出身的魏炳漳坐不住了，“我一定要参与这个项目！”于是他敲开了罗绍基的办公室大门，在完全不认识对方的情况下毛遂自荐。

1987 年，45 岁的魏炳漳离开了杭州熟悉的环境和人脉，追随着罗绍基的脚步，踏上了陌生的广东，来到了华南电网办公室，在联营公司成立之后担任设备部的副经理，负责机电设备安装等工作。

翻开关于广蓄的资料，便能感知到这座电站的特别之处：它“集百家所长”——从设计，到监理，到施工，集思广益，博采众长，前前后后聘请了法国、瑞典、美国、挪威、英国、澳大利亚等国的专家参与其中，在利用外资引进设备、择优选择贷款国家和对外合同管理上，广蓄的团队走在了前列。

建设抽水蓄能电站，关键在设备。在广蓄筹备处的出面下，魏炳漳和团队飞往世界各地开展对外初步咨询和技术交流工作，并在 1987 年 6 月 5 日向各集团发出了《广州抽水蓄能电站机电设备经济技术征询书》。在 9 月，广蓄得到了来自世界各国七个集团的回询报告。

然而改革开放初期，国家资金有限，大亚湾核电站的建设更是迫在眉睫，工程质量、预算费用、工期时间……“几座大山”的压力不言而喻。于是，由罗绍基、计财部经理蔡耀忠、工程部经理邓属民、设备部经理吴浩中和副经理魏炳漳组成的评标小组，本着贷款条件及可能性、价格条件、技术条件、技贸结合条件和交货进度五个指标的“一揽子竞争”进行评选。最后是法国的阿尔斯通（ALSTHOM）公司、意大利的 GIE 公司、奥地利与意大利的 TIBB/ELIN－VOITH 公司和日本的日立/东芝公司进入第二轮正式询价。而未被正式邀请参加第二轮竞争的英国 Traflgas House 集团公司也发来了标书。

“进入第二轮询价的公司当中，贷款条件最好的是英国，价格条件最好的是法国，技术条件最好的是日本……最后我们综合了所有因素，还是选了法国的阿尔斯通，因为它既能提供可靠的政府贷款，同时经验丰富，价格也公道。历史证明，我们的选择是正确的，‘一揽子竞争’计划是成功的。广蓄的设备如期投产并运行至今，而阿尔斯通公司到现在还是世界上最强的抽水蓄能机电设备供应商之一。”魏炳漳总结道。

1989 年 1 月 14 日，在广东省副省长匡吉的见证下，广蓄与阿尔斯通公司

1992 年，广州抽水蓄能水电站正在拼装高压引水支管内衬钢管

就引进设备合同举行签字仪式。利用向法国政府贷款的两亿美元，引进 4 套单级可逆式水轮发电机组及附属机电设备材料。整个过程历时 19 个月，其中实质性合同谈判仅 4 个多月，中、法双方对谈判结果均感满意。

“冷”是魏炳漳和法国公司签约时最深刻的印象。1989 年 1 月，当元旦过后国人正忙着迎接新春佳节之时，广蓄联营公司与阿尔斯通公司完成最终合同谈判，法方代表一行来到广州正式签字。“当时改革开放初期，我们做事都是怎么节俭怎么来，签约地点定在了省电力局的三楼食堂，我们就在食堂里开会，食堂里没有空调，1 月的广州正是最湿冷的时候，法国人可从来没经历过这种寒潮，可把他们给冻坏了！”

而另一番“寒潮”，则是 1989 年突变的国际形势，代表团顶着压力，坚持如约前往法国参加第一次设计联络会议，确保了合同的顺利进行。

设备到位了，如何使用好设备还是个难题。广蓄把引进设备和引进管理技术挂钩，在与阿尔斯通公司签署设备合同的同时，广蓄与法国电力公司（EDF）也签署了技术援助服务合同，在引进法国设备的同时，也引进了法国电站的管理技术。签订的技术援助合同明确，由法国电力公司的电厂厂长来担任广蓄第一任厂长，同时聘请八名法国专家到广蓄任各部门主要岗位职务，直至 1994 年 9 月技术援助合同结束。

刚开始进场动工时，广蓄的建设环境并不好，“那么大一个工程要放在现在的话，一般都要平好地、盖好房，工人才进驻。施工队伍什么都没有就开工了。当时工人住的都是在现在下库的库盆里边，我也住在里面。”罗绍基回忆道。

负责设备安装的魏炳漳虽然不是第一批进驻广蓄工地的员工，但也对广蓄的艰难环境印象深刻。“当时住宿只能租用民房，用电靠当地的小水电，从广州进工地要走上一天。”然而从设计、监理到施工，业主各单位到现场的数百名工作人员依旧忘我地投入在工作中，克服困难，奋力拼博，创造了高速度的施工进度。

法国电力公司国际部广蓄项目经理史密斯先生，按双方签订的技术援助服务合同，于 1989 年 4 月到达工地了解情况。他从广州坐越野车颠簸一整天到达工地后说：“我沿途看到这样的情景，感觉心都凉了，以为工地早就停工了，到了你们现场看到工程进展这样快，真是不敢想象。如果是在我们法国，早就停工了，给多少钱也不会干，你们是真正的伟大长城。”

广蓄建设时期，由于设备和技术都需要从国外引进，在与外国公司和专家的交流中，拥有能独当一面的翻译是当务之急。“普通的翻译很常见，但是当时要找一个英语水平很高，同时对水利水电方面又很懂的专业翻译很难。”罗绍基说。

中南勘测设计院作为监理派到广蓄工作的夏松雨临危受命，接过重任。夏松雨毕业于武汉大学英语系，做英语翻译是他的老本行。他认为，一名好的翻译，光有流利的英语是远远不够的，还必须拥有扎实的专业基础。因而，参加工作后，他就一直主动、广泛涉猎工程、土建、机电等方面的专业知识。“当年在中南院，从来没有在凌晨一点之前睡过觉，那时已经 40 多岁了。”夏松雨回忆说，“但我想着，笨鸟先飞，别人能学会的我一定也可以学会。”

正是凭着这种“衣带渐宽终不悔”的求知精神，他打破了“隔行如隔山”这一魔咒，不光在自己的老本行上有了很深的造诣，更是在土建、地质、机电、经营、化工等各方面都打下了深厚、扎实的基础。

“夏松雨能做到这一点，是非常可贵的，那时有外国专家来，翻译只能找他，其他人都不行。”当时罗绍基注意到了夏松雨身上不可多得的能力和品格，坚持将他“挖”到了广蓄。

从那之后，夏松雨在广蓄一待就是十多年，从此便与抽水蓄能事业结下了不解之缘，在引进国外先进技术和设备、督促外国专家履行义务、协调外国公司和国内施工单位的关系、对施工现场进行监理、解决施工过程中的一些技术难题等方面，都发挥了举足轻重的作用。

在广蓄一期工程的斜井施工中，夏松雨和同事关雷一起，对从英国 GSM 公司引进的间断式滑模系统进行大胆创新改进，使得该工程的斜井滑模砼施工得以优质、高速地完成，且填补了我国在这项施工技术上的空白，受到国内外专家的一致赞誉，荣获电力部 1993 年度应用性科研成果一等奖。

1993 年 3 月 18 日，广蓄一期工程 1 号机组首次并网发电。从主体工程开工至第一台机组投产的计划工期为 60 个月，实际完成时间 49 个月，提前 11 个月，至第四台机组投产的计划工期为 72 个月，实际完成时间 58 个月，提

1992 年，广州抽水蓄能电站发电机转子吊装

前14个月，建设时间与国外同等规模电站相比缩短了一两年，实现了国务院对其与大亚湾核电同步建设的要求，在大亚湾核电站之前一年投产。

设备“走进来”了，人才也要“走进来”。

在广蓄之前，我国从未建设过这么高水头、大容量的抽水蓄能电站，更别提相关的技术人员和管理人员。“好的设备要让好的人才来运行才能发挥最大作用。”罗绍基说。1991年，广蓄选派32名员工到法国的里昂接受对岗培训。这批员工来自五湖四海，有的是曾在新丰江、长湖、流溪河等水电站有过一定工作经验的老员工，有的则是1989年刚毕业的年轻大学生，还有一部分是香港中华电力的技术人员。这场培训声势浩大，在此之前，国内从未送过这么多员工到法国进行抽水蓄能方面的相关培训，《人民日报》海外版还对此进行专门报道。

刘康尼在进入广蓄前，是潭岭水电站检修车间的副主任。1990年，他应聘广蓄运行部检测分部的分部长，经历层层笔试、面试，脱产8个月进行英语培训，后来成为派往法国参加对岗培训的员工之一。

在法国的半年时光是艰辛且辉煌的。32名员工奔赴巴黎和里昂，第一阶段先是进行基础专业和管理技能培训，第二阶段则是厂家的设备培训。在压力和陌生环境下，使命感催促着他们努力学、拼命学，抓紧一切机会学。

在刘康尼眼里，印象最深刻的地方就是法国人先进的培训方法。法国电力公司有专门的培训机构，每当有新技术出现，员工们就必须进行回炉学习；其次，大量的仿真可视技术融入在培训当中，帮助员工在实操中有更好的体验；同时，法国人标准化流程作业的方式也深深影响了刘康尼的工作模式。培训的日子里，刘康尼渐渐有了信心，“我们一定能把广蓄给搞好。”

学成归来的刘康尼先后担任了广蓄的运行部检测分部的分部长，运行值长，生技部副部长、部长，工会主席，并于2016年退休。全部培训人员回国后均参加设备安装、调试全过程，并分别安排到电厂管理的各个岗位，成为广蓄的骨干精英。

广蓄再一次走在了历史的前方，成功地引进了法国电力管理中的“ON CALL（在线呼叫、随时待命）”管理概念，推行厂房无人值班管理和巡检条码系统等一系列管理制度，并实践出一套无人值班、少人值守的管理模式，

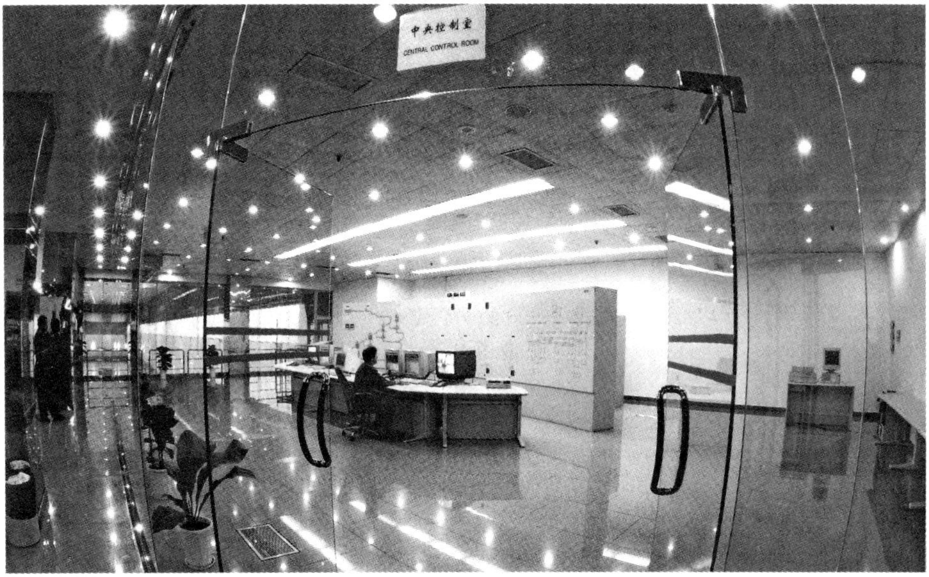

广州抽水蓄能电站二期工程中央控制室

使电站运行的管理人员大幅减少至每万千瓦 0.6 人，也使我国跨进百万千瓦级水电厂实现无人值班的行列。（ON CALL 管理，指的是电厂运行中，除中控室值班外，由值班主任和运行值班人员组成两组，每组两人，在厂区附近或宿舍随时待命，有特殊情况需在 20 分钟内进入厂房处理，检修方面，待命的检修人员共分三组，每组 6 人，每周轮换一次，也随时待命进厂处理故障或检修。）

秉承着勇为标杆的争先精神，广蓄成为了今日的行业典范，成为了中国抽水蓄能的人才培养基地。在建设施工和运行管理过程中，广蓄先后涌现出一大批建设、施工、设计、监理和设备运行维护人才。从 1995 年广蓄承接第一批学员开始，在 20 余年的时间内，先后为我国 16 个省、自治区，共 30 多家电力企业培养了近千名电力工作者，其中包括运行值长、值班员、检修人员、监理工程师等众多岗位人才，现已大多成为各自企业单位的技术骨干或管理核心。

“当年浙江省安吉县天荒坪搞抽水蓄能，来广蓄取经，也想送员工去法国进行培训。我们说，你们不用送人出国，我们广蓄的人就可以帮你们搞培训。”刘康尼回忆起往事，脸上洋溢着自豪的神色。

广蓄一期工程的建成投产，即在电网运行中发挥出显著的效益和作用。它不仅起到了填谷调峰的负荷调节作用，保证核电稳定安全运行，而且在电网运行的调频、调相、调压，特别是在核电和火电机组发生事故跳闸的紧急情况下维持电网稳定和安全方面，发挥了明显的动态效益。

而比发挥的实际作用影响更深远的，是广蓄开风气之先，敢于迈开改革创新步伐，在引进外资、设备、管理技术上不断探索，对促进电力管理体制改革起到了积极作用。

广蓄工程技术复杂、难度大，通过采用新技术，实行科学管理，工程成果整体上达到20世纪90年代国际先进水平，其中高压长斜井和高压岔管勘测、设计与施工更是达到国际领先水平，实现了我国大型抽水蓄能电站设计、施工、建设管理水平的飞跃，填补了我国电力发展史上大型抽水蓄能电站建设的空白。同时，广蓄工程建设全面实行科学管理，建立并完善了《业主责任制》，实现业主、监理、设计、承建单位在整体上有机地协调一致，为工程顺利进展开创了新途径，为国内水电工程建设的管理创造了新经验。

正如全国政协常务委员、人口资源环境委员会副主任、水利部原副部长张基尧在回忆录中写道：“改革是中国水电事业推进的力气，广蓄的成功基因根本在于坚持改革，大胆探索。”也正如国际著名水电刊物 *Water Power & Dam Construction* 所指出，“虽然抽水蓄能事业在中国刚刚起步，但广蓄电站不仅是一座世界级的电站，也是开展国际技术合作的光辉榜样。毫无疑问，广蓄电站必须成为一个典范，一个衡量未来同类电站成功与否的样板工程。”

如今的广蓄，不仅仅是电站，还是风景秀美的旅游度假区，成了全国工业旅游示范点。静谧如琥珀的一汪碧水下，是广蓄人敢为人先、开拓创新的精神，也是国家坚持改革开放、大胆创新的见证。

罗绍基在广蓄

郑浩然　黄安钰

从化县吕田镇深山大谷，阳光刺透茂密的树林，光影斑驳。罗绍基和考察队员们在这座山间不知行走了多少次。

这是1988年的夏秋季节，罗绍基和勘探小组人员，正在为广州抽水蓄能电站站址进行实地勘察测量。

罗绍基1933年出生于广东南海，中学时就读于广州市培英中学，后考入清华大学水利系，1955年大学毕业后，进入中南水电勘测设计院。虽说干的是技术活，但搞测量，下工地，常年都是在野外翻山越岭、摸爬滚打。

年过半百的罗绍基，中等个头，身体硬朗，走起山路来，甚至和他一块搞勘探的很多年轻人都觉得跟不上他。其实，在南方树木荫翳、杂草丛生的山野，罗绍基他们还是经常打趔趄、摔跟头，被枝条划伤，每一次上山，蚊虫也忘不了在他们的胳膊留下点印记。

这些都难不倒罗绍基，他知道，抽水蓄能电站的勘测不能有任何马虎。

这时，深圳大亚湾核电站主体已经开工建设，按照计划，电站首期建设两台90万千瓦机组。为保证大亚湾核电站的安全经济运行，解决广东电网的填谷调峰需要，国务院于这一年批准广州抽水蓄能电站立项。

罗绍基是1985年初调到刚成立的华南电网办公室当主任的。华南电网办公室的成立，为的是开发红水河水力资源，对两广地区电力发展进行统一规划和集中管理，负责华南电网的规划、联网和协调工作。一到华南电网办公室，罗绍基就大力协调广西送电广东的工程，当年就实现了广东、广西通过220千伏电网联网。

1988年3月，罗绍基被任命为广东省电力工业局副局长、党组成员、副书记（正厅级），此时，广东要建设广州抽水蓄能电站，组织上又安排罗绍基兼任广东抽水蓄能电站联营公司总经理。

组织上的考虑不无道理。因为抽水蓄能电站就是由罗绍基首先提出的。

1986年，罗绍基还在担任华南电网办公室主任。当时，国家已确定与香港合作建设大亚湾核电站，而广东与香港九龙电网负荷都有峰谷差较大的特点，电网调峰困难。恰好在这一年的4月26日，乌克兰北部的切尔诺贝利4号核反应堆爆炸，半个欧洲笼罩在核电站爆炸的阴影之下，全世界都处于谈核色变的恐惧之中。核电站运行的相关配套设施一定要建设到位！罗绍基利用他雄厚的电力系统专业知识，提出了建设广州抽水蓄能电站的意见。他认为，这样一来，一可以确保大亚湾核电站的安全、稳定、经济运行，二可以满足广东电网调峰调频的需要。罗绍基这一意见，得到当时国家水电部、核工业部及广东方面领导和专家的认可。

1987 年 1 月 27 日，时任国务院副总理李鹏主持国务院核电领导小组会议，决定研究审查大亚湾核电站工程设计问题。这次会议，明确"为解决电网负荷的昼夜调节问题，使核电站担任基本负荷运行，借以提高核电站的经济性、核电站本身及电网的安全性，有必要与核电站同步建设广东从化抽水蓄能电站，第一期装机容量 120 万千瓦"。

罗绍基提出的抽水蓄能电站建设，上升为国家重大项目决策。李鹏责成水电部牵头，会同广东省和核工业部等单位抓紧工程项目的论证和报批工作。1987 年 3 月 26 日，在华南网办、广东省电力工业局和核电组成领导小组领导下，水电部华南电网办公室组建成立广州抽水蓄能电站建设筹备处，由此拉开了中国第一座抽水蓄能电站的建设帷幕。

广州正在筹备建设新中国第一个抽水蓄能发电站，立即引起水电行业内专家的关注。时年 45 岁，同为清华水电专业毕业的魏炳漳坐不住了。"我一定要参与这个项目!"当时已经是华东勘测设计院机电处副处长的魏炳漳离开杭州来到广东，敲开了罗绍基的办公室大门，在完全不认识对方的情况下毛遂自荐。罗绍基把他安排在华南电网办公室，让他在联营公司成立之后担任设备部的副经理，负责机电安装等设备工作。

罗绍基清楚，建设抽水蓄能站，设备是关键。他要求魏炳漳加紧开展对外初步咨询和技术交流工作。1987 年 6 月 5 日，罗绍基他们向各主要跨国集团发出了《广州抽水蓄能电站机电设备经济技术征询书》，并在 9 月收到了七个集团的回询报告。

改革开放初期，国家资金有限。罗绍基恨不得将有限的外汇一分顶两分用。他和计财部经理蔡耀忠，工程部经理邓属民，设备部经理吴浩中、副经理魏炳漳组成的评标小组，权衡贷款条件和可能性、价格条件、技术条件、技贸结合条件和交货进度等指标，反复进行"一揽子竞争"比选。法国阿尔斯通（ALSTHOM）公司、意大利 GIE 公司、奥地利与意大利 TIBB/ELIN -

VOITH 公司和日本日立/东芝公司进入第二轮正式询价。最终他们确定了性价比较高的阿尔斯通公司。

多重的身份，罗绍基身上的担子着实不轻。

罗绍基继续推进西电东送。他在华南电网办公室的时候，就促成了广东、广西电网以 220 千伏电压联结，但是广东经济发展太迅速，电仍然不够用。罗绍基又想到了更远的云南、贵州，他的脚步又向西延伸，从玉龙雪山到西双版纳，从澜沧江到红水河，从南盘江到北盘江……几年来，贵州、云南很多地方他都跑过。

为了引西电入粤，罗绍基跟着时任广东省副省长匡吉，还有省计委、省经委负责人一起考察，和云南、贵州方面洽谈，在这一时期，广东和贵州、云南签订了黔电东送、云电东送一系列协议，为广东电力供应开辟了新来源。

罗绍基对天生桥水电站的建设倾注了极大的心血，无论是在中南电力水电勘测设计院，还是在华南电网办公室时期，他都到天生桥勘测、考察过，他知道红水河天生桥一带水力资源丰富，如果能开发出来，无疑能为广东长远用电起到重大作用。

他向匡吉汇报，和省计委、省经委领导商量开发合作方式，思考西电东送通道的建设。1988 年 6 月 18 日，国家能源部、国家能源投资公司、广东省、广西壮族自治区、贵州省等五方代表签署了合资建设天生桥水电站的协议。此后，时隔数年，天生桥二级水电站第一台机组终于在 1993 年 1 月建成投产。天生桥一级水电站的第一台机组，也于 1998 年 12 月并网发电。清洁的水电源源不断送入广东，1993 年是 15.47 亿千瓦时，1999 年是 40.13 亿千瓦时，增长 1.6 倍，增幅惊人，解了广东缺电的燃眉之急。

抽水蓄能电站的建设，罗绍基也是事必躬亲，这让很多人不解。“您都年过半百了，爬山越岭这些事就让年轻人去干吧!”

“吃别人嚼过的馍没味道，我得自己上去看看。”罗绍基身上有股倔劲。电站要在海拔 800 米的山顶建上库，在 4.2 公里外的山脚建下库，两库间的落差 500 多米，这里属花岗岩地带，他要求全面摸清地质，在设计上反复优化，抓好这个全国第一座抽水蓄能电站的“百年大计”。

罗绍基的较真，其实早在建设湖南凤滩水电站时就是出了名的。凤滩水电站是1970年10月开工兴建的，凤滩处在酉水下游，水流湍急，地质复杂，地表为震旦系板溪砂岩夹少量板岩，岩性致密坚硬，但断层、节理发育。他感觉到，在这样的地质条件上建水电站，采用传统的重力坝显然不可行，他要另辟蹊径。

罗绍基是凤滩水电站的设计总工程师，他组织攻关小组，不知道做了多少次模型试验。那个时候还没有电脑，他们只能委托湖南计算所用半导体计算器来计算大坝的应力，计算一次要花40多个小时，十分艰难。但他们丝毫没有马虎。后来，罗绍基又借鉴中国古代弧形造桥技术，创造性地提出用拱形坝体来代替直面的坝体，他设计的拱坝靠河道两侧的山体受力，采用空腹式坝体设计，内置电站厂房。这样一来，不仅改善了坝体的应力分布，使超载能力和抗滑性大大增强，同时还解决了大坝泄洪与厂房布置之间的矛盾，不再需要在狭窄的弯型河道下游建设厂房了。1978年5月11日，凤滩水电站第一台机组发电。1979年11月，4台机组全部建成投产。罗绍基与清华大学教授刘光廷、时任北京水电设计院石泉水电站设计总工程师何璟合作的“混凝土腹拱坝”科研与实践项目，获得1985年度国家科技进步二等奖。

1975年，罗绍基（左一）在湖南凤滩水电站工作照

除了自己身体力行查看现场，罗绍基还大胆引进“外脑”，发挥当时在技术、经济和外事方面拥有较大自主权的优势，聘请法国、瑞典、美国等国的专家，进行专项咨询，并和设计、监理、施工方面的技术专家反复协商，集思广益，博采众长，使技术问题决策更加科学化。

抽水蓄能电站的建设过程中，罗绍基带领蓄能电站联营公司按照中央改革开放的精神，在国内大型水电建设项目中，率先实行业主负责制、招投标制和建设监理制的“三制”改革，得到上级部门的充分肯定。罗绍基还大胆鼓励创新和技术引进，诸多的创新和国外先进技术的引进，使电站建设工期大幅缩短。例如，地下厂房采用岩壁吊车梁方案，比常规梁柱式结构缩短工期约一年；内径 8.5 米的地下斜井，引进英国和瑞典的斜井滑模技术，在国内还是首次采用，在国际上这样的大型斜井滑模也是第一次采用，两级斜井 625 米长，只用 113 天就完成钢筋混凝土衬砌，比用针梁钢模或木模衬砌，缩短工期半年至一年。

在购买国外先进设备、引进先进技术的同时，罗绍基考虑到，先进的国外设备必须要配合先进的运行管理，这才能使电站投运后效益最大化。他要求蓄能电站在同外方签订技术援助合同的同时，派人去国外考察，引进先进的技术、学习先进的人员管理经验。另外，他还派出 32 人去法国的里昂接受对岗培训，这在当时的企业界，是前无古人的创举了。这 32 人的人选也颇有讲究，当中有十几人是从附近水电厂抽调上来的工作了近十年的技术骨干，有近十人是香港中华电力派来的技术人员，还有从清华等名校刚毕业的大学生，都是经过笔试、智力测试层层选拔出来的人才，平均年龄在 30 岁左右。

罗绍基选派的这批学员中有各个工种的人才，当时就跟着法国公司学习，经过几个月跟班培训，再直接投入到蓄能电站的建设中，在当时还是比较少见的。值得一提的是，这 30 来人后来大部分都成了蓄能电站的骨干人才，与罗绍基的人才选拔任用分不开。

在诸多的改革与创新下，电站建设快速推进。正当所有人都满心欢喜地准备迎接投产时，罗绍基却遇到了一个大问题：抽水蓄能电站的核心设备水能机无法正常工作。

此时此刻，设备不能正常运转，设备生产厂家法国公司的总裁焦急万分，

1990 年，罗绍基（右一）赴法国考察

如果不能解决，按照合同，他们将面临高额罚款，但是这也会严重影响工程进度。法国人立刻联系罗绍基进行谈判。罗绍基记得，他们的谈判是在地上的一个小房间里进行的。因为技术上的创新，蓄能电站的建设工期已经大幅超前设计工期了，所以罗绍基心中并不慌乱，在谈判中完全占据上风，为蓄能电站赢得了最大的利益。最终双方达成一致：蓄能电站给予法国公司一定时间上的宽裕，解决水能机的运行问题；另外降低罚款数额，但多制造一些配件投入使用。在谈判上，罗绍基的灵活思维，在允许对方解决好问题的同时，维护蓄能电站的权益。

在罗绍基的把控下，蓄能电站的建设工期大大缩短，一期主体工程开工到首台机组发电工期为 49 个月，比批准的设计工期缩短了 11 个月，提前一年投产，按广东电网占有 60 万千瓦，年加工低估电发出峰荷电量 11.5 亿千瓦时，综合加工费 0.162 元/千瓦时，计年发电收入 1.863 亿元。由于工期短，该单位被电力工业部评为全国电力投产“功臣单位”。

提前投产让罗绍基他们少支付利息 1.21 亿元。此外，通过优化设计，采用一洞四机布置方案，比按 1988 年初步设计的两洞四机布置方案，节省投资

1600 万元；斜井衬砌设计优化，节省 628 万元；高压钢筋砼衬砌岔管节省投资 475 万元。三项合计节省投资人民币 2703 万元。这些都是工程投产后总结成果时测算的数据。

同时，他严格抓好建设质量，一期工程成功采用了一批国内外先进技术，通过了国家竣工验收：土建施工与机电安装质量优良，二期工程在一期工程基础上实现了均衡生产、文明施工，较之一期工程建设水平又有所提高，工程设计获评优秀设计奖，工程质量获评鲁班奖。

罗绍基的心血没有白费。蓄能电站的效益显著，电站一期工程投入运行后，除完成当年内外资还贷任务及给股东分配合同规定的利润外，每年为国家创造数千万元税收，它的配合运行，使大亚湾核电站安全满载稳定运行，发电量超过原合同发电量。蓄能电站在电网中的动态效益很大，主要反映在调峰、填谷、调频、调相以及事故备用等方面上，蓄能电站在投产一年多时间就出现过 10 多次由于系统内西电、核电、火电、电网故障，供电周波急剧下降，而蓄能电站紧急快速启动帮助电网周波迅速恢复正常，充分发挥其动态效益。

经过申报，“广州抽水蓄能电站建设关键技术的研究与实践”获得了 1997 年度国家科技进步二等奖及 1995 年度广东省科技进步一等奖。这已是罗绍基第二次拿到国家科技进步奖。业内综合评价，罗绍基是我国水电工程抽水蓄能技术领域的先行者和开拓者，为推动我国水电工程建设事业的发展做出了突出贡献。

1995 年，在省里的高票推举之下，罗绍基获得了全国劳动模范的称号。1999 年，罗绍基从岗位退休的第二年，被评选为中国工程院院士，成为广东电力系统首位院士。

罗绍基如今已有 86 岁高龄。2019 年 6 月，当笔者问起他觉得要用哪句话来勉励如今的年轻电力工作者时，罗绍基缓缓答道：“我一直常说一句话，改革和创新是永恒的课题，所有的改革和创新都要经过深思熟虑，而不是一股脑地拍板决定，至于做得对不对，那就让时间来检验！”

玉汝于成的云浮发电厂

白国颖　吴　鑫

发源于云南的西江，流经广西，在云浮县境内拐了个弯，这里河阔岸平，风景秀丽。就在邻近县城的河口镇西江西岸不远处，经过几年的建设，一座崭新的电厂拔地而起。

“全体人员注意，开始点火！”1990 年 12 月 18 日，新年的脚步越来越近了，云浮发电厂首期工程的建设也已经转入最后的试运行阶段。首期工程安装两台机组，每台装机容量 12.5 万千瓦。这一天，厂长王旭仁站在控制室内，拿着对讲机，下达了第一次点火指令。

操作人员完成系列操作动作，伴随着炉膛里的熊熊烈焰，1 号汽轮机、发电机转动起来，发出阵阵轰隆的启动运转声，低鸣沉重，像一头正在觉醒的巨兽。首次冲转定速后不久，控制室就传来了错误动作指示。运行人员认真进行了检查，发现是由于励磁机接线错误，出现励磁故障停机。

就这样，云浮发电厂的第一次点火以失败告终。作为一厂之长，王旭仁的心里很不是滋味。他一边安慰现场人员，一边要求大家再仔细检查，他向一旁负责安全生产的副厂长许耀先交代，趁着距离 220 千伏变电站并网还有几天时间，抓紧安排各班组进行重新排查，争取下一次发电并网成功。

20 世纪 80 年代，云浮县利用山区优惠政策，积极发挥本地石材资源优势，大力发展建材业，加上云浮硫铁矿、三茂铁路等一批国家、省重点企业陆续建成投产，电力能源需求大幅度增加。

就当时而言，别说云浮县，就是整个肇庆地区也没有什么大电厂。云浮县处于广东电网末端，电力电源主要由本地小水电和大电网供给，当全省电力紧缺的情况下，云浮县的用电状况更是令人苦不堪言。

1984 年 12 月，云浮县委、县政府决定兴建火力发电厂，解决区域用电问题。刚过不惑之年的副县长何少乾，被指定负责落实具体筹备工作。作为土生土长的云浮人，她十分清楚建设发电厂对于解决用电受限问题的重要性。

云浮县政府快马加鞭开展电厂筹建工作。1985 年 2 月 1 日，起草完成了《关于在云浮县兴建 20 万千瓦火电厂项目建议书》，正式提交广东省计委。

考虑到云浮县的用电受限情况以及调整粤西基腰负荷的计划，广东省计委仅用八天的时间，就于 2 月 9 日下达《关于进行云浮火力发电厂可行性研究工作的通知》。

一收到省计委的回复，云浮县政府马上行动起来，成立了以县委书记黄荣为组长的“云浮火电厂筹建指挥部”，配合广东省电力工业局、省计委开展电厂前期可研筹备系列工作。

随后，省电力局电力勘测设计院先后踏勘了云浮县田心、低围、腰古等9个候选厂址，对各个候选位置的交通、水源、地质等条件进行分析比较，综合电厂燃料来源、经济效益、电网负荷平衡接入系统以及电厂将来在负荷曲线上的工作位置等方面进行研究，确定了候选地址。

电厂筹建之前，省电力局原计划在云浮县兴建一座220千伏变电站，独立担负本地区供电。发电厂的建设，正好可以省却220千伏变电站的建设，这项工程原计划投资费用约1200万元。

经过半年时间的可行性研究，省电力局上报省经委，认为云浮发电厂的兴建，不但可以确保重点项目的用电需要，还有利于肇庆地区水电、火电的相互调节，达到调整粤西基腰负荷的目标。

得到了省里的一路绿灯，还需要国家的正式批准。

为了争取早日立项，何少乾先后11次前往北京，协调项目审批有关工作。最长的一次干脆驻点北京长达56天，天天都像上班一样，准时到有关部门“报到”。

经过一年多的筹备努力，1986年10月30日，云浮发电厂终于得到国家计委的立项批复。云浮发电厂总投资5.797亿元，由省电力局、肇庆地区和云浮县三方合资兴建。

有了国家的批复立项，大家摩拳擦掌，准备大展拳脚。省电力局受省经委委托，成立了云浮发电厂筹建处，何少乾任筹建处主任，开始了征租地及其他工程建设的前期工作。

主厂房选址最后落户低围村，实际征地1117.81亩，租借用地93.5亩，涉及低围村及附近的多个行政村。征租地工作由县政府总体承包，在县长陈均伦、副县长何少乾的带领下，征租地工作小组几乎每天都是一头扎进当地，开展动员工作。

但是，1200余亩土地的征租，涉及征地补偿、征地安置等问题，并不是一帆风顺。

在西江供水线路都骑半径村地段（P11—P12 段管线），原计划沿水沟走向布局，但由于涉及村民征地，只能改变供水线路布局，改从公路地下绕行通过。

在征地过程中，考虑到被征地后当地村民的生活、就业及安置、补偿等问题，筹建方积极与地方政府和上级部门沟通，力求妥善解决安排被征土地的 1266 名农民“农转非”。省电力局还为此就地招录 200 名“征地工”，三茂铁路公司协助电厂解决 15 个招工指标，另外的 91 户村民自愿领取补偿金自谋职业。

1987 年 11 月 1 日，云浮发电厂正式破土动工了。场地平整工程开始后，挖掘机、推土车、大卡车等大型机器在现场不断忙碌着。承包土建施工任务的广东省电力第一工程局派出 400 多人，组建三支土建开挖队、一支机电施工队进驻电厂建设工地。

竹岗山、仙人岗、低围岗三座连绵起伏的山头，总共约 110 万平方米的土方渐渐被推平，平整出 36 万平方米的场地面积，提前一个月交出主厂房、烟囱等主要土建工程的基础部位，为后期建设争取了宝贵的施工时间。

在展开土地平整的同时，电厂工商注册登记等工作也加紧推进。1987 年 12 月 4 日，广东省云浮电厂合营有限公司获准成立，并组建了董事会，投资建设的省电力局、肇庆地区、云浮县等各方都派出了董事会成员。

电厂筹建多架马车齐头并进，土建工作和主机设备订货加工同步进行。在时任广东省副省长匡吉的见证下，电厂筹建处和上海电气联合公司及其所属三大主机及电站辅机厂代表先后签订汽轮、锅炉和发电三大机技术协议。

电厂三大主机设备生产加工遍布全国十多个厂家，发电机组构件庞大，一台机组全部设备的运输就需近 300 个车皮装载。

完成了电厂基建，设备安装随即全面展开。时间到了 1990 年底，眼看工程投产日期日渐临近，厂家配送零件经常赶不上安装进度。何少乾与电厂筹建处其他成员一合计，决定成立“设备催运小组”，再次分赴上海的三大主机设备厂家，蹲点进行设备催运，终于在紧张繁忙的春运期间，先后组织 155 个车皮将设备抢运回云浮，追赶安装进度。

电厂设备安装由江西省电力局火电建设安装公司承包。为了让电厂筹建

1990 年 6 月 20 日，云浮发电厂机组安装现场

处辛苦催运回来的设备零件能够第一时间安装，他们根据设备运达数量，调整人员投入，工期内平均每天投入 640 人，最高峰时期达到 1000 人，弥补了设备零件滞后问题。

设备安装过程中，技术人员发现汽轮机高压外缸导气管的螺丝中有 16 根硬度超标。这细小的质量问题，一旦处理不好，很容易造成高压外缸运行时出现导气管脱落、断开等安全隐患，必须提前解决。

类似的设备缺陷处理，备品、配件加工等问题，如果全部按照原计划返回上海等厂家进行更换解决，会浪费大量的往返时间。怎么办？筹建处找到了省内多家电力设备生产、加工厂家，得到了支持和帮助，大大减轻了设备安装工期压力。

在筹建处统筹协调及各方努力下，电厂建设进入尾声。在第一次点火失败后，云浮发电厂经过五天的全面检查准备，准备开始新一轮的发电点火和机组并网试运行。这期间，电厂配套的 220 千伏升压变电站成功完成了全站受电。

可惜，天不遂人愿。1990 年 12 月 23 日，首次发电并网试运行的当天，发电机负荷到达 5 万千瓦开始进行超速试验时，出现因转子冷却水回水密封圈漏水严重而不得不暂停机炉的状况。这可愁坏了许耀先，原以为之前的检查已经排查了全部问题，结果还是没有并网成功。

距离原定年底并网投产的时间所剩无几，云浮发电厂的成功与否，牵动着众人的心。

12 月 26 日，时任广东省省长叶选平、副省长匡吉、省建委主任刘凤仪、省计委副主任吴继群一行在肇庆市委书记陈邦贵、云浮县委书记陈均伦的陪同下视察云浮发电厂各生产车间。

当天，在一众领导的见证下，第二次并网仍然以失败告终。王旭仁、许耀先等厂方代表都来不及想太多，在一片尴尬的目光中马上组织消缺处理。

此后，电厂又进行了多次发电并网操作，但均告失败。这里要重点提到的是 1991 年 4 月 1 日的操作，这是云浮发电厂自这一年元旦过后的第 18 次并网操作，但是依旧因为注油试验发生解列失败告终。发电厂投产时间不得不继续推迟。

第二天即 4 月 2 日清早，熬了一夜的维修技术人员，很多都瘫坐在控制室附近，心情却像待产孕妇的家属，着急地等候消息。5 点 30 分，发电机组进行了第 19 次并网启动，正当所有人都心怀忐忑，不知道又有什么意外之际，电厂却传来了并网成功的消息：各项参数正常，机组终于成功试运行。此时，经历了从上一年底以来的一系列挫折之后，所有人都发自内心地欢呼起来，一扫连日来的失败阴影。

不料，众人刚高兴了几个小时，设备又出现了状况。

“炉火要灭了，都行动起来！”9 点 40 分，正在监盘的运行甲值 1 号机组长庄惠珍翻看机组参数曲线时，发现炉火温度陡降至 200 摄氏度，凭着多年的运行经验，她赶紧招呼组员进行紧急处理。

值班人员一下子集中到庄惠珍身边，按照她的指令分工协作，调整进气量、降低负荷等一系列操作一气呵成，机组逐步“转危为安”。

但设备问题依然存在。汽机队队长孙延华初步判断为锅炉存在漏点，立即安排队员主要针对锅炉机组进行排查。队员们沿着管道细致寻找，在一处三面被设备、墙体包围，只有一侧靠近设备通道的地方发现故障点。

故障点附近空间狭窄，加上刚刚停运的锅炉温度高达60多摄氏度，设备外壳都“嗤嗤”地冒着热气，故障处理条件恶劣。

前不久才完成2号锅炉大件吊装任务，又赶上抢修的技术员刘亮在夹缝中猫着身子查找漏点，不一会就满脸汗珠，湿透的工作服上被一层层炉灰涂黑。刘亮根本顾不上这些，配合其他队员一起拆开锅炉设备，确认了故障原因为锅炉的法兰连接处存在沙眼。

剩下的漏洞处理交给了焊工班班长李景满。看着这不到半米的操作空间，李景满眉头一紧，不过没有丝毫犹豫，提着气焊枪，拿着护目罩开始了工作。站着、蹲着、仰着……他不断变换着姿势，用气焊枪将故障点一圈圈地进行补漏加固。几圈下来，脸涨得通红，汗水顺着脸颊、胳膊、后背流淌下来。从上午11点确定故障点，直到14点，李景满愣是没喝一口水，没吃一口饭，窝在狭小空间内一干就是三个小时。

“好了，焊接没问题!”关掉气焊枪，摘下护目罩，李景满站起身来，一阵头晕恶心让他脚步踉跄，差点跌倒，一旁的检修人员赶紧把他扶到通风处休息。

1991年，云浮发电厂生产运行集控室

经历了五个多小时的紧张抢修，15点06分，1号机组再一次启动，并网成功。

然而好事多磨。这天19点过后，因为进气调速器失灵、燃料受潮等原因，控制室内两次出现炉火温度降低的指令。

经过三天三夜的运行、反复的抢修，4月3日20点40分，1号锅炉点火，1号机组顺利并网，恢复供电。次日，1号机组正式交付生产，四个多月的反复试运行和并网，终于画上句号。

直到此时，一直压在王旭仁、许耀先心里的那块石头总算是搬开了，紧皱的眉头逐渐舒缓开来。这几个月，他们承担了太多太多的压力。

在1991年，云浮发电厂1号机组先后出现非计划停运31次，共停运2090.95小时，由于机组运行不稳定，发电情况并不理想，年发电量5.74亿千瓦时，向社会供电5.17亿千瓦时。

同时，1号机组投产后，首期工程2号机组各项安装调试同步展开，1991年12月，2号机组投产发电，全厂发电总装机容量达到25万千瓦。

云浮发电厂的建成，不仅提高了肇庆地区的供电稳定水平和输电能力，还很好地担当调整肇庆片区电网基础负荷的角色，迈出了肇庆片区电网整体提升的关键一步。

江门用电管理微机系统研发记述

覃超一

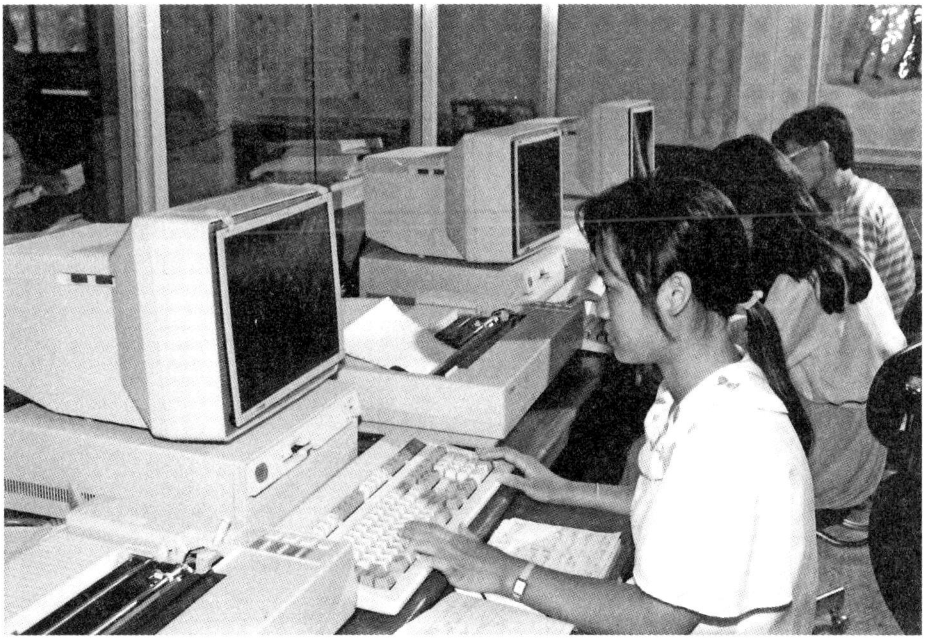

1992 年 12 月，充满热带海滨风景特色的海南三亚，全国电力营业工作会议在这里召开。

“下面有请江门供电局发布用电管理微机系统研发成果!”当主持人声落，一片掌声过后，代表江门供电局前来参会的金泉走上讲台。按照会议要求，上台发布成果不能带稿纸照念，而且坐在台下的还有国家能源部的领导和专家，金泉不免感到有点紧张。金泉定了定神，面对着台下来自全国各地电力企业的代表，用他那明显带有上海口音的普通话，把几年以来应用微机开发用电管理系统的历程，一一道来。

坐在台下还有随金泉一同前来的微机室负责人黎佩馨、系统开发人员陈志东以及业扩报装班长黄华拱、抄核收班长邹国俊等人。对台上金泉绘声绘色讲述的内容，他们早已了若指掌，如数家珍。回想过去几年所走过的路、所付出的汗水，如今走上了国内电业最高讲台发布成果，再看看代表们聚精会神且带有惊叹的表情，金泉的心里有一种满满的自豪感。

这一切还得从 20 世纪 80 年代开始讲起。

“收电费咯!”一听到楼下这么吆喝，楼上的人便知道，这是供电局收费员来了。每栋住宅楼里都有一名专门负责收电费的管理人，这时便纷纷走出来，向收费员缴交各自楼道的电费。几元、几十元……收费员一边在 A4 大的卡纸上记录，一边将一沓沓的钱整理好，塞进收款专用的袋子里。如果没赶上收费员的到来，那么缴费的人就要自己辛苦跑一趟，到市区的供电部门的营业收费点去缴费了，运气不好还得排长龙。这样缴电费的场景对于那个年代的广大市民来讲，再正常不过了。

翻开原国家水利电力部在 1983 年 9 月 1 日颁布的《全国供用电规则》，能看到这么一条规定：“供电局对居民用电可装设公用电费电度表，用户不得拒绝合用。如住户较多时，供电局根据情况，可装设多个公用电费电度表。装设公用电费电度表的各用户，一般应自行装置分电度表。分电度表由用户自备，并自行分算电费，供电局应在技术上给予指导。”根据这个规定，一般一栋居民住宅楼只安装一个电表，供电部门只对这个电表进行计量和收费。于是，楼里的总电费由一位管理员缴交，但接下来各自的电费就得自行协调，依据各家分表的电量对电费进行分摊。这样一来，难免状况百出，邻里之间经常得算来算去不说，有时还会因数据与事实不相符，引起争吵甚至打架，给社区管理也带来了不少麻烦。为此，江门供电局从 20 世纪 80 年代初起，便逐步从源头上着手，改为一户一个电表，由供电局直接对接用户进行管理，从而杜绝用户之间的电费纠纷。

不过，随着经济的发展和人民生活水平的提高，江门市区的用户和用电量大幅增长，供电局的用电业务也随之扩大，报装、电能计量、电量电费、用电监察、配电、调度、财务以及行政等管理的工作日益繁重，原来的管理办法已不适应新形势的要求了。金泉回忆道："那时候，用电管理实行的是传统的常规管理，对大量繁重的业务的处理，主要依靠手工作业，抄表用的是笔和纸，核算用的是算盘或计算器，资料保管存放靠文件柜，信息传递靠人工或电话。"邹国俊说："我记得到 1985 年 7 月，城区用电管理所的抄表工由 18 人增加到 30 人，并将抄表周期由每月 1 次改为两月 1 次，还增加了收费点和收费员，但始终适应不了不断扩大的抄收等用电业务的发展需要，用户对排长队缴电费的意见很多。"

一个个难题接踵而来，如何破解？时任江门供电局副局长、分管用电管理业务的谭灼认为，要提升用电管理水平，必须应用现代化手段——计算机，开发出一套微机系统来代替传统的人工进行用电管理。1986 年，江门供电局正式开始在用电管理方面着手研究使用微机技术。

谭灼是广东台山人，1950 年 8 月参加工作直至 1993 年 12 月退休，一直都在江门发供电企业工作，对于当地的电力发展了然于胸。那时候他知道，应用计算机管理刚刚兴起，如何将其引入应用到电力营销部门还是一个全新的课题，得好好想想办法。1986 年 3 月，谭灼与广东省电力工业局用电处处长张永宽积极协调，选派城区用电管理所业务素质较高的金泉、黎佩馨等人，参加省电力局与水利电力部科学研究院、铁道部科学研究院联合举办的广东省电力系统第一期华立 B16 用电管理电脑学习班。他们从没学过计算机，这次学习班成了他们人生的第一节"电脑课"。

金泉和黎佩馨是一对夫妻，他们就读于上海工业大学电机专业，1968 年毕业以后双双分配到四川成都，从事过配电、继电保护等工作。1986 年，夫妻俩一同调入江门供电局。学习班结束后，他们随即投入用电微机管理系统的开发工作。金泉负责主持开发工作，黎佩馨负责具体的编程开发。

同年，省电力局以江门城区用电管理所为试点，采取了先易后难逐步推广的办法。一是在机型上选用人机对话界面好的、具有全汉化 DB4 软件的华立 B16 机（当时 IBM/PC 机尚未有类似的汉化版），以满足文化素养较差、英文水平低的用电管理人员使用。二是以“电量、电费管理”为微机应用的突破口，购置 1 台 16 位 IBM－PC/XT 和 2 台 16 位华立 B16 微机，率先开发应用。

由于选用机型对路，金泉夫妻俩很快便掌握了微机的操作和应用技能。从电脑学习班培训回来后不久，金泉对着 DOS（磁盘操作系统）的显示屏，伴随着清脆的键盘敲击声，仔细输入一行行的 BASIC（初学者通用符号指令代码）语句编写程序。“输入最后一行指令代码，按下了回车键。这样，我便编好了自己的第一个电费管理程序！”兴奋不已的金泉把自己编好的程序，让邹国俊试用来计算电费。邹国俊说：“可以啊，还挺好用！”

1986 年 8 月，城区用电管理所里来了一位计算机应用软件专业的陈志东，负责具体编程开发的人员增多了一人。计算机应用是他的强项，其短板则是缺乏电力知识。于是陈志东便时常向金泉讨教，搞清楚用电业务里的各种逻辑关系，再把它们反映到用电管理系统开发中去。一番苦功下来，陈志东与黎佩馨开发出了电费结算和单据打印程序，于 1987 年元月正式投入应用。江门供电局成为省内第一个运用微机管理电费的供电企业。由于技术领先，是年，国家水利电力部在江门市召开了全国用电管理软件经验交流会及华立 B16 微机电费软件鉴定会。听完金泉条理分明的讲解，来自全国各地的专家都啧啧称赞，给予好评。

初次试水，便大有收获，极大地鼓励了金泉的研发团队。经过一番讨论，他们认为，若要从根本上提高用电管理水平和工作效率，提高服务质量，就必须改变“单打一”的做法，由单机运行向网络运行转变，建立一个营配合一管理特点的微机局域网络，使各职能部门联合成一个有机的信息整体。这一想法得到了谭灼的认同。1989 年下半年，在谭灼与张永宽的积极协调下，省电力局又以江门城区用电管理所为试点，分阶段进行微机网络开发。

要建设局域网络，微机设备必须更新换代。在选用新的微机型号上，金泉团队经过考虑，向谭灼副局长请示：不建议再考虑华立 B16。“因为它不是国内应用的主流机，它的软件发展受到局限，而且兼容性差，要使用它编程还得翻专门的使用说明书，谁还乐意继续用呢？所以我们认为它不能适应信息交流及数据传递新发展的需要。”金泉的意见得到省电力局用电处张永宽处长的支持。根据几年来先后试用过的 PC－1500、华立 B16、AST/286、AST/386 等微机的优劣进行分析比较，金泉团队最后决定选用 AST/286、AST/386 微机建网。在网络选型上，以国内应用普遍和成熟的 NOVELL 网作为用电管理应用的局域网。另外，还配置了 EPSON 1600K 打印机，同时因地制宜地整修了工作间，使微机的工作环境得以改善。

经过大半年的筹备酝酿，1990 年 4 月，江门城区用电管理所正式建立广东省第一个用电管理局域网络，并全面展开用电管理信息系统的开发工作，首先将“电量、电费管理”子系统移植到 IBM/PC 类型机上，并配套 20 台英国 Psion ORGANISER Ⅱ 抄表机进行抄表。

在手抄转为使用微机阶段，录入数据工作十分繁重，金泉对此记忆犹新：“当时用电管理所上下齐心努力，有的人眼睛疲劳过度红肿流泪，仍坚持操作，有的人怀着快要出生的孩子也前来加班加点……我们仅用了一个多月的时间就完成了抄、核、收整个开发任务，用了 4 个月的时间就健全了 95% 用

20 世纪 90 年代初，江门供电局基层营业人员正在使用电脑进行核算

户的抄收档案。”接着又说：“在营业厅里负责报装的黄华拱是我的得力助手，他对业务很熟，什么都记得到，是个‘活档案’。”

微机网络的开发，最先带来的是抄核收工作和收费制度的重大改革。首先是实现各类收费的自动计算，各种票据与通知单的自动打印，以及统计报表的自动输出，快速、准确、明细详尽，电费管理就变得更透明和易懂。装表、换表、拆表的工作单亦由微机代替了人工传递，十分方便。其次，便是工作效率大为提高。“此前，用电数据是靠人手键盘输入的，只能一个人对着一台专用电脑，一天到晚和一沓沓抄表卡纸为伍，录入几万户的用电数据，工作量大，工作人员精神压力更大。”陈志东回忆说。在电量、电费以微机化管理后，抄表工根据程序操作抄表微机，记录用户的电量，回局后把数据通过传输电缆自动导入电脑数据库，电脑进行计算后，对结果自行检查复核，实现了抄、核、收合一，一个抄表工每日抄表从原来的 100 至 150 户提高到 300 至 400 户（熟练者日抄表可达 600 户），抄表班的人数从原来的 30 人减为 20 人，抄表周期每表户由原来的两个月抄一次改为一个月抄一次，提高了电费回收率，加快了资金回笼。

对于用户来说，微机应用带来的最明显的改革，就是他们能够通过银行来代缴电费了。

从 1990 年 7 月开始，江门市区用户可与供电局签订“委托银行电脑代收电费合同”，在就近的工商银行营业部所属机构办理电费储户或开设电费账户，按合同要求存入足够的金额，供电局每月与工商银行实行电脑联网划款结算，同时将电脑划款结算单发至用户，并随时接受查询。供用双方相得益彰。供电局逐步取消市区原有的收费点，减少工作人员，同时也消除了现金管理上可能出现的弊端。用户则可以按自己的意愿任意在某间储蓄所存款、开户，时间自由，金额自定。据 1991 年的数据显示，市区已有 67000 多户办理了委托银行代收电费手续，占总用户数的 97%。

不过，应用微机管理委托银行代收电费，打破了几十年的一贯做法，部分群众未能很快适应，一时社会上议论纷纷，有支持的，有疑虑的，有误解的，有反对的，甚至有投诉的，阻力不小。据金泉回忆：“当时我听到有种声音——这银行代缴电费，是不是供电局与银行‘勾结’起来，去赚用户更多

1995 年，江门电力局局长张荣桐（中）向到访的江门市领导介绍微机应用管理情况

的钱？更有人直接投诉到市长李熊光那里去，市政府派了一个科长到我们这里调查，我还看过市长的批示，大意是：如果有损害市民利益的行为，就坚决制止；但如果是属于改革创新、对市民有好处的，就坚决支持！”经过沟通了解，委托银行代收电费的做法得到了市政府的肯定和支持。随后，在谭灼的积极协调下，江门供电局通过电视台、广播电台、报纸向社会做广泛的宣传，并设立查询电话、印发宣传资料、召开用户座谈会，勤做解释工作。还根据群众的合理意见，积极改进工作，提高服务质量，从而增进了供用双方的相互理解和信任。

与此同时，江门供电局还与电力科学研究院合作，有计划有步骤地开发用电管理局域网其他项目。至 1991 年，用电微机管理信息系统的九个子系统有七个上网运行，包括业扩报装、电能计量、电量电费、用电监察、配电管理、调度管理、综合管理等，功能包括：建立共用数据库，实现用户数据共享，取代各种卡册、台账；加强电能管理，能定期打出到期该轮换的电能计量装置清单，及时更换逾期慢行的表计，促进轮换率和校验率的提高，降低线损率；建立图形工作站，将配电网的数据与营业电量、负荷分布等资料在图形中反映，为配电网发展规划和改造整治提供第一手资料，为业扩报装带来方便；采用负荷综合测试仪，维护检修人员不必到现场测试，便能掌握配电变压器的各种运行数据，为安全经济运行和电网管理提供可靠信息；提高计算精度，增加合理的电费收入；利用微机检索，不但加强用电监察工作，减少偷、漏电的行为，而且提高了服务质量，方便了用户。

1991 年 4 月，国家能源部与省电力局组织专家和技术人员对江门用电管理微机系统进行验收，并就地召开了经验交流会，大力推广应用。据不完全统计，是年全省用电系统新增微机 100 多台，总数超过 350 台；建立城、镇微机网 13 个（1990 年为 2 个），应用抄表器已超过 500 台。应用微机进行用电管理遂成燎原之势。

随后，经过锲而不舍地开发、精益求精地研究，江门用电管理系统不断收获一个个丰硕的成果。1992 年 8 月，受到前来江门供电局视察的能源部副部长陆延昌的充分肯定和高度赞扬，获得全国电力营业工作先进单位；11 月，获得广东省 1991 年度企业管理现代化成果三等奖。1993 年 5 月，又获得全国电力企业管理现代化优秀成果一等奖和省电力局科技进步一等奖。

时间回到 1992 年 12 月，在海南三亚召开的全国电力营业工作会议上，当金泉发布完江门用电管理微机系统研发成果时，台下爆发出热烈的掌声。会后，不少会议代表还私下前来询问和请教相关细节，金泉和一同前来的黎佩馨、陈志东、黄华拱、邹国俊均一一予以解答。不久，全国各地电业同行纷至沓来，上门学习取经。

如今已退休多年的金泉，回忆起当年的情景依然神采奕奕。“江门用电管理微机系统，最终获得了各级领导和同志们的肯定。发布会最后，陆延昌副部长亲自把全国电力营业工作先进单位的铜牌交到我手上，我心里无比激动——能受到国家的认可，我觉得这些年的付出都是值得的！”

电力调度EMS研发回顾

赵雯 周玲 詹凌菲

20世纪80年代后期，广东经济形势一片欣欣向荣，迎来改革开放后最初的辉煌：经济版图从“南海边的一个圈”不断扩张，“世界工厂”现雏形；随着居民生活水平的不断提高，“三转一响”走入寻常百姓家，全社会用电需求节节攀升。

为响应经济的红火局面，大型发电机组接连上马。截至1987年5月，广东省电力工业局直属发电厂16个，其中火电厂7个、水电厂9个，总容量257.4万千瓦；同年8月7日，大亚湾电站主体工程正式开工，在此之前大亚湾的配套工程——广州抽水蓄能电站已率先开工；12月14日，广东省第一条500千伏输电工程——沙角至江门线路和江门变电站投产，一系列目不暇接的“操作”给电网安全稳定运行带来极大挑战。监控智能化、可视化，甚至要有“大脑”能代替烦琐的人工计算，成为新一代电网调度控制的题中之意。

这一年，广东省电力中心调度所副总工程师马志强接到上级指令，中调所决定从美国FICC公司（费兰迪公司）引进RANGER实时能量管理系统（EMS），以应对日趋复杂的发供电形势，他负责带队赴美进行系统培训。

EMS的前身，是1973年在广东省科技服务站（即今省科委）组织下，马志强带领中调所一批技术人员与有关单位合作，仿制出的广东第一台晶体管DJS－6型电子计算机。

这是一台由7个机柜组成、占地60多平方米的通用计算机。有了它，中调所终于告别了用“沙盘”式的模拟直流台，一次次通过接线通电、开关闭合等操作，来计算电力潮流、短路电流等实际电网运行情况的“刀耕火种时代”。所有的电力系统计算都可以在这台笨重的设备上进行，减轻了调度人员的工作负担，提升了工作效率。

在DJS－6的基础上，马志强研制出多任务实时操作系统，实现离线与在线兼容，提出了有创见的“再估计识别”新算法，并开发软件如状态估计软件，实现广东电网早期在线安全监视的分析。此外，中调所还配套开发出了数字远动接口，使之接入了彩色CRT（阴极射线管），加接了宽行打印机……第一次实现了远动信号的数字采集并反映到彩色屏幕上，还实现了调度报表打印。

这就是广东电力系统调度自动化的初级监控系统，堪称中调所的一次

1973 年 7 月，中调所仿制出广东第一台晶体管 DJS－6 型电子计算机

“工业革命”。

1986 年，服役 13 年的 DJS－6 退出历史舞台。新的王者尚未到来。南京电力自动化设备厂的 CZ－PC 计算机及其电网控制在线软件，成为新一代能量管理系统上线之前的过渡性在线监控系统。

当时，国内的自动化系统生产厂家还处在起步阶段，最新的技术掌握在欧美国家手中。早在 1981 年大连电网稳定工作会议上，国家电力部就指出，电力调度自动化“不是锦上添花，而是雪中送炭”。此后，作为国内电网的领头羊，华北、华中、东北、华东四大电网电力调度自动化系统引进被列为国务院“电子振兴办公室”和电力部的重点工程项目。1985 年 11 月，四大电网与美国西屋系统公司（WSL）签订合同，陆续投入运行，实现了电力调度自动化系统的更新换代。

紧随其后的广东电网，也将目光投向了国外。最终，经过调研、考察、设计和招标，美国费兰迪公司成为中调所新一代电力调度自动化系统的中标供应商。引进的 EMS 以 Intel 公司 80386－32 位中央处理器为核心，以模块化的结构组成各种不同功能的设备，可以实现两大类功能：一是数据采集与监控；二是电力应用，如 AGC（自动发电控制）、生产计划、系统安全分析等。

1987 年开始，中调所陆续派出多名技术骨干分批赴美接受系统培训。1988 年 9 月，中调所自动化科的曹开泰、庞新穗、陈钦新、杨文干、陈家桐、魏云和、赵小燕等一行踏上了美国国土，他们的工作曾经跟 DJS－6 紧密相连，如今由于技术的更新换代，再次与 EMS 结下不解之缘。

在休斯敦，曹开泰见识到了在当时处于世界领先地位的 RANGER 能量管理系统。这套系统的设计理念、硬件配置、应用软件、底层开发等，让作为自动化科科长的他对自动化的认知完全颠覆了。

简单来说，EMS 的工作原理是：通过远程终端设备采集到各个发电厂和变电站的电流、电压、有功、无功、变压器、母线、线路开关、刀闸等信息，形成系统的数据库，中央处理器从数据库里读取这些信息进行计算，生成画面、报表等提供给调度员，这样调度员通过画面就能看到每个厂站的实际运行情况和整个电网的潮流图，形成初步的监视——这是它的最基本的功能。然后 EMS 能够根据参数设置、电力计算公式等，自主判断电厂的发电是超额还是不足、有功无功电流是否合理、有没有越线情况等等，并提前报警，辅助决策，增强了对电网的感知力。这是它的主要功能。

在电力应用方面，有一项重要的 AGC 功能，就是电厂的发电机在外面的负荷发生波动的时候能自动地调高调低功率，就像汽车一样，外面堵了就加点力，很滑就自动收点油，这项功能将调度员从频繁的手工操作中解放出来。

1987 年，中调所自动化科技术骨干陈谦昌带头攻关，自行研制出第一台国产远方终端机 RTU

可以说，EMS 是一个平台，它把各种功能应用聚合在一起，真正实现了调度中心对远程终端的“四遥”（遥测、遥信、遥控、遥调）功能。它是调度员的眼睛和耳朵，甚至是大脑，是实现电网智能化调度的基础。

1988 年 9 月，在北京召开的全国科学大会上，邓小平首次提出了“科学技术是第一生产力”的重要论断。远在大洋彼岸的马志强感到更为振奋，因为此行他还有一项重要任务，就是根据当时广东电网的规模和发展趋势，在费兰迪公司工程人员的帮助下，规划设计新一代广东电力系统调度自动化的整体架构。

墨西哥湾的日出日落见证了马志强、曹开泰们的毅力。在费兰迪公司学习培训期间，马志强带领学员参与新系统在功能分类、模块管理、底层接口技术等方面的具体开发。这种边学边用、以用促学的方式，也让学员们对 EMS 有了更加深刻、全面的理解。

1989 年底，EMS 终于正式登陆广州。设备安装分为主站系统和远动系统两部分。其中，主站系统是整个系统的核心部分。作为技术带头人，马志强负责统筹开发，而从美国培训归来的一批批学员，也成为中调所 EMS 建设的技术骨干和管理核心。

当远洋货轮载着 EMS 整套设备远渡重洋到达黄埔港码头，中调所自动化科硬件组的全体组员早已在岸边翘首以待。这个“美国制造”的庞然大物，单单搬运就来回了四五趟，个别大的柜子还得请搬家公司帮忙。自动化科硬件组组长杨文干、副组长陈家桐指挥大家上上下下，生怕把这个全新宝贝磕到一星半点儿。大家都干劲十足，没有喊一句累。这一通忙活下来，不知不觉就到了凌晨四点。

组装机柜、电缆、空调、加湿器、不间断电源、打印机……从图纸变成实物，足足花了两个星期，占地达 200 多平方米！其他科组的同事都跑来瞧新鲜，一个个啧啧称奇，满眼惊叹。

“哇，这家伙咋这么大，得多贵啊?!”

“你看这身板多结实，美国佬还真舍得下本钱，连板卡都是镀金的!”

安装好硬件系统只是第一步，杨文干心里充满自豪，手上却不敢松懈，马上组织大家进行主站系统的模拟调试——就是在主站系统和远动装置之间建立正确连接，以确保整套系统的正常运转。当时，为了调试的安全顺利进行，硬件组在中调大楼安装了一台同时从费兰迪公司引进的远动设备（即远方终端机 RTU）与主站系统进行模拟调试，一个开关控制按钮也没放过。

如果说硬件组是强其筋骨，那么软件组则是在构建 EMS 的神经网络。在组长陈钦新、副组长魏云和的带领下，软件组除了日常的旧系统值班，首要工作就是备份之前的各种图纸、数据，用来导入到新系统中，并加紧熟悉 EMS 的操作系统、编程系统、数据库管理系统、画面生成系统及 SCADA（电网数据采集与监控）、AGC、状态估计等高级应用软件。

其中，软件组的一项重要工作是画图，这是 EMS 的一种工程化操作，即通过系统的自带软件，把发电厂、变电站的设备、仪表、电路、开关等实际物理概念、关系，制作成一一对应且能远程监控的电子电路图。随着广东经济社会的快速发展，越来越多的发电厂、变电站建成投产，而要将其全部纳入中调所的调度控制范围，首先要经过自动化科的此类工程化操作。根据最初设计，EMS 的监控数量最多能达到 100 多个厂站。通过 EMS，调度人员能更加准确、方便、快捷地了解到各个厂站的实际运行情况，为安全合理调度提供了有力依据。

与充当“大脑”的主站系统相对应，远动系统就是 EMS 的耳朵和眼睛。广东电力调度于 20 世纪 60 年代就开始应用远动技术，组织技术攻关，积极推进厂站远动工作。1982 年后，全网远动装置已经全部采用国产 WYZ 和 SZY 型数字综合远动装置。1986 年后，中调所通过学习吸收国外先进技术，开发出 GDR 和 GDC 型微机远动装置（RTU），为广东电力调度自动化打下了基础。

从费兰迪公司引入 EMS 后，原有的厂站端国产远动装置在采集基本数据方面的能力，已不能满足新系统的计算要求。为此，中调所从费兰迪公司同时引进 40 套微机远动装置，其安装调试工作，落在了自动化科远动组的头上。1990 年从江西进修完电力系统及自动化专业回来的黄智威，参与了大部分厂站端 RTU 的更换调试及定期检验工作。

第一批需要更换 RTU 的，是当时由中调所统调的 20 多个厂站。本着由近到远、从易到难的工作思路，远动组将第一台 RTU 的安装调试选在了广州

200 千伏棠下变电站，并抽调冯乃俭、赵世康、彭鑫亮、黄智威、李敏华 5 人组成安装调试小组。1990 年下半年这天一大早，在曹开泰的带领下，黄智威和同事们迫不及待开着货车来到设备仓库，花费一番苦力，把还是封箱的 RTU 机柜艰难抬上后车厢。说是货车，其实是老式的龙马车，被大伙戏称为“农夫车”。因为这套进口 RTU 比原来的国产 RTU 块头大得多、重得多——每个机柜高 2. 3 米，重逾 300 公斤。封箱后体积更大，整个抬上农夫车的车厢，还露出一大截。不得已，司机把后车厢的尾板放下来，才勉强兜住整个机柜。为防下雨，黄智威和司机特地在后车厢上搭了一个简陋的雨棚。就这样，一行人挤在车头两排并不宽敞的座位上，在农夫车稍显吃力的马达声中，往棠下变电站进发。

到达后，又是花费好大一通力气，才把封箱机柜卸下来。一般来说，RTU 都安装在变电站的设备室。那个年代的变电站还没有电梯，首层是高达 4 米的电缆层，第二层才是控制室和设备室。这么一个高度，对体力是不小的考验。拆箱后，老到的曹开泰从后车厢取来早已准备好的“秘密武器”：从专业搬运工手里买来的两根竹竿和六条粗绳，耐重性能良好。搬运方案是：将机柜捆上绳子，两根竹竿承重，前后各两人扛，前面再有一个人拉，后面还有一个人推，一起喊着号子，一步一步往上迈……多亏棠下变电站的楼梯够宽，大伙一鼓作气把机柜扛到了设备室。如果遇到窄一点的楼梯，那只能是每个人都用手托着机柜，一点点地向前挪动，会非常吃力。作为自动化科里的“壮丁”，黄智威在后来经历了不少那样的场面。

机柜搬上去，就是固定和安装。安装较费劲的是接线和电缆的敷设，尽管有图纸，但上百个端口，各种电源线、信号线、通道线……一个都不能出错。李敏华发挥女士耐心细致的优势，用手写的方式，把一条条电缆编号，男士只需对应编号操作，一接一个准，大大提高了工作效率。尽管如此，等接完线，敷设好全部电缆，一天的时间已经过去大半，他们马上进行设备测试。

先是内部测试，就是接上电，看这个 RTU 运行的情况怎么样，采集的遥测、遥信是否与变电站现场一致，确定没问题，就跟主站进行远程联调。在这之前，主站已经把画面做好，第一步是核对画面的准确性，需要检查一个

1991 年 12 月，EMS 实时能量管理系统投入试运行

个开关、刀闸等信号是否同步和一致，接着是通过反复改变主变、线路、有功、无功、电流等变量，核对数据库里数据定义、参数设置等的准确性。最后是调试主站的遥调、遥控功能。

那个年代手机还没有普及，变电站的设备室和控制室是分开的，调试的时候，两边应如何进行实时通话呢？曹开泰想到一个办法：安装人员在设备室拿着对讲机和控制室联系，然后控制室一头的对讲机直接放在固话前，通过固话和主站端联系。这个办法虽然音质没那么好，但基本达到了实时通话的效果。

棠下变电站 RTU 的更换和调试还算顺利，搬运、安装、调试整个流程走下来，才花了三天时间。而湛江、韶关、梅州等远距离厂站端 RTU 的更换，耗时则多得多，基本要一个星期。据黄智威回忆，去阳江、湛江地区的厂站，途中遇到江河时还要过渡。在领导建议下，他专门去考了驾照，经常在路上和司机轮流驾驶，给行程增添了一份安全保障。等到 40 个 RTU 安装完毕，已经是三年后的事，黄智威也成为一名技术娴熟、认路奇准的“老司机”。最让他难忘的，是每次下去大伙都随身带着饭盒，到了就和当地厂站值班人员一块淘米煮饭、洗菜下锅，其乐融融，欢声一片。那饭菜，特有滋味。

进口 RTU 一经使用，就发挥了强大的数据采集功能。主站端前置服务器通过 RTU 采集到的每个厂站的上百个信息，基本如实反映了厂站端的即时运行状态，而且进口 RTU 的故障率更低、使用寿命更长，这也意味着主站端 SCADA（电网数据采集与监控）处理器计算生成的画面、报表更加准确和全面，这为调度员安全合理调度提供了强大的助力。

随着越来越多新的发电厂、变电站建成投运，从费兰迪公司进口的 40 套 RTU，很快就供不应求了。进口 RTU 耗资大，且其安全性存疑。怎么办？从经济和安全角度出发，自动化科的技术骨干陈谦昌带头攻关，开发出了能与 EMS 相兼容的新一代国产 RTU，保证了对新建厂站端的数据采集和安全监控。

陈谦昌是广东南海人，1969 年毕业于上海交通大学，他结合生产实际，积极进行技术革新，先后完成 20 多项合理化建议和技术革新项目，取得较好的经济和社会效益。1989 年，他被评为全国劳动模范，1992 年经国务院批准享受政府特殊津贴。

1991 年 12 月，EMS 投入试运行。1992 年 7 月，EMS 正式交付调度使用，其保障电网安全稳定运行的作用，立竿见影。1993 年 8 月 3 日清晨，沙角发电 B 厂两台 35 万千瓦机组同时退出运行。当时正值系统负荷爬升期，500 千伏沙江线送电 17 万千瓦，西电输入 46 万千瓦，粤西负荷大部分经红星—佛山的 220 千伏线路输送，造成该线路严重过负荷。由于 EMS 及时发出了警告，动态显示了过载的发展趋势，为调度员正确判断和运行方式人员及时处理改变网络潮流提供了非常重要的依据，使系统转危为安，及时避免了一场重大事故的发生。EMS 初试牛刀，首战告捷，展示了强大的自动化功能。

EMS 投运后，积极朝实用化达标方向努力。1993 年 1 月，新丰江水电站 AGC 正式投入运行后，系统频率质量有了明显改善，用于调频的新丰江水电站值班人员的操作量也大大减少，提高了生产效率。随之，大亚湾核电站、广州抽水蓄能电站、西电东送等基建项目自动化投运。1993 年 5 月，省电力局正式下文通知各有关运行单位，要求今后以自动化数据作为调度运行统计与各地实时使用用电负荷的依据。同年 6 月，EMS 正式进入实用化考核期；11 月，系统实用化自检合格；12 月，EMS 正式通过了能源部电力调度通信局组织的实用化鉴定验收。

西学中用不是马志强、陈谦昌等人的最终目的，他们的终极目标是掌握核心技术，增强自主创新能力。奔着这个目标，1992 年 8 月开始，省电力局组织中调所的工程人员在消化吸收引进 EMS 系统的基础上，自行开发广东电力调度自动化实时扩展网络系统，同年 12 月投入运行。1993 年 6 月，电能计费系统（REMS）投入运行，成为核电站、抽水蓄能电站电能计费结算的依据。1996 年，全省 21 个地区的地方小电源有功出力送到中调所 EMS 系统进行监控，实现了对小水电的集中监控。

至今，EMS 在电力调度自动化方面的应用还在不断拓展。此时此刻，回望 30 年前，EMS 赋予了电力调度划时代的意义。

罗洞变电站建设那五年

赵艳 翟润慧 何依蔓

1993年7月21日深夜，南海狮子山一带分外宁静。此时，小塘镇罗洞村的500千伏罗洞变电站内仍旧灯火通明，工作人员们正在紧张地进行投产前最后的调试。

“咔！嗞嗞”，随着最后一个刀闸顺利合闸，500千伏广西天生桥至广东罗洞送电线路和罗洞变电站顺利投产，主变容量75万千伏安。这一时刻，来自广西、贵州、云南三省（区）的电能通过500千伏天广线，经罗洞变电站输送到了广东，首次接纳负荷约30万千瓦。听到这一消息，佛山供电局局长莫锦城长舒一口气：“不容易啊，终于投产了！”

到8月底，罗洞变电站最高负荷达82万千瓦，投产一个多月来，日平均负荷为60万千瓦，日供电量最高为1600万千瓦时。该站成了连接西南三省送电广东的第一门户枢纽，酝酿多年的西电东送大格局也由此打开。

这场攻坚战的胜利来之不易。而这一切，都要从五年前的那个夏天说起。

20世纪80年代末，改革开放的春风已在南粤大地上结出了累累硕果。南海、东莞、中山、顺德被称作“广东四小虎”，到处连片厂房拔地而起，机器马达开动，经济发展欣欣向荣。

经济建设离不开电，但此时，和全省大部分地区一样，莫锦城所在的佛山用电缺口很大。缺少大水电、优质煤，广东省电力工业局局长陈岗等班子成员将眼光盯向了省外，而西南部云、桂、黔的水电资源非常丰富，自然受到了他们的特别关注。

1988年，国家能源部、国家能源投资公司和广东、广西、贵州、云南四省（区）人民政府签订了合资建设天生桥水电站和曲靖、盘县、安顺三个火电厂的协议，从此拉开了南方四省（区）“协作办电”及“西电东送”的大幕。

这一年，佛山供电局成立了500千伏输变电工程部，并与220千伏工程指挥部合署办公，两个牌子一套人马。这个工程部其实就是要承接天生桥到广东输变电工程落地佛山的各项工作。莫锦城兼任工程项目经理，佛山供电局副局长龚文权兼任项目副经理。

工程建设还没开始，征地“硬骨头”就摆在莫锦城、龚文权的面前。罗洞变电站用地达10.5公顷，而且线行通道占地也不少。征用这么多土地资

1993 年，500 千伏罗蓄线输电铁塔

源，在经济发达的佛山，在工业发展如日中天的南海，不是一件容易的事。

令莫锦城、龚文权没料到的是，罗洞村委提出的征地赔偿要价竟超出规定金额的两三倍。

莫锦城他们请佛山、南海两级党政领导出面协调，工程部派出谈判人员一次次和村委会委员、村民谈，他们还把小塘镇镇长刘德权、副镇长宗新也请过去，一起给村委、村民做工作。

功夫不负有心人，经过一个多月的软磨硬泡，龚文权他们最终拿下罗洞变电站用地，打赢了关键的一仗。

1990 年 7 月 17 日，能源部批准成立中国南方电力联营公司，负责建设“西电东送”跨省电网，实施广东、广西、贵州、云南四省（区）联合办电，联营范围包括天生桥一、二级水电站和天广、天贵、鲁天三项输变电工程。

佛山供电局受省电力局委托，全面配合开展“西电东送”500 千伏罗洞变电站输变电工程建设。工程一期建设规模包括装一组 3 ×25 万千伏安主变压器，500 千伏出线 2 回，装一组 15 万千乏高压并联电抗器和三组 34. 5 千伏低压并联电抗器；二期扩建工程建设规模包括 3×25 万千伏安主变压器一组，500 千伏出线间隔 2 回，220 千伏出线间隔 5 个，34.5 千伏并联电容电抗器各 3 组，总容量各为 12 万千乏及相应的保护、监控、通讯等设施。

同时，佛山供电局还要承接广蓄—罗洞和增城—罗洞两条 500 千伏输电线路（简称“两线一站”输变电工程），以及 500 千伏配套的五项 220 千伏输变电工程，即雷岗站、三水站、罗雷线、罗红线和罗三线，以及一批 110 千伏配套工程。

一连串的工程建设任务压在了莫锦城他们肩上。按照规划，这些工程都必须要在 1993 年 5 月投产。

1990 年 12 月，工程正式开工。而在不久后召开的 1991 年工作会议上，莫锦城特别强调，这一年，要打好重点项目的“歼灭战”和电网改造的“持久战”。

“两线”的建设碰上了“大钉子”。1992 年，蓄罗线 199 号塔、203 号塔和线行施工途经白云区鹤亭村时，遭到村民阻挠，一度停滞不前。

当时，鹤亭村村民声称存在电磁辐射，坚决反对输电线路和铁塔经过村庄。龚文权和工程指挥部副主任莫细成去到村里解释，还邀请了省电力设计院专业人员现场讲解，但是村民仍旧不相信，不同意线行从村里经过。

“请上级和地方领导来做做工作吧!”龚文权跟莫锦城商议着，他们向上级、向广州市白云区政府反映。省电力局副局长余福敏、副总工程师郭渭彬，以及白云区委书记等都先后到鹤亭村，村民们还是不松口。

时间到了 1992 年 6 月底，在请示相关部门后，施工人员依靠法律手段，强制进行施工，工程受阻问题最终得到了解决。

罗洞变电站输变电工程业主众多，包括省电力局、南方电力联营公司、广东核电联营公司、抽水蓄能联营公司，设计单位有 3 家，施工单位有 10 多家，工程协调难度特别大。为了有序推进工程项目进度，佛山供电局工程部建立月度协调会机制，工程部每个月都会请省电力局基建处、设计院、施工单位等到施工现场召开月度协调会。龚文权先后主持召开或参加了近 40 次的各种协调会，解决工程水源、电源、进站道路等问题。

1992 年的春节，天气湿冷，工地上施工依然热火朝天。大年初一，省电力局副局长詹新泉来到了罗洞变电站现场，他查看施工进度，并慰问了在场的施工人员。事实上，从1988年起，很多人都没有回过家，一直忙碌在工程建设岗位上。

整个工程的设备、导线、钢材等通过国际招标，由日本、韩国、美国等10多个国家和地区的38家厂商和国内14家厂商供应。进口设备的安装、调试给工程部的工作人员提出了“国际”难题。早在1990年，莫锦城就预感到攻破技术壁垒至关重要。“要掌握主动权，让工程人员尽快拿到500千伏输变电设备方面的资料，提前消化学习，为今后搞好500千伏输变电设备的运行管理打好基础。”

1991年初，佛山供电局总工室牵头组织生技、变电、调度等单位的人开展了搜集图书资料工作。无论是外出办事开会，还是度假旅游，总忘不了向同行“讨资料”。

有一次，总工室主任冯栢华与生技科工程师林永森等人前往武汉、宜昌和湖南等地选择培训点。除了考察500千伏变电运行值班情况，征求代设培训点等事宜，冯栢华又是找同学、又是找熟人帮忙“挖”资料。在湖南株洲供电局，冯栢华得知技术资料还堆在仓库时，便自告奋勇进入仓库翻箱倒柜。

罗洞变电站的设备来自13个国家和地区，很多进口设备的图纸、资料都是外文。冯栢华一边组织翻译，一边还从广州供电局等单位借阅已经翻译好

1993年，罗洞变电站竣工暨颁奖大会时相关人员合影

的手稿。

两年时间，冯栢华他们为罗洞变电站搜集的技术资料超过了一百册，在后续罗洞变电站的工程验收与启动调试中，派上了大用场。

1992 年底，省电力局和贵州电力局签订了贵州向广东输送季节性电能 20 年协议，协议约定，1993—1997 年，贵州向广东供电量将超过 16 亿千瓦时。此时，罗洞变电站工程建设已接近尾声。

1993 年 3 月，国家能源部在佛山组织召开天广输变电工程启动验收委员会第三次会议。能源部总工程师陆延昌以及中国超高压输变电建设公司、南方电力联营公司、广东省电力局、广西区电力局、贵州电力局和佛山供电局等 31 个单位 80 多人参加会议。次月，距离原定的投产时间只有 30 天了，单水群、廖建平、仇志成、程志海、张永良等 20 余名值班运行人员到岗，开始进驻罗洞变电站。

佛山供电局各专业小组共 30 人也陆续进驻，开展土建，电气一、二次设备及辅助电气设备验收。叶耀宽副局长分管罗洞变电站生产准备工作，他对验收工作进行了事无巨细的组织：从验收过程中各方面关系的协调到缺陷处理及情况汇报，从验收人员的具体任务到吃饭、休息等生活问题，都一一做了具体的安排。同时，他还主持制定了具体的验收步骤和方法、规范及标准，形成《罗洞变电站现场规程》。验收工作整整持续了 28 天，验收人员每天连续工作十四五个小时是那个时候的常态。

1992 年 10 月，天广线完工，全长 932 公里，铁塔总计 1980 基，其中广东境内 192 公里，铁塔 407 基；广西境内 740 公里，铁塔 1573 基。罗洞变电站 220 千伏五项配套工程先后于 1991 年、1992 年、1993 年建成。1992 年 12 月 22 日，罗蓄线全面竣工，线路全长 139 公里，铁塔 307 基。

历时五年，罗洞变电站输变电工程全面投产，从此，西电穿越崇山峻岭，源源不断汇入广东。

南澳岛上风轮转

杜祝珩　杨馥因　彭　展

汽车颠簸在坑坑洼洼的山间公路上。起伏的山丘丛林，草木苍翠，红叶斑驳，不远处的海面上，水天相接，波涛浩渺。贺德馨不禁为眼前的这片美景赞叹不已。

这天是1985年10月16日，贺德馨应当地的邀请，第一次登上了南澳岛。贺德馨1961年毕业于西北工业大学，长期从事风工程与工业空气动力学试验研究，参与过国家风能科技项目的组织和研究工作。此时，他还担任了中国空气动力研究与发展中心低速空气动力研究所所长。贺德馨此行的目的，就是协助考察南澳和广澳好望角的风况。就在登岛之前，他已经在汕头市区作了题为《世界风能技术的应用及发展》的学术报告，引起了汕头方面对发展风能产业的极大兴趣。

迎着阵阵海风，贺德馨时而随车查看，时而下车驻足，甚至沿着山间小路登高远眺，完全忘记了这一路的疲惫。凭着多年从事空气动力学研究的直觉经验，他觉得这个岛上蕴藏着无尽的风能。

南澳岛地处台湾海峡喇叭口的西南岸，每年冬春季节，北方冷高压气流南下，穿过台湾海峡，在这里压缩加速，素来有“风县”之称。

南澳之行，贺德馨建议当地尽快开发风能。学术报告的视野开阔，加上专家实地考察的结论，南澳县委、县政府对风能开发已经是摩拳擦掌，跃跃欲试了。

不同于贺德馨，南澳县委、县政府对风能开发有另一番考虑。该县此时电能紧缺，电力供应仅靠零星的小水电和小柴油发电机，与大陆电网海底电缆联网工程还没有接通。开发风能，既可弥补当地用电，也可以发展当地产业，可以说是一举两得的事。

经过综合研究，1986年7月，南澳县正式提出“把风力发电列为南澳的第一工业”。三个月后，南澳风能开发指挥部正式成立，县长章振贵亲自挂帅，担任总指挥，成员有副县长林振祥，县农委主任章顺坑，县府办公室主任刘锡、办公室副主任李瑞义。

南澳的风能开发已经提上了县里的议事日程。但是当时广东省内还没有建成或在建的风力发电站，商业风力机并网运行的工程项目在国内也才刚刚开始。

为科学验证南澳的风能情况，章振贵根据国内专家的建议，目光转向了国际上的风力发电大国荷兰。他们专门邀请了荷兰的专家，在岛上建立测风点进行风况实测，并对1976—1986年南澳海洋气象站连续12年测量的数据进行整理，获得了现场实测年平均风速达到8.54米/秒的数据。而根据国际气象组织在风能天空领域内公认的风能资源优劣划分，年平均风速指标是评价一个风电场资源条件好坏的重要判据，年平均风速达到8米/秒以上者为优良。据此推断，南澳具备相当好的资源条件，很适合建造大型风电场。

不仅如此，通过章振贵他们邀请的专家实地测量，南澳的风力资源大大超过国家对全国风能资源划定的“风能丰富区”的指标。其1号、2号风场实测风速12米/秒以上的年累计时数大于3000小时，超过国外风电场风力机实际运行经济接线——满负荷运行2500小时以上。

“风力资源得天独厚!”考察验证后的结论，更加坚定了章振贵他们的信心。但此时的风电场建在哪里好呢？章振贵他们提出了选址的四个条件：一是风力资源丰富；二是靠近公路，交通方便；三是接近高压线路，联网方便；四是有一个方便装机的地盘。最终，南澳大王山被选中作为首期试验工程风机的安装地点。

在大量的实地勘测和研究分析的基础上，南澳风力发电论证小组于1988年4月提交了一份《广东省汕头市南澳风电场可行性论证报告》，并顺利通过省级专家会议确认。报告指出，可在南澳县建立风力田，规划可以装机104台2万多千瓦的风机，全部开发起来，不但可以解决本岛工农业生产发展的

1986年10月3日，南澳县前江防潮堤风力发电站工程位置图

需要，还可以将富余的电力倒送大陆。报告初步确定了南澳风电场的发展方向：中型机群、并网运行、逐步发展、实行电力自给和输出风电。

1988 年，在章振贵他们的奔走下，广东省电力工业局同意拨款 100 万元作为南澳风电开发的启动资金。同年 3 月，南澳被国家计委选中为中荷合作利用风能发电并网的示范点。次月，省计委在广州召开了专家审查会，讨论并通过了《广东省汕头市南澳风力田可行性论证报告》，这标志着南澳风电场项目进入了实质性的建设阶段。根据这一份报告，南澳风电首期工程总装机容量 390 千瓦，工程总投资 260 万元，使用外汇额度 37 万美元。

1988 年 5 月 22 日，南澳县政府成立了南澳县风能开发公司，该公司为全民所有制企业单位，经济上实行独立核算，自负盈亏。此时，总指挥仍由章振贵担任。公司成立的第二天，南澳风能开发指挥部便与瑞典新风公司签订了引进三台风力机的合同。根据合同，这三台机组将安装在海拔 460 米的大王山上，并计划于 1989 年上半年投产发电。

三台风力机的安装过程充满了曲折。1989 年 3 月初，风力机部件及安装工具陆续从南澳前江码头运往大王山风场，这时项目指挥部遇到的首要难题便是对旧线路的改造。

计划接入风能的电力线路是 13 年前建设的隆澳至深澳 10 千伏馈线。由于常年日晒雨淋，加上海岛盐雾等自然条件影响，线路残旧，设备老化，横担早已锈蚀腐烂。更为棘手的是，这条线路蜿蜒曲折，用户众多，途经火烧岭、圆山、白牛、三澳等数个趸售大户，连接果老山水库的两个水力发电站和南澳县风能开发区。要再从这条线路接通风电，可谓难上加难。“必须要确保在风机安装前完成线路改造工作。”章振贵在一次工作例会上提出要求。随后，县里紧锣密鼓地展开了线路改造。

而风力机的运输也让指挥部颇为头疼。风力机的圆管塔每节长 8 米，直径 2.4 米，重 3 吨，还有 11 米长的风力机叶片，7 吨重的机仓，这在当时，都足以让章振贵他们一筹莫展。要知道，当年哪怕是岛上运载能力最强的货车，车厢长度也仅有 4.6 米，载重不超过 5 吨，整个南澳县乃至汕头市内都没有一辆像样的吊车，加上山路陡峭，弯曲度大，运用常规方式运输风力机的难度可想而知。

“能否根据当地的实际改用其他方法呢?”指挥部给出了另一个解决方案，即在风力机的水泥基上面竖一个30米高的升降架，通过升降架来更换发电机。但是在山坡地上架设这么高的升降架危险性极大，县内的专业建筑队没有任何经验。为使风力机早日恢复运行，项目指挥部决定抽调人员，亲自上阵拆卸，由蔡锦强、曲辉南、李锡斌等人组成的搭架主力在20多米的高空连续奋战，排除了过压保护装置、主断路器、并网开关、偏转接触器、叶片液压继电器等故障，还对风力机七个部位的零件进行了改进或用国产零件代替，既修复了风力机，向外国厂家收回9.3万美元的保修费，也锻炼了队伍，积累了经验。

经过大家的不懈努力，三台风力机终于在6月18日正式并入电网运行发电。前后共计搭卸三次，更换了两台150千瓦风力机的发电机，其中一次还因台风肆虐，被迫重新搭建。

指挥部的同事甚至还来不及喘口气，一场与大自然的“生死较量”悄然而至。

1989年6月29日，在接到第六号强台风即将袭击南澳的消息后，章振贵第一时间赶到大王山风电场部署落实防台抗台工作。当晚，李瑞义、蔡锦强、柯伟煌、康永胜、陈如顺五人也如约到达风电场，大家开始密切关注风力机受风雨袭击情况。

150千瓦风力机是防护重点，因为该风力机还处在维修阶段，旁边架设着一个30米高的升降架。此时的机仓被木棒死死顶住，木棒一旦折断或脱落，机仓就会随风转动，导致风力机毁坏。

然而最令人担心的事情还是发生了。早上7点多，150千瓦2号风力机机仓出现小角度转动，如果风力机桨叶与架设在风力机旁边的升降架发生碰撞的话，将是近百万元的财产损失。

在指挥部办公室里，章振贵正通过无线对话机指挥风电场的抗灾抢险工作。指挥部办公室副主任、公司党支部副书记李瑞义，技术股股长蔡锦强带领柯伟煌、李锡斌、康永胜、陈如顺等人，冒着生命危险冲到风力机处，李瑞义一手拿着千斤顶，一手扶着铁梯，率先登上了26米高的机仓。其他人也带着锯子和刀具紧随其后。从指挥部办公室到风力机这短短100米的路程走

1992 年的南澳风力发电场

得异常艰难，狂风暴雨夹杂着泥沙迎面扫来，还得冒着随时被吹下山坡的危险，他们硬是冲到风力机内，爬上了 26 米高的机仓。几个人齐心协力，加固木棒，支上千斤顶，险情得到了初步的控制。

为了使千斤顶不脱落，必须及时给机仓上的两个千斤顶加压。此时，管塔外风雨大作，管塔内雨水滴滴，山上飞沙走石，风力机随时都有倒下的可能，不管是管塔内的人员还是山坡上活动的人员都面临着生死考验。经过 13 个小时的轮番作战，机仓上两个千斤顶完成加压，直到晚上 8 时许风力减弱后人们才陆续撤离机仓。

台风前脚刚走，暴雨接踵而至。台风过境后第二天早上，指挥部的工作人员冒雨对所有设备进行检查防护。办公室里的水位已经高出地面 50 厘米，病未痊愈的郑炳创却带着同事们忙着“抢救”风力机设计纸质材料，在水里一泡就是 6 小时。

时隔一年，又一场强台风呼啸而至。1990 年 7 月 19 日，第七号强台风登陆，狂风怒号，海浪滔天。谈起当日景象，党支部副书记李瑞义至今心有余悸。为了掌握台风袭击风力机的状况，以便随时开展抢险工作，李瑞义带领四名党员一直坚守在风力机管塔内。下午 3 点，台风风速已超过风力机最大风速的设计数 55 米/秒，风力机随时可能轰然倒下，然而管塔里面的五名党员寸步不离，直到确认三台风力机安然无恙才离开管塔，手拉手冒着大雨撤回大王山。为了取得台风袭击风电场的第一手风况资料，留守的值班人员每隔半小时轮流前往风力机管塔内，从电脑显示屏读取风速数据，这些数据通过无线电话机从大王山风电场及时传送给县三防指挥部，为全县的抗风救灾提供了重要的决策数据。

风雨过后见彩虹。南澳风电并网成功的消息不胫而走，在随后不到一年的时间里，指挥部接待风电场考察团体约 240 个，3400 人次实地参观了风电场项目。

对于南澳风电场的赞誉之声也纷至沓来。在北京昌平农村能源中心，对南澳风能发展论证报告中有这样一段论述："南澳风况属世界最佳之列，中方在此选择发电并网是很有潜力的，如不利用这种辅助发电能力，将会阻碍该地区的发展，（同时）南澳人民积极参与对该项目的成功（也）是必要的。"中国风能技术开发中心研究员贺德馨（少将）和高级工程师施鹏飞在参观风电场后写下这样的评语："南澳风电场在很短的时间内安装起了总装机容量 390 千瓦的三台风力发电机，经过调试后已投入运行，正常发电，并取得了较好的经济效益。它是我国目前建设较为成功的风电场之一，特别是南澳地区具有非常丰富的风力资源，因此这一期工程的成功必将对南澳风电事业和全国风电事业起到非常好的促进作用。"

南澳风电场的名气不断扩大，影响力与日俱增。1990 年 3 月，省计委在南澳召开了广东省 1990 年资源节约和综合利用工作座谈会，同年 11 月汕头市计委在这里召开汕头市节能工作会议，会议充分肯定了南澳风电场作为新能源开发的先行点，属试验性质，为推广应用提供技术与经验。全国风能会议和由中国、缅甸、印尼、菲律宾等国家的专家学者参加的联合国亚太地区风能专家工作组成立大会于 11 月底先后在汕头召开。

1990 年 9 月，国家能源部新能源（发电）工作座谈会在内蒙古集宁召开，章振贵在会上做了题为《风力发电，大有作为》的报告，着重介绍南澳风力发电情况。会上，能源部下达了"八五"期间南澳风电场扩建增容 3000 千瓦的任务，占全国六座风电场扩建增容 5500 千瓦的 54%。会后，章振贵便带着一份《南澳县风力发电"八五"实施计划》到市、省和国家有关部门汇报，为"八五"计划的实施奠定了良好的基础。

11 月中旬，国家计委下达风电工程研究试验项目，南澳风能开发公司与丹麦挪挺公司签订了进口 3×130 千瓦风力机的合同。这三台风力机安装在海拔 320 米的松岭山上，这就是南澳风电场的第二期工程。该工程于 1991 年 3 月 27 日开工，5 月 22 日开始设备安装，6 月 5 日试机完毕开始运行，9 月 1 日正式并网送电。由于有了首期工程的工作经验，该工程比计划提前了两个月完成。同年底，南澳风能开发公司被汕头市委、市政府授予“科技工作先进单位”称号，被汕头市节能工作领导小组授予“节能管理部门表扬奖”。

乘着风电场建设的东风，南澳岛的开发开始步入快车道。1992 年，省政府批准设立南澳海岛开发试验区，并把南澳列为 20 世纪 90 年代广东对外开放的重点区域，汕头市委、市政府则把南澳作为经济发展的前沿和三大发展区域之一。1993 年，国务院给予南澳优惠，批准南澳港对外国籍船舶开放，省委、省政府也制定下发了一系列加快海岛开放开发的措施。至此，南澳的经济、社会进入了一个大开放、大建设、大发展的时期，南澳的面貌开始发生深刻的变化。

“八五”期间，南澳风电场扩建增容至 7900 千瓦，至 1995 年年底，南澳风电场共装机 43 台，总容量 8680 千瓦，年发电量 220 万千瓦时。这时候，南澳风电场的装机容量已经名列全国第二，成为我国沿海地区最大的风电场。当年贺德馨、章振贵他们提出的“开发南澳风能”“把风力发电列为南澳的第一工业”的设想一步步变成了现实。

徐海山的筑网强企经

姚　勇　刘佳雯　叶　泽

“市长能保证有足够的电量，我们就能立军令状。没有电力保证，什么责任目标都实现不了。”1987 年春，韶关市召开经济工作会议，当蔡森林市长提出要扩大实行厂长任期目标责任制范围，要求各工矿企业立下军令状时，厂长经理们纷纷呼喊。

市长要企业扩产，企业找市长要电，蔡森林把目光落在了徐海山的身上。“市长的意思当然是要我表态啊。”徐海山回忆说。作为韶关供电局行政一把手，徐海山的心里非常清楚，省电力局分配给韶关电网的负荷只有 16 万千瓦，而韶关全市用电需求在 30 万千瓦，和全省一样，电力供应严重不足。“每天要拉闸停电 30 余次，面临四零八落的局面，压力相当大。”

徐海山非常尴尬，“我在会场上只有低着头不说话，根本填补不了电力缺口，回答不了市长的问话。”显然，面对近半的电力供应缺口，他无法作出承诺。

这样一幕窘境，徐海山始终难以忘怀。此前，他已经听到有人嘲讽说“供电局”不如改为“停电局”，他思忖着，要想尽快改变韶关电力的现状，必须加大电网建设投入。

徐海山是广东丰顺县人，1966 年毕业于广东工学院电力系发配电专业，先后在韶关发电厂供电公司、韶关地区供电公司工作，干过外线、调度等工作，1985 年 4 月被任命为韶关供电局局长。对于粤北电力的发展，他可谓是一清二楚。

此时的粤北，尽管守着韶关发电厂这一全省大电源，但整个地区仍只有一座 220 千伏变电站，就是 1981 年建成投运的 220 千伏芙蓉变电站，主变一台容量 15 万千伏安，220 千伏线路也只有从发电厂到变电站的一条线路，110 千伏出线三回，一回到韶冶变电站，二回至十里亭变电站。长期从事电网技术工作的徐海山心里非常清楚，这样的网架结构，不但供受电能力有限，并且一旦发生故障，全市都面临着大停电的风险。

徐海山加快电力建设的构想赶上了好机遇，恰在这时，国家重点建设工程衡广铁路复线电气化工程（广东段）获批建设。他和党委书记陈琳镇等班子成员决心借此打一场电网建设的翻身仗。

他们反复研究，一方面做好规划，优化输变电网络布点，力争在满足铁

1988 年，徐海山（右一）在 220 千伏马坝变电站检查基建施工情况

路复线电气化的同时，提升全市供电网络，适应市里厂矿企业的用电增长需要。另一方面，加强汇报沟通，争取省电力工业局和市委、市政府的大力支持，加大投资力度，同时加快建设进度。

天时地利人和。1987 年 4 月，复线电气化供电工程八大项目全部动工，包括扩建 220 千伏芙蓉变电站、新建 220 千伏董塘变电站，以及扩建 110 千伏犁市变电站、乐昌变电站等输变电工程项目。

面对这些工程项目集中“爆发”，徐海山经常奔走在各个项目建设工地，尽管身为局长，他经常穿的却是一身便服、工作服，以方便随时下现场、跑工地。在他和全体班子成员的齐心努力下，八大项目推进速度前所未有，仅用了不到一年半的时间，在 1988 年 8 月全部竣工，成为韶关电力建设史上的佳话。特别值得一提的是 220 千伏董塘变电站的建设，使 220 千伏电源深入到了韶关中部区域，大大提高了中北部电网的稳定性和供电质量。

在徐海山的推动下，韶关新建和扩建变电站的热潮一浪高过一浪。1988 年 9 月 29 日，110 千伏南郊变电站投运，1993 年 6 月 25 日，110 千伏良村变电站投运，从而在韶关市区形成了以220千伏芙蓉变电站为核心，6座110千伏变电站联网的新格局。

在拥有两座220千伏变电站的基础上，徐海山又谋划建设韶关第三座220千伏变电站，从1990年开始，韶关供电局又在曲江马坝镇建设220千伏马坝变电站，首期安装15万千伏安主变压器一台，110千伏出线三回。1993年220千伏马坝变电站进行扩建，新增220千伏马（坝）—董（塘）出线一回。到1994年底，韶关电网共拥有3座220千伏变电站，36座110千伏变电站，220千伏输电线路142.6公里，110千伏输电线路786公里。历经数年努力，韶关实现了220千伏线路环网，电网运行的稳定性、灵活性和可靠性都有了很大的提高。

徐海山在抓管理上同样打出了漂亮的翻身仗。这还得从韶关供电局安全生产事故上的“三连冠”说起。

1989年的春节刚过不久，省电力局召开年度电力工作会议上，韶关供电局受到了点名批评，而更让他觉得颜面尽失的是，从他1985年上任局长以来，韶关供电局已是连年发生恶性安全生产事故。

1985年6月25日，坪石供电公司一名司机，在白石渡至湖南境路上，因超速操作失当，与一载重大卡车相撞，造成重伤，后在送往医院途中死亡；11月3日，又发生南雄县供电公司黎口供电所在检修10千伏线路油开关时，未在电杆两端短路接地，用户自备电源突然送电上网，1人触电不治身亡。

1986年11月14日，十里亭变电站发生重大设备事故，不但高压室被毁，连室外的一、二号主变压器也遭到了不同程度的损坏。

1987年11月10日，仁化董塘供电所在登杆维修李某煤矿10千伏线路时，董塘农场煤矿违章操作，私自引入电源，造成电工阙冠田被电弧严重烧伤。

1988年1月31日，曲江县供电公司在维修10千伏线路时，用户自备柴油发电机倒送电上网，造成作业人员潘维触电死亡。

事故不断，阴霾笼罩着整个韶关供电局。在这次会议上，韶关供电局还被冠以安全生产上的两个“三连冠”：连续三年发生了误操作事故；连续三年发生了小动物引起的电气设备事故。

再也不能这么下去了。徐海山的心情沉重，心里很不是滋味。其实，这几年，韶关供电局不是没有努力过，1985 年，正当他干劲满满地带领着大伙儿，卯着劲儿冲刺安全生产一百天时，却在还差三天时就发生了安全生产事故。此后，尽管一次次整改，事故却也接二连三出现，安全生产陷入了一个怪圈。

会议一结束，徐海山就和党委书记陈琳镇等领导班子成员一起碰了个头，他们一边学习省电力局工作会议精神，一边思考着下一步的打算，他们觉得，在这被逼上梁山的时刻，必须打一场安全生产翻身仗。陈琳镇，广东潮州人，参加过土改工作，后转入广州电业局，担任过站长、变电工区党支部书记，1983 年 12 月开始担任韶关供电局党委书记，期间一段时间调任省电力技术改进公司任党委书记兼经理。对于安全生产工作，他们显然都有相同的看法。

严抓安全生产，这一年，韶关供电局定出了基调。

徐海山和陈琳镇他们从调查研究开始，分头带队到八个县的 15 座 110 千伏变电站，详细了解设备运行状况及存在问题，检查“两票三制”执行情况。他们发现一个普遍存在的问题，那就是职工安全观念差，安全管理松懈，安规执行不严，设备也存在不同程度的老化问题。

问题的症结找到了，如何“开方治病”呢？

徐海山决定对症下药，建立了“四个一”制度，强调“一把手到位”，即每年的第一号文件是有关安全生产的决定；每月的第一个星期一是全局安全生产分析会；每周的第一天召开生产碰头会；每天局行政领导、总工和有关部门的领导上班做的第一件事是到调度室了解电网的安全运行情况；凡是大的工程施工或事故抢险，一把手一定要到现场指挥。通过坚持日检查、周碰头、月分析、季小结、年表彰，实现全员、全过程、全方位的安全管理。

他还提出将全局安全网机构重新调整，在各管理所、队、公司设置专责安全员，组成三级安全管理网络。制定严格的安全奖罚规定，对各生产运行部门安全运行情况和完成任务情况计分考核，对全无事故的工区加分奖励，对出现事故的单位，视事故大小给予扣分。

徐海山的严抓赶上了好时机。就在 1989 年 7 月，国家能源部召开全国电力生产工作会议，颁发《关于开展电力生产企业“安全、文明生产创水平达标”活动的若干规定》（后改称“安全、文明生产达标工作”，简称“双达标”），会议提出先在火力发电厂进行试点，并逐步推广到水电厂和供电局。徐海山敏锐地察觉到这股“东风”，他决定借力打力，借着“东风”，以此扭转安全生产颓势。

“双达标”细则不无借鉴意义，徐海山要求全局重新梳理安全生产体系各方面工作，这一时期，韶关供电局重新修订了一系列安全生产管理制度，安全生产局面呈现了良好新开端。韶关河西变电站便是一个典型。

河西变电站是全部由女职工组成的变电站，这一期间，站长王秀君带头，在站里严格落实设备专职管理制度、材料管理制度，将设备图表化，各种运行管理责任落实到每个人、每个岗位。“唯有遵守规章制度，才能确保人身、设备安全。”王秀君积极组织全站人员分析站内设备特点，运用正反典型进行安全教育，用安全事故通报中的血的教训告诫大家，河西变电站的安全生产天数屡创纪录。

随着与生产运行相适应的管理基础的夯实，从 1989 年开始，韶关供电局安全生产局面不断改观。

时间到了 1992 年，省电力局明确提出要在供电企业全面深入开展“双达标”工作。这个时候，韶关供电局围绕达标五个方面内容，制订了工作规划，提出治理整顿的项目和措施。

这项规划很快成为了全局的意志。1993 年初，韶关供电局职工代表会议暨电力工作会议上，徐海山在报告中，明确提出安全文明生产达标的奋斗目标，他要求，“各级领导把‘双达标’工作列入议事日程，一项一件地抓好落实。”

随后，“双达标”领导小组和办公室组建。徐海山任组长，张卓、梁荫孙、陈晋权、刘厚毅、郑江英任副组长，局各部门和各业务管理机构一把手为成员。“双达标”成了名符其实的一把手工程，徐海山他们决意一抓到底。领导小组下设的达标办公室具体负责“双达标”日常管理工作，各基层单位也相应成立了“双达标”工作机构，明确各科室、部门行政正职领导为达标工作负责人，从而在机构和人员上形成了一个网络，为安全文明生产达标的顺利开展起好头。

1993 年，徐海山（右一）在韶关供电局调度室检查工作

说起“双达标”，主要包括安全管理、文明生产、设备生产管理、用电管理与优质服务、节能与技术进步等五方面的工作，主要考核指标分为两个部分，一是必备条件，这是否决条件，包括职工生产人身死亡、设备重大特大事故、大面积停电事故、电压合格率、供电可靠性、线损系统 K 值、充油设备滴漏等，一共 7 项指标；二是主要考核指标，这是必要条件，包括本单位责任外单位人员死亡、生产人身重伤群伤、五种误操作事故、年百日安全个数、送电事故率、变电事故率、火灾事故、责任交通事故、110 千伏及以上主变完好率、110 千伏及以上断路器完好率、220 千伏及以上主变等故障率、220 千伏及以上主变等可用率、并联电容器可用率、年度大修计划完成率、220 千伏及以上保护正确动作率、录波装置正确录波率、年度电费回收率、用户满意率、QC 小组成果发布率、年全员培训率等，一共 20 项指标。徐海山他们认为，这些指标其实涵盖了供电企业生产经营的方方面面，是一次综合而全面的考核。

1993 年 7 月 4 日，徐海山签发了安全文明生产达标工作实施方案。方案按照“专业分工”“指标归口”的原则，将 5 项考评内容全面分解到各基层单位，提出了“双达标”阶段性工作计划，把达标工作与日常各项管理工作紧密结合起来。

对应5项考评内容，韶关供电局成立了5个自查专业组，分头负责达标检查考核，对发现的问题及时提出整改意见，保证达标工作的实施。

作为文明生产组组长的刘厚毅就把班站建设当作文明生产的突破口来抓，每次考评验收班组严格按照班站建设达标考核标准进行检查考核。“班站是企业的细胞，是企业组织生产经营活动的基本单位，是社会主义物质文明和精神文明建设的落脚点。”刘厚毅回忆道，过去检修班组脏乱现象较为严重，工作室及生产现场摆放比较杂乱，工具、仪器、材料乱堆乱放。“生产现场脏乱差，员工难以体面工作，企业管理更不可能做得好。”为彻底扭转这种混乱的生产情况，实现环境、人、物的最佳结合，韶关供电局定置管理标准便应运而生了。

物资仓库、220千伏芙蓉变电站、110千伏河西、十里亭、南郊变电站成为首批实施定置图管理的班站及部门。

刘厚毅他们检查了物资仓库。在这里，墙上挂着定置分布图，材料物资用库号、架号、层号、位号定位。而到了生产车间、变电站，定置管理区域标牌明确地划出了生产作业区域界线，各类工具、器具、仪表、绝缘工具都逐一建立台账，工具箱内精密粗糙分开。

定置图管理有效促进生产现场管理的规范化，无论是机关科室还是生产单位，供电所班站，文件柜、桌椅、茶几、文具报表、报纸、资料、个人保管的工具都按图一一定置管理，使用后及时归位。

王秀君所在的河西变电站，设立了安全员、材料员、培训员等“五大员”，通过开展定置管理，加强站内清洁管理，全站面貌再次得到改观。更为欣喜的是，她们健全了设备档案，开展了设备评级，确保了变电站的安全运行，安全生产记录再次刷新。

韶关供电局在净化、美好、绿化环境等方面，刘厚毅他们加强了检查督促。这期间，韶关供电局对生产、生活区全面规划，绿化面积达14万平方米，仅变电站树木花草、绿篱等绿化面积便达到了6.4平方米。而对于新建变电站，从设计时就考虑统一规划站内的绿化排污等问题，做到基建的同时

1995 年，韶关供电局举行 QC 成果发布会

搞好绿化、美化工作。

陈晋权担任设备生产管理与技术进步组组长，在组里的督促狠抓下，全局开展了充油设备滴漏整治。大岭变电站的主变分接开关漏油严重，检修人员多次进行封板螺丝及部分胶垫紧固处理。但由于设备处理资金有限，仍有一些滴漏一时无法解决，刘厚毅回忆，在自评申报时，韶关供电局这一项主动扣了 2 分。

“重视技术革新，才能根本改变目前设备、环境等困境。”秉着这个原则，陈晋权他们在局里推行全面质量管理知识普及和教育，组织 800 多名员工参加全国统考。并结合生产工作中遇到的实际难题开展技术革新、技术比赛和科技攻关活动，尤其针对设备漏油、高压、防雷、继保、电气试验、节能等技术难题进行理论和技术探讨。在积极吸纳新技术、新工艺、新设备的推动下，QC 小组屡屡获得好成绩，其中电压质量 TQC 小组、主变防渗漏 QC 小组获得省电力系统优秀 QC 小组成果奖。主变防渗漏 QC 小组通过采取分接头密封式焊接等方法解决主变渗漏，采用堵漏办法解决变压器散热管液压机构油泵端盖等部件渗漏，极大地改善了设备渗透这个影响多方面的顽固问题。

创建“双达标”，全员在行动。在徐海山他们的带领下，职工们也全部参与到“双达标”的工作中来。通过大会、小会、出专栏等各种形式的宣传发动，职工对“双达标”的文件、资料越发熟悉。其间韶关供电局还组织全局职工参加大达标知识测验，参考人员达到99.7%。

达标工作激发了爱岗精神。配电管理所综合班班员刘森亮为了改进工器具，画图、设计、加工制作一手包揽，每年的创新项目都可以为单位增收减支几十万元；用电管理所微机班班长卢汉松为了完善用电营业厅的服务工作，在完成岗位任务的基础上，带领全体班员夜以继日地刻苦钻研，除了吃饭睡觉，都在微机房里度过，经过半年的努力，他们建立了用户用电电话查询自动系统、电费磁卡收查系统和触摸式用电查询系统；配电管理所主任江俊浩把聚峰山新建村45户居民的困难当做自己的困难，发动青年义务劳动为他们拉了500多米的低压线路，解决了他们4年来因资金筹建不足没有电用的问题。这些都是当年的一些感人事例。

优质的服务得到了广大用户的认可。1993年，张卓组织用电管理及优质服务组发出征求用户意见书3000份，各班长先后走访市内97个居委会，占全市居委会的80%以上，没有收到反映以电谋私、刁难用户的意见，用户满意率达到了92%。

经自查自评，韶关供电局认为，1993年度各项考核指标均达到“双达标”标准。1994年3月，经自查申报，韶关供电局以总分744分通过省电力局的考评验收。6月，徐海山领衔的韶关供电局被电力部授予达标企业称号，成为了全省供电企业首家达标单位。

老天爷似乎也要检验韶关供电局的“双达标”成果，这一年的6月，徐海山他们经历了一场大考。从18日以来，韶关地区连降暴雨，一场60年未遇的特大洪水使北江水位达到57.21米，40多台变压器以及3000多个电度表被洪水淹没，全市大部分区域停电，电力抢险和保障供电救援迫在眉睫。

在这紧急时刻，徐海山发出指令，“为了全市的抗洪救灾，要不惜一切代价，在保证安全的前提下，为全市人民的用电和生产用电提供电源。送电要送到最后一刻，停电要抢在关键时刻!”他同时要求，一要把握抗洪抢险期间

1995 年，徐海山（左二）在线路抗冰改造现场检查工作

的正常供电需要；二要排除一切触电事故和烧坏设备的可能性，必须在洪水到来之前切断可能被淹的各种供电设备。

19 日清晨，天阴沉沉地下着雾雨，徐海山带着副局长梁荫孙、总工程师陈晋权到江边实地查看水位上涨情况，之后又马上来到配电管理所，了解抗洪抢险复电情况。

此时，配电管理所党支部书记刘扬明、主任江俊浩坚守在岗位上，他们向徐海山汇报了供电设施受损和抢险情况，并对接下来可能的水情情况作了分析。徐海山一方面指示加快抢修复电，另一方面，他要求要把安全放在首位，确保人身安全，凡被水浸不能正常供电的设备必须停电，停电要有先后顺序，根据水位情况分步实施。

武江南路的中医院和配电管理所工区同处武江河边，地势较低，河水上涨蔓延上来后，沿江一带都被水淹了，中医院的电表受损严重，已经停电。

从配电管理所工区出来后，徐海山来到了中医院。院长见到徐海山一行，感觉终于盼到了救星，他介绍了医院的受灾情况，并强烈要求供电局能够排除万难提供电力供应。他说，“希望你们尽快恢复供电，这里的病人需要用电，他们很多治疗设备都需要电，而且手术室随时都有可能要手术。”

面对院长的请求，徐海山立即和随行的技术人员商量可行方案，当了解到中医院的停电主要是电表受损，配电设施还未完全受到水浸影响，徐海山当机立断，对院长说，“我们不过电表，直接送电，宁愿供电局吃亏，也要保护好病人！”就这样，抢修人员通过绕开已经受损的电表，接通院方配电线路，重新恢复了供电。

徐海山他们继续巡查，到了南郊五公里的财经中专学校，这里已经被洪水围得严严实实，配电房也被淹了，几百名学生吃饭住宿都成了问题。徐海山紧急调来供电器材和发电机，及时为学校更换受损的用电设施，恢复供电。

在抗洪抢险期间，徐海山一直坚守在最前线，或在指挥部组织制定抢险方案，或到一线指挥抢修，日以继夜，不眠不休。“在这个紧急关头，我怎能安心休息，还有很多事情需要我处理。”徐海山说。

徐海山他们的努力创造了奇迹，韶关电网以最快的速度全面恢复了供电。韶关供电局在这场抗洪抢险中赢得了市里的高度肯定。

1995 年 4 月，徐海山被授予全国劳动模范称号，并赴京参加全国劳模颁奖大会，受到时任中央领导人的亲切接见。

恩城供用电二三事

朱新强　叶　泽

1992 年 12 月，恩平县政府一个小型会议厅里，气氛凝重，20 多名县人大代表围在一起，轮番质问：“恩城供电所凭什么收取 650 元的线路改造费?”

两名身穿电力工作服的汉子面对质疑，不卑不亢，从容应答：“如果不收取 650 元改造费，线路无法顺利改造，那么客户用电就存在不安全、电压质量跟不上等问题。例如早上烧饭，两个小时饭还没煮熟，但电量已经产生了，电费要照交；线路改造之后，电压质量提高了，半个小时饭就煮熟了，安全性也高了。哪怕是买了空调，也不用担心用不了。”

态度之诚恳、语调之沉稳、理据之充分，顿时令“波涛汹涌”的场面“平静”下来。

这两名汉子，其实就是恩平县供电局恩城供电所营业班班长梁国健和所长郑挺生。那么他们遇到什么麻烦，到了要接受人大代表质询的地步呢?

要说缘由，须从当时的经济社会发展情况说起。

我国实施“八五”计划以来，特别是 1992 年，在邓小平同志南行的重要谈话精神鼓舞和党的十四大会议精神推动下，恩平县兴起了经济建设的新高潮，各行各业方兴未艾。据《广东年鉴》记载，1992 年恩平全县地区生产总值 14. 78 亿元，比上年增长 31. 8%；人均地区生产总值 3426 元，比上年增长 30. 2%；社会总产值 37. 67 亿元，比上年增长 48. 6%。

在经济社会迅猛发展的大背景下，恩平县供电量年均递增 15% 以上，用电负荷急剧增加，原有的城区电网远远不能满足经济发展的需要。供电半径大、线损大、电压质量差、供需矛盾突出……成了当时供电所面临的种种难题。

经济要发展，电力须先行。为了满足当地经济社会发展，城区的电网改造和建设势在必行。但现实是，在当时的社会条件下，政府和电力部门一时无法投入大量资金进行电网改造。如何打破这个僵局，为当地经济社会发展保驾护航呢?

国难思良将，家贫思贤妻。郑挺生第一时间想到了“老搭档”梁国健。

梁国健，江门恩平人，大专文化程度，中共党员，1981 年参加工作，他中等身材，给人温文尔雅的印象。在郑挺生的“员工名册”中，他的特点是乐于思考，善于解决“疑难杂症”，工作起来有两把刷子。

1995 年，梁国健在办公室整理用户资料

“这种‘急、难、险、重’的任务，岂能少了他?”郑挺生轻轻拍了拍桌子，旋即拿起话筒……

接到电话赶到所长办公室的梁国健，心想必有重要的事情商量。不出所料，所长见面就问：“在当前资金短缺的情况下，有什么办法或途径可以解决电网改造的资金问题?”

这可是供电所一个重要课题，没有一些“斤两”或深入调查了解的话，不敢轻易去碰的，同时也是一个不好回答的问题。

“可否由用户集资和主管局给予补助双管齐下，进行城区电网改造及建设?”

好在梁国健是个爱思考的人，喜欢广集信息和调查研究。且平时与客户打交道，遇到用电报装的问题也多，工作中常常与客户讨论和探索此类问题。虽然没有十足的把握，但基础功夫做得十足。他根据自己多年的观察与调研，慎重地向郑挺生提出了建议。

“这个办法好，就这么办。”想不到和郑挺生一拍即合。

“可用户集资方面恐怕没那么顺利!”虽然办法想出来了，但梁国健还是有点担忧。

“你尽管放手去做，有什么问题我负责协调!”所长的豪言相挺，令梁国健信心倍增。

这一建议经汇报请示后，很快得到主管局的支持和恩平县政府的同意，但用户集资工作则可谓一波三折。

300多名不同意集资的用户联名状告郑挺生。郑挺生被叫去恩平县政府接受责问，而梁国健觉得这反而是一次机会，便陪同一起去，于是出现了开头一幕。

“其实那个时候，供电线路很多是个人的，供电局想接线，就得拿钱出来，不给钱不让接，有时候甚至愿意给钱也不让接，所以对线路改造造成很大阻碍。”虽然事隔多年，但梁国健依然记忆犹新：“有些用户迫切需要用电，对线路要求高，这个问题很紧急。但是那时候主管单位没有资金拨下来，只能靠自己想办法。所以就想出了资助这个办法，供电局出一点钱，私人的出一点钱，其他单位的也资助一点，这样线路改造的钱就出来了。”

可万事开头难。在当时的经济社会环境下，如果能趁机说服县人大代表，化危机为转机，那向用户集资的阻力便可化解。于是，梁国健紧紧抓住县人大代表质询的难得时机，向大家陈述了电网改造的必要性和紧迫性，得到了县人大代表的支持。同时，也进一步凝聚了社会的共识。恩城供电所在县政府领导的支持下，与物价局一起形成了一个完整的工作方案、工作思路。实施的过程中，供电所以电表为单位，每个表集资650元。仅1993年，用户集资96.35万元，主管局拨款41.70万元，新架设线路16.68公里，维修更换细导线13.95公里。

县人大代表冯秋田回忆起当时的情景说：“我们是不打不相识啊。当时集资进行电网改造的做法，保障了电网的安全运行，更重要的是促进了江门地区的经济发展，功不可没。”

电网改造，改善了城区的电压质量及其可靠性，电压从100多伏提高到220伏，解决了大批新用电户的用电问题，促进了当地工农业的发展壮大。与此同时，结合电网改造，把高耗变压器换成新型低损变压器，把50多台变压器出线由原来线夹连接改为铜线焊接，减少了因出线过流接触不良发热而造成的事故，使此类故障由1992年的300多宗降至后来每年100宗左右，完成营业所线损2.5%的目标，比上级下达的指标3.5%少1%，比1992年的线损4.5%降低了44.4%。

就这样，从1993年起至2003年，江门地区不等不靠，通过“向用户集资一点，主管供电部门拨一点”的方式进行电网改造，电网规模不断延伸壮大。当时，作为江门地区的第一例，其他供电所纷纷效仿，登门求经学习。

或许也与求经学习有关联吧，梁国健因此慢慢变成一位“名人”，连同他的另一个回收电费的故事也跟着流传起来。

那是20世纪80年代末的一个秋天，村道两旁的稻谷早已成熟，农户正在田地里忙碌着，空气里弥漫着稻谷的香气。本应是收获的季节，恩城供电所营业班的收费员们却因拖欠的大额电费愁眉不展。

当时，由于职工在收益分配上吃“大锅饭”，职责不明确，管理不到位，江门城区用电管理较为混乱。用户私增容量用电、偷电、拖欠电费与漏收电费的情况时有发生。个体户、居民的电费催收艰难，有的长年累月欠费已达80多万元。更甚的是，有好几个大工厂欠费连在一起，让拖欠的电费不断高涨，问题积攒多年得不到解决。最让人头疼的是，因为相关规定，供电所不能随意关停客户的用电，只有对那些反复下发过口头通知、书面通知，且经常拖欠电费的用户才能采取停电措施。这种情况一直持续到20世纪90年代初期。

1990年6月，恩城供电所所长郑挺生一上任，就把任职营业班班长的梁国健叫到办公室，劈头就问：“现在电费欠费这么多，你有什么好的办法没有?”

“要改变这种状况，首先要从职工的思想认识入手。”梁国健胸有成竹地说，因为他觉得经济社会环境已经改善，解决拖欠电费问题的时机到了。郑挺生听后，如心有灵犀般会心地笑了。那天，他们从问题产生的大环境谈起，详细分析了症结产生的原因及其解决办法，无话不谈，足足聊了3小时，大有相见恨晚的感觉。

第二天，结合班组的实际情况，恩城供电所开始了内部改革，从整顿组织纪律入手，建立完善岗位责任制，按职工工作职责分工切块承包管理，并建立严格的考核分配制度，把职工的收益与工作实绩结合起来，采取积分制对职工的工作进行考核，内容包括上下班时间、任务是否完成、任务完成质量等，如果有职工因为任务完成不了而被扣分，那么管理者也相应地被扣分。

每月这样考核下来，有位女同事因为任务完成得不好，被扣七八分，相当于扣七八十块钱，为此还大哭了一顿。有人说情，但梁国健不为所动。他知道，好的规矩必须坚决执行，决不能因心软而朝令夕改。

有压力才会有动力。果不其然，一天晚上，正赶上梁国健值班，恩城部分区域停电了。他看到好多同事都跑回所里参与抢修，惊讶地问道："你们怎么都跑回来了呀？"职工同样惊讶地回答："停电了我们肯定要回来啊，要去抢修的呀！"如此一来，职工都表现得特别积极。

一炮打响，所长郑挺生信心倍增，他专门把梁国健找到办公室交代说："以后电费回收全权由你负责，有什么需要尽管提出来。"

"明白，我一定会全力做好电费回收工作。"梁国建早已摩拳擦掌。他心里清楚，下一步就是清旧账！

如何清旧账呢？说来容易，做起来难。近 10 年没能解决的"顽疾"，一朝启动"医治"，必是"荆棘"满路。

梁国健并不畏难。他首先组织了收旧欠费临时专职小组，有针对性地制定了一系列催收措施，剩下的就是不怕麻烦地上门催收欠费。

"我们必须要深入到各家各户中去，抓准时间去收费。利用好吃饭、下班和夜晚时间，上门催收电费……"在班前会上他说。

可个别同志有些不愿意，说："这样得花费我们很多的时间和精力，我还有很多事情要做的，没办法耽误这么多时间。"

"必须无条件执行，按进度完成收欠费工作！"梁国健斩钉截铁，话语异常坚定。那些还在嘀咕的人被镇住了，他们终于明白，回收欠费的工作势在必行，没有拖延的余地。

然而，催收欠费比想象中更困难。有一次，梁国健到一个五保户家催收旧欠费，发现对方家徒四壁，穷得揭不开锅，根本不可能从他手上拿到钱。怎么办呢？电费又不能不收。于是，梁国健找他的亲戚要，发动他的兄弟姐妹们帮忙交。而对于一些欠费少且家庭困难的客户，一两块钱的，梁国健他们也会私底下凑一凑帮忙垫上。

除居民外，许多事业单位也欠费。辖区有 5 个派出所都欠着费，但营业所不能直接关闸停电。梁国健想了很久，直接约上 5 个派出所的负责人，明确地说：“你们作为国家单位，要严格执行国家政策，以身作则。如果你们都做不好，下面的人看到会怎么想呢？你们说是不是？”

派出所的负责人也犯愁，一下子拿不出钱清缴欠费。梁国健早就想好了：“你们没钱给，不如自己给自己停电吧。这样我们又能交代，也能表现你们的积极作为。再说你们上级也不会无动于衷，一定会帮你们缴清电费的。”

由于己方没交电费理亏在先，且老欠费不交也不是办法。派出所负责人一听，合计商量下回去就自己把电给停了。但派出所的一些人不明就里，没问清楚情况就去供电局吵闹起来：“你们什么意思，迟点交电费不行吗，竟然停派出所的电？”气氛变得紧张起来。局长知道了这件事，担心破坏单位之间的关系，责问为什么要停派出所的电。梁国健打趣地说道：“不是我们停的，是他们自己停的。”接着便把来龙去脉向局长说得一清二楚。局长一下子笑了，竖起大拇指直夸这是个好办法：“这样对我们大家日后的关系有很大帮

1995 年 4 月 26 日，梁国健赴京参加全国劳模表彰大会

助，既能解决双方残留的老旧问题，又不搞僵单位之间的关系，以后见面有事都好商量嘛。”于是，梁国健便让派出所的几位负责人跟不明真相的同志说清楚情况，吵闹的人潮也随即散开了。不久，5 个派出所的电费也缴清了。

梁国健靠着工作的韧劲和良好的工农关系，带着班员“厚”着脸皮、不厌其烦地挨家挨户催收欠款，终于在 1992 年，恩城供电所回收了用户多年拖欠的电费 70 多万元，而新电费回收率保持在 99% 以上。

世上无难事，只要肯攀登。作为一名基层供电所员工，可以说工作都离不开电网建设与改造，抄表与收费。而梁国健电网改造和电费回收的故事，都是平凡工作中的不平凡。他凭着智慧与汗水，以及多年的辛勤劳动和开拓性的实践，解决了一项又一项工作难题，创造了较大的经济效益和社会效益，为江门当地经济社会发展做出了自己应有的贡献。1995 年 4 月，他被国务院授予全国劳动模范称号，并到北京参加劳模大会，接受荣誉，迎来了人生最辉煌的时刻。

迎战强台风『莎莉』

陈其勋

全市死亡79人，受伤2300多人，失踪100多人；房屋倒塌3万多间，损坏7万多间；全市水稻26万多亩、番薯4万多亩、香蕉2万多亩以及甘蔗、林木等，均遭受严重破坏；牲畜死亡200多万头，水产养殖损失1万多吨；湛江港18台100多吨的门吊被刮倒，其中6台翻倒入海里；2艘油轮搁浅，1艘高速客轮被海浪抛上岸，800多艘渔船被毁……

这一连串触目惊心的数字，是1996年15号强台风“莎莉”正面袭击湛江后的统计数据。

是年9月9日上午，15号强台风“莎莉”先掠过阳西、电白近海，11点前后在吴川沿海地区登陆，正面袭击湛江市区。风力12级以上，平均风速41米/秒、最大风速57米/秒。这次台风风力强，移速快，暴雨猛，破坏力极大。

“风魔”过后，整个湛江满目疮痍。树木横压在路中央，路边的广告牌、路标，大多数被刮倒，10多吨重的货车、公交车被刮翻在地，屋山村大大小小的家私店被掀开了顶。

“那天大家都正常去上学。还没上完一节课，老师就说要来台风了，让大

1996年9月9日，强台风“莎莉”过后，湛江市区街道情况

家赶紧回家。有的学生没当回事，在路上玩耍，就出意外了。”“台风过后几天，市场都买不到新鲜完好的青菜啊。”“我们家的楼正在搭棚修葺，台风过后，那些棚架全部倾塌，都找不到出小区的路。”……似乎每一个湛江人，都能给你讲一个险象环生的历险故事。

那一年的台风到底有多恐怖，让我们把时间调回到台风登陆的前一天。

9月8日下午5点多，湛江电力工业局局长彭希平参加市政府防台风会议的时候，会议预计台风12级，风速35米/秒。她料定这是一场硬仗。会议回来后，立即召开了局领导和科级干部会议，布置了防台风工作和抢修工作，并成立防台风抢修领导小组，彭希平亲自挂帅担任组长，李江、陈山副局长和关则恩副书记担任副组长。很快，下属各单位相应成立了抢修领导小组和抢修队伍，后勤保障、抢修物资当晚尽力整理准备，抢修车辆也安排在原地待命。

第二天上午11点左右，台风以横扫一切之势呼啸而至。位于寸金路45号的湛江电力局办公大楼顿时被裹挟在狂风暴雨中，窗外的狂风怒吼，门窗破裂、物件坠落、花盆摔碎、铁皮被吹翻的声音不绝于耳。调度室在二楼，虽然楼层不高，也能感受到“风魔”的力量。

调度室里，一个个代表变电站负荷情况的灯相继熄灭。彭希平在屏幕前走来走去，心急如焚，她知道，情况比原先想象中的要严重得多。灾后计算的数据证实她的感觉是对的，15号强台风“莎莉”中心风力已经达到16级，破坏力远远超过了初时的预测，将众人杀了个措手不及。

中午1点多，强台风刚过，彭希平急令全局各抢修队伍冒着狂风暴雨奔赴故障现场巡查损失情况。220千伏湛赤线双回路2号—7号、17号—19号铁塔倒塌，220千伏湛霞线3号—7号、17号—19号铁塔倒塌……随着巡查情况的深入，坏消息不断传来，湛江电网在15号强台风的袭击下，8回220千伏线路倒塔（杆）34基，110千伏线路倒塔（杆）45基，市区内10千伏线路倒杆达5000多基。全市电源中断，电网瘫痪，陷入了无电困境。

湛江市委市政府机关、三防指挥部、电力调度指挥中心、赤坎水厂、中心人民医院是抗风救灾的神经中枢和关键部位，必须第一时间解决其用电问题。彭希平召开科室领导会议，汇总受损情况，研究解决办法。一番讨论后，大家认为可从两个方面着手，一是组织力量将新村柴油发电机开动发电。由于当时湛江发电厂220千伏出线铁塔倒塌严重，短期内难以修复，让该厂送电出来暂不可能。如采用黑启动的方法，通过新村柴油发电机发电，将电送到220千伏赤坎变电站，则可先恢复重要场所的用电。二是对暂未发现倒杆的220千伏榭平岭变电站至赤坎变电站线路进行抢修。榭赤线是连通茂名到湛江的大动脉，只要把这条线抢修好，外部电源就有可能输送进来。

首先是黑启动工作。“我将黑启动的方案电话汇报给广东省电力工业局副局长张毓麟，他第一反应是觉得我们不会成功，但我用两点理由说服了他，并且拍了胸口，如果出现烧坏发电机的情况由我来承担。”彭希平回忆道。

彭希平所说的两点理由，是当时担任总工程师的金学书提出来的观点。他认为当时黑启动的必要条件是具备的：首先，新村发电厂的柴油发电机，其设计是可以利用手动压缩空气的方法去启动的。其次，该厂有一个冷却水池，可以保证柴油机运行时冷却的需要。彭希平赞同金学书的观点，下令新村发电厂放手去干。

调度所运行方式专责郑世明到现场指导，新村发电厂干部职工运行班班员邓称友等人接到命令后，在没有站用电的情况下，利用手动压缩空气的方法，启动了单机容量为4000千瓦的柴油机，通过这个柴油机，又启动了单机容量为1万千瓦的3台柴油发电机，满足了厂用电。之后又尝试对220千伏赤坎变电站的12万千伏安主变压器充电。经过一系列紧张复杂的操作，终于在台风登陆当晚的9点15分充电成功，已断电10小时的市委市政府机关、三防指挥部、电力调度指挥中心、赤坎水厂、中心人民医院以及部分居民区随即恢复用电。

其二是220千伏榭赤线抢修任务。这个重担落在湛江电力局送电所干部职工，带电班班长董建伟、班员林少敏等人身上。台风登陆后，董建伟、林少敏等人冒着狂风大雨，克服道路阻塞的重重困难，对最早发现的165号杆的损坏瓷瓶进行了更换。9日晚上11点10分，他们第一次尝试送电不成功。这说明线路还存在故障点。第二天一早，他们不顾疲劳，兵分几路，沿着70多公里的线路进行巡查。

湛江市政府对此也给予了大力支持。10日中午1点，时任副市长谢鉴明、

1996年9月9日，强台风“莎莉”过后，湛江港内重达几十吨的巨型龙门吊机被吹进了海里

吴庆文到湛江电力局现场办公，获悉这个情况后，马上与民航联系，调派直升飞机对榭赤线进行全面巡查。下午4点，发现是位于茂名市的59号杆塔瓷瓶带线跌落。送电所立即组织力量到故障现场抢修。晚上8点30分，榭赤线试送电成功，省电网电源送入湛江的新村、滨海、龙潮等变电站后，变电站相继恢复送电。

虽然迫在眉睫的两个问题解决了，但是当时湛江电网受损严重，要全部修复是一个极其巨大的工程，任务繁重而艰巨。正所谓一方有难八方支援。湛江市政府抽调驻湛部队、公安、武警、南油公司和各工厂企业电工等160多人，车辆、船只等几十台（艘），加入到抢修工作中。湛江电力局办公室主任何理华每天可直接联系市三防指挥部，调配一两百名部队战士，帮忙清理树障、抬电杆。

与此同时，省电力局也组织了力量先后抵达湛江，抢修先遣队10日到达，以副局长王野平为组长的领导小组11日到达。17日，张毓麟也赶了过来，靠前指挥。为了解决湛江电力局在抢修工作中人力、物力不足的问题，省电力局还抽调了广东省输变电工程公司、江门电力工业局等800多人前来支援抢修，又从广州、深圳、东莞等电力工业局调拨了大批水泥杆和导线等抢修物资。湛江菉塘、新港仓库实行24小时值班制度，方便接收支援物资和各单位领取物资。到23日，包括支援物资和局内抢修物资在内，有水泥杆2300多条，导线500多吨，塔材380多吨，保证了抢修所需的材料。

在严峻的灾情面前，湛江电力局党委发出了《紧急动员起来，早日恢复正常供电而拼搏》的动员令，提出“一切以抢修复电为先”的口号，号召全体干部职工全力以赴投入到抢修复电中去。

湛江电力实业总公司霞山电力工程公司担负着抢修临东水厂线路的重任。这是一场极为难打的攻坚战。该线路倒杆40基，断裂杆30基。同时线路走向都是在崎岖不平的田野、水塘、山坡上，汽车、吊车无法开进去。线路安装工黄梓平等几位同事与解放军战士一起，硬是用肩膀将30多根12米长的电杆沿着又窄又弯的崎岖不平的田间小路，一步一步，抬到每个杆位上。经过他们的艰苦奋战，该线路终于在9月16日修复，霞山水厂恢复供电，解决了群众的用水问题。

省输变电工程公司作为主力负责220千伏电网及110千伏主干线路。苏棣芳是到湛支援的一员。铁塔在“风魔”的施虐下被拧成麻花状，拆卸工作异常艰难。经过讨论，他们决定用火焊切割倒塔的方法，把铁塔整体挪开，空出场地组立新塔。这样可以确保最快恢复供电。当时还有一个小插曲。在修复220千伏湛霞线和赤霞线的时候，这条线路施工难度特别大。31公里长的湛霞线共倒塔8基，其中有3基是在海上的小岛上，施工材料全要用船运。为了解决船只问题，彭希平等领导班子成员到处求援，最后海军陆战旅支援2艘冲锋舟，向私人和某单位分别租了2艘运输船和1艘救生船。送电所带电班董建伟、林宇、罗茂炽等人靠着这几艘船，硬将120多吨的塔材搬到小岛上，冒着风雨拆卸损坏的铁塔和立塔工作。赤霞线于22日修复完毕。湛霞线于29日修复通电。

抢修10千伏环球、屋山、草苏三回路线路时，因这条全长700多米的线路经过的地段都是山坡，倒塌的π杆共10基，加上施工期间天天都下雨，泥泞路滑，赤坎电力局车辆进不到施工现场，困难相当大。为了打通抢修道路，在市政府的协助下，湛江电力实业总公司赤坎电力工程公司经理李建华通过协调，调来推土机、铲土机、铲泥机帮助扫除路面障碍，会同新会电力局、高州供电局、合流部队、海军陆战旅、总参特运办事处等支援人员，日夜苦战。

回忆起当年参加10千伏草苏线抢修的情况，赤坎配电运维班的莫文轩现在还心有余悸，因为他们遭到了村民的暴力绑架。

事情经过是这样的：13日下午5点多，莫文轩和班长陈东征到草苏村巡线。当时市区电力已经恢复了一部分，他们开始到郊区进行检查。由于线路损坏严重，电杆也断了两基，无法马上送电，莫文轩只能将一些跌落损坏的电线砍断，方便后续施工。由于已经停电几天，莫文轩这一举动可能惹怒了当地村民，十几个年轻人拿着棍棒强行冲上电力抢修车，将他们押回村里。

“那天是我开车的，班长坐在副驾驶。一群村里的年轻人就拿着棍啊，扁担啊冲上车。有10个左右爬上了工程车后面的车厢里，三四个人闯进了驾驶室，拿棍子敲我们的头，押我们到了村里的戏台。班长被他们押到小房间里，打了一顿，受了伤。我还算好一点，认识一个村里的人，他守在车门口，不

1996年10月22日，广东电力系统抗灾抢险总结表彰大会在湛江市影剧院召开

让其他人进来。”莫文轩回忆道。

事态严重。消息传回单位，湛江电力局干部职工十分紧张。关则恩立即联系派出所和公安局，派人过去协调，但都被拦在村口进不去。莫文轩说：“我就整夜待在车子里面。旁边十几个年轻人用木棍一边敲着车子，一边说些恐吓人的话，没恢复供电就走不出这个村之类的。说不害怕是假的，当时我有一个对讲机，就一直开着，让外面的人也能及时了解里面的情况。这样我心里也稍稍安定一些。”直到后来湛江出动武警官兵，村民才肯放人进村谈判。

湛江电力局保卫科科长廖光明和武警官兵进村后，和村民谈判，将电力抢修的难处给他们分析解释了一番，村里面的干部也出来调解。谈判一直持续到凌晨两三点，方才初步达成共识。村民先把供电员工放回，湛江局答应第二天起就抢修受损线路。通过各方的协调，这件事终于告一段落。三天后即 17 日，相关线路修复，该村及周边恢复供电。

…………

众志成城抗“风魔”，经过 31 天的日夜奋战，湛江电网基本修复。9 月 23 日，台风登陆后的第 15 天，全市 3 座 220 千伏变电站、22 座 110 千伏变电站、一回 220 千伏线路、98 条 10 千伏线路已恢复供电。日负荷由 9 月 9 日的 1000 千瓦增至到 23.4 万千瓦，基本保证了重要场所和市区人民生活用电的需求。

据统计，这次风灾动用约 2000 人力参加抢修，耗用物资约 3500 吨，整个抢修工程直接耗资约 1 亿元，这是有史以来湛江电网受损最严重的一次。趁着这次抢修及后续改造的机会，湛江电力局对线路走廊进行重新布局，杆塔换新，导线增大，更换高损耗变压器，改善接地网，更换跌落保险。湛江电网健康水平上了一个台阶。

一个月后的 10 月 22 日上午，广东电力系统抗灾抢险总结表彰大会在湛江市影剧院召开。主席台上坐的是前来参会的省电力局局长吴希荣、副局长王野平，湛江市市长庄礼祥，市经委副主任陈水平等领导和嘉宾；台下坐的是即将接受表彰的在抗击第 15 号强台风“莎莉”中做出贡献的 9 个先进单位、126 名先进个人和参战的其他干部职工。气氛隆重而热烈。

大会在庄严的国歌声中开始。

惠州供电服务承诺出台前后

何文浩　黎凯燕

“我宣布，供电服务承诺从今天起正式实施！欢迎社会媒体和广大市民对我们进行监督！”1997年8月28日，惠州电力工业局在电力调度大楼召开新闻发布会，局长赖康宣布在惠城区范围内推行八项供电服务承诺，话语掷地有声。

当天的新闻发布会，一向习惯早到的赖康，一身西装革履，比参加往常的会议还要提前很多。惠州各媒体记者、客户代表应邀到场，市政协主席汤聘辉，市委常委、宣传部长曾铁元，市人民政府秘书长庄志鹏等出席，见证这一时刻。

惠州电力局是全省电力系统内首批推出供电服务承诺的单位，这在惠州市公共服务行业创了先河。参加发布会的汤聘辉等向赖康表示肯定，并希望市里各行业向供电部门学习，强化行业作风建设。

赖康是1990年从汕尾市计委主任调任惠州供电局党委书记、局长的。1995年惠州供电局更名为惠州电力工业局。1997年，这一年正是赖康担任该局“一把手”的第七个年头。俗话说“七年之痒”，然而在赖康身上，却是他对自己以及对企业的更高要求。

推行服务承诺，还得从赖康作为班长的领导班子自我加压说起。

20世纪90年代，惠州经济跳跃式的发展和高速增长被著名经济学家于光远称为“惠州现象”。惠州以一匹经济“黑马”的姿态和形象跃出南粤，“80年代看深圳，90年代看惠州！”成为当时的流行语。

在“惠州现象”中，落户惠州的大项目带来了巨大配套和拉动效应，惠州供电局抓住机遇，大力推进电网建设，实现了惠州电网的“四级跳”，跃居为全国五十个主变容量超200万千伏安的地区之一。1994年8月，惠州宣布结束拉闸限电历史。

1995年，500千伏惠州变电站竣工投运，惠州成为全省第五个拥有500千伏变电站的地市。

然而，令赖康他们担忧的是，电网建设硬件上来了，企业管理向前了，一些干部职工却逐渐有了松松气、歇歇脚的念头。

随之而来的是服务质量的下滑。“起早摸黑和几个工人赶产量，结果时不时给我来个停电。”灯泡厂叶朋起对于停电意见很大。“一次有个大订单要赶货，结果突然停电了，让工人去供电所找了人来修理，竟拖了两天才来。”两天用不上电，订单没赶出来，叶朋起赔了不少钱。这种情况每个季度都有一两次，工厂口碑也做坏了，叶朋起的厂子生产经营陷入窘境。

这样的例子只是一个缩影。社会经济的发展，与服务意识和服务质量差距越来越大。

“在缺电的年代，人民群众能有电用，就很感谢我们。但是时至今日，仅让人民群众有电用，已远远不够。”赖康和他的班子形成共识。在1996年5月下旬的一次会议上，赖康他们认真分析企业现状和未来发展，决定在企业内部组织一场主题为“电网超前了，管理上来了，下一步怎么办”的大讨论。

从局领导班子到各部门、各生产单位、各供电所，讨论轰轰烈烈。“如果我们不紧紧抓住机会，超常规加快电网建设，就会造成电网‘卡脖子’拉闸限电”“如果供电质量满足不了高新科技企业的需要，就会使有意向在惠州投资的企业却步”“如果服务水平停滞不前，或滑坡，用户报装接电、故障报修、交付电费和用电咨询等过程十分不方便，就会……”赖康等领导班子到各单位了解讨论情况，听取意见和建议。这年的6月初，他在一次班子讨论中说，服务上的短板不努力补齐，极可能变成制约企业发展的瓶颈，进而影响地方经济社会发展。

在这年的整个夏天，惠州电力局各个线条、各层级每周都会抽出一个下午的时间，进行大讨论。

“提升服务还是很有必要的，按照现在的趋势，我们是办企业，人民群众就是我们的客户，以后客户的满意才是我们的目标与最大的业绩。”部分基层职工觉得不合理，想不通为什么要这么搞：“反正是垄断行业，能保证大家有电用就可以了，有必要搞服务提升么?”

“日子过得好好的，没事找事做吗?”

“不能只看眼前，要想以后的日子也好过，现在就是得转型搞服务。”

“放心，也就是一时兴起，推不动的，服务不好，他们照样只能用我们的电，不然就没电用。”

在大讨论开展的初期，主流声音中还是夹杂着各种声音。

只不过那些非主流的发声者没有想到，这场大讨论绝不是“走过场”，而是“动真格”。

“要实现服务质量的提升，首先要明确‘做什么’和‘怎么做”的问题。”1996年7月，在一场由班子组织各县区供电部门负责人的讨论会上，

1996年3月31日，惠州电力局在西湖景区向民众宣传《电力法》

分管用电、农电的惠州电力局副局长李贻明提出：“我觉得要提升职工的服务意识，首先是要认清我们所处的行业对比其他行业的服务有什么特殊的地方。”

惠州电力局副局长兼城区供电公司经理陈友琼提出了自己的观点：“惠州其他公共服务机关单位的服务时间主要限于工作的8小时内，而人民群众用电是365天24小时的，需要的电力服务是全天候服务。”

城区供电公司副经理石耀先说：“其他公共单位同一时间需面对的只是个别部门和人员，而我们是同时面对全惠州250万人民的及时响应，牵涉面广、劳动强度大，是面向全社会的。”

“别的单位对外面向人民群众的只是窗口人员，我们就不一样了，电力服务要涉及报装、安装、收费、抢修等，这个覆盖面是全员性和全局性的。”惠阳市电力工业局经理、党委书记尹年丰也说出了自己的见解。

这场持续数月的大讨论，就像是一把尖刀，直插痛处，让很多有着懈怠思想的职工，开始坐不住了。惠州电力局员工服务理念、服务机制、服务装备，尤其是员工的服务意识都得到了明显的提高与转变，惠州电力局全局上下逐渐在大讨论的思维方式与价值观的碰撞中，基本统一了思想。

思想解放了，旧有观念被冲破了，赖康他们决定向社会推行供电服务承诺，推动解决“降低停电时间”“提升抢修效率”“加快用电报装和复电速度”等三大问题。

这是一个消除沉疴顽疾的大胆决策。

为了保证服务承诺能落到实处，赖康他们早已做好准备，在服务硬件和内部考核方面双管齐下。局里筹资100多万元购置了10多台机动性强的电力抢修车，在抢修班组安装了带录音功能的子母电话机，使得员工即使在洗手间或工器具房也能随时接听电话。自上而下广泛发动职工群众，制定具备可行性的奖惩和考核措施，落实责任到每个岗位、每个人。一件件在基层员工以往看来不可能实现的任务，被作为一条条制度订立了下来。

赖康对各项承诺条款进行了最终的审定。条款包括：市区实现全天24小时抢修服务；计划检修停电、临时停电信息公开；用户办理申请用电限期答复供电方案；高、低压接电限期供电；违章用电办妥有关手续及时恢复供电；用户投诉及时办；电费投诉及时处置办理；营业场所公开用电收费标准和办事程序，接受用户监督等。

在8月28日的新闻发布会上，赖康说：“这里，我们做出保证，若达不到承诺，我们将对相关责任人进行惩罚。”

“这是我市电力部门创建一流供电企业的重大举措，对全市‘讲文明、树新风’活动的开展必将产生深远的影响。”汤聘辉在服务承诺的新闻发布会上对惠州电力局实施供电服务承诺给予了高度评价。

一石激起千层浪。

惠州电力局实施供电服务承诺的消息在市民中也传开了。看到明确而详细的承诺内容宣传小册子时，许多市民又惊又喜：“变了变了，以前的‘电老虎’竟然敢公开承诺那么高的服务标准?”然而，也有许多人对于服务承诺能否真正兑现，抱着观望态度。

“发布归发布，也就是在媒体和政府面前，做做表面文章，执行另当别论吧。”一开始，抱有变电工区直流班陈亚萍这种想法的人不在少数。

但是，赖康他们显然是要动真格。1998年春节前夕，城区供电公司龙丰

1997 年 8 月 28 日，惠州电力局召开实施供电服务承诺新闻发布会

停电抢修的现场负责人和仓库管理人员，因为抢修仓库缺少开关柜备件，需要从其他县区调运抢修物资，导致抢修复电时间超时了，当月就被扣了 300 多元的工资，还被通报批评。

“还是个快退休的老员工，大家本以为会得到‘特殊照顾’。”这处罚让大家感觉到，局里对服务承诺是较真的，红线碰不得。全局上下，渐渐感受到上层的决心和工作的新标准。为了兑现承诺，各业务线条进入了“备战”状态，抢修一线的员工甚至冲凉都把 BB 机带进冲凉房，休息时也把 BB 机放枕边。

“停电打电话报修，以前起码要几个小时甚至需要一两天才能看到供电的人，现在他们有承诺，真的快了很多。”“以前供电部门是‘电老虎’，现在他们主动让群众来监督，干得不好，职工也要挨批评、扣工资。”一时间，惠州街头巷尾都在讨论惠州供电行业的这种变化。

服务承诺实施后的第二年，作为综合考核指标的供电可靠率，赖康得到了这样的数据：惠州城市用户供电可靠率从 94.565% 提升至 98.920%。

服务承诺向一线窗口、配电抢修、入户抄表等各个岗位渗透，属下各电力局也纷纷出台了自己的承诺。1998 年，惠州各县电力局承接市局标准，向各县县城用户推出八项服务承诺；1999 年，向全系统乡镇供电所的所有用户推出供电服务承诺。

以前，惠州下面的县城、圩镇的用户在晚上 10 点后因事故发生停电而打电话要求抢修，电力部门的员工是不会理睬的。天长日久，百姓也就习以为常。1999 年，惠州电力局全面向乡镇的用户推出供电服务承诺后，县区用户的意识上来了，县区电力局的职工的服务意识、反应能力和工作效率也上来了。

1999 年 7 月的一天凌晨，惠州博罗县城光明路一处变压器因超负荷而不时冒出火星，随时有发生停电的危险。按常规须做停电处理，但当时县城没有现成的同类型的变压器可以调换。为了防止因此造成停电，给暑天度夏的县城用户造成不便，博罗县电力工业局的职工一边派人轮流守候带病运行的变压器，一边紧急派人到市区寻找、购买合适的变压器。为了把对用户造成的影响降到最小，他们还把更换变压器的工作时间安排在凌晨 3 点。

如果说首发服务承诺是在设置服务底线，那么服务承诺首次发布后的两年，服务承诺起到的已不仅仅是底线的作用，而是全局上下各个线条的服务从意识到行为的整体转化与提高。

2000 年，惠州电力局又在机关推出了对内服务承诺制度；2001 年，将原来八项服务承诺增加到十项，明确了供电可靠率和电压合格率标准，提高了报装送电、投诉举报答复等办理时限，对县以上营业场所实行无周休日工作制度；2005 年，成立落实供电服务承诺例会工作小组，负责每月的服务承诺例会工作，及时汇总处理 95598 用户服务中心接到的投诉，以服务承诺例会制度为载体，及时解决难点、热点，实行用户投诉“一把手”问责制。

惠州电力局推行的服务承诺得到了市里的认可。市经贸局在 2000 年度工作总结报告中这样写道：“20 世纪 90 年代中期，惠州电力工业局发布八项供电服务承诺，成功地推动了惠州国有企业的生产转型，对 1997 年后惠州发展高产值电子信息产业的历史机遇起到了较好的促进。”

行风转变收获了殊荣。就在供电服务承诺发布的第二年，惠州电力局被评选为全国职工职业道德建设十佳单位。赖康出席北京领奖，受到时任全国总工会主席尉健行的亲切接见。此后，惠州电力局在行风政风测评中，也由原来的中间位置跃居至全市各行业首位，一直保持名列前茅，从未掉出过前三甲。

整个“十五”计划期间，惠州及下属各县区共引进外资和国内大型生产项目220多个。惠州电力局抓住供电服务承诺的实施，优化供电服务，供电成为惠州城市投资环境的一张闪亮名片。汤聘辉、曾铁元等市领导感觉到，供电部门的承诺从纸面真正走到了实践，良好的供用电环境增强了他们招商引资的底气。

南粤『两改一同价』协奏曲

林兆华　耿爱伦　谢颂情

“税赋虽免，电价奇高，农民重负，其何以堪。”

1998年初，时任国务院总理朱镕基在电力部《关于对乡（镇）电管站电工经费缴纳增值税问题的紧急请示》的报告中如此批示。

彼时，国内普遍县、镇（乡）农电管理混乱，农村电网残旧，农村电价奇高。地处改革开放前沿的广东也并无二致：农电管理体制仍未理顺，偷电漏电以及“权力电”“人情电”仍然普遍，这些用电所产生的费用都要摊到农民身上，农民叫苦不迭；农电网架残破，管理松散，一些地方线损率甚至达到惊人的30%。这样的状况，导致的是农村用电价格高涨，不少地方电价每千瓦时要2、3元，个别地方甚至高达5元，广大农民只能“望电兴叹”。有的农民公开骂大街，向媒体投诉甚至上访。

为解决农村高电价问题，党中央、国务院做出了开展“两改一同价”工作部署。朱镕基明确指出：“农村电网改造是国务院部署的一项工作，具体由国家电力公司牵头，由计委审批项目，由农业银行贷款，以农电体制改革、农网改造和实现城乡同网同价为三大目标。”1998年10月4日，国务院办公厅批转了国家计委《关于改造农村电网改革农电管理体制实现城乡同网同价的请示》。全国“两改一同价”工程正式启动。

一场前所未有的农电改革与发展大潮，席卷华夏大地。

天赐良机。广东省电力工业局党委书记、局长吴希荣与潘力等班子成员认为机不可失，必须立即行动起来，指示用电处处长程继亚和农电科科长刁璇玑、副科长黄海元等人加班加点，迅速编制《广东省农电“两改一同价”方案》上报。

然而，上层对“两改一同价”重视的程度、推进的力度，还是超出吴希荣、潘力他们的想象。

1999年早春元月，正值花开柳绿时节，广东省“两会”召开。在这次省人大会议上，省长卢瑞华在报告中指出，开拓农村市场是当前拉动内需的重要途径，而降低农村电价则是开拓农村市场的关键。农村电价下降了，可以启动消费，扩大内需，带动全省经济的发展，并大声疾呼：“广东农村电价是全世界最高的，我们要给农民一个公道！”

卢瑞华的这句重话，无疑给“两改一同价”主要实施者——省电力工业

1999 年 11 月 9 日，广东省副省长钟启权（右一）在潮州市检查农电“两改一同价”工作

局带来前所未有的压力。

仅仅过了一个月，省委、省政府制定的“两改一同价”试行方案于 2 月 12 日正式出台，摆在大众面前，提出的初步目标是：力争三年内将全省农村住宅到户电价降到 0.8 元/千瓦时左右。

曾参与这个方案制定的程继亚回忆说：“半年后，省政府转发省经委关于广东省农村电力体制改革方案的通知，确定在 1999 年底前，全省农村住宅到户电价降到 1 元/千瓦时以下；在三年内，降到 0.79 元/千瓦时以下，最终实现城乡用电同网同价。”

目标十分明确，时间十分紧迫，任务十分繁重，责任十分重大。这是潘力面对这个方案时最直接的感受，既喜又忧。喜的是可以借此东风，推动南粤农电跃上一个新台阶；忧的是此项工作浩繁复杂，如牛负重，容不得半点松懈。那段时间，他心里仿佛压着一块石头。

为达成上述目标，省长卢瑞华和分管此项工作的副省长钟启权多次深入镇、村现场，了解、检查、指导工作。在两位省级领导的牵头组织下，出台一项项措施，步步紧逼。

一是从上而下落实责任制。省、市、县、镇各级党委、政府要以“一把手”工程来抓，省政府派出工作组与各市签订责任书，确定电价达标时间，市、县、镇各级政府层层签订落实降低农村电价、理顺农电管理体制的责任状。

二是明确省的部门分工，有条不紊推进工作。成立由省计委、经贸委、电力局、物价局、水利厅、农行等有关部门参加的“两改一同价”工作领导小组。省计委、省电力局负责农网改造工作，省经贸委负责农村电力体制改革工作，省物价局负责电价治理、整顿工作。

三是省委、省政府办公厅每月定期通报各地“两改一同价”进展情况，指出问题，提出要求。同时分阶段派出“巡回检查”小组，对未达标单位，出示红、黄牌警告。联合报纸、电台、电视台等新闻媒体发挥舆论监督作用，大力宣传报道。

四是制定《广东省农村电力体制改革实施方案》《广东省趸售县供电企业代管办法》《关于乡（镇）电管站改革供电资产处置若干问题的指导意见》等规范管理办法，让“两改一同价”工作有依有据，有章可循。

这“四重奏”，体现了省委、省政府对“两改一同价”这一“德政工程”的鲜明态度和打好攻坚战的决心。据统计，仅 1999 年一年的时间，政府和有关部门就下发了 39 个相关文件。

责任当前，重任在肩，不容拖延。吴希荣与潘力等班子成员多次召开专题会议，研究“两改一同价”问题，力抓农电管理。面对南方日报记者采访时，他态度坚决、掷地有声地说了句：“在省网直供直管的市、县、区内，农村住宅到户电价今年年底不能降到 1 元以下的，当地供电局长就地免职。”

首先是大力推进农电管理体制的改革。

这项改革任务有两个，一个是镇（乡）农电管理体制的改革，即精简层次，将 711 个趸售镇管理机制由三级管理改为二级管理，形成县（市）、镇（乡）管理一体化，取消镇（乡）及以下趸售体制，取消管理区（村）管电机构，取消私人承包管电。另一个是县级农电管理体制的改革，即将 19 个以省网供电为主的趸售县供电企业改为省电力集团公司直管或代管，其余 33 个以小水电为主的趸售县供电企业在自愿原则下改为直管或代管。这些趸售县供电企业由于与省电力局没有资产纽带关系，管理十分松散和混乱。黄海元回忆说：“比如河源龙川供电局，单位规模不大，但是人员有1600多人，超编了将近一半，人员太多，不得不在一些岗位采取轮班制，同一个岗位可能星期一是一个人上班，星期二又是另一个人上班。还有一些县里各种关系户，有的是挂名吃空饷。”

吴希荣坦言：“要降低农村电价，会遇到各种困难，但最难的是管理体制改革。”因为改革，就是要打破固有的利益樊篱，激发活力。

惠州龙门县供电局就是在此期间改由省电力局代管的。但开始，却遇上了不小的阻力。

“我们坚决反对接受代管！”粤中增江上游的龙门县政府反对声音频出。供电企业现金流大，是政府开展建设较为便捷的资金来源，部分领导不愿将“肥肉”拱手让人。

出生于惠州博罗的吴洞天，时任龙门县供电局局长，他对此忧心忡忡，多次进出位于县城东门路2号的县政府大楼。“我们不能只盯着眼前的利益呀，从长远发展的角度去看，接受代管更加有利于我们龙门的经济发展，为农民减负呀！”一次又一次地游说，虽然改变了一些人的想法，但难以改变整个局面。

正当他愁眉不展之际，事情有了转机。1999年，吴洞天跟随龙门县县长温镜明到茂名参加省政府召开的关于加快推进“两改一同价”工作会议。“回来后，温镜明县长在县政府办公会议上，传达了省政府关于扎实有效地推进‘两改一同价’的工作意见，指出这是一项德政工程，龙门县绝对不能拖后腿。”吴洞天说。而且在农网改造贷款投资方面，国家规定广东实行“一省一贷、统贷统还”，如果不与省电力局签订代管或直管协议，将无法获得国家贷款改造农网。因而尽快接受代管，将凭此获益。几番努力下，金秋十月，龙门县供电局与省电力局顺利签订委托代管协议。

其次是大力推进农网改造。

对农网改造所需资金，国家政策及金融机构都大开“绿灯”，全省农网改造总资金为90亿元，其中由国家财政债券安排的资本金有18亿元，由农业银行安排的贷款有72亿元，计划分三年投入：1998年投13.84亿元，1999年投40亿元，2000年投36.16亿元。投资如此巨大，是新中国成立以来“破天荒”之事，从未有过。

吴希荣、潘力始终对农网改造资金的安排问题高度关注，要求既考虑还贷能力，又注意向用电量少的山区县倾斜。对改造项目突出重点，一方面重点安排供配电网络残旧和损耗大的农网，另一方面着重解决电网“卡脖子”问题，安排潜在电力市场大的农网改造项目。“1999年初，在贷款未到位之前，省电力集团公司先行垫资两亿元作为项目资本金，提前启动代管县农网改造工程，为加快农网改造争取了时间，赢得主动。”潘力说。

手中有粮，心中不慌。全省各地立即掀起了农网改造高潮。

在潮州饶平县电力局，生产设计股股长张渭鼎带着十来名工作人员，分成四个工作小组，走村串巷，提前勘测，寻找合适的台区点和线路走廊。冬至那天，呼啸的狂风急躁地卷着冰冷的空气迎面袭来，张渭鼎和一班同事仍到黄冈镇进行勘察设计。大家通宵达旦，伏在桌前忙了整整一夜，编写出饶平县10千伏及以下配电网改造计划。

在佛山电力工业局，局长龚文权将全部农网改造工程完成时间定在三个月内。外人觉得有点儿不可思议，但龚文权心里清楚，工程是否能按时完成，关键在于物资材料和施工力量，而佛山在物资材料方面拥有得天独厚的优势——大沥水泥杆厂。这个厂生产的水泥杆质量好、产量大，农电中心主任钟南通早已提前与之洽谈、商定，只要这批水泥杆一干透，就立刻拉去施工现场，没有任何拖延。在施工力量方面，高明电力工业局引入了20多支施工队伍，其中包括辗转找到的北京送变电公司。北京送变电公司做的大多是500千伏以上的输电工程，他们的大型机械实际上毫无用武之地，施工人员爬的多是铁塔，不会爬杆，就拉着绳索上杆施工。

农网改造热火朝天的场景在全省不同的地方不断地上演着。参与农网改造的施工队伍十分庞大，全省就有500支施工队伍共7500人投入农网改造施工。施工中从领导、技术人员、管理人员到工人，起早摸黑，战酷暑、斗严寒，风里来、雨里去，汗洒热土、情注乡村，为农网改造倾注心血和汗水。农网改造得到广大群众的热烈拥护和大力支持。12月15日，距清远佛冈县城10公里左右的石角镇象龙村，活跃着一群农民网改施工队。他们在村委会干

2000年1月5日，广东省电力局副局长潘力（右一）到开平检查农网改造工作

部的带领下，扛着锄头、木梯，推着大板车主动参加网改，在农电管理人员的指导下，挖土坑、种电杆、钉街码、拉巷线……“不少农民在征地、青苗赔偿中给予积极配合，甚至不提补偿；有的像过去战争年代支前那样，为施工队送茶水，义务烧水做饭，无偿提供住地，为加快工程建设创造有利条件。”吴希荣这样说。

第三是大力推进城乡同网同价。

要解决农村电价过高问题，不仅需要改变农村电网设备残旧老化、线损大、能耗高的软硬件方面问题，还必须改革农村电价的形成机制和改变农村电力成本的负担办法。

省电力局主要从三个方面着手：一是对城乡电网实行统一管理、统一核算、统一定价，社会公平负担的办法。将镇（乡）电管站改为县供电企业所属的供电营业所，实行收支两条线，供电所收入电费全额上交，所需费用开支由县供电企业统一核拨。二是取消电价外不合理的附加费和搭车收费项目。除省目录电价和国家规定征收的每千瓦时电力建设费2分钱、三峡基金0.8分钱和城市公用事业附加费并入电价外，其他的各种基金、附加费，比如国家多征收2.5分/千瓦时电力建设费，市、县、镇共收6分/千瓦时电网建设费和搭车加收的修路费、卫生费、教育费、治安费等一律取消。三是农村电价实行最高限价。每千瓦时在1997年为1.80元和1998年为1.50元的基础上，定下1999年底前和2002年底前分别降到1元和0.79元的目标。“三招下来，效果立竿见影，深圳、高明和佛山城区率先实现城乡各类用电同网同价。例如高明，从1999年1月1日起，全市就实现了城乡用电同网同价，农村住宅用电从每千瓦时1元降到0.68元，农民用上了跟城里人一样价钱的电。”潘力说。

虽然全省农电“两改一同价”进行得如火如荼，总体来看形势良好，但也有部分县市进度并不如意。1999年9月，时任省委书记李长春就一些地方执行不力的状况做了这样的批示：“请有关的市县党政主要领导同志亲自抓一抓电价问题，这是减轻农民负担，为人民群众办实事的具体行动，也是扩大内需、启动农村市场的重要措施。我们绝大多数领导干部都是农民的儿子，特别是县乡一级，要带着感情听听父兄的呼唤。”10月，钟启权在接受中央电视台的采访时，更是直接点了一高一低两个截然不同的典型：高明市直面阻力，以降价减负为己任，积极改革，城乡用电实现同价；惠来县按兵不动，农村电价至今奇高。

很快，国家电力公司在内部出版的《行得春风有夏雨——两改一同价典型调查集》上刊发了一篇由省电力局办公室撰写的题为《东边日出西边雨，两种态度两重天》的调查报告，并做了点评：“‘人民电业为人民’‘一切从人民的利益出发’，这些话人人都会说，但当改革真正触及自己的利益时，结果就不一样了。我们希望，为了人民的利益，请不要做说话的巨人，行动的矮子。”

来自高层的批评、群众的不满，让惠来县委、县政府的领导者如坐针毡。是时，该县农村平均到户电价为每千瓦时1.93元，比全省平均到户电价高出0.92元。该县的一个镇奇高的电价被《羊城晚报》曝光后，一度成为媒体的焦点。究其背后的原因，主要是源头电价高、批零价差失控，经过层层趸售，电价从0.526元升到3.000元，升高4.7倍；地方电源上网电价奇高，比省网综合平均收购价每千瓦时0.386元高出0.160元，升高30%；农村电网残旧

2000 年 11 月 3 日，广东省“两改一同价”验收小组到英德市农网改造现场验收

落后，线损居高不下，镇一级线损率为 20%，管理区一级线损率为 35%，令人咂舌。原因查明，惠来县委、县政府痛下决心摘掉“高帽”，1999 年底结束趸售制，加速推进农网改造，与省电力局签署了代管协议，并于次年 1 月实行各类用电同网同价。

地处珠江口西岸的中山市，1999 年上半年，全面开展彻查、清理、整顿电力的收费情况，取消不合理价外加附加费和搭车费用等，6 月向全市公布了清费电价并轨后新的各类电价标准，并实施统一农村住宅到户电价 0.79 元/千瓦时，并将 1—6 月高出电价部分的电费退返给农户。

此举赢得了村民们的欢呼雀跃。中山沙溪镇大同村村民方伯指着搁在墙角“解甲归田”的柴油发电机，对前来采访的记者说：“以前这里经常停电，所以家家户户都有这样一台小柴油发电机，成本高又影响村民休息，现在它该退休了。”

三年的奋力拼搏没有白费，到 2000 年，“两改一同价”工作一张张漂亮的成绩单，陆续摆到了省委书记李长春、省长卢瑞华、副省长钟启权和省电力局局长吴希荣、副局长潘力的办公桌上。

在农电体制改革方面，至1999年12月，全省53个趸售县（市）中有34个分批签订了代管协议。取消管理区（村）管电机构3.1万个；省电力局直管和代管的84个农电单位、1338个镇级管电机构，全部实现由镇供电所实行“四到户”“五统一”。

在农网改造方面，由于计划下达较迟，工期延缓。至2001年12月，全省共完成投资91.68亿元，农网设施焕然一新，电源的分布点得到合理调整，缩小供电半径范围，供电质量明显改善，低压线损普遍从原来的20%—30%降到12%以下。

在农村电价方面，1999年12月15日，全省农村住宅到户电价降至1元/千瓦时以下，极大地减轻了农民负担。

成绩固然可喜，但负责主抓“两改一同价”工作的政企领导者们，目光更多的是盯在亟待早日解决的几个突出问题上：一是省电力局与县级供电企业的关系尚未完全理顺，仍有18个没有接收代管；二是尽管安排了大笔资金，但与实际需要差距还很大，全省10千伏以下电网改造面仅完成40%左右；三是一些代管县或自供自管县，在条件尚不具备的情况下，将其农村住宅到户电价降到1元/千瓦时以下的，造成一些县供电企业亏本经营。

正如人们所期盼的那样，跨入新世纪之后，一次更大规模、更深层次的农电改革与发展的“大剧”，伴随着南粤春天的鼓点，陆续开演。

回望政企分开与厂网分开

王 越 刘又菡 朱 盈

2001年8月8日，广州市东风中路广东省人民政府侧的广东大厦有些不一样。

礼堂里有些闷热，略微嘈杂。这是一个在广东人的眼里“大吉大利”的日子，两家新公司——广电集团公司和粤电资产经营公司的揭牌仪式将在这里举行。两块牌子披着红绸子，两家新公司的领导班子成员自然地分立在两侧。

吴希荣坐在主席台上，这位“分家”前的“一把手”，此时就要功成身退了。而新成立的两家公司主要负责人中，广电集团公司董事长王野平、粤电资产经营公司董事长潘力，都是他十分熟悉的拍档、同事。

广东电力事业发展快，电力体制改革的步伐也快，吴希荣颇有些感慨，这已经是他第三次参加省一级电力机构摘、揭牌了。吴希荣是河南南阳人，1968年毕业于广东工学院，先后在韶关发电厂、沙角发电A厂工作，1992年12月开始担任省电力工业局局长，1993年2月兼任党组书记。

他第一次参加揭牌是在1992年12月1日，那一天，在广州市东风东路757号大院门口，“广东省电力工业局”牌子边上挂了九年多的“广东省电力工业总公司”牌子被摘下。时任副省长张高丽、局长陈岗共同为“广东省电力集团公司”的牌子揭幕。

从“总公司”到“集团公司”，是广东实行集资办电、多渠道筹措电力建设资金发展的水到渠成。

在调任省电力工业局前，吴希荣担任沙角发电A厂厂长，紧邻A厂的是沙角发电B厂。原能源部部长黄毅诚在一次关于电力体制改革的讲话中指出，以并网协议和经济合同方式管理电厂，最早的就是广东省电力工业局与港商胡应湘合作建设的沙角发电B厂。这或许是中国电力工业史上最早出现的最接近后来的“政企分开”的实例。

沙角发电B厂建成投产于1987年，这一年提出的中国电力工业发展“二十字方针”——“政企分开，省为实体，联合电网，统一调度，集资办电”，第一个词就是“政企分开”。

1984年，广东省向国务院打了一份报告，内容是深圳市与香港商人胡应湘合作以BOT模式建一座电厂。胡应湘向外国贷款、建设并经营电厂，借外国银行的钱，由胡应湘通过卖电的收益偿还；经营 10 年后，胡应湘还清贷款，无偿将电厂交给内地。合作条件是省电力局要与胡应湘签一份合同，保证按固定价格收购大多数的电量，确保电厂的收益。这份报告到了北京后，在国务院有关部委停留了 7 个月仍未批复。最后，在中央高层决策下，中国第一个 BOT 模式的电厂——沙角发电 B 厂被批准建设。

1992 年召开的党的十四大提出“建设社会主义市场经济”的总目标。按照中国电力工业发展“二十字方针”，电力工业体制改革在“政企分开”上又迈出了一步——负责跨省电网管理的五大区域电力公司在中央财政实行计划单列，电力工业部管理的五大区域电管局大门口的“电力公司”的牌子都换成了“电力集团公司”牌子。

1993 年，陈岗兼任省电力集团公司首任董事长没多久就离休了，吴希荣接任。与陈岗同年离休的还有省政协副主席匡吉。匡吉 1983 年任副省长，一直分管广东省的电力工作，到省政协工作后，还奔波于西南各省（区）推动联合办电。

这一年，吴希荣开始了党政“一肩挑”，离休后的陈岗有更多的时间去听

1997 年 10 月 22 日，广东省副省长钟启权（左一）视察 220 千伏阳山变电站

京剧，匡吉开始环游世界。也是这一年，广东全省发电装机容量超越山东，跃居全国第一。

到了1994年，广东电力建设更是进入密集的“收割期”，不断刷新历史纪录。电源方面：大亚湾核电站两台90万千瓦机组，妈湾发电厂2号30万千瓦机组，沙角发电C厂1号66万千瓦机组，湛江发电厂1号66万千瓦机组，恒运电厂3、4、5号机组，清溪水电厂相继投产……全年建成投产发电装机容量513.54万千瓦，占全国当年新增发电装机容量的31.3%。全省发电装机容量达到1981万千瓦，比1993年增长了34%，大幅拉开了与第二名山东省的差距。电网方面：全省新投产110千伏以上线路1118.6公里，占全国的11.6%；新增110千伏及以上变电设备735万千伏安，占全国的32%。年发电量770.5亿千瓦时，首次超越山东，跃居全国各省市的第一位。

吴希荣清楚，在发电装机容量和发供电量双双跃居全国首位这份耀眼成绩的背后，蕴含着怎样的电力管理体制机制的内在逻辑与规律。

不同于输电线路全部都是由省电力工业局投资建设，产权归省电力工业局。吴希荣仔细分析，513.54万千瓦机组对应的电厂中，只有清溪水电厂一家是省电力工业局全资建设。

大亚湾核电站是由中外合资联营的广东核电合营公司所有，其股东包括了广东省电力集团公司（即省电力工业局）、中国核工业总公司、电力工业部和香港核电投资公司（香港中华电力公司全资），省电力集团公司占中方股比为45%。沙角发电C厂是以BOT模式建设的粤港合资电厂，省电力工业局控股60%，香港合和集团参股40%。湛江发电厂是四家企业联合投资建设的，其中，股权结构为广东电力发展股份公司51%、华能国际公司24%、省电力集团公司13%、广东电力投资公司12%。

妈湾发电厂是深圳市与光大集团、南海石油、广东核电投资公司联合出资建设的中外合资地方电厂，省电力工业局没有股份。

恒运发电B厂是由广州恒运企业集团、香港盛扬投资公司、广州黄埔区能源开发公司等六家企业合资建设的。

在“二十字方针”指导下，通过卖用电权等方式向社会筹集资本办电、利用外资合资办电、发行股票、鼓励地方办电、税收返还以电养电等一系列优惠政策，广东建成投产了一大批新的大中小电厂，电力工业格局发生了翻天覆地的变化，形成了一个办电、发电主体复杂、多元的局面，吴希荣领导的省电力工业局，从业务到产权不再是“一统天下”，统管全省电网、电厂已成为历史。

这个时候，只有建成投产较早的全资发电厂和直属供电局属于省电力工业局（集团公司），实行人、财、物、产、供、销统一管理模式。省电力工业局（集团公司）控股、参股的发电厂，实行财务分账、其他统管的模式。省电力工业局（集团公司）无产权关系的地方电厂，则是通过签订并网协议管理，由省电力工业集团统一调度，对这些电厂，省电力工业局更多的是行业务指导。

显然，后两者无论从电厂数量，还是装机容量上都是大头。

就在1994年，这一年广东近30年的电力供应紧张形势大大缓和。吴希荣发现，全省性的拉闸限电、错峰用电和严格的计划用电，从工作日程上逐渐淡化。

供电形势出现的缓和并未让吴希荣感到轻松。随着电力供应形势的持续缓和，关于他既是“裁判员”又是“运动员”的说法越来越多。

更令吴希荣感到棘手的是，通过电费加价集资办电的模式也走到了一个尴尬的地步。过去，电力工业实行政企合一，省电力工业局下属企业发的电，加征的电力建设资金由省电力工业局统一支配，用于扩大再生产。省政府实行“税收返还、以电养电”的政策，将电力工业生产环节的税收返还给省电力工业局用于扩大再生产。

现在省电力工业局并不是电这种商品的唯一生产者，加征的附加费和返还的税收还给省电力工业局，说不过去。同样的问题，在全国都出现了。1998年，国务院发文停止了以省为单位加收电力建设专项资金的政策。

1996年，全国性的电力供需矛盾出现了明显缓和，关于加快电力体制改革，实现政企分开的窗口期开启了。1997年，国家电力公司成立，原归电力部管理的电力工业企业划归国家电力公司管理，形成了电力工业部管政策、管行业，国家电力公司管企业、管电网的局面。紧接着1998年的国务院机构改革中，电力工业部被撤销，电力行业行政管理权限划归新成立的国家经贸委。原来负责综合协调体制改革的国家体改委与国家计委合并，组建国家计划与发展委员会。

政企分开在国家层面上又进了一步，已经做到机构设置形式上的分开。

也就是在这段时期，吴希荣越发感觉他的工作面临着新的情况——作为省电力集团公司“一把手”，他要考虑的是如何保证下属企业的经营业绩，保证上交国家的利润、税收。作为全省电力行业行政管理部门负责人，他要考虑的是如何端平这碗水。

但是，在越来越多的发电企业看来，上网电量谁多谁少，省电力工业局拥有绝对的话语权，诸如省电力局直属的发电企业和电网调度是“穿一条裤子的”“电力公司既是裁判员又是运动员”“不正当不对等竞争”等的说法越来越多。面对这些质疑和说法，吴希荣也感到“旧体制解决不了新问题了”，他说：“很多时候，我们工作不被认可，吃力不讨好。我们觉得，政府有政府要尽的责，主要是依法维护社会秩序，营造公平公正市场环境；企业有企业要做的事，主要是依法经营，提高效益。”

2000 年 2 月，省委、省政府印发了省政府机构改革方案。方案明确，撤销省电力工业局建制，将电力行业行政管理权限划归省经贸委。紧接着，在行政审批、许可制度改革中，除电价和重大项目审批权外，相当一批电力项目的审批权下放或取消。以机构改革和简政放权为主要内容的政企分开改革又向前推进了一步。

这一年的 4 月 29 日，吴希荣亲手摘下了“广东省电力工业局”的那块牌子，留下了“广东省电力集团公司”的牌子。这是吴希荣第二次参加揭牌。

正在这个时候，突如其来的缺电，让广东省正在进行中的政企分开改革和后续的厂网分开改革“两步并作一步走”。

从 20 世纪 80 年代后期到 90 年代中期，为了应对严重缺电，广东各地市县，甚至乡镇村和企业纷纷出资或集资建设了一大批燃油、燃气轮机的小电厂。到 1999 年，全省地方集资小机组的总装机规模超过 1000 万千瓦，占全省装机容量的三分之一，相当于一个湖南省的装机容量。每年所使用的发电燃料用油 617 万吨，占全国的 63% 。

这些小电厂不少是通过借高息集资建设的，烧的都是高价油，成本比骨

2000年4月29日举行的“广东省电力工业局”摘牌仪式

干电厂高得多。1998年后，国际油价不断上涨，导致大量燃油燃气小机组入不敷出，为了减少亏损，小机组陆续停机。与此同时，1994年后，宏观调控力度加大，实施经济软着陆，广东新开工建设的电源显著减少，新增项目储备不足的问题也逐渐暴露。

2000年6月，全省出现了持续六年的供电形势缓和后的首次限电。全省限电负荷达127万千瓦，供电量减少超过300万千瓦时。根据测算，广东省“十五”期间面临着1000万千瓦的电力缺口。数量之大，触目惊心。

根据时任国家计委主任曾培炎的回忆，这一年夏天，广东省委、省政府向中央提交了一份报告，请求中央尽快批复广东省提出的电力建设项目，加快西电东送广东项目建设步伐。中共中央政治局会议研究如何解决广东缺电问题，在广东是立足本省建电源还是依靠西电东送上，产生了争议。国务院总理朱镕基力排众议，提出通过加快西电东送项目建设，解决广东1000万千瓦电力缺口的建议，这个建议最终上升为中央集体决策。

实施西电东送解决电力缺口，成了广东正在进行的政企分开和厂网分开改革的其中一个导向。

在2001年2月召开的九届人大四次会议上，省长卢瑞华做的政府工作报告对“十五”期间广东电力工业发展目标是这样表述的：“继续实行电力建设适度超前的方针，积极吸纳国家西部电力向我省供电，有计划淘汰小火电机组，实现‘以大顶小’，建设大型骨干电厂；大力发展清洁能源和新能源；完成城市电网和农村电网改造工程，实现城乡用电同网同价”。

山雨欲来。省里实施电力“厂网分家”的各项准备工作已经全面启动，吴希荣和班子成员多次讨论，研究部署，做好落实。2001年6月3日，副省长游宁丰率省委组织部、省经贸等相关人员来到省电力集团公司，宣布省电力集团公司分为广电集团公司和粤电资产经营公司，并宣读了两个新公司领导班子的任命决定。

在随后的省委组织部、省经贸委、省财政厅及新老电力公司主要领导组成的省电力体制厂网分开改革协调小组的会议上，要求两家公司组建的过渡时期，省电力集团公司原领导班子成员继续按照原来的分工履行岗位职责，负责并协调电力生产经营等日常工作；两公司新班子负责公司改革发展工作；新老班子要密切配合，两公司正式挂牌后，老班子成员要将工作完全移交；要求公司成立联合工作小组，负责拟定新公司组建的工作计划、资产和人员划分的具体方案，起草两公司的组建方案、章程，及新公司组建的有关具体工作；两个新公司将在8月8日挂牌成立，时间不得有误。

次日，吴希荣他们决定，成立由原广东省电力集团公司办公室、财务处、干部处、劳工处、策划部等部门主要负责人组成的联合工作小组，并明确职责、定位和分工，由时任助理巡视员的杨文伟负责具体工作，而他和王野平主要是对工作小组进行监督。

刚成立的联合工作小组工作马上进入倒计时。“第一周，小组就召开了第一次会议讨论并通过了两个新公司的组建计划，就资产划分的原则、办法等达成识，并高效布置对公司合同、提案及债权债务的清理工作，还向两公司董事会提交了新公司组建工作计划和资产划分的初步方案。”杨文伟回忆说。

“一拆二”面临着两个最重要的划分：资产和人员。按照电力体制的厂网分开实施方案，基层电力企业资产构成和划分是清楚的。资产划分的重点内容是原省公司财务处自己管理的资产、省公司本部资产及有发供电综合业务的直属公司的资产。

6月15日，两个公司董事会通过了工作小组提出的厂网资产划分方案建议，主要原则是：除给拟搬到新址办公的发电公司留出开办费，其余公共资产按发供电企业资产的比例，公益金、福利和工资基金等按发供电企业人员的比例划分；相关债权和债务随资产走，属于电网、电建部分的，划入电网公司，属电厂部分的，保留在发电公司。资产划分方案的通过，为后续工作的进行打下了很好的基础。

改革开放以来，广东电力工业得到了飞速发展，累积了雄厚的物资基础，两家新公司都具备强大的实力和良好的发展前景，因此，也无须锱铢必较。杨文伟回忆，两个新公司的领导班子本就是“一家人”，面对厂网分开出现的问题，一致提倡以友好协商解决为主，避免矛盾上交。资产划分便在平等协商、互谅互让的友好气氛中完成。

6月中旬，厂网分开工作进入到白热化的实操阶段，也是最难的阶段——人员划分。在用电高峰逐步攀升的情况下，两个新公司成立的初期怎样保持原有工作的持续性和队伍如何稳定过渡最为关键，人心是否安稳，直接影响全省电力供应和电网安全。对公司下属单位的职工，按照人随资产走、人随单位走的原则划分，比较容易解决。杨文伟组织联合工作小组闭门两天反复商议，确定了对公司本部及综合服务机构的人员划分的原则。专业比较明确的岗位，人跟着岗位走；省公司本部实行全员分流，约三分之一的人到发电公司，三分之二的人到电网公司；个人申报，组织确定，根据省委组织部的意见，副厅级以上干部可以自行选择去处，其余人员可申报个人志愿，由组织根据实际工作需要决定去向。

与此同时，采取先主业后多经、先在职后离退休的划分步骤。离退休及多经企业人员的分离工作都是在两个新公司正常运作后陆续进行，以保证在最短的时间内抓住人员分配重点，顺利完成人员安排和工作的衔接。重组企业下岗职工和停产电厂留守人员的安置费用，由省财政厅在出售省属电厂国有资产收益中解决。

7月4日，吴希荣他们在原省电力集团公司本部召开了厂网分开改革动员委员会，会上宣布了人员划分的指导思想和基本原则，要求干部职工要顾全大局，正确对待个人去向，坚守工作岗位，实现平稳过渡。

会后，杨文伟等人对职工个人意向进行了汇总统计，根据个人申报情况，两公司主要领导首先对处级和科级干部的重新组合达成共识，其后很快就确定了所有在职人员的划分安排方案。7月31日，公司本部在职人员去向公布后，两公司分别召开全体员工会议，很快完成了工作的交接。杨文伟回忆说："公示的时候，有几个人来找我，说对分配结果不满意。我解释说：这个分配方案，首先是参考了个人意向；然后是结合实践情况，比如夫妻都是本单位职工的，一个分去粤电公司，那么另一个就分到广电集团；最后再根据个人能力和平时工作表现来决定，公开透明、公平公正。有意见的员工听完后也没再多说什么，都服从了安排。"

2001年6月23日，《广东省电力体制政企分开厂网分开改革实施方案》正式印发。吴希荣在文件中看到，他主政的省电力集团公司将被拆分为电网、发电两个授权经营的公司。新成立广东省广电集团公司有限公司，负责经营全省电网；成立广东省粤电资产经营有限公司，负责经营省发电资产。

改革方案中有这样一句话："通过发电资产重组和股权转让，调减发电企业的国有资产比例，借此筹集电网建设资金，加强电网建设，做好西电东送接收工作。"吴希荣体会到，这种新形势下筹集电力建设资金的新方法，比"集资办电"更为市场化。而加强电网建设，也符合国家加大西电东送广东规模和农网改造升级的政策导向。

新成立的广电集团公司的跳出传统"输配售一体"的传统模式，职责实现了新的划分，依法实施电网管理，对全省电网以及并网的电厂实施统一调度；经营全省电力销售及服务业务；管理广州抽水蓄能水电厂和沙角C电厂，担负系统主要调峰任务；将非电网性质的投资、股权逐步回收或变现，集中用于完善全省电网。

广电集团公司在机构上，除了各地市供电公司、直属县供电公司、省电力调度中心、省电力通讯中心外，还保留了广州抽水蓄能水电厂和蓄能联营公司、沙角 C 电厂和沙角 C 厂发电公司（2003 年省政府决定划归粤电集团）以确保电网安全稳定运行；另外还包括省电力实验研究所、省电力通信设备工程公司、省电力通讯公司、省电力物资公司、广华进出口有限公司、省电力投资公司等全资或控股子公司；省电力设备厂、广州电力设备厂、省电力线路器材厂、省火电工程公司、省电力第一工程局、省输变电工程公司、省电力技术改进公司、省电力设计研究院等电力设计、施工、修造类企业。

广东省粤电资产经营有限公司定位为资产重组、出售资产，筹措资金建设电网。接管了沙角、黄埔、湛江、梅县、韶关、珠海、云浮、茂名、大亚湾、阳山、云南曲靖等 12 个火电类子公司，流溪河、长潭、青溪、长湖、新丰江、枫树坝、南水和天生桥一级等 8 个水电类子公司也划归广东省粤电资产经营有限公司管理经营。

潘力带领的广东省粤电资产经营有限公司办公地点位于黄埔大道，他们管理着一批相当优质的电力资源，这批发电资源不仅包括广东省内的众多水电厂、火电厂，还包括了云南、广西、贵州等地的西电东送广东的电源。粤电力 A 股也由粤电资产继承。

另外，广东省粤电资产经营有限公司还有当时国内发电企业唯一的专业电煤运输船队。这个时候的粤电所掌握的电力资源分布之广，仅次于后来从国家电力公司分出来的五大发电集团。这时候的潘力，一项重要的任务是运用好粤电这个平台，开展新型的“集资办电”。

后来，成立南方电网的方案基本确定后，省里调整了出售发电资产计划。2002 年 10 月，省委常委会正式明确粤电资产经营公司发展思路为“立足广东，面向南方，以资本运营为主，通过自我积累、自我发展，实现以发电为核心、以资本经营为主，使粤电公司发展成为南方区域最具竞争力的发电集团”。随后，粤电资产经营有限公司更名为粤电集团公司。

揭牌仪式后，吴希荣逐步将主要工作精力放在了履行人大代表职责上，虽然他还担任着省电力行业协会名誉会长一职。从 1968 年大学毕业算起，他职业生涯的前21年是在电厂度过的，在职业生涯的最后一站，这位名副其实的“老电厂”，却把组织关系留在了负责经营电网和供电业务的广电集团。多年后，在谈到做出这一选择的理由时，吴希荣说：“我当时，还兼着省人大常委会经济委员会副主任，电网和社会方方面面接触多，我也方便了解情况，履行好人大代表的职责。”

『南海石化』供用电合同签署的背后

黎凯燕

2000年10月28日，中海壳牌南海石化项目合营合同在北京签字。消息传来，惠州到处张灯结彩，喜气洋洋，全市人民沉浸在迎接“南海石化”这个世纪大工程正式落户大亚湾的喜悦兴奋之中。

10月29日，荷兰壳牌化工公司董事长亨克斯、中国海洋石油总公司总经理卫留成与惠州市市长肖志恒等，在天悦大酒店签下了五个备忘录，这个当时国内最大的中外合资项目，也是世界上生产规模最大的石化项目之一终于尘埃落定。广东省人大常委会主任朱森林、副省长汤炳权、省政协副主席王珣章、原副省长匡吉、惠州市委书记李鸿忠等出席签约仪式。

惠州电力工业局局长兼党委书记赖康，当天也在签约现场见证了这一历史时刻。他回忆说，南海石化项目惠州地方合同的签署意味着南海石化全部合同签毕，这让所有参与和关心南海石化项目的人松了一口气。因为从构想的提出，到2000年正式签订合营合同，已经整整走过了12年的风雨历程。当天惠州市政府召开庆祝会，并在西湖举行烟花晚会。与赖康一起在现场见证的还有惠州电力工业局副局长兼城区供电公司经理、党支部书记陈友琼，城南供电公司经理李永新。

2000年10月29日，南海石化项目惠州地方合同签字仪式现场

2000 年 12 月 28 日，在万众期待中中外双方在惠州成立了合营公司——中海壳牌石油化工有限公司，在惠州市工商局正式登记注册，注册资金 133 亿元，外方投资者是荷兰皇家壳牌集团，占 50% 的股份；中方投资者为中海石油化工投资有限公司，占 50% 的股份。

“我是 2001 年 3 月接到调令，去大亚湾电力工业局当局长，我记得很清楚，我调来了一个月，市局就和中海壳牌签订供用电合同了，当时是赖康局长和他们签的。”李永新回忆道。

2001 年 4 月 5 日，惠州电力工业总公司（即惠州电力局）与中海壳牌石油化工有限公司签订南海合营企业石油化工项目供用电合同。在外人看来，合同的签订风平浪静，一切似乎都是顺理成章的，并无特别之处。然而，当年的参与者都知道，在这份供用电合同背后，蕴藏着那个大时代背景下特有的博弈。

“我从来没有看过那么烦琐的供用电合同，可以说是‘闻所未闻，见所未见’吧。条款之间环环相扣，极其严谨。我们过去和企业签订的合同都没有这样的。”根据赖康的回忆，2000 年前后普通的供用电合同往往都只有三至五页，而这份由中海壳牌公司起草的合同却足足有 27 页，合同中事无巨细地规定了双方的合作细节。赖康指出在合同里像“生产供电期是指第 3. 2 款中定义的时期”“甲方根据第 13. 3 款发出的通知应说明需进行此工作的原因和完成此工作估计所需的时间”“乙方应建设第 11. 1 款规定设施以接受甲方供应的电力”……这样合同条款之间互相援引的例子比比皆是。“刚接触时真的让人头晕目眩，在合同内页之间翻来覆去，感觉走进了一个文字迷宫。”

“合同肯定是要签的，但是不能签得糊里糊涂。”赖康接着说，“与国际大公司签订供用电合同，我们是第一次，可以说是零经验，所以大家都很谨慎。”在合同签订前的一个月里，赖康安排陈友琼带领着生技科、用电科、基建办、设计室、企管科、调度所、变电工区、大亚湾局等各个专业线条的骨干们，在西湖宾馆进行为期一周的封闭式研讨。用电科的科长杨贵华是骨干小组成员，他说：“我们分批分次地对合同条款一条一条地梳理分析，大大小小的会开了有几十次。那段时间，整个单位都在讨论南海石化项目的这份合同，大家茶余饭后的话题，肯定少不了那份无比繁杂的合同。”

据赖康回忆，经过反复研究分析，最后双方在合同条款中分歧最大的有三块内容，第一块是主供电源和备用电源容量的问题。

中海壳牌公司要求供电方向他们提供3万千瓦的主供电源以补充用电方自备发电能力的不足部分，并且提供4万千瓦的备用电力作为用电方自备发电能力的后备电力。“这肯定是没有先例的，用多少供多少，哪有备用电源就要4万千瓦的，4万千瓦的负荷就空在那里浪费着，在我们当时看来，这些都是霸王条款。”但是最后经过来回地谈判，为了项目的推进，惠州电力局还是妥协了。

3月上旬，乍暖还寒，大亚湾的海风比想象中更为刺骨。一个周五，赖康带着骨干赴大亚湾和中海壳牌方就合同技术上的问题进行谈判。2000年5月才入职的西安交通大学博士生、华中理工大学博士后顾温国，因为英语口语能力出色，还在实习期就被临时抽调到了谈判组。

“面对南海石化这个世纪大项目，省电力局也是高度重视，给予了我们很多指导和支持。”那段时间惠州电力局南海石化项目工作组不是在单位演算，就是去广州出差，很多拿捏不准的条款，都是向广东省电力工业局的生技处、用电处、省中心调度所等各部门去请示和请求帮助。省电力局针对南海石化项目对惠州电力局的供电能力、电压质量和保障系数都做了很多论证和支持。省电力局用电处的营业专责李保平还专门为此来过一次惠州，参与惠州市政府组织的三方会议。“省局是我们最大的后盾，给了我们很大的信心。没有上级的大力支持，这份合同光凭我们自己是签不下来的。”赖康回忆道。

除了主供和备用电源的分歧，另外一个最大的分歧点就是对于电压质量的条款。在合同里第六条6.6写着“压降时间大于四秒的电压变动，频率不能大于每三年一次”“压降时间大于1000毫秒和四秒之间的电压变动，频率不能大于每年两次”“压降时间少于1000毫秒的电压变动，频率不能大于每年四次”。

“这个电压质量要求即使是现在看来都是超前的，就当时而言，只能用‘苛刻’来形容。”陈友琼回忆说。

但是中海壳牌方一直不愿意让步。“对于石化行业来说稳定持续可靠的电力供应就是生命线，停电一秒就会造成安全事故；如果停电10秒钟就会造成严重安全事故；如果停电5分钟以上造成的就是灾难性的事故，危及的可能是整个大亚湾石化区的安全。”中海壳牌方一直在强调对电压质量的严苛要求是没有价钱可谈的。来来回回地拉锯，谈判的结果并不理想，双方没有达成一致。

“这个对改进惠州供电质量来说是一个好机会，甚至是整个广东电力的一个好机会，我们一定要把握住，一定要克服困难把这个合同签下来。”赖康回到单位，抓着陈友琼和副总工程师贺晓柏，带着调度所和生技科等相关部门的骨干团队，对合同里的电压标准进行反复演算验证。最后，他们还是接受了这个条款，向中海壳牌承诺提供合同提出的超高标准的电压质量。

其实，敢于承诺的底气和勇气是惠州电力局过去10年的稳扎稳打给的。从“八五”计划期间的“1210工程”建设（即一个500千伏变电站、两个220千伏变电站和十个110千伏变电站）的落实，到“九五”计划期间，该局先后投入了10多亿元资金用于电网建设和城乡电网改造，电网日趋完善，供电安全系数和现代化程度进一步提高，由电力缺口巨大、供应异常紧张的电网成为供电充裕、安全可靠的大电网。

惠州电力局总工程师郑永慰写于2000年初的《以邓小平理论为指导搞好惠州电网建设》一文可以证明这一点：“赖康局长明确表示，500千伏工程我们一定要上，到设计院，到省局反映我们惠州的情况，力争把沙角C电厂配套工程定在惠州，同时，我们还有省委和省政府大政方针的支持，就是‘八十年代看深圳，九十年代看惠州’。而且，南海石化项目已处在可行性研究阶段，大项目也要求惠州必须有一个强大可靠的电网支持……”文中接着又写道：“省局于9月23日向省计委上报了《关于南海石化项目供电问题的意见的函》……我们的电网建设要相应搞上去，建设220千伏风田工程和110千伏岩前工程等。”

惠州报业传媒集团党组书记、总裁蒋勤国写于2005年4月的长篇通讯《大跳跃》中也写道：“1992年前后，赖康通过省局多方工作，设法把负责规划设计500千伏变电站的中国电力规划设计院的有关专家请到惠州来实地考察。让他们亲眼观见惠州如火如荼的开发热潮，向他们诉说电力供应不足对惠州经济发展的制约和给惠州带来的困难，又请市政府领导同专家们见面，向专家们介绍惠州的大项目进展情况，描绘惠州未来的经济和社会发展的美好前景……专家们毅然拍板决定500千伏变电站定址落户惠州，而且最后在省局的支持下，第一期工程一次上两台主变。这样的高起点和规模在全国500千伏变电站建设中也是少见的。”

“说实在的，对我们国企的行动能力、电网综合实力，外方一直持怀疑态度。我们最后能那么快就答应他们所列出来的标准与条款，当时连中海壳牌的外方专家都感到吃惊，他们私底下对我说：没想到中国的国企敢接受这样的挑战。”赖康看着这份19年前翻来覆去看了无数遍的合同回忆道。

好事多磨。好不容易合同的技术和经济条款问题全部协商达成一致，在第21条管辖法律和争议解决条款上，又出现分歧。

中海壳牌方起草的合同版本里写着：“争议最终和唯一的解决办法就是把‘争议’提交设在第三方国家的经贸仲裁机构进行仲裁。”关于这项条款惠州电力局还是坚定了立场，坚持项目在中国国境内进行仲裁，应在“中国法律”和“经贸仲裁委仲裁规则”允许的范围内以本合同的规定为准。来回交涉了四次后，合同中这一条，以中海壳牌方妥协告终。

当所有人都以为协议中存在的问题全部解决时，又一个新问题——“以中文版还是英文版的合同为准?”出现了。

“我们有史以来供用电合同都是中文版的。”“仲裁机构已经定在了中国，我们给出了我们充分的诚意，而且我们觉得英文版的合同更为严谨，所以要以英文版合同为准”。

公说公有理，婆说婆有理。这个最后的问题双方一直没办法达成一致，最终合同补充了两个条款，分别是“第21.8条：仲裁程序应兼以中、英文进行”和“第24.6条：本合同用中、英文书写并签署，两种文应具有同等效力，如有争议，应以《中华人民共和国合同法》规定为准”。

如果说合同签署的过程双方来回地博弈，是一个处于对外开放新阶段的、中国与世界慢慢构建信任的微观写照，那么在合同签署后，惠州电力局作为传统国企更多的是以一种学习的姿态，在与当时最大的中外合资企业的合作过程中，拓宽了视野，创新了思维，并获得了提升。

2002年9月27日，为了确保中海壳牌南海石化项目场内装置施工用电的需要而建设的220千伏风田输变电工程开工。11月1日，中海壳牌南海石化项目奠基，正式开工建设。这段时间，李永新在两个工地之间来回“上班”。

2002年10月，李永新和施工单位负责人在220千伏凤田变电站施工现场

位于大亚湾岩前区的南海石化项目工地的高峰期有2.5万人同时进场，在4平方公里多的场地上施工，仅施工期间的用电量和用水量就相当于一个中等规模的城镇。

第一次走进这个工地时，李永新就惊讶于这里的“宁静”：机器轰鸣、尘土飞扬这种工地司空见惯的“现象”全被推翻。原来，中海壳牌力求项目在“静悄悄”中进行，对机器设备要求装消音设备，不能装的，只能在白天一定时间内使用；每天上千辆车在作业，但却看不到灰尘，因为中海壳牌要求进场的车辆时速都不能超过15公里，而且15辆洒水车不间断地在工地洒水、降尘。据说当时南海石化项目负责运输的国内承包商都亏本了，因为中海壳牌方严禁他们在运输过程中超载。

“南海石化的项目部就设置在工地上的几个集装箱里，里面的设备很简单但是很有条理，我还记得项目部的茶水台上放了排列整齐的立顿茶包和雀巢速溶咖啡，供工作人员自助饮用。”在中海壳牌南海石化的工地上，李永新没有看到诸如“以人为本”的标语，也没有听到相关的宣传，却看到了这样的事实：凡进入工地的人员都要佩戴安全帽、护目镜、安全鞋和降噪耳塞；高温天气免费为工人们发放绿豆汤、凉茶；在工地搭建吸烟区，任何人不允许在吸烟区外地方吸烟；拖欠工资的承包方会在支付工程款方面给予处罚……“这些对于我来说，除了新鲜之外，更多的是触动，当时我脑海里的第一反应是：这些东西都非常值得我们学习。”

中海壳牌的专家来自世界各地，有德国人、英国人、荷兰人、日本人、韩国人、印度人。用李永新的话来说，每次过去和他们开会就像到了联合国一样。“但是他们都有一个特点，就是条条框框特别多，这种近乎偏执的严谨和我们灵活的中国性格很不一样的，可接触下来，你会发现，大家虽然有文化差异语言等各种障碍，但目标是一致的，合作起来还是非常有序和高效的。”

信任与默契在合作中慢慢建立了起来。惠州电力局对中海壳牌石化项目建设所做的多项承诺全部提前兑现：2003 年 4 月 9 日，220 千伏风田输变电工程顺利投产运行；同年 8 月 8 日，110 千伏岩前输变电工程动工，翌年 5 月 13 日建成投产，为南海石化建设提供优质、可靠的电源。

经过三年多的努力，2006 年 2 月 29 日，在中海壳牌联合化工厂里，响起一阵阵欢呼声和掌声，当时我国投资额最大的中外合资项目顺利建成投产，从一座座运转的装置中，开始源源不断地生产出合格的乙烯和丙烯。

翻开《惠州供电局 2007 年工作报告》，我们看到这样一段话：“中海壳牌石化项目投产以及中海油等一批大型项目的开工建设，标志着惠州跨越式发展的态势已经形成，步入了建设珠三角东部现代化经济强市和广东省现代石化数码产业名城的‘黄金发展期’。”这个项目投产后的 2007 年，大亚湾区完成供电量 13. 3 亿千瓦时，是 2000 年的 7. 5 倍。而整个惠州电网供电量是 142 亿千瓦时，比 2000 年增长了近 100 亿。

2018 年 5 月 2 日，中海壳牌化工二期项目投产，惠州大亚湾石化产业链化一体化规模跃居全国首位。10 月 16 日，中国海油与荷兰皇家壳牌集团在海牙签署惠州石化化工项目合作备忘录，确定投资数十亿美元在惠州大亚湾合作建设三期项目。

中海壳牌这个巨无霸对大亚湾接二连三的“青睐”，成为惠州乃至整个广东优质电力供应与服务的最强有力的背书和最有说服力的宣传语。

从联合办电到西电东送

王越 杨梁

2002年12月29日，北京人民大会堂庄严宏伟，中国电力新组建（改组）公司成立大会在这里举行。

杨文伟和曲曙是坐车匆忙赶到会场的，他们这一天早上才接到通知要求参加会议。杨文伟是广东省广电集团公司助理巡视员，而曲曙来自国家电力公司南方公司，就在这一年的9月，国务院下文成立南方电网公司筹备组，他们被抽调进入了筹备组下的工作组，曲曙任工作组组长，杨文伟任副组长。他们这个小组主要负责起草公司章程和组建方案。

半个多月前，他们就已经来到了北京，等待相关部委、国务院审批组建方案，但几个星期过去了，还是没有一丁点消息。杨文伟回忆说：“我们突然接到消息说，不批了，先挂牌成立。”

快步进入会场，杨文伟环顾了一下，到会的人员并不多，偌大的会场显得有些空。会议开始了，议程非常简单，国家计委主任曾培炎站在会场中央主席台上，宣布国家电网公司、中国南方电网公司、中国华能集团公司等11家新公司正式成立。曾培炎发言完毕，11家公司代表各自举着写有自己公司名字的牌子，在台上列成一排合影，然后会议就结束了。

“当时我压根就没有想到，这么一次仓促而简单的会议，其影响竟会是那么的深远，在中国电力体制改革史上有着里程碑的意义。”杨文伟回忆说。会后，他特意在会场拍照留念。

杨文伟知道，新组建的南方电网公司将负责经营粤、桂、滇、黔、琼等五省（区）电网，并负责南方区域的西电东送。而广电集团将和其他四省（区）公司一样，成为南方电网公司的子公司。

说起南方区域电网的形成和发展历史，可以追溯到改革开放初期短暂出现过的“华南电网”。

“文革”结束后，在煤炭和电力供应双紧缺的情况下，国家有计划地加强水电资源的开发建设。1978年底，早在20世纪60年代中期就已经完成初步选址的红水河天生桥水电站，开始了施工前的准备工作。与此同时，云南、广西、贵州等省（区）的水电建设进度加快。

1979年，广东省向中央提出：加快开发珠江上游南盘江红水河的水电资源向广东送电，解决两广用电紧张的问题。这是目前可以看到的最早提出的

“西电东送”方案。这一方案，随即引起重视，1982 年，两广联网方案获批：“六五”期间以 220 千伏线路联网，远期以 500 千伏联网，将西南电力东送广东。1984 年，两广联网工程正式开工建设。

同年 12 月，水电部华南电网办公室成立，曾参与研究两广联网方案的中南水电勘测设计院院长罗绍基，担任主任一职。

罗绍基，早年毕业于清华大学，此前一直在中南水电勘测设计院工作，20 世纪 70 年代因参与设计了湖南凤滩水电站“混凝土腹拱坝”而声名鹊起。是时，年过半百的罗绍基萌发了回乡做事的念头，便找到水利电力部部长钱正英，说自己想回广州。钱正英说：“有两个地方给你选：一个地方是珠江水利委员会；一个地方是部里刚成立的华南电网办公室。”一个管水，一个管电，两相比较，罗绍基最终选择去华南电网办公室。钱正英提醒罗绍基：“你去新的部门，组织无法安排给你正厅级职务。”罗绍基说：“我这个人也不想当官，只想做事。”

在罗绍基主持的华南电网办的积极推动下，1984 年 12 月动工建设的两广联网工程快速推进。一年后的 12 月 21 日，两广联网工程 220 千伏珠山线竣工投产，广东、广西两省（区）电网组成华南电网。

珠山线将广西大化水电站发出的电能，经梧州送到广东肇庆的 220 千伏珠山变电站。这算是全国最早实现的“西电东送”。

在两广联网工程紧张建设的同时，罗绍基在自己的家乡，把年轻时的研究逐步变为现实——天生桥水电站送电广东的 500 千伏线路工程开始建设。

天生桥水电站的开发可以追溯到 1965 年国家建委主持召开的西南水电建设座谈会上水电部长沙勘测设计院提出的研究报告。而水电部长沙勘测设计院正是中南水电勘测设计院的前身。

两广联网没过多久，广西电力供应紧张，没有多余的电力供广东，1987 年两广联网解列运行。“华南电网”也成了中国电力工业史上最“短寿”的跨省（区）电网。

华南电网短暂存在，因缺电而起，因缺电而终。也许具体方式可能不大对路，但方向却没问题。解决广东电力供应不足的出路就在西电东送。

正当罗绍基在南方忙着推动两广联网、天生桥水电站及送电广东工程建

1992 年，500 千伏天广线路肇庆段正在架设安装中

设的时候，1984 年，受组织委派，广东省副省长匡吉和云南省常务副省长朱奎去中共中央党校学习。在那里，他们就两省能源领域合作展开了沟通。

匡吉是 1983 年被任命为广东省副省长，分管能源交通工作的。在摸清了省内一次能源家底和交通运输情况后，匡吉发现，一次能源匮乏的广东，要解决电力紧张问题，短期内可依靠大量从外省调入煤炭，稳定火电和建设核电站，但从长远考虑，就得从西南地区引进电力。因此他上任没多久便开始关注广西、云南的水电资源和贵州的煤炭资源。

在中央党校学习期间，匡吉通过“同学”朱奎了解到两个重要信息：一个是云南的水电资源很丰富，大量水电资源还没被开发；另一个是云南不缺电，但开发水电，缺钱。匡吉后来回忆：听了这两个消息，他觉得开发邻近的西南地区的电力资源送广东这件事，应该“有大文章可做”。

结束中央党校学习后，匡吉去了一趟云南。在朱奎的联系下，云南省水利厅、省电力局向匡吉详细介绍了云南水电资源的情况。云南省金沙江、澜沧江、怒江以及珠江上游的红水河、南盘江等，在云南省境内流域有巨大的落差，水电蕴藏量极其丰富，具有大量可开发而未开发的水电资源。还有个更重要的信息，云南不仅不缺电，每年雨季还要弃水。而云南弃水的季节，正是广东工业生产用电的高峰期。匡吉回忆说，这次“找电之旅”坚定了他“解决广东省长远电力供应的出路就在云南崇山激流之间”的想法。

通过更进一步的调研和了解，匡吉向省委常委会详细汇报了联合滇黔桂三省（区）开发水电、火电送广东的建议，得到了省委常委一致同意。受省委、省政府委托，匡吉又去了一趟北京，向当时主管电力的能源部和国家计委汇报广东省愿意出钱与云南、贵州、广西等省（区）联合办电的事。这一建议，得到了能源部和国家能源投资公司的大力支持。

开发西南地区丰富的水能资源是国家电力发展长远规划中的一部分，但从规划到具体项目，一要用电市场，二要建设资金。滇黔桂三省（区）缺市场和资金，广东缺资源，双方互补性很强，加上国家能源投资公司配套出一些资金，建设水电站和远距离高压输变电线路这个“大生意”就做起来了。而且这是一宗五方都能得利的“好生意”。

广东关于联合办电的提议，让参与制定电力工业体制改革方案，大力推进集资办电的能源部部长黄毅诚、国家能源投资公司总经理姚振炎“很感兴趣”。在黄毅诚、姚振炎等领导和能源部的大力支持下，中央与南方四省（区）联合办电的合作意向很快就达成了。

有了合作意向，为了促成几家“联姻”，罗绍基开始奔波往返于粤桂滇黔四省（区）之间。这位“回乡办电”的中国工程院院士在回忆起这段“外省找电”的历程时曾感慨地讲：为了谁出多少钱、占多少股、分多少电，不知道说了多少话，“磨破了嘴皮子”。

经过一番讨价还价，事情终于从“意向”变成了“项目”。1988 年 6 月初，能源部、国家能源投资公司、广东省与云南省、贵州省相继签订了《关于合作开发云南能源向广东送电的协议》《关于联合建设盘县火电厂的协议》《关于合资开发贵州能源资源送电广东的协议》。匡吉与能源部主管水电工作的副部长陆佑楣、国家能源投资公司总经理姚振炎来到了广西，与广西壮族自治区副主席张春园、贵州省政府秘书长谢养惠等一起考察了红水河、南盘江上的天生桥一级、二级水电站，龙滩水电站坝址和岩滩等水电站选址地，签订了《关于合资建设天生桥水电站的协议》。

1988年，华南电网办撤销，人员转入组建南方电力联营公司。这个时候的罗绍基也从华南电网办调任广东省电力工业局副局长。

紧接着，为了具体做好西电东送，粤桂滇黔四省（区）和能源部、国家能源投资公司共同商议，成立南方电力联营公司，以一个经济实体来负责具体执行联合办电项目的建设和运营。

1990年，山东省电力工业局副局长袁懋振南下广州，就任南方电力联营公司总经理。

山东省的电力建设、管理和改革一度被认为是走在全国最前列的。这个一直归属电力部直管的省级电力企业，从省局机关到供电局、电厂，甚至到乡镇电管站，历来都是全国电力系统的学习对象，以至于从水电部到电力部再到能源部，经常在山东组织召开全国性的现场会，那时是全国电力系统都在“学山东”。而广东直到沙角发电B厂以“全世界第一”的速度建成投产后，才出现了电厂建设“学广东”的口号。

匡吉在回忆南方电力联营公司成立这段往事时，曾经表达过这样一个看法：调山东电力系统的干部来负责联营公司，足以体现能源部非常重视这个中央与地方联合办电机构，重视在机制体制上的创新。

在中央与南方四省（区）联合开发红水河和贵州火电后，匡吉的步伐继续往西，从乌蒙山区的珠江上游走到了横断山脉的澜沧江中下游，继续开发西电东送广东的“大文章”。

“1990年4月，我与陆佑楣、姚振炎，还有云南省副省长张树基等一同考察了澜沧江中下游的漫湾、小湾、糯扎渡、景洪等地水电站选址地点。在横断山脉的高山深峡里沿着澜沧江，从北向南跑了500多公里。澜沧江可开发的水电资源真丰富，就中下游这一段，落差就有800多米。”匡吉回忆说。云南澜沧江流域地区条件有限，匡吉他们晚上都只能睡在当地农民家里，睡的都不是木板，而是一根根的木头拼起来的床。事隔多年，每当回忆起这次考察时，匡吉仍能说整个过程的具体时间、参加人员、地点和细节。

这次考察结束后，能源部、国家能源投资公司、广东省、云南省在景洪签订了《关于云南向广东省输送季节性电能的协议》和《关于合资开发云南澜沧江中、下游梯级电站的原则协议》。广东省决定，向云南投资3800万元作为首期资金开发水电送广东。中央与地方联合办电规模进一步扩大。

1993 年，500 千伏天生桥—贵阳、天生桥—广东一回，220 千伏鲁布革—天生桥双回线路三项输变电工程相继建成投产，粤桂滇黔四省（区）电网联网成功，一个横跨中国大陆南端四个省（区）的南方跨省区电网正式形成。这一年，15.47 亿千瓦时的西电送到了广东。也是在这一年，匡吉离休，但西电东送事业的接力棒仍在继续。

1995 年 3 月，±500 千伏天广直流输电工程开工。1998 年 10 月，天生桥至广州第二回 500 千伏输电线路全线贯通。1998 年 12 月，天生桥一级水电站首台机组并网发电。2000 年 12 月，±500 千伏天广直流输电工程单极投运。从 1993 年到 2000 年，西电东送广东电力从一年 15.47 亿千瓦时增长到一年 73.61 亿千瓦时，累计向广东送电 248.42 万千瓦时。

2000 年，广东省供电形势骤然紧张，全省出现了六年来第一次限电。广东方面测算，“十五”期间，全省电力缺口将达到 1000 万千瓦。

省委、省政府向中央打报告，要求加快广东的电力建设，尤其是加快西电东送建设步伐。广东的缺电引起了中央的高度重视，正在部署西部大开发

时任广东省省长朱森林（右三）视察天生河一级水电站工地

的党和国家领导人决定，“十五”期间增加西电东送广东1000万千瓦。调整三峡分电方案，建设超高压输电线路将三峡电送广东，并在湘粤交界地区的湖南郴州建设鲤鱼江电厂，以点对网形式送电广东。

说干就干。2000年11月7日、8日，国家计委、国家电力公司在贵阳召开了华南地区西电东送工作会议，同时举行的还有西电东送第一批工程开工典礼。贵州洪家渡、引子渡、乌江渡水电站和云南宣威电厂五期四个电源项目和天广三回、云南宝峰至罗平和三峡至万州三个输变电项目同时开工建设。这七个项目中，六个与西电东送广东有关。

一年后的11月25日，第二批西电东送项目工程又一次举行开工典礼。这次，共有11个项目同时开工——贵州黔北电厂、纳雍电厂、安顺电厂二期，贵阳电厂技改，云南曲靖电厂二期，湖南鲤鱼江电厂六个电源项目，湖北荆州换流站，广州肇庆换流站，三广直流，贵广交、直流输变电工程五个输变电工程。

西电东送建设步伐在以前所未有的力度和速度向前推进的时候，广东省正在制定电力体制政企分开和厂网分开改革方案，计划通过深化体制改革的

2000年，贵州向广东输送季节性电能协议签字仪式

方式，促进电力工业的快速发展。在广东省电力体制改革方案中有这样的表述：“资产重组，转变政府投资重点。通过发电资产重组和股权转让，调减发电企业的国有资产比例，借此筹集电网建设资金，加强电网建设，做好西电东送接收工作。”广东将电力工业发展的重点向建设电网倾斜，西电将成为重要的电源。

2002年2月，国务院颁布了《电力体制改革方案》，也就是国发5号文。其中第九条提出设立南方电网公司，经营范围为云南、贵州、广西、广东、海南。在南方电网公司经营范围内，原地方电网资产比重较大，其组建工作由控股方，按各方现有电网净资产比例成立董事会，组建有限责任公司或股份有限公司并负责经营管理，在国家计划中实行单列。张国宝在回忆录中说，这个方案是个折中方案，既综合了主张全国一张网和分区域电网的不同观点，也考虑到历史发展和现实需要。

当时广电集团固定资产净值达到455.8亿元，占五省（区）电网资产近七成，利税总额达130亿元，占五省（区）的九成。而2011年，广电集团总供电量1407亿千瓦时，年底资产总额达1140亿元。

就在电改5号文发布后不久，原担任沙角C电厂发电公司总经理的杨文伟重新回到广电集团担任助理巡视员。为配合省委、省政府落实电改5号文的要求，杨文伟加入到省政府牵头负责的调研小组，小组由省政府副秘书长张思平带头。

2002年10月，中共中央组织部下文成立南方电网公司筹备组，具体负责南方电网公司筹备组建工作。筹备组组长由时任国家电力公司南方公司党组书记、总经理袁懋振担任，王野平、赵建国等人员担任筹备组成员。袁懋振所在的国家电力公司南方公司成立已有12年，其前身是由中央和粤桂黔滇四省（区）合资成立的中国南方电力联营公司，并于1999年11月，改组为国家电力公司南方公司。杨文伟和广电集团副总会计师吴廷安分别进入筹备组下面的工作组和财务组。

一番忙碌之后，中国南方电网公司于12月29日在北京人民大会堂成立，广东省广电集团公司划归中国南方电网公司。北京成立大会后不久，杨文伟回到了广州。由于各方面工作都需要进一步理顺，直到2005年3月31日，广东省广电集团公司才完成工商登记注册变更，改称广东电网公司，出资人由省人民政府变更为南方电网公司，实现了“地方军”向“中央军”的转变。第二年，杨文伟退休。

2006 年，时任南方电网公司董事长袁懋振在接受记者采访这样说道：“南方这一块，由于有了大容量大规模的西电东送，所以电力体制改革才形成了南方电网。”

从 1979 年广东省提出“西电东送”雏形，到 2019 年已建成西电东送“八交九直”共 17 条输电线路，全省 2018 年全年 5500 多亿千瓦时用电量中，有四成来自西电。实施西电东送搭建了更高层次的平台，对广东保证电力供应，实现可持续发展发挥了重要作用，年送电量由 1993 年联网时的 15.4 亿千瓦时增长到 2018 年的 1922 亿千瓦时，相当于节省燃烧标煤约 6620 万吨，减排二氧化碳约 16500 万吨，让南粤大地的天更蓝、水更绿。

2019 年，已经 93 岁高龄的匡吉——这位退休后游历过 174 个国家，并以 83 岁、85 岁分别创造到达南极、北极最高年龄纪录的老人，回忆起广东从联合办电到西电东送的这段历程，仍然感慨万千：“当年只是个想法，没想到现在搞得这么大。”

横沥变电工程那些事

刘琳琅

“哇！你们看，那些‘大家伙’都是什么呀？看起来好霸气。”2003 年 11 月 10 日，在东莞市横沥镇田饶步管理区一片新建的工地周围，村民们被一阵阵声响吸引，好奇地围上前，甚至跳上围墙趴在上面，想看清围墙里面到底发生了些什么。

“你们干什么？这样很危险，赶快下去！”刚入职东莞供电分公司不久的周冠荣赶忙跑过去制止他们。听到喊声，几个村民吓得立马缩了回去。不仅仅是村民，周冠荣对眼前的这幅场景也深感震撼。一排排整齐排列的“大罐头”，一根根直挺挺的支柱套管，一条条伸向远方的银线，整齐划一，如同严阵以待的“机甲部队”。“第一次离带电设备那么近，有点怕，又觉得很神奇。”周冠荣回忆。

这是 500 千伏横沥变电站启动操作的第二天，当值班长蔡林辉在操作票的最后一项“退出 500 千伏第三串 5032 断路器充电保护并恢复其正常运行定值”画上勾的时候，感觉终于松了口气：运行方式正确，没有任何异常。

他们或许都不知道，这一幕正在改变历史——不仅开 HGIS 在国内应用的先河，更扭转了广东缺电的局面，是整个国家西电东送战略落地的又一历史性时刻。

2000 年 7 月 24 日，广西平果 500 千伏变电站电流互感器发生爆炸，导致送粤电力少了 30 万千瓦，广东原本缺电的局面一下变得更加严峻。于是，一项从三峡到广东的 ±500 千伏直流输变电工程，就这样在历史的舞台上拉开了序幕。一个月后，国务院做出“十五”期末西电新增向广东送电 1000 万千瓦的重大决策，“进军 1000 万”的口号在 8 月响彻祖国南方。

三峡电力送广东换流站落点在惠州博罗响水镇，以双回 500 千伏线路接入东莞，为此须同步建设东莞第二座 500 千伏变电站。

2001 年 5 月 23 日，广东省电力集团公司在东莞组织召开《500 千伏东莞石排变电站选址报告》审查会议，负责勘察设计的省电力设计院经多方比较，推荐田饶步、铜鼓岭、水边 3 个地方作为选址方案，其中田饶步为非农田保护区，符合当地城镇规划，不影响当地土地开发利用，最终选定田饶步作为东莞第二座 500 千伏变电站站址。就这样，横沥变电站应运而生。

2002 年，全长 946 公里的三广输变电工程正式吹响建设号角，它起于湖北荆州，由荆州换流站、惠州换流站、荆州至惠州直流线路对、OPGW 及通信工程 4 个部分组成。500 千伏鹅城换流站于 2002 年 4 月开工。出了换流站，再由巨大的电缆直接输往东莞横沥变电站。

这样的浩大工程，建设过程充满了曲折与艰辛。

电力工程建设，施工的质量与效率，是参建者最为关心的两个问题。2003 年 5 月 14 日，东莞供电分公司工程部经理杨骏伟召集创成监理公司、北京送变电公司、山西送变电公司、省电力第一工程局、省输变电工程公司、河南送变电建设公司的 17 名代表，在横沥变电站项目部会议室里，主持召开横沥输变电工程安全委员会的首次工作会议。杨骏伟着重强调：“眼下我们 500 千伏横沥输变电工程的安全目标是，不发生人身伤亡死亡事故，不发生人身重伤事故，不发生重大机械设备事故，不发生人为负主要责任的安全事故。各施工项目部、班组都要严格执行广电集团公司下发的《电网工程建设标识和安全文明施工规范手册》，制定各自的安全目标，而且，下一层目标一定要

2002 年 11 月 7 日，东莞 500 千伏横沥输变电工程开工典礼现场

比上一层更详细。”

没有安全，就没有效率，道理简单明了，众人对此没有异议。当时让建设单位着急上火的集中在建设速度与协调问题上，尤其是该站钢结构到货进度和现场处理进度及质量问题。创成监理公司总监助理谈华良说：“青岛东方铁塔公司现场处理钢结构质量问题的进度太慢，只完成了总处理量的5%，现场只有14人，人手远远不够，而且设备明显不足，经过物资部门的清点，尚有30%的螺栓没到，按照目前的处理进度，根本达不到省公司工程部要求的5月23日全部完工，会严重影响土建交安和10月30日500千伏及共用部分送电的计划，情况相当紧急。”

如何啃下这块“硬骨头”，大家一致认为，必须立即调整策略：将500千伏钢结构分出一部分交由省电力第一工程局钢结构公司处理，并且严格按照“三步走”：第一步，500千伏“A”架、主变“A”架及横梁；第二步，500千伏支架、220千伏“A”架及横梁、主变支架；第三步，35千伏、220千伏支架，监理部安排2人轮流对处理过程进行监督，并且每天下午四点前将完成情况汇报给广电物流中心客户服务部张宁、东莞供电分公司张东彬。

供货商到货一拖再拖，先后三次到货计划未能兑现。此时正值非典时期，杨骏伟他们无法派人到厂督促发货，监理部要求青岛东方铁塔股份有限公司将生产、成品及发运装车现场实景拍成相片发电子邮件给广电集团公司物流中心和项目监理部，以此来督促发货进度。此时，广东正是大热天，钢构件表面温度达70摄氏度，监理工程师们不厌其烦逐条进行验收，提出整改意见，整改后再重新验收，如此反复，平均每条钢构架都要验收3次，直至完全合格。

就这样，后续一个月不到的时间，500千伏架构柱、横梁全部吊装完成，220千伏架构柱、横梁也顺利完成90%。

500千伏横沥输变电工程由省电力设计研究院设计，创成电力工程监理公司监理，省输变电工程公司变电工程处负责电气设备安装工程，为了让工程顺利进展，项目监理部主持专题会议22次、工地例会50次，以协调各施工单位之间以及施工单位与设计院、供货厂家之间的问题。仅仅是主控楼等建筑物的外装饰方案，就经过了3次专题会讨论，才形成统一的意见。

工程安委会首次工作会议上明确，几个涉及工程安全的施工方案一定要经过充分讨论后才能实施，龙溪大跨越方案就是其中之一。

2003 年的秋天，工程已经进行到架线阶段，眼看就要到尾声了，在建设博罗县桥头龙溪线路大跨越时却遇到了“拦路虎”。说起当时的难处，工程项目组长郭约法显得非常激动：“都已经到了架线的阶段，博罗侧码头的地却还没有征好。”原来，500 千伏鹅横双回线路的走廊征地问题迟迟得不到解决。“问题已经悬在这里两三个月了，大跨越线路长度 1.2 公里左右，再迟一点就影响投产的进度了。”征地问题迟迟得不到解决，郭约法心里也是十分忐忑。紧要关头，2003 年 8 月下旬，广电集团公司总工程师林雄、基建部主任李粤穗来到工地，协调征地工作。那段时间所有人吃、住都在工地，每天白天就到博罗县政府、宏兴码头，跟政府人员及码头权属单位谈判征地问题，每次谈判从早上八点半一直谈到凌晨两三点。

经过一个多月披星戴月的努力，征地问题终于得到解决，这时离投产的时间只剩下一个月。这时天气还很热，白天气温达 30 摄氏度以上。负责施工的是河南省送变电工程公司，施工队伍从早上六点天刚亮就开始了大跨越塔基的施工，中午稍稍休息，然后一直干到晚上十点，遇到下雨天也不停歇。

时间是紧迫的，所有工作都在紧锣密鼓地进行着，线路施工的问题刚解决，电气安装环节也遇到了不小的瓶颈。

5 月 25 日，横沥输变电工程正式进入电气安装环节，距离计划投产日期只有四个半月的时间。为加快进度，郭约法他们要求一是边土建施工，边进行电气工程安装，土建和电气安装“齐头并进”交叉场地作业；二是想办法采用新设备、新工艺或新的施工方法，提升施工效率。

东莞供电分公司决定选用新型的一体化设备，经过一轮“海选”，500 千伏部分采用日本 TMT&D 公司的 HGIS 设备，220 千伏部分采用国产沈高 GIS 设备。

什么是 HGIS？简单地说，HGIS 是不包含母线的 GIS，把每个间隔的 SF6 断路器、电流互感器、隔离开关及接地开关组成，按变电站一次元件接线方式组合在一起，封闭于金属外壳之内，充 SF6 气体作绝缘和熄弧介质的组合电器。在此之前，HGIS 设备在国外都有生产和使用，而真正有 HGIS 设备应

2003 年，500 千伏横沥变电站施工建设，广东创成监理公司工作人员对 500 千伏横沥变电站 220 千伏 GIS 基础钢筋进行验收

用和运行经验的主要在日本，由于日本土地资源少，价格昂贵，为减少土地的占用，在 20 世纪 80 年代后新建的变电站基本都采用 HGIS 设备，从 1973 年开始，已有 19 座变电站在运行三菱 550 千伏 HGIS 设备。

面对这个“新玩意”，横沥变电站的值班员们开始时都是丈二和尚摸不着头脑。值班长蔡林辉第一次见到就“傻眼”了：“在那之前我在 500 千伏东莞变电站工作，都是敞开式的设备，跟眼前这些‘大罐头’完全不同，现在这些开关、刀闸都藏在里面，根本没法直接看到，感觉很神奇又觉得有点‘不可靠’，眼不见怎么为实。”

为了打好这场硬仗，省输变电工程公司变电工程处特别成立了攻坚小组，下设工程部、质安部、综合部，对施工技术、质量、安全、进度、机具、材料进行统筹；施工班组进行优化组合，分主变压器班、HGIS 设备班、GIS 设备班、管母线及架空线班、二次线班及调试班，专项、专职、专能，来保证整个项目的施工质量和安全。

摆在眼前的难题是，HGIS、GIS 设备的安装施工工作，一方面安装对施工环境和条件的要求十分严格，要做好防尘、防脏污和潮气进入设备的措施；

施工工艺跟常规设备不同，要进行抽真空，而且要尽量缩短设备在大气中暴露的时间，另一方面，HGIS 是进口设备，省输变电工程公司第一次接触，第一次焊接安装大口径（Φ250/Φ230）、长距离（分段单项长达 53 米）的 500 千伏管母线，这些都给施工带来很大压力。

但为了达到按期优质完成施工任务，施工人员克服了酷夏高温炎热、场地坎坷不平、设备笨重等困难，从开工到竣工，在确保安全、质量的前提下，合理调配施工工序：一次部分前期集中人力抢出高层架空母线、硬管母线，避免了 HGIS 和 GIS 施工时的交叉，二次部分抽调精兵强将首先搞出电缆桥架和电缆支架，为电缆敷设和二次接线赢得时间；调试班在白天、晴天抢一次试验及户外调试，晚上和雨天做保护调试及审查图纸。

面对首次安装的大口径管母焊接时转动、搬运困难，施工人员在开始焊接前就对焊接导轨进行改造，增大滚动轴承的直径，使管母焊接时的转动更为均匀，焊接质量更为稳定；HGIS 设备单元体积大，重量重而且“头重脚轻”，施工人员就在设备基础面加润滑黄油，主体支架采用手动葫芦拉，主体再加吊车吊牵的施工方法，这样既满足了对接拼装速度、力度的要求，也防范了移动过程中的摆动和倾斜。

到了二次设备验收调试环节，工程调试小组和继保班人员顶住压力，“见缝插针”式完成保护的调试。由于横沥变电站一次设备到货晚以及大多属于 GIS 设备，一次试验前期松后期紧，二次设备到货早，因此等安装立柜完成以后，调试人员就联系直流屏厂家到现场调试，尽早具备了二次保护调试的基本条件。

参与横沥变电站验收的继保班班员杨观喜对那个闷热的“桑拿室”记忆犹新：“当时正是 7 月酷暑，继保室土建照明都还没有完成，通风仅仅靠着继保室的两扇门对流，继保室里面非常的闷热，照明不够就用临时镁光灯，通风不好就在每一个通道安装落地的大功率风扇，但这对于偌大的继保室来说聊胜于无。大家都开玩笑说，进了继保室就像进了桑拿房，不用 5 分钟，保你一身大汗。然而时间不允许我们想更多，我们必须趁着安装放电缆这个空档期，完成保护的调试，否则等电缆穿上来以后，不要说调试，就是站脚的地方都没有。”经过 20 多天的艰苦奋战，终于打赢了第一场战役，赢得了宝

2003 年，500 千伏横沥变电站施工人员在进行焊接施工

贵的时间，为后面的工作创造了条件。

在这场跟时间赛跑的较量里，出现的每一个小问题都深深牵动着建设者的心，紧绷的弦一刻都松不得。在 500 千伏电流互感器试验中，杨观喜发现厂家 CT 接线盒与设计图不一致，当时考虑有两种情况，一是厂家图是正确的，HGIS 里的 CT 安装位置装反了；二是 HGIS 里的 CT 安装位置是正确的，只是图纸错误。如果是第一种情况最麻烦，必须打开 HGIS 进行调换，时间长工作量大，对整个工期必然造成严重影响。而第二种情况只需更改二次接线图即可。杨观喜立即和厂家、日本方面的现场调试人员进行交涉，经过确认属第二种情况，并更正了接线图，保证后面的接线不会出现错误，这才让大家放下心里的大石头。

在横沥变电站值班员心里，尽快弄懂弄透这个与自己今后息息相关的“伙伴”，也是刻不容缓的。“我们站长真的是个‘牛人’，当时的说明书是全英文版的，都是他翻译过来，然后给我们讲解。”周冠荣回忆道，“那时时间紧，我们都吃、住在工地，最长一次在工地里连续待了 15 天。晚上收工后，站长就让我们看图纸。说实话，那时我很怕见到他，因为每次碰到他，他就会突然抽查几个问题来检验我们的学习成果。”

“为了节省时间，提高效率，我们站创新了‘金字塔’培训方式。站长作为老师，负责向每一个值班员讲解一部分图纸，然后由值班员再将所学内容传授给其他人。到6月底就基本完成了全员学习设计图纸的培训任务，而且通过转述，让每个人都掌握得很牢固。8月中旬进入变电站现场工作后，培训工作转为实地演练。”周冠荣他们经过培训后，HGIS业务水平突飞猛进，几乎人人都成了“专家”。以至后来HGIS偶尔冒出的一些小问题，值班员们自己就能“把脉问诊”轻松解决了。

后来在2007年3月，横沥变电站的值班员们发现，“回南天”的日子里，汇控箱很容易出现凝露问题，尤其是底部特别明显，对于这个安全隐患，蔡林辉带着周冠荣和其他值班员集思广益，想了很多办法，“几步走”做好防潮工作。“我们首先对汇控箱底部的缝隙进行加强封堵，然后在电缆沟和汇控箱底部封堵层之间的封板上使用孔罩，疏通潮气，最后联系继保班将原本柜内的加热器换成抽湿器，这样问题就解决了。”时隔一年，值班员的陈志明在操作开关母线侧刀闸的时候发现，刀闸“没反应”，经过查找图纸、用万用表测量，他发现原来是母线接地刀闸闭锁开关母线侧刀闸的二次辅助节点接触不良，导致二次控制回路不通，于是他拿起螺丝刀，紧固了闭锁辅助节点，接通了二次回路，操作就可以顺利进行了。这些都是变电站设备投运后的情况。

线路架设和变电站安装完成了，摆在大家面前的最后一道难题就是停电施工，迎接工程投产。横沥输变电工程要投产，500千伏增东甲乙线必须同停施工解口入横沥变电站，但是双线同时停运，粤东与粤西电网互供互救能力就会非常弱。项目负责人郭约法向省公司电力调控中心报告，得到的回复却是同停时间只有一天。“一天？这么大的工程量怎么可能一天干完？”听到这样的回答，大家都十分担心。只能推翻之前的停电方案重新梳理，苦思冥想了很多天，最后得出了三步停电投产方案。这个新方案，很快得到了省公司基建部、省中调等相关部门单位的认可。后来，在省公司召开的500千伏增东甲乙线停电施工投产方案专题会上，方案得以顺利通过。会议是在省中调会议室召开的，由省中调负责人刘启宏主持，东莞供电分公司副局长李铭钧带队参会。

横沥变电站主变压器总容量400万千伏安，共有500千伏线路6回，分别连接500千伏东莞、穗东、博罗变电站，12回220千伏线路，分别担负着东莞石排、茶山、横沥、常平、桥头、企石等镇区的供电任务，给了东莞经济发展强有力的支撑。

在横沥变电站输变电工程建设中，建设各方不到一年的时间就完成了从土建开工至投产全过程的建设任务，仅用了4个月的时间就完成了一个全新变电站的电气安装，比预期提前一个月投入运行，满足了三峡送广东直流输电工程的整体进度，配合了500千伏鹅城换流站的安装调试。横沥变电站的建设速度是当时全国建设500千伏输变电工程的最快纪录，顺利揽下2项全国第一、10项全省第一的荣誉，一跃成为当年最耀眼的“明星”变电站，并在2005年将中国建筑业工程质量的最高荣誉——鲁班奖的“小金人”一举收入囊中。

HGIS在横沥变电站安家落户，是国内最早的“登台亮相”，吸引了全国各地的设计院、施工单位等专家纷纷前来参观学习。这也为500千伏变电站建设开辟了一条新的思路，从此HGIS设备开始在全省乃至全国的500千伏变电站中推广普及，变电站的优化设计也不断创新、改进。

兴建台山发电厂十八年长征路

谢锟　林佩燕

1986年8月，中午的太阳特别毒辣，闷热的空气混杂着来自大海咸咸的味道。台山赤溪镇墟冷冷清清，只有三三两两的村民在田埂上冒着烈日抽水灌溉。而在几公里外的铜鼓湾，一群来自全国各地的陌生人也冒着灼人的阳光，爬山坡，下海湾，背着各种各样的测量仪器，认认真真地测量记录。

这是广东省电力设计院派来进行“粤中电厂”选址勘测的人员。一个个严谨的参数从笔端落到了本子上，也拉开了这个号称“亚洲最大”的南海“火种”长达18年的建设长征路。

“粤中电厂”的建设，源于扭转20世纪80年代广东省内东电西送的“别扭”局面。那时全省人均发电量为298千瓦时，仅为全国人均水平的70%。更令人头疼的是，广东的电源多分布在珠江以东，而主要用电负荷则在珠江以西，南海、番禺、顺德、中山、江门一带，形成了广州市以外的另一个负荷群。为此，广东省“头痛医头”，从东部“抽血”供应西部用电缺口，可这样一来，新的问题出现了。

人口稠密、经济较发达的珠江三角洲区域线路密集，走廊极为困难，特别是跨珠江点不易选择，线路造价越来越高，线路电能损耗也十分大。为从根本上解决“自主造血”问题，广东省电力工业局提出要在珠江口以西开发电源点，向省电力设计院下达了进行“粤中电厂”4×60万千瓦装机规模初步可行性研究的任务。

经过筛选比较，番禺的坦头、阳江的大洋村、江门台山的铜鼓湾，都被写入了省电力设计院《“4×600MW”的粤中电厂初步可行性研究报告》。在推荐的三个厂址中，番禺坦头于1987年初，被广州市拿来筹建120万千瓦的珠江发电厂；而台山县的铜鼓湾厂址和阳江的大洋村相比，无论是地质、航运、出线、水源、一次性投资、年运行费用、扩建条件等，都要更胜一筹，特别是铜鼓湾的航道和港池，足以满足五万至十万吨级船型设计施工扩建靠泊要求，是广东沿海难得的优秀港湾。粤中电厂的厂址最终花落于此，厂名也顺理成章地称为台山发电厂。时任省电力局副局长詹新泉回忆当年勘察选址情景时说：“我陪着专家看完选定的厂址后，觉得电厂燃煤都是海运过来，需要一个卸煤码头。铜鼓湾这个地方，海岸水深不够，需要挖深之后方能修建码头。而港池挖出来的泥沙，最早的设计方案是用船把泥沙拉到公海倒掉。

1988 年 8 月 28 日至 31 日，专家对在铜鼓湾兴建大型发电厂的初步可行性研究报告进行审查

我认为这不科学，于是提议将港池泥沙挖出来后直接在岸边填海造地。这样，既可以节省泥沙的处理费用，又可以扩大厂区建筑面积。广东电力设计院根据我的意见做出新的方案上报中央，结果被采纳了。”

按照省电力局的规划，台山发电厂将以 504 万千瓦设计装机容量号称“亚洲最大的火力发电厂”。消息传来，当地政府群众一片欢腾，台山县委书记在全县三级干部会上宣布：在台山发电厂的建设上，只有绿灯没有红灯，谁影响电厂建设谁就“下课”。

1992 年 12 月 18 日，台山发电厂平基工程打响了开工第一炮。由胡庆余挂帅担任筹建组组长，广东省第一工程局、水电十四局、大宝山矿务局组成的建设大军浩浩荡荡开进铜鼓湾，开始了轰轰烈烈的“五通一平”工作。

毕业于湖南长沙电力学校的胡庆余，自 1965 年参加工作以后，一直在位于北江畔的韶关发电厂工作，历任工人、宣传干事、副科长、厂办公室副主任、厂党委副书记、党委书记，1989 年曾获电力部劳动模范称号。此次受命从粤北山区转到南海之滨主持台山发电厂筹建工作，对刚好年满半百的胡庆余来说，无疑是一次全新的考验，或者说是一次人生的再出发。此时的他，

1992 年 12 月 18 日，台山电厂平基工程打响了开工第一炮

极目远眺，踌躇满志。

铜鼓湾三面环山、正面靠海，且山势陡峭，遍布树林，多年来一直没有开发，移山填海工程可谓艰巨。鹅头山上，呼啸的寒风和火热的施工形成鲜明对比，摇臂挖泥机左右转动，载重反斗车来往奔驰，风钻鸣响，炮声轰隆，定向爆破曾经最多一炮充填十多吨炸药。

1994 年，斗山浮石至铜鼓 22.4 公里的一级水泥公路建成；同年 12 月 10 日，沟通厂区长 1543 米的公路隧洞贯通，并于次年 4 月 18 日举行通车仪式。至此，被丘陵高山重重围困的铜鼓湾有了高标准的进出公路，打通了物资输送之路。

1995 年下半年，鹅头山顺利平基，为厂房用地打下稳固基础。被削走的 420 万立方米泥土回填面积 200 多万平方米，筑堤围堰 2600 米，完成了煤场的围堰，又建成适应防洪及施工用的水库。

与主体工程配套的十万吨级环抱式煤港码头上，在海边抛石填土堆筑、长 1700 米的东防波堤于 1996 年 7 月完成。接着又完成煤港重件码头、港池南护岸 1300 米。到 1997 年，厂区的平基、煤港码头等基础设施已全面完成，工程投资7亿多元。

与此同时，发电机组也进入前期准备阶段，但与顺利的基础建设不同，发电机组的建设可谓一波三折，历尽艰辛。

当建设者们历经“海陆空”一路颠簸来到这个海湾时，他们被眼前的景象惊呆了：映入眼帘的除了一望无际的大海，只剩脚下荒芜的滩涂。环境恶劣，当时国内火力发电机组技术水平更是有限，根本没有办法承接这么大的工程。省电力局由詹新泉牵头，多次组织研讨，提出一期工程前两台机组通过进口解决的建议。

1993年1月，国家计委下发《关于广东台山发电厂项目建议书的批复》：“原则同意台山发电厂一期工程按安装两台66万千瓦和两台60万千瓦燃煤发电机组进行可行性研究，并留有再扩建的余地。一期工程前两台机组可进口解决，后两台机组尽量采用国内设备。”

根据国家计委的批复，省电力局马上向国际各大公司抛出“橄榄枝”，寻找合适的合作伙伴。让吴希荣、詹新泉没想到的是，消息一出，犹如一石激起千层浪，在国际上引起了很大的反响，完全超出他们最初的预料。当时中国改革开放处于起步阶段，许多领域还在摸索开放阶段，可以说，这次台山发电厂一期工程的国际合作事宜，在电力改革史上有着重要的意义。对于国外企业来说，进入中国电力市场的第一步，成为第一个“吃螃蟹”的人，看上去是如此的诱人。

经过很长一段时间的谈判和筛选，香港中联国际企业有限公司从众多竞争者中脱颖而出。双方于1994年11月14日签订合作协议。项目一方是广东省电力集团公司的全资子公司——广台发电有限公司，占股份的53%；另一方是香港中联国际企业有限公司（由日本丸红公司、美国安特吉能源集团公司、香港中联发展有限公司组成），占股份的47%。代表我方签字的省电力集团公司总经理、省电力局局长吴希荣回忆说：“按照计划，电厂首期两台66万千瓦机组按照中外合作的方式进行建设和管理，这就是人们口头常常说起的‘三国四方’合作模式。”

在1994年至1997年期间，“三国四方”的相关人员全面投入到发电机组的建设工作中，在国内外进行了大量的现场调研、会议咨询、融资谈判、项

1995 年 4 月 18 日，台山发电厂隧道举行通车仪式

目报批沟通等工作，于 1997 年 7 月底向国际较著名的厂商集团发出台山发电厂工程首期两台 66 万千瓦机组的工程总承包招标书。标书一出，又一次吸引了全世界的目光，来自欧洲、美国、日本等一众“英雄好汉”纷纷拿出自己的“拿手绝活”，希望能拿下这份大订单。

当年年末，共收到了由 11 家财团及厂商组成的德国 ABB、德国西门子、日本三菱、日本东芝、GECALSTHOM、美国福斯特惠勒等六家总承包集团的投标书。第一轮评标后，投标厂商重组为日本三菱、日本东芝和德国 EVT 公司、德国西门子和美国福斯特惠勒、德国 ABB 和美国 ABBCE 集团。至 1999 年 3 月起，先后进行了七轮评标，计划在 1999 年 4 月确定总承包商。

正当台山发电厂一期发电机机组慢慢步入正轨时，1998 年亚洲金融风暴突然袭来，给亚洲经济发展带来巨大冲击。中国作为亚洲的主要经济体，出口受到严重影响，中小型加工企业纷纷倒闭，汇率风险加剧，“三国四方”这样特殊的合作模式，涉及的国家多，在这股冲击波下招架不住，只能无疾而终，所有谈好的技术合作和材料供应通通作废。

听到合作结束的消息，筹建组所有人都似挨了一记重重的闷拳，被打蒙在原地。那天，大家在办公室待到很晚，一想到过去几年所做的工作一下子打了水漂，每个人都非常难受。“辛辛苦苦建好的电厂基地、公路、隧道和煤场难道就这样荒废掉吗?”所有人都走了，胡庆余还呆呆坐在办公椅上，点着的烟一口没抽，任由它默默地燃烧，直到烧到手指才回过神来。

把烟掐灭，深深叹了一口气。起身，关灯，离开。

这灯一灭，台山发电厂建设也进入了三年的停摆期。

三年，说长不长，说短又不短。中国发生了很多事，香港、澳门回归，深圳经济特区腾飞，中国社会经济阔步向前。台山发电厂基地默默地见证着这一切，静静地等待被唤醒的那一天。

三年间，广东作为改革开放的试验田，吸引大批外资，国民经济继续保持快速发展的势头，20 世纪 90 年代末一度缓和的电力供应局面转瞬即逝，跨入新世纪后不久，电力再次出现短缺。频繁的拉闸限电让很多工厂和个体户都苦不堪言，寻找新的电源刻不容缓。

而在这期间，吴希荣、詹新泉等人不厌其烦地向省委、省政府和国家有关部门反映情况，提出建议，争取支持。

2000 年 8 月初，在北戴河举行的中央办公会上，时任广东省委书记的李长春带去的一个重大议题，就是要求中央批准在“十五”期间广东省新建 1000 万千瓦机组。最终，朱镕基总理提议，在贵州、云南建设 1000 万千瓦发电机组，用于满足广东省电力需求的“西电东送”成为 2000 年“西部大开发”的标志性工程。

这在一定程度上缓解了广东的缺电压力，但由于当时超高压输电等技术还不成熟，西电东送多次因线路问题影响供电，广东用电形势依旧十分严峻，再度出现拉闸限电、企业开三停四局面。

台山发电厂筹建组看到如此形势，感觉到了一线生机，胡庆余派出部分人四处奔波，开始进行游说，希望台山发电厂的建设能够重新提上议程。欧阳双武当年跟随胡庆余从韶关南下来这里一同打拼，是筹建组的创始人之一，也是“游说队伍”的一员。

每天天微微亮，欧阳双武等人就在各个省政府部门蹲点，抓住每一个和领导汇报的机会，就算领导只是出来透透气，欧阳双武也会迎上去说几句，希望电厂项目能够早日恢复建设。在这期间，游说人员有一天之内广州、北京跑两个来回的奔波劳累，有在红墙根下啃泡面的狼狈，有口干舌燥的解释和诉说，有苦苦等待省部相关部门相关人员召见的无限焦虑……可谓饱尝了项目报批的酸甜苦辣。

功夫不负有心人，台山发电厂正式被提上议程。

2000 年 7 月 31 日，广东省电力集团向省经贸委报告情况，经李长春审阅后，文件迅即送达国务院。朱镕基批示：“一定要迅速采取措施，确保西电东送，保证广东用电。说干就干，不要搞花架子。”此后，国家计委副主任张国宝组织上报了《关于广东供电形势和西电东送有关情况报告》，2001 年 3 月 31 日，朱镕基再度批示，要求国家计委组织中国国际工程咨询公司进行论证。

中咨公司组织专家展开调研论证，并召开了有国家经贸委，广东、云南、贵州、广西等省（区）计委及电力部门，国家电力公司、国家电力公司南方公司、三峡总公司等单位参加的研讨会，听取了各方面的意见，形成了《广东供电形势和西电东送有关情况的论证意见》（以下简称《意见》）。《意见》中，分析了广东电力形势和电力结构情况，建议批准前期工作充分的深圳妈湾发电厂二期（2 ×30 万千瓦）和台山发电厂（2 ×60 万千瓦）机组建设，保证在 2002 至 2003 年投产，以缓解广东用电紧张形势。

就这样，经历了三年的休整期，台山发电厂终于再一次进入建设的快车道，此时已经是筹建的第 16 年。

当胡庆余、欧阳双武等筹建组人员再次齐聚建设现场，个中的心酸、激动和兴奋难以言说。所有流过的汗与泪，所有受过的委屈和牺牲，在这一刻都化为“值得”二字。

接下来，一切水到渠成。

2001 年 2 月 24 日，北京国华电力有限责任公司顾峻源总经理与广东省电力集团公司王野平总经理在广州正式签署了《台山发电厂项目出资协议书》，出资比例为：北京国华电力有限责任公司占 80%，广东省电力集团公司占 20%。3 月 28 日，广东国华粤电台电发电公司正式挂牌成立。

新的公司成立，意味着有人会离开。原筹建组组长胡庆余去了天山桥水电站任总经理，神华国华三河发电有限责任公司总经理罗超担任新的项目负责人，欧阳双武等一批人留了下来，扎根侨乡，继续为台山发电厂的建设而奔波忙碌。

2001年5月，台电公司开始机组场地负挖。10月31日，一期工程首两台60万千瓦机组工程浇灌第一罐混凝土。到2003年12月9日首台机组并网发电，历时仅25.5个月，刷新了同类型机组建设周期最短纪录。至此，台山发电厂这颗南海“火种”终于完成了长达18年的建设“长征”路。

台山发电厂发展至今，装机总容量达到500万千瓦，其中，一期工程5×60万千瓦亚临界机组，五台机组分别于2003年12月、2004年4月、2006年1月与11月全部建成投产；二期工程建设4×100万千瓦超超临界机组，并预留两台100万千瓦超超临界机组场地，最终容量可达900万千瓦，是目前国内规划建设规模最大的火力发电公司。

机组全部采用高效电除尘器和石灰石湿法脱硫技术，除尘效率均达到99.5%以上，脱硫效率达95%以上。

其中，5号机组在当时国家环保政策没有明确要求的情况下，率先实现脱硫脱硝同步投运，成为环保发电的排头兵。同时引入西门子BFS++和PI系

2003年，台山发电厂1号机组发电机的转子在安装

统作为生产期 IT 系统核心软件，采用电机变频技术、等离子无油点火技术、微油点火技术，选用数字化仪控设备和进口阀门设备等，特别是获国家专利的国产分散控制 DCS 系统在百万火电机组的首次应用，开电力企业应用国产化热控技术的先河。

机组陆续投产以来，大大缓解了广东省用电紧张局面，特别是在 2008 年初南方冰雪灾害期间，在西电东送全面中断、省内火电机组电煤严重紧缺的情况下，台山发电厂五台机组满负荷运行，为支撑电网和满足社会用电发挥了重要作用。

国华台电的高质量、高效率引起了社会的关注，也得到了领导的关怀与认可。时任广东省委书记张德江在视察国华台电时说："国华台电不但经济效益好，社会效益也好，是中央大型企业集团与地方集团公司成功合作的典范。"

18 年春去秋来，铜鼓旧貌换新颜。南海的激荡潮声伴随着重型机器的轰鸣，在这荒芜沉寂的海滩，奏响了一曲热火朝天的战乐，拉开了沧海桑田的传奇剧幕。

作为最早来到台山发电厂的元老级人物欧阳双武，一直干到 62 岁才于 2017 年退休。从当年的朝气青年，到现在的两鬓斑白，回忆起当年与各位同事一起打拼的一幕幕，欧阳双武不禁感慨万千。俗话说得好，"众人拾柴火焰高"，如今台山发电厂这颗南海"火种"越烧越旺，照亮和温暖了整个广东。而在这背后，是无数电力人为之付出的青春和汗水。

2004年迎峰度夏重点工程攻坚战

王媛媛

“我们决心不辱使命，艰苦奋战，日夜兼程，排除万难，在确保安全、质量的前提下，保证在2004年6月30日前，如期完成12项迎峰度夏重点工程建设任务。”

这是2003年12月8日，在位于广州市东风东路757号的电力办公大楼三楼礼堂召开的迎峰度夏重点工程动员大会上，广电集团公司领导班子代表全体干部员工，向到会的南方电网公司董事长袁懋振、总经理王野平做出的承诺。

此时，坐于会议主席台上的分管基建工作的广电集团公司副总经理于俊岭心里明白，要在半年多一点的时间内，完成被大家简称为“630”的重点工程建设任务有多难。摆在桌面上的会议资料清楚地列明：500千伏有6项，分别是西江、莞城、香山输变电工程，鹏城扩建3号主变和增莞Ⅱ回、沙鹏乙线工程；220千伏也有6项，分别是金源、马坳、象山、富山、同益输变电工程和台新线路工程。

尽管此前就长期从事基建工作，但如此繁重的任务、如此短的工期，前所未有，于俊岭的神经扎扎实实地和12项工程绑在了一起。“堵死后门、倒排工期、务期必成”这三个词在他的脑中久久回响。“如果这些工程不能如期在明年6月30日前投产竣工，整个广东会在明年的盛夏被缺电彻底打垮。”他感觉到自己肩上沉甸甸的责任。

临近年底，集团内各个业务线条和社会上各行各业汇总过来的信息，都十分清楚地表明，在即将到来的2004年，广东电力供需矛盾十分突出。省电力中心调度所给出预测是：全年全社会用电最高负荷将达到3910万千瓦时，其中省统调最高负荷将达到3050万千瓦时左右，将缺电230万—269万千瓦时左右。电力、电量双缺已成定局。

这一切看似来得有些突然，出人意料。但回顾广东电力的发展历史，细寻其迹，却又在情理之中，皆为必然。

20世纪90年代的广东电网建设成果可谓十分瞩目。数据显示，十年间，共建成投产110千伏及以上公用变电站276座，主变容量3038万千伏安，输电线路6655公里，成为全国最大省级电网。2000年，全省发电装机容量达到3189.56万千瓦，年发电量达到1353.47亿千瓦时，双双稳居全国第一。电力供应从极度紧张转变为阶段性的缓和，结束了长达20多年电力紧张的历史。

转折来了，还来得有些猛。2000年中国加入WTO（世界贸易组织），为出口型经济的广东加足了马力，经济发展突飞猛进，社会用电需求增长迅猛，刚获得短暂喘息的广东在全国最早出现了季节性、区域性缺电，有人笑称："地主家也开始缺粮了。"从这一年开始，广东电网人的夏天开始变得有些"苦"，始料未及的"苦"。到2003年，广东地区生产总值增速创8年来新高，当年统调最高用电负荷2532万千瓦，省网供电潜力已基本被利用，系统备用容量明显不足。

高速发展的经济、不断抬升的负荷需求、追不上节奏的电源和电网建设——广东电力人如芒在背。

翻开《广电集团公司2004年工作报告》，文中这样写道："由于历史原因，电力建设严重滞后。一是电源建设滞后于用电负荷的增长，广东已经形成电源性缺电。二是电网建设滞后于用电负荷的增长，珠三角负荷中心和粤东地区电网架构薄弱，供电'卡脖子'问题较为严重，部分设备残旧，装备技术水平不高，抵御事故能力低，安全运行存在很大风险。"

重任在肩，事不宜迟。迎峰度夏重点工程动员大会刚一结束，广电集团公司便立即行动起来，剑指西电东送受端通道受阻、500千伏主网网架薄弱、东西两翼电网单线输送能力不足等突出问题，备足了190亿元，吹响大规模电力建设的集结号，迎战近十年来少有的供需紧张矛盾。接下来的半年时间，于俊岭与公司基建部主任李粤穗经常奔走在珠三角的各个工地之间，亲自督战。

"设计、施工、监理、物资供应，所有关联的参建单位都来了，而且现场就得签下责任书，跟立军令状似的，大家一下子就感觉到了压力。"500千伏西江变电站项目管理专责李毅东由此判断："西江站是与众不同的"。在佛山供电局2003年12月10日召开的迎峰度夏重点工程建设动员大会上，他感觉自己每一个毛孔都紧张了起来，"目标非常明确，西江站要提前投产"。

西江变电站是当时佛山电网投资及建设规模最大的输变电工程，投资近9亿元，主变容量200万千伏安，500千伏线路长达36.878公里。展开地图，从地理位置上就能对它的重要作用猜出一二，它位于罗洞变电站与江门变电

2003年12月2日，500千伏西江变电站建设现场

站之间，与肇庆变电站相连，是接受贵州至肇庆超高压直流输电东送的重要电力门户，“有了它，贵广直流输电工程新增西电送广东的150万千瓦电力才能接得下、送得出”。

与其重要地位相匹配的是建设的压力，“时间紧、任务重、高标准、严要求”。南方电网公司副总经理赵建国、王久龄及广电集团公司总经理赖佳栋、副总经理陈荣真等领导多次亲临基建现场。建设过程中的“千言万语、千方百计、千辛万苦”是在多年后李毅东讲述时，脸上难掩的荣光和脑中一些残留的片段，比如500千伏肇西线西江大跨越。

西江大跨越全长2.1公里，是当时广东首个采用双分裂720大截面耐热导线的双回共塔跨江线路，江塔高167.5米，单基塔就有780吨。“这么大截面的导线，我以前见都没见过，跨江的塔有五十几层楼那么高，我站在塔底下看施工，人越爬越小越爬越小，旁边就是西江，人要站在上面工作想想都怵。”建设者要克服的是天气、高度和技术难度，而作为工程管理者的李毅东要战胜的是“人心”。

青赔沟通在寸土寸金的珠三角地区更加磨人，苗圃主、林场主、鱼塘主，李毅东觉得自己的口才在一次次“舌战群雄”中突飞猛进。“出示国家统一规定的相关文件也不一定好使，群众有自己的认识和解读，还是看现场的谈判表现。”李毅东经常被搞得哭笑不得。所幸佛山市政府、区政府给予了大力支持，不仅出台了《佛山市电网建设绿色通道实施细则》，还专门成立了电网建设协调领导小组，青赔工作虽费尽周折但顺利。

2004年2月下旬，南粤大地开始春意盎然，山间田野里嫩绿的枝叶在奋力生长。而此时的西江变电站也迎来了工程质量的大考。大半个月，由变电一次、继保、远东、计量、通信、土建、安全、线路、资料等9个专业的验收小组在现场“找茬”。“土建分部工程全部优良，分项工程优良率97.86%；安装部分全部优良；线路基础工程优良率98.65%，杆塔优良率99.33%，架线工程优良率100%。”拿着这份成绩单，李毅东像陪考的父母一般轻松又兴奋，汗水和付出都是有回报的。4月2日，西江变电站正式投产，比预期提前了28天。胜利的喜悦迅速传遍了全省，电力建设者们备受鼓舞，忘却了汗流浃背的辛劳，这个草长莺飞的4月仿佛成了他们眼里最美的“人间四月天”。

一鼓作气，捷报频传。两周后的4月16日，江门战场也传来喜报，220千伏台山发电厂至新会送电线路工程顺利投产。与重点解决“外部电源（西电）无法落地”问题的西江变电站不同，220千伏台山至新会线路项目要解决“内部电源无法送出”的症结，它是台山发电厂电力送出的重要配套工程。

广东是一次能源较缺乏的省份之一，电源建设在充分开发利用本身资源的基础上，主要利用国内、国际两个市场采购煤炭和燃油，所以大型火电厂多临海而建。坐落于江门铜鼓湾的台山发电厂是当时亚洲规划最大的燃煤发电基地，自2001年开建便被委以重任——成为广东最可靠的电源支撑点。

与所坐拥的电源相比，江门的负荷增速算缓慢的，“2003年佛山、东莞的用电量都是江门的三四倍，台山发电厂的电力只有少部分在江门消纳”。大电源在江门，而负荷增长中心在广州、佛山、东莞。“路”不通，再多的电也只能被“窝”在这里，得打通“路”，让资源流通起来，台山发电厂至新会这条“路”全长98.5公里，投资超过一亿元。

为了让丰富的电力资源尽快出去，从2003年10月21日到2004年4月16日线路投产，工程项目负责人的陈福才几乎以工地为家，跟着线路一起穿过

220千伏台新线跨越潭江高塔群桩基础浇制施工现场

台山的赤溪等六个镇，跨越潭江进入新会的罗坑镇、司前镇、大泽镇。他指着江门的地图回忆道："你看沿线的这些山上，原来都还没有修路的，很多地方车根本上不去，所有的物资当时都需要靠人力运上山去，虽说广东的山都不算高，但负重爬，真是够受的。"

那时候的技术也远不如现在，"线路需要使用400线径的导线，整个江门都找不到适合放线的张力机，只能打报告从省输借"。机器的落后耗费的时间也得靠人加班加点赶上，工期太紧了，只能分班连续作战，"最高峰时，整条线路上有1200多人在同时开工，大晚上工地都热闹得很"。

跨河塔工期的紧张和难度陈福才至今记忆犹新。潭江两岸，施工人员正热火朝天地干活儿，江两边整齐地搭着临时住宿棚，骨架用毛竹搭建，棚顶用红白蓝塑料铺着，所有施工人员的吃住都在这里，初春的蚊虫是最让人生畏的。陈福才和技术骨干曾伟灵、安全管理员马炳健正在工地上指挥工作，此时，航道管理部门来人了："你们申请的封航建设，对于那些货船没有问题，只要晚上给它们通行就行了。但是我们这个航道有一艘香港至开平的客船，几乎都是侨胞游客，每次都有300人左右乘坐，这个客船还是要按时通过才行。”陈福才眉头一皱但马上笑着答道：“没问题，谢谢你们支持，我们也理解你们的难处，会重新排一下时间，不耽误侨胞回家。”送走客人，三人马上“排兵布阵”——在封航期间，所有人力（高峰时段大概有 100 人）都用上抓紧开展需要跨河段的工作，在夜晚或者需要通航的时段，就加快进度做两岸的基础建设。“当时一天 24 小时都有人在干活儿，白天集中精力攻破难做的，晚上主要是机械做，派人值守就行。”

让陈福才感慨的还有当时各方联动的效率：“从来没有试过沟通这么顺畅的，政府各方能开的绿灯都开了。”想了想又道：“毕竟缺电的严峻形势摆在那里呢。”资料显示，这条线路的重要作用在后期新会至江门线路完工后更加凸显，从此，台山发电厂的电源源不断地往珠三角地区输送。

要让外部的接得住、内部的送得出，还要让输电线路“卡”住的地方通畅起来。在于俊岭、李粤穗的“630”作战图上，12 项重点工程要承担的使命就是完善电网结构，让珠三角电网更强更顺——完成 500 千伏莞城、增莞Ⅱ回输变电工程，满足 N－1 运行的需要，缓解东莞市区、沿海地区及中部地区供电紧张的局面；完成 500 千伏鹏城#3 主变扩建、沙鹏乙线工程和 220 千伏象山、马坳输变电工程，打造深圳中西部电网安全运行屏障；完成 220 千伏富山变电站，解决广州番禺区市桥镇、钟村镇、大石镇等负荷重镇用电紧张问题……

项目一个个如期推进，于俊岭脑中紧绷的弦稍稍有了些缓解。他深知，这 12 项工程能够多点开花、有序推进，背后是多么紧密的协同与配合。设计、施工、监理、物资、调度……每一个专业、每一个环节都在奔着同一目标书写加班加点、热火朝天的故事。比如省电力调度中心在年初就对基建投产的各项配合工作进行了规范，建立重点工程建设绿色通道，主动了解工程进度，及早收集有关的图纸、参数，尽早下达定值和接线方式。投产最密集时，继保人员创纪录地在 5 天时间里连续奔赴深圳、江门、中山等地的 7 个变电站完成 16 条线路的测试。比如物流中心密切跟踪各项设备材料的采购签约、设计图纸交接、工厂生产进度、运输状况和到货质量问题处理，采取了一系列措施，及时掌握需求信息，根据实际施工进度需要及时与供应厂商落实交货，在确保合同质量的前提下力争提前交货。

陈次林当时负责关务管理，他也是参与过这全部12项工程的少数人。那些年大部分电网建设的关键设备都需要进口，还有部分要从香港转入。陈次林经常要到海关等待“查验”。先在窗口排队等候，然后再在海关关员和武警战士陪同下去码头。“一个个的集装箱全盖着帆布，头顶上是高高的吊装机械。查验是随机抽取的，他们点哪个箱子我们就要掀开帆布，撬开长长的设备包装箱打码钉把货物露出查验，嘴也不闲着，要回答各种提问。”海关放行后再去检疫部门，盖好放行章才能办理提货手续。“2004年我们有太多的工程在建了，清关的速度关系工程的进度，一天都耽误不起，大家都是满负荷马不停蹄的状态，想尽方法解决各种突发状况。”

上下同欲者胜。6月20日，220千伏富山变电站工程投产，这标志着12项重点工程相继安全、高质、按期或提前顺利投产，于俊岭如释重负，心中的大石终于落了地。他对前来采访的媒体记者这样说：“‘630’重点工程如期建成投产，有效地提高了深圳、东莞、佛山、惠州地区的供电能力，增强了接收西电的能力，改善了江门、中山、珠海地区电网结构，对保证今年广东电网迎峰度夏起到了极其重要的作用。”不久，时任广东省省长黄华华在广电集团报告中做出批示：“2004年广东电网迎峰度夏12项重点工程提前10天全部竣工投产，可喜可贺。希望你们再接再厉，继续努力解决广东电网‘卡脖子’问题，为保障广东电力供应做出更大成绩。”

2004年的盛夏如约而至，用电形势正如年初所预测的那样，供需矛盾十分突出，全年全省用电最高负荷15次创新高，达到3970万千瓦，同比增长16.8%；更加坚强的网架让珠三角负荷中心供电的“卡脖子”问题得到了缓解，主网与新电源输送通道得到了拓展，供电能力进一步提高。是时，对工商业持续几年的各项错峰限电措施仍在执行，但城乡居民生活却没有受到任何影响。不过，有细心的市民发现这样一个细节：在珠江新城闪烁的高楼中，往常披着光亮外衣的广州供电局大厦，如今却悄然关掉了霓虹灯，自觉执行节约用电措施。点滴的变化，让迎峰度夏“苦”中带了一丝“甜”。

县级供电企业改革的风雨历程

席 佳 李晓怡

“嗬！这还不如20年前湖北一个小县城的电网水平啊！”遭到远道而来朋友的一番抢白，肇庆怀集县供电局局长胡国华的心里五味杂陈。

这是2002年6月，天气炎热，县里用电负荷持续攀升，全县城乡多处配电变压器“告警”。朋友的话说得并不为过，胡国华清楚，整个怀集县90多万人口，县城仅有一座35千伏登云变电站，主变总是过载，到了晚上会热得像个火炉，不时需要用水冷却。

薄弱的电网网架，残旧的线路设备，胡国华尽管着急却也深感无奈。他所在的怀集县供电局是县属企业，资产产权属于县政府，业务上由广东省广电集团公司代管。电力销售收入有限，管理运行成本又高，能投入电网改造建设的资金真是个“有限公司”，造血功能不足，只能是修修补补。电网建设到处“嗷嗷待哺”，他这个局长“救火”乏术。

怀集县的情况只是广东50个代管县（市）供电企业的一个缩影。

代管县供电企业前身为趸售县供电企业，大多地处东西两翼和北部山区等欠发达地区，由于历史原因、自然条件、管理体制等因素制约，普遍存在电力设施残旧、人员超出编制、资产负债率高、经营难以为继等问题。

胡国华所在的怀集县供电局是2000年纳入代管的，当时全省一共有50个趸售县供电企业“批量”转入。这得益于1998年开始的全国范围内的农电“两改一同价”重大决策，为了建立与经济社会相适应的农电管理体制，根据国家部署，广东取消乡镇趸售，推进县乡电力一体化的改革。

所谓代管，仍然是“六不变”，胡国华担纲的企业，产权关系、财税关系、核算方式、趸售方式、工资来源渠道、社会保险都是企业自己的事。代管企业常常处于“爹不疼娘不爱”的尴尬境地。

一个“代”字，使一些深层次问题未能从根本上得到有效解决，广电集团公司的许多管理制度和资产技术优势，很难延展到代管县级供电企业的“神经末梢”。胡国华参观过属于广电集团公司直管的高要、四会供电局，他发觉无论是管理水平还是电网发展，怀集与之相比，都落后太多，差距令人咋舌。

胡国华没有想到的是，一年半后，新一轮电力体制改革的曙光照进了县级供电企业。

2003年12月17日，广东省人民政府十届28次常务会议提出，全省50个代管县供电企业划由广电集团公司直管。

其时，广电集团公司副总经理梁周他们已经悄然布局。副总经济师、市场营销部主任陈锐和专责刘文峰等人，对全省农电管理和代管县供电企业的基本情况进行了全面摸底，在一个月时间深入补充调研的基础上，陈锐向梁周拿出了一份翔实的调研报告。事实上，国家2002年6月12日出台的电改5号文，就明确提出："自供自管和趸售模式的县供电企业，原则上应上划由省（区、市）电力公司直接管理；暂时不能上划的，可以在产权关系不变的前提下，由省（区、市）电力公司代管，逐步改组为有限责任公司或股份有限公司。"陈锐他们早有知觉，算是"先行一步"。

陈锐在报告中写道："全省79个县级供电企业中，由省广电集团公司直管的有29个，代管的有50个。"结合调研，他们认为代管县供电企业"六不变"，存在着六个待解难题：一是体制不顺，管理不到位。广电集团公司与代管企业之间没有资产纽带关系，农网改造投入的大量资金形成的资产产权不清晰，继续投资遭遇体制障碍；各项管理制度、手段和方法难以落实到位；

2002年6月15日，封开供电局委托广东电网肇庆供电分公司代管协议签字仪式

“原财税关系不变”原则使有的地方政府在代管企业亏损的情况下仍然要求企业上缴大量资金，加重了代管企业的经营压力。二是人员严重超编且素质偏低。截至2003年9月30日，代管企业在册员工共44707人，超编11983人；职工总体素质偏低，高中学历及以下人员接近八成；队伍年龄偏大，超过45岁的占23%，远不适应技术密集型的电力企业对人员素质的要求。三是资产负债情况严重。50个代管县供电企业资产合计近140亿元，负债合计逾100亿元。四是担保负债包袱重。50个代管企业中存在担保情况的有30家，共180宗，担保金额合计近12亿元。五是代管企业产权未按政策移交。代管企业在实行县镇电力一体化的改革中，接管镇以下农电资产净值8.48亿元，其中6.33亿元属国有和集体资产，按政策应无偿移交，但因阻力大至今产权尚未移交。六是电价仍高于全省水平。代管县终端售电价比广电集团公司的平均售电价0.59元/千瓦时高出0.10—0.12元/千瓦时。

有人说，代管供电企业属于广东电力的“第三世界”。这话一点也不假。梁周觉得，要想从根本上改变窘境，县级供电企业管理必须从体制机制上加以突破。

“短板”让省委、省政府立定了改革决心。2004年1月14日，省政府成立县级供电企业管理体制改革领导小组，副省长游宁丰任组长，成员包括省计委、省经贸委、省国资委、省财政厅、省物价局、省广电集团等单位相关负责人。同时成立的还有省电力体制改革暨电价改革工作协调小组。

此后，梁周他们迅速部署开展改革各项工作。1月25日，广电集团公司成立县级供电企业管理体制改革领导小组，梁周任组长，下设改革领导小组办公室，陈锐任主任，成员为各相关业务部门人员。8月19日，省政府批复同意这项改革工作方案，要求“在2004年底基本完成50个代管县供电企业管理体制改革的任务”。从后来的情势看，这个最初的时间设定颇为乐观。

这年的8月26日，是一个具有里程碑意义的日子。是日下午，省政府组织召开改革动员大会，游宁丰出席会议并作讲话。会议开到了各地市、县，梁周、陈锐代表广电集团公司参会，而在怀集县，胡国华和县里领导坐在会场，通过视频收听收看。

游宁丰在会上要求各级政府、各有关部门要有大局意识，把认识和行动统一到省政府的部署上来，并提出了六点要求：一是统一认识，坚定信心，为改革奠定良好的思想基础。二是健全机构，确保责任、措施、政策落实到位，为改革提供可靠的组织保证。三是严守纪律，确保政令畅通，稳步有序地推进改革。四是坚持以人为本，保护群众利益，最大限度地维护社会稳定。五是密切配合，真抓实干，按时保质完成改革各项任务。六是强化安全责任制和岗位责任制，切实衔接好、落实好保障电力安全稳定运行的各项工作。

然而，改革的"三道难关"摆在梁周他们的面前。一是协助地方政府完成50个代管县供电企业职工竞争上岗、富余人员分流安置工作。二是完成50个代管县供电企业的清产核资工作，清理债权债务、对外担保等，按政策剥离明显不属于电网的债权债务和接收无偿划拨的农村供电资产。三是签订接管协议，依法进行公司组建。每一关都需要闯关夺隘的巨大勇气与智慧。

人员分流与安置最棘手。四天后，省政府印发经过广泛征求各方意见并反复修改的《广东省50个代管县（市）供电企业富余人员分流安置工作的指导意见》。同日，省经贸委、省县级供电企业管理体制改革领导小组印发劳动定员核定方案及员工竞争上岗实施意见。

定员核定方案的思路是"一个萝卜一个坑"。2004年8月，广东省经贸委批复省广电集团公司《广东省县级供电企业管理体制改革工作方案》，根据测算，50个代管县（市）供电企业总劳动定员35923人，与其时50个代管县（市）供电企业实际在册员工人数对比，超编单位有38个，需要分流安置的职工人数为12925人，超编比例达24.4%。

9月8日，广电集团公司召开动员大会，为改革鸣锣开道。梁周对改革具体工作进行部署。随后，15个地级市供电分公司和50个代管县供电企业迅速行动，均成立了以行政"一把手"为组长的改革领导小组，下设人员竞争上岗工作小组、清产核资和债权债务处理小组。组长由班子副职兼任。"一把手亲自抓，分管领导具体抓，具体部门切实抓"的责任体系形成。

各地迅速展开清产核资，全面开展账务清理、资产清查、资金核实、债权债务和对外担保核查、实物资产盘点、损失认定及资产核实等工作。在粤北清远，英德市供电局的财务部忙得人仰马翻。全面清查盘点未入账的应收电费、已核销的坏账、担保或者负债等工作都赶在规定时间前完成编制财务移交清册，交中介公司审核。李潮新感觉自己就像超人，每天几乎都工作到凌晨，中午不休息，周六日接着干。另一边，办公室忙着核查房屋和土地产权资产及完善全部证件。由于历史遗留等多种原因，房屋、土地产权物业欠办证件达69%，邓金连等工作人员，每天早上六点多就出发到各个乡镇测量土地的数据，一天跑两三个乡镇，中午在外面迅速吃个快餐，量好数据晚上就回到办公室整理，然后交由国土局核对无误后出红线图办理土地证。

汇总全省各地数据，梁周了解到，截至2003年底，全省50个代管县供电企业资产合计136.62亿元，负债合计98.8亿元，所有者权益合计37.82亿元，平均资产负债率72.32%。

同步开展的，还有接管和子公司组建的筹备工作。基于国家电力体制改革方向、规范工资总额管理、建立内部激励长效机制、化解矛盾及减少不稳定因素等方面的考虑，接管后的50个代管县供电企业将实行子公司管理模式。梁周他们根据省政府指导意见以及南方电网公司要求，完成接管协议的起草，经省政府批复，在各代管县供电企业完成人员分流安置、清产核资以及债权债务、担保的处理后，分别与代管县政府、代管县供电企业签订接管协议。

改革无法一蹴而就。当2004年已近尾声时，改革却只完成了序曲。梁周案头的年度重点工作计划，最终没能如期画上那个勾。这次改革工作量之多、难度之大远远超出预先的估计，新情况、新问题层出不穷。

在富余人员安置方面，揭阳电力厂多达90多人上访省政府；潮州市桥东火力发电厂部分职工多次上访供电分公司，甚至出现对供电分公司领导进行诽谤、恐吓的手机短信。

在清产核资方面，投资办多经企业、为发电企业担保等债权债务问题，给电网资产与非电网资产的剥离造成很大难度；农村供电企业资产的产权关系复杂，普遍存在实物资产账实不符、会计信息不真实、农网改造资产历史遗留问题多等突出问题，处理农电资产工作难度极大。

然而，开弓没有回头箭，攻坚克难绝不仅仅是一句口号。

2005年3月31日，广电集团公司正式更名为广东电网公司，县级供电企业管理体制改革继续推进。

2005年11月，代管县供电企业员工的竞争上岗考试如期举行。在全省

2007 年 6 月 17 日，汕头供电局举办代管县供电企业财务管理培训班

46 个代管县各考点，31678 人参加了考试。因增加定员、放宽离岗退养条件、提高经济补偿标准、扩大竞争上岗人员范围等种种诉求悬而未决，海丰、陆丰、惠来、南澳等四个代管县供电企业职工并未参加这场考试，直到此后才陆续组织完成。

为了确保考试公平、公正举行，广东电网公司按照“试卷命题与组织考试分离”的原则，委托中国电力联合会职业技能鉴定中心负责试卷命题、省考试中心负责组织考试，并周密研讨考试批次、试卷印刷、运送与保密、监考、评卷、成绩公布等问题。

这场考试按照管理人员、生产人员和农村电工分别设置了不同的考题内容，包括 60% 的公共知识和 40% 的专业知识；通过摄像头实现对考试全程进行监控，并由政府出动武警维持考区秩序，规模和场面堪比高考。为了保证考试的顺利举行，广东电网公司周密部署，开展了一系列工作，其间还及时处理了雷州供电局职工群体性事件。

成绩公布，录取结果一放榜，各方意见潮涌。2006 年 4 月，本着进一步保障职工的切身利益，推动改革顺利进展，维护社会稳定，省经贸委同意扩大接收范围，增加定员，减少超编分流人数，提出“七类人”不占定员的方案，并向省发改委、国资委、法制办、劳动保障厅、监察厅、审计厅、物价局及广东电网公司征求意见。

2007年1月16日，接收方案做出调整。“夫妻双方经过竞争均未能上岗的保留其中1人；夫妻双方中另一方原在国有、集体或国有控股企业工作，由于改革、重组、破产下岗分流后未重新就业的；本人属于独生子女而其收入是家庭唯一经济来源并需要供养无经济来源老人（特指直系亲属）的；患重大疾病（特指患精神病、瘫痪、癌症）医疗期已满并已丧失劳动能力或需抚养患重大疾病子女的；军队转业干部及其随调家属、复员退伍军人、随军家属如果经过竞争未能上岗的；获得地级市以上部门授予的劳动模范称号以及按政策规定获得享受劳动模范同等待遇称号的；竞争上岗综合成绩在本企业末位同分的”等七类人员纳入接收范围。

经过两年多的艰苦努力，2007年一开年，各项准备工作水到渠成，人们仿佛已能闻到收获的气息。此时，梁周已调往南方电网公司总部，继续推进改革重任的担子，落在了广东电网公司新任副总经理廖建平的肩上。

到了一季度末，人员考评、清产核资、接管协议等各项工作已基本完成，有关的债权债务和人员分流安置问题，通过多方面的协商正在逐步解决，不稳定因素得到有效的控制，接管工作取得了实质性的进展。

按照省经贸委“一县一策”的原则，“成熟一个，接管一个，成熟一批，接管一批”的精神，广东电网公司以基本没有人员分流、资产状况清晰、地方政府态度积极为标准，经过反复筛选，确定了10个已具备条件的作为第一批接管单位。

2007年4月12—14日，廖建平等人马不停蹄地穿梭在珠三角与粤东西北之间，分别与封开、龙门、化州、电白、新丰、吴川、廉江、阳春、大埔、连平10个县（市）人民政府和供电企业签署接管协议。

是时，刚签完协议的廉江市市长何鑫喜形于色，在接受新快报记者采访时表示：省网接管后，由于取消了中间的“代理商”渠道，居民以及企业用电电价将大幅下降。廉江市目前的平均电价是每千瓦时八角左右，接管后，每千瓦时可降低两角钱，一年算下来，全市可减少电费支出1.3亿元。

紧接着，广东电网公司乘胜追击，将减去离岗退养和自愿分流人员后没有人员分流安置压力的县级供电企业列为第二批接管对象。8月，郁南、新兴、信宜、翁源、始兴、乳源、仁化、曲江、南雄、乐昌、英德、阳山、连州、连山、连南、陆河等县级供电企业完成接管；11—12 月，蕉岭、怀集、罗定、揭东等县级供电企业先后完成接管。截至 2007 年底，接管单位达到 36 个。

此后，广东电网公司步步为营，逐渐锁定胜局。2008 年，兴宁、平远、丰顺、德庆、饶平、揭西、南澳、海丰、陆丰、普宁、惠来等 11 个县级供电企业完成接管。

时间来到 2009 年，全面冲刺的号角吹响，此时，全省还剩下最后三家“硬骨头”，分别是潮安县电力公司、潮阳市电力工业局和汕头澄海区供电局，其共同点是资产庞大、利润值高，产权转让背后的利益博弈更为激烈。

11 月 23 日，潮阳市电力工业局惊险“撞线”，成为全省第 49 个被接管的县级供电企业。由于在“两改一同价”后，当地政府要求农村个人供电资产全部移交当地供电管理机构代管，并做出统一偿付承诺。但因时间紧、任务重，部分农电资产在未进行价值认定的情况下仓促完成初步交接，导致后续

2007 年 8 月 7 日，韶关曲江供电局施工人员正在小坑镇黄洞村架设配电线路支援当地村民抗旱

补偿工作难以为继。陈锐他们和潮阳市电力工业局负责人马武雄、陈文龙等，经过与当地政府磋商，创造性地提出“复核资产—公示—举证—赔付”的流程，协助政府有力推动了农村个人供电资产补偿工作进展。

澄海区供电局是在这一年12月31日的最后期限完成接管协议签订的。12月中旬，广东电网公司与澄海区政府基本达成接管意向，陈锐带着刘文峰飞往汕头，准备跟政府商谈签订划转协议的细节。不料地方政府此时又提出追加资金和人员方面的条件。关键之时，考虑到澄海区政府历年来高度重视农网改造，供电局管理规范、资产优良，陈锐他们灵活应变，请示公司领导后当即拍板签约。最终，圆满完成全省最后一家县级供电企业接收。

历时六年，改革终于落下帷幕。广东电网公司协助地方政府完成了50个代管县供电企业员工竞争上岗考试、29个单位共4359名职工的分流安置及清退、41509名职工的接收移交；完成县供电企业清产核资，共接收资产167.89亿元；完成企业产权无偿划转协议和组建协议的签订工作，并依法完成全资子公司的组建。

接管后，胡国华的名片有了一些外人不太留意的变化，由“怀集县供电局局长”改为“肇庆怀集供电局局长”。而引领怀集县供用电事业改变的，更是后续发生的一系列管理上的变革，以及电网建设发展的迅速推进。接管县级供电企业的生命力渐次复苏。据统计，2011年，50个县级子公司完成售电量480亿千瓦时，同比增长13.88%；主营业务净收入268.54亿元，同比增长1.88%；利润总额5.56亿元，实现扭亏为盈；资产总额230.05亿元，同比增长8.55%。

经过改革，全省形成统一的电力市场，实现了县级子公司与地级市同网同价，仅此一项，每年可减轻用户用电负担约17亿元。此外，用户年平均停电时间15.25小时，同比减少59.6%；用户年平均停电次数4.63次，同比减少59.7%。供电可靠性的逐年提升，促进了省委、省政府“双转移”政策的有效贯彻落实。

停电演练的『戏外戏』

周婷

2005 年 5 月 25 日，对于莫斯科来说是最黑暗的一天。

是日，莫斯科南部、西南和东南市区发生大面积停电事故。大面积停电事故使得莫斯科电网 321 座变电站全停，损失负荷 353.95 万千瓦，半个城市地区陷入瘫痪，直接损失达 10 亿美元，堪称“电灾”。

通信中断、商店关门、工厂停产、交通拥堵、家中无水……因为停电而导致的一系列连锁反应，让俄罗斯首都一瞬间被打回农耕社会，人们一时无所适从。夜晚的莫斯科，像是从东欧这片土地上消失了一般。

联想到 2002 年巴西发生的利亚“1·21”大停电事故、2003 年发生的美加“8·14”大停电事故所造成的损失，世人惊呼：我们一手建立起来的电网，一旦闹起“脾气”来，破坏力竟如此之大。看似强大无比的现代社会，却又如此脆弱不堪。

俗话说“隔行如隔山”。现代社会，电力之重要，电网之繁杂，外行人可能不清楚，而对于这方面的行家里手——广东电网公司分管电网安全生产的副总经理陈荣真来说，则是再清楚不过的事情了。确保电网安全稳定运行，是他的职责所在。

进入新世纪，随着中国加入 WTO，经济呈现出新一轮快速发展的态势，各行各业以更加开放的姿态拥抱外部世界。地处改革开放前沿地带的广东，经济发展势头更是强劲。同时，中国正如火如荼地忙着筹备第 29 届夏季奥林匹克运动会，计划向世界展示一个日新月异、充满魅力的东方大国形象。

要确保经济社会的快速、健康、可持续发展和奥运会取得圆满成功，需要中央与地方、政府与企业、社会与民众的紧密配合，做大量的工作。其中，电力是最基础的保障，极为关键。

在这期间，我们是否有能力杜绝大面积停电事故、确保电力供应？一旦发生大面积停电事故，我们是否有能力及时高效有序地应对？这是从中央到地方各级政府尤其是电力企业必须破解的一道难题，也是摆在陈荣真案头上每日面对的一项重要工作。

凡事预则立，不预则废。必须未雨绸缪，全力做好确保电网安全生产的预防工作，成为广东电网公司上下的共识。

莫斯科大停电事故引发国家高层的高度重视。不到一个月，2005 年 6 月，国务院就颁布了《国家处置电网大面积停电事件应急预案》，这表明：国家对其认识程度已经上升到了一个更高的层次，并摆上了议事日程。不久，广东省委、省政府结合实际，出台了《广东省处置电网大面积停电事件应急预案》，并明确了政府、电力企业、电力用户等各行各业的责任，防患于未然。

其实，早在1990年9月20日，广东就曾发生过史上最为严重的大面积停电事故。是日，220千伏芳村—顺德线受雷击，继电保护拒动和误动，造成八个水、火电厂与系统解列；肇庆、清远、韶关三市全停电，广州、佛山市部分地区停电，负荷损失了50%，经过3小时2分钟的紧急抢修才恢复正常。

虽然过去了十几年，但陈荣真对当时的情景依然记忆犹新。历史和现实告诉他，广东电网并非坚如磐石、牢不可摧，而是危机重重，如履薄冰。2005年7月29日，在南网安全电视电话会议广东分会场上，陈荣真对参会者提出了警醒：“今年上半年，广东电网几次与电网危机擦肩而过。举两个方面例子：第一，天广直流单极闭锁五次，双极闭锁一次。高肇直流单极闭锁四次。江城直流单极闭锁两次，双极闭锁两次。合计三回直流单极闭锁12次，双极闭锁三次。第二，2月9日台山电厂跳了一台60万千瓦机组，系统频率降至49.74赫兹的危急状态。5月7日，三峡电站跳机，影响江城直流损失100多万千瓦，系统频率降至49.63赫兹的危急状态。6月22日，珠江电厂220千伏母线失压，一号、二号机跳闸，机组甩负荷40万千瓦，造成广州南部、佛山局部输送超限，两市进行事故限电。”陈荣真接着说，所幸的是，在系统出现危机的紧急关头，由于电网调度运行人员沉着应对，及时响应，正确操作，成功地避免事故扩大，化解电网危机。

无独有偶，“电灾”接踵而来。同年9月12日中午，在太平洋东岸那边又传来令人惊愕的消息：美国西部洛杉矶闹市区、西城区、圣费尔南多河流域的部分地区突然断电，200多万人受到了影响，不到四个月前发生的莫斯科大停电时的混乱状况在那里重演了一遍。不同的是，当时距离“9·11”仅隔四年，许多人因害怕恐怖袭击，纷纷逃离大楼，再加上不时呼啸而过的警车和消防车，那景象如同正在上演好莱坞的一部灾难片。

国外接连发生的大面积停电事故，暴露出大城市电网环网结构的安全稳定问题，特别是作为受端的大城市电网的负荷转移问题，电压稳定问题以及

2005 年 12 月 9 日，广东电网公司副总经理陈荣真到河源供电局检查安全工作

如何配置必要的安全稳定控制措施的问题。这为我国大城市电网的安全敲响了警钟。

前车之鉴，必须警惕。

同样关注电网安全稳定运行问题的，除了广东电网公司的党政负责人外，还有广东省委、省政府领导。分管全省工业、交通通信、安全生产等工作的副省长佟星，从更高的层次去看待和认识这一问题。“十五”期间，广东经济发展势头强劲。2005 年，广东地区生产总值总量达 21700 多亿元，已经连续十多年在全国各省、区、市中居首位，约占全国的 1/9。而即将到来的“十一五”，广东地区生产总值规划年均增长 9%，继续保持高速增长的态势。还有就是广州、深圳两地将于 2010 年、2011 年分别举办亚运会、大运会，向世人展示南粤改革开放的成就与形象，举世瞩目。一旦发生电网大面积事故，后果将不堪设想。

更令人头疼的是，进入 2006 年，广东电力供应矛盾进一步恶化，超出了年初的预测，上半年全社会用电最高负荷就连续 6 次创出历史新高，达到 4700 万千瓦，同比净增 674 万千瓦，最大电力缺口达到 554.6 万千瓦。“电网在压极限运行，甚至是超负荷运行”，长期从事电力工作，时任南方电监局局长郭智意识到，上述现实情况让大面积停电的可能性如剑高悬。

一年前制定的《广东省处置电网大面积停电事件应急预案》是否可行，是否有效？没有人有底气回答这个问题，因为至今没有真正演练过。必须举办一次电网大面积停电事故应急联合演练，是骡子是马，拉出来遛遛，扎扎实实做一遍。省委、省政府、南方电监局、广东电网公司的意见高度一致。

时不我待。2006 年 6 月 19 日，省政府召开了电网大面积停电事件应急领导小组第一次会议，会议决定：这次演练由电网大面积停电事件应急领导小组主办，国家电力监管委员会南方监管局承办，广东电网公司、深圳市人民政府及东莞市人民政府协办，覆盖全省 34 家单位。副省长佟星亲自担任应急领导小组组长。三个月后，应急联合演练总方案出台，内含广东电网、深圳市、东莞市三个演练子方案，演练的时间定于 10 月 12 日。

陈荣真领回任务后，立即成立了广东电网公司的应急演练组织构架，亲自担任演练领导小组组长，工作小组组长由省调度中心副主任李剑辉担任。深圳供电局局长金基民、东莞供电局副局长李铭钧分别担任深圳、东莞工作小组组长。并指派生技部副主任马辉为工作联络人，负责与各参演单位、电监局的协调工作，管控工作小组内部工作进度与质量。

工作还得往细里做。工作小组又细分为综合组、技术组、编剧组。综合组工作主要包括新闻宣传、后勤服务等内容；技术组主要负责整合电网公司及电视台的音频、视频及网络资源，设计导播指挥模式，实现全省各演练场景的数据实时传输与有效控制，提供演练时所需各类技术支撑；编剧组主要负责控制演练流程的规范性与正确性，完成脚本的编写和核对。

作为实操经验丰富的调度员，张维奇被安排在了编剧组。张维奇起初的任务只是核查演练脚本的专业程度。既然是核对专业程度，还不如在一开始就让专业的人来做，他顺理成章成了编剧。为了高度配合演练，张维奇所在部门的领导特批他脱岗写作。同在编剧组的还有从广州供电局借用的苏志鹏和张志辉，二人此前参加过广州市的停电演练，有些实战经验。

9 月的广州依旧酷暑难当。省调度中心二楼会议室每晚的气氛都和这天气一般热闹。编剧组成员每天都围坐在一起，时而讨论得热火朝天，时而又簇拥一团，他们在不停地涂写着《广东省大面积停电演练》的剧本，反复推敲剧本中每一句用语的规范性与合理性。

“2006年10月12日，超级台风于上午9点在珠江口登陆，中心最大风力15级，正面袭击珠三角地区。”这是此次演练的半命题作文。剩下的需要编剧组去用合理的、符合逻辑的故事情节将角色串起来。什么单位什么时候做什么事，编剧组要考虑将电力、交通、医院、供水、通信、商场等34家单位演练的部分融合在内，这一点也不轻松。经常出现修改一个细节就牵一发而动全身的效果，所以剧本一直修改到了正式演练前几天。经常，也有其他行业或者电监局的专家提出修改意见。大家讨论到最后，出现多专业、多行业的意见不一致时，交由广东电网生技部副主任马辉定夺，确定最后的版本。

在这三个月编写的过程中，越临近演练，编剧组越希望时间过得快一点，让他们尽早接受“战场”的考验。那时的心情已不再是三个月前接到任务时的紧张，反倒是对完成任务的胸有成竹。

演练既是对各行各业面对停电应急专业处置的检验，更是对全社会和广大公众科学应对停电的一次全景式科普。宣传组的担子也不轻！距离演练还有一个月的时候，宣传组的龙建平、王小春、陈晓光等起草了《广东省2006年电网大面积停电事故应急联合演练宣传方案》，提出要进行应急知识的科普宣传。广东电网进行电力科普宣传也正是始于那个时候。

做公众停电应对科普是广东电力系统的第一次，宣传组几个人利用工作之余的时间分工上网收集一些资料，再研讨整理。要做到专业且通俗易懂，难度可想而知，他们找来当时安监部安全科科长王政源担任技术顾问，对内容专业性进行把关，在正式演练前一个月由龙建平主编，梁广、王小春、陈晓光参编的《停电应急手册》正式出版。

这本涉及电梯、地铁、医院、学校等公共场所以及家庭停电应急处理的手册是给社会公众看的，还得发动媒体都来宣传，才能起到科普的效果。但媒体对纯粹的停电科普并不感兴趣，靠平常的“招数”难以动员社会媒体广泛深入宣传。“应急知识的宣传得找政府层面去推进”，龙建平的想法与此次演练主办单位——南方电监局的童光毅不谋而合，两人异口同声道：一起找省委宣传部去。

2006年9月一个周五的下午，广州市区几条主干道被人流、车流堵得水泄不通，童光毅和龙建平堵在十分钟挪不动100米的东风路上，他们要去找能推动科普大众宣传的关键人物——省委宣传部新闻处副处长曾胜泉。

可谓是"堵车两小时，有效沟通十分钟"。曾胜泉十分认同演练中增加社会公众应急知识宣传的必要性。9月22日，省委宣传部下发《广东省电网大面积停电事件应急领导小组文件》，全文转发广东电网宣传组编制的《广东省2006年电网大面积停电事故应急联合演练宣传方案》，并要求全省新闻媒体单位支持配合此次演练的相关宣传。

10月12日早上8点，广东电网大面积停电应急指挥中心开始忙碌起来。技术组进行着显示屏、电话的调试。接近9点，《敲响电网安全警钟》在指挥中心的大屏上播出，急促的背景配乐，再配上男中音的铿锵解说，所有在场的工作人员及演员的心瞬间静了下来，手中的活儿也不自觉地慢了许多，大家不约而同望向屏幕。

"报告佟副省长，广东省2006年电网大面积停电事故应急联合演练各项准备工作已经完成，具备演练条件。请指示。"演练小组副组长郭智请示完，

停电后，深圳市街头交通灯失灵，交通一片混乱

佟星的声音在应急指挥中心响起："我宣布，广东省2006年电网大面积停电事故应急联合演练现在开始。"

狰狞的台风咆哮着，卷起海面层层巨浪，重重砸落在岸边的防护栏；扫过的树林，枝叶被撕裂散落一地。田间的铁塔开始有些扭曲变形，连着的电线被吹得胡乱摇摆后，在风中断裂……500千伏沙鹏甲乙线、鹏深甲乙线跳闸。省调度中心的大屏上电网地理示意图显示的线路、变电站，出现越来越多的黑点，东莞市人民医院、华南mall、深圳机场、深圳地铁停电……电力95598客户服务中心电话铃声此起彼伏。各单位供电值班人员都紧张起来，情况迅速反映到主管领导那里。省调度中心和深圳、东莞两地调度中心一片忙碌。——没有人觉得这只是一场演练，影像片逼真得让现场所有的人都提着一口气。

"我是中调张维奇，深圳、东莞的情况现在怎么样了？"张维奇打破了这份平静，作为值班调度员，他一边收集着各地区的受损情况，一边在极短的时间内做出对深圳、东莞的处置意见。

传来的种种迹象与数据表明：15号强台风正面袭击珠三角地区，广东电网遭受严重破坏，深圳、东莞两市发生大面积停电事故，影响范围涉及党政机关、医院、口岸、机场等社会重要部门。全省主网损失负荷近1200万千瓦，减供负荷34%以上，受影响用户超过200万户，达到省Ⅱ级大面积停电事故标准。

深圳地铁因停电而停止，列车员紧急疏散乘客

一切快速有序地向前演进：上午9点44分，省中调向南网总调和主管领导陈荣真请示强送电方案；9点46分，陈荣真要求尽快恢复枢纽变电站的供电；9点47—49分，深圳、东莞供电局金基民、李铭均分别请求启动深莞两市应急预案；9点50分，省公司宣布启动《广东电网公司应急预案》；9点51分，深圳和东莞两市同时启动本地应急预案；9点52分，陈荣真向省电力应急领导小组常务副组长兼办公室主任郭智报告有关情况；9点52—53分，深圳、东莞两市分别向郭智报告有关情况；9点55分，郭智向省电力应急领导小组常务组长、副省长佟星请示启动《广东省处置电网大面积停电事件应急预案》；9点56分，郭智向应急领导小组各成员单位传达佟星应急指挥令：全省进入大面积停电Ⅱ级应急状态。

救援工作随即开展。技术组成员将提前录播好的视频按顺序播放。应急演练厅大屏切入到深圳、东莞受灾现场。

在深圳，停电事故发生后，深圳供电局同步启动短信群发系统向深圳广大用电客户发送停电提示信息，派出4台抢修车分别赶赴事故现场并组织抢修。莲花路—新洲路口的交通信号灯因停电关闭，导致前往皇岗变电站的电力抢修车受堵阻塞，救援中心立即请求交警前往协助疏导。市公安局派出警员疏导交通，优先保证该路段交通畅通，确保电力抢修车顺利进入事故地点。沙头角口岸检验处因停电所有的灯光及查验设备都停止了运作，过境大桥道闸不能开启，等候通关的旅客及车辆排起了长龙。口岸迅速启动应急柴油发电机组，对出入境旅检大厅、出入境车辆通道等一级负荷单位进行后备电源的输送。边检、海关、国检等演练工作小组成员在各自负责区域内，重启通关设备，引导通关。保安队员协助边检干警维护秩序，避免发生混乱和人员踩踏事故。深圳机场应急电源自动启动，机场工作人员向候机大厅旅客进行解释。深圳证券交易所启动应急预案，并启动自备发电机保证供电。深圳地铁等公共场所立即采用应急措施，启动应急照明，疏散乘客，防盗防抢，维持社会秩序。

在东莞，停电事故发生后，东莞供电局马上开展电网事故处理和电力设施抢修。因人手不足，李铭钧向省公司提请紧急增援。陈荣真致电广东省输变电公司，要求其立即组织人员赶赴现场，协助该局进行抢修；粤电集团沙角发电 A 厂接到命令执行黑启动方案，启动机组并网发电；东莞市人民医院、交通指挥控制中心启动自备发电机应急及重点部位停电应急处理；华南 mall 百货商场、万江汽车客运总站启动自备发电机应急和进行人员疏散；卫生局组织事故抢险队对伤亡人员进行抢救；交警支队开展交通应急指挥，疏导交通；公安局增派警员维持市内重要单位、重要地点的公共秩序；通信部门启动自备电源及应急通信车，保障应急通信；东莞市沛恩旅行箱制品有限公司发生火警，浓烟滚滚直往上蹿，消防局迅速调派消防员赴现场救火，消防员们架起云梯，手持水枪，向高层着火楼宇射水，并冲进屋内搜查被困人员。

与此同时，省应急指挥中心电话铃响起："佟副省长，刚才已接到电网公司应急指挥中心和深圳、东莞等应急指挥中心的报告，广东电网主干网架现基本恢复正常接线运行，停电负荷已恢复 80%，重点地区恢复 90% 以上，深圳、东莞两市生产生活秩序已基本恢复正常，现已达到结束应急状态的条件，请求解除《广东省处置电网大面积停电事件应急预案》电网Ⅱ级停电事件状态。"

省应急指挥中心显示屏上显示各停电区域陆续恢复了供电。深圳四条 500

东莞市沛恩旅行箱制品有限公司发生"火警"，公安消防局迅速调派消防员赴现场"救火"

千伏线路和两条220千伏线路均已恢复，72个失压的变电站通过转电操作已恢复其中68个的供电；东莞恢复了事故地区大部分重要用户的供电，停电负荷恢复90%，重点地区的负荷恢复95%，部分地区电力设施仍在积极抢修之中，预计48小时内深圳、东莞电网将完全恢复正常供电。

10点40分，应急领导小组组长、副省长佟星宣布：“解除广东电网大面积停电紧急状态，广东省2006年电网大面积停电事故应急联合演练圆满结束。”

所有的流程都按之前的剧本紧张有序地进行着，听到宣布联合演练圆满结束时，一直站在后台管控整个演练的马辉脸上也露出了笑容，绷紧的神经放松下来，向各位工作人员、主创人员点头示意这一场将24小时的台风抢修复电浓缩为短短的70分钟的演练顺利完成。

演练结束之后，省应急领导小组又立马大部队转移到应急演练中心下一层楼的会议室召开新闻发布会。“广东省是否存在大面积停电的可能性?”“如果大停电真的来临时，是否能够做到不慌张?”……发布台上，陈荣真、郭智，还有广东省政府副秘书长林英接受来自《人民日报》《广州日报》《羊城晚报》《信息时报》《民营经济报》等媒体的40多位记者一个接着一个抛来的问题。演练的顺利完成是回答这些问题的最好答案。

事后，童光毅写了一篇《停电之后——记广东省电网大面积停电事故应急联合》的长篇通讯，文中这样写道：“参加演练的共有34个单位逾万人，涉及政府、电力、公安、商场、通讯、机场、地铁、供水、医院、口岸、工厂、证券交易所等近20个部门和行业。……为避免演练对社会和公众造成不便，结合参演单位的实际，采用同步及分步演练两种方式，联合演练项目共计31项，其中18项内容进行了同步演练，13项内容进行了分步演练。”

由国家安全生产应急救援指挥中心、国家电监会安全局、省安监局、国家电网公司等专家组成的演练评价专家组，对这次联合演练给予了充分的肯定，认为这次演练对全省乃至全国的电力应急工作起到非常积极的推动作用。10月16日，国务院国资委主任李荣融在南方电网公司调研时给出评价：“这次举行广东电网大面积停电应急演习，媒体报道了，你们抓得很好。”

“这是全国首次省级电网大面积停电演练，备受瞩目，效果很好，达到了预期目的。我觉得主要体现在四个方面：一是检验了应急预案的科学性和应急组织的严密性与协同作战的能力；二是提高了公众应急防范意识及紧急状况的应对能力；三是锻炼了队伍，积累了经验，发现了问题；四是促进了电力应急工作体系的形成。”陈荣真事后回忆说。

所有的关注、报道和肯定，都传递出同样一种声音：广东有能力、有信心处理好大面积停电突发事件，2008 年粤北抗冰救灾、2010 年广州亚运会、2011 年深圳大运会等重大保供电工作的顺利完成，充分证明了这一点。

汛洲岛联网长镜头

黄伟岳

海风微拂，晴空万里，三三两两的渔船都停靠在岸边码头。2007 年 2 月 15 日，潮州市饶平县汛洲岛海底电缆通电仪式在岛上隆重举行。

彩旗飘扬，锣鼓声喧，赶来庆贺的村民将庆典现场小空地围得里三层、外三层。随着潮州市委书记骆文智、广电集团公司副总经理陈荣真，以及人大代表江锐歆、郑坤龙等人共同按下启动按钮，来自大电网的电流开始通过海底电缆“登岛”，这标志着汛洲岛结束了孤岛自发自供用电的历史。

还有两天就是春节了，看着乡亲们脸上的笑容，江锐歆感到十分欣慰：三年前他在省人大会议上的议案终于变为了现实。

那是在2004 年2 月10 日的省第十届人大十二次会议上，江锐歆等人提出了《关于要求解决海岛通电问题》议案，议案得到了22 名代表的签名。会议还没有结束，《人民日报》、《南方日报》、广东卫视等媒体都已纷纷派出记者登上汛洲岛，关注海岛的用电情况。一时间，汛洲岛的用电问题成了舆论的热点。

事实上，作为省人大代表，江锐歆的议案源于他列席潮州市人大会议时一次偶然的关注。2003 年，潮州市人大代表郑坤龙向市人大会议提交了解决汛洲岛用电问题的议案，这引起了江锐歆的注意。

汛洲岛位于饶平县东部柘林湾，岛屿面积 2. 5 平方公里，十里银滩是优良的海滨，岛上设有一个行政村，分为上乡和下乡两个自然村，有居民 2000 余人。由于海峡相隔，汛洲岛用电一直依靠岛上柴油机发电，在 1999 年以前，岛上的柴油发电厂发电成本就高达每千瓦时 1. 36 元。1999 年后，岛上居民用电价格降到了每千瓦时 0. 99 元，发电厂长期处于亏损状态，几次被迫停业。2002 年，发电厂和汛洲岛村委向饶平县上报了增拨电价补助款的请示，县政府同意每月给予汛洲岛发电厂 1 万元的补贴，这才使海岛入夜之后能重新亮起点点灯光。

作为土生土长的汛洲岛村民，郑坤龙对岛上用电的不便有着切身的感受，首次当选为市人大代表，他便提出议案。

江锐歆联系上了郑坤龙，此后，江锐歆多次登岛调研，并拍摄了岛上用电情况录像带，足足有 8 盒之多，为自己在省人大会议上提出建议做准备。

对于如何解决汛洲岛用电问题，江锐歆还参照了其他岛屿用电情况。他知道，远在汛洲岛正南方十多公里的南澳岛距大陆更远，却早在 1985 年 12 月 26 日就已实现了 35 千伏海陆联网输变电工程竣工投产。而汛洲岛与大陆之间的小金门海峡最窄处不过 1.5 公里，最宽处也不过两公里上下，按理说，工程量和施工难度都要小很多。

江锐歆的议案经省人大转交后，潮州市政府很快作出答复，“将把这作为一件大事与省电网公司协商”。

议案也转到了当时的广电集团公司，据负责议案答复工作的时任办公室秘书科科长覃桂平回忆，当时领导班子对此进行了反复的研究讨论，但由于负责汛洲岛供用电业务的饶平县电力工业局，那时还是县属企业，广电集团公司只是业务上代管，要解决汛洲岛用电问题，还存在着一些法律与政策上的限制。

2004 年 12 月 15 日，广电集团公司在给江锐歆代表的答复中写道，“现我公司正向省发展改革委建议，待饶平县电力工业局由代管改为直管后，参照台山市上下川岛的做法，将饶平县汛洲岛的通电联网工程投资纳入民心农网工程项目计划中解决”。

民生无小事。在答复发出后不久，陈荣真又专程到潮州，实地了解情况并听取江锐歆代表的意见。随后，广电集团公司领导班子决定：提前开展工程准备，尽快让海岛通上电网电。

很快地，潮州电力设计室和汕头电力设计研究院就接到了潮州供电局的委托，开展前期可研工作。

从 2005 年 6 月开始，汕头电力设计研究院谢伟群、张小和等人先后 8 次登上汛洲岛，开展实地测量，提出了架空跨海、敷设海缆以及原柴油发电厂增容等三种方案。

增容方案显然非长久之计。“海岛自发电，一面使发电厂入不敷出，一面使岛民畏畏缩缩用着质量低劣的电，未来可扩展的空间还不高，如今还要对发电厂进行增容的话，实在说不过去了，现在资金已经充裕，我们的方案必须更具前瞻性才行。”方案论证会上，谢伟群说道。就这样，增容方案首先遭到了各方面的否决。

在采用架空线还是海底电缆上，张小和他们进行了比较分析。“1.5 公里档距的架空施工完全没问题，西岸和东岸也都有靠近海岸的较高山体供铁塔架设。”张小和认为，架空线有投资方面的优势，他从汕头气象局搜集到了1967年至1991年的汛洲岛周边气象资料：饶平县三十年一遇最大风速是33.2米/秒，南澳县三十年一遇最大风速是36.9米/秒，三百门海港是32.07米/秒。“饶平以往一般送电线路设计最大风速都是取35米/秒，这个风速下一个档距过去没问题的，垂点也可以满足要求。”张小和对架空方案信心满满。但是，在后来前往饶平县武装部了解军方要求的参数后，张小和才发现，他想得太简单了。军方提出，“小金门”海峡上的架空线路垂点既要足够高以达到海军船舶通航的要求，杆塔和线行又要足够低以达到空军部队的限高要求，因为汕头、潮州沿海属国防一线敏感区域，粤东更是海军、空军频繁造访的海域。综合多种因素考量，架空方案不得不暂时搁置。

这样，架设海底电缆成了不二选择。张小和反复征求海洋、港务部门意见，得到了海底电缆施工要求，“敷设海缆可能会影响今后的海港海底开挖工程，不仅要满足50万吨船舶的通航，施工路径和工艺还要求必须能承受沿途船舶抛下船锚的日常工况。”张小和心里没底，他立即联系了几家海缆敷设的施工公司，在了解到他们的工艺参数后，他得到了明确的答案：海底电缆架设完全可行。

2006年5月8日，潮州市委书记骆文智登岛召开现场会议，他透露说：“明年春节前要实现岛内由大电网供电。”几天后，正在四处打听海缆敷设方案的渔排迁移赔付费用及计算办法的张小和在拟完给饶平县海洋渔业局的函后，想了想，又提起笔在落款前补了一句话：“由于工期紧急，敬请尽快给予函复！”

海缆敷设方案终于通过了潮州供电局的审核采纳。2006年11月21日，广电集团公司下达计划，把汛洲岛供电工程列入2006年省无电地区电力计划投资工程项目，投资967万元，计划敷设海底电缆2条，每条1.35千米。12月15日，工程获正式立项，一个星期后，工程招标方案核准和工程物资采购招投标工作陆续完成。

2007年1月5日，海缆工程在广州交易中心开标，上海凯波水下工程有限公司成功中标。为做好工程建设推进和协调，饶平县电力工业局局长黄国伟指派副局长吴序强作为负责人，主抓项目建设。

承担工程土建任务的是饶平县电业综合发展有限公司，也就是在1月5日这一天，他们收到了县电力工业局的开工要求。

1月9日，凯波公司展开了水下作业。此时正是冬季，海水水温只有十摄氏度左右，在这样的条件下施工，一些施工人员颇有微词："怎么就一定要在这时干，就不能等晚春水暖？"工程负责人黄吉知道队员们，尤其是潜水队员们对此时作业有抵触情绪，便耐心地向他们解释道："小金门海峡的走向受风浪与海潮影响很明显，去年一号台风'珍珠'才在这附近登陆，咱们要作业的这个海峡里头的养殖网箱几乎被风浪一卷而去，即使是插石深入海底的牡蛎也不能幸免，海浪之强，可不像咱们华东，更别提这里的台风可以从晚春出现到冬至，过几个月开工其实更危险呐！"

"不比华东啊，如果是夏天施工，中途再被'珍珠'这样的风浪光顾可受不了，前功尽弃就算了，可能还会对施工船和施工人员造成生命危险。"黄吉还向饶平县电业综合发展有限公司工程部主任黄克林提出了自己的担忧，他提出希望各方配合全面开工，以加快工程进度。凯波公司海缆敷设船队在合

2007年2月，潮州供电局人员对工程进行竣工验收

同签订的同一天就从上海起航，沿着东南沿海岸，浩浩荡荡开往汛洲岛。

根据张小和他们的设计方案，电源侧输电线路需延伸至西岸海山镇的欧边狮头山上，10千伏线路通过栈桥从这里入地，海缆横贯海峡，到达东岸汛洲岛烟墩山西南侧海边三叠石后出水接铁塔，再分别通过10千伏配网线路架设至汛洲岛上乡、下乡两台400千伏安的变压器。设计敷设海缆两回，其中一回备用，水下部分采用潜水员潜水作业，利用高压水冲出海底沟槽，将10千伏三芯铜导体交联聚乙烯绝缘海底电缆埋设海底。

正式开工后，几十号人在海山侧电缆入地的礁石部分大干了几天，施工的进度一直不如预定工期。黄克林了解发现，海岸上的礁石是山峰岩体的延伸，全是花岗岩一类的硬质基础，设计方案要求直埋深度要达到0.7米，开挖沟槽的土建工作推进得很慢，工人们“哐当哐当”凿了几天，都被开凿岩石的工具震颤得受不了，一个个叫苦连天。

“这可咋办，要求可是0.7米来着，但实在是挖不动了！”黄克林一边嘟囔着，一边向张小和打电话征询应变之策。张小和到现场勘查后表示，清理掉砂土碎石后直接在外面浇筑缆槽是可以的，但是必须加装更多的警告桩。

得到允许之后，黄克林组织工程施工人员遵照施工，终于将入水前的土建工作赶上了进度。在加班加点克服山地岩石段的困难施工一周后，工程到入水敷设阶段了。可是，刚在水下施工不久，施工人员就发现有一些情况和初期勘测结果不太一致，施工比预期要困难得多。到了第10天，施工队员向黄吉汇报说：“水陆交叉礁石段的缆槽，上面覆盖的混凝土板和压覆的混凝土沙袋不停地被冲走，根本盖不住，得尽快想个法子！”黄吉猜测，初期勘测时可能低估或者忽视了不同水文海况浪涌的强度，导致原设计标准的缆槽压覆板的尺寸与重量不足，涨水后海水冲击轻易就让缆槽掀了顶。他发现，涨潮时此处水深可以达到2.3米，海缆仿佛海带一样在水里随波逐流。黄吉初步计算，他们在施工时至少需要变更为600毫米×900毫米的加厚混凝土板才足够抵御这么强的海浪。由于此前已经他们定制的混凝土板是600毫米×500毫米，比较小，而如果变更再加工，可能需要较多的时间。

眼看着时间一天一天过去，有没有其他的办法呢？

黄吉和黄克林在施工现场讨论：“可不可以增大沙袋重量，另外在外面加

2007 年 2 月，施工人员正在进行海缆敷设工作

护坡板防海浪冲击呢？海缆套上铸钢保护管，船上是有现成的材料的！”他们粗略想了一下，似乎可行。一旁的施工队员有人提出了不同意见：“堆叠较高的话，被船锚挂住咋办？真那样可就危险了！”但两人很快就打消了他的疑虑：小金门水道的大船只大都航至西北侧的三百门港锚泊，船只走锚后为反向移动，最终会因船只尾部受到外围浅滩的阻挡而停止，这片礁石都远在海缆入水点之外，船只的锚到不了缆槽。两人随即着手制定工程变更申请单，向汕头设计研究院提交工艺变更申请，得到了研究院的同意。事实证明，这个办法虽然比原计划多耗费一点时间，但是难度不高，效果显著，也保证了工程进度。在后面施工时，护坡坡度为 45 度已能达到较好的防海水冲击的效果。

进入深水区作业前，饶平县电力工业局向政府部门沟通请求临时禁航，并通过两岸村委的宣传清退了一部分渔排，确保施工安全。但是，较强冷空气突然在开工后来袭，北风利用“狭管效应”从海峡一侧灌入，风浪比平时高出不少，好在海缆敷设船是特种作业设备，多个固定锚点让船体在海浪中稳如泰山，仍在可作业的海况要求内。

海缆敷设船上的高压水管深入海底，搅起经年的淤泥，整片海域混沌一片，水下能见度不足半米。这里的平均水深大多在 2.6 米上下，而海缆的埋深需要达到 2.5 米，这意味着水下作业的潜水员大部分时间都要在 4 米深的水下作业，并且施工时水域浑浊。但这显然难不倒凯波公司经验丰富的队员们，潜水员们身着抗压潜水服，在大海里如张飞穿针般有条不紊地将海缆一米一米向东推进。

深水区的作业在 2007 年 2 月初顺利结束。2 月 10 日，汛洲岛海缆敷设工程顺利完工。两天后，汛洲岛第一次试通电成功。

海底电缆通电之后，围绕汛洲岛的上乡和下乡两个自然村，饶平县电力工业局又投资 450 万元，大刀阔斧地将全岛配电网翻新了一遍，为岛上新增了三台变压器，崭新的三色配网线路穿梭在岛上，电力顺畅地送到了各家各户。

令江锐歆没有想到的是，如今的汛洲岛，用电量已经由 2005 年的 10 万多千瓦时飙升到了 2018 年的 117 万千瓦时，翻了 10 多倍。“新汛洲”不但成了潮州旅游规划的重点村，也吸引了越来越多的人前来岛上创业致富。

阳光采购系统的研发与变革

蒋铁静

1999年广东省电力物资总公司的办公楼，位于繁华的广州市越秀区农林下路18号，周围绿树成荫、商铺林立，显得特别不起眼。

让人印象深刻的是，那办公楼是一幢楼高20层的商住两用楼，物资总公司只租用了其中第三、四、六层。由于是商住两用，大门都不用上锁，楼里居民和企业员工自出自进，充满“生活气息”。小小的两块金属牌子挂在居民信报箱上方，一块是“广东省电力物资总公司”，另一块是“广东省电力工业局物资处”，这是显示楼宇办公功能的唯一标识。

这年刚接任物资总公司总经理职务的辛瀑，是个北方汉子，身高一米八几，常常在农林下路办公楼低矮的楼层遭遇尴尬：每次经过一扇过道门，由于楼层太矮，迈上台阶进门的时候，总是险些被撞到头。无奈之外，只能一笑置之。

1999年5月，广东省农电“两改一同价”工作全面展开。其中农网改造工程点多面广，投资巨大，且经费是专款专用，中央非常重视，容不得半点马虎。6月，广东省电力工业局召开了农改工程采购管理工作会议，印发了《广东省农网建设与改造工程设备材料采购管理办法》，确立由物资总公司对全省农村电网建设与改造工程的主要设备和大宗材料实行集中招投标采购，并负责日常的设备材料采购管理工作。主要设备、大宗材料招（议）标采购，一般设备、材料通过对生产厂家有关产品进行比质比价，选型定厂，择优采购。在这份管理办法里，确定了项目设备招（议）标领导小组，领导小组组员单位由省局物资处（物资总公司）、用电处、基建处、生技处和地级市电力工业局等单位组成。省局物资处（物资总公司）是组长单位，具体负责招（议）标的组织及事务工作。

毕业于清华大学电力系统自动化专业并一直从事这方面工作的辛瀑，成了农村电网建设项目设备招（议）标领导小组组长。这是他第一次接触物资设备招标业务，一切从零开始。与他一起共事的副总经理郑兴才是组员之一。辛瀑、郑兴才带领机电设备分公司经理詹万强按照上级文件精神，制定了配套的《广东省农网建设和改造设备材料采购工作细则》。

2000年初，肖广新从粤北连州的粤连电厂工程项目组调回到物资总公司，被聘任为机电设备分公司副经理。分公司设在三楼，属于物资总公司的二级

广东省电力物资总公司农林下路办公楼大门（2002 年摄）

机构，主要业务是开展电网设备物资的批量采购和零星采购。俗话说“万事开头难”，当时刚走马上任的他，并不十分清楚新的业务到底如何运作，觉得有点儿没底。令他感到高兴的是，在这个新单位，他碰见了吴昊、余延挺、刘如飞等几个曾在粤连电厂一起奋战过的“旧同事”，大家知己知彼，心里头方才定了许多。

1998 年至 2002 年，辛瀑一直在暨南大学在职攻读 MBA 学位。高层次的学习让人眼界大开，引发了他对市场规律和物资采购的思考。是时，物资总公司员工队伍专业技术人员比例较低，具有物资管理、电力系统及相关专业背景的员工更是奇缺。而广东电力局物资领域实行的是“两块牌子，一套人马”模式，“物资总公司”与“物资处”一体化运作，身兼经营与管理双重职责，既当“运动员”又当“裁判员”。辛瀑认为，这不符合市场经济规律，并在多次会议中强调，要逐步将物资总公司定位从经营型转变为职能管理型。同时，他与郑兴才、詹万强、肖广新一起，商量如何运用管理工具去研究解决骤然增加的农网建设和改造设备材料采购需求问题。

那时候，国家正遭受亚洲金融危机的冲击和长江特大洪涝灾害的影响，经济形势变得异常严峻。加大投资力度，加快基础建设，成为拉动GDP增长的不二法宝。是年，国家实施积极的财政政策，刺激消费需求，以推动经济发展。全面开展“两改一同价”工作便是此大背景下推出的一项惠民措施。据资料数据显示，广东一、二期农网改造工程投资135亿元。

农网改造投资大，意味着工程大，物资采购量大，而且时间紧、任务重，采购周期短。当时大部分电力物资并没有实行全省统一采购，而是由各地供电局分散采购。这种多头采购管理方式，有利于调动基层力量与工作主动性，但其弊端也十分明显：容易造成关联交易。

如何改变这种“一统就死，一放就乱”的状态，高质高效地完成大规模批量采购任务呢？辛瀑认为，实行规范化、程序化、科学化的管理是必由之路。他与郑兴才等班子成员集思广益，设计出全网的招标组织架构：成立农网设备材料招（议）标一、二级招标小组，以地级市电力工业局为单位，分别成立设备材料招（议）标工作小组，称为一级工作小组，一级工作小组负责主要物资采购招（议）标工作；由各地级市电力工业局成立各自的设备材料（议）标工作小组，称为二级工作小组，负责其他材料采购的招（议）标比价工作。物资总公司机电设备分公司是执行农网设备材料采购的具体部门，负责组织招标的日常工作。

为供电局分散采购电网物资是机电设备分公司的“老本行”，但在此之前，他们从来没有打过如此庞大的“规模战”。为了应对日益上升的采购量，詹万强安排刘建强、吴昊、余延挺等人具体负责招标会的组织。没有评标场地怎么办？他们的眼睛自然而然盯上了三楼的多功能会议室，这是当时物资总公司“最像样的”会议室了，面积最大，功能较全，单位的职代会、培训课都在那里开，将它改作临时评标室再好不过了。于是，他们搬来条桌和折叠椅，围成一圈，摆上电脑，再拉上一幅简单的红底白字横幅，广东电网最初的物资采购评标会就这么开张了。

农网建设如火如荼地进行着。眼见评标会议越来越多，辛瀑产生了打造广东电网评标系统的想法，但眼下的临时评标室实在太过简陋，短时间使用尚可，长此以往则不利于这项工作的开展。于是，他召集临时评标室工作人员一同商议，亲手设计出第一代评标室。其时电脑CRT显示器盛行，电脑显示器体积庞大放在桌面上极不方便，大家就设计出内嵌在会议桌上的评标专用计算机座位。鸟枪换炮，评标室终于成型了。

2000 年开始，辛瀑带领郑兴才、詹万强、肖广新、刘建强、余延挺、吴昊、杜筱红等人与外委公司一起，以广东电网的物资管理现状为模型，开发出以网络技术、计算机技术和现代信息管理技术为支撑的阳光采购系统。该系统开发的初衷，是为了使采购流程和制度通过计算机得以固化。按照他们的设想，该系统建成后，主要的功能是完成“网上招标、在线投标、在线开标、离线评标、网上结果发布”工作，联网招标后，信息数据传输和处理速度快、传输数据容量大，实现了电子商务信息发布功能。一期开发的系统已经设置了自动计算和统计结果功能，在当年来说设计理念相当超前。

信息系统有便捷性，但是在当时还是存在相当大的争议。如何解决信息系统安全泄密问题呢？据当时作为计算机专责，配合外委公司全程参与了阳光采购系统的开发过程的邱红专介绍，阳光采购系统通过数据库和加密方法设计，采用“双钥匙”管理，数据库文件的安全由硬件（防火墙）和软件两方面手段来保障，采用不直接与网络连接的评标平台完成评标过程，全面确保招标、投标和评标系统的安全性和保密性。

在第一期设计中，对阳光采购系统的权限就有了清晰的设置。系统设有四大类角色，每个权限只能进行相应权限范围的操作。任何角色在进入系统时都需要进行身份确认，没有授予权限的角色无法进入其他角色的操作。如系统操作是无法进行评委角色的打分操作的。

在开发过程中，辛瀑特别强调：“阳光采购系统操作流程必须是不可逆的。”为此，该系统设置了招投标单向不可逆，投标书一旦递交将无法撤回、不能修改。评委评分不可逆，评比结果一旦递交无法撤回、不能修改。参与阳光采购系统开发的主创者认为：系统这种不可逆操作设计，减少了人为因素影响，充分体现了公平、公开、公正原则。同时为加强廉政建设、防止采购环节上的腐败提供了信息技术支持。

2001 年第一季度，阳光采购系统第一期投入使用。6 月，系统通过广电集团公司测试验收。正式运行半年后，系统完成电网工程设备材料招标采购项目 70 余项，涉及合同金额 10.6 亿元。到了年底，全年统计显示，采购涉及金额已超过20亿元，达到20.79亿元，采购量创出了历史新高。“如果没有阳光采购系统的支撑，很难想象人工如何处理大量招标数据。”具体负责组织招标工作的肖广新在翌年总结工作时深有感慨地说。

阳光采购系统是一种技术手段，实际上，在辛瀑和他的同事眼中，系统的精髓在于其融合了新管理理念和方法。追忆往事，詹万强、刘建强对当年做过的八种典型产品价格统计分析，依然记忆犹新。在那个没有大数据分析的年代，辛瀑指导着机电设备分公司的同事们，每月用EXCEL折线图画出典型产品价格曲线，目的是对新一轮的产品价格走势做出预测。

进入新世纪，电力体制改革明显加快。2000年4月实行“政企分开”，将“广东省电力工业局”撤销，保留“广东省电力集团公司”。2001年8月实行厂网分开，广东省电力集团公司一分为二，分别成立广东省广电集团有限公司和广东省粤电资产经营公司。2002年12月底，广电集团公司划归中国南方电网公司，电力体制的改革带来管理模式的变化。这一年，辛瀑带着物资总公司团队，研究制定了《广电集团有限公司阳光采购系统厂商登记和管理制度》，将阳光系统上升到制度层面进行固化，使之与供应商管理结合在一起，业务链进一步延伸。

从那时候起，辛瀑和郑兴才、詹万强等人每到一个供电局，都会积极地向他们推荐应用阳光采购系统，“招标关键点控制”是最常挂在嘴边的话。基层单位的人都笑说：你们物资总公司的人来了，就是招标理论的“复读机”。“复读机”播放的内容就是招标决策和具体操作分离。具体而言，当时物资总公司合约部负责招标过程的发标、收标，由计划信息部负责招标流程控制，由政工部、人事部负责摇珠抽取专家并通知专家到会。参加评标的人员评标前半小时当众从内部专家库摇珠随机抽取一名参加评标。内部专家库由合约部、计划信息部、客户服务部中的业务专责人员组成，物资总公司领导和中层干部不参加评标工作。嵌入阳光采购系统的招标采购监控，取得良好的效果。2002年的上百次招标中，没有发现招标业务人员有违纪行为，也没有出现招标不公平的投诉。

阳光采购系统，在物资总公司设计开发者的心目中，是带着公平、开放的合作态度的，设计者除了考虑广东电网自身的招标采购发展需求，更为众多供应商的投标需求做了考虑。物资管理通过阳光采购系统，把对供应商的服务理念融入其中，就当时社会环境下，非常超前地提出与供应商平等合作、建立优质合作供应商的理念，并付诸实施。在阳光采购系统中，包含了采购组织、供应商开发、供应商评价、信息化支持、统计分析、行政监察、合同管理、品质控制、备品配送等体系。“例如，物资总公司把效能监察嵌入物资管理全过程，纪检监察部门全程介入，重点在供应商选择、专家库监管、评标和定标、质量抽检等环节实施科学高效的监察，从体制上规范采购行为，从源头上堵腐败漏洞，从细节上节约采购成本，充分保障物流体系的顺畅和效率，目标是实现企业利益最大化。”辛瀑这样说。

科学、规范、高效的阳光采购系统促进了良性竞争。通过阳光招标，潜在供应商能够最大限度地进入广东电网市场，实现货比百家、千家，引入良性竞争，有效降低采购单位和投标企业的成本，实现供需双方的双赢。1999年6月至2004年6月，农网工程招标项目达391个，一级物资招标采购金额达45.14亿元，平均节约率为16%，节约资金7.23亿元。

从农网建设起步，一直到城网建设，再到重点工程建设，阳光采购系统

2003年，广州琶洲会展中心二期用地线路迁改工程设备材料评标会现场

伴随着广东电网发展不断健全和完善，客观上支持了全省输变电建设和城乡配电网改造的需要。2004 年 4 月，广电集团公司工程项目物资采购招投标领导小组和工作小组中，领导小组由集团公司总经理挂帅，副总经理、总工程师担纲及相关职能部门负责；工作小组组长由赖佳栋担任，副组长是李粤穗、辛瀑、王志英、熊焰雄，成员包括杨骏伟、张曙华、贺金生、肖广新等。广电集团从公司决策层到工程、生产专业部门，省物流中心，纪检监察部门，法律部门都参与到招投标领导小组和工作小组中，显示出阳光采购机制的健全程度。

2005 年，在中纪委、监察部和国资委召开的国有中央企业效能监察工作座谈会上，阳光采购系统赢得了与会代表的高度肯定。监察部部长李至伦评价说："阳光采购系统效能监察有深度，体现了效能监察与企业管理'你中有我，我中有你，相辅相成，互相促进'的关系。"2007 年 4 月，国务院国资委纪委书记贾福兴到物资总公司进行现场调研时说道："阳光采购系统体现了企业管理的科学化、规范化、精细化，结合企业特点，也抓住物流管理关键环节，建立了公开透明的物资招投标、统计分析、品质监控等完整的'十个物资体系'，特别是将纪检监察工作作为一个体系嵌入物资管理工作，有事前事后介入，真正起到纪检监察的作用。"国务院国资委监察局执法监察室主任李正义，在调研时给予了三点评价："一是阳光采购系统不同于传统招投标中心，最大特点是融入了服务的理念，充分发挥企业内部物资供应管理的功能；二是充分体现了市场化运作的优势，通过招投标，引入良性竞争，有效降低企业成本；三是阳光采购系统从体制上规范了采购行为，从细节上节约了成本，从源头上堵住了腐败漏洞，把效能监察嵌入物资管理全过程。"

官方的高度评价和肯定，让阳光采购系统声名鹊起，一时间物资总公司那幢位于农林下路夹在居民住宅当中的办公楼门前热闹非凡，前往取经的单位络绎不绝。

南岭抗冰决战

姚瑶 陈鼎

2008年1月26日，春寒料峭。清晨五点半，薄雾仍未散去，韶关供电局输电管理所线路一班的抢修车队穿行于乳源天井山脉的公路上，向着220千伏坪廊线所处的大山深处驶去。

坪廊线跳闸！情况紧急。

车子在白雪覆盖的乡村公路上行驶了两个多小时，班员陈国聪蜷缩着身子，扶着方向盘的手冻到僵硬。一旁负责观察线路情况的班长余生紧盯着沿途的线路，时不时还要摇下车窗，擦一擦结满冰凌、模糊不清的后视镜。

终于，余生他们在#62基塔发现了“真凶”——基塔上A相导线断落在地，瓷瓶跌落。余生、陈国聪收拾好工具，下车检查故障，眼前的情景让他们始料未及：成片的树木被冻雨冰凌压断在地，到处白茫茫的一片，而覆冰的导线像极了一条冰雪的巨龙，弧垂明显下坠。

“千里冰封，万里雪飘”，望着白雪皑皑的崇山，他们无法预料，一场亘古未有的冰灾将会与南中国不期而遇，陆空交通瘫痪、电信中断、自来水中断纷至沓来……

而对于广东电网而言，这仅仅是一场南岭抗冰战斗的开端。

2008年1月26日，广东省输变电工程公司突击队员在坪通线登塔抢修

随后，陈国聪拨通了调度电话，反馈故障情况。

即便找到线路故障的症结所在，韶关供电局调度中心的紧张气氛也丝毫没有缓和。

韶关供电局局长、党委书记谭琼在坪廊线跳闸后第一时间坐镇调度中心，密切关注复电情况，也正是从这天起，韶关调度中心变成了谭琼的“家”。她敏锐地意识到，这次灾情事关重大，韶关电网地处铁路京广线、京珠高速的咽喉要塞，担负着两大运输动脉的电力供应，正值春运，稍有不慎，电力供应不上将影响全省乃至全国的交通。“要想尽办法，保障坪石段铁路牵引站电力供应。”谭琼做出紧急部署。

韶关供电局内部进入了“战斗”状态，谭琼召集相关职能部门人员，紧急启动应急预案，提出“想一切可能，做一切准备，尽一切努力”的总体思路，组织全局4000多名员工立即投入抗冰抢险战中。

经过一天一夜的抢修，余生、陈国聪他们完成了220千伏坪廊线#62基塔的抢修任务。大伙儿在-5摄氏度的冰天雪地里忙活了这么久，终于在线路送电瞬间松了一口气。哪知好景不长，不到一天时间，坪廊线其他位置又发生了新的倒塔，坪廊线再次跳闸。

天气持续恶化，各种险情接踵而至。至1月26日10点30分，所有通道线路受损，坪石片电网与主网解列，电力供应中断。1月27日，韶关北部电网与韶关主网联系的三条主要通道已然全部中断：220千伏坪廊线、220千伏坪通线和110千伏坪塘线均因塔基倒塌停运……22985基杆塔受损、21694处断线，251条线路、1898个台区和7座变电站故障停运，有7个县，34个乡镇，51.92万人用电受到影响，韶关北部电网孤岛式运行。

韶关电网告急。

1月28日，广州珠江宾馆。

广东电网2008年工作会议暨一届二次职工代表大会正在这里召开。广东电网公司领导班子、各部门负责人，以及各直属单位党政“一把手”云集，却唯独见不到韶关供电局局长谭琼以及清远供电局局长张伟文的身影。

与韶关电网相似，清远电网的灾情同样告急。清远北部“三连一阳”地区冰灾持续恶化，整个电网遭受重创：177条线路被冰覆盖、11931基杆塔倒塌、7282处断线、25座变电站停运、506个台区损坏，连阳电网处于随时可能与主网解列的状态。张伟文丝毫不敢松懈，为应对这场突如其来的冰灾奔赴一线。

珠江宾馆的会议上，与会代表们的关注焦点显然转移到了南方区域的雨雪冰冻灾害上。

自1月中旬以来，广东粤北地区出现了罕见的冰冻，清远、韶关等地供电设施受损，多处倒塌断线。除了广东，贵州等地同样发生大面积凝冻。

工作会后，广东电网公司紧急启动应急预案，一方面根据南方电网公司部署，派遣公司副总经理徐达明带领广州供电局、深圳供电局、佛山供电局、江门供电局、省输变电公司、省电力一局等支援队伍赶赴贵州电网。

粤北灾情的持续恶化着实让大家始料未及。眼看2月6日就是大年三十，在短时间之内根本没有办法修复电网，老百姓没电怎么过好年？万一出现京广线断电、清远韶关两地主网崩溃的情况该如何是好？广东电网领导层压力巨大。

会后，广东电网公司党政班子紧急联系谭琼、张伟文，了解受灾情况，并根据反馈的情况讨论，做出了节前保障灾区供电的部署：当受损主配网在短时间内不可能全部修复的情况下，最好的办法就是迅速修复受损的低压线路跟台区，尽量扩大重放光明的版图。其一，对原停电或依赖小水电组网的镇及重要用户，尽一切努力抢修线路和台区。其二，对部分台区停电的镇，全力组织水电自组网供电。其三，对全停电的镇以及尚未通电的行政村及尚未通电、停电人口较多的镇，分别启用大型发电机和小型发电机紧急供电。

2月5日，大年二十九，广东电网公司采购人员紧急出动，“地毯式”采购了1216台发电车和发电机，近3万盏应急灯紧急送往韶关、清远两大灾区，以解年前用电的燃眉之急。清远英德火车内，清远供电局物流中心主任郭远忠在货场、车站调度室、运输车队之间三点一线，来回协调，两天两夜只休息了三个小时；韶关供电局组织9个小分队，赶往韶关始兴县马领头村的9个村庄修复低压线路，路面湿滑，坡陡路险，始兴供电局城镇供电所员工饶国亮及其同行的抢运人员，人抬肩扛着一台一台发电机运往崇山峻岭内的千家万户，紧接着，立杆，拉线，安装……

只听“突突突”发电机的一阵轰响，来电了！

韶关始兴县章公村几百号人把发电机房围得水泄不通，孩子们把双手举得老高，在雪地里撒欢，喊着：“灯亮了！灯亮了！”连州龙坪墟镇的居民钟大叔笑得合不拢嘴：“有电了，有电了，年夜饭不用点蜡烛了！”……大年三十晚上 8 点，粤北灾区重见“光明”，在不到两天时间内，广东电网公司擂起战鼓、精准出击，在节前“村村用上电”战役中首战告捷。

然而，更大的考验还在后头。为了让老百姓“亮堂堂”过节，许多偏远地区的村庄的用电都是采用发电机、应急灯等临时措施促成，全面架塔拉线修复电网的工程，还任重道远。

广东电网抗灾复电抢修总指挥部应运而生，扛起了这面抢修复电的责任大旗。总指挥部由公司领导班子成员等组成，并在广东区域内设立两个抗灾复电一线指挥部，分别负责韶关、清远两地的现场抢修。同时，还向韶关、清远两地分别派出省公司督导组。副总经理于俊岭担任韶关地区组长，总工程师林雄被任命为清远地区组长。

2 月 8 日大年初二下午，公司在韶关、清远两个受灾最严重的地区分别召

2008 年 2 月 13 日，韶关供电局抢险队在乳源县大桥镇抢修

开抗冰复电抢修动员会，制定灾区抢修复电工作方案。三天后，广东电网公司抗灾复电抢修总指挥部第一次会议在公司十三楼会议室内召开，通报灾情，商议抢修计划，派遣珠海、中山、广州、深圳、湛江、梅州、潮州、阳江、茂名、江门、佛山供电局等21个地级以上市供电局以及省输变电公司等单位支援。一系列部署如疾风骤雨，吹响支援粤北战区的决战号角。

2月14日下午，在韶关乳源的灾区现场，崇山峻岭见证着广东电网人与“冰魔”宣战最庄严的一幕——在南方电网公司袁懋振董事长面前，广东电网公司与各参战队伍签下了军令状，所有参战队伍负责人郑重承诺：3月5日前，力争在2月底全面恢复灾区电网正常运行。

距离2月29日只剩下15天，这么短时间内恢复灾区供电，从人力的调配，物资调配到拆杆、倒塔、断线，再到立塔架线……浩繁的工程，在恶劣的条件下施工，谈何容易？

韶关方面，最让于俊岭、谭琼忧心的莫过于重灾区坪石电网。作为连接外界的两大主通道——220千伏坪廊线、坪通线相继“溃败”。为尽快打通这条坪石电网与广东电网联结的主通道，在韶关北部山区一场鏖战异常激烈。

省输变电工程公司受命肩负起220千伏坪通线和220千伏坪廊线的抢修工作，总经理李庆江调集1780名抢修队员，赶赴坪石。

地处高寒气候的乳源镇，浓雾笼罩，阴雨绵绵，2月19日，省输变电抢修队伍对坪通线74号废塔拆除清理之后，工作陷入了困境。

云还不开，雾还不散，接下来的立塔该如何进行？李庆江他们知道，抢修复电留给他们的时日不多。“等不及了！不能再拖!”，抢修队开始对立塔进行工作部署。

无法看清抱塔位置怎么解决？利用多角度监护、对照、定位的方法，用对讲机指挥抢修人员控制绞磨机以准确固定抱杆定位。“左，左”“右，右”“偏了!”……每一位监护人员都死死地盯着在空中立起的抱杆，就像猎人盯着草丛中的“猎物”一样，生怕一走眼，就出现偏差。要知道，偏差一旦出现，不仅铁塔无法竖立起来，起重塔材时更是极其危险的。直到主材全部连接在了一起，铁塔立起来，李庆江才松了口气。

坪廊线受损最严重的N117、N118两座基塔位于必背镇。该镇被乳源北部的群山环抱，从省输大军驻扎的大桥镇赶往必背镇，只有一条崎岖的山路可通行。

与“华山之险”相比，坡度极陡、结冰湿滑的山路恐怕有过之而无不及。N117、N118 这两基铁塔在这次风雨中由于线路负重过大，不但铁塔倒塌，连同简易的基础也被连根拔起。抢修队员胡伟杰、杨景文、曾文灵回忆起此情此景都表示永生难忘。

更令人绝望的是，两基塔所在的大山垂直高度达 700 多米，两塔之间的直线距离达 500 多米，只有一条羊肠小道联结山脚和山顶两个施工现场，物资运输很是问题。

于俊岭得知后，第一时间组织施工单位和设计人员进行研究，是否可以得出减少物资的抢修办法是他们讨论的重点。根据讨论结果，于俊岭最终抛弃重做基础立塔的施工方案，改用只对损毁的两处基塔进行补强的方案降低物资需求。再者，于俊岭与谭琼商议，“借力”韶关军队破解物资运输难题。

2 月 14 日上午，由韶关军分区陆军、空军、预备役、民兵等部队组成的 200 多人抵达山脚，军官一声令下，解放军官兵与施工人员一起背着立塔所需的物资向高山发起冲锋。至 2 月 17 日两基塔所需的沙石、水泥以及线材、仪器等全部运达施工现场，为基塔抢修奠定了坚实基础……

清远的“三连一阳”地区，是这场南岭决战的另外一个重要的战场。2 月 26 日晚，韶关、清远的决战已经进入到了收尾阶段，但是 220 千伏连阳甲线 111 塔的战斗仍处于十分胶着的状态。111 高地是连阳甲线抢修的难点，凭借其险要的地势，依旧“负隅顽抗”，欲作困兽之斗。

连阳甲线 110—117 段防务原来是由蒙古一施工队伍，但沿线跌宕起伏的小山包、弯曲狭长的山道都让习惯于平原作业的蒙古“军队”一筹莫展。眼看离通电仅剩下 48 小时了，工程进度却一直提不上去，必须增派援军。

蚁泽沛，广州供电局输电部经理，便是在这样的情况下临危受命，出任广州供电局赶赴清远复电队伍的总指挥。接到命令后，蚁泽沛权衡利弊，果断决定放弃连夜赶赴清远的计划，避免支援大军在称架山脉著名的九曲十八弯中脱不了身，改由次日凌晨从韶关坪石出发，经乳源赶赴阳山。并安排广州供电局输电部副主任何耀佳连夜从广州出发，经英德走较为平整的省道赶

2008 年 2 月 14 日，韶关军分区解放军支援 220 千伏坪廊线抗冰抢修

赴阳山，了解连阳战局。

作为先头的侦查部队，何耀佳马不停蹄赶赴连阳，半天时间内便摸清“战区切入的薄弱点”，他立即向后方蚁泽沛大部队回传抢修点具体路径方位信息，“从石螺镇纵深入山 50 分钟车程便可到达连阳甲线 110—117 段”。

有了前期的侦查，浩浩荡荡的抢修队伍一到清远就接管了 111 塔的高地战局，待省电力一局完成 111 号基塔立塔后，便可以着手准备施放导线的工作。

总攻时间定于 2 月 28 日。

苦候半日，111 号基塔终于组立完毕，交付到蚁泽沛手中。望着那基单薄的铝合金基塔，蚁泽沛竟想起考究塔基的设计，他敏锐地洞察到了其中的致命缺陷：该塔位于相邻各塔的最高点，与 112 塔有 88 米的高差和 530 米的垂直档距，如无特殊措施，在紧线时极大的压力下，111 号基塔弱不经风的“小身板”可能会因承受不住压力而为之倾倒。

例行工作会议在连州供电局十楼指挥部会议室召开，其间，座无虚席，林雄总工程师等领导出席，省电力设计院及承接线路各段抢修任务的相关负责人在列。会议开始后，大家的讨论都集中在了 111 号基塔的紧固、抗压、抗屈服强度问题，以及使用塔材的设计依据。

蚁泽沛说明了铁塔的薄弱点和关键点，要求设计院给出该塔的抗屈服依据，并提出对塔材进行加固。出于对安全的考虑，林雄同意蚁泽沛加固建议，并补充先紧中相导线并利用中相紧固后产生的下压力来自然加强杆塔的稳定度；适当放松弧垂，并以减少杆塔荷重为主，必须取消两条地线、采用单导线的方案以减少重量。

果不其然，省电力设计院连夜对铝合金塔材的抗屈服问题和可行性进行了计算，证明该塔不满足安全考虑，并出具了《220千伏连阳甲线采用抢修塔》书面建议。而此时，何耀佳已召集人员商量出整个111号基塔加固的行动方案。

2月28日，待天明，何耀佳领着广州供电局输电部的几十个兄弟，因地制宜，从山腰上捡来了废弃的塔材、木头，把111抢修塔加了六道横担，是设计院要求的六倍，稳稳的十八条攀线把杆塔裹得跟个粽子似的，固若金汤。

这下子蚁泽沛信心十足，“开始紧线！”的号令响彻山谷……线盘在手中飞一般地转动，银色的导线在夕阳下反射出亮眼的光芒，越过111高地横挂于众山之间。

…………

广东电网抗灾复电抢修总指挥部捷报频传：“2月24日，江门供电局239名队员完成110千伏水吉线抢修任务，22日，茂名供电局抢修队完成水吉线N1—N62铁塔抢修任务，江门、茂名供电局成功会师，8天打通连山水吉线。”“28日上午，220千伏坪通线全线修复，经检修、拆除接地等紧张的收尾工作，于当晚6点恢复通电。”“2月29日，220千伏坪廊线全线恢复供电。”……

2月29日23点50分，220千伏连阳电厂至阳山的连阳线修复，广东粤北地区受灾电网终于全部恢复正常供电，比原计划提前了整整5天。

几天后，贵州那边也传来好消息，广东电网公司派出的四批共2000余人、车辆256台、发电机383台、发电车12台的支援抢修队伍，经过一个多月的艰苦奋战，成功修复了500千伏鸭福Ⅰ回、鸭烽、黔烽Ⅰ回，220千伏都凯线、福都线，110千伏安北、安兴线，于3月6日顺利地完成了全部抢修任务，踏上归程。

这场旷日持久的抗冰抢修复电终于画上了圆满的句号，喜讯传来，一直日以继夜为前方一线、后方支援等提供各种信息传递、汇总的办公室秘书科科长覃桂平不禁感慨万千，特写了一首《水调歌头·南岭抗冰决战》以记之：

天降无情雪，冰封大江南。
千里寒风骤起，南岭动深寒。
路桥交通阻塞，电流传输中断，山寨断炊烟。
万家灯火灭，百姓锁愁颜。

赴清远，上韶关，八方援。
昼夜架线立塔，试问谁争先？
英雄甘洒热血，军民同赴危难，气吞万丛山。
待到春归日，谈笑凯歌还。

3 月 11 日，广东电网公司抗冰救灾抢修复电总结表彰大会在中山纪念堂隆重召开。回望这场百年罕见的冰雪之殇，造成广东电网倒杆（塔）33580 基，10 千伏及以上倒杆（塔）15353 基，低压 380 伏倒杆（塔）18227 基，受损导线、地线和电缆 4003 公里；故障停运 10 千伏及以上线路 451 回，停运 35 千伏及以上变电站 32 座。全省 12 个县市，66 个乡镇，21.4 万户，82.4 万人口的供电受到影响，直接经济损失 29.62 亿元，南方电网公司董事长袁懋振也在视察清远灾区的时候不禁感慨“广东局部电网损毁程度不亚于贵州”。

会上，南方电网公司总经理赵建国表示，在这次抗冰复电中，广东电网公司做出了三大贡献：在应急阶段，紧急采购 1216 台柴油发电机送往灾区和加强需求侧管理，确保了广东人民过上祥和春节，将灾害对社会的影响降到了最低；以最短的时间、最大的努力，最彻底地恢复了灾区正常供电，实现了户户复电；积极支援贵州、湖南灾区，完成了贵州电网最关键、最艰巨的抢修任务，为南方电网全网恢复正常运行提前报捷做出了突出贡献。

冰雪消融，春暖灯火明，余生、陈国聪他们又忙碌在输电线路巡线路上，全面展开设备隐患缺陷复查，展开整改消缺。

冰雪中的物资供应线

蒋铁静

2008年初春，身处广州的人们罕见地感受到冰冻的感觉。事实上，从1月18日开始，长江中下游大部分地区已受到大范围暴风雪、凝冻等恶劣天气的影响。

新闻里面不断传来南方冰雪凝冻的消息，贵州及湖南送电广东通道相继发生跳闸。情况危急，根据南方电网公司的指示，广东电网公司第一时间派出精兵强将，从1月23日至2月28日，先后五次组织10支抢险分队共计2073人、256部车辆、383台发电机和12台发电车驰援贵州。

千里之外的贵阳，天空飘飞着冻雨，雨凝成冰，严寒考验着每一个人。广东电网公司副总经理徐达明要带领一支队伍奔赴贵州抗冰抢险第一线，物资总公司接到指示后，派出副总经理张朝良和配送部专责谢晓文跟随着徐达明一起前往贵州，此行的任务是跨省协调物资供应。1月23日当天，队伍落地贵阳，-3摄氏度的低温马上让张朝良和谢晓文感受到寒潮的威力。

粤黔虽属南方省份，但两地气候、地理条件差异很大。在广东长大的谢晓文，从未遇到过这种冰雪凝冻天气，更未执行过这种应急物资供应任务，而且对贵州的实地情况一无所知。当务之急，必须马上和贵州电网公司抗冰保电抢险指挥部对接上。

第二天一早，谢晓文赶往指挥部，查阅贵州电网公司《抗冰抢险应急物资调查汇总表》，并马上电话联系物资总公司的宋友文，了解备用物资库存和近期工程物资供应情况。

2008年，广东电网的物资配送工作还处于起步阶段，没有省级物资仓储基地，物资配送主要依靠21个地市供电局的库存；也没有建立省级的配送车队，需要时就通过临时请车解决。如今，突如其来的冰灾，急需大批量的跨省物资调拨，这对谢晓文来说，无疑是个全新的考验。他心底里十分清楚，现在除了库存物资之外，能最快调拨上来的，就是分散在各地的电网工程物资了。事不宜迟，谢晓文急忙向各业主单位打电话联系，向他们“借”工程的物资。

正当谢晓文彻夜不眠反复手工查核粤黔两地可调用物资和需求信息的时候，更糟糕的状况出现了——1月25日，贵州停电了。断电使得当地通信讯号常常出现盲区，手机时不时处于无法接通状态，联系物资的工作也因此受到了影响。与此同时，贵州电力抢修队员要出外工作，急须防寒衣物、抗滑物资，谢晓文了解到情况后，在当地协调解决了140双棉鞋、100顶棉帽、300双手套的订货，尽快分发各抢险队。

1月29日，物资总公司经过多方联系，得到广州军区装备部支持，从广州调拨军用大衣等物资再次支援贵州抢险。由于恶劣天气持续，广州白云国际机场大量航班延误，援黔防寒衣物无法发运，关键时刻，物资总公司联络到南方航空公司货运部，火速空运防寒衣物。从广州抢调的350件军用大衣、200双棉鞋、250顶棉帽、300双手套在1月30日晚运达贵阳。当贵州抢修队伍穿上物资总公司急送过来的军大衣那一刻，“雪中送炭”这个常常用的成语显得特别有分量。

问题还是不断地出现，冰雪凝冻，各类工程车、运输车队轮胎打滑。贵州地处山区，山高路陡，车辆装上防滑链才能确保出行安心。防滑链是低值品，平时需求量并不大，没有大量的供应商可以选择。临时调拨大批量的防滑链，并不容易。现场物资工作部在当地找到渠道，联系购买了防滑链。

复电之路，其实是用生命和汗水铺就出来的。物资供应是抢修的先行军，也是前方抢修将士的重要后援，物资往往需要比抢修队伍更早到，物资充足，前方的将士工作起来才有士气。1月30日，现场物资工作人员在赶往贵州电网公司抗冰保电抢险指挥部的路上，车辆由于打滑导致熄火，谢晓文下车推车，几乎滑倒，手也擦伤了。到了指挥部，他不顾身上的泥泞，连忙了解分派给广东电网公司抢修的6条线路的受损情况。在协调好3台车将物资分发到驻扎在遵义、都匀和凯里的五支抢险队后，他又随车赶往都匀市220千伏都凯线路工程前方指挥部，将物资安全送到徐达明副总经理所在的佛山供电局、火电安装公司驻地，随即连夜赶回贵阳。

贵州战役远远比人们想象中艰巨。2月1日，物资总公司派出了配送部经理王育敏、品控部专责吴昊增援驻扎现场。王育敏和吴昊都在贵州长期生活过，可以说一口流利的贵州方言，在现场物资协调沟通中有很大优势。王育敏的丈夫郑建新是清远供电局工会主席，冰灾中清远是广东两个重灾区之一，从灾害发生以来，郑建新就没有离开过单位。公司领导见他们是双职工家庭，曾经一度考虑让王育敏留在后方，但是王育敏却说：“我在贵州工作生活了多

2008 年 2 月 18 日，广东省电力物资总公司驻贵州抗冰现场工作人员协调发货

年，对当地情况很熟悉，让我去！”就这样，她成了广东赴黔抢险队唯一的女性队员。从 2 月 1 日起，王育敏一步都没有离开驻地，具体负责广东援黔施工队的物资供应。在#25、#26 铁塔运输出现问题时，她积极协调，使铁塔顺利到达现场。

早在赴黔之前，张朝良就隐约从寒冷的空气中嗅出了不寻常的味道，提前与贵州送变电工程公司物资保障组，贵州省公司抢险办、招标中心以及监理、设计、施工单位等多个单位和部门沟通，做好物资调拨协调的前期工作，为贵州物资组全面开展物资配送奠定了基础。赴黔之后，他立即向贵州电网公司阐明了铁塔供应原则：采购因地制宜，贵州铁塔供应立足广东省外铁塔厂家直供，从全局角度优化调配货源。明确的供货思路得到了前线总指挥的肯定。2 月 11 日南方电网公司签发《关于南方电网抗冰救灾塔材供应工作的通知》，向青岛武晓、常熟铁塔、福建坚石等广东省外厂家发出了铁塔供应指令，同时张朝良部署同步在广东召开的铁塔供应商协调会上，调整铁塔商承接任务，充分调动广东省外货源援黔，全面优化了供货需求，使物资配送更为高效。

2008年，广东电网物资管理信息系统虽然已经小有规模，但是广东电网和贵州电网之间的物资调拨仍然是以手工方式进行。现场物资工作组对需求接收、需求上报、落实下单情况、跟踪生产进度、安排运输、落实交货、到货验收、缺漏物资补订等工作环节进行整合，使采购工作高效有序，创造了贵州电网最快的物资采购纪录。

“广东援贵物资工作组规范、高效地完成了10支抢修队5条线路27批次的抢修物资供应工作。其中铁塔56基（含塔头21基），导线472.9吨，地线19.003吨，绝缘子6185片，金具539项。”张朝良这样说，“我们驰援的物资，为贵州抗冰抢修复电提供了坚强的后盾。”

在这场百年一遇抗冰抢修复电战役中，驰援贵州只是物资总公司工作的一部分，而他们真正的主战场则在广东。

是年，清远、韶关是广东冰冻灾害受灾情况最严重的区域。抗冰战役刚一打响，物资总公司成立了救灾物资领导小组，正副组长分别由领导班子成员担任，并做了大致的分工。郑兴才负责广东省内救灾物资协调，张朝良负责省外救灾物资协调。

非常时期需要非常举措。为保证抗冰抢修复电的物资供应，物资总公司一是组织一类物资供应，各单位抢修队组织二、三类物资供应，同时运作，形成快速便捷的供应模式。二是积极发挥五级供应商管理体系，筛选上百家合格厂家，为其提供及时付款、保障供电两条“绿色通道”，促使其全力组织生产。充分利用网络信息资源，了解各地物资库存情况，挖掘现有库存和可用物资。三是专门派出采购、监造人员进驻各生产厂家，及时沟通协调生产和运输中的问题，监控生产进度和产品质量。四是由施工单位组织设计、物资人员直接与制造厂商联系，确定订货图纸、物资数量、到货顺序和交货地点，实行“点对点”服务。五是制定有效的运输流通方案，主动寻求广州军区、武警公安、地方政府和专业运输公司协助，租用运输设备，确保大量物资及时运送到位。

物资总公司意识到，要有快速的应急物资供应响应机制，才能极速配货到位。供应商的产能是供货的保障，而21个地市的供电局物流中心，自然成为配货布局中重要的一部分。

2008 年 2 月 24 日，广东省电力物资总公司驻清远抗冰现场工作人员清点物资

抗冰抢修复电开启后，物资总公司就着手搭建好全省配送网，牵头召集各地供电局物流中心主任，火速成立了各地的物资供应应急小组，并派出了客户服务部的专责作定点联络员。专责张宁负责联系佛山、江门、中山、茂名、珠海、湛江、阳江供电局；专责刘如飞负责联系广州、东莞、肇庆、韶关、清远、梅州、云浮供电局；专责欧伟强负责联系深圳、惠州、汕头、汕尾、河源、揭阳、潮州供电局的定点联络。配送专业协调工作则由宋友文负责。

大自然的力量是惊人的。冰雪凝冻，全省高速公路急运各类物资，要把货物从高速公路线转运到施工现场，中间变数太大，稍有差池，就不能在预定时间内到达。实际供货困难远远超出人们的预期。2008 年，车载定位系统技术还没有应用，遇上偏远地区信号不好，送货的司机不熟悉路况，联络不上运货司机，好不容易配上合适的材料，车辆送不到位，物资人员特别揪心。计划信息部部长詹万强关注到这个问题，决定派出押运队伍，跟车押运。该部的 26 岁个子娇小的女员工陈焕怡临时受命，负责广东远光电缆公司驻厂监造及装货发运、押运工作。

这家公司地处清远，承担了近600吨导线的生产任务，占抢修复电施工需求导线的三分之一。2月23日上午9点，经过点算和统计，远光电缆公司仅余39.72吨型号为LGJX－240/40的导线尚未交货。厂内的机台依旧匀速转动着，但距离前线交货的最后时限仅剩不到18小时，这最后的39.72吨导线关系到清远“三连一阳”地区数以万计农民的生活用电能否在2月29日得以恢复。陈焕怡心急如焚，不断催促。

到了上午十点半，远光电缆公司工厂生产部的一名员工冲进总工办公室，大声叫道：“最后39吨LGJX－240/40导线可以装车了！”

“马上装车，发运！快！”陈焕怡欣喜若狂，按捺不住激动的情绪，一边不断地催促着工厂发货，一边打电话向物资总公司计划信息部部长，当时任清远现场工作组组长的詹万强汇报厂里的生产情况。“盯死货物。”电话那边传来的是简短的指令。

“领导，那我押车吧！”在那一刻，陈焕怡站出来。“一个女孩子，行吗？”大家似乎不太放心。“相信我，确保今晚送到。”听出同事们犹豫的口吻，陈焕怡更加着急了。

“好！你马上全部押送到连州来。”詹万强这时才给出了明确的指令。

“明白。”挂断电话，陈焕怡马上赶到装车现场，看着、点算着导线一盘一盘地被吊上货车。最后确定的始发时间为中午12点30分，两车载重共39.72吨，行车距离约170公里，行车时间约7小时，两个司机实行轮班制驾驶。

出了市区，由于道路长期承受载重货车运输，水泥路面已经开裂，坑坑洼洼。“这样的路况，晚上能到吗？”她心里不禁担忧起来。司机打量了一下这个小姑娘，说道：“不习惯？路还远着呢，起码要走八九个小时。中途在阳山吃东西的时候，你可以休息一下。”

在这种抢修复电的紧急时刻，任何一个环节上，个人耽搁一分钟，就等于是耽搁了前线成百上千施工人员的一分钟。必须一秒钟不能停顿直到连州材料站。经过反复的劝说和商量，饥肠辘辘的司机终于答应直奔目的地，不停留。

俗话说“好事多磨”。全神贯注开车直奔连州的司机敏锐地嗅到不寻常的汽油味，在货车即将进入西江镇地域时，他们发现油管在滴漏，柴油一滴一滴沿外管落下。摇起车头进行一轮仔细检查，两位司机确定故障后，马上拿出应急修理工具处理故障。时间就这样一分一秒地过去，耳边响起修车司机诉说几天以来疲于奔命抢运的劳累与艰苦的声音，陈焕怡心急如焚，一是担心车辆不能正常前进，物资无法如期到达，二是担心司机因劳累不肯前行。

“好了，上车吧，姑娘。”司机的话音打断了思绪，陈焕怡顿时回过神来，纵身踏上货车，似乎松开了适才紧绷的神经。

黑夜，加上颠簸的公路，车速不得不限制在 20 公里以内。辗转到达已经是晚上八点半了，终于到达了连州市郊的佛山供电局材料站，材料如期送达。

翻开当年的现场工作照，年轻的陈焕怡在照片里面透露着淡淡的从容和坚定。这份从容和坚定，正是参与 2008 年抗冰抢修复电物资供应 96 名工作人员精神面貌的真实写照。

资料显示，截至 2 月 28 日，物资总公司签订一级物资采购合同 484 份，采购金额 1.81 亿元，其中采购铁塔 3910 吨，钢管杆 1544 吨，钢芯铝绞线 3638 吨，玻璃绝缘子 52558 片，复合绝缘子 1522 支，铁附件 386 吨，各类变电设备 279 台。

这里值得一提的是：物资总公司经过多年打造的“物资管理十大体系”和阳光采购系统在其中发挥了重要作用，创造性地实现跨省物资调拨，创造了物流配送的广东速度。2008 年 2 月 21 日，《人民日报》刊登了一篇题为《广东电网：“阳光采购”机制确保抢修复电》文章，为之记下了浓墨重彩的一笔。

抗冰烈士的最后轨迹

黄耀亮　姚　勇　刘俊秀

冷空气还在南下，粤北山岭，雾凇凝结，路面冰封。

2008 年 1 月，春节临近，正是家家户户忙着置办年货之际，春联贴上了，灯笼挂起来，鞭炮声也偶尔在乡间回荡。从韶关到清远，供电员工还在岗位上忙碌。电杆、铁塔、线路，覆冰在一毫米一毫米地增加，供电形势告急。

“10 千伏侯玻线跳闸。”1 月 27 日早上 8 点，韶关始兴供电局马市供电所接报。抢修就是命令，所长李美华立即将员工分成两组，他带领一组巡查岭头支线。另一组由刘焕松带领，巡查陆源白水寨支线。

侯玻线全长 42 公里，分为岭头支线和白水寨支线，供应着 700 多户村民用电。李美华他们经过近四个小时的艰苦跋涉，12 点 10 分左右，终于找到了线路故障点，岭头支线#40 杆因线路结冰导致 A 相线路断线，他们得立即展开抢修接驳断线。而刘焕松他们这一组一基基杆巡查，白水寨支线平安无事。他们返程回到供电所已经是中午 12 点多，脱下防寒服，洗上手正准备吃饭，电话响了，是李美华打来的。听了电话，他饭碗一搁，大声招呼同事张生民：“生民，岭头#40 杆断线。快！赶快带家伙，马上上山。”二话不说，他们准备好工具袋，收拾紧线器、滑轮、登高板、锤、钳、扳手、大绳和电线等抢

被冰雪凝冻压倒的配网铁塔和线路

修材料，就迅速地冲出了供电所。

刘焕松他们驾着车，在离故障杆塔还有五公里处，成片的竹木被冰雪压折压塌，堆在路上，车辆无法前行。刘焕松和张生民只好下车，各自背上重达20公斤的工具袋和抢修材料上去。

山路湿滑，短短几公里的上山路，刘焕松他们走了将近三个小时，终于抵达故障抢修点，与李美华会合。这时已是午后4点30分。

经过一番仔细检查和布置，李美华准备登高上杆。刘焕松一把拦住李美华，“还是让我来吧，我作业经验多些，让我上。”他戴好安全帽，系上安全带，脚上套起登高板，抖了抖精神，麻利地爬上了10米高的电杆。看到刘焕松正要准备作业，李美华仰起头喊道：“你一个人能行吗？要不要再上一个人帮忙？”

“行！不用了！”刘焕松应声回答。

刘焕松熟练地挂好滑轮，准备接驳断线，就在这一刹那间，只听见“轰”的一声，电线杆突然折断。电杆倾倒时，刘焕松本能地想解开安全带跳杆，然而，一切都来不及了，甚至来不及喊一声，就随着沉重的电杆，重重地摔倒在山坡下！

事后分析，由于#40电杆两端线路凝冰，电杆承重失衡，在两端悬殊的拉力对峙，诱发电杆断裂，从根部折断。

李美华、张生民他们三步并作两步，跑过去大喊：“松哥！松哥！你怎么样？”但是，刘焕松已经深度昏迷，躺在湿冷的地上，无法动弹。

此时是傍晚5点30分，暮色四起。

李美华他们立即放下抢修工作，一边打120急救，并向局里报告，一边想办法尽快把刘焕松抬下山。

冰雪中的生命突围，李美华他们一刻也不能耽误。乘着暮色，他们砍下竹子，用工具绳编扎，几个人再脱下身上的棉衣，垫在上面，用这个现做的简易担架，轮换着一前一后，抬着刘焕松下山。

从山上下来的这段路，无论是李美华，还是刘焕松，他们都走了无数次，而这一次，李美华从来没有觉得这么漫长。冰雨夹杂，霜雾凝冻，蜿蜒的下山路坑坑洼洼，冰雪泥泞，稍不留神，脚下可能打滑。

刘焕松（中）生前工作照

躺在担架上的刘焕松似乎已毫无知觉，任凭他最亲爱的同事，抬着他在山路上一路颠簸。李美华他们每走一步，都要小心翼翼，在这样的天气，这样的山路，即便是走惯山路的人，也觉得吃力，何况要抬着担架。

天很快黑下来。李美华迅速跟当地村庄联系，请求救援。听到消息，村民们二三十人飞快地赶过来，他们抬来门板换下竹担架，有人打着电筒，有人用砍刀开路，四五个人轮流抬着刘焕松，下山也快了很多。和冰雪较劲，和死神赛跑。经过了三个多小时的艰难跋涉，刘焕松终于被送上匆匆赶来的救护车。目送着快速飞奔而去的救护车，村民们心中默默地在祝福。

村民们对刘焕松再熟悉不过了。他魁梧壮实，一米六几的个头，村里遇到用电故障，总能看到他抢修的身影，甚至哪个村民家里灯泡、电器出了问题，刘焕松也乐意上门修一修。

晚上10点，刘焕松被送到始兴县人民医院。经过全力抢救，因伤势过重，刘焕松不幸遇难。

刘焕松，1961年12月出生于广东梅县，1980年进入始兴县供电局工作，先后在马市、罗坝、沈所、澄江、隘子、司前等供电所工作，为了抗冰抢修，他的生命定格在了2008年1月27日晚上10时50分。“行！不用了！”在10千伏侯玻线岭头支线#40杆上的这句话，成了他最后的遗言。

为了守护2008年春节的万家灯火而献出宝贵生命的，还有清远阳山供电

黄伟明生前生活照

局员工黄伟明。

黄伟明 1972 年 1 月出生，广东省阳山县人，1992 年 10 月参加工作，1998 年 4 月调入阳山县供电局，一直在附城供电所负责配电工作。

“黄伟明是我们所的外线工兼小组长，责任心很强，平时做事很积极，他是主动申请到前线抢修的。”黄伟明硬朗的作风在清远阳山供电局附城供电所所长丘志光脑海里留下了深刻的印象。

附城供电所管辖的区域较为偏远，冰灾造成交通中断，抢修环境恶劣，他们的任务是在年关前要完成 17 台变压器和受损线路的抢修，为 3000 多用户恢复供电。

黄伟明和蔡海锋一组，他们冒着冰雪和雨水，到受灾最严重的青山、狮猫头、石坳、车路等偏远山村抢修。因为路途遥远，而且抢修点很分散，那时，黄伟明和蔡海锋早上 6 点多就要出发，一个地方接着一个地方巡查，每天工作十几个小时，冷了搓搓手跺跺脚，累了在工程车上眯下眼，晚上很晚的时候才能回家。这是那段时间他们的工作常态。

山上雾茫茫，能见度很低，山路结冰。车没办法开进去，只能在鞋上缠麻绳，增加防滑力，黄伟明和蔡海锋一边走一边摔，艰难前行。饿了，就吃干粮充饥。“有时候，受灾村民会邀请我们去家里吃饭，能喝上一口热水、吃上一口热饭真的不容易。”蔡海锋想起村民们当时的热情，还是很感动。

天持续下着小雨，遇到地面上的固体很容易结冰，供电设施被一层一层的冰包裹着。随着时间的推移，覆冰的厚度越来越大，供电线路和铁塔终于不堪重负而折断，很多甚至已经拧成麻花状。

“我们从一个山头翻到另一个山头，检查受损的供电设施，拍照，然后将地点、电线杆型号、线路覆冰情况等记录下来，以便后续的抢修。”蔡海锋说起当时巡线的工作。

2 月 4 日早上，天灰蒙蒙，毛毛细雨夹着刺骨的寒风。这一天，黄伟明主动推迟休假，回到了工作岗位，出现在阳山供电局的仓库。

黄伟明正在仓库中协助抢修人员清点物资，这时一阵急匆匆的手机铃声响起。“阳城镇黄竹村的变压器损坏，需要马上更换，需要吊车，由你来操作。”丘志光急促的声音从电话那头传了过来。

“好的，没有问题，听从指挥。”黄伟明回答得很干脆。黄伟明会开吊车，持有牌照，当需要他时，他总是当仁不让，何况现在是紧急抢修，更应该去。对于自己的吊车技术，他特别自信。

2 月 4 日上午，黄伟明和丘志光一起参与到黄竹村变压器的抢修任务，当黄伟明把变压器吊到货车上时，电话响了，上级安排他和蔡海锋马上去抢运修复 35 千伏官大线的电线杆。

官大线位于黎埠镇内，受灾情况较为严重，全镇 9000 多用户停电，急需调派人手运输电线杆到现场更换。黄伟明和丘志光几个人商量之后，决定尽快支援官大线。

黄伟明和蔡海锋在仓库把八条电线杆全部装车完毕，大货车驶出仓库，黄伟明和蔡海锋随同一起赶往黎埠。

大货车压过黄泥路面，留下了深深的车轮印痕，有些泥土混着雨水沾在了车轮上。

在仓库不远的路口正准备转弯时，大货车其中一个后轮陷进泥地里，司机尝试了几次，后轮依然被“束缚”在泥地里，没有办法驶出来。

黄伟明、蔡海锋和货车司机商量后，决定用吊车将货车上的电线杆卸下，减轻重量，以便让大货车脱离烂泥潭。黄伟明摸了一下脸上的雨水，便爬上了吊车的驾驶室。

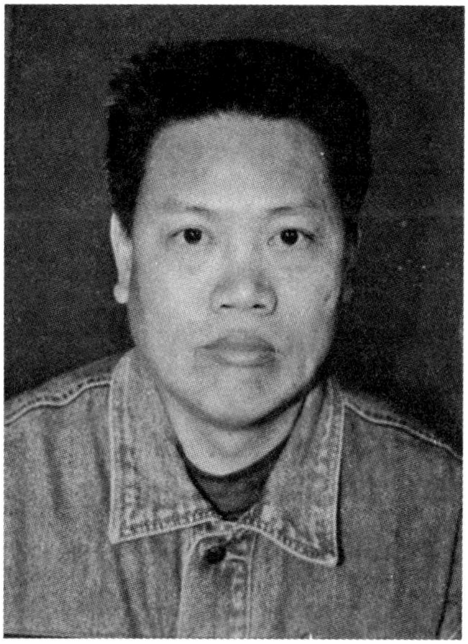

抗冰烈士刘焕松

抗冰烈士黄伟明

蔡海锋利索地翻上货箱，用吊臂系好电线杆，黄伟明操控吊车，上升、转移，把一吨重的水泥电线杆放在旁边的空地。电线杆刚吊离货车六七米左右，蔡海锋听到了异响，他顺着声音望去，发现垫在吊车两只平行腿下面的木块正快速向下沉。

“吊车顶不住了，赶快停止!”蔡海锋立即对黄伟明喊道。就在这时，意外发生了——吊车右下支撑脚突然下沉，吊车侧翻了！黄伟明发现情况不对，想从驾驶室门口离开，但是已经来不及了。

吊车倒下的方向堆放着废弃的10千伏铁塔，铁塔打横放着，驾驶室的门正好倒在了铁塔凸起来的横架上。铁塔顶在了驾驶室的门口，也顶在了黄伟明的胸口。蔡海锋立马抱来千斤顶架设好，希望用千斤顶把压在黄伟明胸口的铁架，挤出一个空隙，但蔡海锋操作了三次，千斤顶垮了，根本起不了作用。

蔡海锋打电话报警、叫救护车，打电话报告丘志光。丘志光接到电话后，骑上摩托车赶到现场，他爬上吊车驾驶室试图移开铁架，但铁架紧紧顶在黄伟明的胸口上，一点缝隙都没有。黄伟明的鼻子、嘴巴流着血，呼吸很微弱，丘志光拍拍他的脸，大声地叫着，可黄伟明自始至终眼睛都没有睁开。

因伤势过重，11 点 30 分，医生宣布黄伟明抢救无效。

历史记下了这一天，2008 年 2 月 4 日，为了抗冰抢修，黄伟明献出了年轻的生命。

刘焕松、黄伟明牺牲了，他们把光明留在乡间，把荣誉留给身后。中华全国总工会分别于 2 月 1 日、2 月 18 日追授刘焕松、黄伟明全国五一劳动奖章。广东省人民政府分别于 2 月 2 日、2 月 15 日批准刘焕松、黄伟明为革命烈士。

构筑云广特高压直流输电大通道

李倩西

“报告总部，±800 千伏云南至广东特高压直流输电工程双极解锁成功，运行电压±800 千伏设备运行正常！”

2010 年 6 月 18 日上午，广州穗东换流站传来好消息。

坐落在广州珠江新城的南方电网公司总部掌声雷动，在场的人都激动地见证了这一世界电压等级最高的直流输电项目双极竣工投产！

这一天，500 万千瓦的清洁水电，从云南楚雄换流站，通过 1373 公里的特高压线路，直接送达广州穗东换流站。

为了这场世界级的“电力大搬运”，“搬运工”们进行了七年的漫长探索。

早在 2003 年，南方电网公司成立不久，就按照时任国务院副总理曾培炎的指示，加快高电压等级的研究。

这一研究的背后，其实隐藏着我国资源分配不均的差异原因。在南方五省区中，云南、贵州两省一次能源保有量占 90.5%，广东仅占 3.5%，但广东经济总量占 67%，全社会用电量是其他四省区总量的 1.6 倍。这种能源资源与消费市场的“逆向分布”，使西电东送成为优化资源配置的必然选择。而西电东送的距离都是上千公里，如果仍然采用±500 千伏直流输电，将产生 10% 左右的损耗，相当于能源被打 9 折，而±800 千伏的损耗只有 5% 左右，减少近一半损耗，可以有效解决能源基地与负荷中心间远距离、大规模、大容量电力输送难题。特高压电网成了必然选择。

因此，在 2003 年，南方电网公司开始启动云南—广东±800 千伏直流输电工程项目的可行性研究。南方电网研究中心与清华大学、重庆大学等国内知名高校，科研机构及世界著名企业 ABB、西门子等公司联手进行一系列的课题研究，中国工程院院士李立浧成了南网科研团队的带头人。

然而，摆在李立浧面前的，首当其冲就是安全问题。

从崎岖不平的云贵高原到水系发达的珠三角，云广直流工程跨越滇、桂、粤三省区，面临重污秽、高海拔、重覆冰等复杂多样的环境，对于在架空线路中起着重要作用的绝缘子而言，常规的绝缘材料无法满足特高压直流的安全运行要求，国内外也没有经验可资借鉴。“不能因为国外没有，我们就不能搞、不敢搞。”李立浧坚信我们并不比别人差。为了突破材料瓶颈，他带领团队，结合自身在直流工程建设运行的数十年经验，大胆提出以硅橡胶复合绝缘材料替代传统陶瓷绝缘材料的方案，并在短短半个月内拿出了试验样品，并且通过了瑞典实验室的试验模拟。

消息振奋人心！随后，李立浧带领科研团队拿下了云广直流工程对电网安全稳定的影响、外绝缘及污秽特性、过电压与绝缘配合、电磁环境、特高压直流工程标准化、云广直流工程运行技术、云广直流系统对南方电网运行影响等7个方面、66项的前期研究成果。

有了这66项的前期研究成果，云广直流工程的建设便如同筑起了一个稳稳的基石，系统、设计、可研等前期研究工作以及相关的环境影响评价等支持性专题研究陆续完成。2006年12月8日，工程顺利取得国家发改委核准，同年12月19日正式开工。

可是，66项前期研究成果只造就了一个“模子”，要完成这一世界级的工程，还需要对这个“模子”加深设计。这就需要一个庞大的设计团队。云广直流工程的勘察设计单位就有8家之多。除了要吸收运用前期研究的理论成果外，设计单位还要针对线路路径和换流站的环境、安全等各种具体因素进行深入分析和方案比选。2007年7月10—12日，工程初步设计评审会在广州召开，中国电力工程顾问集团公司对工程的环境保护、路径走向、技术、安全、通信、综合造价等各方面进行充分讨论和评审，解决了可研阶段的遗留问题，进一步明确技术方案。

“模子”加工完，就要开工铸造了。2007年12月，云广直流工程施工开始。其中，由广东省输变电工程公司负责施工的±800千伏云广直流工程35标段在2008年3月也顺利开工。

但好事多磨。才刚开工两个多月，清远就迎来了50年一遇的强降雨。连日的降水把这个粤北山区浇了个透，部分地区还出现了山体滑坡、公路塌方、泥石流等灾害，工人们刚开挖的基坑立即变成了水池。基坑变水池，这还不是最棘手的，因为坑里的雨水可以抽出，再加上一些防护措施，等雨小一点还是可以继续施工。现在最让人头疼的却是材料运输。

35标起于广东四会市地豆镇，穿过方圆几十公里高山区，到达清远清新县的高山尖上。线行所经之处均为高山峻岭，80%的塔位在高山上，地形落差大，运输道路崎岖难走，而且每基塔位的运输都要独立开路进行，平均人力运输距离长达1300米。刚开始天气好的时候，砂石水泥这些地材运输还能依靠马帮。如今山路已经变得泥泞不堪，马帮拖着几百斤重的材料也走不了这崎岖湿滑的山路，一不小心就会人仰马翻，把材料全撒在山上。

更何况，这一历史性的电力大搬运由29家单位负责施工，线路部分要求在2009年6月30日前投产，任何一家单位都拖延不得。

这对35标段的项目总工王文华来说压力巨大。夜里他躺在床上，听着窗外淅淅沥沥的雨声，辗转难眠。

这才是6月中下旬，还有8、9月的台风季紧随其后，雨水在这几个月都不可避免地来临，而这对看天吃饭的线路工人来说，简直就是噩梦。这样几个月下来，没几天晴天，湿滑的山路始终泥泞，运输效率必然大受影响。更何况，过不了多久，项目就要着手立塔了。平均每基重达56吨的铁塔、每条重150公斤的复合绝缘子、每基重20吨的耐张金具，光是塔材、绝缘子和附件的重量就超过4000吨，还没算上立塔架线用的工器具。在这泥泞崎岖的山路上，如此沉重的运输负载，不仅车辆无法行进，就连马帮也无能为力。一旦运输严重滞后，就会造成两百多个立塔工人的窝工，施工成本将大大增加。

想到接踵而来的诸多麻烦，王文华越发感觉只凭自己的力量难以解决。于是，他第二天一早就把困难向省输变电公司工程部如实汇报，请求公司增加技术支援，解决棘手的运输难题。

公司工程部主任李瑞山马上组织机具物资中心经理黄炎辉、专责曾志到项目现场实地考察35标的塔位和沿线地形。

苍苍群山，起伏不断，像天地间的一道屏障，远方不可及。滂沱大雨，像倒，像泼，在这重岩叠嶂中紧锁天地。

“陆地上走不了，咱们就空中走。”李瑞山果断决定采用索道解决运输困难，并计划与机具物资中心兵分两路，抢夺工期。这一边，他与王文华一起争分夺秒开展索道设计和受力分析；另一边，黄炎辉与曾志则着手联系构件和材料厂家抓紧生产。

两个多月后，经过反复讨论、方案完善、多番验算和实验，索道运输系统在35标全面投入应用。在清远的高山之间，凌空架起的几道钢绞线，稳稳

2008 年 10 月 28 日，施工人员通过索道运送塔材

地吊起上千斤的塔材构件，沿着山坡自下而上，一天来回穿梭二三十遍。几个月下来，凭着索道运输四两拨千斤的功力，一块块铁塔构件腾空飞起，跨山越岭送到塔位之上。2009 年 1 月，第一批铁塔立塔完成。

35 标按期投产的曙光已经可见。王文华的心头大石终于可以落下。但他的输变电公司的兄弟唐志雄却没那么容易。

和王文华同年进入输变电公司的唐志雄，在云广直流线路受端 ±800 千伏穗东换流站担任技术员。广东省输变电工程公司除了承接云广直流项目 35 标以外，还负责穗东换流站阀厅和换流变的电气安装工程，这是整个换流站最核心最困难的部分。尽管云广直流工程的多数设备由国内实力较强的厂家机构提供，综合自主率达 62.9%，但唐志雄他们负责的恰恰是自主率以外的 37.1%。

2009 年 5 月，广州增城的气温已经飙升到 30 摄氏度，夜晚闷热难受。在工地的板房办公室里，一台小电扇在唐志雄背后“咯叽咯叽”地摇着。他出神地盯着电脑屏幕里的高端阀厅 800 千伏穿墙套管吊装方案，扶着腮帮子的右手不自觉伸向前面的烟灰缸，弹了弹手上的烟灰。来到穗东站以后，他又

2009 年 3 月 17 日，云广直流工程阀塔安装现场

把戒了多年的烟抽起来。

坐在旁边的项目总工覃敏看着这情景，不禁笑着调侃起唐志雄的“盲弹”。

其实覃敏非常理解唐志雄的苦，因为他自己就是整个施工方案的技术负责人。穗东换流站高端阀厅的两根 800 千伏直流穿墙套管是全进口设备，单根造价将近一亿元人民币，每根长 20.73 米，是当时世界最长的穿墙套管，并没有可借鉴的施工方案和经验。每根套管的重量都超过五吨，要求倾斜 15 度角安装，而且套管倾斜差 0.1 度都插不进去，必须经过合理调节让套管按照规定斜度穿墙，这非常考验吊车的性能和操控人员的技术。最为要紧的是，套管插入的孔洞直径约 0.94 米，而套管需要插入的最大部位直径却达到了 0.925 米，套管从中心进入孔洞的最小间隙不到 1 厘米，稍有不慎便可能把造价昂贵的套管碰撞到孔洞的边缘。吊装现场附近也已经安装了大量的设备，如果方案考虑不够周全，套管起吊和安装时，随时都会发生碰撞，1 个亿的设备说不定就砸在自己手里，整个输变电公司可能都赔不起。

为了确保套管安装顺利，覃敏白天就和德国西门子厂家沟通套管安装技术问题，吃透英文说明书里面的每个细节和要点，小到吊装的角度、尼龙绳的绑扎；晚上等施工结束后，他就结合厂家反馈的意见，和唐志雄一起继续完善套管安装的施工方案。

6月10日，800千伏直流穿墙套管专项施工方案经过专家论证，通过了业主和监理单位的审批，计划6月18日吊装。安装队长陈爱国接到消息后，马上排兵布阵，确保把最优秀的安装队员都安排在18日的套管吊装。虽然这位入行25年的老队长几乎踏遍了广东省内所有的500千伏变电站及换流站，可面对这个造价昂贵、安装要求极其严格的800千伏穿墙套管，也不免紧张起来。

工地如战地。军人出身的他很快明白，要打赢这场战役，光靠施工技术和安全措施还不行，作业人员的心态同样重要。安装作业前，陈爱国便召集参加吊装的所有队员开几个晚上的“夜总会”，进行了全面的安全技术交底和作战动员。

6月18日下午，一阵轰隆轰隆的响声，40吨的吊车发动起来，800千伏穿墙套管安装正式开始。

现场的陈爱国凝神静气、目不转睛地盯着吊臂上的穿墙套管，安排人员测量套管的倾斜角度是否满足安装要求。已经进入高空作业区的安装人员陆文强、王兆阳、熊广丰、毛天良、张彪、唐林波更是大气都不敢喘，等套管靠近，紧紧接住，将绑在上面的尼龙绳穿到阀厅内侧，与阀厅内的安装队员相接，共同控制。

细心的陈爱国发现，不到几分钟高空作业和地上安全防护队员们的衣服都已湿透。他马上通过对讲机向作业队员做出指令：“上方作业队员按目前方式控制住套管，作业缓一下，先不要安装。”队员们趁机深呼吸几次，轮流擦了擦头上的大汗。队长再次做出指令，队员们抖擞起精神，把套管慢慢插入，上紧螺栓，缓缓松下吊具。套管顺利安装上墙！在场的人员都大大松了口气。随着162公斤六氟化硫气体的顺利充入和试验的完成，800千伏穿墙套管安装成功！

随后，云广直流的建设捷报频频传出。

2009年6月30日穗东站极2低端开始系统调试，7月18日极2低端试运行，12月28日极2高端试运行，标志着世界上第一个±800千伏的输电工程投入运行！

然而，对于穗东换流站的建设者们来说，可不能高兴太早。

2009 年 4 月 29 日，施工人员进行直线塔附件安装

按照要求，工程需要在 2010 年 6 月 30 日前双极投产，但极 1 高端 HY 接换流变设备到货严重滞后，5 月 4 日第一台换流变压器才交付到站，造成安装工期极其紧张。施工人员需要把两个阀侧升高座的出线装置、中性点套管、套管升高座、油枕支架、油泵和部分管道逐项完成安装。工作量之大，覃敏和陈爱国只能考虑安排安装作业人员昼夜轮换，24 小时不间断施工。

5 月 7 日一早，吱吱的电机声、轰轰的吊车声和响亮的哨声交织在一起，穗东换流站的安装现场进入了忙碌而有序的紧张状态。最考验作业人员的就数套管升高座安装。这是换流变安装的“坚刚”工作之一。长达 13 米的套管升高座，形状极不规则，在安装时，必须保证与本体上的三个直径超过 1 米的法兰盘精确对位。施工队员陈仁辉、李维林、张勇文、严星、王柳军为此需要进行反复调整。直到次日早上 8 点，套管升高座才最终完成安装。紧随着充气、拖运和户外安装阀侧套管的完成，极 1 首台 HY 接换流变压器安装成功。

随后，其余两台极 1 高端 800 千伏 HY 换流变压器依次安装完成。6 月 7 日，极 1 高端设备顺利通过了广东电网公司质量监督中心站的质量审查，具备带电条件。

大功告捷之日终于到来！2010年6月18日，±800千伏云南至广东特高压直流输电工程双极投运。

这一天，对于李立浧来说，这场持续七年之久的战斗终于吹响了胜利的号角，从理论到行动，从愿景到现实，云广直流特高压输电工程不再是个纸上谈兵的幻想，而是切实可行的示范。

这一天，对于覃敏、唐志雄和陈爱国等穗东站的施工者来说，持续了32个月的鏖战终于结束，他们成功安装的世界第一台800千伏高端换流变压器、第一根长达21米的直流穿墙套管终于迎来真正意义上的运行检验。

这一天，对于负责线路35标的王文华来说，±800千伏云广直流输电工程的完整作用终于得以发挥：500万千瓦时的云南绿色电力，通过1373公里线路，跨越峰峦叠嶂的云贵高原和山岭连绵的广西盆地，直达年用电量一千万千瓦时的广州地区，照亮了半座羊城，每年可减排二氧化碳1700多万吨。

这一天，对于云广直流的运行单位南方电网超高压公司而言，却又是一次重大考验的开始。

经过千山万水的“大搬运”，这条云广直流所载的电力牵动着千万用户，也给南方电网主网架构带来很大变化。如何运行维护好这条大通道和发生较大变化的主网架，经受住迎峰度夏和亚运会保供电的持续长时间大负荷考验，是摆在南网超高压公司面前的一个重大课题。作为运行管理单位，面对这个世界首条±800千伏直流线路，毫无可借鉴的运行经验。超高压公司采取特护措施，加强设备的日常运行监控和巡视密度，及时消缺，总结运行维护经验教训，完善预案，做好预防，确保系统运行安全。

经过三年多的实践，云广直流工程运行安全稳定，荣获国家工程建设最高奖项——国家优质工程金奖。

这项由两万多名建设者捧起的国家优质工程金奖，深藏着25项国家和行业标准、106项专利和8项登记软件著作权。世界权威的国际电工委员会也对此刮目相看，将制定特高压标准的任务交由中国完成，其中，特高压直流部分主要由南方电网公司承担。国内电力制造业也依靠该项目进行了大量的自主创新，使得国内电力制造业在短时间内缩小了与ABB、西门子等世界电气巨头的差距。

在云广直流安全稳定运行了七年多后，由南方电网、国家电网等单位研究建设完成的特高压±800千伏直流输电工程，获得2017年度国家科学技术进步奖特等奖。

差距已经一点点缩小。从技术引进到技术引领，中国特高压在2018年投产的滇西北至广东±800千伏特高压直流输电工程实现了100%综合自主率。这距离穗东换流站双极投运已有8年。

8年后的今天，作为我国西电东送“电力大搬运”的动脉，特高压±800千伏直流输电工程最大容量已经达到1000万千瓦级，一天24小时可以输送2.4亿千瓦时电量，相当于1200辆100吨卡车送的煤所生产的电量，通过电网瞬时完成。

川岛通电记

覃超一

“瑰丽上下川岛虽与大陆毗邻，但昔日电网隔断，用电困难，生产生活不便。广东电网江门供电局在各方支持下，艰苦奋战，历时三载，建成跨海电网工程，使川岛能与大陆同步发展，共同繁荣，为彪炳盛华，现勘石以记。”

“这是当地群众2010年为川岛电力联网工程写下的碑文。”事隔多年，现已退休的广东电网公司巡视员、纪委书记的赵树华对此至今记忆犹新，“解决川岛用电问题，有两个具有里程碑意义的时间节点，一个是2007年的川岛电网正式移交广东电网公司，一个是2010年的110千伏川岛联网工程建成投运。”

川岛镇位于江门台山南部碧波荡漾的南海之中，由上、下川岛组成，总面积254.3平方公里，人口3.46万人。这里旅游资源丰富，有飞沙滩、王府洲、金沙滩、银沙滩等天然优质海浴场，有首位来华传教的西班牙籍天主教传教士方济各·沙勿略的墓园，有清朝海盗张保仔神秘的藏宝窟等丰富的人文历史和名胜古迹，被誉为“东方夏威夷”。这里海洋水产业发达，滩涂养殖、海洋捕捞、海产品贸易等产业位居全省前列。

然而，光鲜亮丽的外表下，背后的无奈却是冷暖自知。很多外人都不知道，住在“梦幻海岛”的人们，在用电方面却是饱尝苦头。“自20世纪80年代初以来，上、下川岛的供电系统只依靠岛上自建火力发电厂和小水电的支撑，但火力发电成本高，导致农村电价最高时达到每千瓦时1.9元、商业电价达到每千瓦时2.75元，同时供电能力也不足，发电系统也不可靠。”从小在台山长大、时任台山供电局副局长朱灼新清楚地记得，20世纪90年代后，在镇政府的努力下，虽然川岛人民用上了电灯，但由于川岛旅游业发展快，旺季淡季差距大，两镇火力发电设备年利用率低，成本高，电价居高不下。如此高的电费，对于居民来讲，就是有钱买电器，没钱交电费，有电也不敢用。各家各户的配置除了电灯、风扇、电视外，空调、冰箱、洗衣机都很少。

旅游业的压力更大。江权标是下川岛一家酒店的总经理，1992年听说川岛要开发旅游区后，1993年他从台山市房产局辞职经营这家中档酒店。在他的回忆里，电价高造成了酒店的经营成本高，为了降低成本，酒店要尽量减少电器的数量。另外更让人头疼的是，岛内封闭的小型电网线路等硬件设施落后，只要碰到大一点的台风或下雨，就会停电，用电无法保障，影响酒店

2009 年 9 月 9 日，台山供电局组织召开 110 千伏川岛供电联网工程进度检查会

正常营业。于是，岛上除了少数几家自备有发电机的高档酒店外，大多数酒店只能靠天吃饭。

川岛的用电问题备受各方关注。2003 年，江门市 13 位省人大代表在广东省十届人大一次会议期间，联名提出了川岛用电实施同网同价的建议。“人大提案一提出，引起了省委、省政府的高度重视。2004 年 7 月，省政府办公厅下发了《关于解决台山市上、下川岛用电问题的复函》文件，正式将其纳入全省‘两改一同价’工作统筹解决。”赵树华说，“我是 2005 年被省公司聘任为江门供电局局长的。此前，局里曾做了大量的调研工作，摸清了许多情况。我到任后，立马着手推进电力体制改革。那一年，川岛镇政府理顺了各种复杂关系，背负了 500 多万元债务，将两岛电厂厂网彻底分离，将其无偿交给广东电网公司。”

出身于革命干部家庭、曾经参加过对越自卫反击战的赵树华，性格爽朗，快人快语，行事果决，虽然转业到电力系统工作多年，仍始终保留着雷厉风行的军人作风。经过上下协调，2006 年解决川岛用电问题纳入全省 50 个代管县改制第二批改制范畴。到 2007 年，电力改革各项工作基本准备就绪。是年

10 月 24 日，政企双方在山咀码头举行签约仪式，正式将川岛电网移交给广东电网公司，具体由江门供电局负责建设管理。一周后，即从 11 月 1 日起，川岛各类用电销售电价正式实现与全省同价，工业、商业、居民用电价格都大幅下降。

“消息一传出，岛内居民都喜出望外，纷纷拍手称好。”朱灼新回忆说。据相关资料记载，川岛电网一接管，效果立竿见影，岛上居民平均每户用电量增加 500 瓦时，商业用电每户增加 2 千瓦时，一家中档酒店每年可以减少电费 20 多万元。川岛供电量也随之不断攀升：2007 年供电量达 708.5 万千瓦时，2008 年供电量达 873.85 万千瓦时，2009 年供电量达 1096.94 万千瓦时，有效拉动了川岛经济发展。

周焕中，下川岛的芙湾村村委副书记，在他的记忆里，“出门爬山坡，过海小帆船，照明煤油灯，通信摇把子”，是这条村 20 世纪 80 年代以前的真实写照。后来虽然岛上建成了两座火力发电厂，但每度高达 2.6 元的电费却让绝大多数的村民对电气敬而远之，“不是买不起，而是养不起。”那时候他家里的电器只有几个必需的照明灯，每个月的电费也不过是 30 多块钱。不过 2007 年以后，他家中已有三部空调，大电视、冰箱、洗衣机等电器一应俱全，再也不用担心交不起电费。

方春来，一位土生土长的川岛商人，涉足综合娱乐城、建筑、洗涤等多个行业的生意。2007 年 11 月，电费的下降、供电的稳定可靠给他的生意迎来了巨大的转机，不但娱乐城的业务有了新突破，连之前一直半死不活的洗涤厂也重新焕发了生机。2009 年，他又多开了一家餐具消毒厂，其业务量一度占了下川岛所有酒店的 90%。“如果不是江门供电局为川岛做出的巨大贡献，那些需要大量稳定、可靠电力支持的娱乐场所、餐具消毒、洗涤等会发展到什么程度，我完全不敢想象的!”方春来还说，2007 年之前，岛上有幢售价 150 万元酒店用房都没人要，但在川岛电网被接管后，楼价就开始飙升，2009 年经过一番竞拍，这幢楼以 550 万元的价格卖出，比之前高出了好几倍。

不过，接管川岛电网，在大多数企业眼里看来都是一件自讨苦吃的差事。川岛电网原来属于自发自用，发电的成本很高。江门供电局接管后，一要实行同网同价，把高企的电价降下来；二要大规模改造残旧的电网，这样不但获不到任何利益，而且每年都将面临巨大的亏损。从后来的数据上来看也是如此：由于购售电价“倒挂”，仅此项江门供电局每年就要亏损4000多万元。企业是追求利润的，建设这样一个电网，投入大、维护难，做这种“亏本生意”显然与追求利益这个原则相悖。“这是我们应该付出的。作为国有企业，对这个社会是肩负着责任的，不能只一味地追求利润，也要思考我们对百姓的责任和回馈。”赵树华曾这样说道。

说易行难。接管之初的川岛电网，配网长年被盐度极高的海风侵蚀，破烂程度让人触目惊心：铁横担千疮百孔，电杆裂纹纵横交错，铝绞线前小后大；大部分低压台区配变距地不足一米，而且没有安全围栏，容易出现触电、短路等事故；低压台区的线路有许多外皮脱落，接头严重氧化的麻皮电线，乱拉乱搭，在巷头巷尾摇摇欲坠；一个个电表集装箱的入户线与出表线扭作一团，杂乱无章。

这样的配网，给供电人员带来的是巨大的抢修工作量。线路班长黄韶均，除了睡觉时间，几乎一整天都在野外作业，进行抢修任务。因为汗水浸湿，洗得太多，他的工作服总是比其他人的来得破旧、发白。“我们每一天都是在进行无休止的消缺任务。任务太多，常常需要全体出动，八方抢修。”班员莫靖聪则记得，低压抢修最令他头痛：当时各村各户低压巷线接头氧化，铜线接驳铝线，接头受潮，刀闸接触不良，再加上线路多，杂乱无章，一个小小线路问题，就要花一两个小时来“找”电线。“虽然这些都是自身巷内线路的问题，很琐碎，也很枯燥。但是眼看着留守在村里的老人小孩，对用电几乎一无所知，我们便主动承担了修理工作。”

不稳定的供电使得电网改造势在必行。江门供电局先后投入2763万元用于电网改造，通过配网改造提高供电质量。参与配网改造的供电人员，起早贪黑，摸爬滚打地到农户家摸底、调查，制定相关的改造方案，挨家挨户对低压线路、入户线路、计量装置进行了改造。在供电人员的努力下，2009年1月完成了川岛配网改造工程，整个川岛配网面貌焕然一新，农户家里告别了以前川岛配网存在的裸线、单支以及对地距离不足的老大难问题，取而代之的是整齐划一、要求规范的配网。有居民甚至感言，岛上的电力线路和设备，看起来比一些中心城区的还要好、水平还要高。

“不过，接管川岛电网，仅仅还只是一个开始。”即使是讲述输变电建设，赵树华的用语仍然有不少军人的特点，“110千伏川岛联网工程建设才是一场真正的硬仗，这是彻底解决这座电力孤岛用电问题的关键一招。”

虽然实现了川岛用电与大陆同价，但接管过来的川岛电网仍然脱离大陆电网保持着独立运行，且原有设备残旧，供电可靠性较差，供电质量很低，严重制约了旅游业以及其他产业的进一步发展。“为此，我们向省公司申请资金五亿多元，就是想高起点、高标准、高质量用于川岛电网建设和改造，力求从根本上解决川岛供电问题。”朱灼新说道。

2008年12月23日，川岛联网输变电工程在台山市奠基。工程新建110千伏上川、下川变电站2座，110千伏海宴变电站扩建间隔一个，新建线路合计总长58.24公里，新建电缆终端场四个。工程采用架空线路及海底电缆相结合的方式建设，由海宴变电站架空线出线，在海宴浪鸡角沿7.47公里的海底电缆至下川变电站，经3.03公里的大跨越及4.71公里的海底电缆至上川变电站，再经架空线至上川风电场110千伏升压站。

工程一开工，一个个难题摆在了面前，大家都有些傻眼：几千米长的电缆如何从海底穿越？长达2000多米的海上空中大跨越线路如何架设？一批批大型运输设备如何从海的这头运到那头？岛上高山上的线路架设如何开展？

2009年6月19日，川岛联网供电工程海宴段线路开工，主体工程启动，这年7月，川岛跨海联网供电工程项目经理曾悦明正式驻岛，开始了自己在岛上为期一年艰辛而烦琐的工作。工程上无论大事小事，只要遇到麻烦，大家都会找他协调解决。在工程建设之初，为落实110千伏川岛跨海联网工程项目部的选址，他就带领工程队积极与镇政府沟通，第一时间让工程指挥部建立起来。在具体建设过程中，一些大型设备的运输、线路的架设，曾悦明也是忙前跑后地与岛上的部队或村委会及村民协商。

早在前期动员的时候，曾悦明就已做好心理准备，这是一项艰巨的任务，可是当真正踏上岛之后，他才明白前方迎接他的是什么样的苦难。在工程施工前期，曾悦明就因川岛恶劣的地理环境吃过一顿苦：黄麖洲是个无人居住的孤岛，岛上没有淡水资源，没有任何生活设施，这成为施工的头号障碍。刚驻岛后不久，曾悦明带领同事们全副武装，配备齐药物、食品、水，坐着快艇从上川岛三洲码头出发，先后到野柑湾，横越海面，来到黄麖洲、下川岛水荔枝等地，花了整整一天的时间，上山下海，做基塔定位。这些地方或是无人孤岛，或是高山峻岭，长满了青苔、荆棘，所以基本上没有现成的路可以走，曾悦明和同事们必须靠砍刀劈斩枝椏为自己开路。至今，岛上有些小路还是当年他们走出来的。

“做完前期勘探，川岛联网工程正式拉开，我想，这恐怕是江门电网建设史上从未有过的‘海、陆、空’三位一体的输电工程。”朱灼新这样介绍道。

“海”，就是在整个工程中，一个至为关键又极其艰难的“硬骨头”——铺设海底电缆，这是整个川岛联网供电工程的重点，占了工程总投资的60%。海底电缆由两段组成，共长12.1公里，投资超过3.3亿元。第一段海底电缆从大陆海宴镇浪鸡角终端场至下川岛水荔枝终端场，长度为7.47公里。第二段从黄麖洲东风湾终端场至上川岛野柑湾终端场，长度为4.71公里。按照工程要求，从大陆海宴浪鸡角至下川岛水荔枝的电缆全程深埋海底以下两米，从黄麖洲东风湾至上川岛野柑湾的电缆全程深埋海底以下3米。由于海底电缆经过的线路必须通畅干净，所以铺设前必须对海缆路两侧各50米范围内进

2010年5月12日，川岛联网供电工程正进行海底电缆敷设作业

行障碍物清扫。整个海底电缆铺设由三条作业船完成，首先用高压水枪在海底喷射出沟槽，然后再填埋海缆。为了让海底电缆在预定时间内铺设完成，施工人员每天都全力以赴。当时只要不出现恶劣天气，所有建设工地基本是凌晨 5 点到晚上 11 点不间断施工，部分工程施工是 24 小时不间断进行。

“陆”，就是搭建 110 千伏陆地联网供电线路。除海底电缆铺设外，在陆地上需要修建 145 个杆塔，分布在上、下川岛以及海宴临海区域。因为远离大陆，加上岛上山路崎岖，工程所需的材料和机器都靠人力或者骡子搬上山。骡队对于海岛上线路基础建设意义非凡。当时大约有 160 多匹骡子每天穿梭于川岛各个山地里，专门做水泥、沙石、水材料的运输。天气热、路太陡，身上要背着 400 多斤的重物，骡子也很苦很累。有的时候骡子停下来喘粗气，赶都赶不动，甚至在上川岛的工地上，还出现过骡子被累死的情况，让人很是心疼。

另外，施工所需的超长钢筋、大圈电缆、搅拌机等大型物件，因为不方便捆绑，骡队是没法运输的，这就必须得电力工人一回一回用肩膀扛上去，往往一个搅拌机，需要 6 名大汉花几十分钟从山脚抬上来。人上了山，工程一开动，无论日晒雨淋，都只能露天继续工作。大体积、大吨位物件在海岛高山搬运的难题，就用这种最原始的运输方式来解决。最后搭建岛内山地上的线路塔基，一步一步地构架起 110 千伏陆地供电网络。

“空”，就是川岛联网工程里的大跨越线路，这条跨海架空线路全长 1949 米，是国内少有的、广东电网建设项目单根导线中跨度最大的工程。跨越段由三个铁塔组成，分别是观音山的 G1 塔、黄麖洲的 G2 塔和 G3 塔，其中位于黄麖洲的 G2 塔为直线跨越塔，塔身重量 400 多吨，塔高 110 多米，也是台山目前电力建设史上最高的输电铁塔。从 G1 塔到 G2 塔，施工人员来回一次就要两个多小时。

大跨越组塔期间，施工人员、监管人员、监理人员在黄麖洲上连续施工，但天公不作美，黄麖洲经常出现大雾、大风的天气。一次，台山川岛海域海面风力超过 7 级，船已经停航 3 天，川岛联网工程的人员、物资均无法运输到岛上，给施工造成了一定影响，但现场施工人员努力克服物资短缺以及大风、低温等困难，仍按计划继续进行施工。“岛上的施工还在进行，施工人员干劲很足，只要天气满足施工条件，工程是不会停工的，我们会尽全力确保月底电缆终端场具备海缆敷设条件。目前，施工物资准备还相对充足，粮食也有储备，只是气温骤降，岛上非常寒冷，风也很大，有些施工人员御寒衣被没来得及准备，但我们会克服困难，请领导放心！”黄麖洲终端场施工工作负责人刘富强在电话里向川岛联网供电工程上川项目指挥部报告着。黄麖洲是个孤岛，在与外界隔绝的三天里，他们只能通过电话与指挥部互通情况。就这样，施工人员与天气抢时间，按时保质完成高塔组立任务，大跨越工程也被顺利攻克。

经过19个月艰苦卓绝的努力，2010年7月8日和9日，下川变电站和上川变电站先后投产运行；同年7月16日，川岛10千伏负荷转接顺利完成。“这项总投资高达5.3亿元的川岛联网工程刚刚完工，就接连遇上两个强台风袭击，一个是7月16日的台风‘康森’，一个是7月22日台风‘灿都’，川岛电网都完好无损，经受住了考验，全岛居民用电正常。”朱灼新说，“这充分地说明了我们建设的这项跨海联网工程，是可靠的、优质的。”

“以前最怕就是碰到台风、大雨天气，每每遇到这样的天气，我们川岛肯

2010年下川水荔枝终端场建设现场

定会停电，大家的生产、生活也会因此受到很大的影响。”方春来在台风过后在接受记者采访时感慨地说道，“川岛电网刚刚并网，就给了我们莫大的信心和惊喜，从今以后，我们再也不用在用电方面担惊受怕了，安全、稳定、可靠的电力给了我们足够的底气。”

2010 年 7 月 27 日，川岛联网工程送电仪式在美丽的下川岛变电站隆重举行，来自省市机关部门、地方政府、供电企业的领导及各界人士齐聚下川岛共同见证这具有历史意义的时刻。当天上午 11 点，仪式刚刚开始，突然天降暴雨，短短三分多钟就把在场的领导和嘉宾全身淋得透湿，众人激动兴奋的心情却丝毫不减，盛赞这一民心工程。当时，有位台山群众写了这样的一副对联：“数百天披星戴月见证筚路蓝缕，天堑于是成通途；近千人搏风击雨情系党心民心，明珠自此方璀璨。”以表达内心喜悦与感恩之情。

“还有的干部群众更是把这项联网工程比作为‘川岛第二次解放’。我想，这里所说的‘解放’，是指支撑川岛社会经济发展的用电瓶颈问题得到了彻底的解决。”赵树华的言语中透露出满满的自豪感，“从星星点灯到万家灯火，川岛电网走过了不平凡的一段历程。如今，用电安全可靠和‘同网同价’的梦想，已照进了每一个岛民的现实生活。”

事实证明，联网后的川岛连续遭遇了多次台风考验，整个岛上没有出现一次停电事故，彻底结束了川岛“逢台风必停电”的历史，极大地提升了川岛电网的供电质量。有了稳定充足电力的保障，川岛的投资环境发生了质的改变，各大产业迎来了一次跨越式的大发展。

亚运保电全景大扫描

吴樾　林佩燕

2010年11月12日晚上8点，第16届亚运会开幕式在广州海心沙隆重举行。珠江两岸，灯火璀璨，整个羊城到处涌动着花之海、人之潮、灯之洋，不同的肤色、不同的语言，汇聚成同样的欢乐和企盼。

在这欢腾的时刻，来自江门供电局输电部的欧阳云辉和20多名队员正驻守在广州花都区，负责220千伏朗郭线363—406号铁塔段线路巡查保电，每基杆塔下，都有保电队巡线人员。参加过2008年支援贵州抗冰救灾的他，此时是江门供电局花都保电队队长兼临时党支部书记。

同样在花都，来自肇庆供电局的林文凯也正和他的巡线小伙伴们在对涉亚输电线路开展夜巡。黑黝黝的山道上，队员们一打开手电筒，蛰伏在田间的蚊虫登时劈头盖脸扑过来，挥也挥不走。荒寂的山道上，只有林文凯等人的脚步声咯吱响。

圣火熊熊，烈焰腾空。负责开闭幕式主场馆保电的队员们虽然置身现场腹地，却同样无法欣赏这一刻的璀璨。来自江门供电局配电保电队员孙春等人，此时正全神贯注监视着电压、温度数据的变化，直到中华人民共和国国歌响起，他们才在控制室里跟着默唱。

2010年9月1日，广东电网公司首次进行直升机对输电线路带电水冲洗

“看不到开幕式，多少有点遗憾，但能在亚运保电的最前线以特有的方式与所有人共享亚运激情，即使再苦再累，也将是一个永恒的美好记忆。”用实际行动为广州亚运会增光添彩，是全体保电人员的心声。在此之前，他们已经筹划奋战了整整 5 个月之久。

时间回到 2009 年 7 月。广东电网公司正式开启第 16 届亚运会保供电征程。

彼时，国际金融危机影响尚未完全消退，亚洲各国正携手寻求区域之间的共同繁荣和进步。广州成为继 1990 年北京举办第 11 届亚运会之后，中国第二个举办亚运会的城市。这场综合性国际体育大赛的举办适逢其时，广州亚运成为加强亚洲各国、各地区联系合作的一个平台，备受瞩目。

各种城市升级改造如火如荼，广东电网涉亚重点工程建设自然也不甘人后。广州市委、市政府不止一次指出，亚运有三个关键，处于第一位的就是电力系统。

“要保电到 79 个场馆的每一个插座、每一个灯头。”广东电网公司保供电方案提出要求。亚运保电的规格之高、难度之大、介入之深前所未有。

为实现亚运保电“全力以赴，万无一失”的总体目标，广东电网公司领导班子谋定而后动，明确了亚运保电战役全攻略，制定了筹备、准备、实施和总结四个阶段的具体计划。2009 年 8 月，广东电网公司成立以总经理赖佳栋为组长的亚运会保供电领导小组，建立了三级保供电组织机构，设立了电网安全、供电保障及服务、电网建设、信息安全和信访保卫综合五大专项工作组。

随着现代化建设事业的发展，中国能够承办的规模巨大的国际性活动已不在少数。与此次亚运会举办时间相近的 2008 年北京奥运会和 2010 年上海世博会是“他山上的砺石”，值得借鉴。广东电网公司陆续派出 12 批次人员，北上东进去学习、调研。北京、上海、济南、青岛……这些具有相当国际化水平和组织能力的城市，供电保障必有其独到之处。每到一座场馆，调研组都对它们的各种电力设施深入研究。奥运会、世博会的保供电技术标准、运作模式、指挥体系等等，也被调研组一一记录下来。与此同时，远赴法国、新加坡“取经”的人员认真学习着当地电网规划、设备管理等方面的先进经验和新技术。12 月 2 日，广东电网公司出台《第十六届广州亚运会保供电专项方案》，12 项专项工作正式启动，全面进入“亚运时间”。

广州、佛山、东莞、汕尾是此次举办亚运会的四座城市，有一个开闭幕式场所、53 个比赛场馆和 17 个训练备用场馆。这些赛事场馆的电力保障线路共计长约 3529 公里，涉及多个省网公司、地市供电局的专业援助单位和 12 个安保协助单位。

对于省会、亚运主办城市广州来说，自然是亚运保电的主战场，任务尤其繁重、责任尤为重大。公司制订亚运保供电工作的原则是：以广州为主，全省支持，整合资源，协同作战。

“由南方电网公司统筹解决场馆内部电工不足及技术力量薄弱的问题，举全网之力确保亚运会保供电工作万无一失。”南方电网公司董事长、党组书记赵建国一锤定音，为广东电网解决了技术人员不足的问题。按照“全网一盘棋”的部署，南方电网公司指示，两支援兵调集广州：一支是广东电网公司自家子弟兵，在 14 个直属子公司中抽调技术人员进行支援，珠海、江门、中山、肇庆等地供电局也派来大批技术人员；另一支援兵是云南、贵州、广西、海南等四省区 20 个供电局的兄弟部队。

如何协调指挥如此庞大的队伍，成了摆在广东电网公司领导面前的又一个难题。为了解决这一难题，231 项保供电重点工作任务被逐项制定成具体工作计划，编制成任务表单，明确各项任务开始、结束时间，由具体负责的保电人员定期更新任务完成情况。然后，按照“一局保一馆”的原则，将原有技术人员和援助人员合理配置，实行技术交底、经验交流、无缝对接；组织各级专业和安保人员。如此，每个值守点、每个涉亚变电站、每段巡视线路都具体分配到人员了。

此外，广东输变电工程公司选拔出技术过硬、身体素质好的技术骨干，组建亚运保供电的“特种部队”。他们进行全封闭式半军事化管理，24 小时待命，一旦接到命令，必须在 5 分钟内装备齐全出发，在 30 分钟内抵达现场，该公司副总工程师林光龙说，“特种部队”的队员们都练就了“铁人”本领，技术一流，反应最快，是广东电网在亚运会期间应对各种突发事件的一张“王牌”。

2010年，第16届亚运会开幕进入了倒计时阶段，人们心中激荡着高涨的“亚运情怀”。这一年，分别取名“阿祥”“阿和”“阿如”“阿意”“乐羊羊”的吉祥物“五羊”，乐呵呵地阔步向前，拥抱来自五湖四海的友人，各项涉亚工程也依旧紧锣密鼓地开展着。7月14日，南方电网公司副总经理张晓东一行到广东电网公司调研亚运保供电专项事宜。这次座谈，公司总经理赖佳栋、党委委员杨爱民、副总经理罗辑及生技部、财务部等部门负责人都参与交流。

赖佳栋明白，要确保亚运会期间供电安全可靠，前期准备是关键，重点要做到“建、检、练”，具体而言就是加大电网建设力度、加强设备检修和强化演练这三项秘诀。

首先是“建”。

亚运前，广东电网公司确定了500千伏茅湖站主变扩建等涉亚重点项目，完成了220千伏亚运桩输变电工程、110千伏桂竹—东洲Ⅱ回线路等845个涉亚的主网、配网建设和改造项目，夯实了亚运保电基础。

在广州成功申办2010年亚运会后，广州电网便开始了历时四年多的攻坚克难。重新翻开《广州市国民经济和社会发展“十一五”规划纲要》，有这

2010年10月30日，江门供电局支援亚运保电队在广州体育学院体育馆开展配电设备巡视

样几个与电网建设有关的关键词令人印象深刻：东进、南拓、西联、北优。时任广州供电局局长的杨爱民曾说："亚运保供电，我们有底气！"底气何来？答案就在这一组数据中："十一五"期间，广州在电网建设上的投入达到180亿元，新建500千伏变电站3座，220千伏变电站22座，110千伏变电站62座，新增总容量接近2004年底广州电网变电容量总和，相当于再造一个广州电网。所以，广东电网承担供电重压的同时，亚运保供电亦成为其推进电网建设、强化电网结构的一个契机。

汕尾也是赛事举办地，这里的桂东Ⅱ回线路，被纳入涉亚重点工程。在2009年8月前，开工已五年的工程建设一直停滞不前。8月4日晚上，汕尾110千伏桂州线受外力破坏断线停运，汕尾红海湾及汕尾城区捷胜镇全镇停电，而亚运帆船帆板比赛不久将在这里举行，这可急坏了汕尾市委、市政府，"我们等不起，必须要在电网建设上有所突破。"

赖佳栋立即率队到汕尾调研，与当地政府达成抓紧完成110千伏桂东Ⅱ回线路建设的共识。汕尾市政府决定以此为突破口，要求各相关部门会同汕尾供电局，展开电网建设攻坚。亚运会开幕在即，当地政府各部门及街道、村委走街串巷，排查重点难点、可能的突发情况，耐心细致地为群众解释疑惑、协商补偿，为工程的按时复工和维持良好的施工秩序创造有利的环境。稳定了环境后，施工建设日夜兼程，9月27日，110千伏桂东Ⅱ回线路投产送电，汕尾红海湾开发区告别17年来只靠单回110千伏线路供电的尴尬历史，为亚运帆船帆板比赛的保供电吃下一颗定心丸。

同年10月，涉亚的14项主网建设项目、555项配网建设和改造项目、127项技改项目、123项修理项目全部完成。包括受阻五年的汕尾110千伏桂东Ⅱ回线路在内，受阻数月的220千伏广州猎德变电站、佛山洲边变电站均在9月底成功投入运行，为确保亚运赛场电力供应奠定了重要的物质基础。

再则是"检"和"练"。

作为亚运会开闭幕式主场馆的海心沙广场，是演练和检修的重中之重。领队海心沙保电工作的是广州供电局副总工程师张潮，有着几十年的电力经验。在团队组建之时，张潮便找到退休后受聘于某电力设计单位做顾问的徐敏敏，邀请她作为继保专家加入团队，徐敏敏二话没说就答应了，当时她的

2010 年 10 月 29 日，亚运场馆外的保供电人员对设备进行特试特检

母亲正病重住院。工作开始后，徐敏敏只能每天利用休息时间去探望母亲，有时团队工作稍微松动时，张潮说放她假，叫她去探望母亲，她总是笑着说："没事，稍后就去。"

在亚运会开幕前三个月左右，张潮的队伍开始进驻场馆，包括副组长陈学冬、继保专家徐敏敏，167 人的保供电团队，20 多天即完成场馆所有重要负荷的自动化电力监测。参照北京奥运会保供电标准，用户要求供电的切换时间为零，电压质量指标为 ±2，而一般情况下该指标为 ±7。几乎涵盖所有电力专业的"海心沙团队"拧成一股绳，将自己的专业知识都运用起来，用奥运保供电的标准要求亚运保供电。最终，海心沙广场实现了八回路供电，并安装了不间断电源，同时应急发电车也开进现场随时待命。张潮拍着胸脯自豪地向组委会保证，此次保供电，至少达到或已经超过了"鸟巢"水平。

由于本届亚运会肩负的重任已经超出了运动竞技的范畴，组委会一开始就打算呈现高科技体育盛会的面貌，其中多项先进技术应用和展示规模都在北京奥运会、上海世博会之上。为服务"科技亚运"的理念，也为让电力技术应用达到新的高度，广东电网公司把派遣人员赴各地取到的"技术经"大胆运用到亚运保供电中来。

10 月中旬，广州供电局应用原属美军机密的“ERS 模块化电力线路应急抢修系统”开展高压输电线路电线路倒塔事故抢修演练。演练模拟某 220 千伏高压线路倒塔的紧急事故，供电局仅用不到 3 小时便在事故线路旁立起了数座线路塔，一天之内迅速恢复送电。这在以往，至少需要半个月才能恢复正常，现在抢修人员最快只用 12 个小时就可恢复送电。

涉亚部分特级线路长度长，跨越高山大岭，巡视要投入大量人力、物力。广州供电局联合来自香港的专业航空公司，以及曾有过战争经验的澳洲籍飞行员，共同开展直升机作业，包括直升机巡视和带电水冲洗。2010 年 9 月 1 日，直升机带电水冲洗作业开始，这在广东电网还是首次。东莞供电局则应用大容量 UPS 电源车，对市电和发电进行“不间断”转换，保障在市电故障停电的情况下，场馆内重要用电设备和 50% 的照明用电不会出现“瞬时断电”的情况。数项“利器”的使用使得保供电的部分瓶颈逐步被打通，广东电网供电能力有了更大的提升。

“广州亚运会开幕式当天无极端天气”，11 月 12 日，电视新闻播放着关

2010 年 11 月 12 日，亚运开幕式场馆外的保供电团队

于亚运会的最新讯息。人们翘首期盼着缔造传奇的盛大赛事即将到来，整个城市热情涌动。此时赖佳栋等主要领导分别坐镇广东电网公司应急指挥中心、广州供电局应急指挥中心，远程摄像头采集的讯息被传输到他们面前。变电站、输电线路、重要用户、各方保电汇报等情况都等待他们详细查阅。班子其他成员则随督导组分赴佛山、东莞、汕尾进行现场指挥。

当晚，珠江流光溢彩，巨轮形状的海心沙亚运开幕式会场，晶莹剔透，仿佛扬帆前行。涉亚项目的多与难注定了保供电人员的不轻松。

赛事持续升温，保供电人员更是非常忙碌。在亚运场馆的街口，发电车会停留到亚残运会结束。这样的发电车，一共有 61 部，一旦原有线路断电，它们就能迅速顶上。除了城区，城郊山野也有技术人员和保安员对线路进行巡检。增城北城片区 110 千伏朱小线底下的高山，在几十天里被巡线人员踩出来一条新路子。每天早上七点半不到，省输变电工程公司一支 40 来人的保电队伍，就会悄悄出发，一路巡线爬上这座 400 多米的高山上，巡视 110 千伏朱小线 31—36 号塔。午餐大多时候是饼干、八宝粥、鸡蛋等，简单对付完又继续巡线，直到晚上七八点才能结束任务赶回驻地。

随着比赛深入，一批世界纪录和亚洲纪录被打破，乒乓球、羽毛球、跳水等项目成绩斐然。当中国摔跤名将高峰将伊朗对手赛义德·艾哈迈迪·扎林科拉伊抱离赛台，当怀胎八月的韩国射击女将连夺两金……这些都成了广州亚运会的高光时刻。12 月 19 日 24 点，广东奥体中心，亚残运会闭幕式后，所有观众和演员已经散去之后，张潮和 231 名电力同事，才最后一批走出了场馆。对于他们来说，这场要“保到每一个插座、每一个灯头”的保电，是一场前所未有的宝贵经历。

在这个初冬的南方城市，在经历了运动员们的争锋之后，这场关于亚洲体育的盛会温情落幕。广东电网公司为亚运会 70 个场馆和 350 个重要用户分别提供“一馆一册”“一户一册”服务，选派 1880 名干部员工，以志愿者身份进驻场馆，完成了亚运会、亚残运会开闭幕式，各项赛事，重要外事活动，国家领导人出席的各项涉亚活动的安全可靠供电，兑现了对国家电监会、南方电网公司做出的“全力以赴，万无一失”的承诺，做到了供电可靠性、电能质量“两个百分百”，所有比赛场馆和重要用户“零停电”，电网及涉亚设备“零事故”，涉亚工作“零差错”。

“亚运保供电工作已经圆满完成，我们也已经站在了新的起点。”2010年12月21日，赖佳栋在广东电网公司亚运保供电总结表彰大会上如是说。

为了大运会的璀璨

叶琳琳　陈涟漪　李倩西

“为大运会提供世界一流的供电保障!”

在大运会开幕倒计时100天之际，2011年5月3日的晚上，深圳湾的大运会开幕式场馆“春茧”首次点亮所有灯光，数千盏灯将宏大场馆照得亮如白昼，500多名广东电网员工列队宣誓。声音铿锵有力、响彻云霄、震撼人心。

宣誓队伍中，深圳供电局局长林火华神色凝重，他深知，庄严的宣誓礼承载着沉甸甸的使命。开闭幕式中，灯光、音响、特效等演出效果一个也不能少，预计届时场馆供电最大负荷达8600千瓦，接近北京奥运开幕式场馆负荷，对电网的压力非常大。“我们将按照奥运、亚运标准为大运会开闭幕式提供特级保供电服务。”他紧握右拳，目光坚毅，誓要一战到底。

说起这一战，要从2007年1月17日讲起。那是具有历史意义的一天，在意大利的文化名城都灵，深圳赢得了2011年第26届世界大学生夏季运动会的主办权。

这是深圳这座年轻城市承办的首个国际性体育盛会，电网企业面临的压力前所未有。深圳大运会的举办日期定于2011年8月12日至23日，赛事共设24个大项，306个小项，项目数量创历届大运会之最，需使用63个体育场馆，涉及到的大运会重要用户达136个。接过大运会保供电大旗时，林火华心里既兴奋又忐忑，“8月正值夏季用电最高峰期，预计最高负荷将达到1320万千瓦，全网错峰负荷在1000万千瓦左右，电网处于压级限运行状态，电力供需矛盾非常突出。”盛会放在了8月，他不禁扶额蹙眉，“希望天公作美，因为深圳位于沿海，8月台风、雷暴高发，这也让保电压力加码。”

“举全网之力，确保大运保供电万无一失。”为了保障大运会供电稳定可靠，南方电网公司董事长、党组书记赵建国和总经理钟俊指示。广东电网公司领导班子明确，要严格依据特级保供电的工作要求，实现“全力以赴、万无一失”的总目标。

于是，在这个“万无一失”的承诺中，深圳大运会的供保电工作像一台高性能的发动机，高效地运转起来。

林火华所担心的大运会保电面临两大难题，一是电网负荷，二是复杂天气。针对大运会期间可能发生台风、雷暴等恶劣天气，深圳供电局专门制定了应对极端电网故障的“1+12”项应急预案，采用3G视频、抢修车辆定位系统等高科技手段反复开展模拟演练。同时，为保障深圳大运会供电稳定可靠，按照“全网保广东、广东保深圳、深圳保大运”的原则，南方电网专门投入大量资金建设大运重点电网工程，深圳电网以超常规高速推进，两年投产变电容量1771.3万千伏安，相当于深圳电网此前总容量的40%，连续创下全国最高纪录。

然而，仅凭深圳这94个配套项目还不够。缺电让南方电网开始寻找外部力量。为缓解南方缺电局面，国家电网送来“及时电”，500千伏江城直流线路满负荷运行，由华中电网向南输送300万千瓦电力，缓解广东电力供应紧张形势；2011年8月8日，广东电网公司与香港中华电力有限公司签署延续购售电协议，增购10亿千瓦时的电量额度，为深圳大运电力添加砝码。

大运会开幕的日子越来越近，电网人的保电战一触即发。一道道调遣军令陆续发出，一支支援兵强将挥旗南下。广东电网公司在惠州、东莞等21个供电局，调集1859名精兵强将，组建35支供电保障团队全力支援深圳，组建1916人的6支主网应急抢修队伍和4399人的21支配网抢修队伍，聘请

2011年8月17日，东莞供电局大运会保电队在宝安游泳馆现场

2011 年 7 月 12 日，深圳供电局人员对深圳湾体育中心的临时发动机组开展进场调试

7850 名安保人员对重点电力设备实施 24 小时不间断看护。

此时，承担开幕式的主场馆“春茧”成了重中之重。

四大外部供电电源、8 间配电房、12 台变压器、3500 个配电箱，总变电容量达到 14260 千伏安，预计最大用电负荷超过 1 万千瓦。尽管此前在深圳供电局组织对各大保电场馆进行的安全生产评估中，主场馆的保电工作获得最高分，但是深圳供电局保供电团队丝毫没有放松警惕。在一次联合调试中，主体育场保供电值班经理张文辉发现负责训练场馆的一个空调开关超负荷运行。这个隐患如果不及时发现并处理，可能会引起空调开关发热、着火，在有着 60000 多名观众的体育馆内发生，后果将是不堪设想。张文辉马上进行调整，安全隐患及时解决。但正是因为这一隐患的发现，让保供电人员把“心”悬得更高。开幕前两天，搬进了 150 台媒体电脑，原来的供电线路不够用，保供电团队就临时增加了一条供电线路。临近开幕，各种临时用电设备都有可能进场，很可能会突然增加负荷，造成线路过载，引发供电故障。而这里，关系着数万名参赛运动员、观众、工作人员的生命安全和用电保障，不容出现一丝一毫的差错和隐患。

2011年8月12日，深圳湾体育馆“春茧”流光溢彩，绽放着不一样的精彩。

“我宣布，深圳第二十六届世界大学生夏季运动会开幕!”时任国家主席胡锦涛洪亮的话音刚落，“春茧”内一片欢腾。璀璨的灯光中，“世界之门”徐徐开启，152个国家近8000名大学生运动员齐赴这场12天的青春盛会。

这一天，“春茧”场馆保供电设备从“两供一备”升级为“两供两备”，临时用电系统“一供一备”，还有16000千瓦的发电机组“担纲”临时负荷的电力供应，为“春茧”1830盏大灯、近3000平方米的LED屏幕提供用电保障。

在主战场“春茧”，电力人的“作战”布点，从空中到地下全覆盖。深圳供电局重要负荷班班长王平绷紧了心，为了确保这个总建筑面积达13.6万平方米、可容纳60000名观众的主战场的平稳安全，几天来他都没怎么睡好，闭上眼脑海里全是线路图和值班表。他的巡检小组同样全副武装早早到了现场，一组八人，每隔半小时左右检查一次设备状态，而有些特别的值守点需要提前一小时就位。

最特别的莫过于“马道”。这是在深圳供电局任职的彭国辉的“责任田”。“马道”是位于主场馆50多米高处，周长一公里多的巡视通道。“马道”一半是铺设的线缆，一半是人行通道，狭窄至极，只能一人通过。要是中途有线缆交叉铺设的地方，他就只能趴着身子从线缆下方爬行通过。“马道”下方排列着足足1000多盏场地照明灯，这些照明灯围绕场馆两圈，为夜晚的田径比赛提供足够的照明。

主场馆举办的田径比赛放在上午和晚上进行。白天巡走“马道”还好，晚上灯光一开，大瓦数的灯泡晃眼得很。彭国辉提前一小时爬上“马道”，他小心地在钢架结构的狭窄马道上巡查，定期监测动力箱，根本无暇欣赏场馆的精彩。8月的深圳，酷暑难耐，1000多盏照明灯齐齐制造出阵阵热浪，温度可以高达40摄氏度，置身其中仿佛投身于蒸笼之中，烘得彭国辉口干舌燥，但是他不敢多喝水，实在渴了就抿一小口润润嗓子。

在“分战场”七星湾场馆，惠州供电局保电团队迎接“首金”的诞生。作为保电领队的李勇锋激动得枕戈待旦，13日凌晨4点，天色尚未启明，李勇锋就带领39个队友来到场馆门口。“沉住气，一步一步做好每一个细节。”

他用略带沙哑的声音反复叮嘱，“八个值守点，每小时抄一次表，无论遇到什么情况都不能离开岗位，随时随地用对讲机报告情况。”

“分战场”宝安游泳馆，则有东莞供电局大运保电组的守护。游泳馆最早进入比赛日，也是最晚结束比赛，直到闭幕式当天才结束，日均赛事四至八场，可谓是赛时最长、赛事最多的场馆。“宝安游泳馆的工作难度比预想要大。”东莞供电局大运保电组领队何坚回忆说，“6 月初刚入驻时，宝安游泳馆是旧场馆改建，部分电气设施的基础资料档案比较缺失。”所幸在东莞“大运兵”里，有 20% 是曾经的“亚运兵”，何坚团队运用亚运会宝贵的保电经验，分组有序推进完成了设备排查、一馆一册、缺陷消除、特试特检。

周海潇正是其中一员，他和 49 名队友一起，从一级设备配电房，到二级设备配电井，甚至是三级设备房间里的插座，都逐一编号、反复验证。“任务太紧迫了，一早起来就开启打仗攻垒模式，‘白加黑’‘5 + 2’全开。”周海潇回忆道，“我那会胡子也没空打理，胡子拉碴回家，十岁的儿子愣是不敢靠近我。”说着他哈哈笑起来。

周海潇在场馆内保卫战斗，但电网人的战场，却不止于场内。

很巧，周海潇的二哥周海峰也在深圳供电局，他是深圳供电局输电部线路六班副班长，承担着四回 500 千伏、11 回 220 千伏、13 回 110 千伏涉大保供电线路的安全保障工作。这些主网线路就是主场馆“春茧”的电力大动脉。周海峰深知自己肩上责任重大，更不允许出现丝毫差错。对于作为输电巡线员来说，每一座塔、每一根杆都是他们放心不下的“宝宝”，从大早上睁开眼睛穿上工作服挎上工具包开始，大家就相互配合，小心谨慎地进入“作战状态”。深圳的输电线路分布较散，70% 杆塔都在山上，害怕遇到外力破坏事故，每一个人几乎都是绷紧了神经在监护，一脚深一脚浅地走在林木茂盛山里，磨破的鞋子不计其数，一瓶矿泉水，一个八宝粥，就是巡线工的白天的全部口粮。为了做到“重要输电线路有人巡护、重要部位有人看守、危险点段有人监控”，他们采用的是一体化管理模式，安保人员、技保人员、输电人员“三重守护”，为电网安全打造坚实的护甲。

像这样的大区保电人还有很多很多，尽管大运会就在家门口，他们却蹲守在环境最艰苦的值守点，与观看比赛无缘。在深圳职业技术学院体育馆，

2011 年 8 月 17 日，深圳供电局保供电人员在巡查场馆用电设备

35 名中山供电局保电支援队员高荣胜、吴章洪、刘文军……他们守护着场馆两台配电变压器和用电设备；在大学城中心体育场，江门供电局派出了保电精兵 31 人，其中约百分之九十的队员参加过广州亚运会保电，康宽正、罗益荣、林建强等为每个设备建立“身份证”，消除每一个隐患。而肇庆供电局从 2 月开始，先后派出近 50 人次技术骨干赴深圳福田体育中心、变电站，支援保电；汕头供电局分批派出 77 名精兵强将，支援坪山体育中心场馆；清远供电局派出 82 人护航射击馆，分五组分别负责场馆配电房和各个楼层巡视。来自广东电网公司各直属供电局的支援队伍与深圳供电局并肩作战，确保赛事电力供应。

8 月 23 日晚，结束了 12 天的精彩，深圳第 26 届世界大学生运动会胜利闭幕。参加闭幕式的有来自全球 152 个国家和地区的宾客，他们见证了南方电网公司大运会保供电工作的圆满完成。

为了守护这 12 天的激情与梦想，广东电网公司累计投入保供电技术人员 208950 人次、安保人员 224810 人次坚守保电一线，以电网安全零事故、供电设备零缺陷、涉大用户零投诉、安防部署零疏漏、应急响应零等待、人员工作零差错，构筑起大运电力供应万无一失的“六道防线”，兑现了“确保万无一失”的承诺。

时任国际大体联主席加利安在大体联网页上，盛赞“本届大运会是规模最大、历届最棒的一次”。深圳市委、市政府专门发来感谢信，称广东电网公司“在供电服务工作方面给予我们的鼎力支持，为大运会的有序推进和圆满成功奠定了坚实的基础”。在南方电网公司召开的深圳大运会保供电总结表彰大会上，董事长赵建国指出，大运会保供电在去年亚运会保供电工作经验的基础上，做得更有序、更节俭、更科学、取得了圆满成功。

而广东电网人留给深圳的，远远不止于这一场盛会保电成功。

在深圳光明新区，深圳供电局开展20千伏电网试点，不仅低碳环保，还将每千瓦时的电价降低0.6分钱；在深圳中心区的变电站，经过节能降耗、降低电磁和噪音干扰等方面的改造后，能耗减少30%，噪音降低20%，变电站变得更环保；广东电网还积极推进新能源汽车发展，自2010年3月深圳被确定为全国首批节能与新能源汽车示范推广城市以来，已在全市建成四个电动汽车充电站、1000多个充电桩，并为车主安装充电桩，车主在家门口就能享受到便捷的充电服务。

“大运会保供电，回到供电服务的本质，回到企业的定位，回到更理性务实的态度。”深圳供电局局长林火华说，“大运会保供电，是深圳供电局五年接轨香港新征程的第一块试金石，是追求卓越的新起点。我们从这里开始，追求新的不一样的精彩。”

决胜惠茅线

薛爱菱　詹凌菲

“现在，我宣布，惠茅线改造工程在今天上午 10 点 08 分送电成功啦!”2012 年 4 月 26 日上午，在 500 千伏惠州变电站主控楼一楼会议室，广东电网公司副总经理于俊岭向到场采访的记者们通报了这一喜讯。

20 多平方米的会议室，临时摆设的四排记者位座无虚席。于俊岭以及公司基建部主任汤寿泉、市场部主任陈晔、计划部主任刘巍等在发布席并排而坐。这是公司首次在工程投产现场召开新闻发布会，央级、省级等诸多媒体记者 30 多人到场。

窗外的粤东大地，蓝天白云，阳光明媚，银线闪光，铁塔巍峨。“这项工程工期由原本预计的 14 个月压缩到 6 个月。”发布会上，于俊岭等介绍了工程改造情况和投产意义。500 千伏惠茅线单线改造为双线工程赶在这年夏季负荷高峰来临前提前投产，可疏导粤东地区“窝电”约 280 万千瓦，真可谓为广东电网迎峰度夏送上了“及时雨”。

为了这场“及时雨”，惠茅线“单改双”这项当年被广东省人民政府列为“天字一号”工程从一开始就注定是一场硬仗。

2011 年 8 月 31 日，于俊岭收到了中国电力工程顾问集团公司传来的一份特急件，在这份主送南方电网公司的《关于报送粤东电力外送通道改造工程可行性研究报告评审意见的报告》中，提出了包括扩建 500 千伏惠州变电站、汕尾茅湖变电站、改造惠茅线等一揽子工程建设项目，提笔批示：“建议按此评审意见开展下一步工作。”

此时，广东电力紧缺正愈演愈烈。随着国际金融危机影响的逐渐减弱，广东经济社会快速发展，电力需求增长迅速。2011 年夏季，全省最大错峰负荷达 740.1 万千瓦，几乎与佛山市最大用电负荷相当。全省错峰电量 54.3 亿千瓦时，相当于梅州市一年用电量。

更令于俊岭头疼的是，一方面是电力紧缺，另一方面却是局部有电送不出。将于 2011 年 10 月投运的汕尾红海湾电厂二期 3、4 号机组，装机容量 2×66 万千瓦，电力送出无法解决。而这一时期，全省新电源投产又以粤东较为集中，但外送通道中，500 千伏惠州变电站至茅湖变电站导线截面较小，通道输送能力受限，成为制约粤东外送通道输电能力的瓶颈。

惠茅线的改造成为解决电力送出的关键一役。可行性研究报告中，列出

2012 年 2 月 14 日，惠茅线单改双工程土建施工

惠茅线“单改双”工程由 500 千伏惠州变电站出线至茅湖变电站止，途经惠州、汕尾两市，路径全长 112 公里，工程预计投资 12 亿元，主要包括三个部分：一是惠茅甲线改造，线路同塔双回全长 108.57 公里，新建铁塔 242 基；二是惠茅乙线改造，单回线路长 1.83 公里，新建铁塔 7 基；三是线路两侧 500 千伏变电站的配套工程。

南方电网公司随即下达了军令状：确保在 2012 年 6 月 30 日前投产。此时，从可研批复到竣工投产，留给总建设周期只有 10 个月。除了建设时间，更艰巨的是，线路的大部分塔基位于山地、滩涂，这里民风“强悍”，青赔、拆迁工作将是困难重重，而且设计线路多次跨越多条 500 千伏线路，风险防控和协调难度可想而知。

一系列的困难都横亘在建设者面前。2011 年 11 月初，于俊岭迅速排兵布阵，成立了工程领导小组和工作组，亲任领导小组组长。成员有基建、物资、生技、调度、财务等相关部门负责人，负责工程建设统一组织和领导，重大问题决策以及编制工程进度计划等。工作组由汤寿泉任组长，具体负责落实工程建设决策部署，协调做好人、财、物方面的保障，做好工程项目管理和安全质量控制。大家各司其职，各项工作有序推进。

其实在此之前，各项前期工作已经提前启动。工程设计方面，9 月中旬，工程初步设计通过了评审。广东电力设计院采取可研、初设、现场勘测、施工图设计由不同的骨干担任主设人的方案，工作重心前移至现场，老中青设计人员的组合在短短两个月就完成初步设计。物资供应方面，9 月 7 日，广东电网物流中心提出：安排专项招标，大幅缩短采购、批复时间；采取专场集中签约方式，尽量压缩技术协议和商务条款谈判时间，力争在最短时间内完成签约。12 月 13 日，基建部审定了 500 千伏惠茅甲线“单改双”工程物资到货计划。物流中心成立履约组、监造组赶赴一线及设备制造现场，紧密配合工程施工进度。驻场供货服务人员每天 24 小时待命，深夜守在材料站等待当天最后一车货材抵达。工作环环相扣，翌年 2 月 28 日，惠茅线塔材得以完成供货。及时的物资供应为工程施工建设备足了“粮草”。

工程招标结果划出了各建设单位的“责任田”。工程分为惠州三个标段、汕尾两个标段，一共五个标段，其中广东火电工程总公司、广东省电力第一工程局分担了惠州一标和三标两个标段，而惠州二标和汕尾一标、二标（汕尾一标和二标后期合为一个标段）落在了广东省输变电工程公司肩上。

“输电第三分公司负责惠州二标段，输电第一分公司负责汕尾一、二标段。”省输变电公司总经理李庆江迅速调集精兵强将迎战。他知道，相比其他两家单位，他们中标的标段地形条件更复杂，民事协调更困难，并且施工线路长度约占全线的 70%，任务无疑是最为艰巨的。“刚接到这个任务时，我和队长余荣瑞他们去察看线路，刚好碰上天在下雨，路又窄又湿滑。我脑子里冒出第一个问题，就是塔材该怎么运上去？还有，青赔协调也是个很棘手的问题。我心里突然感觉有块石头压在上面，脚步也越来越沉重。余荣瑞算是个‘久经沙场’考验的老员工了，见此都直摇头，坐在石头上抽了好几根烟，半天没吭声。”汕尾标段项目经理方征南回忆说。

事实上，考虑到征地、青赔等，工程在设计时已经反复进行了优化，比如在原有旧线路上进行组塔改造，以减少土地征用，据估算，惠茅线全线控制用地面积为 6.48 平方公里，同等输送电量若采用以前的导线和铁塔，控制用地面积约 25.92 平方公里，仅此项可节约用地 19.44 平方公里。

时不我待。省输变电公司一边想方设法协助落实青赔，一边在可交付地段迅速展开施工。2011 年 11 月 3 日，工程正式动工。一时间，广袤的粤东大地上，车辆穿梭、机器轰鸣，随处可见施工人员的奋战的身影。

为加快青赔步伐，于俊岭、李庆江等人奔走于省、市、县各级政府之间，积极沟通，争取支持协助。11 月 1 日，省政府专门召开粤东电力外送通道改造工程协调会，副秘书长李春洪主持会议，部署加快工程建设。会议要求惠州和汕尾各级政府采取有效措施，确保工程的顺利开展。会上，相关地市和部门负责人纷纷表态，全力支持，解决工程遇到的审批、征地、拆迁、青赔、限电等问题。

省水利厅、环保厅和林业局对工程支持性文件审批特事特办。省经信委协调有关地市优化用电方案，减少了施工期间停电影响。

惠州、汕尾两地政府迅速出击。11 月 4 日，惠州市政府组织沿线镇政府和相关部门的主要负责人召开青赔协调会议，并组织成立以县区领导为组长，各沿线乡镇骨干人员为成员的青赔协调工作小组，要求在未完成青赔工作前，青赔协调工作小组成员取消休假。11 月 7 日，汕尾市副市长吴维保主持召开沿线各级政府青赔动员会，明确赔偿方案及标准，安排各镇（场）工程占地、拆迁、青赔任务情况。

政企携手，合力攻坚。省输变电公司、惠州供电局、汕尾供电局员工与当地政府、村委工作人员，在线路途经地挨家挨户进行走访，宣传相关政策，争取理解与支持。

除了政府层面，汕尾标段项目副经理梁兴隆他们还积极寻求当地乡贤等的支持。汕尾标段有 7 座铁塔坐落在鲘门镇一个村子里，海丰供电局局长黄鸿成和镇委书记、镇长挨家挨户上门解释，但有些人依然不买账。这时，他们找到了村子里一位绰号“大货柜”的人，此人在村里颇有些“江湖地位”，人缘很好，经过他的软磨硬泡，村里的青赔问题得以顺利解决。

事实上，青赔难不仅仅难在协议签订，而且在于村民的反复。汕尾 2 标 76 号塔周围有七八座坟墓，施工一度遭到村民反对，省输变电公司苏伟难他们好不容易挨个磨，谈妥了赔偿条件，但是“早上六点签订好的补偿协议，人一撤走，村民又立马变卦了”。

青赔的关键时刻，汕尾市委、市政府打出组合重拳。2012年2月1日和7日，汕尾市政府副市长李贤谋两次主持召开工程塔基交付攻坚会战会，明确分片挂点分工，进行具体督办，督促海丰县政府第一时间拨付工程青赔资金到位，并要求海丰县政府、汕尾城区政府分别抽调骨干力量成立专门工作组，联合公安部门负责对本工程青赔反复塔基段派出专门警力进行现场施工维护、协调。

2月24日，南方电网董事长、党组书记赵建国实地察看了惠茅线施工现场，对工程进度表示肯定。随后，综合多方面因素，南方电网公司决定继续压缩工期，将投产时间提前至4月30日。

这一天，汕尾市委书记郑雁雄、李贤谋等到汕尾供电局现场办公，听取意见，协调电网建设中的征地、青赔、线行清理等问题，要求全市要为电网建设开辟绿色通道。

2月25日，最后的“钉子户”终于拔除，于俊岭收到了前方捷报，惠茅线全线249座基塔全部完成青赔交付。

电力行业人员都知道，线路施工基本分基础、立塔、架线三大阶段。而

2012年3月17日，惠茅线施工人员用马帮运输沙石

惠茅线工程难度最大的是，要先拆旧塔，才能建新塔。

惠茅线所经之地很多都是高山峻岭，施工条件非常差，工作量也比较大。梁兴隆回忆说："我们负责是惠茅线汕尾二标段的施工，线路全长有 34 公里左右，光新建铁塔就有 81 基，而且塔材很重，我记得是达到 2 万吨。基础方量也非常大，达到 3.6 万多方，涉及填土围堰也达到 20 多万方量。"

汕尾二标段 E68 号桩位，高速公路涵洞过低，混凝土车无法通行，方征南、梁兴隆和项目部人员反复测算，决定采用泵车接管运输的方式。他们沿着山路，修建了 120 余节长达 390 米的管道，用泵车将混凝土泵到桩位上浇制基础。3 月 12 日，E68 号浇制基础时，施工队员们通宵达旦作业，连续干了一天两夜。

惠州二标段 B7 塔位也是个硬钉子。因新建基础与原有基础塔位部分重叠，需等到旧线旧塔拆除，挖降土方后才能施工。拆线工作是 2012 年 2 月 16 日才开始，持续到 25 日才宣告完成。项目副经理徐敏带领队员们通宵达旦地工作，不少人都累倒在工地上。在基础开挖过程中，他们又遇到了岩层，为确保工期不滞后，输电三公司副经理刘宝华找到了一家爆破公司，两天内将岩层炸了个底朝天，交出了新塔基础。

这些都是基础建设阶段的典型案例。2012 年的春季，阴雨绵绵，给施工增添了很大障碍。"不怕大雨怕小雨"，小雨很容易引起打滑，立塔、运输极为不便。雨天开车，山路本来就陡峭，加上车轮打滑空转，坐在车里的人心都是悬着的。工人们说："累了想休息，都没个坐的地方，到处都是泥水。"徐敏说："天一下雨，心都碎了。"所以，每天一早起来"观天象"就成了徐敏、梁兴隆他们的例行公事。一看是晴天，所有运输车辆齐上阵，起早摸黑抓紧运输；一看是阴雨天，就立马组织用碎石铺路，防止运输车陷入泥潭。

问题解决在现场。李庆江穿梭在惠州和汕尾两个标段，反复交代施工队伍务必确保安全。在汕尾一标段 D37、D44 段，坡度最大达到 45 度，雨水造成泥泞打滑，连四驱越野车也无法通行，汤寿泉在现场调研中，和施工人员一道，提出在道路上铺洒细石，在关键路段派上吊车、钩车，既推又拉，运输车才得以上坡。

汕尾 2 标段 E57 塔位于铜埔村无名山顶，方征南、梁兴隆他们 2 月 10 日便进驻开道，但因为青赔的往复等原因，从山脚到山顶，五公里的路修了15天。3月初，他们从广西请来了骡马队，27匹骡马在工地来回运送基础浇注的水泥、石头等材料近一个月。而在汕尾一标段，施工单位则从河南一逞调用了三台履带车，3月12日到达现场展开作业，这种“坦克”车由人工遥控，每车能单次能拉五吨，基本解决了湿滑山地地形下的塔材运输难题。除了履带“坦克”车，他们还把“炮车”也派上了用场，这种一般用于军队拉炮的运输车，有六驱十档，马力达490匹，动力十足。

2月28日，惠茅乙线复电。3月18日，惠茅甲线242座基塔全部交付。

惠茅线工程最难之处，就是新设计对施工的新要求。因为这条线采取的是一个新型的铁塔设计，其中有三回路500千伏铁塔在国内是首次采用，“雁翅型”横担长达31米。这个又长又重的“大家伙”，怎么样才能安全地吊起来？这个问题一直困扰着梁兴隆他们。“正当一筹莫展的时候，有个技术员在饭后聊天随口一提，说可否借鉴狮五线的施工经验试试。一语点醒梦中人，我们几个兴奋异常，像打了鸡血似的，连夜驱车四个多小时赶到花都基地，第二天天一亮就进行模拟试验。”梁兴隆回忆道。当时惠茅线最大的抱杆才

2012年3月21日，惠茅线汕尾标段20号张力场放线

500 毫米，他们决定尝试新型的 600 毫米的抱杆，再匹配一个小的摇臂抱杆吊装。经过反复试验，得出了一些可靠的受力数据，验证了受力的安全性和实用性，较好解决了“雁翅型”铁塔横担的吊装这一技术难题。

E75 塔是汕尾二标最高塔，高达 105 米，光组装其长达 70 米的辅臂，两台 25 吨吊车用了六七个小时。为配合 220 千伏茅桂甲乙线停电安排，方征南紧急调用 400 吨大吊车昼夜赶工，将塔材直接吊装至顶部，仅用四天半就完成了原本需要 12 天才能完成的组塔任务。

干部员工白天争分夺秒地在一线干活，晚上也不放松。他们每天都有制定很详细的施工计划，一环扣一环，所以每天的进度都必须掌握，跟踪到位。但每天管理人员天一亮就带着工人出去，一直干到天黑了才回驻地。白天根本没有时间聚在一起碰个头，只好每天等管理人员回来后才能集中开个会，以掌握当天的情况，布置明天的工作。“时间长了，大家将其戏称为‘夜总会’，常相互开玩笑地说：‘今晚 10 点“夜总会”见，你不要迟到哦。’记得有一次，天气难得放晴，大家就多干了一会儿，拖着疲惫的身体抹黑才回到项目部，草草扒了几口饭，来不及洗澡，带着一身臭汗开会。开着开着，大家隐约听见了鼾声，一看，原来是有人睡着了。因为连续这样干活已经有好几天了，累到不想动。”梁兴隆说。

从铁塔基础到组塔安装，3 月以来，省输变电公司全线施工人员达到 8000 余人，马不停蹄运输材料，拆旧立新，铁塔耸立。4 月 10 日，组塔工作全线告捷。

工程进入放线冲刺阶段。为了加快进度，输变电公司采用动力伞展放导引绳。动力伞速度快，对场地平整和开阔的环境要求高，起飞降落难免会摇晃。它需要两个人同时上去配合，一个人控制动力伞，另外一个人控制那个导引绳展放投放装置。“你想啊，人在飞行器上，风险肯定是有的。当时我们每天早上五点多就出发找场地反复训练，因为早晚风速不大，动力伞驾驶的安全系数相对高点。说实话，刚训练的时候确实心惊胆战，毕竟人要飞上天，一出问题，那就肯定是大事情了，我们浑身紧绷，手心都冒汗。”梁兴隆说。好在天公作美，一改往常阴雨天气，晴天越来越多。动力伞先带小小迪尼玛绳飞过一座又一座铁塔，随后大迪尼玛绳、牵引绳、导线绕过牵张机的转筒，一条条飞上钢塔的燕尾，然后通过滑车，向下一基塔延展开去，快速高效，为工程“抢”回了不少宝贵的施工时间。

4 月 4 日，惠州二标率先完成了架线施工，于全线五个标段率先竣工。10 日，组塔工作全部完成。16 日，全线五个标段中线路最长、难度最大的汕尾二标也全线放通。随着全线的架线完成，工程进入了最后的调试和走线验收。建设单位和运行人员都在为最后的投运做准备。26 日，惠茅线改造工程顺利竣工投产。

从可研批复至项目投产，工程总建设周期不足八个月，总施工时间六个月，提前两个月完成了建设任务。

惠茅线工程在线路设计、施工等方面创造了当时的多项全国第一：在全国 500 千伏电压等级交流线路中第一次采用六分裂大截面导线，最大输电能力从 145 千瓦提升了四倍；全国第一次全线采用笼式刚性跳线，降低 80% 以上因风吹跳线造成跳闸的概率；全国第一个全线普通地线金具采用预绞式金具；全国第一个采用“雁翅型”铁塔的交流工程，全线节省塔材约 900 万元。

4 月 26 日当晚，中央电视台在《新闻联播》“联播快讯”中播出“粤东电网重要电力外送通道完成改造”新闻。27 日《人民日报》报道称，工程通过优化设计，节约土地资源 19.44 平方公里，土地资源利用率提高 75%，送电能力提升四倍，可缓解广东近 1/3 的供电缺口。

“干得很漂亮。”5 月 4 日，中共中央政治局委员、广东省委书记汪洋在《关于 500 千伏惠茅甲线单改双线路工程提前投产的报告》中批示。5 月 8 日，广东省委常委、副省长徐少华再批示：“广东电网公司精心组织，务实高效推进骨干电网建设，有力支持了地方经济社会发展。”

惠茅线投产后，2012 年，广东省全年最大错峰负荷压缩至 286.4 万千瓦，错峰电量 10.2 亿千瓦时，粤东送电通道“瓶颈”基本打破。

接管上砂镇自发自供区

杨建娇 林兆华

2011 年 12 月 30 日，地处潮汕平原西北部的山城揭西县，树木依旧葱郁，冬季的寒凉挡不住这里的紫荆吐艳。这一天，上砂镇供电资产和供电业务移交接管协议签订仪式在揭西供电局举行。

广东省委宣传部邹伟东处长、揭西县政府副县长林金晓、揭阳供电局副局长庞鹏，以及上砂镇党政领导们陆续来到签约会场。没有太多繁文缛节，上午 10 点 30 分，上砂镇镇长杨华、揭西供电局局长洪锐辛分别代表双方签名，接管协议的签订，标志着上砂百姓的“幸福用电”从此托付给了电网企业。

协议生效日期从 2012 年 1 月 10 日开始，上砂镇供用电业务将在这段时间完成交割。在接下来的几天里，杨华和洪锐辛他们按照《财产移交清册》所记载的移交标的范围共同签署移交确认书，并将标的有关的文件、证书，上砂镇小水电自供自管区域供电资产和供电业务无偿移交给揭西供电局。上砂镇也成为国家“两改一同价”政策之后，全省第一个被广东电网公司接管的镇区小水电自供自管区域。

杨华、洪锐辛他们都清楚，签订协议意味着，原镇属供电机构所有债权债务、人员由上砂镇政府负责剥离和妥善安置。根据移交确认书所载，揭西供电局从作为资产移交主体的上砂镇政府手上，无偿接收该镇的供电资产和供电业务，其中包括了小水电自供自管区域内 35 千伏上砂变电站及输电线路、一条 10 千伏配电线路和三水村等 21 个行政村，但不包括存在优惠电价的径上村、径心村，资产评估价值共计 894.56 万元。

上砂镇是揭西县西北端的一个山区镇，群山环绕，位置偏僻，全镇人口 5 万多，面积 129 平方公里，靠总装机约 2900 千瓦的当地小水电“自发自供”。

从“自发自供”到接收接管，揭西供电局职工彭远中他们经历了一段曲折路。

早在 2000 年 4 月，彭远中与杨太昌、张善交三人就受揭西县电力公司的委派，来到了上砂镇。在镇里，他们拜会了镇委、镇政府有关领导，并到镇供电所查看有关情况。显然，当时的揭西县电力公司领导层有意通过接收，将上砂镇这个的自发自供“自留地”收归旗下。

在上砂镇，彭远中他们基本摸清了情况：该镇用电基本集中在镇区区域，

接管上砂镇前，直接安装在田边石头墩上简陋杂乱的变压器

而下辖的各个乡村用电量却很少。在管电人员上，镇供电所有在编职工 15 人，主要负责镇区用电管理、用电营业，以及通往村里的高压配电网运行维护。至于各村用电基本都转包由村一级代管人负责。为了更好地熟悉情况，彭远中他们甚至跟着所里的职工一起到现场干活，协助所里开展一些设备运行维护。

这样过去了几个月，虽然经过公司高层与当地镇政府领导的多次沟通，但镇里始终不表态，特别是涉及产权债务、原有管电人员的安置问题，双方都没能形成统一的意见，“侦察”工作无果而终。带着准备为当地农网改造的变压器、电线等物资，彭远中他们无奈地撤离了上砂镇。

在此后的近十年光阴中，随着电力体制改革的不断深化，揭西县电力公司已由广东电网公司代管改为直管，并更名为揭西供电局，而上砂镇供用电却一直游离在当地大电网之外，随之而来的电网残烂、电力紧缺等弊端愈演愈烈。

到 2011 年，上砂镇当地小水电每月发电量平均仅为 20 多万千瓦时，而上砂镇实际月供电量平均达到 60 多万千瓦时，高峰时甚至达到 70 多万千瓦时，缺口由镇里向揭西供电局批量购入。由于资金有限，供用电设施老化严重又缺乏维修管理，线损高达30%多，全镇只有一条10千伏线路，电压质量差。村民们没电用、来电了也用不上、用了反而烧坏电器的情况屡屡发生。曾任上砂供电所所长的张咏华回忆道："那时白天基本没有电，晚上只供几个小时的电，还经常停电。"因为缺电，当地除了种植水稻、茶叶，再无其他产业，更别提大用电的工业了。

上砂镇"用电难"的突出问题引起了各级政府的高度关注。2011年5月10日，揭西县人民政府向揭西供电局发出《关于上砂镇供电体制改革处理意见的函》："上砂镇未列入'农改'之列，一直处于自供自管状态，供电问题突出，严重影响了人民群众正常的生产生活秩序。对用电难问题，上砂镇广大群众反映强烈，迫切要求上级理顺供电体制。"

接到函件，时任揭西供电局局长廖建伟他们认为，有县委县政府的支持，接管上砂镇用电已经迎来了新转机，他们立即展开与上砂镇政府的磋商、洽谈，并向揭阳供电局请示开展接管接收。

6月20日，广东电网公司发文批复，同意开展上砂镇自发自供区接管工作。随后，揭阳供电局制定了《揭西县上砂镇供电体制改革工作计划》，明确了各项工作安排，资产清查、公示、审批、移交、接管、协议签署等按部就班，逐一实施。

上砂镇的供电设备资产产权主要归属于当地老板庄秋亮，其中还包括35千伏上砂变电站。为尽快理顺产权关系，镇委书记黄书香、镇长杨华，及分管水电工作的镇人大主席张永通，先后拜会庄秋亮，以"乡亲"的身份，对其动之以情，晓之以理。黄书香对庄秋亮说："这是有利于整个上砂镇人民的大好事，目光要放长远些。"在不断地磋商中，最终镇政府以村镇集资的方式，从庄秋亮手中购买了资产，将产权归属置换成为上砂镇人民政府。

2011年8月，根据相关法律程序，揭西供电局委托具有资质的广东天粤资产评估有限公司对资产价值进行评估，形成审计报告和资产清册。8月25日，上砂镇政府对全镇供电资产债权债务进行公示并完善资产接管的法律手续。

历经波折，上砂镇自供自管区终于签订了接收协议，上砂镇用电从此转由揭西供电局负责。

工欲善其事，必先利其器。早在6月得到广东电网公司正式下文批复的时候，廖建伟便开始物色进驻上砂镇人选。由于有了之前的经历，彭远中自然成了本次选派的不二人选，局里同时还从河婆变电站、河婆供电所、五云供电所等抽调张咏华、邱继业、彭成旺、庄伟柱等5个人组成先遣队，于当年9月到达上砂镇，对该镇的供用电情况、线路设备运行情况等进行摸底，并同步开展电网改造规划。

彭远中又一次踏足了这片土地，十年过去了，令他震惊的是，这里的网架基本未变。可以说，线路还是原来的线路，走向也还是原来的走向。不同的是，经过了长时间的运行和风吹雨打，线路设备显得极端残旧，变压器没有铭牌，没有防护装置，直接安装在田边的简陋石头墩上，周围充斥着刺耳的电流声；有些电杆居然“混搭”，最下面是风化严重的石柱，中间接一根木杆，最上面再接一段竹竿，摇摇欲坠；粗放式管理下乱搭乱接的电线更多了，裸铝线离村民新建的房子更近了，有的甚至站在窗口往外探就能碰触到，安全隐患何其多。

此情此景，先遣队员们一下子觉得了肩上的担子沉重了很多。

9月的上砂镇，秋风中带着寒凉，午间的太阳依旧猛烈。彭远中他们行走在山间小路，笔记本上密密麻麻地记满了测量数据。原有的电网设备型号、线路走向也一并作了记录。

2012年1月18日，揭西供电局上砂供电所成立。局里任命张咏华为所长，邱继业为副所长。刚刚接任廖建伟职务仅两个月的揭西供电局局长的洪锐辛对他们提出要求：“即刻进入角色，在安全稳妥的前提下全力以赴推进农改，执行公司各项规章制度，确保尽快恢复上砂镇的供用电秩序。”

确保改造前安全刻不容缓。先遣队起早贪黑，到各地各村排查线路，给每个危险点挂上“安全警示牌”，在变压器周围建起围栏、扶正危杆、处理断线、更换设备、维修故障……

一个萝卜一个坑，所长张咏华对全所工作进行了分工。他主持全面，邱继业、彭远中负责协调农网改造事项，彭成旺、庄伟柱负责旧线路设备的运行维护。这样，大家一边抓改造工作进度，一边确保旧线路运行，不发生安

2011 年 9 月，邱继业和彭远中搭伙沿着线路摸查线路设备情况、登记排查隐患

全事故。

上砂镇有用户 7000 多户，原有用户资料极不完整，这意味着张咏华他们要重新建立客户档案，并在短短一个月不到的时间，将这些户用户资料全部录入到营销系统。因为如果上砂供电所没有在 2012 年 1 月底完成用户录入，当月便连最基本的电费也无法收取。

这项工作的难度可想而知。供电所在镇老年人活动中心一楼楼梯拐角处找到一块小空地，作为简易的供电所营业厅。供电所最早进驻的 5 名员工，连同随后调到供电所的黄树光、王凌浩，他们白天入村串巷走现场，巡线、抄表、抢修、收集客户信息。到了晚上，7 个人便挤在昏暗狭窄营业厅，继续加班整理客户资料，完善营销系统上的客户档案信息。一张简陋的大平桌子上摆着 2 台电脑，有人负责归集整理，有人负责校对，有人负责念，有人负责录入电脑。白天跑了一天，晚上继续加班，很长一段时间，都是这种工作节奏，大家疲倦了便趴在桌边小憩，醒来后继续干活。

与此同时，张咏华带领所里同事展开了上砂镇的电网建设改造工作。

然而，接管后第一次电费收取，一些村民对比前后电价变化，发觉“吃了亏”，这主要是一些村民原先享受着小水电的优惠电价。因为部分人的不满，甚至演化成了随意剪断新架电线拉线等行为，电网改造工作陷入被动局面。

张咏华与邱继业经过多番讨论分析，决定一方面集中人力物力将三水村作为试点区域进行农网改造，先试先行。另一方面，做好动员解释工作，并通过镇政府开展宣传，让村民明白农网改造终归是民心工程，对他们而言，有百利而无一害。

2012 年 12 月，三水村顺利通电。原来忽明忽暗的灯光，瞬间变得亮堂起来，原来用不动的大功率的电器如冰箱、空调、液晶电视，不但能正常工作了，而且还能同时使用。“这下用电可以放心了!”村民们奔走相告，农网改造的好处，从三水村迅速传遍了全镇。渐渐地，那些恶意的剪线现象也越来越少，更多的村民主动来到了临时营业厅，要求供电所尽快帮家里接上电。

上山村留守居民庄大妈的用电申请让张咏华左右为难。上山村距离上砂镇中心超过 14 公里，这里地处偏僻，当地的居民要到镇里，都得在蜿蜒的小路中辗转，绕过一座又一座大山。生活闭塞，交通不便，有条件的村民都外出打工或迁走了，只留下了一些老人小孩。村子里，十几间乡间小屋大部分也已经年久失修。

张咏华思考了很久，这个账该怎么算呢？如果接受用电申请，意味着供电所要新架设好几公里的线路。其中，最长的线路供电半径长约 4 公里。而村子里只有几户居民，无论是前期的投入，还是后期的管理、维护成本，都是巨大的，投入和产出更不匹配。

张咏华将情况向揭西供电局副局长蔡建舍作了汇报。揭西供电局班子经过讨论，决定将农网建设改造工程向上山村推进。供电所上报的立项申请很快得到了批复。

上山村的农网改造开工了。由于山区沟渠较多，山路狭小崎岖，机器根本用不上，张咏华和施工队员们只能依靠人力。成吨重的铁塔、几公里长的线路、一根根的电杆，就这样几乎都靠肩扛手拉，架上了这个小山村。2013 年 4 月，庄大妈所在的上山村，家家户户终于都通上了电。

农网改造紧锣密鼓。一个月后，张咏华他们把建设改造现场推进到了上林村。但是，令张咏华头疼的问题也接踵而来，在立杆施工时，有一户人家死活不让电杆立在自家附近，认为这样会破坏“风水”。工程卡壳，张咏华一筹莫展，这时，邱继业想到了一个解决办法：整个镇子的居民几乎都姓庄，宗族理事会的影响很大，他们说句话往往很管用。于是，他们决定另辟蹊径，和村里庄氏宗族理事会沟通，取得了他们的信任和帮助，庄氏宗族理事会族长出面劝解："没有电，要风水有什么用？建电网是对全村有利的大事，大家都该多支持才对！"这户人家总算被说服，工程才得以顺利推进。

经过一年多建设改造，2013 年 10 月初，最后一条配网主线路——上砂镇活西村 10 千伏上联线竣工并通过验收。上砂镇由原来"单线"供电变成"四线"供电，4 条 10 千伏主线路向上砂镇各村村民主要聚集地辐射，94 多公里长的配网线路往 129 平方公里的山地四处舒张，为上砂镇 5 万多人口输送源源不断的电能，原来不足 90% 的供电可靠性提高至 99% 以上，不足 180 伏的电压也提升至合格水平。

多端柔直输电工程的点线面

彭展 李纯

“突、突、突，嘟……”随着发动机的轰鸣，轮渡缓缓地驶离了陆地，驶向了茫茫大海。岸边的建筑物在视野中渐行渐远，蔚蓝的海水、一碧如洗的天空逐渐占据整个画面。

2013 年新年伊始，钟龙瑞便踏上了这趟难忘的海上之旅，这是他第一次的南澳岛之旅，或许他并不知道，这趟旅程也将拉开一项世界级电力工程建设的序幕。这项工程有一个特殊的名字——“大型风电场柔性直流输电接入技术研究与开发”示范工程，对于从事监理工作快 10 个年头的钟龙瑞而言，这个名字既熟悉又陌生。他 2004 年入职广东创成电力工程监理有限公司后，从监理工程师、副总监、总监代表到项目总监，先后参加过粤电靖海电厂、大唐潮州电厂、溪洛渡从化换流站和糯扎渡江门换流站建设，却从未接触过“多端柔性直流输电”这一概念。

其实对这一概念感到新鲜的，还有汕头供电局副总工程师吕文胜。早在 2011 年，科技部就将“大型风电场柔性直流输电接入技术研究与开发”课题，列入国家 863 重大专项科技计划，并选择把南澳多端柔性直流输电工程作为我国第一个自主化示范工程。南网科研院作为项目技术研发团队，于 2012 年 6 月 27 日召开前期专题研究报告审查会，组织专家对系统运行方式、主接线、主回路参数计算、柔性多端控制保护、过电压和避雷器配置、直流电缆和套管、主设备配置和选型等进行评审。汕头供电局主动承担这项示范工程的建设任务。

2012 年 11 月 19 日，广东电网公司组织召开示范工程管理委员会第一次会议后，汕头供电局蔡明局长和王素文副局长一回到单位就打了个电话，让吕文胜去他们办公室一趟。作为一个基建人，吕文胜隐隐约约感到将有重大任务。果不其然，两位局长给吕文胜布置了一项任务，任命他为南澳多端柔性直流示范工程的项目副经理，负责牵头此项目的建设，并强调此项目任务重、时间紧，整个工程项目造价 12 亿元，工期却只有短短一年的时间。对吕文胜而言，这显然又是一块难啃的“硬骨头”。为了啃下这块“硬骨头”，吕文胜从汕头供电局调兵遣将，很快，安装总公司的吴立辉、计划发展部的谢晓东、安全监管部的林茂基、基建部的潘家琦、生产设备部的谢志煌等工程建设领域的好手纷纷强势加盟到工程项目部，这让他有了“战胜一切困难”

的底气和勇气。

南澳岛是广东省唯一的海岛县的主体，南澳县是汕头市的唯一辖县。潮汕南澳象山文化遗址距今约 8000 年，证明南澳岛在 8000 年前就有人类生活。但是，选址南澳岛建设示范工程项目，绝不仅仅因为其历史悠久。南澳岛地处粤东海面，位于高雄、厦门、香港三大港口的中心点，濒临西太平洋国际主航线。更重要的是，这里还是电力人所熟知的“亚洲第一岛屿风电场”。

1989 年 6 月，广东第一个风电场在南澳岛建成投产，安装两台 150 千瓦和一台 90 千瓦瑞典进口的风力发电机组。但很多人都不知道，在大陆与海岛之间的海底下面，还有 3 条 110 千伏海底电缆和一条长达 2 公里的海底隧道。1995 年，年仅 31 岁的吕文胜便担任了南澳岛第一回海底电缆——110 千伏内金线敷设项目负责人。自 1989 年南澳建立第一台风力发电设备至今，共有国内外七家公司通过独资、国内融资、中外合资及股份制合作的形式参与南澳风电场的建设，先后引进瑞典、丹麦、美国等国家的 90 千瓦至 850 千瓦各型风力机超过 200 台，装机容量 12.9 万千瓦，年发电量可达 3 亿千瓦时。这一系列的天然优势，使得南澳岛成为示范工程建设的不二之选。

2013 年 5 月 24 日，金牛换流站结构施工现场

2013 年 6 月 11 日，青澳站结构施工现场

“到底要不要把监理项目部建在岛上？”这个问题成为钟龙瑞被任命为示范工程项目总监后首先面临的一道两难选择。2015 年 1 月以前，汕头与南澳的陆岛交通完全依靠轮渡，直到南澳大桥通车才彻底摆脱这一窘境。“在监理项目部设在岛上还是岛外这个问题上曾纠结了一下，业主项目部和总承包单位管理部都设在岛外，且生活便利。”钟龙瑞回忆道，“但从工程监理的角度来说，岛上部分的工程占 70%，虽然生活不太便利，但便于就近监理，所以监理部还是选择设在岛上金牛换流站的附近。”

从澄海莱芜渡口到南澳长山尾码头的轮渡渡海耗时 1 小时，从工程项目前期到投产近一年的时间，钟龙瑞和他的同事们大半时间穿梭在这片海域。然而海岛的天气就像孩子的脸，一会一个表情，让人捉摸不透，台风更是频繁光顾。“台风来临前后，有时与岛外一周不能通航，为了参加工程例会或急需出岛办事，只能选择花 100 元乘坐快艇。”钟龙瑞说道。

“快艇可不像轮渡那么平稳，尤其是台风来临前。”钟龙瑞一边说着一边把船家递来的橙色救生衣往身上套。“都坐好咯，要开船啦！”船家一边吆喝，一边拉动柴油发动机的启动拉绳。突然，眼前的一切都变斜了，“啊！”有人大声尖叫起来，可快艇却不管那么多，继续加速行驶着！乘客东倒西歪，随着快艇的摆动忽上忽下，感觉像是一下被抛向空中，又歪歪斜斜地掉了下来，几乎要落到海里。海上浪涌有时高差达两三米，小船在波峰浪谷中穿行，钟龙瑞的心在乱跳，被吓得牢牢地抓住护栏，屏住呼吸，紧张地迎接下一次大浪的冲击。30 分钟后，惊心动魄的旅程告一段落，钟龙瑞和他的同事跳下船便匆匆赶往业主项目部。

岛上的生活并非法国小说写得那么浪漫，有时候更像是一部《鲁滨孙漂流记》那么曲折，尤其是台风过后。刚上岛的监理部同事大多没有岛上生活的经历，遇到台风时并没有储备生活用水，而自来水像黄泥汤一样无法饮用。一次台风过后的周末，为了解决监理部的生活用水问题，钟龙瑞独自驾车上山去取山泉水。上山的路九曲十八弯，大概有七八公里，当他灌满几瓶山泉水准备下山时，山上弥漫起浓浓的雾，能见度不到两米，加上道路湿滑，手机信号全无，他只能在山上静坐等待浓雾散去。此时，监理部的同事都急得像热锅上的蚂蚁，坐立不安，因为他们都知道钟龙瑞才刚拿驾照，“这人生地不熟的，电话也打不通，会不会出什么意外了?”有同事冷不丁冒了一句。“别担心，钟总可是老江湖了，不会有事的。”几个小时后，钟龙瑞驾车回到监理部。当他下车提水进门时，同事们突然缓过神，纷纷上前拥抱。从此以后，钟龙瑞便在监理部立下一条“不成文”的规矩——凡是离开施工现场或监理部外出的，务必相互告知或请假。

天公不作美。从 2013 年 3 月 16 日，金牛、青澳换流站桩基工程开工到工程投产的八个月时间里，共经历了 12 次台风和 117 天雨水天气的轮番来袭，给工程施工带来很大的影响，推进非常艰难。其中影响最大的要数台风“天兔”了。2013 年 9 月 22 日，第 19 号超强台风“天兔”来袭，中心附近最大风力达到 14 级，相当于 45 米/秒，中心最高持续风速每小时 162 公里。青澳换流站旁几台 60 多米的发电风机塔架在狂风暴雨中如同一根筷子般被拦腰折断，直径 80 多米的风轮也瞬间被揉成碎片。虽然台风前做足了防台风应急预案和防台风措施落实检查，但是面对大自然的肆意破坏，100 多名工人只能躲在已加固的工棚里，呆呆地看着青澳换流站旁型号为 QTZ80 的塔吊在狂风中剧烈自由旋转的塔臂和摇摇欲坠的塔身。经过几个小时的煎熬，或许是防台风的措施做得到位，或许是天可怜见，不忍心破坏工人们这半年来辛勤劳动的成果，最后工程经受住了超强台风的考验，塔吊安然无恙，工程实体除了部分构造柱钢筋倾斜外，没有其他太大的损失。

前方的工程建设如火如荼，后方的技术研发团队也废寝忘食。海底直流电缆的质量控制，是影响整个柔性直流工程可靠性的关键一环，高压直流电缆及其附件也是当今世界电缆制造的技术制高点。“开始都以为做海底直流电缆不难，因为交流电缆在国内做了四五十年了，国外做得出来的东西，国内也肯定行的。”电缆攻关组专家周华敏的另一个身份是全国架空线路标准化委员会委员，他说，国外 ABB 和日本住友等公司提出的研发与供货周期是三到四年，并捆绑了一系列经济和技术条件。

2012 年底，广东电网公司与上海电缆研究所（国家电线电缆检测中心）组建 ±160 千伏直流电缆及附件国产化技术研究工作小组，把国内有生产能力的厂商聚在一起，对失败的各种原因进行分析探讨，从结构尺寸、技术线路到试验方法，集中进行 ±160 千伏直流电缆的研发和试验。作为研究小组的一员，广东电科院技术专家余欣和小组成员们几乎跑遍了国内相关电缆和附件厂家，一次次的试验失败一度使标准制定、产品研制陷入困局，但研究小组没有放弃，在广泛调研、总结经验和专题研讨的基础上，突破技术瓶颈，最终开发出了适用于这项工程的直流陆缆、海缆、预制式终端和中间接头。2013 年 1 月 23 日，国内生产出的第一批 ±160 千伏直流电缆及附件的样品，通过了国家电线电缆质量监督检验中心的型式试验。截至 3 月 10 日，国内已有 5 家厂商的产品成功通过型式试验。

然而，电缆的顺利研发只是“万里长征的第一步”，横在柔性直流技术攻关项目工作组面前的难题远不止于此。2013 年 4 月 15 日，南方电网柔直技术攻关项目工作组正式成立。这个由南方电网科研院牵头的 30 人工作组从成立之初，就肩负着“开发出具有自主知识产权的控制保护系统”的使命。在科研攻关领域，柔性直流输电系统核心的控制保护系统的研发往往被认为是“卡脖子”技术，而控制保护系统仿真试验则是决定成败的关键。然而，这项关乎大局的仿真试验在系统的研发地——广州却做不了，必须送回千里之外的北京荣信试验中心。五台电脑主机大小的试验设备机箱价值便超过了人民

2013 年 9 月 13 日，南澳多端柔性直流工程进行海缆敷设

币 400 万元，项目组不敢也不能把这项艰巨的任务托付给任何一家物流公司。正当大伙一筹莫展之时，南网科研院直流所入职刚满一年的小伙子陈俊临危受命，承担了护送试验设备机箱的任务。从广州开往北京的 G66 次列车高速驶向目的地，然而在这八小时的旅程中，陈俊的目光一刻也不敢离开试验设备机箱，直到它们稳稳地躺在试验中心。

试验设备抵京的第二天，南网科研院直流所所长黎小林便带着他的攻关团队——南网科研院的朱喆、广东电科院的朱良合、汕头供电局的李洁等人马不停蹄，集结北京，吹响了设备试验的号角。建模、试验、结果处理、数据分析，项目组平均每天至少需要完成 20 项试验，试验矩阵共达 1500 项。为了赶上工程建设进度，攻关团队实行“两班倒”不间断的作息安排，每人每天平均工作 12 小时。但是破解难题的过程枯燥而漫长，即使一个简单的细节亦可使进程严重受阻。一次调试中，陈俊将换流器三相六桥臂电流按“上下上下上下”的顺序给对方控制器，对方控制器习惯性按“上上上下下下”顺序接收而导致异常。他查找问题耽误了好些时间，直到有一天当他看电流发现换流器每相电流不满足最基本的基尔霍夫定律，才算是找到了问题的根源。

6 月 20 日，攻关团队从北京转战广州，在白云大道南 106 号的一处库房里，他们正夜以继日地继续着未完的试验。库房里 48 面巨大的屏柜一字排开，静静地等待着即将铺开的功能试验和性能试验。随着研发进程的加快，项目组的轮班方式从“两班倒”升格为“三班倒”，10 多台电脑 24 小时不间断高速运转，技术专家、工程师和实习生们聚在一起，共同谈论有关模型、仿真试验的每一个细节，过关斩将，步步为营。

“每个人心头都刻着一张军令状。”朱喆感慨道，作为项目测试一组的组长，在广州的仿真试验期间，正好赶上朱喆的婚期。都说婚姻是人生头等大事，然而，紧张而繁忙的系统试验让他无暇顾及婚礼细节，直到 7 月 1 日婚礼的前一天才“抽空”回家准备，婚礼结束不到 3 天便匆匆返回实验室，和测试组的同事一道，一干就是两周的夜班。他一边接受着同事们的祝贺，一边调侃自己，“多亏老婆大人的理解啊!”

有付出就会有收获。攻关小组在研发阶段累计完成了 733 项故障仿真试验，为现场施工打下了扎实的理论基础。试验期间发现并解决控制保护功能

2013 年 10 月 3 日，施工人员在后江湾敷设海底电缆

缺陷139项，经过325项功能性试验、209项动态性能试验，终于攻克了多端柔性直流控制保护系统这一世界难题，实现工程技术100%国产化！

现可谓是“万事俱备只欠东风”了。

然而这个“东风”也没让大伙儿失望，很快就如约而至。9月26日，“天兔”掠过的第四天，终于迎来海底电缆敷设的最好施工时机。要知道，海底电缆海上施工条件非常苛刻，风力不能超过7级，轻浪，海面不能有雾。台风刚过，海缆能否顺利敷设、如期完工，负责施工的浙江舟山启明电力建设有限公司并没有多大把握。吕文胜说：“若不抓紧这段时间内完成敷设，一旦沿海洋流、风向发生变化，正极敷设工作只能推迟到明年了。”

说干就干，海缆正极敷设工作全面铺开。吕文胜亲自督战，在敷设船上实时跟进。广东创成监理公司的监理员游红林回忆起两天一夜在敷设船上的日子时，仍记忆犹新、历历在目：“在船上工作需要强有力的身体素质和超乎寻常的适应能力。茫茫大海中，远离家人和亲朋好友，手机没有网络和信号，只有海风做伴，独自承受精神苦闷，吃喝玩乐更是想都不敢想。”海缆敷设船从长山尾处的海缆终端站沿着原有的35千伏海缆通道敷设，向莱芜侧新建接头工井顺利推进。9月27日，“莱长”段海缆正极敷设完成。至此，岛上原有的35千伏南澳线交流电缆，全部换成了世界首条±160千伏直流海底电缆。

随着示范工程项目的控制性工程——海底电缆敷设的顺利推进，工程参建各方也捷报频传。11月23日，青澳换流站率先传来捷报，工程站顺利用电受电。17天以后，广东省输变电工程公司也不甘人后，顺利完成塑城换流站土建施工。金牛换流站也在4天以后宣告土建施工完成。工人们甚至还来不及庆祝，12月18日，换流站三端调试工作便又紧锣密鼓地展开，这意味着三端启动已经指日可待了。

2013年12月25日下午3时许，广东电网公司副总经理、投运现场总指挥张文峰宣布三端启动开始，南澳岛上的青澳、金牛两座换流站与汕头澄海的塑城换流站完成了三端投产启动，标志着南方电网攻克了多端柔性直流输电控制保护这一世界难题，使我国站在了世界输电技术的最前沿。

转眼到了第二年的12月26日，南方电网承担的国家863计划课题“大型风电场柔性直流输电接入技术研究与开发”在北京西郊宾馆顺利通过科技部验收，这标志着我国掌握了柔性直流输电的系统研究和成套设计技术集成能力，在多端柔性直流输电技术领域达到世界领先水平，也宣告我国打破了百千伏级高压柔性直流输电技术长期由国外公司垄断的局面。

阳山『5·22』战洪图

黄耀亮　刘俊秀

2014年入汛以来，气候异常。

从5月22日凌晨3点开始，持续两天的强降暴雨和特大暴雨在清远阳山全县24镇平均降雨量117.3毫米，其中七拱镇373.4毫米，杜步镇341.5毫米，太平镇221.5毫米，引发了一场200年一遇的洪灾。是时，大雨倾盆而下，汇成洪流，化作一条条“黄龙”，从山上咆哮着奔腾而下至稻田、街道、江河。

山洪、滑坡、房塌、断路、断水、断电、断粮……警情不断汇总至阳山县三防办：杜步镇石溪、旱坑、杜步、潢川和东江五个行政村被洪水围困成“孤岛”；七拱镇河堤“不堪一击”，桥梁道路尽毁，村庄、庄稼浸泡在洪水中；太平镇白莲片区由于盆地地形结构，排水能力不足，形成了积水达3200万立方米的洪涝“石崆湖”，这相当于两个西湖的蓄水量。灾情不断汇总，截至25日上午，阳山县11.97万群众受灾，直接经济损失10.3亿元。

灾情发生后，阳山县委、县政府立即启动防汛预案，出动武警、消防、民兵、公安、水务、交通、通信、教育、卫生、民政等部门及受灾镇干部群众约3.5万人次，出动所有能调配的冲锋舟、橡皮艇、钩机、铲车等抢险救灾装备，一场大规模抗洪抢险救灾工作迅速展开。

遭受特大暴雨袭击当晚，清远阳山供电局白莲、杜步、七拱等供电所从凌晨时不断接到故障电话。暴雨之中的阳山供电局灯火通明，从熟睡中被叫醒的供电人披上外衣，冒着倾盆大雨陆陆续续赶往故障现场。

天灾虽不可避免，但及时预警可以大大减少人员伤亡和损失。洪灾发生之前，阳山供电局已经通过95598平台将灾情警情发送至全县用电客户。在这期间有一个小插曲：洪灾发生四天后，即5月26日，广东省副省长、省防总总指挥长邓海光前往阳山杜步镇旱坑村丘屋自然村，询问村民是否收到雨情预报，得知他们在洪水到来前已收到供电局发送的提醒信息，惊讶之余不禁点头称赞。

暴雨还在下，江河还在涨。阳山供电局局长欧锐明在5月22日上午，动员全体员工第一时间全力投入到抗洪抢修复电工作中，并成立了抢修复电领导小组和五个防汛抢修应急工作组，重点驻守在受灾严重的七拱、杜步、太平三个乡镇。

2014年5月22日，清远阳山供电局工作人员冒雨开展巡视工作

根据统计，受灾的乡镇电网受损严重，累计造成21回10千伏以上电压等级线路跳闸，30多公里高低压线路不同程度受损，534个供电台区、39870户低压用户停电。

“这样的工作压力、强度，还是第一次遇到，比2008年雪灾的压力还要大。”阳山太平供电所所长黄文建说，5月22日早上6点多，该供电所已经陆续接到报障电话，此刻他最为惦记的仍是白莲片区。

黄文建曾在白莲供电所供职13年，对白莲片区年年水浸的情况深感其害。他立即和同事徐君孟、莫秀伟、黄金科赶往白莲片区，车辆行驶在白莲公路上，山洪奔涌而下，顷刻淹没了路面，“差点就被冲了，幸亏我们往后退，晚几分钟都不行。”黄文建描述了历险经过。

一行人无功而返。据了解，当天上午10点多，除了太平圩镇未停电外，其他地方都出现了倒杆、断电，黄文建只能干着急，多处地方浸水了走不了。次日，黄文建又带着同事吴镜裕、伍国永、莫秀伟前往白莲片区，又被洪水阻断，加之道路多处塌方，再次无功折返。

22日下午，持续上涨的河水肆虐杜步圩镇，正在杜步大桥附近抢修复电的杜步供电所员工易思文、张雪松，突然听到一阵急切的呼救声，只见杜步大桥旁边的一户人家被洪水围困在两层半高的楼顶上，而房屋一楼已被浸没，楼上一名老人、一名妇女、两名小孩被困，房屋随时有倒塌的可能。

易思文、张雪松迅速跑回供电所，扛着一把7米长的竹梯快速赶到现场，二话不说快速地搭好竹梯，张雪松爬上楼顶负责把人抱起递给易思文，再由易思文把他们从竹梯上抱下，十多分钟后，四名被困群众就被两人解救到安全位置。

断水断电下，受灾群众容易产生焦躁的情绪。必须第一时间抢修复电，保证受灾群众尽快恢复正常生产生活。23日晚，欧锐明紧急召开抗洪抢险复电应急工作会议，要求第一时间保障重要用户供电。

24日一早，应急抢修车辆已经在杜步高速路口守候，只等水退路通就立即奔赴杜步镇。两个小时后，收到路通的消息，阳山供电局应急队伍随即驱车抄山路，直奔杜步镇。

为尽快恢复杜步圩镇的正常供电，欧锐明火速调集内外部抢修力量约40人，协助开展故障巡视及抢修复电工作。

从下午3点开始就踏着泥巴在恶劣的环境下连续工作5小时，终于晚上8点30分左右恢复了镇政府及圩镇中心部分用户供电。当明亮的灯光亮起时，杜步镇群众连声对供电人道谢："你们辛苦了！"

随着洪水慢慢退却，头戴头盔、身穿工衣的供电人立即活跃在受灾的村庄，他们踏着厚厚淤泥，或顶着酷热，克服通信不畅、道路不通、施工环境恶劣等因素，与时间赛跑，连续作战，做到了洪水退到哪里，电就恢复到哪里。

在杜步镇旱坑村，供电人员走进用户家，对受浸户线路设备进行逐户排查，并做好安全用电宣传。易思文说，一些村庄线路开始陆续恢复供电，有些村民用水清理家私，但部分用户家里电器设备遭受水灾后，存在安全隐患，"你们用电前，要先自行检查房屋内线路及电器设备是否安全，以防漏电。"

七拱镇是此次受灾严重的一个镇，由于洪水淹没该镇的多个村庄，负责供给该镇近万户用户用电的10千伏新圩线受暴雨影响停电，且洪水未退，无法进行抢修复电。根据以往经验，待洪水退去再行抢修至少需要一个星期的时间才能恢复供电。

“想到群众急需用电恢复生活、生产，我想了一个办法。”负责该线路维护工作的罗秀庭说，利用该镇附近一回空载的35千伏线路进行降压应急转供电，此方案只需大半天的现场作业即可恢复供电，且不受洪水未退的现状限制，可比原计划提前七天恢复供电。

经过安全分析和论证，方案很快得到欧锐明的同意。24日晚，经过近10小时的紧急抢修，七拱镇近万用户恢复正常供电。

洪水退去，忙碌了三天的阳山供电人也松了一口气，但没想到，一个四面环山的太平镇湖洞村正在酝酿一场更大的灾情，甚至惊动了国家防总的专家到场指挥工作，广东省委书记胡春华也多次对这里的救灾工作做出批示。

黄文建因道路中断而为白莲片区干着急时，太平镇湖洞村村干部黄沙则在家辗转难眠。白莲公路江咀小学路口通往白莲村的一段5.2公里道路已经完全被水淹没，形成了一个最深处达8米的“石崆湖”，断水断电3天了，833户村民房屋被淹，4000多人被困，被困村民只能在房顶或者三楼避难，也快接近断粮。更要命的是通信也中断，灾情无法向外界传递。

从村里走白莲公路到太平镇，全程约15公里，平时徒步只需2.5小时。而24日那天，黄沙一大早就冒着倾盆大雨翻山越岭往镇里赶，却足足走了7.5小时。白莲片区灾情立即引起当地政府部门的高度重视，各种物质源源不断调集，连夜抢通白莲公路。

2014年5月24日，广东清远阳山供电局开展灾后抢修工作

当24日晚上白莲公路临时抢通后，黄文建立即和所里的同事进驻到白莲片区，只待天亮即刻开始作业。

25日，天微亮，倾盆大雨减弱为微风细雨，但眼前的灾情让所有在场的人员触目惊心：白莲片区盆地已经是汪洋大海，从山上汇集而下的雨水，使湖水不断上涨，树立在公路两旁的电线杆不见踪迹，低洼处房屋也淹没在汪洋大海之中，避难的村民三三两两站在楼层较高的屋顶翘首以待，等待救援。

阳山县人武部政委郑彪立即组织民兵应急连，驾驶冲锋舟实施救援，水下清理障碍的重担就落在太平供电所工作人员身上——他们更清楚电线走向，一旦冲锋舟螺旋卷入电线，翻船无法避免。

黄文建和同事与民兵一起乘坐冲锋舟，小心翼翼地剪掉淹没在水下的电线，为民兵救援开辟了一条条水上航线，一个个被困的群众搭上冲锋舟脱离险境。

这一天，黄文建从一早忙到晚上11点多才收工，高强度的工作和沉重的压力，使得黄文建的老毛病又犯了，不久前他刚刚做完结石引起的双肾积水手术，还处于恢复期。

26日早上，黄文建一起床就发现脚用不了力，弯不了腰，但是他还搭乘摩托车前往怀集勘探现场，准备从怀集架设线路至白莲。山路崎岖，颠簸不已，他一直忍着病痛。下午打了止疼针后，又返回白莲片区投入抢修复电工作。

掌握白莲片区灾情后，清远供电局立即成立了阳山白莲抗洪复电指挥部和临时党支部，局长马超然、副局长邝振星分任总指挥、前线总指挥，亲临现场靠前指挥，仅用了三天时间，就从清城、清新、佛冈、英德、连山、连南、连州、清远市电创集团公司等单位紧急调动207人、45台车辆、63台发电机赶赴白莲片区。

5月30日，肇庆供电局从高要、德庆各调派1台100千瓦的发电机，连夜装车出发送往白莲村支援应急照明。途中，由于山路异常崎岖难走，两台运输发电机的车辆在借助了选矿场的大铲车、推土机前拉后推，才得以翻越前行，经过6个多小时的颠簸，终于抵达白莲村供电点。很快，受灾群众电灯复明，家电重启，并且能够吃上热水热饭。

为白莲片区供电的10千伏白莲线路，靠近电源侧的50多条电杆被洪水浸泡，“这水一时半会是退不了的，不具备抢修条件，只好先用应急发电机顶上。”但应急发电机临时供电只能解燃眉之急，并不是长久之计。“这毕竟是临时措施，借了是要还的。”清远供电局生产设备管理部副主任何国华说。阳山供电局抢修复电领导小组和工作小组召开会议研究，提出从邻县肇庆怀集“借电”方案。肇庆供电局马上伸出援手，决定从怀集直接新建3.5公里10千伏线路过来。

新建线路需要开辟通道。清远供电局和肇庆供电局联手，争取政府支持，“借”了一条线路提早开工。5月31日下午，在阳山县副县长潘文彬的带领下，欧锐明等人来到怀集县洽水镇，该镇政府成立以镇委书记伍爱权为组长的青赔协调小组，负责协助线路施工遇到的青赔、民事等问题。经过5天5夜，150多名施工人员紧急架线，终于顺利抢通并送电。6月3日晚，被积水围困多日的孤岛村庄（除仍处于水浸状态的村庄）用上了正常稳定的网电。

紧接着，清远供电局调动了60多名施工人员，出动了抢修车辆15辆，架设新线路，沿线需要立20条电杆，每条电杆重量从1.5吨至2吨，施工人

2014年6月12日，清远阳山供电局工作人员驾驶橡皮艇清除搭挂在线路上的树枝

员运杆、立杆都要翻山越岭，半人工半机械，施工难度可想而知。6 月 10 日，白莲片区洪水逐渐退去，受水浸影响的九个台区陆续具备抢修条件，抢修工作加快。阳山供电局抢修人员逐村排查线路，清理障碍，更换受损的变压器，并逐村逐户为用电户免费更换电表。经过 11 天的奋战，6 月 13 日 22 点 15 分，捷报传来，白莲片区全部恢复正常供电。

白莲片区虽然通电了，但阳山供电局工作人员紧绷的心还是不能松下来。灾情发生当年，阳山供电局立即着手完成白莲环湖 10 千伏线路以及低压台区线路的重新规划设计工作。从怀集到白莲的 10 千伏线路转为备用线路投运。两条线路环网供电，意味着白莲片区即使再遭受类似“5·22”洪灾，供电也能够保持畅通。

回顾白莲片区抢修复电全过程，“众志成城，通力合作”是留在阳山供电局干部员工心中最深的记忆。没有各级政府、上级部门和兄弟单位的大力支援，抗洪抢修复电工作取得全面胜利的速度肯定要大打“折扣”。“兄弟供电局的支援人员，抬着发电机乘坐冲锋舟，到达灾区参与抢险救援和应为急避难场所提供持续供电保障，很快就解决群众手机充电和夜间照明问题，极大地缓解了我们人手不足的问题。”阳山供电局办公室主任邓格说。

洪灾无情人有情，面对自然灾害，阳山供电局广大干部职工演绎了一曲曲抗洪救灾壮歌，让灾民感到温暖，让人感动，得到了广东省委书记胡春华、副省长邓海光，清远市委书记葛长伟、市长江凌等领导的肯定和点赞。

披荆斩棘建设阳江核电

王艳萍　陈杰辉

2008年12月16日，阳江市阳东县东平镇阳江核电站里，彩旗飘扬，塔吊高耸，密密麻麻的钢筋网，围成一个巨大的圆形，矗立厂内。

天朗气清，海天相接。这天，阳江核电开工仪式在电站建设现场举行。“现在，我宣布，阳江核电站开工！”上午11时许，随着时任中共中央政治局委员、广东省委书记汪洋一声令下，顿时，彩炮齐发，掌声雷动，一台台大型操作机器舞动着“手臂”，一罐罐混凝土被缓缓浇入1号机组厂房。阳江核电站正式开工建设了，漠阳江畔，人们奔走欢呼。此刻，在市区安宁路一座不起眼的居民宅子里，一位早已退休在家的老人，听到这一消息，无法抑制内心的喜悦，思绪久久不能平静。

这位老人叫叶其建，这一年，他已经65岁了，他将退休前最后的十载职场生涯都悉数奉献给了阳江核电。

1993年的元旦，对叶其建来说，是一个特殊且难忘的日子。这一天，阳江市政府成立了核电筹建办，他被任命为筹建办副主任。筹建办负责协调、沟通核电项目建设各项准备工作，主任由省电力工业局领导兼任，这意味着，筹建阳江核电站的日常工作主要由他来牵头。

担任筹建办副主任，更意味着他职业生涯的另一次重大抉择。从1968年参加工作以来，叶其建先后在茂名热电厂、茂名供电局工作，1988年，阳江地级市成立，他转入了阳江供电局并担任一把手。按理说，从这样的位置干到退休，是很多人求之不得的事情。现在，他却要放着现成的供电局局长、党委书记不当，主动去挑核电筹建的重担，转向这样一个新领域，况且这个项目能否成行，还存在着很大的不确定性。这让很多人无法理解。叶其建不是没有犹豫过，但他知道，为了让阳江核电项目尽快落地建设，总得有人为之付出，而他愿意承担这份责任并接受挑战。

筹建办的成员有陈雄超、张万嫦、林光辉、陈卫东、许长桂等五人。虽然他们的办公室设在市区，但叶其建他们从上班第一天起，基本上就是在东平镇或奔波在路上。

阳江东平镇这个核电选址，得从1988年说起。这年的12月，省政府和省电力工业局组织广东第二核电选址勘察，次年9月，专家学者们初步选定阳江核电厂址，再一年，项目可靠性研究报告通过国家能源部审查，审查认为东平镇沙环厂址具备核电建设条件。

从阳江市区出发，到东平镇大约50公里，那时基本上都是沙土路，尘埃飞扬，中间需要在尖山、三山换乘两次轮渡，叶其建他们光耗费在路上的时间就要三四个小时。到了东平镇，如果还想要进入厂址沙环，还有近5公里的路程，没有公路，他们只能靠着双脚走或搭乘摩托车、拖拉机。

海浪拍打冲击着岸边的石头，涛声阵阵，十几户村屋散落山间，错落有致，这就是未来的核电站的“原始”风貌。在这个未来的厂区，叶其建他们要做的，一是厂址的守护，二是厂址水文、气象、地质情况等的勘查记录。

厂址一带盛产高岭土，土质细腻，是制作瓷砖的好原料。经过筹建办的协调，大面积的开采已经停止，但他们仍要防范个别村民的偷采，同时也要确保厂址不被村民挪作他用。

开展项目征地，规划建设进场道路等配套设施，联系核电投资运营商，叶其建和筹建办成员已经没有上班日与休息日的概念，只要有任务，他们随时都在岗。有时候他们还要带领各类勘查专家前往厂址现场，一年四季都在海边被烈日暴晒，连呼吸的空气都是滚烫发热的。不多时，刚从武汉海军工程大学毕业没几年的陈雄超就被晒成了“小黑人”。

选址获得了中广核集团的青睐。中广核意向早日建设阳江核电站，将其打造成为继大亚湾核电站之后的省内第二个核电重要基地。1998年10月，中广核完成了阳江核电选址的可行性研究报告的编制，报告认为，东平镇的地理位置、地质、水质、气象情况均符合建设核电站的要求。

好事多磨。就在叶其建以为阳江核电项目开工在即，进场道路有望得到修缮的时候，阳江项目的排序却一再让位，这一期间，毗邻大亚湾的岭澳核电站于2002年已经建成，成为中广核在粤建成投产的第二座核电站，紧接着国家又计划先开工建设江门台山核电站。阳江核电项目建设看起来依旧没有很大动静，项目到底能不能上？“项目开展不了啦”“资金不到位”，一时之间，阳江核电的建设“刮”起风言风语，作为筹建办人员，叶其建他们情绪也难免低落。面对各方怀疑，叶其建他们开始了更加频繁的走访，一方面做好厂址守护，一方面在公众舆论上时刻维护项目的形象。

当时，距离筹建办成立足足过了10年，阳江核电基地已经成为“广四核”的备用厂址，期盼阳江核电项目早日上马的地方领导和干部也很是着急。时任市委书记林华景指示：“阳江核电站从广二核到广三核，现在又到了广四核，再也不能往后了！”

经过多方奔走，阳江核电站的建设终于迎来了新转机，前期土方工程获准建设。2003 年 3 月 12 日，阳江核电临时道路修缮工程正式开工。4 月，阳江核电站厂址表土剥离工程终于开工，拉开了前期工程的序幕，居住在镇上的 126 户村民搬离了祖祖辈辈的村庄。一时间，开山炮声响震云天，数十辆挖掘机隆隆齐作，运输大卡车来回穿梭。

这一年底，叶其建退休了。但核电建设仍然是他的牵挂。2004 年 3 月，叶其建听到了一个令大家兴奋的消息，国务院将阳江核电站确定为第三代核电技术自主化依托项目，技术方案由招标确定。然而，中国核电界此时围绕核电发展技术路线意见不一，就如何锤炼出中国自主的核电技术的论战也不断升温，第三代核电技术的招标也因此一拖再拖。

虽然技术方案招标遇到新情况，但生产准备工作可不能停止，为了让阳江核电站成为具备自主运行管理、日常维修和大修管理及实施能力的核电站，

2003 年 12 月 18 日，阳江核电场平工程施工现场

中广核阳江核电有限公司从2004年初启动了生产准备工作培训。截至2007年2月底，参与生产准备人员共有260人，其中197人在大亚湾核电基地、来宾电厂、西安交通大学等培训点进行在岗培训和基础理论培训。而早在2006年7月，首批在岗培训的运行学员提前结束（OJT1字头）既定的培训，获得初级现场操纵员的授权；12月下旬，首批运行学员14人获得学习操纵员的培训资格，并开始第一阶段的模拟机培训，这是阳江公司生产准备培训的一个里程碑式事件。

同年，国家终于决定在阳江建设两台欧洲先进压水堆（EPR）核电机组，但事情并不顺利，阳江核电招标领导小组与法国人屡次谈判未果。到了2007年，四年辗转，阳江核电现场已经基本完成了场平、海工一期和水库等前期工程，并分别完成了AP1000（美国）、EPR（法国）和CPR1000（中广核自主品牌）三种技术路线的总体设计和总平面布置，把车开到红灯下的阳江核电项目，既焦急地等待绿灯亮起，还得再次考虑前行方向的选择。

时不我待，广东省政府和中广核联合致函国家发改委，请求阳江和台山核电项目进行技术互换，阳江按照建设CPR1000（中国改进型压水堆核电技术，为第二代核电技术）核电机组进行建设，而原计划用于阳江核电站工程的EPR第三代核电机组调整到台山核电站工程。这就是后来人们习惯上说的“阳台互换”。

时任广东省委副书记、省长黄华华在2011年省重点项目建设表彰会上，特别谈到了核电项目的“阳台互换”，将其作为广东推进重大工程项目上马的佳话。这一年，阳江核电公司获得了“广东省重点项目建设先进单位”，并作为代表上台领奖。

“这个变化主要是考虑到第三代核电技术合同谈判、建设实施还有一个过程。而阳江核电站项目已进行了较充分的前期准备，采用CPR1000核电技术，可以将建设步伐大大加快，这样调整更有利于缓解广东日益紧迫的‘电荒’。”时任中广核集团总经理助理、新闻发言人张炜清谈起“阳台互换”时说道。

2007年9月26日下午16点30分，随着阳江核电站主厂区一声爆破，阳江核电项目负挖工程终于开工，标志着历经二十年筹备和前期工作的阳江核电站进入主体工程开工准备阶段，黄华华出席开工仪式。2008年11月12日，阳江核电项目获得国务院常务会议批准，同时建设6台百万千瓦级机组，该项目成为我国一次核准数量最多、规模最大的核电项目。

阳江核电站的建设，被赋予了高度关注与期待。其中还有一个原因是，它是我国首次尝试常规岛建安一体化的核电项目。建筑、安装由一家单位承担，可以充分发挥一体化优势，施工单位能够在人力、机械、移交、协调等方面统筹兼顾，以加快工程进度，提高工程质量。建安一体化在火电施工中早已实现，但在核电建设中尚属首次，这给一举中标阳江核电站1、2号机组常规岛建安及BOP安装工程的山东电建二公司，带来不少压力。

自1号机组常规岛土建开工，很多不可控因素直接影响到工程进度。图纸滞后、设计变更繁多、设备到货晚、恶劣天气等原因，对机组关键路径工期影响平均在3至5个月以上，有的设备甚至晚到货1年以上。山东电建二公司核电工程分公司经理、阳江核电项目经理贺传森着急了，他下令一定要提升战斗力，把工期抢回来。思虑再三，贺传森提出“建筑为安装服务，以安装目标指导建筑”的建安协同理念，决定在建筑施工阶段，安装提前介入，保证建筑质量向安装移交的高水平和准确率。同时通过建筑安装图纸综合会审，保证图纸的一致性，提高建筑预留孔洞、预埋件的准确性。

这种明确而清晰的指导思路具有明显成效。2009年2月15日，按照合同，1号机组常规岛主厂房开挖应全部移交完成，但承建单位直到3月11日才开始分部移交。山东电建二公司主动承担了合同外的地基清理工作，并调集各专业60余人清理了首段22米的廊道基坑。经过昼夜奋战，4月8日，常规岛第一方混凝土顺利浇筑，比合同计划提前7天。

随着土建施工不断推进，这块烂石瓦砾成堆的厂区土地越来越整洁平坦，核岛、常规岛两部分电站主要建筑，逐步在挖坑、钻洞、扎筋、浇砼中建设成形。看着这一切，贺传森心里的石头总算放下了。

2010年8月30日，阳江核电站建设再次迎来新的里程碑，随着指挥人员的一声令下，900吨履带式吊机将重达146吨、下口直径为37米、高17.05米的穹顶缓慢吊离地面，平稳落在反应堆厂房预定位置，穹顶吊装成功，意味着阳江核电站1号机组由主体土建阶段全面转入设备安装施工阶段。

核电厂的设备数量巨大、种类繁多，各系统设备近四五万套件，对供应产品的材料质量和验收安装人员的工艺技术，都有极高的要求。2011 年 3 月 1 日，电站设备验收人员在对 1 号机组二区乏燃料格架进行开箱检查，发现该批格架存在严重的设计缺陷和质量问题。阳核公司立即向集团公司汇报，同时要求来自美国的供货商退货并重新制造符合要求的格架。然而，供货商只同意对相关质量问题进行修复以满足技术规范书的要求，历经三次见面会谈，多次现场试验和出示佐证材料后，供货商最后做出了整改，同意退货和重新优化格架钢板厚度。

2013 年 3 月 25 日，阳江核电 1 号机组开始从设备安装进入全面的调试阶段，随后顺利完成冷试和热试相关工作。

2014 年 3 月 25 日，这是一个注定被历史铭记的日子，在正式开工 6 年后，阳江核电 1 号机组经过了 168 小时示范运行，正式投入商业运营。阳核公司党委书记殷雄在接受记者采访时表示，阳江核电总装机达 650 万千瓦，是全世界最大的在建核电站。

从 1988 年踏勘选址到 2014 年首台机组投产，历时 26 年，阳江核电这颗

2018 年 12 月 16 日，阳江核电 1 号机组正式开工建设

新星终于露出了耀眼光芒。听到投产的喜讯，此时，已经年逾古稀的叶其建更是欣慰不已，就像知道自己的孩儿呱呱坠地一样。而从筹建开始，一直在阳江核电工地上坚守了20年的陈雄超也终于眉头舒展，年轻不再的脸上满是笑纹，他自豪地对身边的工友说："如果别人问我一辈子干啥了，我可以很自豪地告诉他——阳江核电！"

1号机组投产后，阳江核电几乎以每年1台机组的节奏，迎来了投产加速度，陆续实现了2号到6号机组商业运营。2015年6月5日，2号机组投入商运；2016年1月1日，3号机组投入商运；2017年3月15日，4号机组投入商运；2018年7月12日，5号机组投入商运；2019年7月24日，6号机组投入商运。

阳江核电项目总投资近700亿元人民币，建成了6台百万千瓦级压水堆核电机组，预计每年上网总电量可达480亿千瓦时。与同等规模的化石能源相比，相当于减少标煤消耗1483万吨，减少二氧化碳排放3878万吨，相当于造林11万公顷。阳江核电正成为广东绿色发展的一张靓丽名片。

格兰仕的光电效应

周 潺 黄语嫣

2014年8月，广东格兰仕集团副总裁邹能基在《能源管理节能服务合同》上签下了名字，与南方电网综合能源有限公司副总经理陈庆前大力地握了握手。

一年后，全球最大的单厂区分布式光伏发电项目，就落在了这家工厂的屋顶上，在阳光的照耀下折射出缕缕蓝光。

中山市黄圃镇，格兰仕中山基地42栋厂房屋顶，占地约60万平方米、超过20万块光伏太阳能板排列整齐，从10度角“仰望天空”，吸收着来自大自然最原始的能量。

从此，格兰仕不仅每年减少了约500万元的用电成本，还减少了4.3万吨二氧化碳的排放，这件让企业经济效益和社会效益双丰收的大事，被收录在格兰仕官方网站的2015年大事记上。

作为中国制造的一张名片，格兰仕可谓家喻户晓。

创建于1978年的格兰仕，以微波炉、空调和小家电生产为支柱产业，闯出了一片市场，并不断向全球市场扩张，其中电烤箱、电饭煲、电磁炉等产销量均已领跑世界。目前，格兰仕在中国总部拥有13家子公司，在全国各地共设立了60多家销售分公司和营销中心，在香港、首尔、北美等地均设有分支机构。从世界工厂成为世界品牌，格兰仕正在路上。

中山格兰仕日用电器有限公司是格兰仕集团下辖的集研发、生产、营销为一体的全资子公司，厂区内设有两大生产车间，包括拥有15万平方米的第一期冰箱生产基地和二期用地42万平方米的冰洗工业园，2014年全年用电量达到16270万千瓦时，是中山的“用电大户”之一。世界级的光伏发电项目，正坐落于此。

充分利用太阳能发电，优先使用清洁能源，一个传统制造型企业打上了节能环保的绿色标签，转型升级为绿色工厂，还成了中山市绿色发展的靓丽新名片，这看似机缘巧合，却又“命中注定”。

故事还得从“源头”说起。

工业革命以来，石油、煤炭等传统化石能源的消费剧增，能源与环境问题成了制约社会经济可持续发展的两个突出问题，迫使世界各国必须认真考虑并采取有效的应对措施。节能减排、绿色发展、开发利用各种可再生能源已成为全球共同的发展战略。

21世纪，近乎“零污染”的光伏产业异军突起，以令世人惊叹的速度向前发展，全球累计装机容量以每年40%的速度在增长，成了新能源领域的“香饽饽”。其中，中国新增的装机容量，从2010年起一直位列世界第一。

与“中国速度”相背驰的是，基于用户侧的分布式光伏似乎在一开始在国内并不是那么“受欢迎”。国家从2009年就开始了“金太阳”工程和光电建筑示范项目，给予分布式光伏发电系统补贴，并按照投资规模的大小，确定补贴额度。然而在利好政策面前，市场反应并不如预期强烈，很多厂家因为较长的投资周期、政策的可持续性以及相关政策是否落实到位等问题对此还处于“观望”阶段。

这种“望而止步”的尴尬局面，让中山供电局节约用电服务中心副主任颜立帆深有感触。

2010—2015年，中山市的地区生产总值年均增长率达到9.99%，其中，第二产业的地区生产总值增长率实现了连年增长，随着木林森股份有限公司、广新海事重工股份有限公司、佳能（中山）办公设备有限公司等多家企业落户中山，工业用电量也呈年均增长态势，增长速度达到4.63%。

在经济的发展及企业生产规模的不断扩大的过程中，产业的高端化和电力增长模式的精细化，对电力的绿色发展和可靠供应提出了更高的要求，也促使中山供电局重新审视自身在节能环保工作中的角色定位。如何将节能环保服务重点将向用户侧偏移，采取新的节能管理模式，成了首要考虑的关键问题。

2011年10月14日，为了积极探索节能减排的突破口，中山供电局顺势成立了“节约用电服务中心”，由市场部副主任李卫东兼任节电中心主任，由颜立帆担副主任，负责具体日常工作业务，团队成员是郭志炯、李红梅、李翠娟、容家灏四人。

节约用电服务中心的成立目的，简单来说就是“卖电的操着省电的心”，致力于针对大型生产企业、小型民营企业及用电住户等不同客户类型，提供更清洁的能源服务，推出个性化节电服务项目，供电局专业的客户经理前往企业内部开展节能诊断、指导，还有会邀请企业人员到供电局节能示范基地参观学习，参与节能项目商业模式对接会等，并同步开展电能替代的宣传工作。

然而没想到的是，节约用电服务中心“开门惨淡”。

2011 年到 2013 年近三年的时间，客户节电工作不但没有实现新的突破，节能电量完成指标竟然“不合格”。根据国家发改委出台的《电力需求侧管理办法》，每年要完成两个 3‰的节约电力电量计划，即节电量达到上年售电量的 3‰，节约电力达到上年最高负荷的 3‰。横向对比起来，2013 年要比 2012 年下降 154 %，这个数据可让颜立帆愁掉了不少头发。他做好了万事开头难的心理准备，却没想到困难是如此棘手。

为什么没人买账？其实原因很简单，对一个企业来说，节能不是主营业务。在不了解节能带来的好处的前提下，再增加一项额外的工作，谁都会觉得是一种负担。

从零到有的探索过程十分艰难，在广东电网率先开展电能替代推广工作，颜立帆与团队花了不少时间摸索方向。中山供电局 807 会议室是节能中心固定的会议室，颜立帆多次召开讨论会，剖析其中的问题。在一次会议上，李红梅说出了她的想法：“许多企业对供电局推出的节能政策、节能新技术不了解，对自身存在的节能空间情况了解也不清晰，企业的节能项目与技术、产品不对接，找不到合适的市场运作模式，而这些因素影响了大多数企业的节电投入。”

想要有人吃螃蟹，先得闻到蟹黄香。推广新的理念和项目，宣传得先行。中山供电局节电服务中心认识到了宣传工作的重要性，在加大节能环保宣传力度的同时，摸索出了一个新的突破口：携手中山市经济与信息化局，以“省下来的能源才是最绿色的能源”为宣传节能理念，发起“省电”绿色行动，共建“节电荣誉企业联盟平台”。

在本次行动中，中山供电局承诺，加入节电联盟的企业将有机会获得为本企业量身定制的节能诊断，并有专业服务人员上门进行节能技术指导，在日常工作中，也随时提供节能项目咨询等项目，而且，所有的节电服务均免费。

“节电联盟”很快打响了招牌。当时，老牌家电品牌长虹率先“牵手”中山供电局，在南头镇长虹工业园区内成立了长虹综合能效示范基地，主要合作项目包括注塑机改造和分布式光伏发电等，并依托示范基地开展节能宣传和技术交流，服务其他客户实施节能改造。

口碑比任何品牌推广都有用，一传十，十传百。中山供电局的“绿色节电”政策逐渐被企业了解和接纳，很快形成了企业与节电联盟之间的良好互动，吸引和鼓励了大批企业加入其中，如广虹模塑科技有限公司、华奇美塑料电器实业有限公司、乐美达集团有限公司、理龙五金塑料厂等，其中就包括格兰仕公司。

“顺藤摸瓜”找到中山格兰仕公司的，还有南方电网综合能源公司。2013年，光伏业务刚刚起步的他们，接下了佛山美的制冷分布式光伏项目，算得上是一笔“大单子”。他们总结经验，发现广东有很多家电企业，不仅用电负荷高，用电量大，而且有宽敞的厂房屋顶，非常适合推广分布式光伏业务。于是，屋顶面积极大的格兰仕成了他们的“下一个目标”。

2014年初，南网能源公司主动向格兰仕抛出橄榄枝，开始洽谈光伏项目事宜，并安排新能源事业部的技术人员胡志军、洪贺煜前往现场开展项目评估。随后形成的《格兰仕集团中山白色家电制造基地屋顶分布式光伏发电项

2014年4月10日，黄圃供电分局工作人员到格兰仕公司配电房检查设备

目投资可行性研究报告》的结果让大家喜出望外：如果单厂区分布式光伏发电项目成功落地格兰仕中山基地，将成为全球最大的单厂区分布式光伏发电项目，发电量可占厂区用电量的近三分之一，每年可为国家节约标准煤约1.69万吨（按标煤煤耗为340克/千瓦时），减排二氧化碳约4.3万吨、二氧化硫约0.13万吨。同时，夏季厂房可实现降温3—5摄氏度，减少空调近16%的能耗。

当然，对于格兰仕而言，最“动心”的利益是光伏所发电将以优惠电价自发自用，年省电费达500万元左右，可以大大降低企业的用电成本。对于南网能源公司来说，无论是从投资必要性，技术、经济可行性以及风险分析来判断，此项目均具备较好的投资价值。

尽管“利益”如此诱人，当时，格兰仕企业内部依然出现了许多质疑的声音。不仅要在零经验零先例的情况下对厂房的屋顶“大动刀子”，更改厂区原有的用电线路，而且也有可能存在改造后节电量、节电率达不到预期目标，或是成本回收期过长、不经济的问题，因此格兰仕内部反对的声音也不少见。

但此时的格兰仕，已然意识到企业节能减排的必要性。在家电行业，已经有企业通过践行绿色理念，吸引了不少国内外的大单子，格兰仕也想效仿并借此提升品牌竞争力。格兰仕集团公共设施管理科科长、该项目负责人之一梁敬强在项目沟通会上明确表达了支持的态度：“中山市将节能减排作为转变发展方式、经济提质增效的重要抓手，格兰仕作为广东家电的龙头企业，转型绿色智造，这个机会我们必须把握。”

让格兰仕下定决心的，还有国家陆续出台的新政策。2013年，以《国务院关于促进光伏产业健康发展的若干意见》为代表的光伏产业支持政策密集出台，配套措施迅速落实，再次掀起了光伏热潮。其中最有影响力的是财务部下发的分布式太阳能光伏系统补贴办法，除国家对太阳能每千瓦时补贴0.32元外，10个省级、36个地级和10个县级政府还出台了地方补贴政策。太阳能光伏系统的耐用性和相关激励政策使分布式太阳能光伏发电成了最具吸引力的投资项目之一，这也让格兰仕吃下了“定心丸”。

双方虽“有意”，但距离真正“结缘”，达成具体协议，却还要近半年时间。负责合同谈判的南网能源公司市场分部经理陈锡强，已经数不清开了多少次会议，双方都有自己的“算盘子”，围绕电价、折扣、违约赔偿等关键条款争执不下，有时还不欢而散。有一次，从早到晚整整一天，只谈下了三条条款。

好事多磨，格兰仕与南方能源两方代表在光伏发电合同上双双落笔签字，标示着格兰仕光伏发电项目正式启动。合同中明确，该光伏发电项目由南方电网综合能源有限公司投资建设，以合同能源管理模式运营 25 年，预计总发电量约 13.05 亿千瓦时，每年平均发电约 5219 万千瓦时，电力消纳方式为自发自用余电上网。工程属新建光伏电站，包括太阳能光伏发电系统及相应的配套设施，光伏发电系统通过九个并网点，以 10 千伏电压等级并入 10 千伏兴仕线、仕北线、格日线、格微线、马仕线、格南线、宏仕线、仕工线、仕成线。所发电力除厂区自用外，盈余电力分别通过 10 千伏兴仕线、仕北线、格日线、格微线、马仕线、格南线送至 110 千伏马新站消纳；通过 10 千伏宏仕线、仕工线、仕成线送至 110 千伏金里站消纳。

合同一签订，筹备工作就紧锣密鼓地开展起来。合同采用 EPC（工程总承包）模式，即设计、设备采购、施工、运行等都需要进行招标。经过几个

2015 年 6 月 29 日，中山供电局技术人员在格兰仕厂房了解设备安装情况

月严格的招标流程，明确了包括河北冀电电力工程设计咨询有限公司、上海艾能电力工程有限公司、中山电力工程有限公司在内的项目设计单位，项目施工单位则为中国能源建设集团广东火电工程有限公司和江苏达海智能有限公司，监理单位为广东律城工程监理咨询有限公司。

招标完成后，设计工作迅速提上了日程，针对格兰仕企业现有的厂区情况，对厂房的承重情况以及电线排线的合理性进行合理设计，编排其线路走向，完善了基建工程的雏形。

万事俱备，东风已至，采购物资一到位，广东火电有限公司和江苏达海智能有限公司作为主要施工单位随即入组光伏项目团队，主要负责人为梁亚森和秦建。2015 年 3 月 3 日，第一台箱变基础开挖，2015 年 5 月 14 日，格兰仕屋顶立起了第一块光伏电板，项目正式进入了建设阶段。

时间紧，任务重，建设时间只剩下三个月不到。格兰仕的屋顶，见证了一块又一块的光伏发电板从楼下吊起，一拨又一拨的工作人员将其安装固定。7 月底，格兰仕 60 万平方米的屋顶上，5.3 万千瓦光伏组件的敷设工作准备就绪。

对于光伏项目而言，并网是最关键的环节。余电上网，涉及与现有电网系统的协调配合问题，涉及技术层面多、专业领域分布广，需要着手解决的问题多，是块难啃的“硬骨头”。

为了顺利并网，南网能源公司成立了以新能源事业部李达博士为组长的节能专项小组，长期驻扎格兰仕，与中山供电局密切配合。在这位“技术学霸”的“步步紧逼”下，逐个敲定了并网的每一个细节。

2015 年 7 月 20 日，距离项目投产还剩一个月，项目协调会在中山局本部大楼 807 会议室召开。中山供电局市场部李卫东、计划部胡群勇、设备部杨劲松、调控中心洪毅文、变电二所蔡永智、南网能源公司杨晓东和施工单位卢翔等相关人员参加，重点讨论了项目并网调度以及涉及变电站改造等问题。

会议最终敲定，由中山供电局调控中心、南网能源公司、格兰仕用户端签订三方调度协议，确定调管范围和操作管理界面，用户与电网连接的开关柜相关操作由南网能源公司值班人员监护用户完成并统一报送调控中心。会议同时明确，电网侧变电站改造工程施工方由中山市电力工程有限公司完成，

2018年8月，黄圃供电分局员工回访格兰仕，了解光伏发电情况

而通信部分则是由施工方中山市信通通信有限公司进场施工。至此，并网相关的准备工作，一切就绪，项目进入了验收环节。

安装在屋顶的光伏板发的电，通过线路传输到地上的变压器再输送到厂房使用或者上网，所以屋顶和地上都有大量设备需要检查检测。中山黄圃供电分局配电员工全程协助了项目验收工作。

金秋时节，“秋老虎”威力不减，在格兰仕厂房屋顶升起的阵阵热浪中，黄圃供电分局的工作人员认真巡视分布式光伏板的敷设情况。工作人员分成两队，一部分员工在屋顶两端开展线路测试，因为相距好几百米，手机、对讲机等设备通信讯号又不佳，只能通过喊话来交流，“我这边传输一个信号过去，看看接受是否正常!”“没问题！我这边准备就绪，开始吧!”工作人员在太阳暴晒下喊哑了嗓子。另一部分员工则楼上楼下不断地来回跑，进行全线设备检查工作，最多的一天上下厂房屋顶40多次。

在投运前，黄圃供电分局的员工协助客户及施工方开展了六次中间查验，对施工、安装过程中的工艺问题，尤其是对线路与设备的连接接口质量、电缆的放置位置进行把关。果然，在仔细检查之下，有两处不显眼的接口松动问题被“揪”了出来。

8月20日中午12点，阳光准时来敲门。在中山供电局市场营销部、生产设备部、客户服务中心、电力调度控制中心、计量中心、黄圃供电分局等相关部门以及格兰仕集团的共同见证下，黄圃镇马新变电站和金里变电站的主控室内先后爆发了响亮的掌声：“格兰仕光伏项目6号接入点所有操作完毕，发电正常！第一条并网发电线路成功接入运行！”另外两条线路在分别在下午3点和5点成功接入。第一期三条线路的成功并网，标志着全球单厂最大分布式光伏项目并网发电圆满成功。同年9月，剩余的6条线路终于顺利完成验收并通电。格兰仕集团走进了绿色智造新时代。

截至2019年6月24日，格兰仕光伏项目安全生产1404天，已累计发电突破2亿千瓦时，通俗点说就是两亿度电。这是什么概念？它能满足三万多个家庭近两年的用电。然而，对于格兰仕而言，这只是一个工厂“屋顶”的发电量而已，不仅“自给自足”满足了厂区近三分之一的用电需求，发出来的每一度电还能得到国家补贴，截至2018年底已经获得了1800万元的补贴。

回想当年，为何这道看似简单，注定双赢的“数学题”，在一开始却“无人抢答”？从主动向厂家“推销”节能服务，再到格兰仕等企业“愿者上钩”，这背后既是国家新能源战略和政策的推动，也是南方电网系统上下落实节能减排，助力打赢污染防治攻坚战，向能源生态系统服务商转型的决心。

近年来，广东省光伏发电装机稳步增长，2018年新增装机196万千瓦，同比增长12%，分布式新增装机107万千瓦，首次突破100万千瓦大关，占新增装机总量的55%。预计到2020年，全省光伏发电装机容量将达到400万千瓦以上。

智能配网的追梦人

耿爱伦　刘安琪

黄小耘“嗖”地从座椅上站了起来，“太好了！终于等来了这一天”，他差一点就喊出了声音。

2011年2月15日，星期二，春节过后正式上班的第三天，黄小耘收到了“开工大利是”：国家科技部批准广东金融高新区配电网自愈控制技术研究与开发立项。可以纳入国家立项，参与国家级项目研究，可是多少人梦寐以求的事啊。

他走到窗边向外望了望，绿荫下，彩旗灯笼依稀可辨，远处，传来了阵阵舞狮的锣鼓声。锣鼓声寓意吉祥，更催人奋进啊，他回过头来看着台面上厚厚的一堆书籍资料，兴奋中也隐约感觉到了压力。

黄小耘1988年从华中工学院研究生毕业进入企业，此时，他是佛山供电局调度中心副主任。2010年，为了开展项目的研究推进，他被抽调进了项目组，负责牵头开展配电网自愈立项研究，而项目组的人员，还有佛山供电局刘启宏、张勤华、阮绵晖、李林发、黄智勇、张祖荣、陈益祥、任寅寅、赵继光，以及广东电网公司廖毅强、余兆荣、林勇、曲毅、梁文进、陈炯聪、郭金川、杨森峰、周依琳、伍少成、赵伟、党三磊、陈辉，南方电网科研院也派出了董旭柱等参加研究。

黄小耘他们的课题研究样本，设定在广东省金融高新技术服务区。这个服务区位于佛山南海区桂城街道，成立于2007年7月31日，是全省唯一的省级金融后台产业基地，区内有多家数据处理中心、呼叫中心、灾备中心、培训中心、金融创新研发中心等。从2008到2010年间，共有30多个项目签约进驻，如中国人保、香港新鸿基、富士通、广发银行、汇丰银行等众多知名海内外金融机构，总投资额超120亿元。

早在2010年10月18日，佛山供电局便与南海区政府签署《广东金融高新技术服务区电网建设合作备忘录》，承诺未来5年内投资10.3亿元用于该区电网的建设与完善，建成后核心区域的电网电缆化率将达到100%，供电可靠率达到99.99%。黄小耘他们将研究项目放在这里，正可以协助兑现这一郑重承诺。

时间来到2011年10月，北京，秋风萧瑟。国家863项目的申请答辩在铁道大厦举行。黄小耘他们提交的课题项目就是“智能配电网自愈控制技术研

2011 年 4 月 9 日，南方电网公司在佛山南海供电局召开《自愈控制技术研究和开发》开题工作会议

究与开发”。

黄小耘记得，他们课题是由董旭柱代表公司进行答辩的，广东电网公司生技部主任钟连宏，以及佛山供电局生技部主任周强辅等也参加了答辩会。

“电网公司我们在座的都很熟悉，基本以应用和管理为主，你认为你们有足够的科技实力完成技术研发吗?”董旭柱介绍完课题背景、意义、研究思路等，评审专家开始提问。

“我们虽然是南方电网公司牵头，但是考虑到研发的难度，已经提前组建了强有力的技术团队，有天津大学、湖南大学等 985 高校，有南京四方、北京科锐、东方电子等实力较强的企业。我们单独罗列了具体的清单，可以投入的研发人员接近百人，有大学教授、高级工程师、‘海外高层次人才引进计划’中的专家，请各位专家过目。”董旭柱说着，点开了技术团队清单文件。

“谈谈你们的自愈控制系统采用怎样的判断逻辑”……评委轮番提问，董旭柱一一作答，评委们显然满意。

“你的工作单位是南方电网科学研究院，但你们申请的项目是在广东电网佛山供电局，你怎么协调开展，你又不是领导，你如何保证所有的人听指挥，顺利完成项目?”就在董旭柱以为可以告一段落，准备向评委致谢时，一位评委提出了质疑。

董旭柱早有准备，他介绍道：“这个项目得到了广东电网公司及佛山供电局的支持与承诺，现在两家单位的业务负责人就坐在下面。”此时，钟连宏、周强辅也走向评委表明身份，承诺支持。

原来，钟连宏和周强辅不放心，便一起来到了北京，本以为只是来打打气、做做后勤，没想到在答辩环节派上了大用场。就这样，答辩在评委们赞赏眼神中顺利结束。

一年之计在于春。黄小耘立即着手编制智能配电网自愈控制技术体系研究报告及示范工程技术方案。自愈控制系统的核心——配电自动化系统主站是研发的重中之重。主站作为“中央处理器”，除了主要实现配电网数据采集与监控等基本功能，还要满足智能感知、数据分析、科学决策、优化运行的功能。

2012 年 9 月，他们完成技术条件书的初稿后，正式启动主站系统的研发与搭建。黄小耘决定，先在一个电房安装满足相应技术条件的硬件设备以做

2012 年 7 月 3 日，专家组到佛山对“智能配电网自愈控制技术研究与开发”项目作中期检查

测试。他们选取了10千伏海四路公用开关站作为安装点。11月16日，包含配网智能自愈终端、通信交换机、交流整流器、数据采集器、继电保护终端等在内的成套设备成功安装。

在此后的半年间，项目组一边测试已安装的设备功能及运行情况，一边完善体系研究报告及工程技术方案。2013年5月，体系研究报告及工程技术方案通过国家科技部的专家评审。

董旭柱、黄小耘、彭飞进、欧阳卫年与中标厂家联合开展设备研制。而相应的，硬件设备的改造开始全面铺开，由佛山南海供电局桂城供电所负责施工。

2013年9月，主站系统的中标厂家北京四方继保自动化公司在前两年预研的基础上拿出了“第一版”，董旭柱、黄小耘、彭飞进等前往厂家研发机构所在地南京进行工厂验收。对照技术标准逐项测试，黄小耘他们发现厂家的系统不能达到技术条件书的标准，例如系统未实现可根据调度员责任及工作权限范围设置事项及报警内容，以及报警限值和报警死区均可以人机界面方式修改的设计要求。他们没有在验收单上签字。

“这样不行，是没法保障自愈控制功能达到要求的!”董旭柱说。黄小耘他们要求厂家派驻人员到佛山开展主站系统的重新制作，同时方便管理与随时反馈。

2013年国庆节假期一结束，厂家15位研发人员进驻佛山供电局33楼主站机房。

这边的系统开发如火如荼，另一边的硬件改造也在持续推进。继第一个电房10千伏海四路公用开关站改造并测试成功后，南海供电局根据计划把改造工程扩展到了其他线路。为了保障自愈系统的高可靠性，线路全部采用电缆，而金融高新区内很多道路和市政设施先于后落地企业的供电设施建设，不少企业不愿意停电进行改造，这成了南海供电局推进改造的最大困难。

桂城供电所配电部副主任卢智强被安排专门负责推进具体的建设。因为是通信专业出身，他对二次设备和智能终端十分熟悉。据他回忆，最令他难忘的是南海万达广场供电设施的建设，它是自愈控制系统推进研发后新建的项目，于2012年8月向南海供电局提出了初步报装意向。该广场位于金融高新区C区，本不在自愈控制系统预计建设的范围内。但考虑到其体量巨大，建设标准高，以及避免未来重复建设再次停电，在黄小耘和卢智强的协调下，佛山供电局决定在新建时便一并将自愈系统的终端全部装好。

2012年12月，万达广场新装供电方案被推翻，由桂城供电所配电部主任林伟坚和卢智强重新对一次、二次接线及配置进行完善。方案修订好了，但卢智强在实地勘察中发现，部分电缆通道无可避免地需要沿佛山一环东线西侧的中央大街至五胜河段辅道建设，并且要跨越广佛城际主干道海八路，该路段车流量巨大，下方还是地铁的行车通道，最终的电缆接口紧邻金融高新区地铁站的出入口，对电缆通道的设计和施工方案要求都非常高，实施困难很大。

林伟坚叫来了设计单位，请来了政府国土、交通、规划部门到现场进行勘查，终于在2013年2月得到了广佛地铁公司和政府规划部门的许可，制定了电缆通道建设的技术方案。

施工不可避免需要封路，林伟坚和桂城供电所基建部的同事一起，走遍了南海交警大队、佛山一环等相关部门，不断完善施工方案以及海八路的封路施工、车辆分流等细节方案。据林伟坚回忆，施工方案从最初的第一版到最终确定，前后经历了整整一年的谈判。

2014年3月8日，经过对海八路长达15天的封闭施工，万达广场的电缆通道建设完毕，顺利跨越了海八路及地铁通道。3月12日，桂城供电所顺利完成了万达甲线、万达乙线及万广线等3条10千伏线路的投运送电工作，比预定日期提前三天送电，相关自愈控制终端一次性装设完毕。3月20日，基于原有供电设备进行停电改造、加装自愈控制终端的最后一个电房——10千伏财联大厦配电房改造完毕。至此，整个金融高新区自愈控制系统的配套硬件全部建设完成，一共完成了32个配电房、23条馈线的改装和新建，覆盖了37.24万千伏安的用电容量。

而在系统开发“战场”，董旭柱、黄小耘坚持标准，加强进度管控，至4月初，全新的主站系统成功上线。董旭柱、黄小耘与厂家严格测试，确保功能达到了技术条件要求，各个已安装在电房、线路上的自愈控制终端均正常上线工作。为了测试系统的稳定性和实用性，董旭柱和黄小耘牵头，仿照金

2014 年 9 月 2 日，项目组成员组织进行自愈控制系统模拟短路故障试验

融高新区的供电网络在实验室搭建了一个测试系统，历经五个月时间，经过 800 多次实验，对共计 392 种故障组合情况下的自愈系统网络式保护策略进行仿真模拟验证，覆盖了能想到的任何故障，验证了任一可能的故障出现后供电网络的反应。

真实的故障模拟试验安排在 2014 年 9 月 2 日。

这天早晨，和往常一样，广东金融高新区内，来往的车流在马路上穿梭，市民们在千灯湖公园里漫步徜徉。然而，无论是匆匆而过的上班族，还是悠闲信步的人们，都没有留意到，一场电路故障模拟试验即将在这里上演。

南海供电局副局长杨建伟，配电部高能、张耀宇、叶蓓，安监部李文杰，桂城供电所林伟坚、卢智强、林钊鸣，佛山供电局试验研究所李国伟等人，他们头戴安全帽，穿上整齐的工作服，一早就赶到了试验现场，守候在海四路 10 千伏公用开关站外。

模拟试验的另一控制端，数公里之外的佛山供电局调度大楼 32 楼内，董旭柱、黄小耘、彭飞进、黄红远、吴树鸿、欧阳卫年，以及广东电网公司科技部赵永发等人，此刻正密切注视着电网运行情况，紧张地等待现场准备情况。

试验模拟海四路公用开关站、桂华村公共配电站之间的连接电缆发生 A、C 两相相间短路故障。如果没有自愈控制技术，也就是在传统的配电网下，与故障电缆连接的最靠近电源端的断路器会断开，然后 5 秒之后断路器重新合上，如果线路发生的是永久故障，断路器会重新断开，这台断路器后段的线路会全部停电。此次试验，将测试在短路故障发生后，电网自愈系统能否快速断开靠近电源端的断路器，自动将故障点另一端的断路器断开，然后通过备用电源恢复断路器后端线路供电，将故障区域隔离。

检查配电网一次接线，查看开关状态，核对保护功能投退状态，设置好安全围栏，做好监护，人员撤离到安全地带，一切工作有条不紊。

"现场一次试验已准备完毕！"试验配电房现场安监员李文杰向董旭柱报告，董旭柱担任本次试验指挥，负责管控试验整个过程。此时，时针指向了上午 9 点。

"开始进行短路试验。"董旭柱发出了指令，在一旁的调度员吴树鸿轻点鼠标，电脑中正在运行的调度自动化系统里，用于故障模拟的成套自动化开

2015 年 1 月 27 日，黄小耘向国家科技部验收工作组专家汇报自愈控制技术智能配电网建设情况

关图标立即由绿色变成了红色。

就是吴树鸿的这一次点击，意味着正常运行的电网中，突然出现了模拟故障。这就好比川流不息的高速公路上，路面突发状况，车辆瞬间堵塞，交通受挫。

试验电房内的可模拟造成故障的成套智能开关“收到”了故障。调度大屏幕上的供电线路图，出现故障标识点；在故障电缆的两头，靠近电源的桂华村公共配电站的断路器分闸，线路由红色变为绿色，海四路公用开关站瞬间失电。

董旭柱和吴树鸿眼盯着屏幕，他们几乎都屏住了呼吸。故障的电路能否被切割，重组负荷潮流，实现故障不停电，是本次模拟试验成败的关键。这也如同道路发生故障，各个交通要道的车辆能否顺利被引导，以绕开故障路段，确保交通“无损”运行。

供电潮流完成了重构！几乎就在同一瞬间，海四路开关站连接另外一路电源的断路器合闸，线路由绿色变为红色，完成负荷转供。大屏幕前，不知道谁情不自禁“噢”地喊了一声，董旭柱他们的试验成功了。

大家拼命地鼓掌，欢呼！程序里显示，这次网络重构时间1.5秒，低于董旭柱他们预先设计标准的两秒，并且所有的程序均按照预定的逻辑顺序进行。

模拟试验初战告捷，这意味着金融高新区配电网自愈控制项目课题成果得到了实际的验证。此时，从申请立项到试验成功，课题组已经经历了四载寒冬。

其后，董旭柱与黄小耘将所有研发过程、试验过程中的相关技术材料收集、整理、总结，准备迎接验收。

2014年9月29日，项目通过广东电网公司组织的预验收；11月10日，通过南方电网公司组织的自验收。12月13日，通过中国电机工程学会组织的技术鉴定，鉴定认为：在基于馈线组的自愈控制技术和多源异构多时间尺度数据的综合利用技术等方面，达到国际领先水平。

2015年1月27日，黄小耘、董旭柱他们的课题项目顺利通过国家科技部的最终验收，宣告着广东金融高新区配电网也成为南方区域首个具备自愈功能的智能配电网。

如今的金融高新区，新企业不断落户，99.999%的供电高靠性，吸引了众多企业将数据中心建设在了这里。高可靠供电，俨然成了金融高新区招商引资的“金字招牌”。

而当年黄小耘带领下的这一帮年轻同事，大家一同学习、攻关，许多新人从中获得了成长。几年后，就走出了中央企业技术能手欧阳卫年、广东电网公司技术专家彭飞进、佛山供电局配网调度助理技术专家邱桂华、佛山供电局配网调度自动化班副班长朱延廷等技术“大咖”。而黄小耘自己又在2013年建立了专家工作室，越来越多的人加入了他的研发创新团队。

机巡作业“登高”之旅

王年孝　朱　盈

“突突突，突突突”，伴随着震耳的轰鸣声和螺旋桨的飞速转动，500 千伏港城站边上的空地上，两架直升机徐徐升空，再沿着输电线路方向各自飞去。

2015 年 10 月 6 日，“彩虹”台风登陆后的第三天，阳光明媚，晴空万里。广东电网公司机巡中心两架直升机同时展开 500 千伏调港甲乙线、港岛甲乙线，以及 110 千伏赤新线等共 90 公里输电线路通道巡查。

林俊省携带着照相机和红外线检测仪等装备，坐上了直升机，当飞机在线路上方盘旋时，他不时按动快门，用长焦镜头照相机拍摄着输电线路、铁塔。

10 月 4 日登陆的超强台风“彩虹”对湛江电网造成严重破坏。就在台风登陆前一天，机巡中心主任彭炽刚率蒙华伟、刘高、林俊省等几位骨干，直奔湛江，他们还带来了无人机等设备，并向外租用了两架直升机。

10 月 5 日，彭炽刚他们第一次用直升机开展了灾后勘查，巡查了 110 千伏赤新线的 28 基铁塔线路，飞行距离约 20 公里，飞行时间 12 分钟，未发现倒塔断线等异常。在 10 月 6 日的巡查中，他们发现调港甲乙线#34 塔右上相 V 串绝缘子单边脱落、赤新线#30 水泥杆倒杆等两处重要缺陷。

在直升机开展通道巡查的同时，10 月 6 日这一天，无人机班组的固定翼无人机用一个半小时的飞行时间，完成了雷州 25 平方公里的输电线路全覆盖巡查。此外，利用多旋翼无人机，他们还完成了 110 千伏雷纪线、雷唐线、唐企线等约 100 公里线路的巡查。

多种机型联合作战，开展台风灾后勘查，为迅速准确掌握输电线路受灾情况提供了重要依据，也为灾后抢修赢得了宝贵时间。在 2014 年台风“海鸥”抢修中，佛山供电局抢修人员在公司中首次利用多旋翼无人机开展了线路灾后巡查。这次机巡中心直升机巡查，同样也是公司系统在灾后抢修中第一次应用。

在完成了部分线路粗巡之后，机巡中心根据广东电网公司应急指挥中心要求，继续开展了 500 千伏港茂乙线、220 千伏坡廉线、220 千伏雷霞线等线路的重点巡视，检查线路交叉跨越的对地距离，导线、地线有无断线、断股，连接金具有无脱落、松动，并对线路耐张段、接续管、引流板等进行红外测温检查。

参加台风“彩虹”抢修复电，是机巡中心组建后的一次主动请缨，也是机巡作业集约化管理优势的一次体现，在 11 月 6 日召开的抗击强台风“彩虹”抢修复电总结表彰大会上，广东电网公司总经理张文峰肯定了机巡中心应用机巡作业，第一时间协助摸清设备受损情况，加快了抢修复电进度。

此时，距离机巡中心成立不到五个月。就在 2015 年 5 月 19 日，广东电网公司正式发文，成立机巡作业中心。在发文中，公司明确了机巡中心功能定位、主要职责和职责界面等。在功能定位上，机巡中心是公司集中开展机巡作业的实施主体和执行机构，按公司直属二级机构管理，接受公司生产设备管理部的业务指导，根据公司授权和委托，主要负责具体实施公司机巡作业工作，为地市供电局提供机巡作业服务。在岗位和机构设置上，公司明确机巡作业中心设主任一名，副主任两名，内设综合部、数据分析部、机巡作业部等三个部门，总定员暂按不超过 20 人控制。

彭炽刚原任广东电网公司安监部副主任（主持工作），这一年 7 月，他走马上任机巡中心主任。成立之初，连个办公场所都没有，他多方打听、查找，

2015 年 10 月 5 日，广东电网公司机巡中心第一次使用直升机进行灾后勘查

终于在西场省输变电工程公司大院内租用到一栋两层楼的小楼作为办公地点。随后，他开始在系统内外物色人员，调入了来自公司生技部的孙晓敏、张峰，省输变电工程公司的蒙华伟、林俊省、廖建东，电科院的许志海、翟瑞聪，以及佛山供电局输电刘高、清远供电局王丛等系统内人员，此外，还有在南部战区长期从事航空管制工作的转业干部汪勇。初创时期，机巡中心一共 14 人，平均年龄不到 35 岁。

人员到位后，大家就开始规范全省直升机巡线工作。张峰之前是生技部输电专责，对全省输电运维情况特别熟悉。孙晓敏则是生技部生产规范化管理专责，写制度标准是她拿手好戏。蒙华伟原来是在省输变电工程公司负责直升机作业现场管理的项目经理。三个臭皮匠，顶一个诸葛亮，小组三个人经过多次讨论后，就详细分析出全省直升机作业存在的不规范问题，并制定了改进措施，编制了《直升机机巡现场作业实施细则》，这也是机巡中心制订的第一份规范性作业文件。

组建伊始，彭炽刚便开始谋划机巡作业路径。8 月，他先后两次拜访国内通航技术领先的南航珠海通用航空有限公司。第一次，对方只是礼貌性地介绍了通航公司的业务范围和技术实力，他们认为电力巡线成本高，各地巡线标准不统一，山间沿电力线路飞行风险较大，赚不到钱。

两个星期后，彭炽刚第二次登门。南航通航公司了解到，机巡中心对广东电网全省机巡业务实行集约管理，并且机巡中心短短两周内已经制订了直升机机巡作业规范，全省各地机巡作业有章可循，对方立即表现出了深厚的兴趣。

通过和通航公司人员深入交流，彭炽刚了解到，应用直升机巡线，摆在他们面前的方案有两种：一是购买，二是租用，并且像租车一样，租用时可以连飞行员一起租。

而如果是购买直升飞机，一次性投入高，直升机单价从几百万到上亿，各种型号不少，并且选型困难，同时还需要培养飞行员，市场上，飞行员机长的年薪在 150 多万元。此外，直升机还需要由专业人士进行定期保养维护。而选择租用直升机，不需要进行飞机、飞行员初始投资，显然投入费用要少得多，同时还能选用一些安全系数高的机型，如 B－7311 型号直升机。经过

2016 年 7 月 25 日，在清远 220 千伏阳旗甲乙线 N35 塔附近开展多旋翼无人机巡检

调研、洽谈，彭炽刚一方面消除了直升机巡线的安全顾虑，另一方面，与通航公司初步达成了合作意向，这为“彩虹”台风抢修租用直升机奠定了基础。

鏖战“彩虹”之后，10 月底，彭炽刚召集了机巡中心第一次全体人员会议，大家重点围绕近期国内无人机应用的现状，以及广东电网机巡工作的开展各抒己见，对机巡作业发展达成了共识。

和有人直升机相比，无人机不仅成本要低很多，还具有携带方便、操作简单、起飞降落对环境的要求低、能够自主飞行等优势。彭炽刚做过测算，当时直升机巡检每公里成本达到 3000 元，而无人机要少得多。他们讨论后认为，全面推进机巡应用，重点还是要推广应用无人机。

然而，此时国内还没有出台无人机空域相关管理规定或条例，低空领域的无人机飞行基本上都处在“黑飞”状态，存在较大安全隐患。大家认为，空域管理是无人机应用最大的瓶颈。

2015 年以来，国内多地先后多次发生无人机违法违规飞行，影响民航运行的事件。最严重的是成都地区，一个月连续发生八次民用无人机扰航事件，其中六起影响航班运行，造成 138 架次航班返航备降。各地不时出现事件，让高歌猛进的无人机遭遇“一刀切监管”的挫折。

“航空是高风险行业，但是不能因为有风险我们就不做了。”军人出身的汪勇对纪律有着一般人没有的执着，“作为国有企业，我们要合法合规飞行。”

广东电网公司各地市局使用的多旋翼无人机大多是七千克以下的轻型机，全省大概有200台左右，主要进行输电线路特殊地域的单点巡视和跳闸后的故障巡视，携带方便，操作相对简单。同时广东电网还有10多台固定翼无人机，重量都在25千克以上，属于中型无人机，具有巡检速度快、航时长特点，尤其适应于电网快速勘灾和通道巡检，缺点是空域申请困难，体形较大，操作复杂。

汪勇代表机巡中心向南部战区申请飞行空域，但两次都没有成功。第一次去的时候，南部战区顾虑很大，因为如果套用航空管理标准，他们担心无人机飞行一旦失控，容易撞上其他航空器，也担心无人机坠落造成其他损失。第二次，苦于没有机巡相关标准支撑，也打道回府了。

汪勇明白，他们最需要的是一套符合电网特点的飞行可行性方案。根据两次申请被否所发现的存在问题，彭炽刚决定，必须建立机巡业务标准体系。他们组织开展了标准的编制工作，发布了四份无人机技术导则，八份机巡作业指导书。

带上这些规范性文件，汪勇有了足够的底气。后来，南部战区给出意见：局部试飞可以尝试，对于大规模应用持谨慎态度。从提出无人机空域申请到正式批复试点试飞，汪勇与南部战区各层面多方联系，来回十几次，前后历时两个多月。机巡中心协同空军、民航共同建立电网空域管理模式，成为国内唯一获批机巡固定空域航线单位。

机巡作业要规模化应用，其中一个重点是解决占线路人工巡视90%工作量的通道巡视。为此，2015年底，彭炽刚决定大面积推广应用速度快、航程长的固定翼无人机。但是，在当时，在这个领域国内技术几乎是一片空白。

2016年初，机巡中心在粤北清远等地开展固定翼无人机试飞作业。为确保安全，作业时只能让无人机在200米高空飞行。但这样的高度，对电网设备的细节、本体的缺陷根本无法看清。

彭炽刚很清楚，如果继续以此种方式作业，机巡的意义不大，而且性价比极低，必须要有所改变。

就在这时，许志海提出：“我们可以引进近年来国际测绘遥感领域刚发展起来的倾斜摄影技术，将平面的二维照片变成立体的3D模型。”

许志海的设想成了新的突破口，大家豁然开朗：通过在固定翼无人机上搭载多镜头相机，获取地面树木、建筑物、山体等物体更为完整准确的信息，垂直拍摄的照片作为正面，倾斜拍摄的照片为斜面，结合无人机飞行过程中姿态、坐标等POS信息数据，最后将二维照片升为立体的3D模型。

输电通道建成3D模型后，树木及建筑物与导线的空间坐标就可以直接在模型读取了，这样就可以测量导线对树木及建筑物的距离，判断线路是否能够安全运行，实现固定翼无人机代替人工通道巡检。

这种二维变三维的设想很美好，然而实际应用中却出现了新问题。刘高发现，通过测绘行业的成熟软件，虽然可以恢复树冠的坐标，但是输电线路杆塔、导线的坐标，无法还原，对于铁塔这种镂空的结构以及导线这么细的物体，现有的建模技术，根本无法实现还原。

许志海反复测试无人机线路建模，不断总结失败原因，并且要求在数据采集时，不断调整，克服空域、天气、起降点、机型可靠性、各种重叠度、相机倾角、定位精度、燃料安全等因素。许志海、刘高和团队成员一道，进行了一系列的技术攻关，最终通过依托测绘行业的最新算法等技术，成功建立了输电线路导线三维模型。

2017年3月，机巡中心引入垂直起降固定翼作业，同时引入精准定位技术，使得作业质量大幅度提高。在数据处理方面，许志海他们也对建模流程软件进行了集成和简化，处理效率提升三倍以上，树障精度控制在0.5米以内。

经过一年多的数据采集、系统开发和数据处理积累，到2016年底，机巡中心已经成功实现1.2万公里线路倾斜摄影，树障立体测距，2017年完成规模化通道巡视八万公里。这些采集的图像、测量数据，被输入到了机巡系统，建立成了三维的输电线路数字化模型，并应用到线路载流量提升，预测风偏、覆冰、高负荷等多个方面。

机巡系统的建立和功能开发应用，在500千伏云浮卧龙变电站取得了显著成效。2017年迎峰度夏期间，卧龙变电站220千伏GIS因缺陷未能投运，对电网的供电造成很大压力，220千伏云天线、砚珠甲线、云珠线部分塔段运行年限均超过30年，提升载流量风险较高。公司调控中心也认为提升载流量不安全，建议不实施。

这时，许志海等应用机巡采集数据，分析了这些线路的输电线路载流量，并协助督促消除了一些现场隐患，认为卧龙站220千伏出线的供电能力最大可由560万千瓦提高到670万千瓦。这项建议得到了采纳，云浮变电站因此每月实现增供电量8000多万千瓦时。

单兵作战的时代已经远去。要发挥机巡的作用，必须要培养集团军。但在2016年前，培训一位无人机教员的市场价最高达八万元。南方电网公司系统还没有一位无人机教员，这也意味着无人机培训无从谈起。

机巡中心在与厂家反复沟通后，派出了王丛跟队前往武汉封闭培训。经过一个多月艰辛的培训考证后，王丛成为南方电网第一个无人机教员，之后他又与团队筹备培训机构的申报工作，找飞行场地，培养更多的教员，发展更多的飞手。

王丛跑了10多个地市，最终在清远英德九龙镇找到了一个荒废的35千

2017年8月24日，机巡中心作业团队在珠海开展“天鸽”台风后机巡勘灾

伏变电站，把场内的杂草锄掉，就成了飞行培训场地。王丛既管教学、食宿、报名、考试，又负责材料、设备的组装调试，开展了培训基地建设申报。2016 年 7 月，机巡中心正式成为国家民航局承认的具有无人机培训资质的机构。第二年，机巡中心承办了南方电网系统五省（区）第一期无人机飞行员培训，60 名学员全部通过考试。

随着机巡中心各项工作的持续推进，机巡作业效率提升显著。2017 年 8 月底，他们再次受到了台风抢修的深度考验。强台风“天鸽”在珠海登陆，电网遭受严重破坏，110 千伏及以上变电站停运 54 座，110 千伏及以上线路跳闸 272 条，影响客户 191 万户，甚至影响到对澳门供电线路的正常运行。

灾情发生后，机巡中心彭炽刚率队第一时间前往珠海参与救灾，出动 7 架次直升机、136 架次无人机，作业 20 个小时后，机巡 65 条架空线路，作业里程 1200 公里，发现倒塔 8 基，断线断股 27 处，飘挂物 21 处，其他缺陷 47 处，合计 103 处。依托机巡获得的数据，抢修人员迅速找到了线路故障点，并连夜开展 220 千伏国珠甲乙线的抢修。整个“天鸽”强台风抢修期间，机巡作业在灾害勘查方面发挥了重要作用。

机巡作业的创新不停步。2017 年 9 月 13 日，机巡中心在中山 500 千伏襟桂线开展直升机带电更换设备，对#167 铁塔更换老化的导线间隔棒。2018 年 8 月 15 日，第一次无人机自动驾驶巡线在佛山 110 千伏三洲变电站到 110 千伏良兴变电站之间进行，刘高操作平板电脑，在国内首次实现“站到站”自动高精度绕塔巡视。2018 年 11 月 29 日，机巡中心在国内首次开展输电线路带电 X 光无损检测作业，在江门 220 千伏水台线，彭炽刚率作业人员对四基塔位间线路设备开展 X 光无损检测，扫描构件 140 余处。

从无到有，由浅入深，短短几年时间，机巡中心已经建成国内首个机巡数据专业分析管理平台，掌握了立体测图、多拼相机、夜视无人机、大型无人机巡检、机器人、数字化通道运维等多项新技术，可以说实现了机巡作业在国内电力行业的弯道超车，也成为南方电网机巡作业支持中心和机巡示范基地，先后接待了 30 余家国家电网、南方电网等的省级单位到访学习交流。

机巡作业，正引领着全网输电线路巡维的深度变革，从人巡为主转变为机巡为主，从有人机为主转变为无人机为主，从人工遥控转变为自动驾驶。2018 年，广东电网年机巡作业量达到 24 万公里，占比达到 65%，其中无人机的作业量 21 万多公里，机巡巡视里程居全国同行首位，成为南方电网智能技术深度融合的典型样本。

抗击强台风"彩虹"实录

姚 瑶 黄语嫣 陈其勋

国旗随风飘动，人群熙熙攘攘。2015 年的国庆长假如约而至，南国海滨城市湛江的街头一派祥和热闹。

在这个举国欢庆的时节，这里的人们并没有留意，此时，远在西北太平洋的上空，一个名为“彩虹”的八级强热带风暴，也在悄然酝酿，似乎亦有意“凑凑”假期的热闹。

气象部门的消息不断更新：在随后的 57 个小时内，“彩虹”急速狂奔 1300 公里，从 8 级热带风暴加强为 15 级强台风，出现了异常的近海时加强、半夜突然加强现象，直逼湛江。

广东电网公司董事长、党委书记江毅以及总经理张文峰坚守在岗位上，凭着职业的直觉，他们预感到，这一场台风不简单。面对一再升级的气象预警，10 月 2 日，他们就做出决策：全体员工取消假期，迅速从节假日放假状态转入抗风复电“热备”状态。

2 日、3 日，广东电网公司在应急指挥中心召开两次防风防汛应急协商视频会议，江毅、张文峰做出动员，提出防范要求。而在台风最可能登陆的湛江，时任湛江供电局局长陈晔迅速做出安排，要求大家要以“最恶劣的情况”落实台风防御工作，提前做好抢修人员、车辆、应急物资的准备。

3 日 14 时，公司启动防风防汛Ⅲ级响应。安监部副主任、应急办主任陈慧坤带队奔赴湛江开展抗风指导协调。

前方，湛江供电局抗风指挥部立即转入紧张工作。陈晔任总指挥，金诚敢、揭曦、莫新、梁奇峰等局领导任副总指挥，编制台风反事故预案，全面开展风前巡查，梳理物资库存。所有基建项目停工，迎战“彩虹”全体总动员。

“彩虹”步步逼近，狂风夹杂着暴雨越发猛烈地敲打着雷州大地。10 月 4 日，公司防风防汛跳跃升级到Ⅰ级响应。

而此时，湛江供电局调度大楼 12 楼，从变电站、输电前线打来的电话铃声、尖锐的系统告警声和令人惊悚的暴风雨拍打墙壁的声音交织在一起，都收紧着调度大厅在场调度员的每一条神经。

“现场情况怎么样？”主网调度班班长汤文武来回奔忙在各个调度台之间，已经记不清这是第几通打到跳闸现场询问情况的电话，奔走之余还不忘用余

2015 年 10 月 4 日，强台风“彩虹”在湛江登陆，电力设施损毁严重

光别一眼调度台大屏幕，生怕下一秒某个开关又会发出跳闸时的“绿光”。

10 月 4 日 13 点 59 分，汤文武等值班人员最不想见到的情况终究还是发生了——500 千伏港茂甲线跳闸，重合不成功！湛江电网除了吴川片 4 座变电站外的所有区域全部失压，导致了罕见的湛江地区大面积停电。

事后，汤文武他们知道，就在跳闸发生的 15 分钟后，台风“彩虹”在湛江坡头登陆。根据气象部门的信息，这场台风是 1949 年以来在 10 月期间登陆我国陆地的最强台风，登陆时中心附近最大风力 15 级（50 米/秒），中心最低气压为 940 百帕。500 千伏线路的跳闸停电，仿佛是它登场前给电网人的一个“下马威”。

港茂线失压，湛江市区电网与省大电网分割，整个湛江几乎“全黑”。副局长莫新、调控中心主任徐达艺坐镇调度大厅，此刻，他们都清楚，想要恢复市区的供电，第一步就必须要保证湛江电网与大电网重新联结。

纵观整个湛江电网的网架结构，汤文武他们很快将复电重点放在了 500 千伏港茂甲乙线、220 千伏吴泥线上，而这一想法也得到了省中调的认可。确认变电现场情况后，汤文武下令开关强合。“14 点 26 分，500 千伏港茂乙线强送成功，恢复500千伏港城站供电；14点47分，220千伏坡吴线强送成功，恢复220千伏坡头站供电；14点48分，500千伏港茂甲线强送成功，恢复双回500千伏线路与省网联网……”复电捷报频传。

4日晚上，湛江500千伏主网架基本恢复，湛江电网与广东电网的重要电源通道打通。

然而，台风肆虐，整个湛江电网破坏严重，情况到底如何？次日上午，风势减弱，湛江供电局应急指挥中心立即下令，展开灾后勘查。由于受灾面积大，部分灾区积水严重，“陆军”的地面勘查极为艰难。关键时刻，公司机巡中心调配了2架直升飞机和7架无人机驰援，开展线路“粗巡”。值得一提的是，这是广东电网首次使用“直升机+无人机”开展灾后巡检，为随后的抢修复电赢得了宝贵的时间。

陆空协作，各单位数据汇总，江毅第一时间拿到了电网受损情况数据。据统计，湛江电网110千伏及以上停运变电站74座，其中中心市区12座；10千伏及以下线路倒断或倾斜杆18014根，受损线路1405公里；受影响台风区12789个、用户180.9万户，其中中心市区22.8万户。而在整个广东电网范围内，110千伏及以上变电站停运80座，110千伏及以上线路跳闸122条、倒塔85基。

灾情就是命令，江毅指示，举全省之力，迅速支援湛江等地灾后抢修。省输变电公司“铁军”马不停蹄，佛山、东莞、阳江、云浮、惠州、清远、珠海、肇庆、茂名、中山、江门供电局以及兄弟单位广州供电局13支抢修队伍先后奔赴湛江。据统计，各单位在这次台风抢修中，共调派9266人、车辆2083辆、应急发电装备206台，雷州大地上，处处闪现着各支援单位抢修身影。

广告牌七横八落，树木拦腰折断，到处是冲刷的淤泥垃圾，连广东海洋大学大字招牌也不翼而飞……台风扫荡，一片狼藉，恢复生产生活，抢修复电刻不容缓。

在台风“彩虹”的登陆点南三岛，岛上电力设施受损严重。祸不单行的是，10月4号夜里，在狂风吹袭下，南三大桥受到一艘挖沙船的撞击，桥墩出现裂缝，这条通往岛外的唯一通道不得不紧急封闭。

一时间，南三岛成了一座电力、交通隔绝的孤岛。

5日一早，风力稍减，南三供电所所长李真荣召集全所兵分两路核查灾情。一路由配电运行维护班组成，负责高压线路损失现场核查；另一路由营业班组成，负责低压台区损失现场核查。两天内，李真荣他们终于摸清了电网受损情况：全岛倒塔17基，断杆640基，斜杆116基，损坏架空线路70.55公里，9条主干线瘫痪。

受损线路中，最让李真荣以及全所员工忧心的无疑是10千伏巴东五里线。该线路是整个南三岛电网至110千伏田头变电站的“大动脉”，除了线路受损，此时田头变电站也已经停电失压，且沿线2基跨海铁塔倒塌，显然短期内已无法从变电站恢复供电。

南三岛上的供电“难处”很快反馈到由湛江供电局副局长郑世明、坡头供电局局长李杰贤“坐阵”的坡头区应急指挥中心。综合勘查分析，郑世明他们做出了一个大胆的转供方案，即用110千伏线路暂时代替10千伏线路送电，由原110千伏田头变电站供电改为由110千伏南调变电站供电，经10千伏梧村博立双回路线，在76号杆跳接110千伏坡田线77号塔，再由坡田线97号塔再接上10千伏巴东五里线121号杆，由巴东五里线倒供电入110千伏

2015年10月5日，广东电网公司紧急调配多辆应急发电车支援湛江

田头变电站，再分别从田头站变电供电10千伏光丰线和伊甸线，从而恢复南三岛的供电。经过一路迂回包抄，南三岛上，灯光重新被点亮。回忆起这个抢修方案，李真荣不无惊叹。

10月5日午间，东莞、中山、江门、茂名、珠海、阳江、清远供电局等支援抢修队伍抢修队伍陆续到达，展开一线抢修作战。

支援的大军兵分多路，分布在各个抢修现场。中山、东莞供电局共计1000人赶赴遂溪，江门、肇庆供电局共计600人奔赴东海岛，清远供电局500人在廉江区，珠海供电局300人在霞山区，珠海供电局200人在赤坎区，惠州供电局500人在坡头区。

10月6日，南三大桥经当地公路部门紧张维修后重新开放，南三岛抢修会战全面打响。茂名供电局、阳江供电局以及广州供电局支援队伍合计800余人，迅速过桥，进驻南三岛抢修。

炎热的天气，毒辣的太阳，抢修队伍浑然不惧，他们连续奋战，倒塌的铁塔电杆，断裂的导线金具，被抢修队员一一修复。一些村民自发地给抢修人员送上凉茶、矿泉水。

10月7日，在遂溪岭北镇，抢修人员在扶正10千伏岭北岭南线93号铁塔

陈小乔是抢修队的副队长。10 月 7 日下午到南三岛后，陈小乔以及同事还没来得及放下行李，便来到南三所，与所长李真荣等人召开抢修碰头大会。南三所在前两日对灾情的“地毯式”核查为抢修支援“开了一个好头”，根据核查结果，支援队伍很快摸清了岛内的受灾情况，对物资进行申报，并在南三所所员的带领下落到受灾一线进行线路巡视、摸清环境，为第二天的抢修做准备。

10 月 8 日，阳江供电局支援抢修队在新沟村子抢修时，村委会送上了自发购买的 12 箱矿泉水，村主任刘智兴亲自用车把矿泉水运到了抢修点。刘智兴拉着副总指挥陈小乔的手说：“十分感谢你们远道而来，这是村民们的一点心意，希望不嫌弃。”说罢，刘智兴便连忙组织岛民卸下矿泉水，陈小乔他们拒绝不过，只得“恭敬不如从命”。

“来电了，来电了!”10 月 9 日 21 点 20 分，10 千伏巴东五里双回路线成功合闸送电，成为南三首条复电的 10 千伏主干线。经过抢修，10 月 11 日，全岛全线恢复供电。

抢修进入白热化阶段，各类物资需求直线上升。为了保持物资供应的顺畅，公司物流服务中心改变以往“后方协调、前方参与”的工作方式，实行“队伍前移、联动应急”。10 月 4 日“彩虹”登陆当日，物资中心组建了两支党员突击队，前方“湛江前线应急物资保障突击队”分批奔赴廉江、遂溪、坡头等一线抢修工地，对物资供应进行巡回跟踪、协调，将掌握的第一手需求信息及时回传；后方“7100 应急物资调配突击队”根据既定预案，紧张有序开展“需求接收”“需求匹配”“驻厂催交”“到货跟踪”等工作，力保应急物资到点到位。

在 220 千伏霞迈线的第一基塔抢修现场，抢修人员苦于塔材抢修材料欠缺。

“我们总共有 55 基塔材缺货!”10 月 5 日 21 点，在霞迈线一线抢修现场的物资人员杨志敏拨通了省 7100 应急物资中心的电话。物资中心塔材应急组骨干欧伟强回忆当晚的情形，仍感震惊，他说，2013 年“尤特”台风破坏已经很严重，但那时主网塔材需求才只有 10 余基，而这次，霞迈线就有 55 基。

欧伟强发现，这 55 基铁塔大都建于 2006 年前，经过近 10 年的变迁，许多生产图纸散佚，部分生产厂家由于各种原因已退出市场。想要迅速供上塔材，绝非易事。

情况紧急，省公司物流中心专门请来省电力线路器材厂放样室方主任，凭借多年的线路器材生产经验，方主任给出了“没有物资就即刻加工制造”的建议。但此时，电力线路器材厂并没有塔材型号参数，他们立刻让湛江供电局调来图纸，组织省电力设计院和生产厂家进行核对，确保信息无误。

6日的凌晨，省公司物流中心灯火通明，欧伟强他们和广东安恒钢构有限公司等12家塔材生产厂家的14位代表，连夜商议塔材加工细节，以便结合厂家各自特长和实际产能迅速组织生产。

物流中心履约部专责张宁走访广东塔材生产厂，及时回传生产进度。

8日9点，塔材物资运到了霞迈线抢修现场，此时正在现场等待的省输变电公司抢修人员张裕达、曹信坤等终于盼到了“及时雨”。

除了现场抢修，物资供应，客户服务同样是一场拉力赛。从受灾以来，湛江供电局客服中心电话不停，20个客服工位座无虚席，市场部专责以及其他班组人员、实习生共20人全部加入工作队伍。7日这天，湛江供电局95598话务量高达17777条，刷新了单日呼入总量的历史纪录。

一方有难，八方支援。10月8日，茂名供电局调遣5名话务员和1名服务调度专责前往湛江供电局支援，而黄勇军是这支援湛小分队中的一员。

黄勇军他们到达现场后，立即投入收集汇总故障报修、抢修进度的信息，动态跟踪复电情况，把停电日期、停电类型等信息一一录入系统，形成表单，及时传递给在线坐席。

支援队伍的来到大大缓解了湛江95598客服人员的工作压力，湛江供电局客户服务中心业务受理班班长叶萍大赞茂名支援队伍。短短两天，茂名供电局支援队伍已完成了5632个话务量，平均话务用时1.5分钟，效率极大提升。

在各路抢修队伍的不懈努力下，湛江的灯火又陆续重新亮起。从5日到6日，220千伏椹霞线、榭赤线抢通，9座220千伏变电站全部恢复；7日，500千伏调港甲乙线成功恢复，调顺电厂2号机组重新发电，增强了电网的供电能力，湛江市区基本恢复供电；10日凌晨，220千伏赤椹线抢通，恢复了220千伏主网环网；10日，晨鸣纸业发电机组成功并网，确保了太平、良丰两个

2015年10月9日，物流中心员工将抢修物资运抵湛江抢修现场

镇的复电；抢修人员采取临时跳通、线路降压运行等办法，11日，63座失压110千伏变电站已经全部恢复……

“有电咯！有电咯！”10月6日19点58分，广东海洋大学寸金学院里，学生们的欢呼声此起彼伏，麻章区10千伏麻四线恢复送电，整个校园沸腾。

历经风雨，跨越彩虹。10月13日，湛江抗风复电任务全线告捷，各单位支援抢修队伍陆续凯旋，雷州半岛生产生活逐渐恢复。

11月6日上午，广东电网公司召开抗击强台风“彩虹”抢修复电总结表彰大会，会议主会场设在公司本部三楼礼堂，各单位以视频形式收听收看。江毅等公司领导在主会场参加会议，张文峰作总结讲话。会上，公司新闻中心制作的抗击强台风“彩虹”抢修复电专题片，以强烈的视觉冲击力，回顾了抗灾、抢修、复电的全过程。

46位个人19个团体获记功。给予陈晔等3人记中国南方电网公司个人二等功一次；给予广东电网电力调度控制中心调度部等5个团队记中国南方电网公司集体二等功一次；给予朱华等43人记中国南方电网公司个人三等功一次；给予湛江麻章供电局麻章供电所等14个团队记中国南方电网公司集体三等功一次。

“灾情就是命令，面对‘彩虹’的突袭，各部门、各单位认真贯彻落实网、省公司工作部署，明确职责和抢修任务，主动做好配合衔接工作，如期兑现了省委、省政府和南方电网公司‘3天恢复市区供电’‘7天全面恢复供电’的复电目标，圆满完成抢险任务。”张文峰代表公司党政班子，从五个方面肯定这次抗风复电工作：一是把握规律，超前谋划，赢得了抗灾复电先机；二是上下齐心，主动作为，凝聚了抢修复电合力；三是奋勇争先，攻坚克难，检验了“三严三实”成果；四是携手合作，共渡难关，巩固了抢修复电协作机制；五是心系用户，聚焦一线，维护了负责任、有担当的良好形象。

95598 集约化嬗变

刘 岱 陈海燕

广东佛山南海区佛平路与南三路交叉路口一侧，整洁的小院，崭新的楼宇，阳光下，玻璃幕墙熠熠生辉，绿树掩映着长廊，洋溢着一派现代化的气息。

这里是广东电网公司客户服务中心，它集客户服务和功能展示于一体。无论是全省的95598电话热线服务还是互联网线上服务，标准统一的指令都在这里交汇，将服务传递到全省各地。

2016年底，广东电网公司市场营销部副主任王国瑞最初踏足这个小院时，却是另一番景象。这里曾经是佛山南海供电局的办公地，占地面积10983平方米，大楼呈“U”字形。早在十年前南海供电局乔迁后，这里就几乎闲置了下来。因长期欠缺打理，很多地方都密密麻麻布满老苔藓，从里到外散发出古老而又陈旧的味道。

这时的王国瑞，肩负的压力并非外人所能理解。他出生于东北黑龙江，大学本科毕业后一直在惠州供电局工作，有如孕育他的黑土地一样，和他打交道的人都觉得他沉稳务实。

2016年3月，南方电网公司客户全方位服务管理委员会把优化整合服务渠道列为年度重点任务之一：“要按照分级集中、分类管控、分别实施原则，做好广东、广西电网公司95598呼叫中心集约化管理试点工作。”到了5月，又发布了省级客服中心建设实施方案，明确由省公司负责筹建实施，省公司客服中心按照省级集中模式建设，通过95598热线、网上营业厅、掌上营业厅、微信平台、短信平台等远程服务渠道受理客户诉求。这项工作，广东必须走在前面。为此，广东电网公司定出时间表：在2017年6月30日前，实现95598省级全业务集中。

时间紧迫。王国瑞深感责任重大，实现广东19个地市局的话务割接，完成19个地市局的全业务集约，同步开展佛山南海基地建设，务必每一样都高质量完成，不可偏倚。

2016年10月31日，广东电网公司总经理张文峰签发了成立客服中心筹备组的通知，随后，王国瑞被任命为客服中心筹备组组长，牵头开展省级95598集约工作。

虽然对这个新机构的发展还未及详细思考，但是王国瑞知道，客服中心的建立，既是公司管理集约化的新要求，也是互联网信息化发展的必然趋势。

2017 年 8 月 18 日，客服中心举行南海基地启用暨揭牌仪式

全省各地从 2001 年开始逐步建立 95598 服务热线，服务功能也由电话报修、电话信息查询等扩展到缴费报装等，随着经济社会的发展，原本分散在各地属地化分布式管理的 95598 话务服务，与客户对标准统一、精准高效的服务需求间的矛盾日渐凸显。王国瑞从与公司领导刘启宏、张文峰、陈晔等多次沟通中，越来越感受到组织机构的变革意味着服务理念、内容、功能、方式、流程、标准等全方位的改变。

但一切都是白手起家。新的客服中心定位是什么？办公场地如何解决？呼叫平台怎么建设？怎么样将现在分散在各地呼叫中心优化集中？一长串问题，都在王国瑞的脑子里打转转。但是他知道，省公司都已将省级热线集约管理列入了“头号任务”，此时的他已经没有退路。

筹备组成员不多，除了组长王国瑞，还有筹备组副组长覃浩。覃浩有 1.84 米的个头，多年基层营销经验。和王国瑞一样，陈海燕也是临时从公司市场部抽调协助筹备，她经常拿着一本黑色的笔记本，上面总是密密麻麻地写满了工作实施安排和协调进度。

“我们是白手起家，一切都是从零开始，要做好充足准备，在不影响客户服务的前提下，保质保量实现省级集约。”王国瑞时刻提醒大家。

经过反复讨论修改，2016 年 12 月 5 日，《客服中心建设管理实施方案》正式印发，《方案》分为三个阶段计划实施：第一阶段，利用佛山供电局客服中心现有场地，实现第一批单位佛山、湛江、揭阳全业务集中运营，及 19 个地市局投诉举报业务集约；第二阶段，租用佛山、东莞现有场地作为临时过渡场地；第三阶段，利用位于佛山南海的新大楼实现 19 个地市局的全业务集中运营。而在王国瑞他们的心底里，则希望进度更快一些，即利用佛山、东莞等临时场地的实体坐席，提前实现 19 个地市局的全业务集中运营。

实施方案如同大楼的钢筋，是框架。他们立即分工合作，着手于中继扩容、省地业务流程调整、营销系统 95598 集约改造、通信组网路由策略制定、话务溢出及应急保障、人员培训上岗等工作，这一切都在筹备组成员的步步为营中不断推进。

当各项工作任务都落实到位，运营商平台组网配置调测成功的那一刻，陈海燕严肃的神情中露出一丝喜悦：“我们离省级集约很近了，还需要统筹落实各地市做好最后的切割准备，丝毫不能懈怠。”

时间分秒必争，100 多项任务一项项如期完成：11 月 25 日佛山供电局 95598 全业务集约；11 月 30 日湛江、揭阳投诉举报业务集约；12 月 9 日，佛山客服中心实现中继扩容；12 月 10 日其他地市局投诉举报业务成功集约；12 月 15 日，湛江、揭阳供电局的全部话务集约到省公司统一呼叫平台……第一阶段任务圆满完成。

“省级话务集中迈出重要的一步！”想起与时间赛跑，与质量较劲的场景，在话务现场连轴作战的覃浩不禁发出感叹。

2017 年 1 月 12 日，客服中心正式成立，广东电网公司在发文中明确，客服中心为客户服务业务的实施主体和执行机构及客户服务决策的支撑机构，按公司直属二级机构管理，接受市场营销部的业务指导。

此外，在文件中，还明确了客服中心的职责和内设机构。根据公司授权和委托，负责实施 95598 服务热线、网络、社交平台等渠道的客户服务及日常运营管理、远程渠道建设运营及服务产品宣传推广，开展数据挖掘和数据分析应用工作，以及客户满意度调查及客户体验提升等工作，协助对地市供电局客户服务和业务支撑等工作质量进行监督和评价。内设综合部、财务部、业务受理部、质量保证部、业务支持部、数据应用部、客户关系部等7个部门，其中，业务受理部下设业务受理班，质量保证部下设质检班。

“我们有组织了。”陈海燕眼中泛着喜悦的光。此时已临近春节，务工人员开始陆续返乡，在这个特殊时期，保障供电服务顺畅尤为重要。1月17日，筹备组根据人员业务技能水平参差不齐的实际情况，在信息部门的技术支持下，决定采用灵活措施，即对客户的疑难问题，业务不太熟悉的话务员可直接“飞线”给业务较为熟悉的进行解决，以降低平均通话时长和呼损率。

春节过后，大批务工人员从四面八方返程，纷纷奔向一二线城市。2月6日，筹备组在佛山同济西建立临时办公点。第二天，王国瑞主持召开了客服中心筹备组工作动员会议并宣布：“筹备组第二、三阶段工作正式扬帆起航！”

“第二阶段重点解决三类难点问题：一是完成一系列通信改造，解决新租赁场地与省地的网络、通信传输问题；二是完成500名话务员招聘及培训上岗工作；三是制定应急路由策略，公司系统运行部、信息中心、客服中心、各供电局分别制定网络、系统与业务的应急方案，明确应急与回退措施，同

2017年2月7日，筹备组在佛山同济西建立临时办公点召开客服中心工作动员会议

时兼顾新大楼的建设工作。”王国瑞向组员介绍道。

覃浩负责话务割接工作，他很熟悉话务割接的流程，好像工作流程图早已刻在了他的心上。任务繁巨，每次割接必须要完成从隔断到试验，从回退到应急测试等一系列检验工作，确保省级95598话务线路通畅，确保正常的话务工作不会被集约前的准备所延误。

为保证95598话务现场接话能力和质量，康峰等筹备组成员根据工作经验和当前实际，制定了话务现场“十个规定动作”和“十个严禁”。这个“双十”制度，是坐席员现场处理问题、严格防范错误的行动指南和标尺，一直悬挂在客服中心话务室内。

有了前期的精密部署和应急保障，各个供电局的话务割接和运营管理像自动化流水线上的成品，统一而标准。一系列成果陆续来了：3月21日，完成省级集约化技术平台搭建；3月28日，佛山、湛江、揭阳供电局话务切割至佛山临时场地；3月30日，东莞供电局完成话务割接；3月31日，惠州供电局完成话务割接；4月7日，中山供电局完成话务割接；4月8日，肇庆、清远、韶关、阳江、潮州供电局完成话务割接。

“全业务集约有盼头了。”看着集约成效的数据和成果，欣喜之余，康峰定下心来，投入下一阶段的工作。此时正值南国四月天，春去夏至，和风暖阳，集约工作进行得如火如荼。谁也没有想到，4月8日晚，珠海供电局话务在割接工作中出现了系统问题，陷入了困境。

事发突然，覃浩立即通知回家休息的苏立伟火速返回话务现场，然后迅速评估当前话务情况，确定解决办法：联系信息中心，协调佛山供电局就近调拨一台语音网关设备，火速送往珠海供电局。当即，苏立伟火速赶到佛山供电局，将一台正在运行的语音网关设备上的任务内容调整到另外一台设备上，临时空出这台设备作为珠海供电局割接应急设备。完成这一系列调整工作已是次日零点，此时信息中心陈非赶到了现场，完成最后一轮检查工作后，凌晨2点他拿到设备，连夜送设备到珠海。

覃浩、康峰一直守在话务现场，紧紧关注着话务割接的每一个进展，留意着期间的每一个通话，生怕疏漏客户的任何一个电话。凌晨4点，陈非将设备成功护送至珠海供电局，并成功完成安装调试。在硬件的保障下，筹备

2017 年 4 月 10 日，广东 19 个地供电市局实现全业务省级集约

组成员完成最后一轮话务割接前的测试和回退准备工作，珠海供电局如期完成割接工作！

4 月 9 日，河源、汕尾、梅州、江门、茂名、珠海供电局完成全部业务割接；4 月 10 日，汕头、云浮供电局完成全部业务割接，至此，广东 19 个地供电市局实现全业务省级集约，客服中心全面承接省内 19 个地市 95598 服务热线和网上营业厅、掌上营业厅（APP）、微信等远程服务平台业务，日均热线服务量达 4 万通，互联网服务量 12 万宗，热线服务规模超过 1500 万户次，互联网服务规模超过 4000 万宗次，话务日服务规模远远超集约前。

自 2016 年 12 月 15 日到 2017 年 4 月 10 日，历时 116 天，筹备组正式完成全省 19 个地市局全业务集中，比计划足足提前了近 80 天。

至此，第二阶段工作正式告一段落。

与此同时，第三阶段工作，即南海基地大楼建设也在马不停蹄地推进中。

阳春三月，阴雨绵绵，这给施工带来了不少困扰。为保证施工进度，筹备组他们从各地市供电局抽调了一批员工，成立了 3 个项目部、18 个工作小组，分别负责推进综合运作、业务运营和基地建设等工作。“下雨了我们就加紧室内施工，天晴了我们就赶快去户外，打雷下雨我们都不停歇。”作为筹备组组长，王国瑞定期组织施工项目小组会议，跟踪工程进展，协调工程问题，不敢有丝毫的松懈。

作为大楼建设现场负责人，简冬琳干脆的嗓门一点也不影响她细心的把关。她穿着同一双平底鞋，穿梭在各个施工点、协调会议间，个子不高，声音却极具穿透力。她细心把握现场的每一个环节，是各个建设小组之间的“小灵通”。

6月底，历经近5个月的奋斗，工程顺利完成，一座老建筑被改造成了现代的综合楼，大楼分为了办公区、生活区及宿舍区三大区域。整个建设施工过程安全零事故、工期无拖延。8月18日，筹备组成员顺利搬进大楼办公，业务集约实现了实体化运作。

短短几个月，广东电网在南方电网内率先完成话务集约，集约成效迅速凸显，成功改善各地市资源不均衡、忙闲不均问题：高峰话务从集约前的1400宗/小时提升到1600宗/小时，话务高峰期最大排班人数为275人，比集约前分布式话务峰期排班减少约130人；日均话务接通率接近94%，超过了90%的预定目标，并逐步提升至98%。

除了业务上的增效，减员的效果有“据”可依。全省话务坐席人员还分散在各地市的时候，总人数达1000多人，成立客服中心集约化管理初期降到约700人，而新基地投用后又降到了480人。而集约初期，新基地还未投用时，话务人员主要分布在佛山客服中心、黄岐过渡基地及东莞客服中心应急基地。

同时，客服中心定位为“问题解决中心”，针对客服过程中存在的服务意识不足、能力不够、流程不熟、响应不快、作风不好、应对不力等问题，建立问题闭环解决机制，实行“销号”管理，有效地提升了各单位对客户诉求的重视程度和办理效率。集约以来，客户问题解决率大幅提升至99%，平均问题解决时长降低45%，实现了12398投诉率的大幅下降。

质量追求无止境。2017年，客服中心通过向人才市场发布招聘资讯，积极招揽优秀接听话务人员。同时邀请46名来自地市供电局各专业线条的老师，对其进行为期三个月的跟班指导，以及开展涵盖“入班能力筛查、通用服务知识、业务知识、系统操作、旁听体验、现场实操、回访及远程体验、接线体验、独立接线跟踪、上岗考核”十大冲关体系的全员培训，确保新员工快速上岗。

入驻新大楼后不久，广东接连遭遇“天鸽”“帕卡”“玛娃”三次强台风袭击，客服中心迎来了服务全方位考验。他们先后派出若干专业队伍，为受灾最严重的珠三角地区进行现场话务专业支持。王国瑞说：“我们要充分保证，哪怕客户并未在台风区域，也可知道家中用电情况，绝不可以让客户处于焦虑中。”这成为台风期间筹备组每一个成员的工作基本准则。期间，客服中心高峰时日话务量达到 21.4 万宗，平均每分钟就接近 150 宗。众人全情投入，客户诉求得到高效传递，话务省级集约的协同效应突显。

话务集约只是开始，跟随“互联网 +”大潮，2017 年 12 月，广东电网公司与百度签署战略合作协议，以推动人工智能技术在 95598 热线服务上的运用，让客户享受到更加便捷、智能的客户服务。

如何确保信息准确？客服中心副主任叶慧萍带领人工智能调研组，到阿里巴巴、腾讯等知名互联网企业进行对标交流后，认为 95598 和百度在人工

2017 年 8 月 21 日，95598 话务现场

智能开展上的确存在着太多差异，有许多的技术需要改码和修编，而且这些技术的落地也涉及了广东电网公司内部各类系统接口、数据对接、工作流程，要想在短期内精准实现人工智能运用，专业团队必不可少。王国瑞赞同叶慧萍的意见和建议，立刻牵头筹备建立人工智能班。百度公司也派出十余名工程师协同开展程序编辑、编写代码等工作。通过一个月的协同合作，2018 年 1 月底，客户服务人工智能技术首轮落地运用。

客服中心的建设，朝向功能定位，不断实现着广东电网公司对客户服务的转型蜕变。从 19 个地市供电局的各自为战，到客户服务省级话务集约运营，如今客户只要拿起电话，或通过微信等方式，在另一头，客服中心必定能提供又专业又悉心的回应。

筑梦广东电力市场

汤子隆　杨雅洁

2016年3月，羊城广州，绿树葱茏，花开似锦。位于东风东路757号的广东电网公司本部七楼的市场营销部办公室，看起来和平常一样忙碌、高效地运转，电话铃和打印机的声音此起彼伏。

彼时，市场营销部主任杨骏伟又多了一个“新身份”——广东电力交易中心筹备组组长。他知道，这场由直购电推进的改革是迟早要来的，但无法预料，从公司的内设机构转变为一个相对独立运营的平台，需要付出多少努力？这场改革能走多远？唯一确定的是，他和他的团队将要面临一场“硬仗”。

2014年4月，国务院总理李克强在国家能源委员会上提出要求：加快电力体制改革步伐，推动供求双方直接交易，提供更加经济、优质的电力保障，让市场在电力资源配置中发挥决定性的作用。

从中央到地方，改革的信号已经十分明确，整个电力行业都要向前跨一大步了。广东也想往前跨一步——建立电力交易中心。

东方欲晓，莫道君行早。广东对电力市场化的追求早期就已确立。

根据广东省经信委2013年8月印发的《广东省电力大用户与发电企业直接交易扩大试点工作实施方案》，电力交易机构负责组织开展电力交易，分解月度交易计划，出具交易结算凭证，统计、发布和报告市场信息。电力交易机构的组建工作交给广东电网公司负责。

“先开枪，后瞄准。”当初广东没有选择先建交易中心，而是直接开始交易。2006年11月，国华粤电台山发电厂、广东电网公司及广海湾工业园区等六家大用户签订了直购电试点合同，2013年8月9日，广东省经济和信息化委和国家能源局南方监管局联合召开大用户与发电企业直接交易扩大试点启动会议，包括粤电集团在内的7家发电企业与15家电力大用户代表在会场直接签约，积累了宝贵经验；2013年12月27日，全国首次发用电双方主体线下电力集中竞价交易在清远开市。

广东电网公司负责直接交易的，主要是市场营销部交易科的姚星安和厉韧，也就是后来交易中心的第一批成员，其余成员都分布在调度、营销等部门。每当到了交易日前后，姚星安他们就聚到一起做准备工作。每年过百亿的交易电量都在一个“小科室”完成。

2015 年 6 月 30 日，广东电网公司董事长江毅到电力交易中心调研

开展交易更像是“打游击”。没有固定的交易场所，就每次选一个地市，把省经济和信息化委、南方监管局、电网公司、发电企业和电力用户聚集在一起；没有交易系统，直接在 Excel 输入用户申报数据然后匹配报价；没有清晰的分工，就大家一起上。

“总不能老是让一大帮人跑来跑去。”2014 年直接交易的规模比原计划扩大，达到 148.5 亿千瓦时，更多的用户进入市场，有关部门就尽快“组建交易机构、搭建交易平台”达成共识。

2014 年 11 月，广东电力交易中心作为广东电网公司内设机构成立。在南方电网公司关于推进电力市场交易的文件表述里，交易中心是“政府授权电网公司成立的第三方交易机构”，主要职责是负责技术支持系统运营管理，按市场规则组织开展电力市场化交易业务。

2015 年 3 月 15 日是个值得电力行业铭记的日子。中共中央、国务院《关于进一步深化电力体制改革的若干意见》正式印发，电力行业内部习惯性将它称之为“中发 9 号文”，文件核心内容可概括为“三放开、一独立、三加强”：有序放开输配以外的竞争性环节电价，有序向社会资本放开配售电业务，有序放开公益性和调节性以外的发用电计划；推进交易机构相对独立，规范运行；继续深化对区域电网建设和适合我国国情的输配体制研究；进一步强化政府监督，进一步强化电力统筹监督，进一步强化电力安全高效运行和可靠供应。

这也广泛被称为“管住中间，放开两头”。

如何解读，如何执行？省发改委和经信委分析，“管住中间”相比“管住两头”更依赖于顶层设计，省级政府层面推动起来更加顺利的可能就在“两头”上了。

“两头”当中又有侧重。对于有序开放发用电计划，由于西南水电在广东全省电量规模占比 1/3，尚不具备条件，而放开售电侧正是符合广东直接交易阶段的选择，可以真正地把需求端引入市场。从广东的产业结构看，中小型企业数量更多，这给放开售电侧提供了基因层面的支持。

2015 年 11 月 28 日，广东再饮“头啖汤”，与重庆市一起被国家发展改革委确定为本轮电改的售电侧专项改革试点。

与此同时，9 号文的六个配套文件发布，其中包括售电侧改革的行动纲领。《关于推进售电侧改革的实施意见》对用户准入提出了总体要求，包括符合国家产业政策，单位能耗、环保排放均应达到国家标准；拥有自备电源的用户应按规定承担国家依法合规设立的政府性基金，以及与产业政策相符合的政策性交叉补贴和系统备用费；微电网用户应满足微电网系统接入的条件。

当时各地符合这些条件的用户数量很多，谁应该最先进入市场，成了一大难题。这个时候，谁掌握更多数据，谁就将协助政府部门发放“入场券”。

杨骏伟清楚，广东电网公司拥有全省最详尽的电力用户数据，在政府主管部门的要求下，他们开始对省内排名靠前的非限制类、淘汰类行业进行全面摸底，包括石油、炼化、钢铁、有色金属、汽车制造等行业初步入围，再根据年用电量排序，组成初期大用户名单。

作为直接交易的深度延续，广东省重点引入省内骨干企业，让电力大用户充分享受改革红利。另一方面，根据发电侧可放开的电量规模，有针对性地选取园区用户进入。

“我想换一种方式成就自己。”2015 年 1 月 30 日，江克宜突然发现自己成了社会热点人物，手机响个不停，媒体纷纷要求采访。不久前他从深圳供电局罗湖供电分局局长的位子上辞职，完成了深圳市深电能售电有限公司的工商注册，担任法定代表人和董事长。这也是全国首家售电公司，一时引起社会轰动，尽管当时售电牌照还没有下发。

随着首批具有中介性质的售电公司被引进电力交易市场，电力改革迈出了更具实验性的一步。

如果说售电侧改革是本轮电改的首个亮点，点燃社会资本的热情则是售电侧改革启动时最为浓重的一笔。截至2015年12月24日，广东省有近20家民营企业注册成立售电公司。

与此同时，月度集中竞争交易平台也在紧锣密鼓地建设中。

2016年3月25日，省内36家发电企业和包括13家售电公司在内的81家电力用户参与了首次集中竞价交易。现场犹如“证券市场”，不断刷新的数据牵动着每个人的神经。最终竞价结果显示：28家发电企业中标，80家电力用户成交，平均降价幅度超过0.125元/千瓦时。

集中竞价交易的结算方式也备受关注。2017年初，广东省“6+1”改革文件发布，《广东省售电侧改革试点实施方案》明确：直接参与市场的大用户结算，其价差电费由电网企业在其应缴电费中抵扣。与售电公司有委托协议的用户按照电网企业、售电公司、电力用户三方合同约定向电网企业缴费，电网企业向电力用户开具增值税发票；发电企业按照交易结果从电网企业获取上网电费，向电网企业开具增值税发票；电网公司按实际购售电合同履行情况，向售电公司支付或收取价差电费，售电公司向电网公司开具或获取增值税发票。

电网公司在电力交易市场的深度介入，曾引来“电网公司可能会操纵行业数据”的疑虑。广东电网公司副总经理陈晔明确指出，电网企业在市场化中必须为市场主体做好服务，保证数据的真实性和准确性。

9号文中提出的“建立相对独立的电力交易机构，形成公平规范的市场交易平台”，也是相关各方关注的重点。

但什么是“相对”独立？

当时，国家能源局、各级政府组织了多场讨论会，关于交易中心的争论很激烈。电网企业认为，遵循 9 号文的意见，只要把交易业务和电网其他业务分开，就是相对独立。但发电企业和其他参会单位不同意，认为公共交易平台就应该完全独立。国家的顶层设计已然出台，表面上，广东电网内设的交易中心仍按照时下的规则组织月度集中交易，电力市场的湖面上似乎仍然平静如初，但实际上则是暗流涌动，各方利益主体的较量正在悄然展开。

一听说要独立，电网之外不少地方都对交易机构心动了。

发电企业里，粤电集团最积极。早在 2013 年关于扩大直接交易试点的会议上，粤电集团明确提出希望参与交易中心组建。这一次他们仍然意愿强烈。

交易中心怎么组建？省政府、国家能源局南方监管局、省能源局和广东电网公司还没有定数，省政府希望由有交易经验的广东产权交易集团承担组建工作，但主管部门还是希望把交易机构设在电力行业内部，由于电力有一定特殊性和专业性，交易活动需要与调度密切配合，内外部形势决定了，这场变革必将有电网公司承担。

面对诸多竞争者，杨骏伟、陈晔意识到，如果自己不参与这场变革，就会被其他机构替代。随着电力体制改革的推进，调度机构的权力将大为弱化，调度要做的就是忠实履行市场主体的意愿，不可能像从前可以替市场主体做出决定。交易中心应该忠诚履职，不为电网公司谋取利益，但它是一个连接政府部门和各市场主体的纽带窗口，如果失去这个窗口，电网公司将被边缘化，在改革中失去话语权。所以，一切势在必行，组建交易中心已经是板上钉钉的事了。

2016 年 6 月 28 日，广州正值炎夏，一群无惧热浪考验的人来到粤电大厦，公司制的广东电力交易中心正式揭牌，这是广东电力市场的里程碑。揭牌仪式在粤电大厦 306 会议室举行，国家能源局总工程师韩水、南方电网公司副总经理贺锡强、省经信委副主任李向明、省能源局局长张祖林、广东电网公司董事长刘启宏出席揭牌仪式，省内发电、售电等其他市场主体和第三方机构代表也到场见证这一历史性时刻。

8 月 29 日，省发改委、经信委及南方能监局联合提交了《广东电力交易中心组建方案》，9 月 26 日，时任省委常委、省政府副省长徐少华对请示做出批示，认为方案较充分体现了国家和广东省现有文件的要求，基本符合电力体制改革方向，考虑到与国家相关改革文件的衔接，《广东电力交易机构组建方案》暂不印发。省经信委、发改委、南方能监局可根据这一方案先推进具体工作。

最初的组建方案就确定了广东电力交易中心将由广东电网公司控股，省内发电、售电等其他市场主体和第三方机构参股，省发改委、经信委、能源局等主管部门与广东电网公司沟通了股比问题，他们原本以为会有一些争议或者阻力，毕竟在国家电网区域内，省级交易中心大多是由国家电网独资，但南方区域对于组建股份制交易机构的不同意见较少。曾参与此项工作的省经信委副主任李向明感叹：“南方电网还是相对开明。”

杨骏伟回忆道：“在省委、省政府的关心支持下，组建过程都很顺利，当时关于股权占比、管理人员确定的讨论会，都是一次性通过决策的。”广东电网公司持有70%的股份，粤电集团（现广东省能源集团）持有10%，中广核集团、广州发展集团、深圳能源集团和华润电力（广东）销售有限公司这四家公司各持有5%。

按照组建方案，交易中心下设发展研究、交易组织、分析结算、市场管

2016年6月28日，广东电力交易中心正式揭牌

理、信息数据五个业务部门，设综合部和财务部两个支持部门。2017 年 3 月 1 日，广东电力交易中心正式完成工商注册。随着资金到位，接下来最重要的就是人了。

作为控股股东，刘启宏在引入人才方面全力支持。2017 年 4 月 27 日，交易中心领导层陆续到位，交易中心筹备组组长杨骏伟出任董事长，有着 20 多年基层供电局工作经验的黄远明出任总经理，另外三位副总经理分别是来自粤电集团的黄志生，来自广东电网调控中心的卢恩，以及广东电网市场营销部的曾智健。4 月 28 日，5 个业务部门和 2 个支持部门负责人也陆续到位，主要来自广东电网公司本部和调控中心，都是业务工作上的骨干，清一色名校高才生。就这样，交易中心在组织机构上的“架梁立柱”工作已基本完成。

进入交易中心工作后，所有人员与原单位的劳动合同都自然解除，重新与广东电力交易中心有限公司签订劳动合同。党团工会关系暂时留在原单位，直至广东电力交易中心党团组织成立再转进党团组织关系。

算得上再一次“白手起家”。从揭牌到正式完成工商注册，交易中心最初的十几个人，不仅着手于机构组建，其他相关的规则细则、市场设计也如火如荼展开。2016 年下半年，电力市场交易规则迎来剧变，售电公司在努力适应新规则，电网公司则在思考如何与市场化浪潮无缝接轨，而政府监管部门及广东电力交易中心则在规则细则优化上寻求新突破。

广东电力交易中心发展研究部部长王一回忆，2016 年 10 月，国家能源局总工程师韩水到访广东，在广东电力交易中心听取了市场建设情况汇报后指出，现阶段的交易产生的价格信号不清晰，建议改进，并给了一些建议。

当天晚上，广东电网公司副总经理陈晔立即召集调控中心和交易中心的技术骨干，连夜讨论规则修编事宜，凌晨基本达成出清方式选择方案。第二天，陈晔会同省能源局、省发改委直奔北京，向国家能源局做详细汇报。这也为《电力中长期交易基本规则（暂行）》的印发注入“催化剂”，推动全国电力市场化建设进入“快车道”。

2016 年 12 月 29 日，国家发改委和国家能源局联合印发《电力中长期交易基本规则（暂行）》，基本规则大量采用广东电力市场规则细则，可见国家能源局对广东电力市场充分认可。

交易规则在不断完善，广东电力市场交易系统建设也在紧锣密鼓地建设中，把原来集中竞争、挂牌交易等交易行为从“线下”搬到了“线上”，所有的中长期交易行为都可以通过交易系统自动撮合完成，极大提高了市场运转效率，广东电力交易中心平台作用及广东电力市场优化资源配置效果更加明显。

业内都明白，电力市场建设是一场艰难之旅，充满未知考验。广东经过漫长而艰难地开拓前行，终于迎来一线曙光。从2016年底开始，广东电力市场开始了探路与领跑之路，电力市场设计理念领先全国，电力交易品种不断创新，有些方面甚至比国外电力市场考虑得还要全面，比如用电权的概念，国际电力市场是对供大于求状态设计的，而广东电力市场设计者们考虑到了供小于求的状态，这在全球能源领域是一种首创。在中长期市场，广东电力交易中心打造了“6个+”广东样板，构成了广东市场样板的整体架构，在全国范围内起到了良好的示范引领作用。

更多的主体参与到电力市场中来。9号文配套文件之一《关于电力交易机构组建和规范运行的实施意见》首次提出要在电力市场中建立市场管理委员会。这意味着电网公司、发电企业、售电商、电力用户在内的众多市场主体拥有了新的发声方式，自上而下的秩序也会因此发生改变。

按照《广东省电力交易机构组建方案》，广东电力市场管理委员会由广东省内电网企业、发电企业、售电企业、电力用户以及独立代表组成，负责研究讨论交易中心章程、交易和运营规则，收集电力市场相关情况，推荐交易中心高级管理人员是广东电力市场自治性的议事协调机构。

2017年7月14日，粤电大厦306会议室气氛严肃，唱票声清晰干脆，经过政府推荐、电网公司协商、发电和售电企业选举，广东省电力市场管理委员会诞生了。会议推选了广东电网公司代表为市场管理委员会秘书长，秘书处设在广东电力交易中心。

首届市场管理委员会的九名成员分别来自电网公司代表广东电网公司、广州供电局，发电企业代表华能国际电力股份有限公司广东分公司、广州发展电力集团有限公司，售电企业代表广东粤电电力销售有限公司、广东华厦电力销售有限公司，电力用户代表深圳市华星光电技术有限公司、中海油惠州石化有限公司，独立代表清华大学电机工程与应用电子技术系。

时任省经信委副主任李向明在现场寄语：“市场管理委员会成立以后，希望能尽快统一思想、开拓进取，建立协商机制，集中全体市场主体的智慧，从广东实际出发，不断完善电力市场规则，促进广东电力市场健康成长！”

这一年，广东电力市场管理委员会先后审议表决了《广东电力市场结算实施细则》和《广东电力交易中心有限责任公司电力交易服务收费方案》。广东电力交易中心发布的《广东电力市场2017年年度报告》认为，“批发+零售”联动的中长期市场体系基本建成，售电市场健康发展。

广东电力市场再次走到“进阶”时刻，“无现货，不市场”成为流行语。从经济学的角度看，中长期交易是电力市场的基石，完成了市场中的大多数目标；现货的任务是处理不平衡，主要是解决电网的物理问题，是对于中长期交易的帕累托改进（实现公平与效率的路径和方法）。

2018年8月31日，全国电力市场建设者们再次将目光聚焦广东，南方（以广东起步）电力现货市场正式投入试运行，全国首套具有自主知识产权的现货支持系统问世。

省发改委副主任吴道闻表示，南方（以广东起步）电力现货市场试运行可有效解决计划于市场、现货交易与中长期交易、不同成本机组同台竞争等困扰电力市场化改革的实质问题。

广东电力市场建设翻开了新的篇章。

500千伏网架的最后一块拼图

白国颖　吴　鑫

2014年8月清晨，云浮市云安区白石镇，集市的人群熙熙攘攘，商贩的叫卖声、车辆的引擎声不时响起。细心的人们发现，不知从什么时候起，这集市的喧嚣中还糅杂着阵阵的“咚、咚、咚”声。

声音是从离白石镇不远的石底村委长冲村那边传来的。这一天，500千伏卧龙变电站开始动工建设了，在不足百米高的一座小山坡上，重型运输车辆不停地来往穿梭，大型挖掘机、打桩机、吊车正在紧张作业，碎石声、打桩声不绝于耳。

站址所在的山坡不高，而且地形开阔。早前负责建设施工的广东省输变电工程公司借助钻探、管波探测等科技手段，探明了站址区域地下情况：这个地方属于典型的喀斯特地貌，浅浅的红土地下尽是复杂的溶洞层。

“山上都是大石头。”这是该站留给广东省输变电工程公司土建施工负责人陈茂辉的第一印象。

陈茂辉虽然才30岁出头，但也有好多年的输变电工程施工经验。此时的他刚从东莞串抗500千伏变电站转场过来，卧龙变电站是他负责的第二座500千伏站，进站的第一个感觉就是这里的地质条件与他以前所接触的有明显的不同。

建设“3C”绿色变电站，创建国家优质工程——这是广东电网公司对这座变电站的定位。自1987年广东第一座500千伏站——江门变电站建成投产后，28年来，全省各地的500千伏变电站如雨后春笋般拔地而起，将20个地级市逐块拼接，形成一个完整的超高压电力网架，如今，卧龙变电站便是这个网架中的“最后一块拼图”。它的动工兴建，意义非凡，从上层到基层、从领导至员工对此都有着深深的期望。此时，陈茂辉心里并不平静，就如四周起伏的山峦。

云浮，位于广东省的中西部，与肇庆、江门、阳江等市相邻，西接广西梧州市。从2013年至2015年，随着振兴粤东西北经济发展战略的实施，在水泥、陶瓷、石材等龙头产业的带动下，社会经济快速发展，用电需求逐年增加，最大用电供电负荷年增长均在10%以上。

当时云浮境内建有云浮、定能2座发电厂，8座220千伏在运行的变电站，连接省电网主要通过3回220千伏线路连接，任何一条线路检修或出现故障都可能需要其它线路配合停电，对电网稳定运行构成严重威胁。“由于与省网联系不强，云浮很大程度上依靠本地电源。遇上电厂停机，必须通过错峰等办法来压减负荷。”广东电网公司电力调控中心专家介绍说。电网网架的薄弱，使得云浮供电可靠性较差。

除此之外，华润西江发电厂于 2013 年 9 月获得广东省发改委核准批复，计划投资 54. 39 亿元，建设 2 台 66 万千瓦超临界燃煤发电机组。很明显，如果云浮电网不升级拓展，将难以满足日后工农业生产和电源送出的需要。于是，广东电网公司将卧龙输变电工程从“十三五”提前到“十二五”实施。

卧龙变电站总占地面积约 9. 4 万平方米，其中围墙内的占地面积 4. 5 万平方米。站址地质情况比较复杂，地形起伏较大，最大相对高差约 60 米，且周围乱石堆砌，如果强行采用平坡式布置，将大大增加施工难度和土石方总量，一旦出现强降雨还容易造成水土流失。经过认真论证和计算，他们决定采用三级阶梯式布置变电站的设计方案，相比以往常见的平坡式布置，大大节省了土石方总量和边坡占地面积，其中土石方总量可节约 7 万立方米，边坡挡墙占地面积节约 4113 平方米，实现水土保持、土方平衡、节约用地，最大限度降低对周边环境的影响，实现与周边环境相协调。

2014 年 8 月 13 日，卧龙变电站土建工程正式开工。陈茂辉他们在一侧的半山坡上，搭了一个临时工棚板房作为项目部的办公室，按照施工进度控制

2016 年 5 月 14 日，500 千伏卧龙变电站建于山丘地带，因地制宜采用台阶式布置

2016 年 5 月 14 日，卧龙变电站进站大桥合拢施工现场

图，紧张地忙碌起来。虽然对这里复杂的地形地貌有所了解、有所准备，但在实际工作中碰到的困难，还是超出了他们的预料。例如，变电站边坡高度达 35 米，开挖回填土方量最大。为防止水土流失及变电站的安全，在挡土墙建设上，他们采取“上部放坡、中下部加筋土反压平台、下部单排悬臂桩式”的挡土墙复合支护方案，效果良好。

卧龙变电站进站起点处与站址的高差约 30 米，进站道路中间路段为天然山谷，都是水田、耕地、鱼塘等农用地。为减少这些农用地的征用，云浮供电局在设计上花了一番花思，决定架桥进站。经过近两年施工，2016 年 5 月 14 日，进站大桥终于顺利合龙。看着这座全长 406 米的进站大桥，越过水田、耕地、鱼塘，蜿蜒而上，宛如半空中的一条丝带，环绕着青山绿水，陈茂辉心里满是自豪感。

进站桥梁的建成，标志着变电站主体工程土建施工进入了尾声。很快，陈茂辉他们就完成了基础交付。

2016 年 5 月，陈茂辉他们的土建施工队伍还未撤场，省输变电公司一分公司安装团队就迅速进驻了。领衔的是年轻的熊鹏辉，他此前只担任过 220 千伏项目安装负责人，这次担任 500 千伏项目变电设备安装队长还是头一回。“作为年轻人，有的是冲劲，缺的是经验，既然上级信任我，给我机会，我就要化压力为动力，毕竟这也是自己学习进步难得的机会。”熊鹏辉回忆说，

“担负这个项目，我也想真正挑战一下自己，严格控制好安全、质量、进度，努力交出我们的品牌精品工程。”

同样忙碌起来的还有云浮供电局基建部的陈文勇。一说起他，周边的同事都竖起大拇指，“他话不多，才来不久，但事情却做得不少。在他的带领下，整个项目部攻克了一个又一个难题。”因业绩优秀，责任心强，一直从事变电运行工作的陈文勇被提升为卧龙输变电工程项目经理。进入变电设备安装阶段，陈文勇一方面要配合施工方做好与当地有关部门的协调工作，解决施工存在的难题；另一方面，还要负责跟踪设备到位情况，确保安装工作如期推进。

主变压器原计划在 6 月 17 日开始安装。然而，就在这节骨眼上，却发生一件掉链子的事：主变压器迟迟不见到货。

陈文勇和熊鹏辉当即急得如热锅上的蚂蚁，与重庆变压器有限公司几番交涉后，等来的却是一份延期声明。原来，生产厂家 5 月 10 日已将主变压器从重庆装车发出，6 月 19 日运输专列行经赣州东站时却发现枕簧出现裂纹。为确保运输安全，厂家对其进行紧急更换后再重新出发，预计 6 月 27 日才可到达。实际上，真正到达的日期比这个预计日期又延后了两天。

6 月 29 日早上，主变压器终于抵达云浮牧羊火车站。此时，距离原定交付日晚了整整 12 天。

一早就在火车站等候的云浮供电局基建部副主任尹作劲、陈文勇、叶家洪等人，终于看着了这批“风尘仆仆”的设备，其包括两组主变压器共 6 台，每台变压器算上附件重达 190 多吨。

尹作劲他们立即指挥着吊车加紧卸运、装车，一直忙到下午 4 点多，好不容易才把全部设备从列车上卸了下来，一件件的设备将原本就不大的站台堆得满满的。

如何将如此庞大的设备准时、安全地运达卧龙变电站，是一件棘手的事情。超大重型设备高速运输，需要取得政府部门的特批路条才能放行。在此之前，云浮供电局就专门向市里作了汇报，经过申请，陈文勇他们已经顺利地拿到了运输许可文件。

下午 6 点半，由当地公安部门和电信、移动、供电等单位车辆组成的运输车队，避开交通高峰期，运着高5.2米、宽4.2米、长6.5米，净重136吨的主变压器，浩浩荡荡地从牧羊货运场开出，向肇梧高速云浮六都收费站进发。

道路平坦，交通顺畅，一切似乎都很顺利。

不料，晚上8点，当运输车队到达六都收费站时，却被路政部门截停，并出示文件告知：不允许上高速。这突如其来的变故，打了陈文勇他们一个措手不及。陈文勇立即向局里报告。虽然上层与多方沟通，但仍然没有获准通行。

车队不得不临时停靠在路边，看着漆黑的野外，运输公司领班的老梁跟陈文勇打趣地说："看来今晚要在这荒郊野外喂蚊子咯！"陈文勇无奈地笑了笑，没有回应。

高速运输的方法行不通，几乎一夜未眠的陈文勇不得不重新规划行进路线图，制定国道运输方案。

从六都高速路口去往卧龙变电站，走高速全程40公里，走国道大约60公里。两者距离虽然相差不太大，但实际上走国道要比高速难得多、复杂得

2016年7月5日，卧龙变电站第一台主变穿过村庄时的情景

多。因为走国道沿途要经过多个村庄，中间还有一段的乡间小道，路基承重、路面限高等等都是不得不考虑的问题。

“走国道，我们要亏本啊！”听到新的运输方案后，车队领班老梁第一时间担心运输成本问题，加上难以预料的路况，心里一百个不愿意。不过，冷静下来之后，他还是对车队司机进行了叮嘱：“大家要注意安全，留意路况，听从指挥，保持车距，稳当行进！”

7 月 3 日清晨，在受阻停运后的第五天，车队又重新出发了。不过还没开出 10 公里，载着超百吨主变压器的拖车突然爆胎。领班老梁连忙组织人力紧急换胎。一个多小时后，大型拖车发动机再次响起，向前开进。

车队一路跋涉，经过白石镇后不久，驶入一个乡间小道。因为道路狭窄，车队不时要停下来，一来要疏导来往行人和车流，二来遇到一些架设过低的线路、路灯等，他们还要撑线拆灯，甚至有些地方还要铺路搭桥。在一个拐弯处，庞大的主变压器被路边的一间房子给挡住了。陈文勇他们下车反复察看，一致认为，要想通过，唯一的办法是把靠近路边的墙角拆掉。一位老乡站在门口扯高着喉咙喊：“你们不能拆，这是私人财产，损坏了要赔偿！”

经过与屋主交涉，又联系了当地镇政府工作人员出来做思想工作，最终取得了屋主同意，陈文勇他们拆除了一隅墙角，问题顺利解决。一路上，光是这样的墙角就拆了 10 多处，庆幸的是沿途的群众都能接受车队的请求，十分理解并积极配合，没有遇到太大的阻力。

当天傍晚时分，运输车队开上了进站桥。刚刚建好的桥梁经受了大型运输对它第一次大考。几分钟后，车辆驶入了变电站场地，大家这才如释重负。“主变设备已经顺利运达卧龙变电站！”陈文勇拿起手机，第一时间激动地向局里汇报。

有了运输第一台主变的经验，接下来的设备运输就变得更加快捷和顺畅了。很快，主变压器组件 6 台套全部到位，设备安装工作正式展开。

设备安装每一个环节都严格执行安全规范，每一项工艺都精益求精。熊鹏辉和他的团队齐心协作，主动担当作为。唐昌国是家中“顶梁柱”，其间家里亲人患病去世，却未向组织提出自己的困难和要求；马长松家属到工地探望临时租住在邻近的镇上，半夜接报工地供水出故障，他立即小跑着去查看管道，做好水管的维修更换。

那段时间，陈文勇也忙得团团转，过着“白+黑”“5+2”的日子。工程时间紧、任务重，加上又是新设备、新工艺，这一道道难题摆在他的眼前，让他倍感压力，陈文勇每天一早到现场监工，协调解决工程遇到的问题，根据进度表，每周统筹工程进展情况，确保工程处于受控、可控、在控状态，做到时刻心中有数。

到了8月上旬，两台主变压器组件安装基本完成。随后，变压器开始注油。省输变电公司一分公司安装团队的蔡家好、李明华不停地检查着变压器油过滤情况。每相变压器安装好后需要注入数十吨油，注油时间长达十多个小时。为保证油样品质，杜绝注入过程中的差错，队里每次都要一早就将油样送到广州检验，等到傍晚油样检测结果合格后，他们立即开始注油操作，一直要持续到第二天清晨。这期间蔡家好他们几乎都是通宵不眠地盯着。

变电站500千伏高压场地上，数条大口径管母一字排开。管母之间采用

2016年8月17日，省输变电公司人员正在拼合安装卧龙变电站500千伏管母

硬连接，一条 200 多米长的管母，切割、焊接、拼合安装的工艺要求非常高。之前，省输变电公司有一项职工创新成果“提高管母切割一次合格率”技术，熊鹏辉将其派上用场，一显身手，果然效率质量俱佳。

变电站采用主控制室集中控制，3000 多条控制电缆犹如“神经网络”从主控室伸向站内各个高低压电气单元，而三级台阶式设计增加了电缆敷设施工难度，也对工艺提出更高要求。负责控制电缆安装的张志超穿梭在变电站电缆沟里，经常要弯着腰，蜷缩着通行，精心布列好每条电缆。时值盛夏，天气酷热异常，张志超衣上的汗水湿了又干，干了又湿。

云浮地处粤西山区，气候潮湿多雨，长期的日晒雨淋容易引起设备密封缺陷，从而造成安全隐患。对此，该工程将 220 千伏 GIS 设备由户外改为室内布置，改善运行环境。“卧龙变电站 HGIS 设备调试的工作量太大，当时陈文勇几乎没怎么睡觉，晚上熬到深夜，第二天又是第一个到办公室。”同为项目部成员的 80 后同事叶家洪说，“有一次，他在现场熬了个通宵，大伙都劝他休息一下，可刚坐下来一会儿，接了个电话转身又投入到工作中去。”此外，为减少扬尘污染，熊鹏辉他们采取了多项防尘措施。在 500 千伏 HGIS 安装场地上围上了防尘塑料膜，工作作业时要求穿戴鞋套、帽子。

2016 年 12 月 16 日，卧龙变电站就要投运了，陈文勇以及运行值班人员翁钰荃、张映滨、朱健、林伟鹏等悉数到场，开展投产前各项操作。晚上 6 点，他们接到南方电网总调指令，对 2 号、3 号容量各 100 万千伏安的主变压器进行充电，并网成功。主控室内立即响起了经久不息的热烈的掌声。

历时两年四个月建成的卧龙变电站之所以引人瞩目，不但在于它是云浮的第一座 500 千伏变电站，还在于它是实现广东超高压电网全覆盖的最后一块“拼图”，至此，全省 21 个地级市均建有 1—5 座 500 千伏以上变电站。同时还优化了粤桂两省（区）之间主干电网的联接，由广西 500 千伏贺州变电站出线解口接入卧龙变电站，并同步投产 220 千伏配套工程，完善 220 千伏电网结构，有效地提高了云浮电网的抗风险能力。

从 1987 年 10 月广东省第一座 500 千伏变电站—江门变电站投产以来，广东先后建成投产 500 千伏深圳变电站、广州增城变电站、佛山罗洞变电站、惠州变电站、汕头变电站、东莞变电站、韶关曲江变电站、深圳鹏城变电站、

2016 年 12 月 16 日，云浮供电局变电运行人员正在进行投运操作

肇庆砚都变电站等一系列变电站。截止到 2016 年底，广东全省已经拥有 500 千伏变电站 52 座，其中广州、深圳、东莞、佛山等地达到或者超过 5 座。全省超高压输送电网络覆盖主要用电负荷重心，结构日趋完善。

『电莞家』服务速览

杜云飞　俞曼之　袁绮雯

2017 年 4 月初的东莞，阴雨连绵。

看着窗外雨势纷纷，这天，东莞供电局项目管理员邓国洪想起正在施工的长安镇 110 千伏东宝变电站，心里顿时紧张起来。他赶忙约上广东省输变电工程公司余小浪，以及东莞市电力设计院赵树民驱车来到东宝变电站。

脚下的泥土松松垮垮，施工工地上积聚着一滩滩泥水。邓国洪他们踩着泥泞，巡视了一圈。这时，余小浪刮了一下脚上的泥土，提出一定要用架钢板砖支护。随后，他们又一起讨论，提出还得在电缆沟口砌砖，才能防止雨水冲入。

在雨季铺设地下电缆，让他们很是头疼。邓国洪等人深知，东宝变电站位于冲积地带，土质疏松，一开挖很容易垮塌，造成电缆通道下坠偏移。加上又正逢雨季，极可能出现雨水倒灌，无法开展工作。

三人有了初步方案，后续的线路铺设方案却成为拦路虎，邓国洪想过，如果仅仅选用电缆，变电站在沿海边没有行程路况，海水倒灌会使电缆严重受潮，如果只走架空线路，很有可能会影响城市美观，与城市规划相悖。邓国洪很着急，工程重要、时间紧迫。东宝变电站 45 回 10 千伏线路出线中有 12 回出线将专门供智能手机制造企业 vivo 使用，可以说三分之一的线路都在为电子产业服务着。东宝变电站的建设，直接影响到 vivo 的发展，更是扭转长安乃至东莞电网重负荷局面的关键战役，对长安乃至东莞的经济发展至关重要。

线路铺设方案和铺设地下电缆是土建两大问题。从东宝变电站的立项开始，邓国洪每次实地考察，都随身携带照相机、望远镜、笔记本、铅笔这“四件套”。经过多次实地考察、通宵画图纸研究设计方案，在和东莞电力设计院的张剑、张伟多次交流后，决定采取一段架空线路，一段地下电缆的方式，从振安站至东宝变电站线路沿海堤路架空走线，在步步高产业园地块段由架空改为电缆，接入东宝变电站。电缆线路共有两部分，第一部分从振安站至 N1 电缆终端杆；第二部分从 N16 电缆终端杆至东宝变电站，新建双回振东甲线、振东乙线电缆。其余的部分双回架空线路，新建钢管杆 16 基，其中转角杆 9 基，直线杆 7 基。最终研究出混合的线路方法，并经过几次小的修改，最终满足了设计要求，线路铺设的问题解决了。

2017年9月，东莞供电局工作人员向OPPO企业了解相关用电需求

从2000年到2012年接近十年的时间里，由于电源性缺电的原因，全省均存在错峰问题，长安镇执行“开五停二”政策，每天错峰10万至15万千瓦。2012年后，“西电东送”解决了电源性缺电的问题，广东省大部分地区已经走出了“限电”的阴霾。但是，长安镇自身变电站数量太少导致电源电量无法送达客户，用电问题依旧没有解决。

2013年，广东电网公司与东莞市政府签订了“十二五”战略合作框架协议，宣布启动全市范围的电网规划建设“大会战”。在“大会战”的东风下，110千伏上角、东宝变电站陆续开始建设。2014年3月，东宝变电站建设专项小组成立，长安供电分局局长柳亦钢负责投产前的相关事项、副局长曾强负责系协调在建设中的问题，由副局长李锡熙、计划建设部主任邓纪伦、副主任蔡绍斌、规划专责卢志军联动长安镇镇长郭荣新、镇政府经信局副局长蔡周海、经信局节能办主任李锐强共同完成东宝变电站项目落地事宜。

东宝变电站的建设对长安乃至东莞的经济发展至关重要。广东步步高电子工业有限公司在1995年9月落户东莞长安，企业越做越大，负荷越来越重，电网跑不过以步步高为代表的电子企业的飞速发展。电子产业的供电服务问题很大一部分来自于电网的受限问题。2015 年，智能制造的突飞猛进带来的是用电需求进一步增加，这一年，专给步步高企业供电的东宝变电站开始立项。

前期工作尚算顺利。镇政府很重视东宝变电站的建设，直接划拨了一块 50 亩的市政府储备土地供水电等基础设施建设。长安供电分局选择了一块临近路边的地，与当时即将开工的 OPPO 新厂房仅一路之隔。此后，东宝变电站的投产方案在 2016 年 9 月取广东省电网公司可研批复，2017 年 1 月取得项目核准，一年不到的时间就完成了项目前期工作，进入基建实施阶段。

土建的两大问题解决了，东宝变电站的建设急需加快。2017 年 10 月，东莞供电局局长的宋新明、副局长黄伟杰、基建部主任魏志文和长安供电分局局长曾强、党委书记韩汉贤一行五人专程来到长安镇，和镇委书记何绍田等商讨加快长安电网建设。黄伟杰开门见山地说："今年迎峰度夏期间，长安镇需错峰线路共 98 条次，将有 1795 个工业客户被执行'开五停二'，529 个工业客户执行'开六停一'，错峰形势非常严峻。"此时，步步高集团新项目即将投产，东宝变电站必须加快进度，更何况它处在"滨海湾新区"的核心战略位置。

仅仅用了一年半，2018 年 11 月 8 日，随着东宝变电站落成，长安镇全年几乎不停电，长安镇负荷也由 2009 年的 93.7 万千瓦上升到 2017 年的 102.2 万千瓦，增长 9.1%。据《长安志》记载，长安镇的供电量从 1990 年的 0.82 亿千瓦时，到 1995 年增长到 5.02 亿千瓦时，2017 年再猛增到 70 亿千瓦时，始终保持着全市总用电量的十分之一。电子产业迅猛发展和蜕变的这些年来，长安镇虽经历过用电拮据的日子，但电子产业的迅猛发展却没有受到影响。

在服务电子产业发展过程中，东莞供电局也逐步地摸索出自己的一套适应电子行业的服务模式——"绿色通道""停电预协商""专属客服经理"等，让客户"用得上电"又"用得好电"。这些服务举措，人们将之形象地称为"电莞家"，并逐步成为该局响誉珠三角的服务文化品牌。

优良的营商环境像是一块吸力极强的磁铁，把电子产业的"翘楚"——华为技术有限公司吸引过来，更多的供应商或相关产业也追随而来，在华为公司溪村周边产业园区寻找落脚点。

2017 年 7 月 6 日，专为华为供电的龙盘变电站正式投入运行

2008 年的全球金融危机给以外贸为主的东莞经济带来了沉重的打击和深远影响。为了摆脱金融危机的影响，东莞迅速进行供给侧结构性改革和产业升级转型战略，加大科技创新产业招商引资力度，推行机器换人、企业倍增等扶持政策，引入临近深圳、广州等发达城市溢出的高新技术企业落户。2008 年，华为公司的工厂开始向在松山湖北部陆续搬迁。

这其中有一段令大家难忘的插曲。

2016 年底，在华为公司正式进驻松山湖南部之前，华为方电气工程师王兴强等和供电服务中心大客户服务副班长张金龙，一起商讨进驻前设备调试用电问题。华为公司的这次调试的时间需要一到三个月，如何保证调试期间用电可靠成了难题。

张金龙向王兴强承诺：“竭尽所能，帮助华为解决此类问题。”

但承诺的兑现远非易事。2016 年前松山湖的南部没有变电站供电，如果新建设一座变电站，在半年内完成也是难上加难。

为了不耽误华为公司 2017 年 3 月“进场”，张金龙联系多位同事商讨方案：先从偏远的胜华变电站“借电”用，等到龙盘变电站建好之后，再改接电缆转回龙盘变电站供电。张金龙的临时供电过渡方案得到了松山湖供电分局基建线的邵兴华、配网调度专责沙斌、生技部专责王锦堂以及业扩方面的专家黄裕良的响应。很快，多方在局本部召开了交流会议，整体的方案由张金龙提出，黄裕良则作为在业扩方面有经验的专家指导设计如何从相对靠近华为公司的胜华变电站拉一条10公里的电缆，供华为公司临时调试使用。会议中，也有人不同意这个临时供电方案，因为这项临时供电方案在正式供电方案和变电站正式投产后，这些临时的物资资产何去何从，都是一个大大的问号，“打水漂”是基建部和计划部的总体感觉，而且从投资的角度来讲是不值得的，会议陷入了非常尴尬的境地。但是张金龙认为：“客户需要什么我们就满足他什么，不能捡了芝麻，丢了西瓜！”于是找到了基建部和计划部所有能找的人，软磨硬泡。最终，大家还是从客户利益出发，同意了该方案。

接下来就是方案本身的问题了，他多次向黄裕良请教方案的可行性，而每次商讨黄裕良都是给出实质性修改方向，他再拿着方案向分局和其他部门寻求方案的可行性，终于在一个半月后，临时供电方案正式出台。张金龙拿着方案，多天来紧张的情绪里终于缓和下来。他松了口气，在开车从市局回供电服务中心的路上，给高宇打了一个电话：“喂，高代表您好，我是张金龙。现在我们的方案已经出来了，供电问题已经解决，就按照原定计划进行吧。”“没错没错。”“不用谢，再见！”那一天的傍晚，张金龙觉得，晚霞很美。2017年6月，华为南部研发基地进驻华为小镇。

华为公司调试用电解决了，但随之而来的是生产中出现的另一问题——电压闪断。由于电压闪断，导致成批的零件不合格，这对于高精密的零件生产来说损失是无法估量的。

2018年4月30日晚，220千伏黎贝变电站灯火彻夜通明。为了不耽误华为公司的正常生产，这个维修工作只能利用“五一”法定节假日进行线路停电迁改，这是华为公司停产的“窗口”期，计划当日验收当日通电。东莞松山湖供电分局营业部用电检查班班长尹健锋、技术员刘俊兴，还有刚来单位不久的肖亚克奋战在迁改现场，开展线路的铺设工作。这条线路的另一端是华为公司。就在几个月前，承担华为工厂供电的负荷线路F20华乙线出了问题，华为出现了几次“电压闪断”，东莞供电局的工作人员维护设备时发现，黎贝变电站F20华乙线绝缘较低，存在接地风险。

澄澈的夜空，星光映照。尹健锋三人用了两个小时，娴熟地完成了电缆改迁，并开始准备测试，但线路投运送电的数据却并不达标。

“以前都是这么操作的，怎么这一次测试结果这么差?”尹健锋想不明白。“可能是电缆的某个位置绝缘受到破坏了，可能是电缆被剥皮受外力破坏导致电缆绝缘低。”有七年运行检修的老师傅刘俊兴说。

“再来一次吧。保障供电可靠性的，这可不是开玩笑的，我们晚修好几秒钟，可能人家就损失了几千万。”尹健锋说。经过多次检测，数据依然没有变化，尹健锋立即安排现场人员对该电缆进行故障查找，最终发现有段电缆受外力破坏导致绝缘低。尹健锋和刘俊兴立即对该故障电缆进行修复，肖亚克打下手，这才让测试数据达到标准，而他抬起头来的时候，早晨的太阳已经照射到室内。通过验收成功投运送电后，改迁终于完成。

从 2015 年开始，南方电网推行“业扩工程投资界面延伸”政策，东莞供电局在华为公司用地红线范围内建设电源接入点。截止至 2018 年底已为华为公司实施 9 宗业扩工程投资界面延伸，总投资金额达 7967.1 万元，敷设电缆总长度达 121.4 公里，不仅解决了供电服务“最后一公里”的问题，更大幅降低华为公司用电成本。

2017 年 11 月，广东电网公司提出在全省建设佛山、珠海、东莞、中山、韶关、云浮和汕头建设 7 个智能电网示范区，为智能电网建设打造样板、探索路径。东莞供电局提出了松山湖“一网 N 站一平台”的智能电网规划建设思路，要建设一张高可靠性电网，建设 N 个不同类型的分布式能源站，建设一个基于高可靠电网和综合能源站的能源互联共享平台，探索综合能源市场

2017 年东莞松山湖智能电网设备

化运营模式。而在这年的7月，东莞供电局已开创了南方电网范围内首例针对10千伏线路的网络拓扑保护容错模式。在通信正常的情况下，使得配网线路具备了最快2秒内完成非故障区域的转供复电能力。“两分钟特征智能电网”将满足松山湖高新产业对供电可靠性和服务品质的高要求。

擦亮“电莞家”服务品牌，让电力营商环境更优质，张金龙他们正努力让松山湖成为电子产业发展的“沃土”。在华为的带动下，吸引了产业链上不少电子公司的靠拢，他们也纷纷将配合生产零件的工厂搬到了松山湖的南部，与华为为邻。松山湖以华为为龙头的信息技术产业，已经发展成为数千亿元规模的支柱产业，在通信设备、智能终端制造等领域达到世界先进水平。

汕尾『电耗子』阻击记

刘思雨　何炯燊　黄晓婷

2013年12月29日凌晨，一场惊心动魄的雷霆扫毒行动突袭陆丰甲西镇博社村。天上是轰隆隆的直升机，海上是严防死守的快艇，明亮的车灯和满街的警犬让甲西镇人一夜无眠，令人惊愕、难以置信的毒情面貌毫无保留地暴露在全国人民面前。

在这场扫毒行动之前，甲西镇的社会治安一度陷入混乱，外人要进入甲西镇几乎是不可能的事情，一旦有陌生面孔出入，即刻就会被从村里各个方向出现的摩托车所包围，一旦碰上毒贩，人身安全都难以得到保障。

2011年8月13日，汕尾陆丰供电局用电检查大队抱着视死如归的决心，毫不畏惧地挺进甲西镇濠头村。为避免打草惊蛇，队伍到达濠头村后便将查电车辆停放在村口不远处，留下一名司机看守，其他人则步行进入村内开展查电工作。

可没想到，查电车辆还是引来了村民的注意。

“嘣”的一声巨响，右边车窗的玻璃被砸出一道口子，随之而来的是更多石块和砖头砸向车窗的声音。八位村民怒气冲冲地对着查电车辆一阵乱砸，边砸还边叫嚣道：“你们这些不知死活的居然敢来我们这里查电！”司机见状立刻打电话报警，可还没等电话接通，又有一大块砖头砸进车内。为避免被

2013年10月21日，汕尾供电局联合市公安局对窃电犯罪团伙进行了突袭，现场缴获了一批作案工具

乱石砸中，司机连忙跑出车捂着头大喊：“我已经报警了，警察很快就到了。”

听到“警察”二字，打砸的村民一哄而散。随即，陆丰供电局立刻从邻近供电所抽调了50多名骨干，并联合多名公安干警，集中力量对濠头村再次发起大规模的用电检查，仅一天时间内便查获窃电案49起，刷新了汕尾单日查获窃电案件数量的历史新高。这次声势浩大的反窃电行动，犹如一记重拳狠狠地打击了甲西镇窃电的嚣张气焰。此后，陆丰供电局派用电检查队伍长期驻扎于甲西镇，“出其不意，攻其不备”地不定期开展反窃电突击行动。

2014年，汕尾陆丰市被国家公安部列为“窃电问题严重”地区进行督办。这是戴在陆丰地区除“毒帽”外的另一顶帽子，必须拔掉！

2015年陆丰一般居民用电0.7千瓦时，但陆丰供电局一年供电给37万户用户近14亿千瓦时。也就是说即使扣除正常的线损，也有近一亿千瓦时7000万元被“电耗子”“吃”掉了。

箭在弦上，不得不发。汕尾供电局借助“扫黑除恶”契机，联合公安干警，掀起了一场查处力度大、持续时间长的“反窃电”大行动！

“电能是无形的特殊商品，定量计算不如实物商品精确、直观。长期以来，查处窃电一直存在取证难、查处难等情况。”时任陆丰供电局局长李志坚介绍说。

窃电形式层出不穷。如某酒店用户采用高技术手段，切开电费计量装置后面的电缆，用两条导线连接电缆芯，利用电缆二次回路进行分流，达到少计电量少交电费的目的；某市场用户擅自更换电表，或更换计量装置的电流互感器，少计电量而达到窃电目的；某商场用户更换新型电子表的电阻、电容，或利用一定手段，使电表内的全部或部分电压回路断开，如松开表内电压联片，断开电压互感器高、低熔断器等，使电表不计量或少计量。还有部分用户私自对计费装置二次线路进行人为剪断，造成电表误差，或采用直接搭线、绕开计量装置直接搭线等方式窃电。

这些窃电手段的共同特点是，表面隐蔽，毫无痕迹，不开展专业的专项检查，一般难以发现。

“窃电往往存在私拉乱接行为，许多居民巷道内私拉乱接线路和私接公线照明非常普遍，跟风现象比比皆是，不仅给供电企业造成严重线损损耗，而且存在极大安全隐患。部分群众甚至在表箱套管处进行破口搭接公用线路，这种窃电行为不仅造成供电质量和可靠性受影响，而且极有可能引发碰线停电或火灾安全事故。”李志坚说。这些做法都是一些群众“窃电不算违法”的错误意识造成的。

导致“职业电鼠”猖獗的另外一个原因是供电部门处理手段匮乏。即使查处，只能采取断电行动，对偷电的企业一般也是采取违约处理。李志坚说：“按照相关规定，我们一旦查出偷窃电的行为，就在偷电量上进行3倍收取违约使用电费。”这也给偷窃电人员带来了侥幸心理，“一些经营者为减少企业经营成本，仍不惜铤而走险实施窃电，认为即使被抓住了，也就是交钱了事，如果没有被发现，则可以安然享受偷窃电带来的低成本运营。”

另外，李志坚还强调：“陆丰的社会治安环境复杂，查处窃电行动可能遭遇各种阻挠，如拒绝签收查处通知单，动用各种社会关系或势力干预，恐吓反窃电人员，甚至暴力对抗、聚众围攻、殴打用电检查人员等，反窃电工作十分艰难。”

与陆丰地区一样，汕尾城区“十八乡”也是窃电重灾区。窃电分子有多猖狂？“窃电克星”唐本宇最有发言权。2014年6月6日晚，唐本宇作为汕尾城区供电局电检查班的班长，带领班员在市区某城中村开展反窃电行动。借着夜幕做掩护，他们根据事先掌握的线索很快就抵达了窃电现场，正准备拿出相机拍下窃电证据，一阵“叮叮咣咣”的敲击声从不远处传来。一个高壮的中年男人正拿着锅铲，一边敲击脸盆，一边大喊：“有人来查偷电啦。”不一会儿，数百号居民闻讯赶来，将唐本宇一行人团团围住，其中既有青壮年，也有老人、妇女和小孩。他们有的手持木棍、砖头、晾衣架，有的直接亮出了明晃晃的菜刀。眼看冲突一触即发，唐本宇立马嘱咐班员将存有证据的相机保护好，横挡在凶神恶煞的居民和班员之间。突然，人群中传来一句：“你敢不敢告诉我你是谁？家住哪里？说了就让你们走！”唐本宇一听，一股热血立马涌了上来，他直起腰杆，挺起胸膛，义愤填膺地朝人群大喊：“我叫唐本宇！家住××小区A栋302号，我问心无愧，我不怕你们！”

用电检查人员面对威胁围攻，却只能被动挨打的情况在汕尾屡见不鲜。因为供电局没有执法权，只有用电检查权，加上汕尾地区宗族观念深厚，抱

2015 年 7 月 3 日，汕尾市公安局城区分局汕尾城区供电局警务室举行揭牌仪式，这是全省首个县（区）公安局在供电企业设置的电力警务室

团顽抗时有发生，查处窃电行动随时都有可能遭遇各种阻挠。面对供电局出具的查处通知单，他们会觉得特别掉面子，不惜动用各种社会关系或势力干预，恐吓反窃电人员，甚至暴力对抗、聚众围攻、殴打用电检查人员。

为了彻底扭转这一被动的局面，汕尾供电局先后印发了《坚决打击窃电违法犯罪专项行动工作方案》《打击窃电激励实施方案》以及《汕尾供电局线损异常率管理工作方案》，并加强与地方政府的联系，联合公安干警掀起一场轰轰烈烈的反窃电行动。

2015 年 4 月 20 日，由陆丰市委、市政府主持召开窃电专项整治工作会议，要求加大力度依法打击窃电违法犯罪行为，并成立整治行动领导小组，从公安、经信、供电部门抽调精干力量，展开联合执法行动。从那日起，联合执法行动组开始对酒店、娱乐休闲场所、大型工厂和商业店铺等重点用电客户为清查目标的第一阶段反窃电大行动，取得了良好的效果。据统计，当年陆丰成功打击偷窃电的案件 145 宗，依法查处一批涉案人员，偷电行为得到有效遏制。

为构建长效机制，汕尾供电局经过充分论证，决定在全市三县两区与当地公安部门建立“电力警务室”。

2015 年 7 月 3 日，汕尾城区供电局率先迎来了曙光。广东省首个县（区）电力警务室在汕尾城区供电局揭牌成立。同年 9 月 17 日、11 月 23 日，海丰公安局供电警务室、陆丰公安局供电警务室也相继成立，三个电力警务室全面完成组建任务，共配备警力 37 人。其中，陆丰市公安局专门调派了 3 名干警和 10 名辅警充实该电力警务室，相关人员依然属于公安序列。对于该警务室的职能，公安部门的相关文件做了仔细描述，其中两项是：积极推行供电行政监管和供电行政执法；依法打击涉电违法犯罪活动。通过创新警企联动机制，仅 2016 年至 2018 年 3 年间，陆丰查处窃电 1428 宗，公安机关传唤窃电户 639 人。

刘德亮是汕尾城区供电局分管营销的副局长，他见证了电力警务室的揭牌和日常运作。他认为：“电力警务室的建立标志着汕尾反窃电工作将进入新阶段，标志着查处窃电由以前单纯的行政处罚手段，向拥有治安执法进行转变。”

正人先正己，在和窃电分子的较量中，内部的“硕鼠”也被甄别清除出

2017 年汕尾陆丰供电局用电检查人员进行突击检查

来。2009—2016 年，陆丰供电局组织全体员工先后签订了以依法用电、杜绝以电谋私为主题的各类员工承诺书，在 2016 年 4 月，时任陆丰供电局局长李志坚在降损动员会上撂下狠话：“内部员工涉及内外勾结或吃里爬外窃电的，严肃处理绝不姑息。有内部员工为窃电户说情的，各单位要记录在案并按内外勾结处理。”

谢某田是陆丰供电局陂洋供电所的非全日制用工，他另外一个身份是陂洋双坑村委主任，他利用村委主任和属地片区用电管理人双重身份的便利积极为自己谋私利、“显特权”，他位于陂洋双坑古寨村的自家住宅长期存在窃电行为，不论冬夏，每个房间的空调都“火力全开”，由于用的是“公家”的电，他连房门也不关。2015 年 5 月，他的窃电行为被查实后被解除非全日制用工合同关系。

近 10 年里，汕尾供电局以壮士断腕的决心和魄力，开除窃电员工 5 人，撤职留队察看 8 人，这一严厉举措不仅是悬在内部员工头上的利剑，更在当地群众中引起强烈反响，“偷电没有好下场，供电局连自己人都不姑息。”

为进一步壮大用电检查力量，汕尾供电局连续十年举办上百场用电检查现场培训，组织唐本宇等专家传授反窃电“秘籍”，培训用电检查人员、计量人员和供电所员工近 2000 人次。

经过经验总结，存在问题的电表，近八成是被改装过的，在 2017 年以前，要想查明个中原因只能由用电检查人员挨家挨户地上门检查摸排。即使是在夏季用电高峰期，他们也必须头顶烈日，背着工具包、扛着梯子、提着 30 多斤重的工具箱在城中村里的无数个巷道里来回穿梭，任凭汗水湿透身上的工作服，任凭脚底板热得发烫，密密麻麻的电线看得人眼睛酸胀。

2017 年汕尾开始普及智能电表，近 90 万居民用户完成电表更换。通过智能电表，用电检查人员可以随时远程监控用户的用电情况，还可利用汕尾供电局黎海生工作室研发的“利用智能电表新技术开展精准打击窃电”技术（电猫一号、电猫二号），对收集到的用户数据进行大数据分析，锁定疑是窃电用户名单，再利用夜间开展查电，对疑是窃电用户进行全面排查，一抓一个准，节省了大量人力、物力和财力。电猫一号、电猫二号推出仅 5 个月，就成功定位查获窃电户 234 户，追缴电费及违约金 163. 8 万元。

2017 年 7 月，汕尾陆丰供电局联合供电警务室对陆丰甲西镇、城东镇窃电重点整治区域开展打击窃电大行动

2018 年，汕尾供电局一方面通过规范各设备运维主人，按调度、继保、通信的工作标准切实做好计量运维，实现电能数据全自动，减少人为原因导致的错抄、估抄、漏抄等管理损失；另一方面加大打击窃电力度，敢于硬碰硬，有力震慑了窃电分子的嚣张气焰，查获违约窃电共 547 宗，追补电费 112.4 万元。在各方合力下，2018 年综合线损率降至 7.81%，在南方电网公司排名前进八名，取得历史最好成绩。其中，陆丰年度综合线损率首次降至 10% 以下，一鼓作气拔掉了陆丰线损“白旗”。

点亮港珠澳大桥

曾佳程　黄珊珊

“我宣布，港珠澳大桥正式开通！”2018 年 10 月 23 日上午 10 时许，中共中央总书记、国家主席、中央军委主席习近平在广东珠海口岸旅检大楼宣布港珠澳大桥正式通车。

一桥连三地，天堑变通途。历经十载建设，港珠澳大桥各方建设者发挥聪明才智，克服了许多世界级难题，精心打造了这一举世瞩目的超级工程。清风徐来，海天一色，大桥如巨龙飞腾海上。当天的开通仪式上，习近平向大桥设计、建设等广大人员表示感谢和问候。

作为大桥建设者代表，珠海香洲供电局工程建设部主任黄义扬出席了仪式。此刻，他心潮澎湃，无比自豪。港珠澳大桥的建设，无论是建设期间的用电，开通亮灯调试，还是 110 千伏人工岛变电站和 10 千伏开关站的建设，珠海供电人始终没有缺位。他知道，总书记的鼓励，也是对参加电力建设服务的珠海供电人的肯定。他忘不了和同事们一起，为大桥建设供电而忙碌的日日夜夜。

2009 年，港珠澳大桥正式开工建设，也就是从这一前后，黄义扬他们开始了大桥建设供用电服务之旅。

港珠澳大桥璀璨夜色

建设初期，黄义扬他们从珠海口岸变电站拉了两条10千伏临时电缆，沿珠海情侣南路，经临时施工便桥敷设上岛的。其中，2012年11月，供澳门口岸侧施工用电的港珠一标临时线率先敷设，长2.6公里。之后在2014年12月，珠海格力人工岛公司敷设了另一条人工岛线，长14.3公里，同样作为大桥建设工程施工用电。

随着大桥建设进度的有序开展，无论是大桥人工岛上珠海口岸区各用电区块，还是港珠澳大桥本体工程，都盼望着110千伏人工岛输变电工程这颗电力“心脏”能够尽快建成，以满足嗷嗷待哺的用电需求和日后港珠澳大桥的电力供应。

2015年5月28日，黄义扬他们收到了广东电网公司的下发文件，文件批复了110千伏人工岛输变电工程可行性研究报告，同意由珠海供电局负责建设和经营管理，并计划在2016年12月底前建成投产。

建设110千伏人工岛输变电工程主网项目的担子压在了珠海供电局基建部主网第一业主项目部的肩上。作为第一业主项目部项目经理，刘颖和熊志伟、刘树峰、潘小燕、孙显鹤等人在主网项目建设方面可谓是身经百战的“老手”，但是对于港珠澳大桥110千伏人工岛输变电工程的建设，因为时间短、任务急，他们可是一点都不敢耽误。

在接到110千伏人工岛输变电工程主网部分建设任务后，2015年8月，刘颖及其团队便紧锣密鼓地组织珠海电力设计院有限公司开展建设方案的编制工作。为了110千伏人工岛输变电工程的供电设计方案，珠海电力设计院的何文吉和胡钧埕可是没少下功夫，在这3个月来来回回折腾了不知道多少个通宵，不断跟刘颖团队协商最佳的设计方案，最终他们决定采用建设口岸人工岛变电站与大桥专用变电站互为备用方案，分别从220千伏吉大变电站和拱北变电站一路铺设电缆至人工岛变电站和大桥专用变电站，确保大桥供电与珠海电网主网相连，形成2套220千伏带110千伏变电站的“手拉手”供电模式，为港珠澳大桥提供可靠供电“双保险”。

拨开云雾见天日，2015年底，捷报传来！这套设计方案在广东电网发展研究院召开的初步设计评审会上，得到了专家的认可并通过。“那几个月的夜可没白熬啊”，得知消息的何文吉、胡钧埕和刘颖团队都很高兴，这意味着

港珠澳大桥110千伏人工岛变电站设计图

110千伏人工岛输变电工程建设迈出了第一步。

设计方案是通过了，但110千伏人工岛输变电工程的建设，还有两个难题摆在刘颖面前：一是相关配套电缆究竟能不能从海底敷设上岛？二是陆地段电缆施工途经的两个闹市区怎么解决？

首先得解决海缆敷设方案，总体敷设方案才能确定下来。刘颖急得像热锅上的蚂蚁，在办公室里踱来踱去。珠海供电局总工室副总工程师兼试验研究所主任孙廷玺明白刘颖的焦虑，此时已经是2015年下半年了，工程按原计划要在2016年底建成投产，但海缆方案由于涉及市政工程，在政府相关部门那里遇到了卡壳，"八字尚未有一撇"。

"走吧，咱们再去规划建设局那跟他们谈谈！"孙廷玺搭着刘颖的肩膀，拉着他往外走。对于海缆敷设方案，他俩已多次到珠海市住房和城乡规划建设局协调落实，但都一无所获。

果不其然，因与市政规划有冲突，海缆方案在2015年11月24日珠海市住房和城乡规划建设局召开的专题会议上被"淘汰"。取而代之的是综合管廊替代方案。然而，供电部门专家认为该方案存在施工风险，不建议采用综合管廊方案。鉴于电缆敷设上岛方案需研讨更改，珠海市住房和城乡规划建设局同意将港珠澳大桥人工岛口岸投运工期适当延后至2017年上半年。

“到底该如何将电缆敷设上岛？”这场方案的博弈历经大半年，各方秉持“不能拖了港珠澳大桥通车的后腿”的原则，在2016年8月24日这天终于有了定论，珠海市发展和改革局召开的专家评审会上，来自市住规建局、市国土资源局、市大桥办、珠海供电局、格力人工岛公司、中交公路规划设计院有限公司和珠海电力设计院有限公司等相关单位负责人达成共识：110千伏电缆线路均从桥面随施工便桥敷设上岛。刘颖提出，该方案只要施工便桥西侧人行道局部加高0.6米，就能够以传统的电缆敷设方式直接敷设主网电缆线路，省时省力，但珠海市大桥办及格力人工岛公司林光通和刘国华却提出，“这样对桥梁整体景观、岛上作业人员安全和车辆通行都会带来不利的影响”。评审会上专家组经综合考虑后，决定对该电缆路由方案进行优化。

“传统的电缆敷设方式没戏了！”这给刘颖带来一个头疼的难题：施工便桥不允许局部加高，而桥上仅有一条65厘米×65厘米的电缆沟，且是规划部门批复的唯一通道，这么狭小的电缆沟，如何布置常规电缆中间接头呢？

“不如使用MMJ技术吧？”经过翻阅大量资料，刘颖想到了一个平时在主网建设中比较少用到的一种电缆中间接头技术——MMJ模注熔接接头技术。

时间不等人，工程拖不起，刘颖决定主动出击攻破这个难题。2016年9月20日，他与总工室孙廷玺、局协理员蒋洪峰、生产设备管理部崔江静、基建部罗科、输电管理所廖雁群、物流服务中心伍尚星，以及珠海电力设计院何文吉、胡钧埕一同讨论MMJ技术的可行性。他们讨论的结果是，采用MMJ工艺技术，电缆接头尺寸较小，无须占用更多的空间，这样就可以解决电缆接头空间受限的问题。并且，目前MMJ技术已通过大量苛刻试验，技术已成熟。但桥梁电缆敷设和主网建设方面较少使用MMJ技术，可行性有待论证。

“不能因为少用这种技术，我们就不能搞、不敢搞！”刘颖带领团队走访了广州等地多个大型桥梁项目，现场实地考察MMJ技术在桥梁上及主网建设项目上的实践与运用。

功夫不负有心人。通过实地考察，结合MMJ已在国内22个省，以及在省内多地电网挂网运行业绩，特别是近年来也未曾发生过安全问题，刘颖及其团队用事实和数据说服了大家。最终，珠海供电局同意随桥敷设段电缆接头选用 MMJ 模注熔接接头，并由珠海供电局物流服务中心配合珠海 110 千伏人工岛输变电工程建设，尽快开展 MMJ 模注熔接接头的采购工作，以确保口岸人工岛及港珠澳大桥用电。

设计方案悉数通过，刘颖抬头长舒一口气，他看到了 110 千伏人工岛输变电工程项目开工建设的曙光。不过，解决完电缆随桥上岛敷设方式，陆地电缆施工开挖的问题也是刘颖他们必须考虑的。

根据设计方案，电缆从 220 千伏拱北变电站和 220 千伏吉大变电站引上大桥口岸人工岛，首先要经过吉大、拱北陆地区段，再随施工便桥敷设上岛。而陆地开挖敷设电缆的两个路段，恰恰位于珠海闹市区，沿路都是商户密集且寸土寸金的旺区。以拱北变电站为例，铺设电缆要穿过夏湾路、莲花路等市区最繁华的街道近 13 公里，沿途商家无数，施工过程势必会影响他们的生意，能不能说服他们配合开展电缆施工征地青赔工作，这对于刘颖他们来说，还是个很大的未知数。

2016 年 7 月初，征地青赔工作开始，熊志伟、黄义扬以及珠海香洲供电局工程建设部张斯，组成“三剑客”，联同当地商户所属的街道办、小区物业管理处及城管等政府有关部门，就电缆施工征地青赔事宜到现场对沿线商户进行沟通协调。他们挨家挨户做起了游说工作。

在拱北片区，香洲供电局客户服务三班的老师傅吴国华出动，凭借吴国华与拱北片区的街道办以及物管办的铁关系，大家一起跟商户沟通，三个多月就解决沿线电缆沟开挖及敷设。在吉大石花西路段，有一家面馆阻挠不配合，熊志伟他们软磨硬泡，历时三个多星期，最终说服了老板。

前前后后大半年，陆地电缆施工的征地青赔工作陆续完成。熊志伟他们也不断优化施工方案，如将原本需要在路面开挖的排管敷设方式，改为顶管敷设方式，在道路两边挖井，再用机器将电缆沟贯穿。他们想办法尽可能地降低对沿线商户的影响，减少商户经营损失。

此时，因格力公司负责建设的拱北湾海防大堤综合管廊沟无法按期完成，人工岛上的配电网建设并不顺利。“没有综合管廊沟，电缆就上不了岛。”黄义扬眉头紧皱。他和同事李文晖、曾艺、文逸辉，以及负责施工的明源公司项目经理曾辉健准备开挖桥面来放置电缆。但大桥办不同意进行任何大桥开挖和钻孔。

“不等了，有条件要上，没有条件创造条件也要上!”黄义扬果断决定重新设计港珠澳大桥人工岛拱北连接线电缆敷设方案。

2017 年 3 月 22 日，根据人工岛拱北连接线引桥的桥体结构，珠海电力设计院将施工示意图交到了黄义扬手中。他们另辟蹊径，根据实际情况将电缆分两个部分铺设至港珠澳大桥人工岛上。一部分电缆从拱北湾的海防大堤敷设到港珠澳大桥人工岛拱北沿线引桥上，并根据海防大堤栅栏板的大小以及力学平衡，专门量身设计了“π”型的长 1100 毫米，宽 800 毫米，高 800 毫米水泥预制件，将预制件的两只脚牢牢插入栅栏板中，预制件上部长方体的槽盒可放置 4 根电缆；另一部分是在拱北沿线引桥到港珠澳大桥人工岛的桥体外侧北面进行敷设。在不对桥体做任何开挖和钻孔的情况下，黄义扬、李文晖与珠海电力设计院一起，设计出了一款电缆槽盒支架。支架由一块 240 × 240 × 20 毫米的正方形铁片与两条长 160 毫米的 U 型锚筋组成，两条锚筋可牢牢地固定在大桥防护栏结构钢筋上，再将直角三角形的电缆槽盒焊接在正方形铁片上用来放置电缆。

“这个支架就像人的手臂，伸开手臂就可以稳稳抓住栏杆了。”李文晖形象地说。这样既最大限度地保持了桥体的完整性，又保证了电缆槽盒的稳定

2017 年 7 月 26 日，人工岛输变电工程现场，工人正敷设电缆

性和安全性，建成后将可以抵御 18 级台风而不受到损毁。

2017 年 6 月端午，港珠澳大桥 110 千伏人工岛变电站顺利封顶。珠海供电局局长郑建平到施工现场检查调研，他要求基建部、香洲供电局与各参建单位加强沟通协调，加快主网和配网的电缆敷设工作，确保工程如期完工。

此时，珠海进入到了湿热的夏季，港珠澳大桥施工现场也是热火朝天，大量的市政工程与 110 千伏人工岛输变电主、配网工程建设交织在一起，机器不断地发出轰隆隆的声音运行着，在现场人们说话基本都要靠吼。

施工通道挖的挖，凿的凿，桥上运输通道都堆满了各个单位的施工材料，大一点的车辆根本开不进去。施工单位明源公司项目经理曾辉健每到一段路，就要铲除一段施工通道，来运送放置电缆用的电缆槽盒和单个就有 2 吨多重的水泥预制件。原本两天就可以完成的事情，硬是花了一个多月才全部运送上桥。

万事俱备，电缆槽盒和水泥预制件都到位了，就在李文晖和曾辉健到现场落实电缆槽盒支架安装情况、准备开工时，一直对电缆槽盒支架的设计很有信心的李文晖万万没有想到，支架竟无法牢固地“抓”住桥体的钢筋。

“喂，义扬，支架出问题了……”李文晖当场打电话将支架的问题汇报给了黄义扬。

接下来的半个多月时间里，黄义扬、李文晖连续十几次踏着一片泥泞的工地，往返于施工现场和办公室，和大桥连线建设单位、珠海电力设计院研究论证修改支架设计的可行性。珠海电力设计院表示，支架是根据桥体的角度精密计算出来的，从工学和力学的角度来说，更改支架的设计可能无法保证支架的稳固性，他们不同意修改支架的设计。

“难道就真的没有其他办法了?”黄义扬不“服输”。那段时间，黄义扬白天跑施工现场，晚上回到办公室和李文晖一起斟酌修改支架的方案。

一天晚上，黄义扬突然想起，3 月底确定电缆槽盒支架设计方案的时候，李文晖曾将支架形容为“人的双臂”的说法，顿时茅塞顿开。“我们不改变支架的角度设计，对支架上的锚筋加粗加长，支架不就可以更好地“抓”住桥体了吗?”这个建议获得了设计单位的采纳，他们对锚筋的长度和直径重新进行精密计算与严谨验证，将原本长 160 毫米，直径 20 毫米的锚筋调整为 340

毫米的尺寸，确保新的支架设计符合桥体钢筋结构。

当这些电缆槽盒支架重新制作完成，并一点一点在桥上安装好时，时间已经来到了 2017 年 8 月。110 千伏人工岛输变电工程正进入到最后的冲刺收尾阶段。没想到，这时老天爷也来凑了个热闹。

8 月 23 日，珠海遭受到 50 年一遇的超强台风“天鸽”的正面吹袭。珠海电网遭到重创。而岛上的项目部占地 2000 多平方米、两层高的临时办公室竟被“夷为平地”，整个楼房被台风吹得只剩一张办公桌。所幸，变电站只是站内的一些水泥和材料被泡，总体上并没有造成特别严重的损失。

刘颖和曾辉健一起上岛，检查安装在桥体北侧的电缆槽盒支架是否受到损毁。“没事没事，我们的支架都完好无损……”曾辉健第一时间打电话给黄义扬汇报现场情况，和安装在桥体北侧的电缆槽盒支架经受住了超强台风的考验、完好无损的消息。

施工单位中国能建广东火电工程有限公司刘洪组织人员对人工岛变电站进行修整，两个多星期后修复完成。受“天鸽”影响，港珠澳大桥 110 千伏人工岛输变电工程投产推迟。

2017 年 11 月 16 日，运行人员在人工岛变电站投运操作

为了不延误工期，珠海供电局决定将配网项目先于主网项目投运。2017年9月28日，110千伏人工岛输变电工程10千伏开关站项目率先完成投产送电，为岛上各类设施的通电提供了有力保障。

11月15日上午，110千伏人工岛变电站开始投产操作。500多个操作步骤有序进行，16日9点全部变电设备完成充电，项目顺利投产，这为港珠澳大桥通车提供了坚实保障。

12月31日，港珠澳大桥主体工程首次全线亮灯。

伶仃洋上，蛟龙卧海，桥上灯火辉映，把贯穿粤港澳三地的港珠澳大桥装点得更耀眼、更夺目。

多旋翼无人机『触电』故事

区丽敏　林佩燕

“呜呜呜……”咆哮声声回荡在四周，乌云吞噬了整个天空，百年树枝极不情愿地左右摇摆，垃圾也忍不住漫天飞舞。紧跟着，滂沱大雨“啪嗒啪嗒”直往地面坠落。

2018 年 9 月 16 日下午 2 点，号称风王的“山竹”如同凶猛的野兽般狂啸而至，将挡在前方的一切撕裂。肇庆鼎湖区罗隐路口 220 千伏端布甲乙线被“山竹”狠狠推了一把，铁塔瞬间倒塌，险险地压在了省重要交通枢纽广佛肇城际轨道的上方，塔基如麻花一样扭曲在地，看得人心惊胆战。

“220 千伏端布甲乙线 A 相发生单相接地故障，重合闸不成功！强送不成功！”停电信息在肇庆供电局输电管理所自发组建的抗风微信群中跳出来，异常惹眼，所有的送电措施都不成功，必定出大事了！

“保护故障测距 10 千米，录波测距 21 千米。”输电管理所线路七班班长陆勇生锁定数据，迅速来到航空数据管理中心，打开了输电线路全维度监控平台查询。

“故障位置是 220 千伏端布甲乙线 32 号铁塔！”

科技信息班班长何勇看看外面的天气，“风小了一点，我们去瞧瞧什么情况。”说罢带着班员罗建斌、罗志威等人匆匆出发。

陆勇生眉头紧锁，继续端坐在电脑前，将“全维度监控系统”“图档智能管理”“数据综合查询”“工器具管理”“无人机信息系统”“车辆信息管理”和“雷电定位系统”等图标铺展开来，他把手放在鼠标上，静待前方消息。

不一会，手机铃声急促响起，“陆班长，32 号铁塔倒了！我需要调取基塔影像、型号、高度、塔材重量及周边环境等数据！”何勇焦急的声音传来。

原以为只是跳线，竟是倒塔这样严重！陆勇生快速移动光标，十分钟之内从系统中筛选出数据。当晚深夜，输电管理所主任刘明一边将基塔数据交给厂家，让厂家迅速加工塔材，一边召集生产、运维、抢修等班组人员连夜加班，制定了 220 千伏端布甲乙线的抢修方案，次日一早就投入倒塔拆除工作中。经过一轮苦战，220 千伏端布甲乙线于 9 月 18 日恢复运行。

短短三天不到，就完成倒塔抢修，这在以前简直无法想象。看着安安静静待在电脑屏幕上的几个系统，老输电人陆勇生不禁感慨起来。在 2015 年以前，输电运维还完全处于劳动密集型状态，倒一个塔，光是查资料、找数据，

2015年10月7日，肇庆供电局赴湛江支援抢修复电队伍利用无人机开展抢修工作

起码要留10个人在后台翻箱倒柜，在海量的图纸当中查找故障位置、塔材构成等，光是完成抢修方案都要耗上好几天，更别提抢修了。几年之间能产生这样翻天覆地的变化，完全得益于多旋翼无人机产生的神奇力量。

多旋翼无人机也叫多轴飞行器，配备的红外检测设备和可见光摄像机等载荷，在电力行业中可担负通道巡视及全部线路的精细化及红外测温等工作，如能够发现线路上局部过热缺陷和可视缺陷，塔杆是否损坏、是否有鸟窝，绝缘子有无闪络迹象等等。

落日余晖洒进来，将室内染了个通红。陆勇生凝视窗外，思绪被带到了年青时期的模样。1995年8月，21岁的陆勇生刚踏进肇庆供电局输电管理所工作，就感觉自己掉进了坑里。班组里有20人，主要负责500千伏梧罗线的巡视、运维和抢修，梧罗线是“西电东送”首回进入广东的500千伏输变电线路，从广西梧州至广东佛山罗洞全长192公里，共有400多基塔，按“一山头一基塔”分布。线路所处的地方群山连绵，人迹罕至，交通和通讯不便。

20世纪90年代，所里只有一辆大巴、一台皮卡。巡视的时候，大巴将班组人员分批送到各个山脚下，就开去终点等人了。巡视人员每2人一组，每组每天至少要爬 4 个山头。工器具也相当原始，只有双钩、手钣、镰刀、竹竿之类。遇上一点故障，还得一个塔接一个塔地爬上去寻找故障点。

陆勇生至今记得，2005 年 6 月雷雨季节，有一回他们五天内跳了三条 110 千伏线路，班组人员连着爬了一百多基铁塔，才将故障全部排查干净。雨后的地面热气蒸腾，连空气也仿佛凝结成胶质，让人无法呼吸。到最后，巡视登塔的人员疲惫不堪，只能挂好安全带直接在爬塔的半空中吊着休息。

毫无疑问，输电班组是电网系统中最辛苦的工种之一。肇庆是典型的山区地形，超过 80% 的 35 千伏及以上输电线路杆塔处于山地，巡起线来，自然是苦上加苦。

2015 年，无人机在民用领域呈现出爆发式增长，多旋翼无人机也掀起了一股行业应用的巨浪，逐渐从一个“玩具”演变成一架能干活的“工具”。

肇庆供电局输电管理所主任宋作强自幼迷恋航空事业，毕业后甚至还自告奋勇参加过空军考试，因此十分敏锐地嗅到了转机的到来，他想：“输电人，能不能开着飞机去巡线?”

恰逢此时，广东电网公司组织了一场无人机交流会，宋作强的兴奋感彻底被点燃了，“小型无人机巡线竟可以如此高效、精准，这要是能在班组全面铺开，一线人员将大大减负啊!”

正是这忽然萌生的念头，为输电行业打开了一片新天地。在肇庆供电局关飞副局长、输电管理所主任刘明及副主任胡峰的支持下，2015 年 3 月 2 日，具有“创业孵化器”意味的航空管理小组诞生了，陆勇生、宋海龙、苏泉兴和何彧 4 人率先成为最早的小组成员。由于是临时起意，并未在年初做好立项申请，无法调拨资金支持，陆勇生和组员们自掏腰包筹集了 2000 块钱“创业基金”，在淘宝上货比三家后，网购了一台高仿大疆无人机的组装机回来，供大家利用业余时间研究学习。

大家都是门外汉，以前摸都没摸过无人机，只能看着说明书一遍又一遍地“啃”，“啃”透了，再反复练习组装和操控，靠自学攻克了技术难关，有看不懂的地方，就打电话给淘宝店家，一边听他在电话里讲解一边摆弄，结果因为问得太细，连店家都被考倒了。

他们也曾组队到全球领先的无人机厂商深圳大疆公司观摩交流，但因缺

2016 年 10 月 21 日，肇庆供电局在全国无人机应用技术交流会上介绍经验

乏项目支持，生产厂家并不买账，上门请教屡吃“闭门羹”。没有资金后盾，没有技术指导，简直一穷二白，寸步难行！

后来宋作强一拍桌子，说“干脆我们就用手头这台机子，把各种场景的无人机作业效果都整理好，摆出来给大家看！”

从技术攻关到作业场景试点，组员们全身心遨游在无人机的世界里，直至三个多月后，无人机的作业方法从雏形到成熟破茧而出，大家也从“蓬头垢面”中重新绽放光彩。

逆风而行勇者胜。在陆勇生他们狠命“啃”技术、总结经验的同时，肇庆供电局副局长关飞也带头四处奔走，寻求支持。“任何一项工作，如果是自上而下推，政策指引明确、外部环境宽松，就会十分顺利，反之则困难重重。”输电管理所副主任胡峰回忆起那时的窘况都会苦笑，“那时无人机刚刚兴起，‘人巡’观念还是主导，个别单位有开始‘玩’无人机的，但更偏向于表演性质，真正要用到生产一线，上级单位、兄弟局没人干过，班组里的老师傅也不愿接受，很多老师傅都说，‘这个是玩具！它还能代替我去巡线不成?’”

面对质疑，宋作强没有气馁。他带着团队化身为无人机“义务推销员”，凡是有上级单位来访，必谈无人机；凡是有上级单位相关业务部门人员到本局或附近兄弟局挂职，必定要拉过来真枪实弹演示无人机。对于内部班组人员，更是全面“洗脑”，凡是有输电班组的会议，不管主题为何，都要搬出无人机讲解一番，凡是有线路跳闸的现场，也必定能见到无人机的身影。

工夫不负苦心人，当宋作强再度带着无人机在电网的应用效果前来展示时，大疆公司震惊了，作为生产厂家，他们居然想不到，无人机在生产行业可以发挥这样大的作用。为此，大疆一改前态，主动借了一台最新型的无人机供肇庆供电局测试研究；之前持质疑态度的兄弟单位也逐渐刮目相看，闻风前来观摩；广东电网公司以职工创新项目的方式下拨资金支持肇庆供电局“试着闯一闯”。班组里的老师傅们，更是在雷击、台风、山火各种特殊场景的巡视中，一次又一次地惊奇感叹：“真的不用爬山登塔就能检查了？没想到这东西能飞这么远！”“再也不怕蛇咬蚂蟥蜇了，这玩意帮我们减少了很多巡线风险啊！”

一石激起千层浪！无人机在电力行业第一次取得了突破性进展，满足了宋作强等老输电人一直以来的热切期待。至此，他们坚定了以行业实用化为期望目标，力求真正将无人机应用到班组的日常工作里去，形成一线生产力，到 2016 年，全面实现省内领先，成为全网首个实现无人机在输电、配网一线班组全覆盖应用的单位。

2016 年 11 月 10 日，国内首个地市供电局“航空管理中心”正式在肇庆供电局挂牌投入使用，中心配备无人机库、培训室、检测维修室，以及全智能管理的充电区。

新中心刚成立，陆勇生等人遇到的第一道难关是飞手的培训。先前拿到“第一桶”技改购置资金，陆勇生兴冲冲地采购了十台练习机做培训用，谁知一周不到，这批“急先锋”纷纷“出师未捷身先死”，不是断了轴就是闪了翼，把大伙急了个半死。如何才能用最少的成本、最快的速度，为大家打下最坚实的技术基础？组员们四处搜刮，借鉴空军飞行员的培训方法，终于刮出了一个法宝——“飞行模拟器”。

李广俊等 16 名“悟性”较高的年轻人从班组抽调出来轮番到模拟器前

“待”上两周，肇庆供电局首批飞手从此诞生。经过后期反复实践，航空管理中心在省内率先建立了一整套无人机驾驶员内部培训考核体系，不仅在广东电网带头引入模拟器，还自创了“模拟器—练习机—作业机”的培训三部曲。

经过分批培养，截至 2019 年 5 月 15 日，肇庆供电局已配置作业无人机 507 架，其中主网 175 架，配网 332 架。熟练飞手 367 名，其中主网 76 名，配网 291 名；考取国家 AOPA 无人机驾驶证人员 135 名，AOPA 无人机教员 3 名，考取固定翼驾驶证人员 4 名。飞行里程 55204.61 公里，飞行 31880 架次，巡视杆塔 183117 基。在如此大规模巡视、飞行架次全网领先的情况下，肇庆供电局的坠机率始终控制在 0.35% 以下，低于厂家官方无人机平均坠机率 90% 的数据，保持无人机安全飞行“零”事故。

培训机制步入科学化轨道时，让陆勇生和组员们卡在原地的第二道难关毫不客气地“发威”。在“创业”初期试飞大疆公司的“精灵 2”时，陆勇生就发现了一个致命瓶颈：无人机控制距离不足、图传不稳定，而肇庆的输电线路 85% 以上地处山区，过短的控制距离将大大限制无人机在当地巡视作业中的应用。

2017 年 3 月 23 日，国内最大规模的输电线路杆塔和三维地理环境“可视化”档案

经过反复试验，在考虑到用信号增益设备来增加图传距离的可能性后，陆勇生和宋海龙专程拜访了当地熟悉天线路由器等通信设备的厂家、店家，又对多款天线开展了实地效果测试。在大量的设备改装及实地测试的基础上，综合考虑野外作业、使用环境和价格成本，自主研发出了三款型号的无人机信号增益系统，分别能满足不同场景的作业需求。大家在跨江线路上做过极限拉距测试，按“精灵2”无人机原有的配置，在那样的地形中飞行500多米就会失去图传，但经过组员们的改进后，飞机飞到最远的相距2032米的基塔上，还可清晰地将图像传回来。最终，凝聚航空小组心血的研发成果“改进输电线路无人机作业控制及图传系统”在广东电网2015年的职工技术创新比赛中一举夺下了“最佳成果创新奖”。

一年前，“开着飞机去巡线”还看似一个遥不可及的梦，仅隔了短短一年，肇庆供电局航空管理小组就率先大规模开展了输电线路无人机精细化巡检工作，对肇庆市7017基杆塔的精细化巡检，发现隐患5446处，其中绝大部分缺陷是以前人工巡视无法发现或极易疏漏的。在行动中梦想开始照进现实，肇庆供电局成为全网首个实现无人机在输电、配网一线班组100%全覆盖应用的单位，作业范围涵盖红外测温、山火监控、带电清除飘挂物、抢修现场勘查、抢险救灾支援等14项应用场景。

大规模推广工作的发展让人倍感欣喜，但由此暴露出的管理问题成了陆勇生等人在电力行业里应用无人机的第三道难关。输电管理所副主任胡峰回忆说：“飞手从最初的4个人扩展到40多人，机巡的高效带来了海量的现场数据，应如何归类存档？无人机数量剧增，光电池就有400多个，而电池保养难度极高，充电后一两天不使用寿命就会衰减，甚至发生自燃现象，怎么才能保养调用两不误？再者，无人机飞行过程如发生意外，该如何担责？”

宋作强认为，摸着石头过河自然会遇到很多问题，但我们总能随机应变，快速转弯。凭着这股见山劈山、遇海填海的韧劲，大家研制出三大“法宝”，他们是《无人机巡检作业指导细则》《无人机培训指导细则》和《无人机维护保养指导细则》，这“法宝”促成了作业、培训和设备管理体系的系统化、规范化管理，为整个无人机巡视管控工作带来了福音。

2017年，肇庆供电局实现了国内领先，成立全省首个输电线路无人机应用技术实验室，成为全国首批 13 个获批无人机科学试验飞行空域之一的单位。同时在无人机智能化管理方面取得重大突破，不仅建立了电池智能管理系统，还将无人机巡视反馈回来的海量数据真正用起来，建立了全国最全的地市级杆塔精细化巡检数据库、国内最大规模的输电线路杆塔和三维地理环境“可视化”档案，为未来大数据应用及价值挖掘做好准备。

随着无人机在一线大规模地推广运用，原有的输电管理结构也发生了深刻的变化。

在过去，输电班组 80% 的人力用于巡线，而巡线人员中 80% 的时间又都耗费在路途和爬山上，检修作为输电人员的另一项重要技能却日渐生疏。依托高新技术发展将人手解放出来后，肇庆供电局输电管理所开始试行“352”运维模式，打破班别、地域观念，将全所班组人员根据年龄、特长等因素，重新优化组合为机巡作业、检修作业、综合科技等三大专业，30% 的人力用于日常巡视，50% 的人力负责设备维护检修，剩下 20% 的人力进行数据分析、应急管理以及后勤保障，实现输电各项业务安全高效、优质智能地完成。

与此同时，“智能化管理”也在肇庆供电局掀起了新一轮的风暴。走进肇

2017 年 9 月 13 日，何勇与同事探讨无人机应用

庆供电局输电管理所的航空机库，f550、精灵3、精灵4、M210、喷火等185架无人机齐齐“伏”在架子上，800多块拳头大的电池“站”成矩形方阵，犹如斗志昂扬的精兵整装待发。过去用笔记录电池出入库情况、记录飞行时间，这个效率根本赶不上机巡推广的步伐，实现智能化管理后，陆勇生团队通过智能系统对无人机本体、配件的使用、维护以及每一个飞手的培训、作业情况实行全过程管理，也因而率先配套建成国内首个从培训、作业到维护保养全过程的无人机行业应用大数据系统。

无人机巡视效率的大大提高让输电班组省了不少力气，但随之而来的是巡视带来的海量数据处理又成了大家头痛的另一道难关。2017年7月，连续一周的加班让小组成员苦不堪言，陆勇生眼角扫了一下桌面上的烟灰缸堆着满满的烟头，再瞧了瞧何彧抓得鸡窝似的发型和憔悴的神色，就知道他昨晚又彻夜处理飞手们巡视回来的大量数据，这样下去可不行啊！于是，陆勇生与小组成员们马上召集紧急会议，势要将大数据处理这个难题攻克下来。自此，他们开始没日没夜地研究、学习再不断试验，一年多后，“无人机巡视图像缺陷智能识别系统”便华丽丽登场了。它通过识别系统的“影像路径”，可将当天巡视的图片全部导入系统中，大约五六分钟后，就能将原本杂乱无章的图片按照“杆塔”“零部件”等名称全部自动分类、归位，并自动将存在缺陷的位置圈划出来，10秒处理一张照片，整个过程无须人工干预。

从白手起家，到拥有一支完整的无人机操控团队，再到在全省首开无人机大规模应用的先河，将无人机真正转化为一线生产力，打造“人巡+机巡”陆空作战新模式，成功破解了山区传统人工运维难题，实现了“不可视”向可视化、由粗放经验型向精益数据型、由劳动密集型向科技创新型的华丽转身。而这一切，只发生在短短几年间。

电力现货市场改革的南方答卷

缪世超　王媛媛

“电力市场化改革迈出了最关键的一步!”2018 年 8 月 31 日，南方（以广东起步）电力现货市场试运行启动会在广州召开，国家发改委副主任连维良的评价振奋人心。

这是全国首个投入试运行的电力现货市场，比之后启动试运行的甘肃、山西两省足足早了四个月。电力现货是电力市场“拼图”中的关键板块，它的上线，昭示着广东电力市场建设翻开了新的篇章。

2015 年 3 月 15 日，中央印发《中共中央国务院关于进一步深化电力体制改革的若干意见》，文件要求逐步建立以中长期交易规避风险，以现货市场发现价格，交易品种齐全、功能完善的电力市场。党的十八大以来，在中央出台的 1500 多个体制改革文件中，这是为数不多的以党中央国务院名义印发的体制改革方案，中央对其重视程度可见一斑。自此，新一轮电力改革大幕开启，电力市场成了业内人士眼中的“香饽饽”。

电力现货交易是指基于电力曲线对电力商品进行实时或准实时物理交割的电力交易，主要开展日前、日内、实时电能量交易和备用、调频等辅助服务交易。国外成熟电力市场，普遍采用“中长期交易 + 日前现货 + 实时现货 + 事后偏差结算”的模式。在南方电网公司总经理曹志安认为，国外经验可以借鉴，但需要创新。

“以现货市场发现价格”，中央文件直接道出了建立现货市场要实现的最重要的功能。在文件出台前，国家能源局副局长王禹民就曾说：“要还原电力商品属性，形成由市场决定电价的机制。”这样才能促进电力资源在更大范围内优化配置。

2016 年 3 月，广州已是日暖风和，电力市场建设也迎来了“春暖花开”，就在这个月，广州电力交易中心挂牌成立。随后，南方区域各省级电力交易机构也相继成立，初步建立起中长期电力交易市场。但这样的市场交易体系尚不完整，真正的市场化还需要再向前迈一步。

积弊犹存，即以改革去之。2017 年 8 月，国家发改委、国家能源局发布了《关于开展电力现货市场建设试点工作的通知》，确定了南方（以广东起步）、蒙西、浙江、山西、山东、福建、四川、甘肃等 8 个地区作为第一批电力现货市场试点地区，要求 2018 年底前启动试运行。同为 8 月，广东省经信委主任涂高坤在一档节目做客时说，电力市场化是经信委着重推进的一项工作，今年广东将会提出到2020年发电量进入市场比例逐步提升到超过60%的目标。

建立现货市场的声音终于明晰了，“倒计时”已按下，八个地区都想率先抢占这一“高地”。9月25日，南方区域电力现货市场建设领导小组和工作小组成立，曹志安任领导小组组长，南方电网公司系统运行部主任刘映尚担任工作小组组长。国家层面的理念与试点地方实际的结合、决策方与技术方的共识、业内各方利益的权衡，这些都是曹志安不容忽视的问题，他明白这样的工程离不开各方的支持。曹志安因此提出要求：要与国家有关部委、各省区主管部门、电力行业各有关单位、相关领域的专家学者加强沟通，要积极与发电企业和售电公司等市场主体沟通，共同促进市场平稳建设和健康发展。

三个月后，广东为现货市场建设添了一把火。经常务副省长林少春同意，省经信委印发了《广东电力现货市场试点建设工作方案》。方案明确省发改委为深化电力体制改革牵头单位，经信委为现货试点工作第一责任单位，南方能监局负责交易规则编制，广东电网公司为现货试点实施工作牵头单位，南方电网公司负责协调指导，要在2018年底具备试运行条件。曹志安反复研究这份工作方案，认为此事涉及电网安全稳定和电力市场改革，事关重大，南方电网要全程参与其中。

试点建设工作启动后，重任直接落到了现货市场建设工作推进领导小组副组长、公司副总经理陈晔的身上，在他的全面统筹下，广东电网开始积极推进现货市场建设，为此，广东电网调控中心成立了现货市场建设先锋团队，广东电力交易中心成立了现货党员突击队。

电改进入到现货市场建设阶段，是真正的深水区，打“补丁”的做法已经行不通了，要彻底“穿新衣、戴新帽”。这是一个全新的领域、一项艰巨的任务，广东电网调控中心现货市场管理部部长张轩说，“创业”之初，他们很多人甚至无法想象电力现货市场究竟该是什么样子。

说起前景“两眼一抹黑”，困难和挑战却是扎扎实实可预见的，广东电网是世界上最复杂的大电网之一，“这样的情况下，还要计划用电与市场用电并轨运行，还要批发、零售统一结算，还要平衡各方利益诉求”，广东电力交易中心副总经理卢恩说，“这在世界范围内都是史无前例的，也将会对公司生产运营的组织形式带来革命性的变化。”

八个试点地区都知道，构建现货市场需要制定“游戏规则”还要搭建技术支持系统，但具体怎么做，就真是“八仙过海，各显神通”了，比如强劲对手浙江省就选择“悬赏”4000 万在全球招标开展市场设计和规则编制。

向来敢为人先的广东大胆选择了“自力更生”。陈雨果是现货市场管理部市场发展组组长，他受命带队完成交易规则的编制。现货市场可不像新媒体推文，能够让人“一图读懂”，陈雨果和团队成员硬“啃”下了成沓的英文原版材料，深入了解新加坡、美国 PJM、加州、德州、英国的现货市场规则，最终选定了从美国 PJM“取经”。

“首先要战胜的是对方的轻视。”陈雨果谈起一次 PJM 的现场授课。专家迈克尔上来就宣称 PJM 的备用市场运行比较复杂，讲多了他们也不一定能理解，想用一个简单的案例草草打发这帮中国来的小年轻。不曾想这是群有备而来的人，“如果遇到备用市场受电网安全约束影响不能被实际调用怎么办？”

调控中心人员正在开展现货 PJM 培训

“这在市场出清的模型里该怎么建模?”“我们需要考虑哪些安全约束条件?”“又应该如何定价?”一个接一个的问题把迈克尔问懵了，他没想到这些年轻人来之前已经做了不少的功课，以后的授课，他都是做足了准备迎战“打破砂锅问到底”。

第一步迈得并不轻松，每个人都十分珍惜这万里取经的机会，笔记记了厚厚的七八本，完成了现货理论从学习跟随到独立创新的进阶，奠定了交易规则的框架基础。

框架是搭建好了，但离“有血有肉”还有很长的路，政府及业内各方对现货市场这一“新玩法”充满了不理解和不同理解，各种声音都有可能对建设形成阻力。陈雨果知道，浙江省就是在这一阶段遭遇到各种意见分歧，建设进展没有想象中顺利。大家都做足了充分的思想准备。

2018 年初，陈雨果和团队成员进入到了规则细节编写阶段，兴奋又焦灼。政府部门、监管部门、市场主体、高校和科研院所唇枪舌剑，立场不同又各自坚持着自己认为的现货市场“真面目”，作为牵头单位的广东电网要在这多方博弈中寻找最优解。

为了避免“一言堂”，陈雨果牢牢抓着规则编制的“节拍器”，奔赴汕尾、南沙、从化、惠州、东莞、阳江等地，连续开会，协调各方意见。新旧机制中的观念转变，发电企业的用户意识、售电公司的经营服务意识、企业的买方意识，都是在一次次的争执中慢慢提升的，交锋之后，一处处细节才最终获得认可。

据陈雨果回忆，在现货规则大讨论中，当时关于机组参数阶跃变化点的报价问题，规则并没有明确指出阶跃变化点的报价是属于上一阶段还是下一阶段，这对发电企业和售电公司而言会产生混乱和歧义。广东柯美利电力销售有限公司和广东大唐国际电力营销有限公司联合提出修改意见，建议明确报价阶段，现货市场建设团队在充分听取各方意见后，明确将阶跃变化点统一按上一阶段报价。

经过各方共同努力，2018 年 8 月 30 日，中国首部电力现货市场交易规则发布，陈雨果他们的“小而美”长成了“大而全”，这套规则由最初的两三页的“大体思路”到了 22 万字的定稿。而在那时，山东、福建、浙江、四川

2018 年电力现货团队成员在讨论研究技术支持系统

等试点省份还没有完成现货市场建设的方案。

编制完成的南方（以广东起步）电力现货市场的“1 + 8”市场规则体系包括 1 份基本规则，市场管理、中长期交易、现货交易、辅助服务、市场结算、信息披露、系统运行、并网管理等 8 份实施细则。到 2019 年 3 月，各方关于交易规则的意见达 288 条，陈雨果他们多次研究讨论后已达成一致，并基本完成了交易规则的修订，同时还制定了《电力交易安全校核工作指导意见》《电力交易安全校核技术规范》《关于促进电力体制改革做好发用电调度计划管理工作的指导意见》等配套制度和标准。

另一战场是建设现货技术支持系统。

调控中心的白杨一入职就加入了这场战役，师从我国电力市场化改革的知名专家、清华大学教授夏清，又有美国学习交流的经验，这样的背景是他的底气，职业生涯的开始就参与到电力市场的大变革中，他觉得“兴奋又光荣”。攻克现货技术支持系统的关键，白杨他们必须设计出符合广东电网运行特性和电力市场理论的核心算法。

2017 年 8 月盛夏夜，炙热的空气本就让人难以呼吸，眼前刚刚诞生的系统界面更是让人满头大汗，上面显示按照目前设计的算法，很多机组的出力、电价都出乎预料，多次检查都没找对问题，团队成员越来越焦虑。“必须改变查错的思路!”白杨咕咕咕灌完手中的水，捏扁瓶子往垃圾桶一扔，向自己也向疲惫的大家喊话，“接着来，我们最熟悉电网潮流路径，那就发挥这个优势去定位问题所在。”大家立即把计算结果放入电网网架模型中去，看看计算结果对应的电网潮流到底哪里出了问题。终于循着这个方向，他们找到了问题根源，打破困局，研究出了在出清算法中正确判定机组并网路径的开发方案。

就是在这样一个个集中攻关的日夜里，他们越战越勇，最终成功提出了“动态运行备用约束”等多项理论创新，解决了“电能量与调频融合出清”等多个复杂的技术难题，凿开了前进路上最大的拦路石。建成后的南方（以广东起步）电力现货市场系统平台包括了交易出清、交易管理、市场营销、计量自动化、财务等五个子系统。

最终，广东电网公司再次展现了广东速度，在全国 8 个试点地区的激烈竞争中成功突围，初战告捷。两年多的时间，整个团队撰写技术材料过百万字，核对了数以十万计的变量，编制优化算法公式数千条，飞行里程数十万公里。

“现在建成的现货市场，创新设计了‘省内 + 西电、计划 + 市场、供给侧 + 需求侧’的具有广东特色的电力现货市场机制、交易规则体系，建设了国内首套具有自主知识产权的电力现货技术支持系统。”张轩这样评价他们的建设，“说实话，很累，但所有人都憋着一股劲，奋力前行。”张轩正是凭着这股劲，闯出了一条符合中国国情的电力市场化道路。

在现货市场试运行启动会上，当相关政府部门、南方电网公司、广东电力市场管委会委员单位代表、市场主体代表们共同为交出现货市场的答卷欢喜鼓舞时，陈晔心中积攒了两年多的压力终于得到了些许释放，这一路披荆斩棘，他们终于初见曙光，以比国际同类建设缩短两至四年的速度，推动了电力现货市场建设走在全国前列。

2019 年 5 月 20 日，南方（以广东起步）电力现货市场发布了国内首次电力现货交易结算结果，这是首次真正地接受检验，结果是令人满意的，参与此次结算的广东粤华发电公司总经理梁超说：“以前是按照发电计划来安排开停机，现在通过报价报量的方式主动参与市场。这种转变促使我们去研究真正的负荷在哪里，更加关注市场和用户。同时也促使我们更加科学的投资决策和运营管控，从整个社会来说，能够更加充分地利用和配置资源。”

在夏清教授眼中，现货市场的利好还不仅止于此，“现货市场未来将极大地降低社会为电力平衡付出的成本。通过培养用户科学友好的用能习惯，获得降低社会能耗水平、提升资产利用效率、新能源消纳能力的长远改革红利。”

“从电力行业看，现货市场还能引导源网荷优化布局，驱动产业转移，优化电网投资建设。”陈晔坦言，在实现现货市场正式运行前仍有大量的准备工作要做，建设的脚步仍未停歇。

根据曹志安的规划，南方区域统一电力现货市场建设将分“三阶段”：一是试点起步后，西部各省及跨省仅开展中长期交易。西部清洁能源跨省送电作为优先发电，优先安排每日送电曲线并作为广东现货市场交易边界条件，以广东电力现货市场价格结算跨省超计划送电量。二是西部省份也开展现货交易。同步组织各省电力现货市场交易，充分利用跨省通道能力，以西部清洁能源最大消纳为目标，开展跨省、省内联合优化出清，自动形成跨省送电计划和发电计划。以广东电力现货市场价格结算跨省超计划送电量，以各省节点价格结算省内市场主体电量。三是南方五省区均开展现货交易。全区域所有市场主体在同一平台进行竞价申报，按照全电量集中竞争方式进行交易，

2019年5月20日，调控中心现货交易员在查看电力现货出清情况

形成发电计划和节点电价。这种方式可以实现全区域统一电力平衡，促进清洁能源在全区域范围内消纳，最大程度保障电力供应。

广东既然已经“起了大早”，就还能再“赶个晚集”，南方（以广东起步）电力现货市场要在未来的征途中持续“领跑”，赢得最后的荣光。对此，无论是曹志安、陈晔，还是陈雨果、张轩，他们的征途仍在继续。

后记

事非经过不知难

七十载栉风沐雨，广东电力发展一路披荆斩棘；七十载岁月峥嵘，一代又一代电力建设者薪火相传。

一路风雨一路歌。新中国成立70年来，广东电力事业发生了翻天覆地的变化，电源电网从无到有，从弱到强，城乡用电从“养在深闺”到“飞入寻常百姓家”，从一灯如豆到万家灯火，南粤大地，绘就了一幅幅壮阔而璀璨的电力画卷。

筚路蓝缕，风雨兼程，历史须当铭记。磨洗往事，拂去尘埃，以纪实性故事的形式记录和讲述历史，多角度立体还原70周年发展历程，特别是重大节点性事件及亲历人物，广东电网公司新闻中心策划编撰了《风雨光明路》（上、下）这套书籍。全书上溯新中国成立前后，下及新中国成立70周年，这期间发生在南粤大地或与之密切相关的电力历史故事

91 篇，两册共计约 80 万字，选用图片 400 多张。

今年 3 月初，我们开始整理新中国成立以来的历年重大电力历史事件线索，并向全省各单位开展征集，共梳理出事件线索 100 余项，这些线索基本涵盖了广东电力发展历史上的重要事件、重大节点，以及关键性的一些人物。在此基础上，我们对故事采写责任单位和采写人员上作了初步分工安排，除直属各单位按属地事件承担采写外，其余主要由新闻中心人员承担，新闻中心内部基本实现全员，包括挂职学习锻炼人员人人参与采写。

为明确写作要求和写作风格，启发思维，提升能力，新闻中心由覃桂平、许昌永等率先完成数篇示范文稿写作。4 月中下旬，新闻中心分别在全省分三个片区以及新闻中心内部举行辅导培训，由覃桂平、许昌永两人共同讲授相关知识，并提出采写要求等。在各撰稿人完成稿件撰写以及修改的基础上，5 月，我们又分别按片区举办了一稿、二稿修改辅导，经点评修改，部分稿件质量明显提升，基本达到了预设要求。针对部分差距较大的稿件，我们于6 月 14 日又在中山举办“回炉”辅导班。

6 月中旬，我们对提交稿件进行了筛选，根据采写内容、采写质量等因素，对一些历史故事进行了归并、整合，同时，根据新发现的一些线索，又增加了援越培训、三八带电班等历史事件故事的采写，并组织部分能力相对较强作者开展稿件的交叉修改。在此基础上，所有文稿提交由覃桂平、许昌永等进行最后的审核修改，梳理时间、人物、故事脉络，根据每篇文稿情况，对症下药，或提出补充采写、修改调整意见，指导作者、交叉修改人修订完善；或根据原稿调整行文风格和结构，进行修改润色，增删细节、史实；部分文稿更是进行全文重构，强化故事性、场景性和画面感。最后，由覃桂平负责审定，逐一对每篇文章的标题、图片等进行统筹、修订，确定全书架构、设计。8 月中旬，全书基本定稿并交付出版社排版、审校。

在故事写作中，我们坚持以历史事实为根本，凡事实与数据，一律要求来源可靠、真实准确，杜绝主观臆造。史实或来源史志、档案，或来源于当年报道，或由当事人回忆讲述，并在此基础上加以考证、核实，在遵循历史事实、不违背常识的基础上，借助少量文学化表达，将当年故事娓娓道来。我们期待，这些历史故事，在让广大读者能够把握和了解电力发展往事的同时，也能够提供更多的“悦读”感受。

我们将人员的培训与能力的提升贯穿始终。全书的采写和编撰过程中，先后举办集中培训辅导 13 场次，参培 300 多人次。各撰写人员围绕事件线索，翻阅相关史志书籍，查找档案文献和新闻报道，访问亲历人物，反复求证史实，挖掘当年故事细节。可以说，每一篇历史故事的写作，几乎都是一次历史的深入探寻、课题的深入研究。不少撰稿者感言，“这个过程是在新闻战线以来的一笔最宝贵的财富”“是一次很特别很难忘的经历”“整个过程中学到了很多，对写作有了新的理解和提升”。

这次采写，虽然我们对其中困难早有预料，也采取了例文示范、培训辅导、过程节点控制等措施，但在实际操作中，从史料收集整理、文稿写作到全书编排等，其困难程度都大大超乎想象。一方面，历史故事的写作对于大多数作者来说，是个全新的尝试，写作风格迥异，事件还原、故事组织难度大；另一方面，史料的查找、采访对象的选择也绝非易事，特别对于早期历史事件来说更是难上加难。在后期书籍编撰中，我们仍反复斟酌文句、标题，可谓翻箱倒柜、绞尽脑汁，以求表达精准、优美，也尽量避免表达上的雷同。

在此，我们对部分较高质量完成自身文稿写作并积极、认真参与交叉修改的作者提出表扬，主要有：新闻中心周潺、王越、王媛媛、姚瑶（挂职）、郑浩然（挂职），以及直属单位林佩燕、白国颖、覃超一、叶泽、黎凯燕、温红、李倩西、彭展、蒋铁静。

本套书籍编辑过程中，得到了公司领导的重视和支持，得到了公司各部门、各直属单位的配合和帮助，也得到了书中所呈现人物的原同事、家属的理解和认同。各撰稿人在故事撰写中，采访了各时期亲历人员，包括（以下排名不分先后）：

广州地区：匡吉、吴希荣、颜鸣鹤、罗绍基、詹新泉、赵甘泉、杨文伟、罗时俊、郭渭彬、马鸿伸、宋情国、苏棣芳、黄本强、江锐生、陈健学、陈耀生、陈裕德、汪灯明、邓翠琼、谭惠霞、赵树华、黎新、周德宏、李庆江、刘宝华、林爱群、龙建平、张维奇、董旭柱、刘文峰、李雪、徐展强、黄智威、张聪、李光宇、陈家桐、陈爱国、唐志雄、王文华、覃敏、陈俊、朱良合、钟龙瑞、游红林、宋友文、陈焕怡、肖广新；

珠三角地区：段光辉、陆汉江、朱灼新、曾悦明、彭勤建、吴亚景、李金法、刘经平、余欣、赖康、李永新、顾温国、陈方、李道松、苏耀雷、骆超群、欧阳双武、郭约法、陈志明、蔡林辉、周冠荣、杨观喜、郭泳泉、冯锦、李家昌、龚文权、华慧敏、仇志成、程志海、黄小耘、彭飞进、林伟坚、卢智强、刘颖、熊志伟、黄义扬、李文晖、陈华、罗日勋、黎宝荣、邝以田、陈光华、谭培德、梁国健、郑挺生、康峰、邓国洪、张金龙、尹健锋、麦锐洪、袁灼光、李裕刚、金泉、陈志东、胡国华、陈文龙、林耀胜、罗式明、黎新、周德宏、高伟生、陈锡墙、洪贺煜、黄志标、李红梅、梁敬强；

粤东西北地区：吴伟良、潘汉全、江锐歆、郑坤龙、罗楚豪、卢开纯、谢益华、周木珍、许红明、佘桂深、黄立军、田伟霖、黄木水、洪斯达、黎同威、辛立、陈文勇、邱继业、彭远中、陆勇生、吴洞天、廖建伟、张咏华、邱继业、叶其建、陈卫东、陈雄超、刘远琳、李德贵、彭希平、莫文轩、冯明浩、徐海山、邓金莲、李潮新等。

我们还得到了兄弟单位广州供电局、深圳供电局、南网科研院、中能建华南电力装备公司、广州抽水蓄能电站、粤电新丰江发电厂、韶关发电厂、茂名热电厂、黄埔发电厂、云浮发电厂、阳江核电有限公司、国华粤电台山发电厂、广东电力交易中心等，以及广东省档案馆、省立中山图书馆、国家电网公司档案馆、茂名市档案馆、茂名石油信息中心、格兰仕（中山）电器有限公司等单位的大力支持与协助。在此一并致以诚挚感谢。

由于时间仓促，尽管我们做了很大的努力，本书的写作和编辑中难免存在一些不尽人意的地方，可能存在错误和疏漏，敬请读者谅解、赐教。

编者

2019 年 9 月